U0641248

中国比较教育研究50年

总主编 顾明远 执行主编 曲恒昌

定位与发展

比较教育的理论、方法与范式

本卷主编 孙进

山东教育出版社

图书在版编目(CIP)数据

定位与发展/孙进主编. —济南:山东教育出版社,
2015
(中国比较教育研究50年/顾明远,曲恒昌主编)
ISBN 978-7-5328-9162-7

Ⅰ.①定… Ⅱ.①孙… Ⅲ.①比较教育学
Ⅳ.①G40-059.3

中国版本图书馆CIP数据核字(2015)第244013号

定位与发展

比较教育的理论、方法与范式

本卷主编 孙进

主 管:山东出版传媒股份有限公司
出版者:山东教育出版社
(济南市纬一路321号 邮编:250001)
电 话:(0531)82092664 传真:(0531)82092625
网 址:www.sjs.com.cn
发行者:山东教育出版社
印 刷:济南继东彩艺印刷有限公司
版 次:2015年11月第1版第1次印刷
规 格:710mm×1000mm 16开本
印 张:49.25印张
字 数:741千字
书 号:ISBN 978-7-5328-9162-7
定 价:89.00元

(如印装质量有问题,请与印刷厂联系调换)
印厂电话:0531-87160055

“中国比较教育研究 50 年”丛书编委会

主　任：顾明远

副主任：王英杰　曲恒昌

编　委（以姓氏笔画为序）：

马健生　王英杰　王晓辉　王　璐

曲恒昌　刘宝存　刘　敏　刘　强

孙　进　杨明全　肖　甦　张瑞芳

林　杰　姜英敏　顾明远　高益民

曾晓洁　滕　珺

总序

我国比较教育研究始于 20 世纪 20 年代，最早的研究著作是 1929 年商务印书馆出版的庄泽宣所著《各国教育比较论》。当时，各师范院校开设了比较教育课程，但新中国成立以后就中断了，外国教育研究只以苏联教育为对象，作为我国教育改革的样板。直到 1964 年，国务院外事办公室批准在高等学校设立外国研究机构，才开始研究其他国家的教育，但仍然没有把比较教育作为一门学科来研究，只是介绍一些外国教育的制度和动向。直到改革开放以后，1980 年，教育部邀请美国哥伦比亚大学比较教育学者胡昌度来北京师范大学讲学，比较教育才在我国师范院校开始恢复。

1964 年高等学校建立外国研究机构时，北京师范大学外国教育研究室就在原来的基础上扩建，并接受当时中宣部的委托编辑出版《外国教育动态》杂志，供地市级领导干部参阅。该刊经认真筹备于 1965 年正式出版。可惜好景不长，1966 年"文化大革命"开始，杂志被迫停刊，研究人员下放劳动。1972 年在周恩来总理对我国外事工作的关怀下，研究室开始恢复工作，《外国教育动态》以内部资料的形式又编辑了 22 期。改革开放以后，我国在拨乱反正、恢复教育秩序的时候，迫切希望了解世界教育发展的动向和经验，经国务院方毅副总理批准，《外国教育动态》得以复刊并在国内外公开发行，1992 年该刊更名为《比较教育研究》。从 1965 年创刊至今，曲折坎坷地走过了 50 年。

应该说，《比较教育研究》及其前身《外国教育动态》在我国比较教育学科的建设以及国家教育改革中作出了不可磨灭的贡献。

改革开放30多年来,我国比较教育研究走过了几个阶段:

第一个阶段,1978年至1985年,是描述、介绍外国教育研的阶段。这一时期主要是介绍美、英、法、西德、日、苏6个发达国家的教育制度和教育思想。介绍了在国际教育上有较大影响的四大流派,即:以皮亚杰、布鲁纳为代表的结构主义教育思想、布鲁姆的教育目标分类思想、赞可夫的发展教育思想和苏霍姆林斯基的和谐教育思想。1982年由王承绪、朱勃、顾明远主编的新中国第一本比较教育教材问世。

第二个阶段,1986年至1995年,是国别研究和专题研究阶段。进入20世纪80年代中期以后,比较教育界认识到,要借鉴外国教育的经验,必须对各个国家的教育发展进行深入系统的研究,才能把握各国教育的本质特点和发展脉络,于是开始了国别研究,对6个发达国家的教育作了较为系统的研究。除国别研究外,许多学者开始进行专题研究和专题比较,如各级各类教育比较、课程比较和各种教育思想流派的评介。

第三个阶段,1996年至本世纪初,是深入和扩展研究的时期。从上个世纪90年代中期开始,我国比较教育研究扩展到许多发展中国家,特别是我国周边国家的教育,研究内容也从教育制度发展到课程、教育思想观念、培养模式和方法、国际教育、环境教育、比较教育方法论等诸多方面。同时,比较教育关注到教育与国家发展及国家宏观教育发展战略的比较研究,以及各国民族文化传统关系的研究。如"巴西、俄罗斯、印度、中国四国教育发展与国家竞争力的比较研究"、"民族文化传统与教育现代化研究"等,重视教育与国家发展的研究;随着我国新一轮课程改革,研究介绍了各国课程改革的经验。

第四个阶段从本世纪初至今,进入全球化时代的国际比较教育研究。我国比较教育学者开展了国际问题的研究,关注国际组织有关教育的政策及其对世界教育的影响;开展了各国教育国际化的研究;更加深入地研究各国教育公平的政策和提高教育质量的改革和举措。

我国比较教育发展的这几个阶段的研究成果在《比较教育研究》刊物中均有反映。《比较教育研究》有几个特点:一是最早、最快、最新地反映国际教育改革的动向。例如,较早地介绍美国的《国防教育法》和拉开了世界教育改革序幕的1983年美国高质量教育委员会的《国家在危险中,教育改革势在必行》;最早介绍终身教育思想；最早地把文化研究引进比较教育；较早地研究国际组织的教育政策等。这些研究对我国的教育改革都起到了一定的借鉴作用。为此，借《比较教育研究》创刊50周年之际，我们选择刊物中的有价值有质量的文章编辑成册，它们是：《定位与发展：比较教育的理论、方法与范式》《博学与慎思：当代教育思想与理论》《均衡与优质：教育公平与质量》《问责与改进：高等教育评估与质量保障》《光荣与梦想：世界一流大学建设》《理念与制度：现代大学治理》《创新与创业：21世纪教育的新常态》《流动与融合：教育国际化的世界图景》《转型与提升：教师教育的改革与发展》《质量与权益：教师管理政策与实践》《传承与建构：课程与教学理论探索》《效率与公平：择校的理论、政策与实践》。

这既是一种历史的记忆，又为我国今后的教育改革保存一份有价值的遗产。我想，读者可以从中找到世界教育发展的痕迹，并得到某种启发。

是为序。

顾明远

2015年10月

目录

导言 …………………………………………………………………… 1

比较教育的历史发展

一、比较教育学的发展 ………………………………………………… 61
二、改革开放 30 年中国比较教育的重建和发展 ……………………… 70

比较教育的学科定位

一、比较教育的对象和方法论基础 ……………………………………… 81
二、英国比较与国际教育学者论比较教育 ……………………………… 91
三、比较教育的诸要素分析 …………………………………………… 100
四、对比较教育中几个问题的认识 …………………………………… 110
五、比较教育的价值及其实现 ………………………………………… 117
六、文化研究与比较教育 ……………………………………………… 122
七、关于比较教育若干问题的探讨 …………………………………… 129
八、比较教育学学科形象的科学定位
——教育形态类型学 ……………………………………………… 136
九、关于比较教育学科建设的几个问题 ……………………………… 147

十、比较教育学科本体论的前提性建构 …… 154
十一、民族国家教育知识和比较教育研究
——比较教育学科体系再思考 …… 164
十二、论比较教育的学科属性与学科体系 …… 178
十三、论比较教育思想的演进及特征 …… 191
十四、"学科",抑或"领域"?
——中国学者对比较教育学科性质的探寻 …… 200
十五、论比较教育的开放性及其限度 …… 212
十六、比较教育学:内涵重构 …… 223
十七、比较教育学的概念建构及其现实意义 …… 237

比较教育的学科关系

一、比较教育学与教育学 …… 257
二、比较教育和社会学的关系史及其分析 …… 265
三、要进行教学论的比较研究
——兼谈设置比较教学论学科的必要性 …… 276
四、开拓新的研究领域
——比较教育史实研究的意义 …… 284
五、中国比较教育学不该忽视的一个领域
——少数民族教育研究 …… 289
六、比较教育的"发展与教育"研究领域 …… 299
七、"区域研究"与中国比较教育学的新发展 …… 312
八、比较军事教育成为独立分支学科的基本条件 …… 323
九、教育政策比较研究
——理论、方法及其应用 …… 328
十、跨文化教育
——一个新的重要研究领域 …… 337

比较教育的学科危机

一、中国比较教育危机之我见 …… 349
二、比较教育学的学科同一性危机及其超越 …… 358
三、比较教育的身份危机及出路 …… 371
四、再谈比较教育学的危机 …… 377
五、批判性视角下中国比较教育的学科危机与出路 …… 382
六、论比较教育研究的四重境界
——兼谈比较教育的危机 …… 392

比较教育研究的理论

一、比较教育的论争与趋势 …… 407
二、西方国家的人力资本理论 …… 415
三、现代化理论在比较教育中的运用 …… 427
四、从属理论和比较教育 …… 437
五、论比较教育视野下的世界体系分析 …… 447
六、教育扩张的新制度主义分析
——经验与理论研究进展 …… 458
七、新殖民主义视阈下的比较教育研究 …… 469

比较教育研究的方法与方法论

一、国际比较教育的若干方法与理论
——兼谈我国比较教育研究的方法论问题 …… 483
二、教育研究中的历史比较方法评介
——《教育与国家形成》分析 …… 496
三、比较教育学的立足点和方法论 …… 511

四、论科学哲学与霍姆斯比较教育方法论 …… 523
五、70年代以来西方比较教育研究方法的"质性"取向 …… 531
六、中国比较教育研究方法的革新
——文化人类学视角 …… 542
七、哲学视野下的方法论与比较教育研究 …… 550
八、功能主义传统与比较教育方法论 …… 559
九、现象学方法在比较教育研究中的应用 …… 568
十、试论比较教育研究中的实地调查 …… 578

比较教育研究的范式

一、比较教育研究范式的发展及其走向 …… 591
二、论比较教育实证分析研究范式 …… 599
三、论比较教育的相对主义研究范式
——兼谈霍姆斯的比较教育方法论 …… 605
四、试论比较教育研究中的影响研究 …… 613
五、比较教育学的范式与学科生长点 …… 621
六、试论比较教育研究中的新制度主义 …… 630
七、比较教育研究中的历史主义范式 …… 637
八、论比较教育学科化与科学化的现象学意蕴 …… 646
九、西方比较教育研究范式述评 …… 656

比较教育在新时代的使命、挑战与发展

一、迎接21世纪的比较教育 …… 671
二、知识经济时代比较教育的使命 …… 676
三、全球化时代的比较教育
——发展、使命和作用 …… 684
四、教育全球化:进程与话语 …… 697

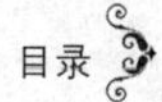

五、和而不同
——全球化条件下中国比较教育发展的方向(论纲) …………………… 704
六、全球化、本土化及中国比较教育学的历史使命与课题 …………………… 717
七、站在十字路口的中国比较教育学 …………………………………………… 728
八、比较教育研究在全球化时代的意义和作用 ………………………………… 739
九、我国比较教育研究的成绩、挑战与对策 …………………………………… 749
十、大变革时代中国比较教育研究的使命与发展道路选择 …………………… 756

英文目录 ………………………………………………………………………… 767
后记 ……………………………………………………………………………… 773

导言

对学科自身进行研究和反思——即对学科理论和实践的元研究①——是一个学科走向成熟的标志和途径。比较教育学作为一门新兴学科，因为对其研究对象、理论和方法尚未形成共识，且不断要为自己存在的合法性进行辩护②，所以，对学科自身进行反思和研究的需要尤为迫切。《比较教育研究》杂志创刊50年以来共刊登了250多篇反思比较教育学科理论和实践的文章，对新中国比较教育学科的建设和发展起到了积极的推动作用。尤为可贵的是，我国有些比较教育学者在这一领域进行了许多独立的思考，提出了一些原创性的见解，并非只是对国外相关文献的搬运、整合和改造。笔者在此选出71篇有代表性的论文以飨读者。

为便于阅读，笔者将这些文章归入以下八个专题领域：比较教育的历史发展，比较教育的学科定位，比较教育的学科关系，比较教育的学科危机，比较教育研究的理论，比较教育研究的方法与方法论，比较教育研究的范式，比较教育在新时代的使命、挑战与发展。笔者接下来便从这八个方面呈现国内外学者有关比较教育学的学科反思。这既是对比较教育学科概貌的一个素描，也是对本书收录文章的导读。

---

① 瞿葆奎. 元教育学研究［M］. 杭州：浙江教育出版社，1999：24.

② 德国学者弗罗哲（L. Froese）把比较教育学的历史称作是一个"自我辩护的历史"(Rechtfertigungs-Geschichte)。SCHRIEWER J. Erziehung und Kultur. Zur Theorie und Methodik vergleichender Erziehungswissenschaft［M］//BRINKMANN W，RENNER K（Hrsg.）. Die Pädagogik und ihre Bereiche. Paderborn：Ferdinand Schöningh，1982：186.

（一）比较教育的历史发展

作为人类的一种认知活动，比较教育知识生产的历史可谓悠久。对其他国家和民族的教育记述可以追溯至古希腊、古罗马时代①。不过，作为一个学科，比较教育还很年轻。1817年，朱利安在《比较教育的研究计划和初步意见》首次提出了"比较教育"的概念和比较教育研究构想。这被视为是"比较教育史的开端"② 和"比较教育学诞生的标志"③。而比较教育真正发展成为教育学的一个分支学科的历史则更加年轻，人们通常认为是在20世纪上半期④。正因为如此，人们常常用一种看似矛盾的说法来描述比较教育的历史，说它"有悠长的过去，却只有短暂的历史"⑤，说它"既古老又年轻"⑥。

比较教育的发展经历了不同的阶段。因为依据的标准不同，所以，学界对发展阶段的划分，在名称和时间上存有出入，代表性的划分方式比如有贝雷迪的三阶段说、诺亚和埃克斯坦的五阶段说⑦。贝雷迪将比较教育的发展划分为三个阶段⑧：（1）借鉴时期（从1817年开始横跨整个19世纪），研究的目的是借鉴国外最好的教育经验。（2）预测时期（20世纪上半期），研究的目的首先不是借鉴，而是根据对其他国家先例的分析，预测一个国家的教育制度是否可能成功。（3）分析时期（从20世纪50年代开始），这一时期的研究试图在进行预测和借鉴之前，通过系统化的工作，揭示各国教育实践的全景。

---

① 王承绪主编．比较教育学史［M］．北京：人民教育出版社，1998：15.

② 王承绪主编．比较教育学史［M］．北京：人民教育出版社，1998：14.

③ 卢晓中著．比较教育学［M］．北京：人民教育出版社，2004：17.

④ 王承绪主编．比较教育学史［M］．北京：人民教育出版社，1998：14. 王承绪，顾明远主编．比较教育［M］．第4版．北京：人民教育出版社，2012：5. 吴文侃，杨汉清主编．比较教育学［M］．修订本．北京：人民教育出版社，1999：29.

⑤ 参见：JONES P E. Comparative Education. Purpose and Method［M］. St. Lucia：University of Queensland Press，1971：48. SCHRIEWER J. Erziehung und Kultur. Zur Theorie und Methodik vergleichender Erziehungswissenschaft［M］//BRINKMANN W，RENNER K（Hrsg.）. Die Pädagogik und ihre Bereiche. Paderborn：Ferdinand Schöningh，1982：186. 顾明远，薛理银著．比较教育导论——教育与国家发展［M］．北京：人民教育出版社，1998：14.

⑥ 王英杰主编．比较教育［M］．沈阳：辽宁大学出版社，2007：4.

⑦ 王承绪主编．比较教育学史［M］．北京：人民教育出版社，1998：2—9.

⑧ 王承绪主编．比较教育学史［M］．北京：人民教育出版社，1998：2—4.

贝雷迪显然没有把比较教育学诞生前的漫长的“史前时代”[①] 或“前科学阶段”[②] 考虑在内。不过，他的学生诺亚和埃克斯坦考虑到了这一时期，将比较教育的发展划分为五个阶段[③]：第一阶段是旅游者的报道阶段，由单纯的好奇心所引起；第二阶段是教育借鉴阶段，研究的主要动机是学习外国教育的先进经验；第三阶段是国际合作阶段，研究旨在促进世界和平和各国共同进步；第四阶段是驱动力和因素阶段，研究的目的是探明形成国家教育制度的影响因素；第五阶段是社会科学解释阶段，旨在利用社会科学和定量方法阐明教育和社会之间的关系。

朱勃[④]在综合国外研究的基础上，提出了一个四阶段说[⑤]：第一个阶段是在 1817 年朱利安提出比较教育研究设想之前的时期。这个阶段以描述国外教育见闻为主要特征。他把这个阶段称为“比较教育学发展的预备阶段”。第二个阶段是从朱利安的设想开始到十九世纪末为止。这个阶段的主要特征是试图“借鉴”外国教育经验以促进本国教育事业的发展。第三个阶段是从 20 世纪开始到第二次世界大战结束为止。这个阶段的主要特征是对世界各国教育问题进行初步的“因素分析”。第四个阶段是“第二次世界大战以后直到现在”。这个阶段的主要特征是以国际教育经验为基础，进一步探索科学的比较教育学。

以上分析的主要是国外比较教育的发展历史。比较教育在中国的发展历史又是怎样的呢?

与国外一样，中国的比较教育研究，也有一个史前阶段。中外文化交流虽然早在秦末汉初（公元前 3 世纪）就已经开始[⑥]。不过，报道外国教育情况的文献资料，却迟至公元 7 世纪才见于唐玄奘（596～664）的《大唐西域记》（12 卷，公元 646 成书）。其中有关于印度教育的描述，包括印度学校的

---

① 王英杰主编. 比较教育 [M]. 沈阳：辽宁大学出版社，2007：4.

② 何塞·加里多著. 比较教育概论 [M]. 北京：人民教育出版社，2001：9.

③ 王承绪主编. 比较教育学史 [M]. 北京：人民教育出版社，1998：6—8.

④ 为了一视同仁，笔者不得不克制住自己想要单独尊称老一辈研究者（如朱勃先生、王承绪先生、顾明远先生、曲恒昌先生、王英杰先生）的冲动，而是采用国际惯例，直接以姓名称呼。

⑤ 朱勃. 比较教育学的发展 [J]. 外国教育动态，1981 (4)：40—42.

⑥ 吴文侃，杨汉清主编. 比较教育学 [M]. 修订本. 北京：人民教育出版社，1999：39.

教学内容、教学方法和尊师重道的情况①。欧洲文艺复兴之后，欧洲的物质文明和精神文明有了迅速发展。自16世纪末开始，外国人（主要是传教士）开始来到中国传播西方的文化，介绍西方的教育制度。例如艾儒略（J. Aleni）所著的《职方外记》（1623）和《西学凡》（1623）都有对西欧各国教育情况的介绍。艾儒略也被视为是"向中国介绍西方教育制度的第一人"②。

不过，当时的人们均认为中华文明优于外国，所以，并不重视借鉴外国的教育经验。直到1840年中国的大门被英国的坚船利炮所打开，中国才意识到自己的落后，这才开始重视学习西方的经验。中国的比较教育研究在此后经历了三个阶段：

第一阶段（19世纪40年代至19世纪末）是对比中外教育状况、倡导借鉴国外教育经验改进中国教育制度的阶段。这一阶段，比较教育研究开始起步，但是尚未形成学科体系③。这一时期的代表人物有：林则徐、薛福成、郑观应、黄遵宪、容闳、康有为、梁启超、张之洞、严复等④。王长纯也将清朝末期称为"中国比较教育发端期"，将当时的"官员一学者"——姚锡光、吴汝纶、严修、罗振玉等——称为是"中国早期的比较教育研究者"⑤。

第二阶段（20世纪初到20世纪40年代末）是比较教育学逐渐从教育学科中分化出来成为独立分支的阶段。这一阶段涌现出一批代表性的作品，如：陆费逵编写的中国第一本外国教育专著《世界教育概况》（1911），庄泽宣的《各国教育比较论》（1929），钟鲁斋的《比较教育》（1935），常导之的《各国教育制度》（上卷1936，下卷1937）和罗廷光的《最近欧美教育综览》（1939）⑥。朱勃⑦和郑刚⑧也在各自的文章中对这一时期的比较教育研究进行了介绍。其中，郑刚的文章对于了解中国早期（二三十年代）的比较教育研

① 吴文侃，杨汉清主编. 比较教育学［M］. 修订本. 北京：人民教育出版社，1999：40.

② 吴文侃，杨汉清主编. 比较教育学［M］. 修订本. 北京：人民教育出版社，1999：40.

③ 吴文侃，杨汉清主编. 比较教育学［M］. 修订本. 北京：人民教育出版社，1999：41.

④ 吴文侃，杨汉清主编. 比较教育学［M］. 修订本. 北京：人民教育出版社，1999：42.

⑤ 王长纯. 清末：中国比较教育发端期［J］. 比较教育研究，2012（4）：18.

⑥ 吴文侃，杨汉清主编. 比较教育学［M］. 修订本. 北京：人民教育出版社，1999：45—46.

⑦ 朱勃. 比较教育学的发展［J］. 外国教育动态，1981（4）：43.

⑧ 郑刚. 留学生与20世纪二三十年代中国比较教育学科的发展［J］. 比较教育研究，2013（11）：20—26.

究者及其研究贡献具有重要的参考价值。

第三阶段（从新中国成立到现在[①]）是中国以马列主义的立场、观点、方法创建科学比较教育学的阶段[②]。在这一阶段，比较教育研究经历了一个相当曲折的发展历程。建国初期，受当时两大阵营尖锐对立的国际格局的影响，研究和介绍苏联的教育情况“几乎成为当时外国教育研究的唯一任务”[③]。此外，受意识形态的影响，研究者的阶级立场很鲜明，对苏联及其他社会主义国家的教育持借鉴的态度，而对资本主义国家的教育则持批判、“排斥”、甚至“诋毁”的态度[④]。生兆欣将此现象称作是“知识分子的‘意识形态化’”[⑤]。他指出，“如果说不同历史时期的知识分子与政治相牵连的密切程度不同，而表现出不同的时代特征，那么建国初期的知识分子则肯定不具有曼海姆所谓的‘自由飘浮’的特性，而更加类似于葛兰西所称的有党派色彩的‘有机知识分子’角色，他们依据当时的政治形态而担负起了对群众进行精神动员的任务。”[⑥] 这一时期，作为学科的比较教育不复存在，“作为实践活动的比较教育研究虽然一息尚存，但严格意义上的比较教育研究已经少之又少、微不足道”[⑦]。

20 世纪 60 年代前期，随着我国与世界各国交往的增多，政府开始重视对外国教育情况的研究。国内第一批外国教育研究机构应时而生[⑧]。《比较教育研究》杂志的前身《外国教育动态》也于 1965 年创刊[⑨]。我国比较教育研究再度扬帆启程。只可惜好景不长。文化大革命开始之后，四人帮对外国教育经验基本上持否定态度，把研究外国教育诬蔑为“崇洋媚外”，把借鉴外国经验视为是“洋奴哲学”[⑩]。刚刚起步的比较教育研究遭到扼杀。

---

① 这里的“现在”指的是该书发表时的 1999 年。

② 吴文侃，杨汉清主编. 比较教育学［M］. 修订本. 北京：人民教育出版社，1999：47.

③ 王承绪，顾明远主编. 比较教育［M］. 第 4 版. 北京：人民教育出版社，2012：14.

④ 生兆欣. 建国后十七年中国比较教育状况分析［J］. 比较教育研究，2007（3）：11.

⑤ 生兆欣. 建国后十七年中国比较教育状况分析［J］. 比较教育研究，2007（3）：12.

⑥ 生兆欣. 建国后十七年中国比较教育状况分析［J］. 比较教育研究，2007（3）：12.

⑦ 生兆欣. 建国后十七年中国比较教育状况分析［J］. 比较教育研究，2007（3）：13.

⑧ 王承绪，顾明远主编. 比较教育［M］. 第 4 版. 北京：人民教育出版社，2012：14.

⑨ 王承绪，顾明远主编. 比较教育［M］. 第 4 版. 北京：人民教育出版社，2012：14.

⑩ 王承绪，顾明远主编. 比较教育［M］. 第 4 版. 北京：人民教育出版社，2012：15.

之后的十年对于中国比较教育的发展而言也是黑暗的十年。直到文化大革命结束，特别是在改革开放之后，中国的比较教育研究才真正走上健康发展的道路，步入科学比较教育学的创建阶段。

根据顾明远、阚阅、乔鹤的分析，改革开放30年来，我国比较教育的发展大致可分为三个阶段：第一个阶段从20世纪70年代末至80年代中期，这一时期我国比较教育的学科建设刚刚起步，比较教育研究处于对外国教育的描述和介绍阶段；第二个阶段从20世纪80年代中期至90年代中期，这一时期比较教育的学科建设取得突破，比较教育研究已经进入了国别研究和专题研究阶段；第三个阶段从20世纪90年代中期至今，是比较教育研究的深入与扩展时期。这一时期，我国比较教育的学科建设得到进一步发展，比较教育研究也更为广泛和深入。① 随着中国比较教育逐渐走向成熟，有关比较教育学科的反思文章也从20世纪九十年代初开始密集出现，在21世纪的前十年达到一个高潮。

（二）比较教育的学科定位

何谓比较教育？这是比较教育学科定位首先需要回答的问题。不过，比较教育学界至今所达成的共识恰恰是，人们未能就此问题达成共识②。有关比较教育的名称、定义、研究目的、对象、方法、性质、学科边界等，学界的看法并不一致，“有时甚至是截然对立”③。

1. 比较教育的名称

我们所谈论的这一学科或研究领域的正规名称究竟是“比较教育”还是“比较教育学”？这恐怕是我们最先遇到的一个问题。从国内相关领域的教材名称来看，这两个概念都得到了使用。例如，王承绪、顾明远、王英杰、朱

① 顾明远，阚阅，乔鹤．改革开放30年中国比较教育的重建和发展［J］．比较教育研究，2008（12）：1—6．

② 王承绪，顾明远主编．比较教育［M］．第4版．北京：人民教育出版社，2012：18．吴文侃，杨汉清主编．比较教育学［M］．修订本．北京：人民教育出版社，1999：2．王英杰主编．比较教育［M］．沈阳：辽宁大学出版社，2007：21．

③ SCHNEIDER F. Vergleichende Erziehungswissenschaft. Geschichte，Forschung，Lehre［M］. Heidelberg：Quelle&Meyer，1961：Vorwort.

旭东、马健生等人主编的教材使用的名称是“比较教育”[1]，而吴文侃、杨汉清、卢晓中、冯增俊、陈时见、项贤明等人主编的教材使用的是“比较教育学”[2]。这里有两个让人感到困惑的地方：一、就这些教材的内容范畴而言，似乎没有什么本质的区别。二、对这两个名称的使用并非是互斥的。使用“比较教育学”的作者可能同时也使用“比较教育”的概念，反之亦然。

刘宝存、张永军也注意到了这个问题。他们在其文章中指出：“目前国内学术界既有‘比较教育’的说法，也有‘比较教育学’的说法，但二者对应的英语表述都是‘comparative education’，而且在很多著作中对两种说法并没有进行严格的区分。”[3] 鉴于这种情况，把两者视为是同义词，似乎也是一种比较合理的解释。问题是，若两个概念是同义词，那么，如何解释人们使用偏好的不同呢？导致同一个人变换使用这两个概念背后的原因又是什么呢？

在回答这个问题之前，不妨先看看国外的情况。事实上，除了英语国家对“比较教育”（Comparative Education）这一术语基本上已形成共识之外[4]，许多非英语国家和中国一样都受到两个或多个相近概念的困扰。例如，法语中有“éducation comparée”（比较教育）和“Pédagogie comparée”（比较教育学）两个概念[5]。在西班牙和拉丁美洲，也有“Educación Comparada”（比较教育）和“Pedagogía Comparada”（比较教育学）两个概念[6]。在德语国家甚至有三个相近的概念，即：“Vergleichende Erziehung”（比较教育），“Vergleichende Pädagogik”（比较教育学）和“Vergleichende

① 王承绪，顾明远主编. 比较教育［M］. 第4版. 北京：人民教育出版社，2012. 王英杰主编. 比较教育［M］. 沈阳：辽宁大学出版社，2007. 朱旭东主编. 新比较教育［M］. 北京：高等教育出版社，2008. 马健生主编. 比较教育［M］. 北京：高等教育出版社，2010.

② 吴文侃，杨汉清主编. 比较教育学［M］. 修订本. 北京：人民教育出版社，1999. 冯增俊著. 比较教育学［M］. 南京：江苏教育出版社，1996. 卢晓中. 比较教育学［M］. 北京：人民教育出版社，2004. 冯增俊、陈时见、项贤明主编. 当代比较教育学［M］. 北京：人民教育出版社，2008. 陈时见主编. 比较教育学［M］. 重庆：西南师范大学出版社，2012.

③ 刘宝存，张永军. 论比较教育的开放性及其限度［J］. 比较教育研究，2011（4）：7.

④［西班牙］何塞·加里多著. 比较教育概论［M］. 北京：人民教育出版社，2001：80. 实际上，英语中也有人建议和使用其它的概念，如 Comparative Pedagogy（比较教育学），Comparative Educology（比较教育学）。不过，没有得到广泛响应。

⑤［西班牙］何塞·加里多著. 比较教育概论［M］. 北京：人民教育出版社，2001：80.

⑥［西班牙］何塞·加里多著. 比较教育概论［M］. 北京：人民教育出版社，2001：81.

Erziehungswissenschaft”（比较教育学/比较教育科学）①。不过，在这些国家，有一个概念在后来的发展中占据了上风，成了主流。在法国，后来占据上风的概念是当初朱利安提出的“比较教育”②。在西班牙，比较教育家协会支持使用“比较教育学”（Pedagogía Comparada），不过，作者们、教师们、大学课程越来越喜欢使用“比较教育”（Educación Comparada）③。在德国，因为受比较教育先驱施奈德（F. Schneider）的影响，今天的比较教育学科、学会、研究所/教席、教材使用的名称基本上都是“比较教育学”（Vergleichende Erziehungswissenschaft），很少再看到“比较教育”的说法。

加里多在对比了各国的学科名称之后，建议学界最好还是使用“比较教育”的说法，因为他认为，这一说法最接近国际上使用的术语，传统悠久，而且从语义学的角度看也最合适，“因为它既涉及本学科的对象，又涉及其方法”④。在他看来，“比较教育学”的说法并不合适，“因为本学科实际比较的东西，不是教育学而是教育（就教育的社会组织制度而言）。此外，‘比较教育学’使人觉得这门学科是教育学的一个‘部分’，我也觉得它不太确切”⑤。

这说明，加里多并不认为“比较教育”和“比较教育学”是同义词，而是有所区分的。我国研究者李现平也认为应该严格地区分比较教育和比较教育学这两个概念，因为他们“性质差别极大”，前者指向“比较教育实践”，后者指向“比较教育理论”⑥。他借鉴石中英区分教育问题和教育学问题的思路，认为比较教育是“人类的一种独特教育创造实践活动，其本质怎么可能是一门学科呢?”而比较教育学是“关于比较教育的一门学问或系统理论，它正在坚定不移地成长为一门学科”⑦。当然，这只是从分析的层面上所做出的区分，尚不足以解释实际运用中的混乱现象。

笔者认为，如果沿着加里多的思路进一步思考，或许可以让我们找到这

---

① [西班牙] 何塞·加里多著. 比较教育概论 [M]. 北京：人民教育出版社，2001：80.
② [西班牙] 何塞·加里多著. 比较教育概论 [M]. 北京：人民教育出版社，2001：80.
③ [西班牙] 何塞·加里多著. 比较教育概论 [M]. 北京：人民教育出版社，2001：81.
④ [西班牙] 何塞·加里多著. 比较教育概论 [M]. 北京：人民教育出版社，2001：81.
⑤ [西班牙] 何塞·加里多著. 比较教育概论 [M]. 北京：人民教育出版社，2001：81.
⑥ 李现平著. 比较教育身份危机之研究 [M]. 北京：教育科学出版社，2005：85.
⑦ 李现平著. 比较教育身份危机之研究 [M]. 北京：教育科学出版社，2005：84.

两个概念的区别以及学界变换使用它们的原因。就笔者自己的使用体会而言，“比较教育学”这个概念的指向更明确更具体，它指的就是有关比较教育的学问或科学，可被视为是这个学科的正规名称。作为有关比较教育的学问，比较教育学可以、但是不一定要包含对各国教育的描述，因为两者处于不同的认知层次。比较教育研究各国教育，而比较教育学则是对这种研究活动的一种研究①。与“比较教育学”这一概念相比，“比较教育”的说法相对有些模糊。正如项贤明所说的那样，比较教育是一个“既可以理解为一门‘学科’，也可以理解为一个‘研究领域’的模糊指称”②。正因为如此，它的指向更为宽泛，既可以指一种研究活动，即对世界各国教育的比较，也可以指比较教育这个学科、学问或研究领域。换句话说，与专指性概念“比较教育学”相比，“比较教育”这个概念的适用范围更广，包括前者又不局限于前者，而且，从使用便利的角度来说，“比较教育”这个概念更便于与其他词汇进行有意义的组合。因此，当人们想要单独或专门指称有关比较教育的学科或学问时，不妨使用“比较教育学”的概念。在其他的情况下，使用“比较教育”的概念可能更方便一些。这可能是学界变换使用两个概念的一种解释。笔者也不例外，会根据语境在两者之间变换。

2. 比较教育的定义

有关比较教育［学］的定义，学界可谓众说纷纭，至今未能形成一个广泛认可的定义。比较教育学者似乎都倾向于从特定的角度提出自己对比较教育的定义。本书收录的吴文侃③和谷贤林④的文章总结了国内外学者有关比较教育的一些定义。感兴趣的读者可以重点参阅。这里仅选出几个国内有代表性的定义作为讨论的基础。

作为“新中国第一部全国通用的比较教育教材”⑤，王承绪和顾明远主编的《比较教育》在其最新的修订版中对比较教育做出如下的定义：“比较教育

① 实际上，比较教育学本身具有比较教育元研究的性质。对这个问题，学界应该进行更详尽地分析和探讨。

② 项贤明. 比较教育学的学科同一性危机及其超越［J］. 比较教育研究，2001（3）：35.

③ 吴文侃. 比较教育学的对象和方法论基础［J］. 外国教育动态，1987（4）：1.

④ 谷贤林. 关于比较教育若干问题的探讨［J］. 比较教育研究，2003（7）：5—6.

⑤ 王承绪，顾明远主编. 比较教育［M］. 第4版. 北京：人民教育出版社，2012：2.

是对当代世界不同国家或不同地区的教育进行比较分析，找出教育发展的一般规律和特殊规律，为本国或本地区的教育改革作借鉴。”① 这个定义很简洁，把比较教育定义为一种研究活动，指出了其研究对象和目的，但没有在定义中涉及比较教育是否是一个学科的问题。

吴文侃、杨汉清主编的《比较教育学》在论及比较教育学的概念时表示：“要给比较教育学下个完整的科学定义，必须先阐明这门学科研究的目的、对象、方法和它的基本性质”②。按照这一要求，该书对比较教育学的定义是：“比较教育学是以比较法为主要方法，研究当代世界各国教育的一般规律与特殊规律，揭示教育发展的主要因素及其相互关系，探索未来教育的发展趋势的一门教育科学。”③

王英杰主编的《比较教育》对“比较教育”做出了一个较为详细的描述性定义：“比较教育是教育研究中的一个理论与应用并重的研究领域，是教育科学体系中的一个重要分支。它以当代世界上不同国家、民族和地区以及国际社会的教育为研究对象，综合运用有关学科知识和多种研究方法，在探讨其各自的哲学、政治、经济、历史和文化传统等特点的基础上，比较其教育思想和实践的异同与成败，研究总结教育的发展规律、经验教训和发展趋势，并进行科学预测，从而博采各家之长，以达成为本国的教育发展服务的目的。”④

新一代的比较教育研究者也纷纷提出了自己对比较教育学的定义。在冯增俊、陈时见、项贤明主编的《当代比较教育学》中，“比较教育学是指以整个教育领域为对象，对当代不同国家或地区的教育进行跨文化比较研究，探讨教育发展规律及特定表现形式，借鉴有益经验，推动本国或本地区的教育改革和教育研究的一门科学”。⑤

卢晓中在其所著的《比较教育学》中提出的定义是：“比较教育学是研究

① 王承绪，顾明远主编．比较教育［M］．第4版．北京：人民教育出版社，2012：20.
② 吴文侃，杨汉清主编．比较教育学［M］．修订本．北京：人民教育出版社，1999：4.
③ 吴文侃，杨汉清主编．比较教育学［M］．修订本．北京：人民教育出版社，1999：2.
④ 王英杰主编．比较教育［M］．沈阳：辽宁大学出版社，2007：3.
⑤ 冯增俊，陈时见，项贤明主编．当代比较教育学［M］．北京：人民教育出版社，2008：4.

当代世界和不同国家或不同地区的教育现实问题，寻求世界教育发展的共同规律及不同国家或地区的教育差异，以促进和推动教育的改革与发展的经验学科，它也是教育科学的一个分支学科。”作者特意回避了对方法进行明确界定，并给出了如下的解释：“给一个学科下定义并非都要具体说明其研究方法不可，而且任何一个学科的研究（不仅仅是比较教育学）往往是一个‘方法群’综合运用的过程，很难用某单个方法来囊括”①。

朱旭东对比较教育学的定义突出了他历来主张的基于民族国家的比较教育学科定位：“比较教育学是以探求民族国家教育知识为对象的一门学科和科学，它表现了由比较而获得知识的一种学科存在的独特性，是以培养“人”的民族国家教育知识为学科存在依据和逻辑起点的，拥有基于比较方法一元论的学科多元方法，它是具有来源于民族国家教育知识的多学科解释视角的学科概念和理论体系。”②

这些层出不穷、众说纷纭的比较教育定义难免给人一种这样的印象：似乎有一千个比较教育学者，就会有一千个比较教育的定义。这种共识的缺失说明，比较教育这个学科确实尚未成熟。当然，也有人认为这是比较教育学科充满发展活力的标志。不管怎么看，比较教育研究者需要明确自己所使用的定义。就个人喜好而言，笔者更倾向于采用吴文侃、杨汉清的定义，全面而简洁。

3. 比较教育的研究目的

许多比较教育研究者都论及比较教育的研究目的。所列出的目的基本上也大同小异。这里引述特雷舍韦颇具概括性的总结作为代表。他列出了比较教育的四个目的：（1）研究别国的教育可以增进对本国教育的理解。（2）比较教育的目的是为教育的发展、改进或改革作出贡献。（3）比较教育研究有助于得出概括或原则，亦即教育发展的模式、规律或趋势。（4）比较教育研究有助于国际间的相互理解和友好，即促进国际理解与世界和平③。

---

① 卢晓中. 比较教育学. 北京：人民教育出版社，2004：10.

② 朱旭东. 比较教育学：内涵重构［J］. 比较教育研究，2012（6）：1.

③［澳］特雷舍韦. 比较教育的目的［M］//赵中建，顾建民选编. 比较教育的理论与方法——国外比较教育文选. 北京：人民教育出版社，1992：15—21.

这些固然都是比较教育研究的目的，学界对此似乎也无争议。不过，如果我们进一步提问，哪一个目的是最重要的呢？换句话说，比较教育研究的终极目的是什么？那么，对这个问题的回答，便可能会因回答者的立场不同而出现差异。例如，李守福认为，“比较教育的终极目标和基本使命就是为本国的教育改革和发展服务”①。而朱旭东认为，“由于比较教育学是一门科学，而科学的终极目的是理论的产生和检验，显然比较教育学的终极目的是比较教育理论的产生和检验”。② 这里可以看出服务教育改革与发展与提出和检验理论这两个目的之间的竞争。

就比较教育的目的而言，加里多也区分了两派观点：“理论派的观点和应用派的观点”。理论派认为，我们学科首先是而且应该是理论性学科。而应用派则认为比较教育学科首先是而且应该是一门应用性学科③。

总的来看，以发展理论为导向的比较教育研究在学界属于少数。与此相应的，将发展理论视为是比较教育研究终极目的的研究者也居少数。国内外比较教育学者大多持有一种实用主义的研究观，即：比较教育研究要服务实践。尽管他们并不排斥以发展理论为目的的研究，但是认为发展理论最终也是为了服务实践。毕竟，正是这个“借鉴—改善”目的④推动了比较教育的产生和发展，并被普遍视为是比较教育学科存在的合法性基础。这种实用主义的研究取向在我国比较教育学界尤为突出。冯增俊表示，“中国比较教育学发展新阶段的重要特征是重视研究教育服务社会及其社会实践的功效性，重视研究对教育改革的实际作用。比较教育学新阶段必须倡导“服务至上”的发展原则，面对当代教育中最重要和最紧迫的理论及实践问题。因此，从实践出发，所获得的理论也必须再作用于实践，其最根本的依据是促使教育服务社会的功效性。离开这个功效性，比较教育学就会失去发展方向。”⑤

---

① 李守福. 比较教育的价值及其实现［J］. 比较教育研究，1996（2）：8.

② 朱旭东. 比较教育学：内涵重构［J］. 比较教育研究，2012（6）：2.

③［西班牙］何塞·加里多著. 比较教育概论［M］. 北京：人民教育出版社，2001：77.

④ 比较教育的重要奠基人康德尔亦将“借鉴—改善”的目的视为是比较教育研究的终极目的。参见：王承绪，顾明远主编. 比较教育［M］. 第4版. 北京：人民教育出版社，2012：5. 卢晓中. 比较教育学［M］. 北京：人民教育出版社，2004：57.

⑤ 冯增俊. 论中国比较教育学发展的新阶段［J］. 比较教育研究，2008（12）：13—17

4. 比较教育的研究对象

吴文侃从研究的领域、时间和空间三个方面对比较教育的研究对象进行了界定：

从研究领域说，比较教育学的研究涉及教育的整个领域，教育学所研究的问题，诸如教育制度、教育行政、各级各类的学校教育目的、课程设置、教学方法、考试制度、政治思想教育等等问题，都可以作为比较教育学的研究对象。不过，比较教育的研究重点是各国的教育制度和重大的教育问题。①

从研究时间说，比较教育的研究以当代教育为中心。之所以必须以当代教育为中心，是借鉴的目的所决定的。当然，比较教育在研究当代教育时，为了阐明来龙去脉，也要追溯历史根源。但是追溯的目的是为了更好地说明现在，它与教育史的区别在于：教育史是从时间，从纵的关系上考察研究教育现象的变化发展，而比较教育学则是从空间上，从横的关系上考察研究当代的教育制度和教育问题。②

从研究空间说，比较教育学以世界各国的教育作为自己的研究对象。它的研究范围是很广泛的。在过去，各国比较教育的研究主要是以国家作为单位而进行的。不过，为了特定的目的，也可以就不同社会制度（例如社会主义国家、资本主义国家）、不同地域（例如亚洲地区、非洲地区、欧洲地区等）、不同文化区域（例如英语地区、法语地区、西班牙语地区等）的教育进行比较研究，还可以就一个国家内部的不同地区（省、县、区）、不同民族的教育进行比较研究。③

关于最后一点，即对一国内部不同地区之间的教育比较是否属于比较教育研究的范围，学界存在一些争议。例如，朱旭东就认为，“民族国家仍然是比较教育研究的空间边界”，“‘比较’毫无疑问是指向‘民族－国家’空间的，它既不是国际，也不是一国之内的不同地区”④。这和他对比较教育学的理解和定义有关：“比较教育学从学科研究对象上说是探寻民族国家教育如何

① 吴文侃. 比较教育学的对象和方法论基础 [J]. 外国教育动态，1987 (4)：2.

② 吴文侃. 比较教育学的对象和方法论基础 [J]. 外国教育动态，1987 (4)：2.

③ 吴文侃. 比较教育学的对象和方法论基础 [J]. 外国教育动态，1987 (4)：2－3.

④ 朱旭东. 试论中国比较教育研究的无边界特征 [J]. 比较教育研究，2005 (10)：9.

发生、发展的根源，探讨民族国家教育表现形态、类型，研究各民族国家教育培养人的模式、机制的一门学科。这是比较教育学的性质和研究对象。”①在他看来，对一国内部不同地区的教育比较是“教育的比较研究”，但不是“比较教育研究”。前者“是依据一定的参照点或框架，遵循基本法则，展开对任何两个或两个以上的教育事物进行研究”②。而比较教育研究“是具有确证身份的比较教育研究者在遵照教育的比较研究的共性下，对民族国家边界内的两个或两个以上民族国家的教育进行跨国性、跨文化性、跨学科性的学科逻辑的研究”③。

不过，国内大多数学者还是认为比较教育研究应该包括一国内部的教育比较，特别是对于中国这个有特殊国情（两岸四地，56 个民族，地域差异大）的国家而言④。曲恒昌指出，“中国是个社会经济和教育发展极不平衡的大国。各地自然地理、社会经济、文化背景相差极大。我国既有堪称世界一流的各级各类学校，也有世界上最差劲的学校。总之，其不平衡性和多样化的程度在世界上是不多见的。有的外国朋友说中国包括了三个世界。如果仅从发展水平上来说，这个话有些道理。……因此，我们既需要以国家或领域为单位进行国家与国家之间以及中外之间的教育比较，也要以国内的地区为单位进行区域比较研究。”⑤

尽管说，人们在认识上将一国内部的教育比较视为是比较教育的一部分，不过，在学科实践中，比较教育学者对此并没有给予足够的重视。顾明远表示：“过去我国比较教育总是研究外国的教育，把比较教育局限于跨国性。其实在本土也有可比较的内容和课题。我认为比较教育也应该包括本国的各地区、各民族之间教育的研究。我国地员广大，各地经济发展极不平衡。我国又是一个多民族国家，56 个民族集居在 960 万平方公里的土地上，他们有不同的语言，不同的文化传统，即使是占总人口 91.5%左右的汉族，也因地区

① 朱旭东．比较教育学：内涵重构［J］．比较教育研究，2012（6）：2.
② 朱旭东．试论“教育的比较研究”和“比较教育研究”［J］．比较教育研究，2008（2）：27.
③ 朱旭东．试论“教育的比较研究”和“比较教育研究”［J］．比较教育研究，2008（2）：27.
④ 顾明远．关于比较教育学科建设的几个问题［J］．比较教育研究，2005（3）：3.
⑤ 曲恒昌．从中国实际出发推进教育的比较研究［J］．比较教育研究，1993（1）：43.

不同有不同的文化传统。开展不同地区、不同文化传统的比较研究，对于我国教育的改革与发展有着重要的意义。①

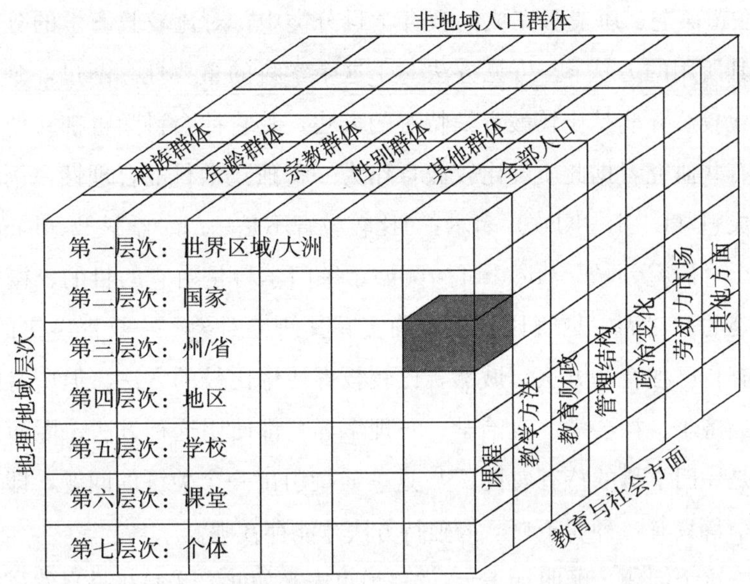

资料来源：Bray&Thomas（1995），p. 475.

图 1 比较教育分析框架②

近来学界也喜欢引用贝磊和托马斯立方体模型来形象地展示比较教育的对象结构与分析单位（图 1）。该立方体模型包括三个维度。第一个维度是地理/地域层次，分别为世界区域/大洲、国家、州/省、地区、学校、课堂和个体；第二个维度是非地域人口统计群体，包括种族、宗教、年龄、性别乃至全部人口；第三个维度为教育与社会方面的要素，如课程、教学方法、教育财政、教育管理结构、政治变化和劳动力市场等③。这个模型可以形象地展示比较教育研究对象的广泛性，不过，它还漏掉了一个维度，即时间维度。

① 顾明远. 关于比较教育学科建设的几个问题［J］. 比较教育研究，2005（3）：3.

② 原图出处：BRAY M，THOMAS R M. Levels of Comparison in Educational Studies：Different Insights from Different Literatures and the Value of Multilevel Analysis［J］. Harvard Educational Review，1995，65（3）：475. 这里转引自：贝磊，鲍勃，梅森主编. 比较教育研究：路径与方法［M］. 李梅主译. 北京：北京大学出版社，2010：7.

③ 贝磊，鲍勃，梅森主编. 比较教育研究：路径与方法［M］. 李梅主译. 北京：北京大学出版社，2010：7.

5. 比较教育的方法①

比较教育学是一门以比较法为主要方法研究世界各国教育问题的教育科学②。在瞿葆奎、唐莹所完成的教育学科分类中，对比较教育学的分类依据的正是其所用的方法③。可见方法对于这个学科的重要性。不过，令人尴尬的是，比较法并非是比较教育学特有的方法，其它社会科学也都在使用这种方法。有些研究者据此质疑比较教育作为一个独立学科的合理性，例如法国学者黎成魁（L. T. Khôi）表示："比较教育不是一门'学科'（discipline），而是一个'研究领域'（field of study）。一门学科是由它的目的、概念和方法所界定的。然而，尽管比较教育确实有其研究对象——教育事实的比较，但它没有自己独特的方法。诚然，比较教育使用比较的方法，但所有的社会科学（经济学、社会学、政治学、心理学等）都使用这种方法，因而比较的方法不是一门学科的特有属性。"④ 这一质疑引出一个关键的问题，即：是不是一门学科只有一种属于自己的独特方法才能存在呢?

对于这个问题，顾明远表示："恐怕也未必如此。实验法是自然科学研究普遍运用的方法，社会分析法往往是社会科学研究的方法。并不需要每门学科都只有一种独特的方法。为什么一定要求比较教育必须有自己的独特方法呢？硬要说比较教育要有独特的方法，那就是比较法。其他学科也在使用比较法，但没有像在比较教育研究中那样突出和重要。只要去了解一下别的社会学科的研究方法就可以发现，文献法、调查法是社会学科的普遍方法，很难说是哪门学科所独有。"⑤ 台湾的研究者钟宜兴也指出，"独特方法并非是判断一门学科成立与否的标准。比较教育如数学研究一样皆没有独特的研究方法，却并不妨碍学科的存在与成长。"⑥

除了以上这种釜底抽薪式的回应，即否定立论的依据，还有一些研究者

---

① 这里是从学科定位的角度谈方法，下面会专门介绍具体的方法和方法论。

② 吴文侃，杨汉清主编. 比较教育学［M］. 修订本. 北京：人民教育出版社，1999：7.

③ 唐莹著. 元教育学［M］. 北京：人民教育出版社，2002：15.

④［法］黎成魁. 比较教育［M］//赵中建，顾建民选编. 比较教育的理论与方法——国外比较教育文选. 北京：人民教育出版社，1992：3.

⑤ 顾明远. 关于比较教育学科建设的几个问题［J］. 比较教育研究，2005（3）：3.

⑥ 钟宜兴著. 比较教育的发展与认同［M］. 高雄：高雄复文图书出版社，2004：279.

顺着质疑者的思路来辩护，尝试说明比较教育研究中的比较法不同于其它学科所使用的比较法，进而证明比较教育学科的独特性。例如，陈时见表示，“比较教育研究中的比较与其它学科研究中的比较有很大的差异。其它教育学科研究中的比较，主要是作为一种技术性的具体方法，通过这种方法获得所需要的资料、数据或结论，这里的比较具有强烈的工具性特征，比较方法服务于特定学科的研究方法，是服务于其它方法的一种手段。而比较教育研究中的比较，主要是作为一种方法论层面的思维方式，是研究主体基于跨文化整体视野考察研究对象所形成比较的广度和深度，是一种比较视野，这里的比较具有研究主体的性质，其他教育研究方法服务于比较方法，比较也由此从技术层面转变为思维方式层面，从工具变成为目的。这便是比较教育研究方法的独特性。”① 按照这里的论证逻辑，比较教育学和其它学科的区别，不在于用不用比较法，而是如何用，是作为工具的用，还是作为比较视野的用。这可以说是对于以上质疑的一种切割式回应，即从比较法中切出一块单独分给比较教育研究。

朱旭东也尝试论证比较教育研究中比较法的独特性，并为此提出了“基于一元论的比较方法的多元方法论”的观点：“比较教育研究的方法论是一种一元论基础上的多元论。与其他学科不同的是，它首先是比较方法，然后在比较方法基础上利用其他多种方法。多种方法是比较教育学的合理的方法，基于比较方法的需要选择合理的方法，包括定性、定量和混合方法，我们称之为基于一元论的比较方法的多元方法论。”②

以上这两种回应方式确实能够揭示出比较教育研究方法的特征。但是，问题在于，其它的教育学科一样可以从比较视野的层面来使用比较法，也一样可以采用基于比较法的多元方法。所以，说到底，单单从方法的独特性来论证学科的独立性是不够的，还需要看该学科的研究对象、目的和功能是否可以完全被其它学科所取代。就目前的情况而言，比较教育学不仅有比较方

① 陈时见．论比较教育的学科体系及其建设［J］．比较教育研究，2005（3）：36．关于这里提到的观点，即比较教育中的比较不只是一种工具性方法，而是一种辩证的思维方式——比较视野，可以参见：付轶男，饶从满．比较教育学科本体论的前提性建构［J］．比较教育研究，2005（10）：4．

② 朱旭东．比较教育学：内涵重构［J］．比较教育研究，2012（6）：4．

法上的独特性，而且还有独特的研究领域（如教育与国家发展、环境教育、国际教育、国际组织与教育等），因此，不会被其他学科所取代①。

6. 比较教育的性质

笔者到目前为止的基本预设是比较教育是一个学科，这确实也是我国多数研究者的共同看法。按照华勒斯坦等人在《开放社会科学》中所提出的四个衡量学科的标准（即：成为大学的一个学术领域并占领了大学的讲台；有本学科正规或半正规的学术刊物；接受该学科的训练可以获得学位，尤其是博士学位；建立了全国性的或国际性的专业组织与协会）②，比较教育显然是一个学科。不过，这在学界并非是没有争议的，因为人们界定学科的标准不同。如上面已经提到的那样，法国学者黎成魁就明确表示："比较教育不是一门'学科'（discipline），而是一个'研究领域'（field of study）。"③ 提倡"比较研究的文化主义方法"的霍尔斯（W. D. Halls）也相当肯定的表示，比较教育"不是一门学科，也永远不会成为一门学科"④。

持有类似看法的还有阿尔特巴赫（P. G. Altbach）："我确信，比较教育无论如何都不是一门'学科'，而是一个对教育（不一定限于学校或其它正规教育机构）进行跨文化背景研究的多学科领域"⑤。赞同这一观点的新近代表还有库博和福舒姆（P. K. Kubow，P. R. Fossum）。他们指出："比较教育不是一个学科，而是一个多学科的领域"⑥。原因是：没有任何一门学科可以让人充分地把握教育现象的复杂性。因此，人们需要借助不同学科的优势来更好的理解教育及其影响因素。人类学、社会学、政治学、社会学、哲学、经济学、历史、心理学等学科都有助于更深入、更广泛的理解教育，因为这

---

① 顾明远．关于比较教育学科建设的几个问题［J］．比较教育研究，2005（3）：1—2.

② 谷贤林．关于比较教育若干问题的探讨［J］．比较教育研究，2003（7）：7.

③［法］黎成魁．比较教育［M］//赵中建，顾建民选编．比较教育的理论与方法——国外比较教育文选．北京：人民教育出版社，1992：3.

④［英］霍尔斯．文化与教育：比较研究的文化主义方法［M］//赵中建，顾建民选编．比较教育的理论与方法——国外比较教育文选．北京：人民教育出版社，1992：226.

⑤ ALTBACH P G． Trends in Comparative Education［J］．Comparative Education Review，1991（3）：491.

⑥ KUBOW P K，FOSSUM P R．Comparative Education．Exploring issues in international context［M］．N．J．：Merill/Prentice Hall，2007：18.

些学科的理论和概念可被用来分析和解释教育政策和实践。[①]

顾明远、薛理银在其被广泛引用的著作中，也对比较教育是一个学科的说法提出了挑战："我们认为比较教育大于一门学科。它是一切愿意贡献教育见解的社会群体的公共领域。他们既可以是教育诸领域的专家，也可以是其它社会科学的专家。它的对象是教育的整个领域。任何方法只要有用，都可以成为它的研究方法。然而，它不是也不可能无所不包。一项教育研究（以现当代教育为中心），在它的主体、客体和参照系统等三个要素中，只要有一个与其它两个不属于同一个国家（或同一种文化），那么我们就可以把它看做比较教育研究。……一言以蔽之，比较教育是国际（跨文化、民族间）教育交流的论坛。"[②]

除了学科与研究领域的争论之外，还有一些比较教育者认为"比较教育学既非学科亦非研究领域，它实质上是一种研究教育问题的方法或关于教育研究的方法论，它的方法色彩远远甚于其学科的或研究领域的特征"[③]。

面对分歧，陈时见表示，有关比较教育的争论主要是因为比较教育学的概念界定存在明显的多维性。产生分歧是因为"不同的学者是从不同的维度对比较教育提出了不同的认识。当我们说比较教育是一门学科时，往往是从学科体系的维度进行讨论的。如果把比较教育视为一个研究领域，往往是从比较教育研究所涉及范围的维度进行讨论的。从这个维度而言，比较教育可能是某一具体学科范围内的研究领域，也可能是包括若干学科在内而超越某一具体学科范围的研究领域。如果把比较教育视为一种方法，往往是从研究方法的维度进行讨论的，通常是把比较教育研究视为比较研究方法在教育领域中的运用。如果把比较教育视为一种国际教育交流的平台，往往是从比较教育功能的维度进行讨论的，因为比较教育无疑具有国际教育交流的功能，对于国际教育交流具有直接的意义。由于这几个维度本来就不在同一个平面

---

① KUBOW P K，FOSSUM P R. Comparative Education. Exploring issues in international context [M]. N. J.：Merill/Prentice Hall，2007：18.

② 顾明远，薛理银著. 比较教育导论——教育与国家发展 [M]. 北京：人民教育出版社，1998：14.

③ 卢晓中. 比较教育学 [M]. 北京：人民教育出版社，2004：8.

上，因而我们不能把这些不同的概念混合在一起来讨论。既然人们是从不同的维度提出的，那么，我们就不能因为有人提出比较教育学是一个研究领域，或者是一种交流平台，就否定比较教育学是一门学科。”①

尽管有争议，不过，多数的研究者似乎还是倾向于认为，比较教育是一门学科，至少从学术分类和教学科目的角度来看这应该是没有争议的。只不过，因为有关研究对象、方法、学科边界等基本认识方面的分歧，我们还不能说它是一个充分发展的、成熟的学科②。

7. 比较教育的边界

朱旭东在《试论中国比较教育研究的无边界特征》一文中，分析了中国比较教育研究的无边界特征，表现在五个方面，即：研究对象的无边界性；研究方法的无边界性；研究空间的无边界性；研究时间的无边界性；研究主体的无边界性③。他认为，无边界性给比较教育研究、特别是比较教育学科建设带来了许多问题，“它损害了比较教育学科的制度化建设。因为每一门学科都具有自身的知识积累并在这种积累基础上得到发展，无边界性使学科谱系得不到建立，因而比较教育研究者在研究过程中始终找不到学科之源。”④朱旭东认为，比较教育研究应当有边界，并从三个方面为比较教育研究设定了边界：第一，教育制度或体系是比较教育研究的对象边界；第二，民族国家是比较教育研究的空间边界；第三，教育问题的“当代性”仍然是比较教育研究的时间边界，依此与比较史学形成区分⑤。

刘宝存、张永军在《论比较教育的开放性及其限度》一文中谈到了同样的问题，不同的是，作者们是从肯定的角度来谈这个问题的。这从其选择的正向概念“开放性”就可以看出。他们指出，“正是由于比较教育在研究对

---

① 陈时见. 比较教育学的概念建构及其现实意义［J］. 比较教育研究，2013（4）：2.

② 依据英国学者赫斯特（P. Hirst），任何一种充分发展的学科皆应包括如下特征：① 具有在性质上属于该学科特有的某些中心概念；② 具有蕴含逻辑结构的有关概念关系网；③ 具有一些隶属于该学科的独特的表达方式；④ 具有用来探讨经验和考验其独特的表达方式的特殊技术和技巧。顾明远主编. 教育大辞典（增订合编本，下）［M］. 上海：上海教育出版社，1998：1800. 这里转引自卢晓中. 比较教育学［M］. 北京：人民教育出版社，2004：3.

③ 朱旭东. 试论中国比较教育研究的无边界特征［J］. 比较教育研究，2005（10）：8—9.

④ 朱旭东. 试论中国比较教育研究的无边界特征［J］. 比较教育研究，2005（10）：12.

⑤ 朱旭东. 试论中国比较教育研究的无边界特征［J］. 比较教育研究，2005（10）：9—10.

象、研究方法和研究者等方面都具有开放性，才使得比较教育在学科身份质疑下仍然取得了很大的发展，其不可替代性也逐渐被学界所认可。承认比较教育学科的开放性，以开放的态度选择研究问题、研究方法，以开放合作的心态开展研究，是比较教育发展的必由之路。"① 作者们虽然并不否认"划界"对于学科发展的重要性，但是认为，"过度的强调学科边界在一定程度上也会限制学科的发展，特别是在当代科学发展越来越走向交叉与综合的背景下就更是如此。"②

比较教育的"无边界性"或者说"开放性"究竟是个问题还是优势呢？对这个问题的回答显然会受到回答者立场和关注点的影响。笔者觉得，注重学科内涵提升的人、特别是专门从事学科建设研究的人可能都会认为这是个问题。毕竟无边界性确实不利于学科知识的递进式累积和学科谱系的形成，也不利于学科成员的专业化发展，进而影响到研究的质量和学科的声望。而注重学科规模发展的人则可能更倾向于认为这是个优势，兼容并包是比较教育保持发展活力的前提。正如刘宝存、张永军所言，"只有这样，比较教育才会保持活力和生命力，也才更能发挥它在知识创新和服务教育改革中的作用和价值"③。而兼顾两者的人则可能采取一种折衷的立场，即：比较教育应该有边界，但是也要保持足够的开放性。正如王英杰所说："解决学科边界问题既要坚持把民族国家教育的比较研究作为比较教育研究的主体，同时又要不断探索学科的新领域。不坚持学科的内核，学科就会随波逐流失去身份，没有新的增长点，学科就会僵化和停滞。"④ 支撑这一观点的基本认识是，划界与开放并非是一种对立，而是一个学科不同发展阶段的特征。王英杰指出，"通常一个学科的发展道路是从边界模糊走向边界清晰，再从清晰走向模糊，这是一个螺旋发展的道路。恐怕比较教育学的发展也要走这样的道路，从模糊到清晰不可能一蹴而就，更何况现在一些成熟学科的边界也开始变得模糊。从一定意义上来说，边界模糊有利于学科的发展，有利于学科之间的渗透，

① 刘宝存，张永军．论比较教育的开放性及其限度［J］．比较教育研究，2011（4）：10.
② 刘宝存，张永军．论比较教育的开放性及其限度［J］．比较教育研究，2011（4）：7.
③ 刘宝存，张永军．论比较教育的开放性及其限度［J］．比较教育研究，2011（4）：11.
④ 王英杰．我国比较教育研究的成绩、挑战与对策［J］．比较教育研究，2011（2）：3.

有利于我们学习借鉴其他学科的理论和概念，有利于我们从全局了解和把握教育的现象与本质。①

以上是对学科定位中的几个关键问题的分析。严格地说，下面要讨论的学科关系以及学科危机也属于学科定位的问题范畴，只不过因为这些文章有共同的专门的主题，所以，下面将其单独拿出来作为一个专题进行分析。

(三) 比较教育的学科关系

这里谈到的学科关系既包括比较教育学与其上位学科——教育科学的关系②，也包括比较教育学与教育科学的其他分支学科的关系，还包括比较教育学与相近学科（如比较政治学，比较社会学）的关系。这三种关系属于是比较教育学科的外部关系。此外，学科关系还包括比较教育学的内部关系，即比较教育学的分支领域。对比较教育学科内外部关系的厘定也是比较教育学科定位的重要内容。

1. 比较教育的学科关系

在比较教育学科的外部关系中，比较教育学与教育学的关系无疑是重要的一个关系。李现平在《比较教育学与教育学》一文中从目的功能、逻辑起点和核心内容三个方面分析了比较教育学与教育学的关系。

从目的和功能来看，“教育之用在于改造人，进而改造社会；比较教育之用在于改造教育自身，进而改造社会”③。从逻辑起点来看，“教育以人类的存在与发展为逻辑起点，在个体发展与人类发展的良性互动关系中发挥纽带、

---

① 王英杰. 再谈比较教育学的危机［J］. 比较教育研究，2007（3）：14—15.

② 尽管大多数研究者都认为，比较教育学是教育科学的一个分支学科（王承绪，顾明远主编. 比较教育［M］. 第4版. 北京：人民教育出版社，2012：1. 吴文侃，杨汉清主编. 比较教育学［M］. 修订本. 北京：人民教育出版社，1999：7. 卢晓中. 比较教育学［M］. 北京：人民教育出版社，2004：10）。不过，这只是学科派内部的共识。领域派学者因为只承认比较教育是一个多学科的或跨学科的研究领域，即从根本上否认比较教育学是个学科，所以，不会认为比较教育是教育科学的分支学科。还有一些学者建议，比较教育学以其它学科作为母学科。如司洪昌建议，应该选择社会学作为比较教育的“母体”。司洪昌. 寻找母体的一次尝试——论比较教育框架内的社会学［J］. 比较教育研究，1999（增刊）：3—8. 阿根廷的比较教育家奥利韦拉认为，“比较教育不是教育学的一个分支”（［阿根廷］奥利韦拉. 比较教育：什么样的知识？［M］//赵中建，顾建民选编. 比较教育的理论与方法——国外比较教育文选. 北京：人民教育出版社，1992：324）。

③ 李现平. 比较教育学与教育学［J］. 比较教育研究，2001（9）：16.

桥梁和催化剂作用；比较教育以教育自身的存在与发展为逻辑起点，在不同教育单元之间、教育单元与其他社会单元之间良性互动关系中扮演类似角色。”[①] 换句话说，比较教育的逻辑起点是教育的存在与发展，它的旨趣在于对包括教育学在内的整个教育进行反思、自醒与改造，从而推动教育自身的发展。教育学关注人的存在与发展，力图改变人的存在与发展，进而改变和影响社会发展进程[②]。

从核心内容来看，“教育学的核心内容是教育规律，它探讨教育者、受教育者及其社会环境之间的相互关系，主要回答如何教育人的问题；比较教育学的核心内容是教育发展规律，研究各类教育单元之间、教育单元与其它社会单元之间的相互关系，主要回答如何认识教育、如何对待教育、如何发展教育的问题。”[③] 就其分析程序而言，“教育学把教育解剖为教育者、受教育者、教育影响、教育环境等，进而研究这些因素之间的相互关系；而比较教育学则把教育解剖为同时包括着教育者和受教育者的一个个教育单元，对这些教育单元之间的相互关系和关系方式作比较研究。”[④]。

李现平此文从教育学与比较教育学的关系入手，分析和定位比较教育[学]，这种定位方式很新颖。特别是，教育学研究人及其发展，而比较教育学研究教育及其发展，这个区分很有启发性。不过，这里需要指出的是，比较教育学界还有一种强调两者共性的观点。顾明远、薛理银指出，“比较研究是通向普遍的教育法则的必经之路。有关教育的各种一般命题都应当拿到各国去检验，从而进一步确证该命题或证伪它。因为所有教育科学研究人员都可以进行这种研究，所以，在这个意义上，比较教育并不具有独特性。比较教育学就是教育学本身。”[⑤] 换句话说，如果教育学旨在探索教育规律，就必然要进行比较，即从事比较教育研究，否则它就不可能实现这个目标。

这让人不禁想到涂尔干在谈到比较社会学和社会学的关系时所说的一句

① 李现平．比较教育学与教育学［J］．比较教育研究，2001（9）：17.

② 李现平．比较教育学与教育学［J］．比较教育研究，2001（9）：18.

③ 李现平．比较教育学与教育学［J］．比较教育研究，2001（9）：18.

④ 李现平．比较教育学与教育学［J］．比较教育研究，2001（9）：19.

⑤ 顾明远，薛理银著．比较教育导论——教育与国家发展［M］．北京：人民教育出版社，1998：30.

话："只要它不只是局限于纯粹的描述，而是期待对事实做出解释，那么，比较社会学就不是社会学的一个特殊分支，而是社会学本身。"① 法雷尔（J. Farrell）谈及比较教育研究在教育研究中的角色时也作了类似的陈述："如果没有对教育进行比较研究，那么，这种研究就不会是具有可推广性的科学的教育研究。"②。

由此看来，在分析比较教育学与教育学的关系时，既要看到它们的区别，也要看到它们的共性和联系。

比较教育学与社会学的密切关系是任何熟悉比较教育学科发展的人都不会否认的一个事实。乐先莲在回顾了比较教育的发展历史后指出，比较教育的"问题域、基本话语的形成、方法论的建立以及理论框架的构建都深深地烙上了社会学的印记"③。鉴于社会学研究成果对比较教育的影响，作者认为，"从一定意义上讲，比较教育的发展史是一部借用社会学的概念、理论和方法论的历史"④。得出类似判断的朱旭东也表示，"比较教育研究的历史是一种社会科学化的历史。"⑤ 乐先莲认识到比较教育在知识生产中对其他学科依赖的问题，因此，她建议比较教育应该改变这种单向借用的状态，要创造出供其他学科消费的知识产品⑥。所有重视比较教育学科发展的人都不应忽视这个重要的建议，"作为一门独立学科存在的重要前提便是其学科内的知识资源的消费。因此，比较教育能否创造出供作为消费者的其他学科（如社会学）使用的产品，能否以自己特有的视角提供人类认识教育独特的观点和思想，将是比较教育学科是否具有旺盛生命力的关键所在。"⑦

当然，除了社会学之外，比较教育学者同时也在利用政治学、经济学、历史学等学科的知识。对比较教育学与这些学科的关系的考察无疑也是具有价

---

① DURKHEIM E. The Rules of Sociological Method [M]. New York：Free Press，1982：157.

② FARRELL J. The Necessity of Comparisons in the Study of Education [M] //ALTBACH P G，KELLY G P (Eds.). NewApproachesto Comparative Education. Chicago：The University of Chicago Press，1986：208.

③ 乐先莲. 比较教育和社会学的关系史及其分析 [J]. 比较教育研究，2006 (10)：44.

④ 乐先莲. 比较教育和社会学的关系史及其分析 [J]. 比较教育研究，2006 (10)：43.

⑤ 朱旭东. 试论西方比较教育研究的社会科学化历史 [J]. 全球教育展望，2004 (1)：64.

⑥ 乐先莲. 比较教育和社会学的关系史及其分析 [J]. 比较教育研究，2006 (10)：42.

⑦ 乐先莲. 比较教育和社会学的关系史及其分析 [J]. 比较教育研究，2006 (10)：47.

值的研究选题。遗憾的是，《比较教育研究》杂志至今还没有刊发过这些主题的文章。

除了从已经成熟的上位学科中汲取营养之外，比较教育学也可以从其它比较社会科学中获得有益的智识资源。李现平对比较教育和比较文学进行了类比，提出了互相借鉴和互相学习的建议。他指出，比较教育学与比较文学“有着惊人相似的社会历史背景、学科发展历程、学术品格特质和现实问题困境。面对各自的生存发展问题，有共同的困难、共同的需要、共同的利益，理应结成同盟，同舟共济。可以相互以对方为参照系，来佐证各自学科的价值定位、发展历史；可以吸取对方的方法，来丰富各自的方法论体系，如比较文学中的影响研究、平行研究、阐发研究等，未尝不可在比较教育研究中一试身手”。[①] 这个分析思路同样可以拓展至对比较教育学与比较政治学、比较法学、比较语言学、比较经济学关系的分析。《比较教育研究》杂志至今也还没有刊发过这些方面的文章。感兴趣的研究者不妨在未来努力填补这一研究上的空白。

2. 比较教育的分支领域

关于比较教育的分支领域，学界目前引用较多的是霍尔斯的分类。他认为，比较教育包括比较研究、外国教育、国际教育和发展教育四个研究领域[②]。其中，比较研究（comparative study）进一步划分为两个亚领域，即：比较教育学（comparative pedagogy，也被译为比较教学法[③]）与教育内部分析和文化内部分析。国际教育也分为国际教育教学法和国际教育机构工作研究两个亚领域[④]。

---

① 李现平．比较教育学与比较文学握握手［J］．比较教育研究，2006（10）：25．

② HALLS WD（ed.）．Comparative Education：Comtemporary Issues and Trends［M］．UNESCO：Jessica Kingsley Publishers，1990：23．这里引自：王承绪主编．比较教育学史［M］．北京：人民教育出版社，1998：10．

③ 王英杰主编．比较教育［M］．沈阳：辽宁大学出版社，2007：25．

④ HALLS WD（ed.）．Comparative Education：Comtemporary Issues and Trends［M］．UNESCO：Jessica Kingsley Publishers，1990：23．这里引自：王英杰主编．比较教育．沈阳：辽宁大学出版社，2007：25—26．

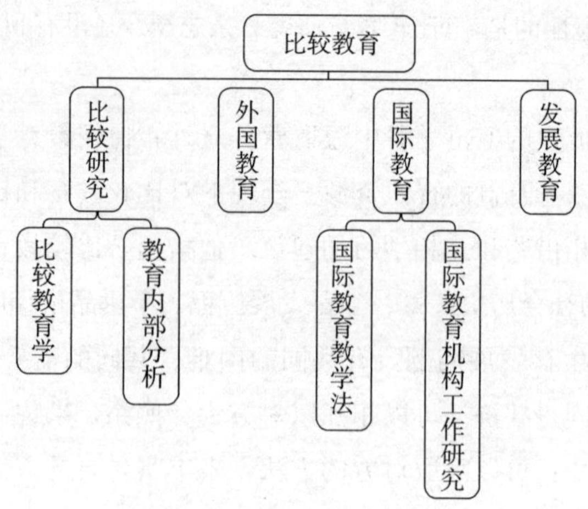

图2　比较教育的研究领域①

除了霍尔斯的划分方式之外，人们也可以根据研究内容和研究对象的不同，从学科内部体系结构的各部分之间逻辑关系的角度，把比较教育的研究领域划分为：外国教育研究，区域教育研究，国家间教育比较研究，国际教育研究，比较教育史研究，比较教育方法论研究和比较教育基本理论研究②。这些领域既相互分离，也相互联系，部分领域还存在交叉。

本书在这一部分收录的文章并不旨在提出新的领域划分方法，而是重在总结和分析现有各分支领域的发展情况，或者是建议和论证开辟新的研究领域。这些文章关注的焦点主要是中国比较教育学科发展的情况。

罗正华的文章论证了设置比较教学论学科的必要性。作者指出，"比较教育学从宏观上研究较多，深入到微观研究较少，从整个教育领域或从教育制度方面比较研究多，具体、深入、全面地比较研究教学论方面的问题则不够。产生这种情况的原因，自然是由于比较教育学研究对象的广泛性使它很难对教育这个系统的各个子系统，即教育整个领城的各个部分、方方面面都能比较研究得那么具体、深入和全面。何况教学论方面需要比较研究的问题很多，特别是二十世纪中期以来，各国出现较大规模的教学改革和实验，提出了许

① HALLS WD（ed.）. Comparative Education: Comtemporary Issues and Trends［M］. UNESCO: Jessica Kingsley Publishers，1990：23. 这里引自：王承绪主编. 比较教育学史［M］. 北京：人民教育出版社，1998：10.

② 王英杰主编. 比较教育［M］. 沈阳：辽宁大学出版社，2007：27.

多新的教学理论和主张”①。因此，作者建议，“从当今社会发展对教育和教学的迫切要求来看，教学理论和实践方面的内容仍只作为比较教育学的一章或一节进行比较研究是很不够了，它应该从比较教育学中分化出来，成为一门独立的、比较教育学的分支学科—比较教学论，这是势在必行、十分需要的。”②

贺国庆的文章论述了开展比较教育史实研究的重要性，批评了比较教育学界以二战为界划分比较教育和教育史研究的错误认识，因为这种认识导致“从事比较教育研究的往往忽视历史的研究，甚至对史实不屑一顾”③。他指出“学科的划分不应该仅以时间为标准或依据，教育史是研究从古至今教育理论和教育实践的发展以及变化，可以说凡是过去了的都是历史，都是教育史的研究范围，当然也包括二战以后的教育发展；而比较教育则是以比较法为主要方法研究世界各国的教育理论和教育实践，它不仅研究当代教育，也研究过去的教育，纵向比较和横向比较都是比较教育的方法。纵向比较自然也包括二战前的教育。鉴于此，我认为比较教育和教育史的区别更重要的应该是研究方法的区别而不是时间上的区别。有人说比较教育‘追溯历史根源的目的是为了更好地说明现在’，即鉴古知今或古为今用，试问比较教育的研究如此，教育史的研究不同样如此吗？从这种意义上说，比较教育史实的研究毫无疑问是比较教育学科的研究范围。”④

常永才的文章指出，比较教育学因为一直以来以国家作为比较单位，所以曾长期忽视少数民族教育研究。他认为，比较教育学应该加强民族教育研究，因为两者有共同的学术理念，而且这种研究能够让比较教育学在理论基础（多元文化教育观）、方法论（教育民族志）等方面得到进一步的发展，同

---

① 罗正华．要进行教学论的比较研究——兼谈设置比较教学论学科的必要性［J］．外国教育动态，1990（3）：37．

② 罗正华．要进行教学论的比较研究——兼谈设置比较教学论学科的必要性［J］．外国教育动态，1990（3）：35．

③ 贺国庆．开拓新的研究领域——比较教育史实研究的意义［J］．比较教育研究，1996（2）：6．

④ 贺国庆．开拓新的研究领域——比较教育史实研究的意义［J］．比较教育研究，1996（2）：6．

时，这一研究也具有重要的现实意义，有助于民族关系的和谐。① 作者乐观地估计，加强少数民族教育研究“将是新世纪比较教育学的一个新增长点”②。

朱旭东的文章对于“发展和教育”这一比较教育领域进行了全面的分析，介绍了这一领域的形成历程，梳理了这一研究领域中的范式和理论，如新自由主义范式（人力资本理论，现代化理论，全球化理论），激进主义范式（冲突理论，依附理论），批判范式（批判理论，后殖民理论），后现代主义范式。最后，作者还分析了教育与经济发展、政治发展、文化发展以及现代发展之间的关系，以及对发展与教育这两者关系的一些质疑与矛盾。③

张德伟、王喜娟、卫沈丽建议中国的比较教育研究者“按照区域研究的方法论和研究范式扎实地开展教育的区域研究”④。他们所说的区域研究“是研究者根据研究的需要，对所选择的区域进行跨学科的综合性研究和注重实地调查的实证性研究，以期透视所研究区域的发展趋势的一个研究领域。同时，它又是一种研究范式”⑤。根据文中的介绍，现代意义上的区域研究产生于二战前后的美国，因此，它并非是一个新的研究方向，西方和日本的学者（如马越彻）都已经将其引入比较教育研究领域。因此，作者们认为在中国推进区域研究是中国比较教育学实现理论创新和实践创新、进而走出危机的一条路径⑥。

王春茅论述了比较军事教育成为独立分支学科的基本条件。他将比较军事教育定位为“跨比较教育学与军事教育学的交叉学科与边缘学科，它是比

① 常永才. 中国比较教育学不该忽视的一个领域——少数民族教育研究［J］. 比较教育研究，2000（增刊）：10.

② 常永才. 中国比较教育学不该忽视的一个领域——少数民族教育研究［J］. 比较教育研究，2000（增刊）：14.

③ 朱旭东. 比较教育的"发展与教育"研究领域［J］. 比较教育研究，2004（12）：1—7.

④ 张德伟，王喜娟，卫沈丽. “区域研究”与中国比较教育学的新发展［J］. 比较教育研究，2009（12）：26.

⑤ 张德伟，王喜娟，卫沈丽. “区域研究”与中国比较教育学的新发展［J］. 比较教育研究，2009（12）：25.

⑥ 张德伟，王喜娟，卫沈丽. “区域研究”与中国比较教育学的新发展［J］. 比较教育研究，2009（12）：26.

较教育学的分支和下位学科；同时，它又是军事教育学的下位学科”①。他指出，比较军事教育将世界各国的军事教育训练作为研究对象，广泛运用社会科学、教育科学和军事科学的研究方法，同时形成并运用学科自身特有的方法。这些方法主要有：军事翻译、情况整编、动向跟踪、专题研究、综合研究、超前研究、对策研究、借鉴研究等。”②

教育政策研究历来是比较教育研究的一种重点领域。韩玉梅、李玲的文章分析了教育政策比较研究的理论和方法，指出了教育政策比较研究的程序和步骤，并总结了一些应用的原则和规范，如：理解我国教育政策的实际状况和需求，系统分析本国和目标国教育政策的背景，在国别选择中避免英美等发达国家的垄断，做到理论研究和应用研究相结合，落实本土化的转型与评估。③

跨文化教育（Intercultural Education）是一种新的国际教育思潮，也是国际教育研究中的一个新的研究领域。黄志成、韩友耿分析了跨文化教育的概念、特点和研究视角，讨论了跨文化教育与全球教育、比较教育、国际教育、和平教育、公民教育等研究领域的区别与联系，重点介绍了跨文化教育的四种模式，即：国家模式、种族补偿模式、公民模式、文化边界模式。问题是，跨文化教育和比较教育究竟是一种什么关系呢？跨文化教育是比较教育的一个分支领域吗？作者在文章中没有对这个问题明确作出回答，只是指出：“跨文化教育与比较教育的联系是很明显的，这是因为两者均关注对理论方面、对问题和对发展趋势的研究，以及对世界不同国家和地区跨文化教育框架下的组织发展与实践活动的研究。然而，在这一点上，比较教育更注重进行比较，而跨文化教育则试图超越实际应用，力求在多元文化社会中发展关于教育和社会进步的理论知识。”④

德国比较教育学者阿迪克（C. Adick）认为，跨文化教育属于比较教育

---

① 王春茅．比较军事教育成为独立分支学科的基本条件［J］．比较教育研究，2011（6）：53.

② 王春茅．比较军事教育成为独立分支学科的基本条件［J］．比较教育研究，2011（6）：52..

③ 韩玉梅，李玲．教育政策比较研究：理论、方法及其应用［J］．比较教育研究，2013（4）：33—37.

④ 黄志成，韩友耿．跨文化教育：一个新的重要研究领域［J］．比较教育研究，2013（9）：1—6.

学的范畴。两者的共同点是研究对象都是“他者视野中的教育”，区别是：跨文化教育关注的一国内部异质性的教育现象（语言文化的多样性和差异），而比较教育学通常关注的是国外的教育现象①。从组织机构来说，在德国教育学会中，这两个领域已经合二为一，成为“跨文化与国际比较教育学分会”。笔者也认为，跨文化教育当属比较教育的研究范畴，即跨文化教育学应该是比较教育学的分支学科。这样便可以将国内异质教育现象（如少数民族的教育）纳入比较教育研究的视野。

(四) 比较教育的学科危机

比较教育的学科危机（有身份危机、认同危机、同一性危机等多种不同的说法）是比较教育学科反思的一个重要内容，也已经成为比较教育研究中一个独立的问题域，汇集了不少文章甚至专著。李现平在其专著中总结出比较教育身份危机的四种表现形式：比较教育的学科同一性危机（比较教育能够算是一门独立自主的学科吗?）；比较教育的社会地位和社会价值危机（比较教育到底有什么用?）；比较教育的学者归属感和认同感危机（我是谁？我在做什么？我们与别人的本质区别在哪里？我是×××专家，而非比较教育专家!）；区域性比较教育文化群体的生存危机②。

根据李现平的分析，比较教育危机是逐渐产生并不断强化的，走过了以下几个发展阶段。在第二次世界大战之前的很长一个时期，比较教育都没有身份危机的问题，处于一种“朴素统一的身份认同状态”③。20世纪50～60年代，随着比较教育研究在战后经济恢复中的作用凸现，这一领域得到人们的重视、研究和关注，有关其定义的问题在这一时期开始显现，出现了“何谓比较教育”的争论。人们开始谈论学科统一性危机。20世纪70～80年代，随着60年代末的学潮、70年代全球性政治、经济、文化和教育危机以及80年代经济萧条的出现，比较教育研究项目和经费被大幅削减，人员编制也减

---

① ADICK C. Vergleichende Erziehungswissenschaft. Eine Einführung [M]. Stuttgart: Kohlhammer, 2008: 53—63.

② 李现平著. 比较教育身份危机之研究 [M]. 北京：教育科学出版社，2005：16—24.

③ 李现平著. 比较教育身份危机之研究 [M]. 北京：教育科学出版社，2005：9.

少，比较教育研究出现了严重的衰退，比较教育的学科地位和社会价值受到质疑，学科身份危机和社会地位危机进入观察者的视野。学者认同感和归属感危机也随之出现。进入20世纪90年代，随着各种批判理论和反思理论的兴起，比较教育的身份危机进一步凸显，并且在中国的比较教育学界引发了讨论。①

到目前为止，研究者们已经从各方面诊断了比较教育出现危机的原因或表现，并提出了如何走出危机的建议。

王英杰认为，目前学界讨论的学科危机集中在以下三个方面："一是比较教育研究的领域过于宽泛，教育方方面面的问题几乎无不在比较教育的视野之下，其边界过于模糊；第二是比较教育缺乏自己特殊的理论、概念和方法，要向其他更成熟的学科借用；第三是教育各分支学科现在都从事比较研究，从而挤压了比较教育生存的空间，甚至产生了对比较教育存在的必要性的质疑。一部分比较教育学者离开了比较教育学科，漂移到了其他教育分支学科。"②

在另一篇专门讨论危机的文章中，王英杰指出，有关比较教育危机的观点之所以挥之不去，一是因为比较教育学者对"自己安身立命的学科关心之切，过于急切地希望看到比较教育学成为一个非常成熟的学科。岂不知一个学科的成熟需要走一段漫长的道路。"③ 二是由于"一些比较教育学者对何谓比较教育，比较教育在认识教育现象、解决教育问题和促进教育发展中的作用认识不够有关，因此，在谈到比较教育学科问题时，自己先底气不足了。再加上，教育其他分支学科的专家在做了一些"比较"研究后，就自认为已经知道了比较教育学的真谛，因此倾向于轻视比较教育研究。这样，在比较教育学科内外就出现了质疑比较教育存在理性的趋势。因此，要走出比较教育学科危机，就有必要重新认识比较教育存在的五个基本理性，即：比较教育研究是教育科学知识的源泉；比较教育研究是思想的实验室；比较教育研究是批判的利器；比较教育研究是提供前沿服务的平台；比较教育研究是国

① 李现平著．比较教育身份危机之研究［M］．北京：教育科学出版社，2005：8—16.

② 王英杰．我国比较教育研究的成绩、挑战与对策［J］．比较教育研究，2011（2）：3.

③ 王英杰．再谈比较教育学的危机［J］．比较教育研究，2007（3）：14.

际教育交流的论坛。① 只有充分认识到比较教育的价值，才有可能获得学科自信和使命感，走出危机。

项贤明指出，比较教育历来就是一个异质的领域，并一直存在着学科同一性危机；造成这种危机的原因主要是它缺乏独特的概念体系和理论基础，且存在着严重的比较教育学者的“文化自我迷失”；而走出困境的根本出路就是确立比较教育学的文化视野②。换句话说，就是关注文化特性问题③，以文化为基石构建比较教育学的学科同一性。④

朱旭东认为，比较教育话语权的失却，比较教育研究角色的模糊，比较教育研究的文本不确定性和比较教育研究范式的西方中心主义等症状是导致比较教育研究陷入危机的原因。作者建议借鉴多元现代性理论作为摆脱危机的出路，破除西方中心主义观，认识到不同民族国家与文化在教育领域的多样性和差异⑤。

马健生和陈玥的文章指出，比较教育的危机源于高水平研究的匮乏，比较教育要维护学科尊严、赢得学科声誉，就必须由初级水平向高深水平不断发展。作者在文中区分了四种不同的研究水平：即文献综述式——“入门级”，模型或理论指导式——“专家级”，数据挖掘式——“高深级”和融会贯通式——“大师级”。他们认为可以通过提升研究水平和质量的方式让比较教育走出危机。⑥

刘卫东认为，“研究对象、范围、目标等不确定、不明了，是比较教育身份危机的症结”⑦。他认为，“比较教育只有经过深刻反思，充分重视学科基本理论建设，才能去掉对西方国家的比较教育研究亦步亦趋的形象，摆脱危机；比较教育只有加强为社会服务，才能得到适宜于它发展的生机。”⑧

---

① 王英杰. 再谈比较教育学的危机 [J]. 比较教育研究，2007 (3)：14—15.

② 项贤明. 比较教育学的学科同一性危机及其超越 [J]. 比较教育研究，2001 (3)：30.

③ 项贤明. 比较教育学的学科同一性危机及其超越 [J]. 比较教育研究，2001 (3)：33.

④ 项贤明. 比较教育学的学科同一性危机及其超越 [J]. 比较教育研究，2001 (3)：34.

⑤ 朱旭东. 民族—国家和比较教育研究 [J]. 比较教育研究，1999 (2)：2.

⑥ 马健生，陈玥. 论比较教育研究的四重境界——兼谈比较教育的危机 [J]. 比较教育研究，2013 (7)：56—61.

⑦ 刘卫东. 中国比较教育危机之我见 [J]. 比较教育研究，1995 (3)：33.

⑧ 刘卫东. 中国比较教育危机之我见 [J]. 比较教育研究，1995 (3)：36.

周世厚的文章指出，中国比较教育的危机在很大程度上源于学科立场、科学立场、本土立场等方面批判性的弱化，而强化批判性则有助于建立中国的比较教育理论、改善比较教育的学科形象、实现研究的实践价值、树立“谏诤形象”（对教育政策进行批评和证伪），进而走出困局。①

对于比较教育存在危机的说法，也有研究者提出了不同的见解。杨洪对李现平总结的比较教育危机的四种表现形式，即身份危机/学科统一性危机、社会地位和社会价值危机、归属感和认同感危机及区域性比较教育文化群体的生存危机，逐一加以评论和批判。作者的结论是，“比较教育没有身份危机，正相反，比较教育是一片热土”②。作者认为，一些学者之所以产生身份危机的认识，可能是因为没有很好地把比较教育研究的立足点放在我国的现实国情上来。③

这里所提出的一个关键问题是：比较教育的发展欣欣向荣，充满活力，是否可以就据此否定比较教育存在危机呢？所谓的比较教育的危机的根源究竟在哪里？陈时见对此表示，“人们对比较教育学提出质疑，主要不是从比较教育学的作用、功能或意义等方面提出的，而主要是从学科合理性方面提出的”④。换句话说，学科是否存在危机并非是由其外在的功能、作用或意义决定的，而是由其内在的本质性问题（如研究对象、研究方法、研究者的专业化等）所引发的。

面对有关比较教育危机的众说纷纭，顾明远指出，比较教育有自己独特的研究问题域，不会被其他学科所替代，因此，与其谈论危机，不如通过实际的研究活动来解决具体的问题，证明自己的价值，并在这一过程中推动比较教育学科的发展⑤。他表示，“比较教育工作者有许多事情需要做，而不必自暴自弃，自我制造身份的危机。其实任何一门学科都可以产生危机：当这门学科的知识不能解决现有的问题时，危机就出现了。我们要努力寻求解决

---

① 周世厚．批判性视角下中国比较教育的学科危机与出路［J］．比较教育研究，2012（6）：8—12.

② 杨洪．我国比较教育研究的立足点［J］．比较教育研究，2005（10）：21.

③ 杨洪．我国比较教育研究的立足点［J］．比较教育研究，2005（10）：19.

④ 陈时见．比较教育学的概念建构及其现实意义［J］．比较教育研究，2013（4）：2.

⑤ 顾明远．比较教育的身份危机及出路［J］．比较教育研究，2003（7）：1.

问题的方法，当问题解决了，学科就会得到进一步发展。因此可以说，没有危机就没有进步，就没有发展。比较教育何尝不是这样呢?"①

总之，尽管谈论危机之声不绝于耳，不过，比较教育在中国却一直处于发展之中，这也是不争的事实。不仅研究领域在增加，而且比较教育学科建设也一直在进步之中。顾明远提倡的文化研究，王长纯提出的"和而不同"，朱旭东提出的"基于比较方法一元论的学科多元方法"②，陈时见对比较教育学科体系的"三圈层、多交叉结构"设计③等都是有益的探索。或许正如项贤明所说，这是"一种潜伏着新生的危机"，"这种危机感也必将推动比较教育学者在参与教育改革的现实过程中寻求本学科新的发展方向"④。

(五) 比较教育研究的理论

因为比较教育研究的跨学科性及其研究对象的广泛性，所以，许多源自经济学、社会学、哲学领域的理论都被应用于比较教育研究中。保尔斯顿(R. G. Pauston)曾对这些理论进行了总结，并将其归入四个核心范式/世界观（表1)：功能论范式包括现代化理论、人力资本理论、新功能主义、理性决策理论、宏观与微观冲突理论，其论点在于教育具有促进社会发展的功能。激进功能论范式包括依赖理论、历史唯物论、新马克思主义与后马克思主义理论、文化理性化理论，其论点在于改革，目光放在未来世界，希望世界发展将会如此，藉以解除现在的束缚。人文主义范式包括俗民志、俗民方法论、现象学图绘、俗民方法论，重点探讨人之为人的原本本质。激进人文主义范式包括批判理论/批判俗民志、女性主义、后结构主义/后现代主义、实用互动论，持这一范式的学者强烈地提出主张，企图使世界如其所希望的那样发展⑤。

① 顾明远. 比较教育的身份危机及出路［J］. 比较教育研究，2003 (7)：2.
② 朱旭东. 比较教育学：内涵重构［J］. 比较教育研究，2012 (6)：1.
③ 陈时见. 论比较教育的学科属性与学科体系［J］. 比较教育研究，2008 (6)：6.
④ 项贤明. 站在十字路口的中国比较教育学［J］. 比较教育研究，2005 (3)：29.
⑤ 钟宜兴著. 比较教育的发展与认同［M］. 高雄：高雄复文图书出版社，2004：254.

表 1　　国际与比较教育研究中的理论和范式①

核心范式/世界观	相关理论
功能论者 “必然如此”（Must be）	现代化理论/人力资本理论；新功能主义；理性决策理论/宏观与微观冲突理论
激进功能论者 “将会如此”（Will be）	依赖理论；历史唯物论；新马克思主义/后马克思主义；文化理性化理论
激进人文主义者 “能够如此”（Can be）	批判理论/批判俗民志；女性主义；后结构主义/后现代主义；实用互动论
人文主义者 “本质如此”（Be-ing）	俗民志/民族学；现象学图绘；俗民方法论

笔者在这里无法对这些理论全部展开分析，只能重点概括介绍其中几个最为常见的理论②。

结构功能主义是西方社会学的一个重要理论流派，由美国社会学家帕森斯（T. Parsons，1902～1979）在 20 世纪 40 年代左右提出。该理论认为，社会是具有一定结构或组织化手段的系统，社会的各组成部分以有序的方式相互关联，并对社会整体发挥着必要的功能。社会整体以平衡的状态存在着，任何部分的变化都会影响整体并最终形成新的整体平衡③。在 20 世纪 60 年代，结构功能主义理论在比较教育学界的影响达到顶峰。不过，到了 20 世纪 70 年代以后，结构功能主义理论受到了批评。批评主要集中在三个方面：一、结构功能主义理论过分强调教育与社会结构之间的一致性，忽视了两者之间还有冲突的一面。二、结构功能主义理论过于强调社会系统的稳定性，

① 原表出处：PAUSTON R G. Mapping Discourse in Comparative Education Texts［J］. Compare，1993，23（2）：101—114. 这里引自：钟宜兴著. 比较教育的发展与认同［M］. 高雄：高雄复文图书出版社，2004：278. 表中翻译与国内通行的翻译有所出入，如依赖理论在国内多被译为依附理论，俗民方法论被译为常人方法论。另外，原表中分别列出了各个理论的代表性文本。

② 感兴趣的读者可以参见原文或者保尔斯顿为国际教育大百科全书撰写的词条“比较教育和国际教育：范式与理论”。保尔斯顿. 比较教育和国际教育：范式与理论［M］//［瑞典］T. 胡森，［德］T. N. 波斯尔斯韦特总主编. 教育大百科全书：比较教育与国际教育. 朱旭东等译. 重庆：西南师范大学出版社，2011：39—49.

③ 王英杰主编. 比较教育［M］. 沈阳：辽宁大学出版社，2007：56.

忽视了社会变迁。三、结构功能主义理论过于强调教育在社会中的积极功能，忽视了教育的消极功能①。

与结构功能主义理论密切相关的理论主要是现代化理论和人力资本理论。现代化理论出现在20世纪50年代，是从西方社会的角度描述和解释传统社会转向现代社会的变迁过程的一种理论，包括不同的流派。该理论对于比较教育的研究有积极的贡献，不过，也因为其对传统社会和现代社会的二元对立划分和单一线性发展假定而受到了批评②。本书收录的王海澜的文章介绍了现代化理论的产生及其发展，分析了现代化理论在比较教育中的运用，以及现代化理论应用于比较教育的利弊③。

人力资本理论盛行于20世纪60年代，主要采用结构功能主义的观点来解释教育在培养和训练劳动力、促进经济增长方面的功能。这一理论的主要代表人是舒尔茨（T. W. Schultz），他主张将人力视为一种资本，把教育投资当做人力资本投资，认为投资教育可以促进经济增长④。在比较教育研究中，人力资本理论多被用来解释当时发达国家和发展中国家大力向教育事业投资的现象⑤。这一理论在20世纪60年代和70年代对国际组织的教育援助计划有重要影响⑥。曲恒昌的文章详细分析了人力资本理论，包括：人力资本的定义，人力资本的形成途径，人力资本与物质资本的异同，人力资本的成本与收益等，并在最后指出了人力资本理论的合理因素和缺陷⑦。

冲突理论是社会学三大理论视角之一，产生于20世纪50年代中后期，主要代表人是马克思、韦伯和齐美尔⑧。冲突理论家拒绝接受结构功能主义对于社会共识的强调，转而突出社会中分化的重要性。他们认为社会是由追求各自利益的不同群体构成的，重点探讨权力、不平等和斗争的问题⑨。冲

① 王英杰主编. 比较教育［M］. 沈阳：辽宁大学出版社，2007：57.
② 王英杰主编. 比较教育［M］. 沈阳：辽宁大学出版社，2007：57.
③ 王海澜. 现代化理论在比较教育中的运用［J］. 比较教育研究，1997（4）：12—16.
④ 王英杰主编. 比较教育［M］. 沈阳：辽宁大学出版社，2007：57.
⑤ 王英杰主编. 比较教育［M］. 沈阳：辽宁大学出版社，2007：57.
⑥ 钟宜兴著. 比较教育的发展与认同［M］. 高雄：高雄复文图书出版社，2004：262.
⑦ 曲恒昌. 西方国家的人力资本理论［J］，外国教育动态，1985（5）：1.
⑧ 王英杰主编. 比较教育［M］. 沈阳：辽宁大学出版社，2007：58.
⑨［英］安东尼·吉登斯著. 社会学［M］. 李康，译. 北京：北京大学出版社，2009：18.

突理论的很多观点都与结构功能主义理论针锋相对。结构功能主义将学校视为甄选人才的合理制度；冲突理论则将学校看作不断再生产社会不公平、阶级结构和维持现存生产关系的机构①。

冲突理论在 20 世纪 70 年代进一步分化出新马克思主义和新韦伯主义两个学派。新马克思主义在教育理论界的代表人物有鲍尔斯（S. Bowles）、布迪厄和卡诺伊等。新马克思主义教育理论把马克思的再生产概念作为解释和批判现代资本主义学校教育性质和功能的主要概念，认为资本主义社会的学校教育不仅再生产出资本主义发展所必需的劳动力，而且也再生产出了维持资本主义社会所必需的生产关系和阶级关系，以及资产阶级政治思想、意识形态和文化价值②。

新韦伯主义的主要代表人物有柯林斯、金（E. King）和阿切尔（M. S. Archer）。这种理论主要运用韦伯的社会学三大方法论之一，即社会学概念可以还原为个体行动的范式，力图通过解释个体行动的主观意义，并把个体的行动置于其社会环境之中，以阐明宏观与微观两种社会过程③。在分析教育问题时，这一理论的代表者也注重分析各种地位群体之间的竞争。

与冲突理论紧密相关的理论包括依赖理论、世界体系理论和新殖民主义理论。依赖理论，也被译为依附理论或从属理论，兴起于拉丁美洲，主要代表人物有弗兰克（A. G. Frank）、阿明（S. Amin）、桑托斯（T. D. Santos）等人。依赖理论的代表人将世界上的国家分为“中心国家”和“边陲国家”，认为边陲国家在政治、经济格局中依附于中心国家，受其剥削。这种不平等关系是造成边陲国家欠发达的主要原因。因此，只有摆脱依附，边陲国家才能获得自主发展。④ 自 20 世纪 70 年代开始，这一理论被卡诺伊、阿尔特巴赫和凯利等人引入比较教育研究。研究者认为，发展中国家从发达国家移植的西式学校教育制度，实际上一方面损害了本国传统文化的传承和国民民族意识的培养，另一方面却在国民中培养出亲近中心国家而疏离于本国文化的

① 王英杰主编. 比较教育［M］. 沈阳：辽宁大学出版社，2007：59.
② 王英杰主编. 比较教育［M］. 沈阳：辽宁大学出版社，2007：59.
③ 王英杰主编. 比较教育［M］. 沈阳：辽宁大学出版社，2007：59.
④ 卢晓中. 比较教育学［M］. 北京：人民教育出版社，2004：85—86.

社会精英①。在本书中，汪霞的文章分析了这一理论在比较教育领域的运用，指出了该理论对比较教育发展的贡献，以及学界对于这一理论的批评。②

世界体系理论由沃勒斯坦（I. Wallerstein）在20世纪70年代中期提出。他将世界各国分为“边陲国家”、“半边陲国家”和“核心国家”，把世界视为一个整体系统，作为一个整体来分析，把具体国家和地区的发展问题纳入到世界发展的整体系统来考虑③。在比较教育学界，使用世界体系理论的代表人有卡诺伊、迈耶尔（J. W. Meyer）、汉农（M. T. Hannon）、阿尔特巴赫、阿诺夫（R. F. Arnove）。他们认为，一个国家的教育制度受到外部世界的影响比来自该国内部的影响往往更大，因此，比较教育的重要任务之一就是要研究和分析这些国与国之间的外部关系。这一理论的引入改变了比较教育研究中以民族国家为基本研究单位的学术传统④。在本书中，徐辉的文章分析了世界体系理论的兴起、内涵、理论渊源，指出在全球经济逐渐走向一体化的时代背景下，世界体系分析理论与比较教育研究结合是必然趋势⑤。

新殖民主义，是相对于殖民主义而言的。这一概念被用来描述原殖民地国家在获得政治独立之后在经济上继续处于依附地位的状况。⑥ 卡诺伊、阿尔特巴赫、凯利、黎成魁等比较教育学者都曾使用过这一理论。该理论认为，虽然第二次世界大战结束以来，几乎所有的殖民地国家都已经相继宣布独立，但是西方国家仍然通过殖民时代强行输出给这些被殖民国家的学校教育制度、政治体制、社会制度等机制，继续维持并强化其在这些国家的支配权力⑦。新殖民主义这一标签统合了不同的理论流派，周琴的文章将依附理论和世界体系理论也都列入新殖民主义理论⑧。

因为新殖民主义主要是以“欠发达”的经济学理论为基础，不易进行有

① 王英杰主编. 比较教育［M］. 沈阳：辽宁大学出版社，2007：61—62.
② 汪霞. 从属理论和比较教育［J］. 比较教育研究，1992（6）：16—21.
③ 卢晓中. 比较教育学［M］. 北京：人民教育出版社，2004：87.
④ 王英杰主编. 比较教育［M］. 沈阳：辽宁大学出版社，2007：60—61.
⑤ 徐辉. 论比较教育视野下的世界体系分析［J］. 比较教育研究，2007（8）：11—16.
⑥ 周琴. 新殖民主义视阈下的比较教育研究［J］. 比较教育研究，2013（4）：11—16.
⑦ 王英杰主编. 比较教育［M］. 沈阳：辽宁大学出版社，2007：62.
⑧ 周琴. 新殖民主义视阈下的比较教育研究［J］. 比较教育研究，2013（4）：12.

关种族、文化、语言等课题的分析，20世纪80年代具有强烈文化批判色彩的后殖民主义（Post-colonialism）逐渐兴起，以期以更微观、更深入的文化议题奠定比较教育研究中多元论述的基础。后殖民主义并非传统意义上的逻辑严密的思想体系，而是对“殖民主义”和“新殖民主义”的反思、否定和超越，是对一些不言自明的主流观点和思想的质疑，是一种崇尚多元和差异性的思维方式。与新殖民主义相同，后殖民主义也关注独立后的殖民控制问题。只不过恩克鲁玛（K. Nkrumah）和阿明（S. Amin）等人的新殖民主义侧重于经济、政治角度的论述；而以萨义德（E. W. Said）、霍米·巴巴（H. K. Bhabha）为代表的后殖民主义则侧重于文化和知识范畴的论述[①]。

后现代主义是一种针对现代主义的质疑、批判和反省。这一概念大约在20世纪40年代前后出现于建筑艺术领域，后来扩展至美学、文学、哲学、社会学、宗教学等诸多领域，是一个包含多种思想流派的标签[②]。后现代主义的思想特征主要有以下四点：第一，怀疑和否定的思维特征。后现代主义不再假定有一个绝对支点可以用来使真理和秩序合法化。第二，取消判断的价值取向。这意味着赋予不同的话语以平等的权力。第三，非中心化和反基础的结构策略。后现代主义者否定了终极价值的可能性，打破了人们对于统一性、整体性和中心性的信仰。第四，主张多元化的方法论。后现代主义强调文本的多义性和解释的无限性，克服从单一理念出发观察世界的做法，宣称所有的方法都有自己的局限性，提倡认识论的无政府主义，允许采用任何方法，容纳一切思想，摆脱僵化的形式理性，建立了一个开放的、多元的方法群落。[③] 在后现代理论的旗帜下，许多相关理论与之结合，或者是与之有所关联。其中，最常见的是以“后”（Post）为前缀的各种理论，如后结构主义、后女性主义、后殖民主义。这些学说的共通之处在于对现代理性的批判、质疑与反省[④]。

后现代主义对比较教育研究的理论和方法都产生了深刻的影响。鲁斯特

---

① 周琴．新殖民主义视阈下的比较教育研究［J］．比较教育研究，2013（4）：15．

② 钟宜兴著．比较教育的发展与认同［M］．高雄：高雄复文图书出版社，2004：273．

③ 余凯、徐辉．后现代主义与当代教育思潮引论［J］．比较教育研究，1997（6）：10．

④ 钟宜兴著．比较教育的发展与认同［M］．高雄：高雄复文图书出版社，2004：274．

(V. D. Rust)、韦尔奇（A. P. Welch)、保尔斯顿、柯温（R. Cohen）等人都曾在自己的研究中使用或分析过后现代主义理论①。不过，总体而言，在比较教育研究中，采用后现代主义的研究还不是很多，没有成为主流②。

除了上述理论外，闫引堂的文章介绍了一种用来解释全球教育扩张的新制度主义理论，并分析了新制度主义对于比较教育研究的方法论的影响③。凯利的文章综述了比较教育学界有关理论的论争。所以，很适合作为这一部分的开篇之作。而他对这一论争的总结性判断也适合用作本部分的结尾："在过去的岁月里，比较教育一直在通过自身的方法或理论建构来寻求给自身下定义，但至今仍未能找出一个非常好的定义、方法或理论。……比较教育没有一个中心，确切地说，比较教育研究是多学科研究的混合体，其发展将得益于许多不同的理论框架"④。

（六）比较教育研究的方法与方法论

几乎每一本比较教育学的教材都会论述比较教育方法，可见方法对这个学科的重要性。与这一重要性相适应，以方法为对象的方法论研究也历来受到比较教育研究者的重视，并有专著出版，如薛理银的《当代比较教育方法论研究》⑤ 和洪雯柔的《批判俗民志：比较教育方法论》⑥。值得注意的是，人们对于方法论的理解似乎不同，将不同的内容归在这个标签之下的做法也很常见。因此，这里有必要先对概念作出界定和澄清。

"方法"从语义学的解释是"按照某种途径"（出自希腊文"沿着"和"道路"），指的是为了达到一定的目的而必须遵循的原则⑦。方法论"所涉及的主要是社会研究过程的逻辑和研究的哲学基础。或者说，方法论所涉及的

① 钟宜兴著．比较教育的发展与认同［M］．高雄：高雄复文图书出版社，2004：275.

② 杨思伟．当代比较教育研究的趋势［M］．台北：师大书苑有限公司，1996：140.

③ 闫引堂．教育扩张的新制度主义分析：经验与理论研究进展［J］．比较教育研究，2011（12）：53—58

④ 盖尔・P・凯利，郑桂泉．比较教育的论争与趋势［J］．比较教育研究，1992（5）：33.

⑤ 薛理银著．当代比较教育方法论研究［M］．北京：人民教育出版社，2009.

⑥ 洪雯柔．批判俗民志：比较教育方法论［M］．台北：五南图书，2009.

⑦ 裴娣娜著．教育研究方法导论［M］．合肥：安徽教育出版社，1995：4.

是规范一门科学学科的原理、原则和方法的体系”①。社会研究的方法体系分为三个层次或部分：（1）方法论，即指导社会研究的思想体系，其中包括社会研究的哲学基础、理论假定、研究原则、研究逻辑、研究范式等等。一门学科的方法论与哲学和学科理论有密切联系。（2）研究方式，指的是研究的具体类型，是贯穿于研究全过程的程序与操作方式，包括调查研究、实验研究、实地研究、文献研究四种常见类型。（3）具体方法与技术，是在研究的某一阶段使用的方法、工具和手段，常见的有问卷法、访谈法、观察法、抽样方法、统计分析方法、定性资料分析方法等②。下面就按照这三个层级分析比较教育的方法体系。

陈时见主编的《比较教育学》区分了两种比较教育方法论：实证主义的方法论较为强调运用自然科学的方法，对研究结果进行严谨的验证，避免研究者的主观偏见，注重研究方法的可操作性、研究的可重复性，讲究知识生成的科学性和研究结论的可推广性。人文主义的方法论则更加重视反省自身与研究对象的关系，它关心的是人本身，而非客观规律。人文主义的方法论关注的是各民族国家的历史、文化对其教育的影响，强调对研究对象的理解与诠释③。与此相对应的正是社会研究中的两种基本的方法论：实证主义方法论和人文主义方法论。前者在研究方式上偏重定量研究，后者则偏重定性研究④。

陈时见主编的《比较教育基本理论》一书列出了八种不同的比较教育方法论：借鉴主义方法论，民族主义方法论，实证主义方法论，文化主义方法论，人文主义方法论，功能主义方法论，后现代主义方法论，马克思主义方法论（见表2）⑤。

---

① 风笑天著．社会学研究方法［M］．第三版．北京：中国人民大学出版社，2009：19.

② 这里的分析综合了风笑天和袁方两人书中的阐述。风笑天著．社会学研究方法［M］．第三版．北京：中国人民大学出版社，2009：7—11．袁方主编．社会研究方法教程［M］．北京：北京大学出版社，2004：1.

③ 陈时见主编．比较教育学［M］．重庆：西南师范大学出版社，2012：69—70.

④ 风笑天著．社会学研究方法［M］．第三版．北京：中国人民大学出版社，2009：19.

⑤ 陈时见主编．比较教育基本理论［M］．北京：高等教育出版社，2014：270.

表2　比较教育研究的方法论①

方法论	主要观点/特征	方法	代表人
借鉴主义方法论	—比较教育的目的是借鉴他国经验，服务教育决策 —“我研究的是普鲁士，而我思考的始终是法兰西” —倾向于孤立的看待教育	—实地考察	库森、曼、巴纳德、阿诺德
民族主义方法论	—重视分析影响国民教育制度形成的背后的因素、力量、国民性格 —注意从历史、文化、社会、经济等方面分析教育 —“校外的事情比校内的事情更重要”	—哲学的、人文的或历史的研究方法 —因素分析法	萨德勒、康德尔、乌利希、汉斯
实证主义方法论	—仿效自然科学追求科学化 —探究规律与法则 —比较法作为准实验 —“比较教育最终目的是发现因果关系的知识”	—定量方法 —比较四步法 —诺亚与埃克斯坦的科学量化法	朱利安、安德森、贝雷迪、诺亚、埃克斯坦
文化主义方法论	—在比较教育研究中重视文化因素的研究 —承认文化多元存在，且有其合理性 —“每种教育制度都源自它得以存在的文化环境” —分为文化相对主义和多元文化主义	—无固定方法，视研究目的和需要而定 —解释学、现象学、民族学的方法	霍尔斯、金

① 陈时见主编. 比较教育基本理论［M］. 北京：高等教育出版社，2014：270—301。此表并没有将功能主义方法论纳入。原因是：作者在这里提出功能主义方法论只是依据施瑞尔的理论阐述。他的观点并没有在实践中产生影响，因此，这种区分有些牵强，而且这一部分的论述也颇为含糊，并未把施瑞尔提出的调和历史和比较的方法论内涵说清楚。此外，作者对文化主义和人文主义两种方法论的区分也略显牵强，笔者感觉这两者之间的界限有些模糊。

续表

方法论	主要观点/特征	方法	代表人
人文主义方法论	—解释学研究重视对异文化教育的理解、注重整体研究；现象学研究关注教育具体过程，强调研究结果的暂时性、悬置假设与偏见；批判人种志研究注重微观社会生活	—解释学、现象学、批判人种志等多元方法，如田野研究	梅斯曼
后现代主义方法论	—强调多元、崇尚差异、主张开放、重视平等、否定中心和等级 —批判和解构宏大叙事，更多重视小叙述 —平衡主流文化与边缘文化	—多元方法 —保尔斯顿的社会地图学	科文、保尔斯顿
马克思主义方法论	—以辩证唯物主义和历史唯物主义作为方法论基础 —遵循求是性、实践性、系统性、过程性、全面性、客观性、联系性等方法论原则	—多元方法	索科洛娃

* 此表是笔者根据书中内容整理。

以借鉴为特征的借鉴主义方法论在19世纪独领风骚。进入20世纪以后，萨德勒、康德尔、汉斯等人推崇的民族主义方法论渐成主流，以“校外的事情比校内的事情更重要”这一认识论指导研究。20世纪50年代以后，在结构功能主义的影响下，由安德森、贝雷迪、诺亚、埃克斯坦代表的实证主义方法论产生了广泛的影响。70年代末80年代初，以现象学、解释学、人种志为代表的人文主义方法论代表着一种新的方向。进入20世纪90年代，以批判、质疑和反思为特征的后现代主义方法论开始影响比较教育研究，得到了一部分研究者的重视。此外，在社会主义国家（如前苏联和中国），马克思主义方法论一直占据主导地位。进入21世纪之后，比较教育学方法论呈现出多元化的发展趋势。①

除了以上对方法论的分类，比较教育学者还总结出许多比较教育研究的方法论原则。例如吴文侃、杨汉清指出，在比较教育研究中，应当遵循以下五项基本原则：求是性原则，实践性原则，系统性原则，过程性原则，全面性原则。各项原则都有其特定的指导意义。求是性原则要求人们抱定实事求是的科学态度；实践性原则向人们指出探求真理的途径；系统性原则要求人们从整体到部分，从部分到整体，用系统分析、系统综合、系统评价的方法，对教育现象作多维度的静态分析，认清教育系统方方面面的本质特征；过程性原则要求人们从历史到现实，从量变到质变，用发展的观点、历史的方法，对教育理论和实践作多视角的过程分析，把握教育理论和实践发展的昨天、今天和明天；全面性原则要求人们进一步深入教育现象的内部，从宏观到微观，分析研究各国教育发展与改革的普遍矛盾与特殊矛盾以及各级各类学校教育过程的各种矛盾，探索教育活动的本质和发展的动力源泉。这些原则，综合起来构成一个有机的整体，即方法论系统。② 卢晓中又补充了两个原则，即：可比性原则，定性与定量相结合的原则③。可比性原则要求研究者要确保研究对象具有可比性，后一个原则要求研究者根据需要结合定性研究和定量研究，令其相得益彰。

顾明远和薛理银曾区分了四种研究取向，将其称作比较教育研究的参照系统。第一，民族中心主义：它以本文化的思维方式、概念系统、认知方法和价值标准来分析和评价客文化的教育现象。第二，相对主义：它以客文化的思维方式和价值标准来认识和评价客文化的教育现象。第三，科学主义：主张采用价值中立的、客观标准来分析和评价（主）客文化的教育现象。第四，国际主义：它假定存在一个国际公认的认识方式、概念系统和价值体系，并以此作为分析（主）客文化的教育现象的根据。④ 这四种研究取向实际上

---

① 陈时见主编. 比较教育基本理论［M］. 北京：高等教育出版社，2014：258.

② 吴文侃，杨汉清主编. 比较教育学［M］. 修订本. 北京：人民教育出版社，1999：16—17.

③ 卢晓中. 比较教育学［M］. 北京：人民教育出版社，2004：99—104.

④ 顾明远，薛理银著. 比较教育导论——教育与国家发展［M］. 北京：人民教育出版社，1998：63.

也属于方法论的内容，它们会影响研究方法的选择、使用和评价。

对比较教育研究来说，在研究方式层次，最基本的类型应该就是比较法了。比较法本身也包括不同形式。顾明远和薛理银区分了七种基本类型：同类比较法与异类比较法，异期纵向比较法与同期横向比较法，影响比较与平行比较，宏观比较法与微观比较法，结构功能比较法，解决问题过程比较，主客体三分比较。① 施瑞尔区分了简单比较与复杂比较，其中：简单比较指就某一问题维度对被比较对象进行比较，找出异同。这是一种人类普遍的认知方式。所获得的知识处在一种描述性/信息性的层面，并非是系统性的理论认知。而复杂比较是社会科学的系统性比较，不是比较单个的现象，而是比较假定的相关关系，不是在事实之间建立关系，而是在关系与关系之间建立关系②。除此之外，在比较教育发展史上，很多比较教育研究者都提出了独特而有效的比较教育研究方法，如汉斯等人的因素分析法、马林森（V. Mallinson）的民族性研究法、劳威瑞斯（J. Lauwerys）的哲学研究法、莫尔曼（A. Moehlman）的文化理论模式研究法、贝雷迪的比较四步法、诺亚与艾克斯坦的科学量化法、霍姆斯的问题法、金的教育决策五层次研究法等。③

在具体的方法与技术层面，比较教育研究所使用的方法与其他社会科学并没有本质的区别。例如，文献分析、问卷法、实验法、访谈法、观察法、内容分析法、二手数据分析等④。

本书在这一部分所收录的文章大多都是着眼于方法论的层次，或者同时涉及三个层次。丁邦平的文章重点介绍了上世纪七十年代中期以来国际比较教育学所采用的两种有影响的研究方法，即地区差异分析法和民族志方法⑤。

---

① 顾明远，薛理银著．比较教育导论——教育与国家发展［M］．北京：人民教育出版社，1998：45—52.

② SCHRIEWER J. Erziehung und Kultur. Zur Theorie und Methodik vergleichender Erziehungswissenschaft［M］//BRINKMANN W，RENNER K（Hrsg.）. Die Pädagogik und ihre Bereiche. Paderborn：Ferdinand Schöningh，1982：224.

③ 王英杰主编．比较教育［M］．沈阳：辽宁大学出版社，2007：74.

④ 王承绪，顾明远主编．比较教育［M］．第4版．北京：人民教育出版社，2012：31.

⑤ 丁邦平．国际比较教育的若干方法与理论——兼谈我国比较教育研究的方法论问题［J］．比较教育研究，1999（2）：16—17.

许庆豫的文章以格林《教育与国家形成》一书为例介绍了历史比较方法，包括历史比较研究的理论构架、历史比较方法的类型（个别化比较、普遍化比较、差异寻求比较和包容比较方法），以及历史比较研究的具体方法（理论平行论证方法，背景对比方法，宏观原因分析方法，例证比较方法，分析比较方法）①。项贤明的文章分析了比较教育学的立足点，对科学主义所追求的客观中立性提出了质疑，认为比较教育研究作为一种跨文化的教育比较研究可能永远无法彻底摆脱主观性的制约，即无法在比较教育学研究中保障绝对客观性的实现。但是，比较教育研究者“至少应当对我们的研究及其结论中所包含的主观性予以必要的清理和说明，从而在承认主观性的前提下最大限度地真正保障和实现比较教育学研究的客观性和科学性”②。祝怀新的文章分析了霍姆斯基于波普尔科学哲学的比较教育方法论，包括反归纳主义、理论先于观察和以经验证伪为原则的假设—演绎法，有助于读者深入地理解其比较教育方法论。③

蒋衡的文章没有分析具体的研究方法，而是从总体上指出西方的比较教育研究越来越多地采用质性研究方法，并将这种发展归因于全球化浪潮和多元文化的冲击以及后现代理论的影响。④ 常永才的文章分析了文化人类学的方法，包括研究单元和视野的选取，数据和材料的收集，数据的分析，呼吁以人类学的方法（如田野工作）来丰富比较教育的研究方法⑤。石隆伟的文章从哲学的角度就比较教育研究中所主要运用的实证主义、人文主义、多元文化主义这三种重要的方法论的理论构建及运用进行分析梳理。⑥ 王黎云的文章分三个阶段（早期功能主义、现代功能主义与新功能主义）展现了比较教育学者在不同阶段汲取功能主义理论和方法的努力，并探讨了功能主义作

① 许庆豫. 教育研究中的历史比较方法评介［J］. 比较教育研究，2000（2）：51—56.

② 项贤明. 比较教育学的立足点和方法论［J］. 比较教育研究，2001（9）：5.

③ 祝怀新. 论科学哲学与霍姆斯比较教育方法论［J］. 比较教育研究，2002（4）：12—15.

④ 蒋衡. 70年代以来西方比较教育研究方法的“质性”取向［J］. 比较教育研究，2002（4）：16.

⑤ 常永才，孟雅君. 中国比较教育研究方法的革新：文化人类学视角［J］. 比较教育研究，2004（12）：14—17+56.

⑥ 石隆伟. 哲学视野下的方法论与比较教育研究［J］. 比较教育研究，2006（6）：14—18.

为一个多元的社会理论流派对比较教育方法论的启示。[①] 高亚杰、饶从满的文章分析了现象学方法及其在比较教育研究中的运用，并分析了其贡献和局限性。[②] 张德伟的文章提出并论证了比较教育研究要加强实地调查的观点[③]。

总的来看，《比较教育研究》所刊发的有关方法和方法论的文章较少，不足以全面反映国内外比较教育学界在这一领域的成果，也没有把握住比较教育方法论研究的前沿。这方面尚存在进一步的发展需要。

(七) 比较教育研究的范式

"范式"（paradigm）是一个深受美国科学哲学家托马斯·库恩（T. S. Kuhn）影响的术语[④]。它主要是指一定时期内科学共同体的共同见解、信念、约定、预想和理论，是科学共同体"看问题的方式"，是科学共同体提出的用于解决问题的指导性范例、工具和方法，具有世界观和方法论的意义[⑤]。比较教育学的范式是指在一定时期内被多数比较教育学科共同体成员所共享的学科信仰、思维方式和话语体系。它为共同体成员提供了一种用来分析研究对象的概念框架、理论、方法信条、解题范例等。当旧的范式不能解决学科发展的突出问题时，便会出现范式转换。[⑥]

范式对于一个学科的发展而言具有三种重要的功能：第一，聚焦功能：集中精力研究特定问题；第二，筛选功能：排斥范式外的研究路径；第三，规范功能，在边界内维持成员的稳定[⑦]。因此，比较教育研究者一直在研究和总结比较教育研究的范式。

施瑞尔区分了三种比较教育学的研究范式：（1）历史主义范式（Das historistische Paradigma），其代表人物是康德尔、施耐德、乌利希、汉斯等人，

① 王黎云. 功能主义传统与比较教育方法论［J］. 比较教育研究，2009（4）：18—22.

② 高亚杰，饶从满. 现象学方法在比较教育研究中的应用［J］. 比较教育研究，2011（4）：12—17.

③ 张德伟. 试论比较教育研究中的实地调查［J］. 比较教育研究，2012（4）：12—17.

④［美］库恩. 科学革命的结构［M］. 李宝恒，纪树立译. 上海：上海科技出版社，1980：63.

⑤ 陈时见主编. 比较教育基本理论［M］. 北京：高等教育出版社，2014：204.

⑥ 陈时见，袁利平. 比较教育学的范式与学科生长点［J］. 比较教育研究，2007（3）：17.

⑦ 陈时见，袁利平. 比较教育学的范式与学科生长点［J］. 比较教育研究，2007（3）：19.

他们将教育机构和制度视为是在“因素”和“驱动力的影响下历史形成的产物（“历史的思维方式”），不同国家在此表现出历史文化上的独特性（“个体化原则”）。该范式所采用的方法主要是历史比较和文化分析，重在解释，以国别研究为主。① （2）进化论范式（Das evolutionistische Paradigma），其代表人物是曾经担任国际教育局负责人的罗塞洛。研究的目的是通过比较研究确定教育发展的趋势，为教育决策和规划服务。与历史主义范式相比，这一范式同样关注研究对象的历史性，但超越了其对独特性的关注，同时也更加注重获得具有实践意义的认识。在方法上，这一范式更加重视国际比较，例如按照特定的问题维度（如教育投入）进行国际排名（先进 vs 落后），通过分析跨国区别及其系统解释总结出超国家的普遍性（如国际化）。②（3）实证分析范式（Das empirisch-analytische Paradigma）将关注点由国别特征转向问题，由问题转向阐明关系以及提出和检验理论，其代表人是霍姆斯、诺亚和埃克斯坦等人。这一范式不只是要分析处在不同社会文化背景下的教育现象和事实，而且更主要的是分析条件和影响后果之间的关系。在方法上，该范式重视使用“多层面分析”。在宏观层面或背景层面（如国家、社会、体系等）上分析政治、经济、社会结构、种族、意识形态等影响教育现象的因素；在中观层面或组织层面（如教育体系或学校）上分析组织形式、制度模式；在微观层面和个体层面（如教师和学生）上分析其教学实践、学习成绩。③

诺亚认为，比较教育研究大致可以归纳为四种研究范式：（1）历史主义范式，持该种范式的比较教育学者认为，每一个国家的教育都是在其特定的历史背景下存在的，所以对该国特定历史背景的理解，就成了理解该国教育体制、教育问题及其对策、该国教育优劣势的关键。（2）普遍主义范式，这

① SCHRIEWER J. Erziehung und Kultur. Zur Theorie und Methodik vergleichender Erziehungswissenschaft［M］//BRINKMANN W，RENNER K（Hrsg.）. Die Pädagogik und ihre Bereiche. Paderborn：Ferdinand Schöningh，1982：196—204.

② SCHRIEWER J. Erziehung und Kultur. Zur Theorie und Methodik vergleichender Erziehungswissenschaft［M］//BRINKMANN W，RENNER K（Hrsg.）. Die Pädagogik und ihre Bereiche. Paderborn：Ferdinand Schöningh，1982：205—211.

③ SCHRIEWER J. Erziehung und Kultur. Zur Theorie und Methodik vergleichender Erziehungswissenschaft［M］//BRINKMANN W，RENNER K（Hrsg.）. Die Pädagogik und ihre Bereiche. Paderborn：Ferdinand Schöningh，1982：211—219.

一类比较教育学者更倾向于从当前各国的教育体制中抽象或总结出一些共同的和普遍的模式来。(3) 科学主义范式，此类学者主张依靠测量、量化和相对复杂的统计技术来进行比较教育研究。(4) 质性主义范式，和科学主义范式相反，该类比较教育学者回避量化方法，倾向于使用各种定性数据来进行比较教育研究。在这四种范式中，前两种是相对应的，后两种也是相对应的。诺亚认为，每一种范式都在特定的研究目的和情景下有着它自己的价值，每一种模式都不能垄断其他几种。①

本书所收录的文章也论及不同的比较教育研究范式，包括历史主义研究范式，实证主义研究范式，相对主义研究范式，思辨研究范式，批判理论研究范式，后现代主义研究范式。表 3 是笔者对这些研究范式核心见解的总结。

表 3　　比较教育的研究范式

研究范式	本体论	认识论	方法论/研究策略
历史主义研究范式②	—认为教育受本国社会历史文化的影响 —研究目的不仅是借鉴和移植，而且还要通过研究他国寻求理解和改进本国教育之道	—通过历史文化的比较，来阐明解释各国教育存在的共同的原则或主导性的因素，希望各国合理借鉴教育制度的设计，来改造发展自己国家的教育	—认为要将教育现象置于所在的社会历史文化背景中予以分析 —因素分析法

① 李茂林. 比较教育的优势、弱势、功用及滥用——H·诺亚的见解 [J]. 比较教育研究，2007 (11)：9.

② 姚琳，彭泽平. 比较教育研究中的历史主义范式 [J]. 比较教育研究，2010 (5)：23—27. 陈时见，刘揖建. 比较教育研究范式的发展及其走向 [J]. 比较教育研究，2006 (6)：2。在其他的研究者那里，这一范式也被称作"解释主义研究范式"，如：周钧. 西方比较教育研究范式述评 [J]. 比较教育研究，2011 (2)：6.

续表

研究范式	本体论	认识论	方法论/研究策略
实证主义研究范式①	—认为教育现象是客观存在的，独立于认识主体 —认为主体和客体是可分离的	—认为认识就是对客体的直观和机械的反映 —强调客观事实独立于主体之外，认为主体可以通过一定的工具获得对客体的认识	—定量研究作为典型方法 —强调客观性和价值中立
相对主义研究范式②	—认为教育是特定社会、文化的产物，各国的教育都是相对的，世界上不存在永恒的教育价值观	—要以异文化内部价值观和认知方式为参照系统来认识、评价异文化教育问题，避免把自己的价值观强加于人。	—多用访问法、民族志、历史法和人类学的方法
思辨研究范式③	—持有实证主义的立场，认为存在绝对的真理和客观的现实	—认为可以通过研究者主观的感受来了解事物的本质	—主要是采用思考、推理、归纳和总结的方法
批判理论研究范式④	—承认主体和客体不可分离，认为研究应该是一个主客体共同演化成长、摆脱虚假意识、达到知识领悟的过程	—提出了“否定的辩证法”，以批判的反思来代替生命经验（可能是错误意识形态）的再生产	—以辩证法统合量化研究与质性研究，目前使用较多的是行动研究

① 梁燕玲. 论比较教育实证分析研究范式 [J]. 比较教育研究，2006（6）：10—13. 作者文中使用的名称是“实证分析范式”。

② 姚琳. 论比较教育的相对主义研究范式——兼谈霍姆斯的比较教育方法论 [J]. 比较教育研究，2006（6）：19—23. 这一范式也被称作“文化相对主义研究范式”，如：陈时见，刘揖建. 比较教育研究范式的发展及其走向 [J]. 比较教育研究，2006（6）：3.

③ 周钧. 西方比较教育研究范式述评 [J]. 比较教育研究，2011（2）：9.

④ 周钧. 西方比较教育研究范式述评 [J]. 比较教育研究，2011（2）：7.

续表

研究范式	本体论	认识论	方法论/研究策略
后现代主义研究范式①	—认为不存在统一的、客观的社会实体，社会是断裂、区隔化的 —持有多元主义的价值观，认为不同的价值观是平等的、并存的	—主张解构知识霸权，认为每个人的生活环境、观察视角和社会认知不同，不存在客观的“真理” —每个人都是以自己的本土社会为中心来认识和解释世界	—主张采用解构主义、话语分析和叙事的方法，从元叙事或大叙事走向小叙事

＊此表是笔者根据文章中的内容整理。

除了表 3 中列出的研究范式，研究者们还提到了其他的一些研究范式，例如多元文化主义研究范式②，混合研究范式③，现象学研究范式④，新制度主义分析范式⑤，不过，因为这些文章没有从本体论、认识论、方法论等角度进行详细分析，所以，无法被纳入上表中。这些范式为比较教育研究的开展提供了多种竞争性的分析框架，它们之间的竞争与互补推动着比较教育学的发展，让这个学科与时俱进，充满发展的活力。有论者认为，比较教育学的范式包括概念体系、理论基础、分析框架与方法论等基本要素。这些方面都成熟，比较教育学的范式才算形成，比较教育学科才算成熟。就此而言，“比较教育学在我国还不是一门具有成熟范式的科学”⑥。不过，在笔者看来，“不是一门具有成熟范式的科学”，还是说“是一门具有多种范式的科学”，显然又是一个可以争论的问题。

---

① 周钧．西方比较教育研究范式述评［J］．比较教育研究，2011（2）：7—8.

② 陈时见，刘揖建．比较教育研究范式的发展及其走向［J］．比较教育研究，2006（6）：3—4．王春光，孙启林．全球化与本土化视野下的比较教育研究范式的再思考［J］．比较教育研究，2005（3）：38.

③ 周钧．西方比较教育研究范式述评［J］．比较教育研究，2011（2）：8—9.

④ 兰英，金家新．论比较教育学科化与科学化的现象学意蕴［J］．比较教育研究，2010（5）：12—17.

⑤ 周琴．试论比较教育研究中的新制度主义［J］．比较教育研究，2009（6）：12—15.

⑥ 陈时见，袁利平．比较教育学的范式与学科生长点［J］．比较教育研究，2007（3）：18.

(八) 比较教育在新时代的使命、挑战和发展

比较教育在21世纪该如何发展？全球化、知识经济、大变革的时代会给比较教育带来哪些机遇和挑战？比较教育如何走出身份危机的困扰？比较教育、特别是中国的比较教育在新时代应该走向何方？这是本部分所收录的文章想要回答的问题。具体来看：

滕大春主要是从外国教育史研究的角度提出了对比较教育未来发展的期望，一是希望能够建立起一种比较教育史科目和科学，加强对外国教育历史以及国际教育交流历史的研究。"因为仅就各国现行的教育制度和现行的学校实际进行比较，不从其历史演变和哲学基础进行深入分析论证，就容易只知其现状和外形而不知其底蕴和本质，就容易流为只是教育事实的粗浅描述和介绍而缺乏应有的申论和评价。比较教育学者如能从各国教育如何源起和如何演变而进行比较和钻研，使人深知其产生和发展的社会背景和其所做出的贡献，就容易由现象的罗述而上升到理论的剖析了。"二是强调比较教育研究要面向未来，与时俱进。"在历史巨变时代，我们极要强调的是突破和创新，以跟上社会的发展和科学的发达。比较教育如果要成为时代的宠儿就必须引导新一代发挥远瞩未来和革故鼎新的力量。建立和发展高水平的比较教育学，一方面要奠立史的基础，另一方面更要抓紧现代和面向未来。"① 三是抓住改革开放为比较教育研究带来的发展机遇，通过比较教育研究吸取别国之长，让中国"成为世界上位居前列的教育先进国家"②。

顾明远指出，新世纪进入了一个新的时代，即知识经济时代。知识经济时代的特征不仅是知识成为经济发展的主要要素，而且带来了经济的全球化和社会的各种变革。而最大的变革是人们价值观的变化。知识经济使人们看到了人的价值，知识的价值。教育将在这新世纪里有重大的发展与变革。这就给比较教育的发展带来机遇。③ 中国比较教育在新时代的使命是：(1) 继续

---

① 滕大春．迎接二十一世纪的比较教育［J］．比较教育研究，1996 (2)：2.

② 滕大春．迎接二十一世纪的比较教育［J］．比较教育研究，1996 (2)：3.

③ 顾明远．知识经济时代比较教育的使命［J］．比较教育研究，2002 ("全球化与教育改革"专刊)：3.

深入研究发达国家优秀的教育经验。(2) 要深入研究别国的教育，就要深入到该国的社会中去。为此要采用人类学的方法，做田野调查。(3) 要重视比较教育研究本土化问题，吸收世界各国教育理论的精华，并将其融化到我国的主文化中。(4) 要把比较教育研究与我国教育发展和改革的研究结合起来。(5) 要加强比较教育的理论建设，比较教育的理论建设是我国比较教育研究的薄弱环节，希望在新世纪能有所发展。为此，要在方法上把实证研究和定性研究结合起来，加强实证研究。此外还要鼓励教育理论界百家争鸣，繁荣我国的比较教育学术研究。(6) 要加强和国际比较教育学者的交流与合作。除了介绍国外的教育经验，还要把我国的教育经验介绍给外国学者，主动走向世界。作者最后指出，中国比较教育学者在新世纪里任重道远，但也将大有所为。①

贝磊认为，全球化给比较教育研究既带来了压力也带来了机遇。压力主要来自于全球化所带来的环境的变化，而机遇则来自于学者们、政策制订者和实践者之间在国际事务上日益增加的兴趣。在这种新的环境下，比较教育领域能够重新振兴，获得新的生命力。他引用了马京森和莫里斯 (Marginson/Mollis) 的研究，提出了在全球化的条件下从分析框架、分析单元、分析焦点、同一性形成以及全球化对国家的影响五个方面重建比较教育的建议。②

施瑞尔的文章旨在提供一种分析教育全球化进程的理论视角。这种理论视角实质上是对两种理论假设的一种辩证结合或者说是折中。一方面，以斯坦福学者迈耶尔和拉米雷兹 (F. O. Ramirez) 所代表的新制度主义理论 (世界体系理论) 主张，全球教育制度与实践呈现出结构趋同的发展态势。另一方面，有坚持进行社会历史文化分析的学者认为，受历史文化传统的影响，世界各国的教育各有其特色。施瑞尔依据鲁曼 (N. Luhman) 所提出的社会系统理论企图说明的观点是：上述两种理论都不能解释全球互联背景下的民

① 顾明远. 知识经济时代比较教育的使命 [J]. 比较教育研究，2002 (“全球化与教育改革”专刊)：5.

② 马克·贝磊. 全球化时代的比较教育：发展、使命和作用 [J]. 比较教育研究，2002 (“全球化与教育改革”专刊)：11—12.

族国家的教育。当全球教育模式遭遇到民族文化传统，最终的结果是被这种民族文化传统所调适，其结果便是："国际化与本土化"、"标准化教育模式的全球传播（不考虑社会环境的差异）和令人吃惊的社会—文化关系网络的多样化（不管普遍主义者大理论的假设）"的对立趋势交织。比较教育研究者只有看到这种对立趋势并存与交织的局面，才能正确把握住全球化背景下民族国家教育的发展。①

王长纯认为，当代全球化与地方化的交互作用决不意味着同一化，决不意味着某一种文化的统治，而是更加凸现各个不同民族文化的独特价值。在这种背景下，孔子提出的"和而不同"的传统哲学思想不仅契合和谐共生的时代精神，而且非常适合用来指导比较教育的未来发展。具体来说，王长纯为全球化条件下中国比较教育的发展指出的方向是：在"和而不同"的哲学思想的指导下，一方面批判地借鉴西方的比较教育思想和理论，另一方面，注重与自己民族文化传统的对话，从中华民族的传统文化的精华中吸收独特的营养，提出具有中国文化精神的比较教育理论，进而宣告西方中心在中国比较教育理论研究中的终结。②

孙启林、朱成科认为，全球化为比较教育学科提供了解决自身问题的历史机遇。中国比较教育学在全球化时代的历史使命是：（1）中国比较教育学的发展应该采取现实主义的策略，在学科理论和范式依然由西方话语统治的现实状况下，我们必须积极主动地加入其中才能逐步增强自己的话语力量，进而争取有利于本民族国家的话语权和游戏规则。（2）比较教育研究在方法论探索和方法选择上应本着务实精神，重视马克思主义方法论，尊重目前形成的方法多元化局面，在实践中追求研究方法和范式的规范性和科学性。(3) 中国的比较教育研究在问题的选择上应遵循前沿性、紧迫性和针对性原

① 尤根·施瑞尔. 教育全球化——进程与话语［J］. 比较教育研究，2002（"全球化与教育改革"专刊）：58—62. 同时参考了作者的相关文章：SCHRIEWER J. Multiple Internationalities：The Emergence of a World-Level Educational Ideology and the Persistence of Indigenous World—Views［M］//CHARLE C，SCHRIEWER J，WAGNER P. The Emergence of International Intellectual Networks. Frankfurt am Main & New York：Campus，2004：473—533.

② 王长纯. 和而不同. 全球化条件下中国比较教育发展的方向（论纲）［J］. 比较教育研究，2002（"全球化与教育改革"专刊）：14—21.

则，在教育问题上为中国的教育决策和实践领域提供科学的、可操作的理论和建议。①

项贤明的文章指出，正当教育改革和发展迫切需要它提供支持时，我国的比较教育学却出现了学科认同危机，究其根源，主要是因为比较教育学没有跟上教育改革与发展的步伐，未能及时地完成知识更新的任务，因此无法回应新出现的需求。与此同时，对学科自身理论反思能力的提高也加强了对危机感的认知。作者认为，中国比较教育学正站在十字路口，要想在危机中获得新生，必须在理论上和现实中回答好以下十大问题：第一，当我们用中国人的眼光去解读西方的教育现象时，我们的研究成果需要进行怎样的确证？第二，运用西方话语来表述中国教育事实和向中国表述别国教育事实，我们需要进行怎样的转换？第三，中国比较教育学参与国际学术对话，需要进行怎样的调适？第四，怎样处理好扎根本土、服务本土，与保持具备准确理解力的国际视域之间的辩证关系？第五，怎样处理好中华民族传统文化与外来文化的辩证关系，既从人类文明中汲取营养，又能维系我们民族的文化个性？第六，怎样处理好比较教育学与其他教育学科的关系，在比较教育学发展过程中保障这种关系是一种真正的交叉而非转行？第七，如何在今后的比较教育学研究中不断进行新领域的开拓？第八，如何联系我国教育改革和发展的实际，建立一整套适应中国教育实际情况的行之有效的比较教育学研究方法论体系？第九，如何逐步实现比较教育学学科队伍的国际化、人才培养的国际化与学术研究的国际化？第十，最为根本的问题是：我们的比较教育学如何在适应社会实际需要中求得生存与发展？② 作者虽然在文章中尝试对这些问题做出了回答。但是这些涉及到比较教育发展的根本性的问题无疑值得比较教育学界继续深入的思考。

格林认为，全球化给比较教育带来的影响表现在以下几个方面：第一，比较教育的分析单位应该是多层面的。比较学者不应再仅将国家作为其惟一或主要的比较单位，尽管这仍然很重要。我们需要更多地在国家层面以下进

① 孙启林，朱成科．全球化、本土化及中国比较教育学的历史使命与课题［J］．比较教育研究，2002（“全球化与教育改革”专刊）：30—35.

② 项贤明．站在十字路口的中国比较教育学［J］．比较教育研究，2005（3）：27—32.

行跨地区、跨社区比较，或者在跨地区之间做出更多的“超国家层面”的比较研究。第二，比较分析并未因全球化的出现而失去意义。因为全球化迄今并未将差异从这个世界上抹去，因此依然需要进行比较分析。比较教育学者在方法论上所面临的最大挑战并非在于分析的层面，而在于比较分析本身，以及我们是否真正做到比较。问题是，如何才能做到真正意义上的比较呢？格林给出的答案是：若要真正做到社会学意义上的比较，就应该关注于社会或其他总体层面上表现出的特征，侧重于对这些特征之间的关系进行解释。为此，一是运用逻辑比较分析进行定性研究。因为定性分析可以更多关注现实的因果机制，而单纯的统计分析并无法对因果关系的可能力量和方向作进一步判断。二是根据不同的目的，采用不同的比较分析类型进行逻辑比较分析。比较分析类型有三种：理论的平行展示，对照性比较和宏观因果分析。其中，最后一种比较分析类型才是比较教育最理想的研究方式。三是恪守方法论标准，重在解释因果关系。如果不这样做，比较教育将会在很大程度上缺失其作为一种学术追求的可信度。①

王英杰的文章总结了中国比较教育研究所取得的成绩，集中在以下五个方面：（1）比较教育研究提供了大量的国外教育发展的原始数据与资料。（2）比较教育研究引进了先进的教育和教学思想，将世界教育思潮引介到中国，起到了解放思想的作用。（3）比较教育研究者参与了国家重大的、基础性的教育政策、制度和法令的制定。（4）比较教育研究跟踪和评析了国外历次重大教育改革，为我国教育改革的发展方向提供了参照。（5）比较教育学科搭建了教育国际交流的平台，开始了中外教育研究工作者的平等对话。此外，中国的比较教育正在逐步建立起自己的学科意识、学科使命、学科责任、话语体系、研究范式、学科文化和传统，使一个传统上西方中心的学科开始本土化，具备了一个成熟学科的基础结构。了解这些成绩无疑有助于比较教育学者重塑学科自信。

面对比较教育所面临的挑战（如身份危机），王英杰提出了三项对策：第

---

① 安迪·格林，许竞. 比较教育研究在全球化时代的意义和作用［J］. 比较教育研究，2010（8）：20—24.

一，在构建学科边界的同时不断探索学科的新领域。因为不坚持学科的内核，学科就会随波逐流失去身份，而没有新的增长点，学科就会僵化和停滞。第二，比较教育研究要兼重宏观教育制度/政策研究与微观课程/教学研究。这就意味着，比较教育研究要“顶天立地”，对上为教育决策服务，对下为教育实践服务，这样才能使比较教育研究焕发生机。第三，比较教育必须与时共进，不断寻找研究的新领域、新范式和新话语。与此同时也不能忘记在比较教育研究中要做最基础性的工作，如对基本数据的收集，对基本事实的描述，运用基本理论对基本事实的解释，抵制学术研究中的浮躁之风和功利主义。①

刘宝存的文章指出，当今时代是一个大变革的时代，国际社会和中国社会的大变革正在推动着教育的大变革，从而为比较教育研究带来了新的挑战与发展机遇。在大变革时代，中国比较教育研究承担着阐释教育规律、总结教育经验、引领教育改革、培养国际化人才、推动国际交流等重大的历史使命。为此，中国比较教育研究必须拓展研究领域，服务国家发展，打造学科特色，创新研究方法，加强国际交流与合作，努力创建中国特色的比较教育学派，扩大中国比较教育学界的国际影响力。② 此文因为对比较教育所处的时代特征与发展现状有准确的把握、对发展方向有清晰的构想、对于学科的未来充满着大有可为的乐观主义，因此，很适合作为本书的收尾之作，用于指引并激励中国比较教育研究迈向更好的未来。

关于本书的编写，这里需要做出几点说明。第一，因为篇幅限制，不得不忍痛割舍许多同样有价值的文章、甚至是整个专题（如比较教育名家与思想，比较教育研究的现状分析，比较教育课程与教学）。第二，因为只能在《比较教育研究》所发表的文章中进行选择，因此在专题覆盖方面存在着“巧妇难为无米之炊”的困境，即：无法用现有的文章在内容上完整反映所涉及的专题，例如比较教育历史发展、学科关系、方法论、理论等专题。为此，笔者不得不在导论部分多着笔墨进行概括介绍，以帮助读者获得一个完整的“画面”，作为阅读本书所收录文章的背景知识。第三，选择文章的原则首先

① 王英杰. 我国比较教育研究的成绩、挑战与对策［J］. 比较教育研究，2011（2）：1—4.

② 刘宝存. 大变革时代中国比较教育研究的使命与发展道路选择［J］. 比较教育研究，2014（2）：1.

是看文章的质量（原创性，规范性），其次是看文章的代表性（是否能代表所在专题的某一方面或领域）。在个别情况下，需要在这两者之间作出妥协。第四，有些文章同时论及多个主题，但又不能重复归入多个专题，因此，只能根据内容侧重点进行归类。第五，作为整套丛书中的一本，此书从书名选择到格式设计都必须遵循统一模板的要求，并非是按照编者自己认为的最佳方式处理。第六，本书在编辑过程中修改了原文中一些明显的错误。在不影响理解的情况下，保留了作者们对外国人名和概念的不同翻译和使用偏好。发表于上世纪80、90年代的一些文章或者完全没有文献，或者在文献标注方面不规范，编者虽然努力将标注参考文献的信息补充完整，但有时因为同时缺少著者、出版者、出版地、出版年等关键信息，而难以如愿，留下些遗憾。

最后，笔者感谢本套丛书编委会的信任，将主编本书的任务交给笔者来完成。在编写过程中，宁海芹、卫晋津、石玥、王苏雅等同学不辞辛劳地将文章从最初的PDF格式转化为Word文档，并认真完成了校对工作。笔者在此对她们的支持表示感谢。由于编者的时间和水平有限，本书可能还存在一些疏漏之处，敬请国内外同行学者和读者朋友批评指正，以待日后改进。

孙进

2015年10月

于北京师范大学

比较教育的历史发展

一、比较教育学的发展

比较教育学是教育科学的有机组成部分，它研究世界各国的教育发展规律，讨论各国教育的优点和缺点，然后加以借鉴，为本国所用。当前，比较教育学研究的问题已经超出了学校的范围，发展到研究经济利益、社会教育和学校教育的关系方面。这门学科在国外高等教育中的地位越来越重要，它已普遍地成为许多国家高等院校教学计划里的必修课程。

关于比较教育的发展史，到现在还没有完整的文献。然而，大多数国外比较教育学者认为，它的发展大体上可以划分为四个主要的阶段。

第一个阶段是在1817年法国教育学者朱利安（1775～1848）提出比较教育研究设想以前的时期。这个阶段是以描述国外教育见闻为主要特征而载入史册的。希腊历史学家色诺芬著《波斯国王赛勒斯传》，其中叙述了波斯教育见闻。意大利旅行家马可波罗在其游记中报导了东方教育情况，中国的唐僧去印度取佛经也传播了中印两国的宗教教育思想。罗马的西塞罗著《共和政体》一书，分别讲述了希腊和罗马的教育概况。日本从7世纪就开始派遣官员和留学生到中国学习文化教育。都可以算作比较教育。

一般说来，从古代到中世纪这一段历史时期，比较教育理论和经验的研究是零零星星的、很不系统的，带着浓厚的个人随意谈论异国教育印象的特征。因此，这一阶段的研究只能说是比较教育的萌芽时期，为科学的比较教育学作了必要资料准备，通称为比较教育学发展的预备阶段。

第二个阶段是从朱利安的设想开始到19世纪末为止。这个阶段的主要特征是试图“借鉴”外国教育经验以促进本国教育事业的发展。这个阶段是从

19世纪开始的。法国的朱利安于1817年出版了《比较教育学的设想和初步见解》一书，其中阐明有关比较教育学的一系列基本问题。朱利安认为，首先应明确比较教育学的研究目的和科学方法，使比较教育的发展沿着正确的方向前进，其次，应建立比较研究欧洲各国教育的"特别委员会"和培养教育专业人员的新型师范学校；再次，应制定详细的研究各国教育的"比较观察表"，以利于客观地、科学地调查研究各国教育情况和数据。朱利安的这些光辉思想，当时没有被人们所重视。经过一百多年的历史检验，才证明了朱利安教育理论的进步意义。因此，欧洲人把朱利安称为"比较教育学之父"。研究比较教育学的设想是从朱利安开始提出来的。他的设想虽好，但对当时的教育实践影响不大。

除了朱利安之外，法国教育家库森（1792～1867）对比较教育学的发展也作出了一定的贡献。他著的《普鲁士教育报告》向法国政府介绍了普鲁士的教育行政、师范教育、师资培养及课程设置方面的教育经验。这个报告为法国1833年制定初等教育制度基本法令提供了重要的根据，对法国教育的发展起了积极的作用。

朱利安教育思想与库森教育思想的共同点在于积极发展比较教育学，他们之间的相异点在于前者强调国际教育合作，建立一门系统的比较教育学，后者则强调借鉴国外教育经验，以发展本国教育。在当时的比较教育学者中，绝大多数都认为，研究外国教育的目的在于改进本国教育，而不仅是为了建立一门比较教育学而已。因此，库森教育理论比朱利安教育设想对法国教改的影响更为显著。

美国的教育家格里斯孔（1774～1852）对国外教育的研究颇为重视，他访问欧洲后写了《留欧一年》(1823)，对美国教育改革有一定参考价值。廿五年之后，美国马萨诸塞州教育厅长霍雷斯·曼（1796～1859）访问了欧洲各国，考察了国外先进教育经验，回国后向马萨诸塞州教育委员会提出了《第七年报》(1844)。他在报告序言中强调学习欧洲教育的重要意义。他认为，欧洲的许多教育经验值得美国很好地效法；到现在为止，美国对其中的一些经验还在理论上进行探讨，而那些经验在欧洲诸国已有了长期的实践，并取得了丰硕的成果。这个报告在当时教育界的影响是相当大的。

英国的多数教育家在这一阶段对学习外国教育不十分感兴趣，但也有少数人持相反的见解。阿诺德（1822～1888）就是一位积极研究外国教育的专家。他到法国和德国考察了普通教育和高等教育，并著有《欧洲大陆各国的学校与大学》（1968）一书，其中包括详细的有关法国和德国的教育史和教育统计的资料。

这一阶段的比较教育学有两个显著的缺点：

其一，“借鉴”的局限性。朱利安重视对外国教育第一手材料的搜集、整理和叙述性比较，但是他没有应用教育的科学方法把感性材料提高到理论上加以概括，从而找出比较教育的基本规律。库森认为外国教育经验仅可供本国教改参考而已，因为每个国家的历史不同，政策各异，借鉴外国的作用很有限。这两位教育家的观点代表了当时研究比较教育科学在认识论上的历史局限性。

其二，缺少系统的科研方法。上述教育家在其比较教育著作中没有采用科学方法研究课题进行系统的分析比较。库森的著作仅仅是国外教育札记而已。朱利安虽然提出了系统地研究比较教育学的设想，但是他的设想仍然停留在纸面上，在实际研究工作中并没有发挥什么作用，甚至他的“调查表”也带有主观片面的特征。在这一阶段，大多数比较教育学者没有从国际间的差异来考虑所使用的专门术语的涵义和统计科学的程序等方面的问题。方法论的研究在比较教育科学发展史上迄今仍处在初创阶段。

第三阶段是从本世纪开始到第二次世界大战结束为止。这个阶段的主要特征是对世界各国教育问题进行初步的“因素分析”。英国的萨德勒（1861～1943）是这个阶段的一位代表人物。在1897至1914年间，他所主持编辑的《教育问题特别报告》共有28卷，详细地描述和分析了国外教育现状和发展趋势。他认为，研究外国教育必须重视决定教育的各种因素，并强调学习外国教育经验的目的在于改进本国的教育事业。萨德勒教育思想对比较教育学的发展有很重要的理论意义和实践意义，特别是他的因素分析思想对比较教育学的发展起了积极的促进作用。

美国的比较教育学家坎德尔①认为，研究比较教育学的目的在于明确世界各国的教育特点和决定教育发展方向上的“民族性”问题，并通过分析对比各国教育情况以达到了解世界教育现状和趋势，从而促进国际学术交流与国际合作。他于1933年发表了世界著名的《比较教育学》。我国解放前，罗廷光和韦悫曾把这本书译成中文，由商务印书馆出版，作为各高等院校比较教育学课程的教科书。坎德尔的教育思想对我国高等教育的发展影响较深。根据美国教育学者卡扎米亚斯与马西亚拉斯合著的《教育的传统与变革》一书中所提出的观点，坎德尔的比较教育目的论表现在三个主要方面：

其一“报导——描述”的目的。他向读者介绍了各国教育情况，并按问题分类比较，如教育制度、教育行政、初等教育、小学师资训练、中等教育、中等学校师资等。1955年他的新著《教育的新时代》（比较研究）就是以问题为主进行比较的。这种报导事实的比较法是有局限性的，不能阐明教育问题的实质，但却是比较研究过程中不可缺少的第一步。

其二“历史——功能”的目的。比较教育学不仅要描述教育的实况，而且要分析教育的规律。不应把教育作为孤立存在的事实来看待，而应把它同国家的背景、社会、经济、政治和文化环境结合起来进行研究，以利于探索教育的客观规律。

其三“借鉴——改善”的目的。通过考察外国和本国的教育制度，可以达到借鉴国外经验以改善国内教育的目的。研究比较教育学的学生可以养成一种更可取的态度，其终极目的是为了改进本国的教育制度。坎德尔强调“民族性”在教育中的主导作用，并采用了描述历史事实、分析社会背景的历史学方法来研究比较教育学。这种研究法在当时影响深远，几乎支配了西方比较教育学研究领域的主要课题。

这个阶段，世界各国的高等学校不仅重视比较教育学的研究，而且重视它的教学。1898年，詹姆斯·拉塞尔教授首次在美国纽约哥伦比亚大学讲授比较教育学。后来各国的高等学校，特别是师范院校，都在教学计划里列入这门新课程。此外，英国的劳韦斯、法国的韦利亚尔、澳大利亚的琼斯、西

① 又译“康德尔”——编者注。

德的勒尔斯、东德的基尼兹等人都各自对比较教育学作出了一定的贡献。

第四阶段是第二次世界大战以后直到现在。这个阶段的主要特征是以国际教育经验为基础，进一步探索科学的比较教育学。战后的教育科学对教育与社会的相互影响、相互作用的诸因素进行了比较系统的分析比较。教育被人们看作是反映社会的一面镜子，有哪种类型的社会结构，就会相应地产生哪种类型的教育结构。另一方面，教育结构也对社会结构发生反作用。教育是社会的有机组成部分。大多数比较教育学者认为，分析研究教育的历史因素、社会因素、政治和经济因素方面的问题是很重要的。汉斯是一位代表人物，他著的《比较教育：教育的因素和传统研究》一书详细地阐述了三个类型的因素：一是自然的因素，其中包括种族因素、语言因素、地理因素和经济因素等。二是宗教的因素，其中包括欧洲的宗教传统、天主教传统、英国国教传统和基督教新教传统等因素。三是非宗教的世俗因素，其中包括人文主义、社会主义、民族主义和民主传统等因素。这本书于1949年问世，到1977年已先后重印发表过八次。可见，汉斯的这本著作对比较教育学的发展影响很大，迄今为止，它仍是国外教育著作中的一本畅销书。汉斯是坎德尔的继承人。他也用历史方法研究比较教育学，但它不受历史因素所限制，而把其他社会因素联系起来加以综合比较。汉斯的因素分析的思想受到世界比较教育学者的重视。

战后的六七十年代以来，比较教育学在世界各国的高等教育中再次盛行。美国的贝雷迪不仅研究了比较教育学的体系，而且研究了方法论的体系。他试图建立科学的比较教育学。他的代表著作之一是《教育比较法》。英国教育家埃德蒙·金著的《别国的学校和我们的学校》一书把丹麦、法国、英国、美国、苏联、印度、日本等国教育作了详细的分析研究，并对比较教育的理论和方法进行了科学的探讨。美国哥伦比亚大学师范研究生院的比较教育学教授哈罗德·丁·诺亚与美国市立纽约大学昆斯学院比较教育学教授马克斯·A·埃克斯坦合著《比较教育科学的探索》是一本高水平的比较教育科学著作。这本书包括三个主要部分，第一部分讲述比较教育科学的发展。它包括教育上借鉴其他国家的经验、国际合作、各种社会势力和基因、社会科学的解释等问题。第二部分讲述研究教育科学的一般方法，其中有条件假设法、数量确定法、实验对照法、理论分析法以及一般的科研方法与比较教育科学研究的关系等问题。第三部分讲述比较教育学的科学方法：（1）鉴别问题法，（2）两种模式的假设法，（3）概念表示法（假设模式A，假设模式B），（4）选择例证法（假设模式A，假设模式B），（5）搜集资料法（假设模式A，假设模式B），（6）处理资料法（假设模式A，假设模式B），（7）暗示效果法（假设模式A，假设模式B）。

诺亚和埃克斯坦对验证假说的比较研究法作了进一步的具体说明。主要有四点：（1）假说的确定并没有固定的方法，只有一般的模式。比如，"教育发展阶段比经济发展阶段高的国家，经济增长将是高速的，相反，教育水平比经济水平低的国家，经济增长速度将是缓慢的。"（2）对假说模式中的"教育发展阶段、教育水平"、"经济发展阶段、经济水平"等概念要给以解说，进行量化，以便找出指标，使比较成为可能。教育水平的指标是：a）中小学生的就学率，b）教育经费在国民收入中所占的比例，c）十五岁以上人口的文盲率。至于经济指标则分为两点：a）测定经济水平的指标为每人平均的国民生产总值，b）测定经济发展速度的指标为年平均增长率。（3）各项指标的数据要采用排列顺序的方法进行整理，以便验证假说。（4）数据收集整理后就运用它来验证假说，如果经济增长率的平均数比教育增长率的平均数高时，则证明教育水平比经济水平高的国家，经济增长率发展得更快。因此，最初的假说得到证实。

苏联的比较教育学比西方国家起步迟了一些。1978年莫斯科教育出版社发行了M·A·索科洛娃，Б·Н·库兹米娜，M·Л·罗焦诺夫三人合编的《比较教育学》。该书对比较教育学所下的定义是："比较教育学联系同一社会经济结构的国家所特有的具体历史、经济和社会政治条件，研究现阶段的教育理论和教育与教学的实践"，并且"研究当前世界中教育理论和教育与教学实践发展的一般和特殊的趋势和特点，阐明其经济、社会政治和哲学基础以及民族的特点"。

日本比较教育学者冲原豊①教授则认为，比较教育学的研究对象是整个

① 又译"冲原丰"——编者注。

教育范畴。对教育制度、教育行政、教育课程、教育哲学等问题进行比较。因此，比较教育学能够涉及到教育领域的所有问题。这个定义似乎太一般化，未能阐明比较教育学的性质和特点。前面讲过的汉斯在《比较教育学》(1947) 一书的开头就说："比较教育学的内容究竟是什么？到现在仍无法得到任何统一性的见解。这确实是合乎实际情况的论断。汉斯的观点发表后八年，即 1955 年，在汉堡举行的有关比较教育学的国际会议上，对比较教育学的定义也没有作出任何结论。土耳其叶其门教授说："在今天与其要找出比较教育学的定义，倒不如实际上进行比较研究而发表其成果来得重要。"参加会议的学者都一致通过了此时不宜对比较教育学下一个确切的定义的决定。这一点也可以说明比较教育科学的发展仍处于十分年轻的阶段。从比较教育学发展的总趋势看，它有下列几个比较显著的特征：

其一、可比性。研究普通教育学可以采取实验研究方法、哲学研究方法等等，而比较教育学首要的特点是用比较研究法。这就是说，比较教育学是对两个问题或更多的问题进行比较。一般说来，有水平比较法、垂直比较法、因素分析法。这几种研究法不是孤立的，而是相互联系的。在整个比较过程中，一般分为"叙述"、解释、并列和比较等步骤进行分析综合，然后把可以比较的问题作出适当的科学概括。

其二、国际性。比较教育学主要不是研究某一国的教育，而是研究两个以上国家的教育。它是以国家为单位，对两国或多国教育进行比较研究的。现代教育的发展是以国家教育制度为中心的，对两国教育制度进行比较就使这门学科不能不具有跨国家的国际性质。美国比较教育学家布里克曼在《国际比较教育学会的创立及其初期发展》一文中非常明确地阐述了这一个特点，他认为国际比较教育学会的宗旨是"1. 促进和改革各学院和大学的比较教育学课程；2. 鼓励对比较教育学和外国教育学的研究；3. 帮助各学科的教授们了解和比较其任教科目在各国的情况；4. 促进全世界教育工作者的互访和到现场研究教育情况；5. 与其他学科的专家合作，从更广泛的文化联系来看待教育的发展；6. 促进比较教育研究和最新情报的出版；7. 促进世界各地比较教育专家合作研究、交流文献和第一手的资料；8. 尽可能与联合国教科文组织、国际教育研究所、美国各州的研究机构进行合作"。自该学会于

1956年诞生以来，到现在已开过一系列的国际性学术活动，取得了相当大的成就。

其三、综合性。比较教育学所关心的主要是对现行教育的研究，特别是综合性的比较研究。第二次世界大战后，很多著名的比较教育学者都强调比较教育学跨文化、跨学科的综合性研究。美国比较教育学者贝雷迪教授早在1964年发表的《教育比较法》一书中就指出，比较教育学的任务在于集中几门有关学科的理论和方法，应用于各国教育的综合性研究。贝雷迪认为，学生学习和研究比较教育学，除掌握普通教育学科外，还要掌握至少一门其他社会科学的知识，掌握多几门更好。美国比较教育学者诺亚和埃克斯坦合著《比较教育科学的探索》一书中指出，比较教育学是具有社会科学、教育研究、跨国家、跨文化、跨学科性质的一门综合性比较突出的学科。国外的比较教育学对我国教育的发展是有影响的，对高等教育的影响尤为显著。早在本世纪“五四”新文化运动后，我国就有许多学者从事这个领域的教学和研究了。例如：庄泽宣著《各国教育比较论》(1929)，罗廷光和韦慤曾把美国坎德尔的《比较教育学》(1933) 译成中文作为大学教科书，罗廷光还著有《最近欧美教育综览》两本；常导之是一位热心研究外国教育和比较教育的教授，他从三十年代开始，先后编著了《比较教育》、《各国教育制度》、《德法英美四国教育概观》等丛书；钟鲁斋教授著的《比较教育》(1935) 在大学丛书里享有盛誉。上述比较教育著作对于扩大学生知识眼界，以及试图借鉴国外教育经验来改进我国高等院校比较教育课的教学曾经起了一定的积极作用。然而，十分可惜，自从五十年代后期开始片面学习苏联以后，比较教育学这门课程就被取消了。特别是在“史无前例”的十年中，教育科学变成了“重灾区”，比较教育学更不例外。粉碎“四人帮”以后，我国教育科学的春天来到了。比较教育学“复活”了。1978年全国文科教学工作座谈会制定的《高等师范学校教育系学校教育专业教学方案》(草案) 在选修课程中列出了这门课程。这标志着我国比较教育学的发展进入了新的阶段。回顾过去取消这门课时的唯一理由，是说什么苏联的高等院校教学计划中没有这门课程，只有欧美国家的高等学校开设这类学科，因此，取消它是应该的。这种观点显然是不正确的。其实，苏联的高等院校校近年来也开设了比较教育学。上面讲过莫斯科列宁师范学院曾把比较教育学列入教学计划，由国家出版了教科书及专著。不仅如此，苏联教育科学院的机关刊物《苏维埃教育》还常常发表这方面的论文。

在我国，外国教育研究会于1979年成立了。教育部又把全国比较教育科学工作者组织起来从事这方面的教材编写和研究工作。在这种新长征胜利前进的情况下，我们认为，应把比较教育学的地位从选修课程改为必修课程才符合当前教育科学发展的客观需要，因为在“锁国政策”破产后的今天，比较教育学就成为人们了解世界教育的一把钥匙，它帮助每位热心教育事业的科学工作者了解各国教育的现状和趋势。当前，我国的比较教育学的教学和科研已迈开了可喜的一步。我们深信，在马列主义指导下，我们的教育科学，包括比较教育学在内，一定会在“四化”建设过程中作出更大的贡献。

（本文发表于《比较教育研究》1981年04期。作者朱勃，时属单位为华南师范大学外国教育研究所）

二、改革开放 30 年中国比较教育的重建和发展

比较教育在中国是一门新兴学科，它是随着中国新学制的建立而从西方引入的，当时主要是介绍各国的教育制度。教育世界出版社从 1901 年至 1907 年连续出版了《教育丛书》，商务印书馆于 1909 年创刊了《教育杂志》，发表了许多介绍德、法、美、日、俄、瑞士等国教育的文章。[1]直到 20 世纪 20 年代后期中国大学才开始开设比较教育课程。1927 年广州中山大学教育系主任兼教育研究所所长庄泽宣教授所著的《各国教育比较论》，是我国出现的第一部比较教育专著。[2]以后虽然有的大学教育系开设了比较教育课程，而且也有几部著作问世，如钟鲁斋的《比较教育》、常导之的《各国教育制度》等，但比较教育这门学科在我国并不太发达。

1949 年新中国诞生以后，国家实行向苏联学习的一面倒政策，没有人研究其他国家的教育，比较教育作为一门学科也就不复存在。直到 1964 年，中央提出要研究外国，中共中央国际问题研究指导小组和国务院外事办公室批准了高等教育部在高等学校建立研究外国问题的机构，这时对外国教育才开始进行研究。当时成立的有北京师范大学外国教育研究室、华东师范大学外国教育研究室、东北师范大学日本教育研究室、河北大学日本问题研究室（含日本教育）四个外国教育研究机构。同年北京师范大学筹备《外国教育动态》杂志，并于 1965 年作为内部刊物正式出版。但好景不长，1966 年“文化大革命”开始，比较教育研究被打入冷宫，研究机构差一点被裁撤。

“文革”以后，在邓小平的“尊重知识，尊重人才”和重视教育的战略思想指导下，外国教育研究才逐渐得到恢复。1977 年 8 月，教育部高等教育司

在北戴河召开外国教育座谈会。参加会议的有北京师范大学、华东师范大学、东北师范大学、河北大学外国教育研究室的代表。会议讨论了外国教育研究和资料收集问题，并制订了初步规划。1978 年 7 月在北京师范大学召开了第一次外国教育研讨会。从此，比较教育研究开始走向恢复和重建。改革开放 30 年来，比较教育的发展是在“解放思想，实事求是”的思想路线指引下发展起来的。比较教育研究与“文革”前的外国教育研究有着本质不同。“文革”前的外国教育研究是在“左”的思想路线指导下开展的，是以反帝、反修为目的，以批判的姿态评介外国教育。“文革”以后，“左”的思想得以纠正，思想得以解放，通过教育本质的大讨论，人们逐渐认识到教育不仅有上层建筑的属性，也有发展生产促进文化交流的功能，教育作为培养人才的实践活动，有着共同规律，各国教育可以互相学习，互相借鉴。因此，我们应该本着实事求是的精神，客观地评介西方发达国家的教育。另外，在评介外国教育的同时，我们发现我国教育与发达国家相比还有很大差距，需要虚心地学习它们的先进经验。

30 年来我国比较教育研究大致经过了三个阶段：

第一个阶段（20 世纪 70 年代末期至 80 年代中期）是描述和介绍阶段，这时比较教育还处在外国教育研究的阶段。这一时期，比较教育学科建设开始起步。1979 年 11 月全国外国教育研究会在上海成立，并在 1983 年更名为比较教育研究会。1979 年，北京师范大学外国教育研究所在全国招收第一批硕士研究生。1980 年《中华人民共和国学位条例》颁布后，比较教育被列为教育学科中的二级学科。1980 年 3 月至 6 月，教育部邀请美国哥伦比亚大学比较教育美国华裔学者胡昌度教授来华在北京师范大学教育系讲学，同时组织了 10 所大学的 10 多名教师参加研修班。胡昌度教授除给学生讲授比较教育课程外，还给研修班讲授比较教育方法论。研修班结束之际，大家提出要编写一本中国自己的比较教育学。经过两年的努力，中国第一本比较教育著作终于在 1982 年问世。该书作为大学本科生的教科书，主要介绍了 6 个发达国家的教育制度，简要地比较了这 6 国各级各类教育的异同。

这个时期比较教育学科建设的发展，不仅反映在很多师范院校设置的比较教育课程上，而且也体现在许多学校设立的研究机构上。比较有影响的有：

杭州大学教育系在老一辈比较教育学家王承绪教授带领下成立的以外国教育研究为主的高等教育研究所，华南师范学院（后为华南师范大学）以朱勃教授为首成立的外国教育研究所；其他一些院校，如福建师范学院（后为福建师范大学）、华中师范大学等也都开展了比较教育研究。

这一时期比较教育研究主要是介绍美、英、法、西德、日、苏 6 个发达国家的教育制度和教育思想。在教育制度方面，代表性的译著有：《日本的经济发展和教育》《六国教育概况》《苏联教育法令汇编》等。在教育思想方面，主要介绍了四大流派，即：以皮亚杰、布鲁纳为代表的结构主义教育思想、布鲁姆的教育目标分类思想、赞可夫的发展教育思想和苏霍姆林斯基的和谐教育思想。

从 1980 年我国开始陆续出版发行了五大外国教育刊物，它们是：北京师范大学外国教育研究所主编的《外国教育动态》、华东师范大学外国教育研究所主编的《外国教育资料》、东北师范大学外国教育研究所主编的《外国教育研究》、中央教育科学研究所主编的《外国教育》、上海师范大学主编的《外国中小学教育》，① 其中没有一本叫比较教育。这一时期五大刊物发表的论文总数为 2 054 篇，其中有关外国教育制度、概况与发展的描述最多，论文篇数达 511 篇，占到总数的四分之一强。同时，从论文的形式来看，对国外研究成果的译介占有相当大的比重，五大期刊的译文达 753 篇，占总篇数的 37%。② 当时我国比较教育还停留在介绍外国教育的阶段。

这一时期出版的专著和译著有 20 余种。③ 影响最大的除王承绪、朱勃和顾明远主编的《比较教育》外，还有人民教育出版社在 1979 至 1982 年间出

---

①《外国教育动态》1965 年创刊，1966 因“文革”停刊，1973 年复刊，1980 年开始正式公开发行。《外国教育资料》创刊于 1972 年，1980 年开始公开发行。《外国教育研究》创刊于 1974 年，原名为《日本教育情况》，1981 年改名为《外国教育情况》，1983 年改名为《外国教育研究》。《外国教育》1979 年创刊，1989 年停刊。《外国中小学教育》创刊于 1979 年，原名为《外国教育资料选译》，1981 年改名为《外国中小学教育选译》，1982 年正式更名为《外国中小学教育》。

② 由于各刊物创刊、复刊、公开发行即停刊时间的不同，本文对各刊物论文统计的时限分别为：《比较教育研究》（1980～2007 年）《外国教育研究》（1981～2007 年）、《全球教育展望》（1978～2007 年）、《外国中小学教育》（1982～2007 年）、《外国教育》（1979～1989 年）。本部分的数据由作者对五种主要比较教育期刊的统计、整理而得。（下文同）

③ 本部分的数据由作者对主要比较教育专著和译著的统计、整理而得。（下文同）

版的《外国教育丛书》，这套丛书共12册，不仅对30余个国家的教育状况进行了描绘，而且广泛涉及到基础教育、高等教育、职业教育、师范教育以及业余教育等各级各类的教育。同期，在全国教育科学“六五”规划时期，比较教育学科共承担了7项研究课题。① 值得一提的是“战后各国教育研究”这个重点课题，王承绪、顾明远、马骥雄等比较教育专家都参与到其中，并分别承担了英国、苏联和美国等国家的研究任务。此后，该课题得到延续和扩展，其研究成果《战后国际教育研究丛书》于1991年由江西教育出版社出版。

第二个阶段（20世纪80年代中期至90年代中期）是国别研究和专题研究阶段。

进入80年代中期以后，比较教育界认识到，要借鉴外国教育的经验，必须对各个国家的教育发展进行深入系统的研究，才能把握各国教育的本质特点和发展脉络，于是开始了国别研究。除国别研究外，许多学者开始进行专题研究和专题比较，如各级各类教育比较、课程比较和各种教育思想流派的评介。

这一时期，在全国教育科学“七五”“八五”规划中比较教育学科承担的课题得到大幅度的增长，达到46项之多。其中，王承绪承担的“各国高等教育比较论”、顾明远承担的“民族文化传统与教育现代化”、汪永铨承担的“英、法、德、苏、日、美高等教育思想的比较研究”、钟启泉承担的“面向21世纪教育课程模式比较”、王英杰承担的“亚洲主要发展中国家农村地区普及义务教育比较研究”等课题都使得国际和专题研究得到深入和拓展。

比较教育界除了承担教育科学规划课题外，几个主要研究所和其他一些高校还研究出版了大量著作，据不完全统计达到30余种。比较有影响的有：顾明远主编的10卷本《战后国际教育研究丛书》，符娟明主编的《比较高等教育》，吴文侃、杨汉清主编的《比较教育学》以及朱勃的《比较教育史略》、商继宗的《中小学比较教育学》，苏真的《比较师范教育》、周蕖的《中外职

① 本部分的数据由作者对全国教育科学规划课题的统计整理而得。资料来源：http：//onsgep. moe. edu. cn/edoas2/website7/ktgl. jsp? tablename=1204623593281047. 2008－09－22.（下文同）

业技术教育比较》等。

同期，五大刊物发表论文也有很大的增长，总篇数达到3 603篇，无论在研究的对象还是内容上都呈现出繁荣的景象。从教育类别和层次来看，基础教育研究最多为1 173篇，占总数的三分之一左右，随后依次为高等教育(12%)、职业/技术教育（5%）和师范/教师教育（4%）；从教育专题来看，对各国教育制度/概况及改革/发展的研究分别为325篇和712篇，两者之和占总篇数的29%，其次教学/课程为855篇，占24%，同时有关教育理论/思潮、教育行政/管理以及比较教育学科建设等方面的论文也所增长；此外，在全部论文中译文数量明显减少，其比例下降到22%。

这一时期最重要的事件是北京师范大学和杭州大学的比较教育学科在1984年分别取得了博士学位授予权。王承绪和顾明远率先成为我国比较教育学专业的博士生导师，此后也诞生了我国第一批比较教育学博士。1988年北京师范大学外国教育研究所比较教育被评为全国重点学科，并成为全国重点资助的12个研究所之一。学科建设上的另一突破是薛理银完成的博士论文《当代比较教育方法论研究》，它被认为是我国第一部研究比较教育方法论的力作。

第三个阶段（20世纪90年代中期至今）是深入和扩展研究的时期。

如果说前两个阶段我国比较教育学者的精力主要放在评价6个发达国家的教育上，那么从上个世纪90年代中期开始，我国比较教育研究则扩展到许多发展中国家，特别是我国周边国家的教育，研究内容也从教育制度发展到课程、教育思想观念、培养模式和方法、国际教育、环境教育、比较教育方法论等诸多方面，可谓百花纷呈。

全国教育科学“九五”“十五”“十一五”（2006～2008年度）规划比较教育承担的课题已达155项之多。从这一时期比较教育承担的全国教育科学规划课题可以看出，我国比较教育研究向两个方向延伸：一个方向是宏观的教育发展战略比较研究，如“巴西、俄罗斯、印度、中国四国教育发展与国家竞争力的比较研究”“民族文化传统与教育现代化研究”“日本与韩国‘科教兴国’战略研究”等，重视教育与国家发展的研究；另一方向是微观的基础教育课程和教学的理论与方法的研究，如“各国基础教育改革的基本理论及其实践课题的比较”“中外母语教材的比较研究”“中美小学教师课堂教学方式及特点的比较研究”等。同时，我国比较教育研究工作者也更加关注比较教育基本理论与方法的研究，涌现出“中国比较教育理论建设的研究”“比较教育理论与方法系统研究”“比较教育思想发展研究”等一系列研究课题。这说明我国比较教育研究深入了一大步。

这一时期主要的比较教育专著和译著至少有 60 余种。其中 20 卷本的《世界教育大系》可谓是这个时期的一项恢弘巨著。这套丛书分国别教育和类别教育两部分，在国别教育部分选取了美国、英国、法国、德国、苏俄、日本、印度、埃及、巴西和中国这 10 个国家，在类别教育部分选择了幼儿教育、初等教育、中等教育、高等教育、职业教育、教师教育、特殊教育、社会教育、妇女教育和教育财政等 10 个类别。这套丛书本着“洋为中用”的原则，古今结合，厚今薄古；中外结合，弘扬借鉴；纵横交错，各具特色，绘成一幅世界教育的雄伟画卷。[3] 同时，人民教育出版社还陆续出版了多卷本《比较教育论丛》和《比较教育译丛》，其中包括顾明远、薛理银合著的《比较教育导论》、王承绪主编的《比较教育学史》、吴文侃主编的《比较教学论》等著作以及《比较教育概论》《世界教育危机》《教育的新时代》等国外比较教育名著。这几套丛书，基本上反映了上个世纪 90 年代中期到本世纪初我国比较教育研究的动态和成果。

四大刊物在这个时期也有了新的变化。北京师范大学主办的《外国教育动态》于 1992 年改名为《比较教育研究》，华东师范大学主办的《外国教育资料》于 2000 年改名为《全球教育展望》，这说明中国比较教育研究正在朝着国际教育和比较教育学科研究的方向发展。这一时期，四大刊物上发表的论文不断攀升，总数达 6 758 篇，甚至比前两个时期的总和还要多。研究者们更加以国际的视野来审视和思考我国本土的教育现实和实践，有关教育改革和发展的论文有 1 096 篇，占总数的 16%；而随着基础教育课程改革的启动和推进，课程和教学成为热门的研究领域，这方面的论文达到 1 909 篇，占到总论文数的 28%。此外，有关职业/技术教育、师范/教师教育、全纳/特殊教育、教育理论/思潮、公民/道德教育、国际教育、农村教育、全面教育等方面的论文也都得到不同程度的增长。

这一时期比较教育学科建设得到进一步重视。截至2006年，我国比较教育学专业的博士点发展到7个、硕士点发展到30个。[4]北京师范大学、华东师范大学、东北师范大学等高校的比较教育研究所都先后更名为国际与比较教育研究所。同时，中国比较教育研究机构的研究逐渐形成了各自的特色。例如北京师范大学国际与比较教育研究所着重于国际问题的比较和文化与教育比较的研究；华东师范大学国际与比较教育研究所特别关注课程论的研究，并且把外国的先进课程理念引入我国的新课程改革中；浙江大学教育学院的前身是杭州大学教育系，他们在王承绪教授的带领下对英国教育进行了系统研究，取得了丰硕成果，成为我国的英国教育研究中心；东北师范大学国际与比较教育研究所以日本、韩国教育为重点；华南师范大学国际与比较教育研究所研究东南亚和我国港澳台地区教育。最近几年还出现了一支比较教育研究新秀，这就是浙江师范大学的非洲研究院。他们对非洲教育开展大量研究，填补了我国比较教育研究的空白。还有许多比较教育研究队伍分散在如北京大学、西南大学、河北大学、辽宁师范大学、哈尔滨师范大学等高等学校，他们的研究也各具特色。

这个时期，在比较教育方法论上出现了许多争论，一部分学者认为比较教育方法论缺乏自身的独特性，比较教育存在学科身份危机。但另一部分学者认为，社会科学的方法论是可以互相借鉴的，不一定需要有自己独特的方法，关键在于研究的领域和对象。比较教育研究的领域是其他学科不能包含的，例如各国教育制度的比较、教育与国家发展问题、国际环境教育问题、人口问题与教育、国际组织与教育等，都不能包含到教育的其他分支学科中。

关于比较教育方法论，笔者在上个世纪末曾提出文化研究的比较教育方法论。笔者认为，“比较教育要了解一个国家的教育，就需要研究影响这个国家教育制度的各种因素，特别是文化因素。……最重要的是一个国家、一个民族的价值观、思维方式、民族心理和民族精神。例如西方文化强调个人主义，而东方文化则重视集体主义；发达国家多少具有大国沙文主义倾向，不发达国家总是抱有民族主义倾向。……只有从文化研究中才能认识一个国家、一个民族的教育的本质”。[5]北京师范大学国际与比较教育研究所从上个世纪末开始了民族文化传统与教育现代化研究，取得了阶段性成果；华南师范大学冯增俊教授引进教育人类学方法，实际上也是文化研究的重要方法；这些研究使我国比较教育研究深入了一步。

改革开放 30 年来，中国比较教育的重建和发展在解放思想的前提下，遵循“教育要面向现代化，面向世界，面向未来”的方针，不断深入、扩大了研究领域。30 年来，我国陆续派出教师和学生到国外访问、学习、进修。比较教育学者是教育界到国外学习最多的群体。30 年来，我国培养了一大批中青年学者，他们学历高、外语好，大多有外国学习和生活的背景，是比较教育研究的生力军。他们的研究为中国教育的改革和发展提供了许多国际经验。

30 年来，中国比较教育逐渐融入了世界比较教育大家庭。1980 年我国比较教育学会就应邀出席了在日本埼玉县举办的第四届比较教育大会。同时，我们申请加入世界比较教育学会联合会，并于 1984 年第五届比较教育大会得到世界比较教育学会联合会执行委员会批准，正式成为世界比较教育学会联合会的成员。以后第六届、第七届、第八届大会，我国比较教育学会均派出代表参加。本来第九届大会拟定于 1993 年在北京召开，但是自从我国台湾比较教育学会加入世界比较教育学会联合会以后，由于名称问题未能按照“一个中国”的原则处理，大会未能在中国召开。中国比较教育学会也就不便派代表参加世界比较教育大会，这实在是很大的遗憾。不过，我国比较教育界并未与世界比较教育界同行失去联系。20 世纪 90 年代后期在北京师范大学国际与比较教育研究所举办的几次国际教育论坛和研讨会上，许多国家的比较教育学者都来参加。亚洲比较教育学会于 1997 年在日本东京成立，我国比较教育学会是发起单位和筹备成员之一。亚洲比较教育联合会第二届年会还于 1998 年在北京师范大学召开。参加这次年会的有来自世界各地区的代表达 170 多人，世界比较教育学会联合会的几任主席和秘书长都来参加了会议，多少弥补了世界比较教育大会未能在北京召开的遗憾。平时我国比较教育学者与国外学者的交往更是十分频繁。近年来比较教育学者的互访、合作研究、留学生交流日益增加。

比较教育学者的国际交往，不仅拓展了教育研究领域，而且促进了各国的互相了解。当今世界，一方面全球化趋势不断加强，由于全球经济的一体化，各个国家互相依存，美国次贷危机在全球掀起了金融海啸，世界各国谁也避免不了它的影响；另一方面世界多极化趋势也在不断加强，政治、文化、军事冲突不断，用一种价值观来统治世界已经不可能。世界只有在互相理解、互相信任、互相尊重中才能得以安宁。虽然我们不同意亨廷顿的文化冲突理论，但是不能不承认文化背景的不同会影响到人们的价值观、思维方式和对事物的判断。世界和平的出路在于互相理解，互相尊重，在任何事情上都要达到互利互惠。为此，第一步就要互相了解，只有在了解的基础上才能互相理解，互相尊重。教育是互相了解和互相理解的最好途径，它不但影响成年一代人，还影响下一代年轻人。比较教育研究更是互相理解与互相尊重的桥梁。让我们携起手来，为实现一个世界、一个梦想—世界和平而努力！

参考文献：

[1] [2] 王承绪主编．比较教育学史 [M]．北京：人民教育出版社．1999：295，296．

[3] 顾明远、梁忠义．剖析世界教育发展变化刻绘世界教育雄伟画卷——为《世界教育大系》问世而作 [J]．外国教育研究．2001 (4)：2—3．

[4] 顾明远．致中国教育学会比较教育分会第13届学术年会的贺辞 [J]．全球教育展望．2007 (1)：10．

[5] 顾明远．文化研究与比较教育 [J]．比较教育研究．2000 (4)：3—4．

（本文发表于《比较教育研究》2008年第12期。作者顾明远、阚阅、乔鹤，时属单位为教育部人文社会科学重点研究基地北京师范大学比较教育研究中心，北京师范大学国际与比较教育研究所）

比较教育的学科定位

一、比较教育的对象和方法论基础

比较教育学的对象和方法论基础，是比较教育学中两个首要的理论问题。这两个问题能否得到正确解决，关系到这门学科建设的方向和质量。本文谨发表一些个人见解，以求正于高明。

(一) 关于比较教育学的对象

何谓比较教育学，它的研究对象是什么？关于这个问题，直到现在，各国比较教育学家的看法还不一致。

被称为比较教育之父的朱利安（M. Jullien）是最早提出比较教育概念的人，但他并没有给比较教育学下个明确的科学定义。他只指出比较教育研究的大致范围："一部对此项研究能提供更直接和更重要的应用效果的著作，其内容成为欧洲各国现有主要教育机构和制度的比较表，首先研究各国兴办教育和公共教育所采取的各种不同的教育方式，学校教育全学程所包括的各种课程需要达到的教育目标，以及每一目标所包括的公费小学、古典中学、高等技术学校和特殊学校的各衔接年级；然后研究教师给青少年学生进行讲授所采用的各种教学方法，他们对这些方法所逐步提出的各项改进意见以及或多或少地所取得的成就"。[1]

美国杰出的比较教育家康德尔（I. L. Kandel）认为："比较教育的研究继续教育史的研究，把教育史延伸到现在，阐明教育和多种文化型式之间必然存在的密切联系。"[2] "比较法要求首先判明决定教育制度的无形的、难以捉摸的精神力量和文化力量，判明比校内的力量和因素更为重要的校外力量和因素。”[3]“比较教育的目的在于发现导致教育制度相差别的那些力量和因素的差异性。”[4]

英国著名的比较教育家汉斯（N. Hans）指出：“用历史的观点分析研究这些因素，比较各种问题的解决办法，是比较教育的主要目的。”

日本著名的比较教育家冲原丰认为：“比较教育学是以教育的整个领域为对象，对两国以上的现行教育进行比较，并把外国教育学包括在内的科学”[5]

苏联的比较教育研究者索科洛娃认为：“比较教育学研究当前世界中教学和教育的理论和实践的共同的和个别的特点及发展趋势，揭示它们的经济、社会政治和哲学基础，以及民族的特点。在综合年青一代的教学和教育的大量实践经验的基础上。比较教育学阐明社会主义、资本主义和发展中国家国民教育发展的规律和趋势，因此促使进一步研究教学和教育的理论”[6]

上述关于比较教育学的解释或定义，都从某个角度或某个方面阐明比较教育的概念。但都不够全面，或者不甚准确。

本来，给某一门科学（学科）下定义，只要指出其专门的研究对象就行了。因为“科学研究的区分，就是根据科学对象所具有的特殊矛盾性。”[7]数学、物理、化学、历史学、教育学等等科学的定义就仅仅指出其研究对象。现在，由于科学的发展，每一门科学又分化为许多分支学科，它们所研究的乃是同一的对象，所以，给一门学科下定义，如果仅仅指出其研究对象，似乎难以全面、完整地体现这门学科的特点，比较教育学就是如此。

因此，我们认为，要给比较教育学下个完整的科学定义，必须以整体的观点阐明这门学科研究的整体结构和它的基本性质。

1. 研究的整体结构

我们认为，比较教育研究的整体结构包括研究目的、研究对象（从另一角度说，就是研究内容）和研究方法三个要素。下面我们就从这三个方面分析比较教育学的特点，即这门学科的特殊矛盾性。

(1) 比较教育学的研究目的。从十九世纪学科萌芽时期起，就提出比较教育研究的目的在于借鉴他国的教育经验，改进本国的教育实践。这个目的一直延续至今。近年来，由于国际接触频繁，各国比较教育学的研究，也注意向外国宣传本国的教育成就和经验，以加强国际间的文化交流。尽管如此，借鉴外国教育经验，仍是现阶段比较教育研究的主要目的。

(2) 比较教育学的研究对象。比较教育学的研究对象，可先从它的研究领域以及这个领域的时空范围来分析。

从研究领域说，比较教育学的研究涉及教育的整个领域，教育学所研究的问题，诸如教育制度、教育行政、各级各类的学校教育目的、课程设置、教学方法、考试制度、政治思想教育等等问题，都可以作为比较教育学的研究对象。比较教育的研究重点是各国的教育制度和重大的教育问题（包括理论问题和实践问题），例如普及义务教育问题，教育结构问题，教学改革问题，职业技术教育问题，师资培训问题，成人教育问题，教育管理体制问题等等。因为研究教育制度和教育问题对改进本国的教育具有重大的意义。当然，各国的情况不同，研究问题的侧重点也有所区别。

从研究时间说，比较教育的研究以当代教育为中心。这一点，世界比较教育学家的看法是比较一致的。比较教育研究之所以必须以当代教育为中心，是借鉴的目的所决定的。当然，比较教育在研究当代教育时，为了阐明来龙去脉，也要追溯历史根源。但追溯的目的是为了更好地说明现在。它与教育史的区别在于：教育史是从时间，从纵的关系上考察研究教育现象的变化发展，而比较教育学则是从空间上，从横的关系上考察研究当代的教育制度和教育问题。

从研究空间说，比较教育学以世界各国的教育作为自己的研究对象。它的研究范围是很广泛的。从过去的情况看，各国比较教育的研究主要是以国家作为单位而进行的。例如美国康德尔的《比较教育》以英、法、德、意、苏、美为对象国，英国汉斯的《比较教育：教育的因素和传统研究》以美、英、法、苏为对象国，美国卡扎米亚斯和马西亚拉斯的《教育的传统与变革》以美、英、法、苏、日、西德、希腊、坦噶尼喀、土耳其为对象国，英国埃德蒙·金的《别国的学校和我们的学校》以丹麦、法、英、美、苏、印、日为对象国，我国解放前钟鲁斋的《比较教育》以美、英、苏、意、法、德、日为对象国，如此等等。当然，为了某种目的，也可以就不同社会制度（例如社会主义国家、资本主义国家、发展中国家等）、不同领域（例如亚洲地区、非洲地区、欧洲地区、北美地区等）、不同文化区域（例如英语地区、法语地区、西班牙语地区等）的教育进行比较研究，还可以就一个国家内部的不同地区（省、县、区）、不同民族的教育进行比较研究这样的研究。这样的研究也是有理论价值和实践价值的。但是，现代教育的发展主要体现在以国家为中心的国民教育制度的发展上，从这个角度看，以国家为单位进行比较研究，从理论上和实践上来说，都是比较合适的。

比较教育学以世界各国的教育作为研究对象，并不是说一部比较教育学务必研究世界一百多个国家的教育，因为这是困难的，也是不必要的。作者可以根据借鉴的目的，选择有代表性的国家作为对象国。至于一篇比较教育论文，可以就问题涉及的范围，选择两个或少数几个国家（或地区）进行比较，只要能充分说明问题就行。

以特定时空范围的教育制度和教育问题作为研究对象，显现出比较教育学区别于教育科学其他分支学科（如教育学、教育史等）的特点。这也就是比较教育学能从教育学中分化出来成为一门独立学科的客观依据。

比较教育学研究上述特定时空范围的教育制度和教育问题，仅仅说明其研究对象的广度问题。比较教育学的研究还有一个深度问题，这是更为重要的问题。研究的深度，指的是不仅研究各国教育的客观现象和解决各种教育问题的经验，还要更进一步，分析各国教育的本质，研究各国教育的形成条件，判明各国政治、经济、文化、社会对教育的制约关系和教育对各国政治、经济、文化、社会发展的能动作用，揭示各国教育的特点和共同规律，展望教育的发展趋势。只有这样，比较教育学才有它的理论价值。因为只有这样，它才能为借鉴提供客观的依据，而不至于不顾具体国情照搬照抄。

（3）比较教育学的研究方法。由于比较教育学的研究对象是当代世界不同国家或不同地区的教育制度和教育问题，所以它的研究以比较法作为主要方法。这也是它区别于教育科学的其他分支学科的特点之一。比较教育学在研究时，既注意外国教育之间的比较分析，也注意外国教育与本国教育之间的比较分析。如以一国之内不同地区作为研究对象，则着重该国之内不同地区之间的比较分析。

从上面对比较教育学的研究目的、研究对象、研究方法的分析中，我们可以看到比较教育研究整体结构的这三个要素是互相联系、互相促进的。研究目的决定了研究对象，研究目的和对象又共同决定研究的主要方法。反过来，正确的研究方法又促进对研究对象作深入的研究，从而达到研究的目的。这三个要素可以说是三位一体，密不可分。三者结合体现了比较教育学研究的特殊矛盾性，构成比较教育学有别于教育科学其他分支学科的专门特点。

2. 学科的基本性质

比较教育学从教育学中分化出来，成为教育科学的一个独立的分支，它属于教育科学的范畴，这是本世纪五十年代以前公认的论断。但是到了六十年代，有些比较教育学家在研究各国教育过程中，广泛使用了政治学、经济学、社会学、人类学等社会科学的概念和方法，来分析教育与政治、经济、社会的相互关系。于是他们认为比较教育学的学科性质已从教育科学变为中间科学。我们不同意这种论断。我们认为，用社会学、经济学的概念和方法，着重研究教育与社会、教育与经济的关系问题，已经分化出教育社会学、教育经济学这样一些中间学科。现代比较教育学的研究，虽然也引进政治学、经济学、社会学的概念和方法进行研究，但研究的对象是教育制度和教育问题，研究的任务是总结教育经验，揭示教育规律，探索教育发展趋势，研究的目的是改进本国或本地区的教育制度和教育实践。应该说，它仍然属于教育科学的范畴。

综上所述，可以得出这样的结论：比较教育学是以比较为主要方法，研究与揭示当代世界各国教育的一般的与特殊的规律，判明教育发展的主要因素，探索教育的发展趋势的一门教育科学。

这个定义反映了比较教育学学科研究的整体结构和它的基本性质。

从这个定义中可以看出比较教育学既是一门应用科学，又是一门理论科学。它之所以是一门应用科学，在于它提供不同国家或不同地区办理教育的丰富经验，可以作为改进本国或本地区教育实践的范例。它之所以是一门理论科学，在于它揭示了不同国家或地区教育的形成条件和制约因素，探索了教育发展趋势和一般规律，因而使借鉴有理论可遵循，不至于成为盲目实践。既是应用科学，又是理论科学，也是比较教育学这门学科的一大特色。

（二）关于比较教育学的方法论基础

辩证唯物主义和历史唯物主义是关于自然、社会和人的思想发展最普遍规律的科学。它为我们的一切实际工作指出了解决问题的正确方向，为一切科学研究提供了正确的方法论。比较教育要成为一门科学，首先必须以辩证唯物主义和历史唯物主义作为方法论基础。

其次，由于科学的进步，科学研究的方法也发生了革命性的转变。经过二十年代、三十年代的酝酿，四十年代末由贝塔朗菲创立的系统论、维纳创立的控制论、申农创立的信息论几乎同时问世。三论的内容虽有各自的特点，但其中有些概念相互交叉，有些原理相互为用。三论的产生促进了科学的发展，科学的发展又为六、七十年代以来三论的深化提供了条件。当代的许多科学家倾向于把三论统称为现代系统理论（或广义系统论）。现代系统理论科学方法的基本特征或基本原则，各家说法不一。但现代系统理论具有浓厚的方法论特征，则是各家所公认的。

那么，现代系统理论的发展，是否可以取代马克思主义哲学作为一切科学的方法论呢？答案显然是否定的。按照钱学森同志的意见，“马克思主义哲学是人类认识的最高的概括”，“系统论是系统科学到马克思主义哲学的桥梁”。[8]苏联学者也认为“不能企求它具有哲学的世界观的等同性”，“辩证法是这种（系统结构的）方法论的基础，是它的哲学依据”。[9]

根据马克思主义哲学的基本原理和现代系统理论的科学方法，我们认为，比较教育学的研究应注意下列基本原则：

1. 综合性原则

由于科学的进步，第一次科技革命那种以分析为主要特征的思维方法，现在已经让位于以综合为主要特征的思维方法。因为科学的发展要求人们揭示不同物质运动形式内在的共同属性与共同规律，要求考察各种事物相互联系、相互制约的方式。比较教育学研究对象是教育领域，但教育作为一个系统，是社会现象的一个子系统，它与社会现象的其他子系统，如政治、经济、文化、社会等有着相互联系、相互制约的关系。因此，研究教育必须研究它同政治、经济、文化、社会等的相互关系。只有这样，才能揭示不同社会不同教育的阶级实质，也才能从客观上揭示教育的根本规律。

2. 整体性原则

整体观点是马克思列宁主义的基本观点，列宁曾经说过："要真正地认识事物，就必须把握研究它的一切方面、一切联系和'中介'，我们决不会完全地做到这一点，但是全面性的要求可以使我们防止错误和防止僵化"。[10]现代系统理论的研究，丰富了马克思列宁主义的这个观点。它认为在研究时，要始终把研究对象作为一个整体来看待，认为世界上各种事物、过程不是孤立的杂乱无章的偶然堆积，而是一个合乎规律的，由各个部分（要素）组成的有机整体。整体中的各个部分是相互联系，相互作用的。如果各个部分相互促进，那么，整体的功能要大于部分功能之和。整体是一个具有新质的系统。从这个观点出发，比较教育学的研究，必须把各国教育作为一个整体来看待。这个整体包括教育行政和各级各类学校的教育，各级各类学校教育又包括教育任务、教学内容、教学方法、教学组织形式、教学评价等方面（要素）。因此，从整体上研究各国教育，必须研究整个教育系统诸要素之间以及教育教学过程诸要素之间是否协同，整体结构是否有序，整体功能是否最优。常常有这样的情况：某项措施，从局部来说是很好的，但从整体来看却不是最优的。相反，也有这样的情况：从局部来说并不是最好的，但从整体来看却是最适当的。遵循整体—部分—整体的研究方法，才能既正确认识一个国家教育的微观经验、洞察其教育结构的横向联系，又认识那个国家教育的全貌，掌握其整个教育机构运转的规律。

3. 动态性原则

马克思主义唯物辩证法认为，运动是物质的客观属性，当然，在承认绝对运动的同时，也承认相对的静止。事物的运动表现为发展，否定之否定，螺旋式上升。这就是辩证的发展观。现代系统理论反映了辩证法的这一原理，它更精确地揭示了世界的系统进化性，或历史演化性，揭示了整个世界从简单到复杂、从低级到高级、从无序到有序的进化机制，从而证实了"一个伟大的思想，即认为世界不是一成不变的事物的集合体，而是过程的集合体"。[11]根据这种观点，比较教育的研究，不管是区域研究还是问题研究，都应注意以研究现状为主，适当追溯历史渊源，并展望发展趋势，使得人们看清教育发展的来龙去脉，即从纵向上认识教育的发展规律。

以动态观点来研究现状，必须防止把某种教育制度视为完备无缺的制度，把某教育理论看作万古不变的理论，把某种教育方法当成尽善尽美的方法。一切事物都在发展中，必须高瞻远瞩，看清世界教育的发展前景。

4. 可比性原则

同类事物之间存在着共同性、相似性、差异性甚至对抗性，这是事物可以进行比较的客观依据。比较教育学对各国教育的研究，应着重判明各国教育中的共同性（相似性）和差异性（甚至对抗性），从中总结出办好教育的共同经验和规律，以利借鉴。比较教育在进行比较时，应严格掌握统一的标准，包括概念的统一、取样的统一、量度的统一等。例如英国的 public school 与美国的 public school 不是同一概念，不可比。苏联的初等学校与美国的初等学校学制不一，不能比较两国小学毕业生的学业程度。美国的六三三制与日本的六三三制一样，比较学生学习成绩不能拿美国的优等生与日本的中等生相比。还有，各国计量单位不一，消费水平不一，物价不一，比较人均教育经费的绝对值，即使换算成统一单位，也很难准确说明问题。至于处在不同发展阶段的不同国家的教育，并不是不可以比，但应注意比的仅是教育发展水平的差异（如义务教育年限，成人文盲率，教育经费在国民收入中所占比例等差异），以利后进国家有计划、有步骤地赶上先进国家，决不能从中得出教育制度优劣的结论。教育制度的优劣，要根据一定历史发展阶段的时间、地点和条件，从它是否促进人类社会的进步这个角度来考察。

5. 客观性原则

唯物辩证法要求人们在认识事物时要如实地反映事物客观存在的真面目，而实践、认识、再实践、再认识，则是人们认识逐步深化的途径。实践是检验真理的唯一标准。据此，比较教育研究，一方面，要搜集真实可靠的材料，进行有科学依据的分析。另一方面，从比较分析中得出的结论（经验、规律），还应经过实践的检验，以证明结论的客观性。对于外国新近提出的教育制度、教育理论和教育方法，应持特别谨慎的态度。因为往往有这样的情况：某个国家实行某种教育制度，乍一看来，似乎合理，但经过一段时间的实践检验，就显出这种制度弊多于利，不是一种好制度。课程改革也是如此。美国五十年代末和六十年代初的课程改革，曾受到人们的高度赞赏，但经过一段时间的实践检验，就显出了矫枉过正的毛病。所以要判断外国教育制度、教育理论和教育方法的优劣，只有一个办法，就是科学地分析他们较长一段时间的教育实践，经过实践证明能够取得良好效果的东西，才是符合客观真理的东西。

由于比较教育研究的主要目的在于借鉴，所以，还要判断外国教育的经验是否符合本国的国情，是否具有普遍意义。往往有这样的情况，某项措施在甲国行之有效，在乙国却难以实行，或者行之无效。所以，客观性原则还要求通过本国的实践，来鉴别某项结论的适用范围。通过试验，取得经验，再逐步推广，这是借鉴外国经验的关键。萨德勒不是马克思主义者，但他下面的一段话却说得正确生动。他说："我们不能象小孩逛花园那样，信步漫游了世界教育制度之林，从一棵树上采取一朵花，从另一棵树上摘取一些叶子，并且希望把所搜集到的东西栽种在自家的土地上，就会得到一棵活的树。"[12] (在借鉴外国经验时，不注意客观性原则，主观臆断，生搬硬套，肯定是要失败的。

参考文献：①

[1] 朱利安. 比较教育的研究计划与初步意见 [J]. 世界教育文摘，1984 (1)：20.

[2] 康德尔. 教育的新时代 [M]. 1955.

[3] 康德尔. 比较教育研究.

[4] 康德尔. 比较教育 [M]. 1936.

[5] 冲原丰. 比较教育学 [M]. 长春：吉林人民出版社，1984：4.

[6] 索科洛娃等. 比较教育学 [M]. 北京：人民教育出版社，1981：15.

[7] 毛泽东. 矛盾论 [M] //毛泽东. 毛泽东选集（第二卷）[M]. 北

① 作者在原文中是在文中直接标注文献出处的。因为文献信息不完整，如缺少年份、出版社、是否是英文版等重要信息，难以确定具体的版本，所以，这里无法代为补充完整——编者注。

京：人民出版社，1952：775.

[8] 钱学森. 系统思想、系统科学和系统论 [M].

[9] 伊·符·勃劳别尔格等. 现代科学与系统方法 [M].

[10] 列宁. 列宁选集 [M]. 第4卷. 北京：人民出版社，1972：452.

[11] 马克思，恩格斯. 马克思恩格斯全集 [M]. 第4卷. [出版地不详]：[出版者不详]，[出版年不详]：239—240.

[12] 萨德勒. 我们在研究外国教育制度中能够学到多少有价值的东西? [M]. 1900年英文版（SADLER M. How far can we learn anything of practical value from thestudy of foreign systems of education? [M]. Guildford：Surrey Advertiser，1900）.

（本文发表于《外国教育动态》1987年第4期。作者吴文侃）

二、英国比较与国际教育学者论比较教育

在国外各种比较教育书刊上已经有很多文章对比较教育中的问题进行反思。[1]有从理论派别上对本学科进行的反思，有从方法论角度进行的反思，也有根据近年来比较教育杂志上发表的文章来透视学科发展状况的。国内也有一些文章讨论这些问题，但更多的是写作者本人对一些问题的看法[2]。本文试图用民族志的方法来描述比较教育及其学术团体①[3]。通过对英国的十二位比较与国际教育学者的访问，试图阐明在英国比较和国际教育学者心目中，比较教育是什么样的一个学科或研究领域，以及它跟其它学科有什么不同；从认识论上看它有哪些区别于其它学科的独特之处，或者说它能做出哪些特殊贡献；描述学术群体的专业生活、价值标准以及学者之间的交流方式：探讨比较教育知识体系的特点是如何影响比较教育学者的学术研究与个人生涯的。

本文对比较教育学科及学术团体的描述是基于对十二位学者的访问。他们分布在英国的七所大学，一所多科技术学院和一所高等教育学院。他们当中有三位是教授，五位副教授或高级讲师和四位讲师。另外，还有许多学者表示愿意接受采访，但由于种种客观条件的限制未能如愿。不过，他们当中有几位接受了非正式的采访。这里的非正式的意义是访问是非结构化的，而

---

① 本文借鉴了 Tony Becher 教授的“中间研究技术”。参见：BECHER T. Historian on History [J]. Studies in Higher Education. 1989，14（3）；BECHER T. Physicists on Physics [J]. Studies in Higher Education，1990，15（1）. 作者在研究设计阶段曾得到他和 Keith Lewin 博士的帮助，在此表示感谢。

且时间较短，从十分钟到半个小时。这些资料也包括在下文中。

（一）比较教育的性质

对不同的学者比较教育的意思是不一样的。我们很难给比较教育下一个大家都能接受的定义。最省事的办法是把它定义为：那些宣称自己是比较教育学者的人所完成的教学和教育研究。比较教育可以是以国际视野分析一个或多个国家的教育问题、教育传统和教育体制等，在更广阔的维度上理解教育问题。从这个意义来看，比较教育是一门与教育社会学、教育哲学和教育史学等处于相同地位的教育的基础学科。现在各门教育基础学科之间互相渗透，因此比较教育学与教育社会学之间的界限非常模糊的。教育社会学家和教育历史学家做了许多比较研究工作。但是，比较教育有它自己的方法，价值标准以及各种假定。比较教育家们假定文化上的差异是存在的，而教育制度反映这种文化上的差异以及教育制度的情境。在一国之内对教育进行比较研究通常不被认为是比较教育。但是，这种看法并没有充足的理由。比较的技术与方法是所有教育研究人员都可以用的。因此比较教育家没有理由宣称自己在这方面有特殊的资格与专门的知识。不少比较教育学者对一个国家的不同民族地区的教育进行比较研究。比如，“在英国，我们可以比较研究英格兰与苏格兰的教育，它们的教育体制差别较大”。但是，一般来说不会有比较教育学者把伦敦的教育跟伯明翰的教育进行比较。比较教育通常是考察国际性问题，也就是探讨一些教育问题在不同国家的表现以及各国由于文化不同而对该问题做出的不同的反应。

在英国，涉及外国教育研究的学者分为两大阵营。第一个为比较教育，主要研究发达国家，比如欧洲和北美洲的教育，有重视理论研究的传统，重视“比较”。另一个为国际教育、发展教育或发展中国家教育，主要研究非洲和其它发展中国家的教育，属于这一类的学者很少做比较研究。当然还有一批学者同时做这两方面的工作。两个阵营的学者们有时互相攻击看不起对方。前者认为后者的工作虽然在伦理道德上是非常严肃和重要的，但学术性不够，没有明确的方法论指导，过分关注原殖民地国家或其它发展中国家的教育实践的具体改善，不注重理论建设。后者认为前者的研究不切实际，毫无用处，为理论而理论，“比较教育研究很少影响政策”。因此，后一阵营中的很多学者不认为自己是比较教育专家。伦敦大学国际与比较教育系的一位学者说：“我是发展中国家教育专家，而不是比较教育专家，我不知道什么是比较教育”。有一位曾经是某国际性的发展教育杂志的主编的学者，认为他自己“根本不是比较教育学家，而是课程研究专家”①。如果根据前一部分学者的标准来看，那么英国的比较教育是自七十年代以来一直在衰退的学科。有些学者考虑到两个阵营的情况，认为英国的“比较与国际教育研究活动正在增长”。问题在于不同的学者采用不同的定义。有些学者认为自己同时从事上述两方面的研究，因此不想弄清它们之间的界线。现在，在伦敦大学，比较教育系已经与发展中国家教育系合并。英国的比较教育学会也早已改名为“比较与国际教育学会”。

“研究一个国家的教育并不是比较教育本身，但它是为理解该国教育所必须的，不做这种研究比较教育就会失去深度”。如果把比较教育定义为研究各种文化中各具特色的教育体制，那么显然必须从历史角度考虑文化现象。这就必须对同一个国家的不同历史时期的教育进行比较。“我们必须对在不同国家的不同历史发展阶段的教育进行比较持谨慎态度。这种比较是可以做的，但若假定所有国家都应当遵循西方的工业化模式的发展道路则是相当危险的。正如我们在日本所看到的，可以有不同于西方的方式实现现代化”。

（二）认识论与方法论问题

各种教育研究方法都可以用在比较教育研究中。由于认识论和方法论上的取向不同，研究的着重点也就不同。学者们对以下二元范畴有不同的偏好：归纳和演绎、过程和结构、定性和定量、内部观点和外部观点、共识和冲突、理论和实践、微观和宏观以及现场研究和文献研究等。这些取向跟很多因素有关，比如，社会的价值体系、社会时尚、教育问题、研究者的教育背景等。总的来说，人们对这些取向持折衷的态度。但也有少部分人，只强调其中的

① 声称自己是“发展中国家教育专家”和“课程研究专家”的两位学者都没接受采访。引文取自他们写给笔者的信。

一面。绝大部分比较研究是政策导向的，而不是理论导向的。因此，它们并无明确的方法论指导。一般来说，在自然科学或社会科学领域接受过高等教育的学者，有注重理论建设和检验的倾向。

但是，他们之间的观点却并不一致。很多人是在各种社会科学的理论框架下从事比较研究的。也有个别人拒绝接受任何“巨型理论”（Grand Theory），他们倡导“基型理论”（Grounded Theory）①，从自身的实际研究中建构自己的理论。比较教育的一个很重要的特征是跨国性，对不同文化的教育现象的理解是比较教育的特色。文化偏见是这种理解所难以避免的。因此，我们是否能客观地研究外国教育则是各派争论的一个焦点。比较教育可以涉及教育的所有方面，因此，它又是跨学科研究的天然地带。不同学科的学者涌入也就不可避免，它既是比较教育的生命力之所在，也是对比较教育学科的生存的一大威胁。这种跨学科性使得各学科的方法和理论框架淹没了比较教育本身的独特性。很多人认为比较教育并无独特的理论和方法，它也并未贡献独特的理论框架。一般认为，真正的比较开始于对两个或两个以上的国家或地区的教育的比较透彻的理解之后，而这是非常困难的。因此多国比较是以对单个国家的教育的理解的深度为前提的。这种比较研究往往是根据研究者在异国的短暂的考察，同时采用一些第二手资料。这样，比较教育学者很容易被人贴上“万金油”的标签。比较教育自汉斯去世之后就几乎没有任何理论，但方法论争论颇多。在英国很多人写过方法论方面的文章，尤其是著名学者。在六十年代，方法论争论很激烈，谁在方法论方面有自己独特的观点，谁就将获得声誉。方法论研究的作用是多方面的。首先，每一个人都要确定自己的立场，为自己的研究提供指导，同时也为自己的研究辩护。其次，建立方法论基础是为了让其他学科的学者理解这一学科，使它成为一门大学中合法的学科，具有它的学术基础。因此，在比较教育发展的每一个阶段总是存在着一个对方法论重视的时期。方法论研究的社会学功能是使学科合法化。但是，那种为方法而研究方法，不进行具体研究的学者也将受到批评。在不同的历史时期总是有一些方法论观点占主导地位。随着社会的变

① 这两个概念也被翻译为“宏大理论”和“扎根理论”——编者注。

革和学科本身的发展，主导观点也将不断更替。因此，在结构功能主义占据相当长一段时间之后，方法论取向将发生改变也是可以预见的。民族志的和定性的方法将在比较教育研究中占一席之地应该是值得欢迎的事情。但是，它的倡导者和反对者将同时存在，我们并不期望人们会取得一致的意见，不存在最好的方法论观点。比较教育的方法论取向在很大程度上是其他社会学科影响的结果。方法论取向不是评价比较教育研究的标准。人们在研究质量的评价标准上很难达到共识。不同的杂志主编采用的标准是不一样的①。有的重视不同国家之间的比较而不是单纯的国别研究；有的重视问题的国际性；有些强调研究的理论基础；另一些则注重政策意义。但是，在一些传统的标准上则比较一致。比如：研究必须有一定的创造性；资料要新颖，或者对原有资料的分析采用独特的方法；研究论文可读性要强；论证要令人信服；引证要准确，尊重他人的研究成果并能反映特定领域的最新研究进展等。

（三）作为大学里一门课程的比较教育

关于国际教育和比较教育的课程在英国的大学和学院中的教学目的主要有两种：其一是师资培训，其二是比较教育的研究学位。传统上人们深信比较教育课程在教师培训中的重要作用。教师担负着培养下一代的重要使命，教师的世界观将影响学生的言行。比较教育有助于消除民族中心主义，减少文化偏见，加深国际间的理解，从而有助于世界和平。通过对比较教育课程的学习，发现自己的片面性。七、八十年代在英国，由于人口增长率和国家政策等因素的影响，比较教育教学在师资培训中的作用日益下降。许多学校的比较教育课程逐渐被取消。人们重视跟课堂教学密切相关的课程，比如，教学方法和技术以及课堂教学管理等，而忽视理论课程的教学。这是对比较教育的不小的打击，因为各大学和学院的比较教育教师是比较教育学术团体的重要组成部分。不过这些只是事情的一个方面，实际上，有些大学却于最近开始开设比较教育课程。另一方面，由于英国的历史传统的独特性，许多

---

① 受访的12位学者当中，有7位是（或者过去曾经是）各种比较教育或发展教育杂志的主编或编委。

原英属殖民地国家的学生或中小学教师到英国学习，因此许多大学成立了“国际教育中心”，为这些国家培训师资，同时对它们的教育进行研究。“教育与发展”课程是这些培训计划的重要组成部分。该课程与比较教育有着紧密的联系，讲授该课程的许多教师是英国比较和国际教育学会的成员。发展中国家的学生通常以自己的国家的教育问题为背景，通过分析其他国家的类似现象，来理解本国的教育问题，并试图为之寻找答案。尽管比较教育学者们目前面临着很大困难，但是几乎所有的比较教育专业人员都对它的未来充满信心，认为在相互依赖的世界中，人们是离不开比较教育的。有些学者认为“目前的困境源自教育学科本身，各门教育基础学科命运几乎差不多”。上述因素对培养比较教育的高级人才的影响相对来说要小一些。但是由于人员的裁减，其规模也受到影响。比较教育的博士研究生用的教科书过去是贝雷迪、马林森、金、霍尔姆斯、诺亚和埃克斯坦等人的著作，现在则是霍尔姆斯、施瑞尔、阿尔特巴赫、阿诺夫和凯利等人主编的几本书。当然，还有一些社会科学方面著作以及教育专题著作。

（四）作为一个研究领城的比较教育

比较教育的研究实践过程，比如，对象国的选择、主题选择、现场考察和研究结果的出版，受很多因素影响。这些因素可以是语言、研究资助、当前政策和研究人员的个人教育背景等。在英国，比较教育研究人员主要由三部分组成：第一部分是学语言出身的；第二部分人受的高等教育是社会科学和历史学；最后一部分人从事比较教育则是由于在国外的工作经历而引起的对外国教育的兴趣。还有极少一部分人是学自然科学或工程出身的，比如，J·劳尔莱斯（化学）和S·霍尔姆斯（物理学）。第一部分学者的语言基础较好，许多人掌握多种语言，这有助于开展多国比较。一般来说，他们的研究具有较强的人文主义气息。语言是比较教育研究的一大障碍，它将影响对象国的选择。有的学者说，“我从来不看那些由不懂汉语的学者写的关于中国教育的研究论文”。懂法语而不懂俄语的学者，如果要比较研究教育行政体制的分权制与集权制，在选择集权制的国家时，通常选择法国而不是前苏联。“语言是极其重要的，它不仅是交流的工具，而且是被研究的文化的一个组成部分”。第三部分学者注重研究教育政策，为发展中国家的教育决策提供咨询。他们由于联系实际，因此更容易获得研究资助。他们选择研究某一国的教育是因为曾经在那儿生活或工作过一段时间，而不是根据研究设计的要求进行选择。比较教育的资助来源多种多样比如，各种基金会、英国文化委员会、社会科学研究委员会、联合国教科文组织、世界银行、地方教育当局、企业和大学等。一个项目，往往需要同时从各种不同渠道获得资助，因为从一种途径获得的资助额通常比较小。获得大量的资助以便长期在国外进行现场考察研究的机会极少。少数学者对接受资助的政策研究持批评的态度，认为这种研究的学术性是值得怀疑的，它对维护比较教育的独立性也是不利的。搞理论研究通常是很难得到资助的，也只有少数学者为此献身，他们也知道如果进行面向政策的研究那么就有可能饱览异国的旖旎风光和享受美味佳肴等。可是，由于他们的研究脱离实际，因此也受到了批评。采用马克思主义观点研究教育的学者相对来说较难获得资助。比较教育的研究主题，通常是与教育时尚一致的。比如，当前在英国人们研究教学管理和教学评价，研究如何提高教育质量；随着欧洲统一步伐的迈进，人们又开始重视教育中的欧洲这一维度。研究结果以出版书的形式出现将比在杂志上发表文章能赢得更高的声誉。但是，由于一般的比较教育研究的规模都比较小，不足以构成一本书。单个人要完成一本书通常需要在很长一段时间内对相关问题领域进行研究。为了解决时间上的问题，有时人们采用两三个人联合出版的办法，每一位完成其中的一部分。

（五）专业生活与比较教育

比较教育的特点对比较教育工作者的专业生活有很大影响。由于比较教育的研究领域很广，研究人员通常只仔细阅读其杂志中少数几篇跟自己研究领域有关的文章，其余部分只是大概地浏览而过。他们也许要花费更多的时间阅读非本专业的杂志上有关的文章。有一位学者说：“我很少阅读比较教育杂志，我知道杂志上刊登的是什么文章”。大部分比较教育学者之间并无共同的学术兴趣中心，“他们更象是属于不同学科领域的学者，有时共同点好象只在于大家都研究外国教育”。在比较教育研究中，大中规模的课题很少，绝大部分课题是由单个人完成的。有些人认为比较教育学者之间的最有用的联系方式是会议。但是，人们很难在一年之内获得一次以上的资助去参加国际会议。因此有时学者之间通过书信往来交流各自的观点。伦敦是英国甚至是欧洲的教育研究中心，大都市的得天独厚的条件，使在伦敦的学者有机会跟世界著名学者交流思想。在英国，跟比较教育学者关系密切的团体组织有两个：其一是"英国比较和国际教育学会"（BCIES）；其二是"英国海外教育教师和研究人员协会"（BATROE）。许多学者同时是这两个团体的会员。由于研究领域的不同，有些学者同时是其他学会的会员，比如，社区教育学会。目前由于比较教育在英国不景气，少数教学人员将改行干别的事。在英国，比较教育的博士研究生有相当一部分来自其他国家。比如，在伦敦大学教育学院，他们占60%多。这可能也是比较教育的一大特点。博士生的未来工作前景多种多样，在他们当中，英国学生毕业以后可能到地方教育当局去充当行政人员或担任中学校长，也可能继续做他们原来的工作；有一部分博士学位获得者能找到专业工作，即在大学里讲授或研究比较教育，或到国际性机构从事行政或研究工作。至于其中的外国博士生，毕业后回到自己的国家，可能在大学里工作，也可能到国家教育部工作。似乎外国学生的前景比英国学生要好。

（六）结语

在本文中，笔者尽可能客观地描述了英国比较和国际教育学者对比较教育（有时包括国际教育）学科和学术团体以及它们之间的关系的观点。由于笔者也是研究比较教育的，因此要达到完全的客观性是很困难的。首先，访问时，尽管受访对象可以自由发表自己的看法，但是主题则是由笔者把握的；其次，在整个采访过程中获得的原始资料数十倍于本文的篇幅，要在很短的一篇文章中把其中的所有观点都写出来是不可能的，因此主观取舍是不可避免的。尽管如此，笔者还是做了努力。比如，在访问过程中，回避提自己的观点，以免影响受访人自由谈自己的看法；在资料处理上，既反映大部分人共同的观点，也注意学者之间的对立的观点，同时不忽视个别人的独特的看法。这样处理资料也是要付出代价的，因为在很短的篇幅里考虑到这么多因素，涉及的主题又那么多，文章过于抽象、可读性差似乎就是难以克服的了。这似乎又是与民族志方法的精神相抵触的。

参考文献：

[1] HALLS W D (ed.). Comparative Education：Contemporary Issues and Trends [M]. London：Jessica Kingsley publisher/Unesco，1990；KELLY G P，ALTBACH P G. Comparative Education：Challenge Response [M] // ALTBACHP，KELLY G (eds.). New Approaches to Comparative Education. Chicago：The University of Chicago Press，1986：309－327；SCHRIEWER J，HOLMES B (eds.). Theories and Methods in Comparative Education [M]. Frankfurt：Peter Lang，1988；EPSTEIN E. Currents Left and Right：Ideology in Comparative Education [J]. Comparative Education Review，1983，27 (1).

[2] 顾明远. 比较教育的回顾与展望 [J]. 外国教育动态，1991 (1).

（本文发表于《比较教育研究》1992 年第 5 期。作者薛理银，时属单位为北京师范大学外国教育研究所）

三、比较教育的诸要素分析①

比较教育的组成要素有：主体、客体、方法、媒介和目的（见图 1）。

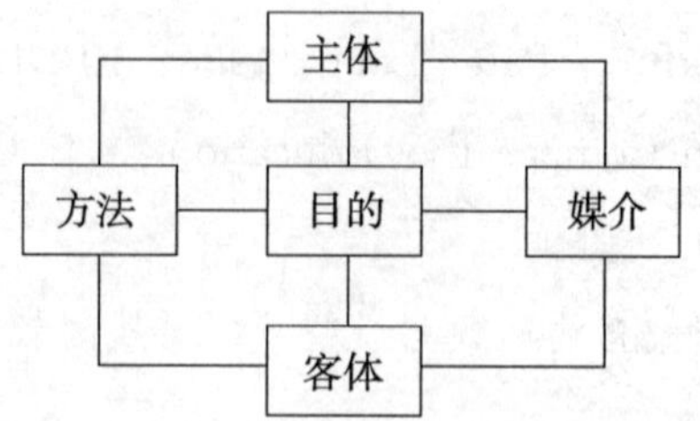

图 1　比较教育的诸要素

在以往的比较教育研究中，人们关心的是比较教育的方法和客体以及在一定程度上的目的，而较少论及主体和媒介。对各要素之间的关系的探讨也较少。作者认为如果不对比较教育的上述五个要素进行全面的探讨，就很难理解比较教育的方法论争论和发展历史。本文的目的就是对各要素的类型和属性进行分析。由于比较研究是跨国性的活动，故必须从两国或多国教育的相互作用出发才能更全面地把握上述五个要素。同时，作者认为比较教育是国际教育交流的论坛。因此，这里先简要地介绍一下国际教育交流的概念。

在 19 世纪，比较教育是以“借鉴”为主要特征而载入史册的。许多国家都试图把外国的教育经验传播到本国，为本国的教育发展和改革服务。学者和教育官员们持有的问题是“通过研究外国教育我们能够学到什么”。显然，这里的问题是外国有哪些有益的教育经验以及如何使它们有助于本国的教育

① 本文摘自作者的博士学位论文：薛理银．当代比较教育方法论剖析［D］．北京：北京师范大学，1992．个别地方作了适当修改。

实践。本世纪由于世界各国在政治、经济和科学技术等方面的相互依赖性的增强，教育之间的相互影响也扩大。所谓国际教育交流就是世界各国的教育的相互作用[1]。这里采用一个简化的模型来说明两国之间的教育交流，如图2所示。其中主体代表与教育有关的人员的集合；客体A（或B）代表成为主体A（或B）认识、实践与评价对象的A（或B）国的教育现实；客体AB（或BA）为主体B（或A）的关于A（或B）国的客体。主体A或主体B称为单元主体。主体A（或B）对于客体A（或B）来说为内主体，主体A（或B）对于客体BA（或AB）来说为外主体；同样，客体A（或B）对于主体A（或B）来说为内客体，而客体BA（或AB）为主体A（或B）的外客体。主体F为论坛主体，它可能来自A国或B国，但它既不代表A国也不代表B国。客体AF（或BF）代表成为论坛主体F认识、实践和评价对象的A（或B）国的教育现实，称为论坛客体。客体I代表两国教育的相互作用的过程，称为互动客体。下面就用该简化的模型分析比较教育的五个要素。

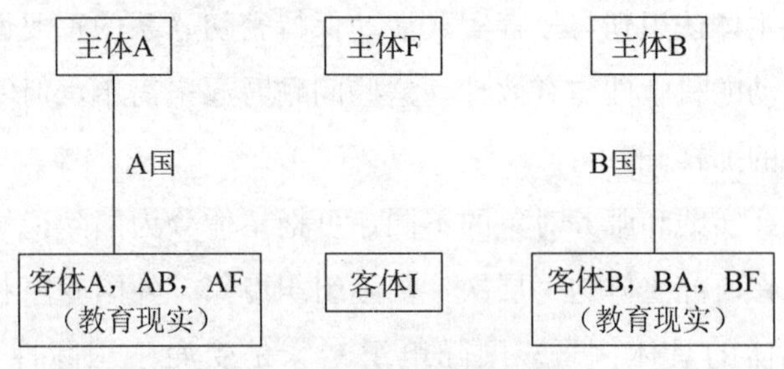

图2　简化的教育交流模型

(一) 比较教育的主体类型与属性分析

1. 主体类型

各国教育相互作用的前提是主体的介入。它通常由社会的教育决策人员、教育研究人（包括比较教育研究人员）和教育实践过程中的有关人员组成。他们在教育交流过程中扮演的角色不同。我们可以把他们分为：决策主体、研究主体和实施主体。

实施主体指的是工作在教育第一线的教师、教育行政人员以及其他有关辅助人员。实施主体是教育存在的基础，无实施主体也就无所谓教育。同时，它也是研究主体和决策主体的客体。教育传播和交流的最终实现取决于合格的实施主体。但是，实施主体也有其局限性，如果没有决策主体和研究主体的合作，那么它的行动就失去了指导方向。

研究主体指的是为了一定的目的研究教育现象（包括国内和国外的）的人员，特别是比较教育研究人员。实施主体也可以是研究主体，但研究主体不同于实施主体，其活动对象是精神现象，活动结果是精神产品，其研究结果是否产生影响还取决于决策主体和实施主体。

决策主体是根据一定的客观条件以及主观上的需要对教育目的及教育过程中诸要素做出规定的人员集合。实施主体的实践活动和研究主体的认识结果是决策主体的认识对象，它们制约着决策主体。决策主体为实施主体的活动指明了方向并影响研究主体对认识对象的选择。

总之，三种类型主体缺一不可，各有其对象和目的，但又是互相依赖的。认识这一点有助于克服决策过程中的长官意志，提高决策的民主性与科学性；有助于使研究主体认识到与教育实践活动保持密切联系的重要性；有助于提高实施主体活动的科学性与有效性。这些问题看起来简单，但实际情况往往并不是所想象的那样。

根据认识、实践和服务对象的不同，可把主体分为国际论坛主体、外主体和内主体。在研究主体这一层次，国际组织专家、外国专家和国内专家就是上述三类主体的具体例子。国际组织专家是受雇于国际性机构，比如，UNESCO、OECD和世界银行等组织的专家。他们有的从事国际教育资料的收集；有的接受有关第三世界国家的教育改革的咨询。外国专家指的是服务于他国教育事业的学者。国内专家指的是为本国服务的教育工作者。这种分类有助于理解“教育借鉴”与“教育输出”，“教育援助”与“文化帝国主义”等概念的涵义。

2. 主体的属性

探讨主体和客体的属性是揭示主体和客体本质规定性的深入。比较教育的主体具有多种属性，主要有跨行业性、整体性和目的性。

比较教育的主体的跨行业性指的是构成主体的人员是由社会上的各行各业的工作者组成的，而不仅仅由教育工作者组成。对于内客体，由于教育是社会系统的一个子系统，它与其它社会子系统之间存在相互影响，因此需要通过各行各业的协调合作，人们才能认识并改造它。教育是全社会的事业。对于外客体，由于跨国性和跨文化性，故要对它进行分析研究，也需要有哲学界、历史学界、经济学界和社会学界等方面的人士参加。

比较教育的主体的整体性指的是构成主体的各层次之间的紧密相关缺一不可。无实施主体则决策主体的意志无法实现，教育过程也就不存在了；无决策主体则教育过程是盲目的、自发的和无组织的，也就不能适应当代社会发展的要求；无研究主体则决策将为长官意志所左右。

比较教育的主体的目的性反映了主体的能动性，它是教育交流过程中主体的重要属性。主体的认识对象、认识工具和交流（传播）对象的选择依从于主体的目的，而目的一旦形成它还制约着主体的活动方式和方法。撇开主体的目的性很难说明教育交流过程。教育交流过程的每一个环节都和主体的目的性有关。主体的目的是在对客体有所认识的基础上，同时又对自己的需要和利益有所认识的时候产生的。对不同类型的主体，其目的是不同的，相应的活动内容和方法也不同。

（二）比较教育的客体类型与属性分析

1. 客体类型

比较教育的客体指的是比较教育的主体的认识、实践和评价的对象。有的学者认为比较教育的研究对象是教育的整个领域，与别的教育分支学科没有什么区别。这通常是以方法给比较教育下定义的学者持有的观点。这样，比较教育就没有不同于其它学科的独特之处，因为几乎所有学科都采用比较的方法。把比较教育定义为研究教育与社会之间关系的学科，也难以看出它与教育社会学等学科的不同之处。现有的比较教育定义大多是在对教育现象作一定的分类后加上比较这个词而得到的。为此，学者们提出了许多各不相同的分类学体系。它们都对比较教育学的发展做出了贡献。但是，总的来说，它们都没有对“比较”这个词进行定义。正如奥利弗拉（C. E. Olivera）所指出的，许多著名学者都把比较教育定义为：“比较教育是比较研究……”[2]。比较的单元多种多样，可以以一个或多个国家作为一个单元。比如，在研究意识形态对教育的影响时，可以把各国分为社会主义国家和资本主义国家，对它们进行比较分析；也可以在资本主义国家阵营内对各国进行比较。同样，在研究经济发展水平对教育影响时，可把各国分为发展中国家和发达国家；考虑宗教因素时，则可分为穆斯林、基督教和佛教等国家。一个国家内的不同民族地区也可作为比较的单元，比如，西藏、新疆、内蒙古和江苏各作为一个单元。把世界各国作为一个整体进行分析也是可行的。上述各种分法只考虑了空间维度，如果增加时间维度（历史），那么可选择的比较单元就更多了。

在每一个单元中，根据对象的性质不同，可把客体分为：观念客体、制度客体、实施过程客体。实施过程客体是指具体的教育教学过程以及与之相伴随的人流、物流和信息流。没有实施过程客体也就没有实施主体，但实施主体并不是实施过程客体的主体，实际上，实施过程客体包含实施主体，它是研究主体的客体。一切教育思想和教育制度的实现都将体现在实施过程客体中。在某一阶段并不是整个教育实践活动都是研究主体的客体。随着教育实践和认识的发展，研究主体的客体不断扩大。制度客体指的是在一定的时间和空间上存在着的规定教育实践过程的教育政策和制度。实施过程客体是制度客体的实现、具体化。观念客体是指在一定的时间和空间上存在着的并直接或间接地指导主体实践和认识活动的教育观念和教育价值体系。教育观念和价值体系在教育制度和实施过程中体现出来。但是，它们的发展变化往往不一致。同样的教育制度背后可能有着不同的教育观念，而这将体现在实施过程中。传统落后的教育价值观阻碍教育变革，但是随着社会的发展它迟早要发生变化。以上三种类型客体不仅是比较教育的客体，而且是一般教育的客体。互动客体指的是不同国家（文化或民族）的教育观念、制度和实践的相互作用。它是国际教育交流所特有的。比较教育是国际教育交流论坛。互动客体则是论坛中进行的各种交流活动。

2. 客体的属性

客体的属性主要有多因素决定性、结构和功能的统一性以及历史和现实的统一性。

（1）多因素决定性

影响教育观念、教育制度和教育实施过程的因素多种多样，有民族性、文化传统、政治、经济、科学技术、哲学思想、地理位置和国际关系等。这些因素渗透在不同层次的客体中，仅从一个因素是无法解释清楚的。

（2）结构和功能的统一性

教育内部的各要素之间在一定的时间和空间中总存在着一定的关系，这些关系的整体形成一定的结构，相应地也就有一定的功能。一定的社会功能是通过与之相适应的教育结构来实现的。但是同样的教育结构在不同的社会中将有不同的功能。因此，只有把教育的内部结构与外部因素结合成整体，才能弄清一定的教育结构所反映的社会政治和经济状况。

（3）历史和现实的统一性

特定时代的教育观念、制度与实践是与特定的历史过程相关的。各民族有不同的历史，因此在他们的教育中必然渗透着反映民族文化历史传统的成分。随着时间的推移，教育结构内部因素不断在发生变化，教育外部因素也在发展变革，同时各民族之间的教育与文化的交流也渐渐频繁。这些必将导致新的教育现实。它是历史传统与新时代要求的统一。各国之间的教育交流与新的教育现实之间的关系是教育传播与交流所要研究的课题。

（三）比较教育的目的

显然，比较教育的目的指的是各种类型主体的目的。一定的目的是通过比较教育这个制度来实现的。比较教育的发展体现了主体的期望和需要与制度功能两者之间矛盾的不断发展与解决的过程。纵观比较教育的发展，可以发现学者们提出了各不相同的目的。朱利安（M. Jullien）希望通过比较教育的研究建立一门实证的教育科学[3]；康德尔说：对外国教育制度的研究，意味着对自己教育思想的一次检讨和挑战，因而也是对本国教育制度的背景和基础的一次比较清楚的分析。埃德蒙·金和霍尔姆斯都认为这门学科是非常实用的。金认为通过比较研究可以为教育决策作出贡献[4]。虽然霍尔姆斯对此比较悲观，但他认为通过比较研究，可以为教育决策者指明某项政策不可行或不明智[5]。安德森、诺亚和埃克斯坦认为比较教育的目标是建立学校与社会之间关系的理论[6]。乌里希重视比较教育在培训教师方面的作用，认为它有助于克服教师和教育行政人员的狭隘的地方主义[7]。金强调不同类型的主体具有不同的目的。施瑞尔则从系统功能主义的角度提出了比较教育的两方面功能，即科学的功能和反射的功能。由于他并未把主体独立出来分析，因此他所说的功能相当于这里的目的。

目的是与价值紧密联系在一起的。目的的提出是主体价值判断的结果。可见主体的比较教育实践活动是受价值观引导的，从选择课题到具体的教育决策都离不开主体的价值判断（这里包括方法论判断和规范性价值判断）。主体类型繁多，目的也各不相同。显然，教育输出主体的目的不同于教育借鉴主体的目的。主体的价值观既是一定文化的产物又是一定社会现实的反映。因此，要分析主体对比较教育的期望就必须从上述两方面来考虑。对于比较教育研究能够做出什么贡献的观点，一方面是建立在以往经验的基础上，另一方面则是人们的良好愿望。因此各种冲突的观点并存是不可避免的。这正是比较教育这个国际教育交流论坛存在的理由。通过具有不同文化背景的人们对教育的不同透视，我们对教育这一复杂现象的理解将臻于深刻。

总的来说比较教育的目的可归为以下三类：科学知识的目的，人文知识的目的和教育决策的目的。科学知识和人文知识是教育决策的基础，教育实践是科学知识与人文知识的源泉。要深入理解比较教育的目的，需要从主客体关系的角度探索主体的能动性。

（四）比较教育的方法

在比较教育中，对具体的方法的争论并不多。总的来说，人们承认各种传统的教育研究方法都可以用在比较教育研究之中。不过，有的人特别强调比较法。很多学者认为比较教育是一个跨学科的研究领域，如安德森等。当然，不同学派的学者倾向于使用不同的方法。实证主义者喜欢用问卷、统计和实验等方法；现象学者则对访问法、民族志的方法、历史法和人类学的方法有偏好。因此，两个学派之间的争论自然也会涉及研究方法上的有效性与可靠性的问题。例如，现象学者对问卷法提出了很多质疑：问卷的问题所服务的理论假设来自对日常生活的常识性理解；问卷法拟定人们能够准确地应用语言，实际上答卷者根据自己的经验从不同的角度来理解问卷，因此所得的结果并不能反映实际情况[8]。他们的批评的着重点是实证主义者所采用的方法的有效性问题。同样，实证主义者也对民族志和本土方法论的方法提出了批评，指出通过这些方法收集的数据不具有可重复性的特点等。他们的攻击目标是现象学者研究的可靠性问题。由此可见，两大学派之间冲突的一个很重要方面是研究资料的可靠性与有效性。有趣的是社会研究中的许多出色的成果都是通过现场研究得出的。决定研究方法的选择的因素是多种多样的。它取决于研究主体、研究客体、研究目的和研究媒介。其中的研究媒介是一个技术性的因素，但它对比较教育的发展将起很大作用。

比较教育中的第一手资料的范围比较广。历史文件、第一手的会议报告、管理案卷和教育法规文件等都属于第一手资料。比较教育教科书、报纸和期刊则属于第二手资料。资料是研究工作者的食粮。发展中国家比较教育发展水平偏低的一个原因就是缺乏资料。在有限的条件下如何提高发展中国家（包括中国）的比较教育研究水平是摆在我们面前的一项重要任务。有哪些替代方法？由于许多国际组织收集了大量的教育资料，而且各种官方正式教育文件也比较容易获得，故内容分析法在这方面可能有很大潜力。实际上我国学者的许多研究都是建立在对文献资料的分析，甚至是翻译，几乎没有现场研究工作。

提高研究资料的可靠性与有效性是比较教育研究获得进步的先决条件。实际上，通过实证主义者和现象学者之间的互相批评，资料的可靠性与有效性可望得到提高。霍尔姆斯在批评实证主义和现象学派时（显然他是站在实证主义的立场上的）在一定程度上承认参与研究的价值[9]。海曼（R. Heyman）在批评实证主义的方法时，也指出本土方法论研究的对象必须是可直接观察、可记录和可复制的，比如，可以对日常生活中的互动的录音和录像进行解释[10]。信息论指出，在一定限制条件下有效性与可靠性之间是矛盾的，要提高可靠性，就必然会降低有效性。下面就转入对这些限制条件进行分析。

（五）比较教育的媒介

对各种不同文化背景下的教育是通过什么渠道发生相互作用的分析，有助于我们对教育交流过程的理解，也有益于比较教育资料的信度和效度的提高。在国际教育交流中，媒介既是研究对象又是研究手段。因此对媒介的研究将体现目的和手段的统一性。

比较教育的媒介指的是主体藉以使不同的教育产生相互作用并进一步认识这种相互作用的手段。我们可以把它分为：印刷媒介、人际媒介、现实媒介和新信息技术媒介等。印刷媒介包括杂志、书籍和教育年鉴等。这是外国教育知识的主要来源。尤其是学术著作和杂志中的文章，它们的抽象程度较高，是主体认识从感性到理性飞跃的产物。人际媒介包括个人的国际性交际网络、研究协会、比较教育的教学和研究机构以及国际教育组织等。从学术研究的角度来看通过人际网络获得的知识是不可靠的，也不具有系统性，但由于感情色彩较浓，因此其影响也是不可忽视的。当主体是决策主体时，这种知识的作用将更大。教学和研究机构是比较教育制度化的表现，是比较教育赖以发展的制度保障。因此，比较教育界对这一方面的注意已相当多。国际教育组织是国际教育交流的制度化的产物。如何完善这种机构以促进教育交流是比较教育研究的一个重要课题。现实媒介指的是比较教育的知识提供者或需求者直接参与到具体的教育过程中去的行动。新信息技术媒介则是近几十年来出现的新事物。它包括广播卫星、计算机网络和各种音像系统等。新信息技术媒介的出现使得有更多的人可以以更方便的方式接触异国的教育现实。通过新信息技术媒介达到国际教育交流的目的将是未来的方向。

参考文献：

[1] FISKE J. Introduction to Communication Studies [M]. 2nd ed. London：Routledge，1990：2.

[2] OLIVERA C E. Comparative Education：what kind of knowledge? [M] //SCHRIEWER J，HOLMES B (eds.)，Theories and Methods in Comparative Education. 2nd ed. Frankfurt：Peter Lang，1990：200.

[3] 朱利安. 比较教育的研究计划与初步意见 [M] //朱勃和王孟宪(编译). 比较教育——名著与评论 [M]. 长春：吉林教育出版社，1988：

1—54.

［4］KING E. Comparative Studies and Educational Decision［M］. London：Methuen，1968.

［5］薛理银. 问题法与比较教育——对布莱恩·霍尔姆斯的一次采访［J］. 比较教育研究，1992，03：25—30.

［6］ANDERSON C A. Methodology of Comparative Education［J］. International Review of Education，1961（07）：1—23.

［7］NASH P. A Humanistic Gift from Europe：Robert Ulrich's Contribution to Comparative Education［J］. Comparative Education Review，1977（21）：147—150.

［8］HEYMAN R. Comparative Education from Ethnomethodological Perspective［J］. Comparative Education，1979（15）：241—249.

［9］HOLMES B. Comparative Education：Some Considerations of Method［M］. London：George Allen Unwin，1981：72.

［10］HEYMAN R. Comparative Education from Ethnomethodological Perspective［J］. Comparative Education，1979（15）：241—249.

（本文发表于《比较教育研究》1993年03期。作者薛理银，时属单位为北京师范大学现代教育技术研究所）

四、对比较教育中几个问题的认识

以法国著名教育家朱利安 1817 年出版的《比较教育的研究计划和初步意见》作为比较教育学诞生的标志，至今已有一百多年了。这对于一门学科的发展历史来说并不算长，但比较教育的发展却是令人鼓舞的。特别值得一提的是比较教育在各国教育改革与发展的实践中发挥了重要且独特的作用，受到人们的普遍肯定和重视。

与此同时，比较教育在其发展中也不断面临着一些新的挑战和问题，其中比较突出的是对学科发展的一些基本理论问题目前仍存疑颇多。而且，如果说朱利安的"比较教育学之父"地位的确立，主要在于他一开始就致力于阐明比较教育学的一系列基本问题，把比较法第一次引进教育学、确立比较教育学的专门术语，从而为比较教育学的建立奠定了理论基础。那么，他以后的一些比较教育学家对此却表现出不应有的漫不经心和忽视。这对于比较教育的发展及其继续在各国的教育实践中发挥更大的作用是十分不利的，因此，寻求对比较教育的一些基本理论问题的正确认识，无疑应当是当前比较教育学界的重要课题。下面笔者不揣浅陋，就有关问题作一初步探讨，以求教于同行。

(一) 关于比较教育学科建设的问题

关于比较教育学科建设问题一直存在不同的意见。一种意见是，既然比较教育作为一门独立的学科，就应当有其明确的定义，确定其专门的概念和术语，以及构建具有该学科独特的研究方法体系。唯有如此，才标志着该门学科的成熟以及学科地位的确立。另一种意见则鉴于长期以来对比较教育的定义、概念、术语系统及其方法论体系争论颇多而没有形成一个统一的认识，认为与其把时间花在纠缠于抽象的定义，玩弄文字游戏来构思现实意义不大的形式化的理论体系上，倒不如转而去从各国的实际出发，研究世界教育发展中重大的具有普遍意义的实际问题。还有一种意见就是对比较教育究竟是不是，或能否发展成为一门独立的学科尚有疑虑，其主要疑点是因为比较教育学界对比较教育的定义、内容、研究迄今没有形成统一的看法，而按照学科的基本标准，比较教育还不能算是一门独立的学科。譬如，英国比较教育学家布赖恩·霍尔姆斯和埃德蒙·金就对比较教育能否发展成为一门独立的学科表示怀疑。

关于以上问题，笔者认为比较教育目前确实存在一些亟需比较教育学界作出明确回答的基本理论问题。但这些问题的存在只能说明这门学科尚处在不成熟之中，而不能成为否定其作为一门独立学科存在的合法地位的理由。我们可以把对这些问题进行的争论、该学科领域的不固定性及其广泛的变化等，看成是比较教育的基本活力所在。当然，如果对这些基本理论问题采取忽视的态度，抑或是对比较教育完全采用实用主义的取向，必然会危及其一门独立学科存在的合法地位，最终也必然影响该学科的进一步发展及其在教育实践中所起到的作用。这显然是不足取的。

(二) 关于比较教育的定义问题

什么是比较教育？这个问题长期以来为比较教育学界所探究和争论，人们从不同的视角来对其进行阐发，其中从研究方法的角度来界定比较教育在相当长的一个时期较具代表性和广泛性。在二战前，特别是本世纪三十年代，比较教育学界有一个基本认同的定义，就是美国哥伦比亚比较教育权威坎德尔的观点。坎德尔基于历史学的研究方法论，提出了比较教育研究对象的定义："以现行的实况为基础而不以理论为基础，比较各国教育制度的原理"，"研究外国的教育制度就意味着评价、分析本国的教育实质，从而更清楚地分析、对比本国教育制度的背景和基础"。事实上，坎德尔的代表作《比较教育》就是用历史法研究各国教育与民族性的关系，论述 6 个国家的各级各类学校教育状况，进行并列比较。如果说这一时期对比较教育的定义认识比较统一是由于历史学的研究方法在当时占有绝对的主导地位，那么在二战以后，也正是因为比较教育的研究方法呈多样化趋势，所以出现了对比较教育的定义众说纷纭、莫衷一是的局面。如六十年代以来，英美的比较教育学者都以各自的方法论为基础给比较教育下定义。英国比较教育学家霍尔姆斯提出了用问题法研究比较教育的模式，埃德蒙·金用教育洞察法来研究比较教育；美国比较教育学家贝雷迪提出了用四段法研究比较教育的框架，诺亚和埃克斯坦则试图用社会科学的规范体系来促使比较教育的研究规范化和定量化，等等。虽然这一时期英美学者在给比较教育所下定义的侧重点不尽相同，甚至包括对这门学科的认识有时也完全相左，如美国学者认为通过比较就可以识别各种支配学校与社会关系的规律，可促使一门能够作出预言的精密学科的发展；而英国学者则怀疑把比较教育建立成一门可资作出预言的精密科学的可能性。但是试图通过某个固定的研究方法给比较教育下定义这一点则是共同的。

面对如此众多的比较教育的研究方法而出现的各种不同的定义，显然仅以研究方法为依据给比较教育下定义是行不通的。特别是当人们认识到比较教育本身就是一项多科性的研究任务，要从不同的角度集中探讨学校与社会的关系，任何单一的研究方法都无法胜任这一任务。这就更意味着依据单一的研究方法来界定比较教育是不可想象的。于是，一方面有一些比较教育学者开始从新视角、多视角（如从学科内容等角度）来审视这一问题；另一方面，不少比较教育学者则认为在目前情况下试图给比较教育下定义是无益的，也是不可能的。而以冲原丰为代表的日本比较教育学界甚至不主张给比较教育下概念性的定义。他们认为比较教育之所以成为一门独立的教育学科，是因为有其自身的特点。所以，他们力图通过对其特点的分析来明确比较教育的学科性质。

近年来，中国比较教育学界在探讨比较教育的定义上试图走出一条自己的路子。纵观迄今国内出版的几本比较教育的教科书中关于比较教育的定义及有关这方面的讨论，不难发现有这样一个共同点，就是力图从学科定义的规范性和周全性上下功夫，以求给比较教育下一个比较全面的定义。如关于一个学科定义大体应涵括哪些基本要素的问题，一般认为应主要包括研究对象与内容、研究方法与手段及研究目的与意义等要素。事实上，目前国内关于比较教育的几种定义基本上也包括了以上要素，只是表述上各有不同而已。在此笔者也试对比较教育作出如下界定："比较教育是研究当代世界不同国家或不同地区的教育，找出其发展的一般规律及各自的差异，为本国或本地区教育改革与发展作借鉴"。这里没有明确提出"比较"的问题，主要是因为文中已隐含了比较的含义，足以体现比较教育的学科特性。此外，笔者认为，给一个学科下定义并非都要具体说明其研究方法不可。而且，对一个学科的研究往往是一个"方法群"综合运作的过程，很难用某单个方法来囊括，自然在学科定义中涉及研究方法方面，一般难以作出具有学科特点的概括。

(三) 关于学科的研究方法

比较教育的研究方法在该门学科的发展史上居于一个非常重要的地位。除上面所论及的给学科下定义在相当长的一个时期表现出"方法化"倾向外，通常我们考察、划分比较教育的发展阶段也是以此为依据和线索。这是因为一门科学的发展与其方法论的进步本身就是相辅相成、相伴而行的。离开了方法论的进步，科学的发展是不可想象的。

众所周知，根据科学学理论，作为一门独立的学科，应当有其自身独特的研究方法。那么，比较教育究竟有没有自身独特的研究方法呢？关于这一问题一直为人们所争论和探究。如埃德蒙·金就不赞成比较教育研究有什么独特性，这是与他怀疑比较教育能否发展成为一门独立的学科的思想相一致的。笔者认为，作为一门独立的学科，比较教育毫无例外有，也应当有其独特的研究方法体系。当然，其独特性的涵义及体现应是多方面、多层次的。首先，其他学科的研究方法在移植到比较教育学科时所作的"比较教育学科化"的改造，这是比较教育的主要方法来源；其次，为研究比较教育中的某一具体对象或特殊问题所创立的方法。我们过去往往仅视此为一门学科的研究方法独特性的唯一表现。而实际上由于种种原因，特别是方法作为解决问题的程序和工具，具有较大的通用性这一特点，此类方法（即专门为比较教育所创立的方法）并不多，这就难免造成人们产生比较教育的研究方法体系缺乏独特性之感；再者，比较教育的研究方法体系在结构上所表现出来的特殊性。在比较教育的研究方法体系结构中，尽管其构成元与其他学科可能相同或基本相同，但由于构成方式，或对某个构成元的强调程度不同，决定了其运作方式及其功能必有差异，由此体现出其内在的独特性，如在比较教育研究过程中对比较方法就更为强调；第四，在研究过程（程序）中所表现出来的独特性。此外，由于比较教育具有高强度的跨学科性，要求比较教育的研究方法运用具有极强的综合性，需要运用一切可能运用的方法，形成多样化的研究方法体系。这种方法的综合程度是其它一些学科所不能比拟的。

综观当代比较教育的研究方法，其发展呈现出如下走向：

1. 规范化

为了克服历史学的研究方法过于宏观和主观随意性较大的问题，建立一套便于进行微观研究的规范的研究体系，进入六十年代以来，以美国的乔治·贝雷迪为代表，提出了比较教育研究的“四阶段”体系：① 描述；② 解释；③ 并置；④ 比较。从而使得比较教育研究更加规范化和程序化。

2. 科学化

贝雷迪从前的学生诺亚和埃克斯坦虽然从总体上对研究方法的规范化追求持肯定的态度，但他们与贝雷迪不一样，他们不赞成贝雷迪那种仅囿于假定性考虑的规范性研究方法。在他们看来，科学意味着以数量资料来支持各种可作试验的假说，定量研究可以从根本上控制定性研究的影响。基于这一思路，他们提出了验证假说应采取的比较分析的程序和方法：确定假说，明确概念和提出指标，选择事例，收集和修正数据，处理数据和验证假说。这个验证假说的比较法对促进比较教育学研究方法的精确化和科学化作出了贡献。

3. 多样化

当比较教育研究方法论继续沿着科学化方向发展时，却发现面临着一些障碍，其中根本的问题是社会科学的许多概念（如教育水平、经济水平等概念）的量化是一个很困难的事情。同时，还存在研究者主观因素的影响，以及研究者与被研究对象的互相干扰，教育事实与复杂背景的关系问题。这就使得比较教育研究不能仅运用单一的研究方法或单一的研究思路，从而出现了比较教育研究方法向多样化发展的趋势。从八十年代以来，常见的比较教育研究方法有：历史学比较法；社会学比较法；外在因素比较法；四阶段比较法；问题模式比较法；验证假说比较法；国别教育比较法；地区教育比较法；国际教育比较法；类别性教育专题比较法，等等①。

如果说在我们过去的学科研究中（不单单是在比较教育学科中），一个突出的问题是研究方法的排它性，即一个新的研究方法的出现总是以对以往的研究方法的否定为前提，如在历史上科学主义的方法论对人文主义的方法论的排斥等，那么，当代比较教育研究方法多样化趋势的一个显著特点，就是研究方法的兼容性，即不仅对不同的问题可运用不同的研究方法，而且在同一个研究问题中需要综合运用各种不同的研究方法，也就是说不同的研究方法可以同存于某一个研究问题中。如定性研究与定量研究可以有机地结合起来，同存于同一个研究过程中，而不是非此即彼，相互排斥。

(四) 关于比较教育的特点问题

所谓一个事物的特点，就是“该事物区别于他事务的特别显著的征象、标志”②。换句话说，就是此标志为该事物所独有，其他事物则不具有。基于这一界定，比较教育的特点无疑也应当是该学科所独有的“征象或标志”，而在其他学科必不存在。现在我们不妨来考察一下国内外几本比较教育的专著关于这一问题的认识。虽然对比较教育学科的基本特点（征）的归纳各有差异，但有几点是基本相同的，如比较研究法作为研究方法，研究对象是教育的整个领域，比较研究的时间是以现在为中心，等等。应当说，所有这些都是比较教育学所具有的性质，但它们是不是该学科所特有的，以足可称之为其特点（征）呢？笔者认为值得商榷。譬如，比较研究方法即便可以称之为比较教育学科的主要方法，但它决不是该学科所独有的，因为这种方法在其他学科也是广泛使用的，显然这就与特点的涵义不符，故不能称之为其特点。又如，对于比较教育研究的时间是以现在为中心的问题，这一性质虽然使得

① 朱勃．当代比较教育研究中几个问题［J］．世界教育文摘，1985（2）．

②［出版者不详］．辞海．上海：上海辞书出版社，［出版年不详］．

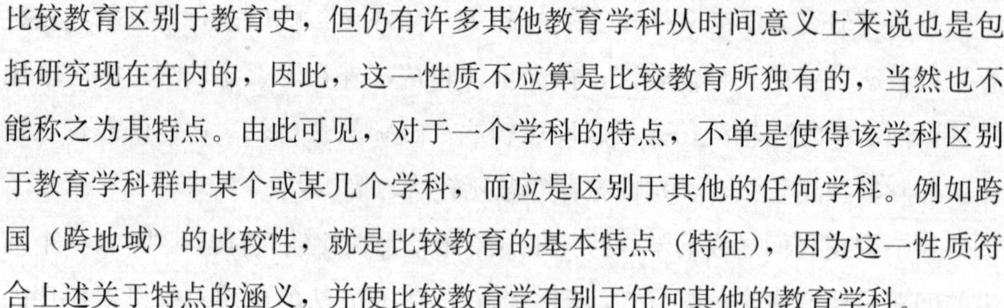

比较教育区别于教育史，但仍有许多其他教育学科从时间意义上来说也是包括研究现在在内的，因此，这一性质不应算是比较教育所独有的，当然也不能称之为其特点。由此可见，对于一个学科的特点，不单是使得该学科区别于教育学科群中某个或某几个学科，而应是区别于其他的任何学科。例如跨国（跨地域）的比较性，就是比较教育的基本特点（特征），因为这一性质符合上述关于特点的涵义，并使比较教育学有别于任何其他的教育学科。

参考文献：

[1]［作者不详］.［具体文献不详］. 世界教育文摘，1985，1986，1987，1988.

[2] 成有信. 比较教育教程 [M]. 北京：北京师范大学出版社，1987.

[3] 顾明远 . 中国比较教育的名和实 [J]. 外国教育资料，1991 (1).

（本文发表于《比较教育研究》1995 年第 3 期。作者卢晓中，时属单位为华南师范大学外教所）

五、比较教育的价值及其实现

在我们思考面向21世纪的比较教育时，我以为首先应该弄清楚比较教育的价值或作用。因为这不仅是预测下一个世纪比较教育学科发展趋势的前提，而且还因为有不少人对比较教育学科认识不足或者抱有这样那样的偏见。从这个意义上讲，不在这个问题上取得共识，其他一切问题都难以得到很好地解决。

用哲学术语来表述，价值这个概念所肯定的内容，是指客体的存在、作用以及它们的变化对于一定主体需要及其发展的某种适合、接近或一致。从中不难看出，价值这个概念至少包含这样三层意思：第一，客观事物的本质特征及其属性决定了价值的客观性；第二，人们对客观事物的认识及对该事物对自身需要满足度的认识是事物价值在人们头脑中的反映，即它的主观性。第三，客观事物的外部环境（或者是外部条件）是其价值能否得以实现及实现程度的现实性。

我们对比较教育价值或作用的认识也是如此。比较教育是一种客观实在，它作为一门独立学科的出现虽然只是一百多年的事，但是它作为一种客观现象的存在则是很久的了。教育作为一种社会现象，是和人类社会同时出现的。因此，比较教育作为一种现象自教育出现之时起也就存在于世了，这要比它作为一门自成体系的学科从教育学中分离出来早得多。道理十分明白：这就是在近代国家出现之前的漫长的历史进程中，人与人之间、民族与民族之间、地区与地区之间的交往始终存在，而且也从未中断过。因此，有关教育的方法、形式、内容等的相互影响和交流也就必然伴随其中。

那么，如何认识比较教育的价值或作用呢？

首先比较教育学科从教育学中分离出来是一个国家社会的发展所必需，特别是为其教育的发展所必需。现代教育的两个显著特征是它的民族性和世界性。也就是说一个国家一个民族的教育既带有其民族特征，又具有世界各国教育的某些共性。世界上任何一个国家或民族的近代教育制度的建立和发展，都离不开对本民族传统的继承和对他国他民族文化教育的学习与借鉴，也就是都离不开不同国家不同民族间的教育的比较，所不同的只在于比较范围的宽窄和比较内容上的差异而已。许多国家近代教育的形成和发展都证明了这一点。例如，没有英、法、德等欧洲移民和教育家们带来的欧洲先进的教育思想和教育实践，也就不会有今天的美国教育。同样，如果没有对欧美乃至中国教育思想、制度等的学习借鉴也就不会有日本教育的现在。我国也不例外，清末和民国初年近代教育制度建立之际，就在许多方面借鉴了美国和日本的作法，至于新中国成立之后向前苏联教育学习这已是人所共知的历史。总之，在科学技术日益发展，国家间民族间交往日益频繁，教育对社会政治、经济、文化发展的推动作用日益凸现并不断被认识，且已将世界称之为“地球村”的今天，比较教育已经成为教育改革与发展过程中须臾不可缺少的内容了。

其次，就比较教育和教育学科的关系而言，毋庸讳言的是教育学在先，比较教育学在后。比较教育学从教育学中分离出来是内外因素共同作用的结果，也是其自身价值和作用为人们所首肯的结果。如果说教育特别是学校教育自出现之时起就伴随某种交流与借鉴，那么教育学作为一门科学的出现也同样离不开对他国他民族的学习与借鉴。远的不说，新中国成立之后我国教育学的发展历史就清楚的证明了这一点。这从一个侧面证明了教育学本身就是学习借鉴的产物，它孕育着比较教育的胚胎。这是比较教育学作为一门独立学科能够得以出现的内在因素。现在人们对教育的价值、作用、功能谈论得很多，争论也很大，但有一点却是共同的，这就是这些争论在对教育的作用上都持一种肯定的态度，不同点仅是侧重面或者是程度上的差异而已。如果说一个国家的发展取决于国民整体素质的提高，那么在教育日益普及的今天在很大程度上可以说它又最终取决于教育。而教育的发展乃是对本国本民族优良传统的继承以及对外国外民族的学习借鉴的相互作用和适当结合的结果。就后者而言，仅靠在教育学领域里的不系统的学习与借鉴已经远不能满足时代发展的需要了。于是乎，比较教育从教育学中的分离也就是“十月怀胎，一朝分娩”，瓜熟蒂落，题中应有之意了。这是比较教育学科出现的外在因素。

比较教育学科作为一门新的学科诞生以来，不仅为教育事业的改革与发展作出了许多贡献，而且也为教育学乃至相关分支学科的建设与发展提供了许多素材和内容。为使比较教育的价值、作用得以充分的发挥，似应从以下两个方面入手：

一方面是比较教育学科自身建设问题。比较教育学科是一门年轻的新学科，所以自身建设的问题就尤其突出。由于目前阶段许多问题研究得尚不很充分且又未形成共识或者是定论，这就更加加大了学科建设的难度。特别是人们对比较教育学科的认识还存在着较大的分歧，例如，有人认为比较教育的价值在于借鉴他国的经验；有人将比较教育的作用单纯理解为为教育改革和发展服务；还有人则侧重于对教育规律的探讨并将此作为比较教育的使命，等等。这些认识上的分歧既是推动比较教育发展的动力，也使其学科自身的建设增大了难度。比较教育学科既然是因社会发展特别是教育的改革与发展应运而生的，那么它的基本使命也就是为教育改革和发展服务。借鉴他国他民族的经验也好，探讨教育发展的一般规律也好，最终目标都是为本国的教育改革和发展服务。从这个意义上讲，比较教育学科自身的建设就显得尤为重要。

同比较教育学科建设相关的另一个问题是在学习借鉴他国他民族的经验时的态度和方法问题。具体讲，首先要有一个开放的态势。教育作为一种复杂的社会现象，同社会的各个方面都有这样那样的、或明显或隐蔽的联系。因此在考察分析一个国家的教育时，尤为重要的不是某一方面的简单的模仿或学习，而是对其思想观念的分析与借鉴。思想或观念作为思维活动的结果，在阶级社会里必然带上阶级的烙印。但是这并不意味着其所有的一切都是如此，都不能为我所用。即使是阶级色彩十分明显的东西，通过某种加工或改造也是可以为我所用的。世界上没有一成不变的东西，拒绝吸收外来成果就不会有任何进步，这已为世界许多国家特别是我国的发展历史所证明。马列主义原本不是我国的，是我们学来的，但是成为我们事业的指导思想。同样，教育也是如此，先进的科学的教育观念也一样可以引进，可以为我所用。从某种意义上讲，教育的方法、内容以及其它层面只有和相应的观念一起引入，才能真正学到手。

另一个方面的问题是外在环境氛围。比较教育的外部环境是其价值能否得以实现以及实现程度的重要条件。这里所说的外在环境包括的内容较多，在此仅就比较教育学科参与国家教育决策的问题谈点看法。当前比较教育界中有不少人感到其科研成果很难为社会承认。这其中有两方面的问题，一方面是成果本身是否具有相应的价值或意义，属于学科自身建设问题；另一方面是参与教育决策的程度的问题，它关系到教育决策的科学化与民主化问题。任何一个国家，其教育发展速度的快慢和普及程度的大小无一不和教育决策的科学化民主化程度密切相关。教育决策的过程实际上是一种制度机制。这里的关键是怎样最大限度地作到科学民主。科学和民主在教育决策过程中是密切相联的两个方面，为要达到或保证决策的科学性，首先就必须作到决策的民主化，只有真正发扬了民主，才有科学性可言。从这个意义上讲民主化是科学化的前提，科学化是民主化的目的和结果。教育决策的民主化主要体现在两个方面，其一是参与决策过程的人员的广泛性和代表性，其二是在决策过程中不以长官意志为转移，充分发扬民主，议案的形成不是以权威人士的意愿为依据，而是以大多数人的共识为基准。

在某种意义上完全可以说，没有科学民主的教育决策机制，比较教育的价值就不可能得到充分的实现。这是因为比较教育的终极目标和基本使命就是为本国的教育改革和发展服务。目前我国比较教育学科的价值之所以未能充分地显现出来，比较教育自身的问题固然是一个原因，但是我国尚未形成科学民主的教育决策机制则是一个更主要的原因。建立科学民主的教育决策机制是一项复杂的工作，需要做的事情很多。为了尽早地在我国建立起这样一个科学民主的机制，我们比较教育界也有很多事情可做，例如，把国外的较科学较民主的教育决策机制介绍过来就是一项重要任务。遗憾的是，我们目前在这方面还做得很不够。科学民主的决策机制是等不来的，只有通过我们大家坚持不懈的努力才能逐渐形成。科学民主的教育决策机制形成之日，也就是比较教育学科的价值能得以充分显现之时。为了把我国教育推向一个新的发展阶段，为了早日实现我们教育决策的科学化和民主化，我们比较教育工作者应该清楚自已所肩负的使命，并为之作出不懈的努力。

（本文发表于《比较教育研究》1996 年第 2 期。作者李守福，时属单位为北京师范大学国际与比较教育研究所）

六、文化研究与比较教育

导言——比较教育学史中的文化研究

比较教育研究对文化的重视可以追溯到100年以前。1900年，萨德勒(M. Sadler)在题为《我们能在多大程度上从外国教育制度研究中学到有实际价值的东西?》(“How far can we learn anything of practical value from the study of foreign system of education?”)的著名演讲中，第一次指明了文化研究对比较教育的重要意义。他的一句名言是“在研究外国教育制度时，我们不应忘记校外的事情比校内的事情更重要，并且制约和说明校内的事情。”他说的校外的事情主要是指一个国家的民族精神。他说：“当我们倡导研究外国教育制度时，我们注意的焦点一定不能只集中在有形有色的建筑物上或仅仅落在教师与学生身上，但是我们一定要走上街头，深入民间家庭，并努力去发现在任何成功的教育制度背后，维系着实际上的学校制度并对其取得的实际成效予以说明的那种无形的、难以理解的精神力量。”民族精神是文化的核心，也就是说，只有理解了一个国家的文化传统，才能理解这个国家的教育制度。

20世纪二三十年代，康德尔(I. L. Kandel)等人秉承了这一思想，他们开创了因素分析时代，为比较教育中的文化研究奠定了重要地位。康德尔提倡描述历史事实，分析社会历史背景。他还把民族主义和民族性作为决定各国教育制度性质的因素提出。汉斯(N. Hans)则对影响教育的诸种外部因素加以系统化，并主张应当对形成教育的因素给以历史的说明。他把影响各国教育制度性质的因素分为三类：自然的因素（种族语言、地理和经济因素）、宗教的因素（罗马天主教、英国国教和清教徒）、世俗的因素（人文主义、社会主义、民族主义和民主主义）三类因素中文化因素占了主要地位。

埃德蒙·金（E. King）也十分重视教育的历史背景。他的相对主义方法论重视客文化中的主体对教育现象的观点。要了解他们的观点，就必须对他们的文化有深入的了解，因此文化研究是必不可少的。近几十年来，文化研究在比较教育界越来越受到重视。但是综观以往的研究，在文化研究上还存在着三个问题：一是比较教育中的文化研究所依赖的参照系只是西方文化，用它作为一个普遍的准则来影响包括非西方世界在内的全世界的比较教育研究，这一做法有失公正，也与当今世界色彩纷呈的各民族文化极不协调。二是对文化的理解过于狭窄，把文化只理解为“民族特性”。实际上文化的概念更广泛。三是对文化与教育的互动关系研究得不够。往往只讲到民族文化对教育制度的影响，很少谈到文化对教育主体（教育决策者、教师、家长）的观念的影响。关于教育对于文化的反作用的研究更不多见。因此，对于比较教育中的文化研究还有深入一步的必要。

（一）文化的概念及其特点

文化是什么，如何理解文化？文化是一个有广泛内涵的概念，据说学术界对文化的定义已有二百多种。有的说，文化是一种生活样态；有的说，文化是人类创造的物质和精神成果的总和。这都有一定的道理。我认为，所谓文化，是指人类在生产实践和社会实践活动中所采用的方式和创造的物质和精神成果的总和。这里面包括了人类的活动方式（动态的）和活动所取得的成果（静态的）两个方面。一般分为三个层面，即物质层面（包括建筑、服饰、器皿等等）、制度层面（包括教育制度在内的一切制度）、思想层面（包括思维方式和民族精神等）。物质层面最容易交流和吸收，制度层面也常常因为政治变革而改变，惟独思想层面具有较强的保守性和凝固性，不容易吸收异质文化和互相交融。但是随着时代的变迁和各民族间的交往，也总是在变化的。概括起来，文化具有以下一些特性：

第一，具有民族性。文化总是由人类的某个民族创造的，而一个民族的特性也较多地集中表现在文化中。因此文化传统和民族文化传统可以是同义词。由于世界各民族所处的历史时期不同，环境不同，对自然界和社会各种现象的认识和理解不同，他们创造出各自不同的文化。例如，对待自然，中国文化比较重视人与自然的和谐，而西方文化则强调人征服自然、战胜自然；对待社会和他人，中国人主张中庸、谦让，西方人则主张竞争、斗争。这是从观念形态上讲的。表现在物质形态上也有极大的不同。例如中国的民间艺术图案讲究对称、统一、和谐；西方民族则讲究差异、多样。可见民族性表现在各个方面。

第二，具有稳定性。民族文化传统常常表现出相对的凝固性和稳定性。这种稳定性表现在时间上就是惯性。也就是说，文化传统发展变化的速度比较慢，总是落后于时代的发展，具有滞后性。这种稳定性表现在空间上，就是民族文化的独特性，也就是维持着自己民族文化的发展轨迹，往往拒绝外来文化的影响，形成了一定的保守性。所以，在世界文化交流已经如此频繁和深入的今天，各民族文化仍然保持着各自的特点，从而形成了世界文化的多元性。民族文化传统的稳定性是民族文化传统得以保存的主要原因，但在某种程度上却表现出凝固性和保守性。它不仅在发展进程上落后于时代，有时甚至于拒绝时代变革的要求，拒绝外来文化的渗透。中国近代学习西方经过了曲折的过程就是一个明显的例子。因此文化传统的稳固性具有两面意义：积极方面的意义是它保持了文化传统的独特性，即民族性；消极方面的意义是它影响到文化传统的交流和变革，阻碍着对先进文化的吸收、创造和传播。

第三，具有变异性。每种民族文化都是不断发展的，也就是不断变革的。人类社会在不断发展，民族也在不断发展，民族文化也在不断发展。要发展就要有变革。也就是说，文化传统不能完全保持原来的样式，总要增加新的符合时代的内容，要去掉一些不符合时代要求的内容。例如无论是在中国还是在日本都有男尊女卑的思想传统，但是现在是男女平权的时代，这种男尊女卑的陋习就应该除掉。

每种民族的文化传统中都有优秀的内容，也不免有落后的内容。在文化发展和变革中就要继承和发扬文化传统中的优秀的东西，摒弃落后的，不符合时代要求的东西。对待外来文化，也是这种态度，吸收外来文化中的优秀的东西，排斥落后的东西。这就是我们在比较教育研究中的基本的文化观。

（二）文化研究与克服西方文化中心主义

要克服西方文化中心主义的观念，就要承认世界文化的多元性。自从人类进入文明时代开始，人类就有五大古代文明，即古希腊文明、巴比伦文明、古埃及文明、古印度文明、古代东方中国文明。虽然经过几千年的历史变迁，由于战争和其他原因，有些文明衰落了，希腊文明成了西方文明的源头，而东方的中国文明却一直延续到今天。但不论是哪种文明，都给世界文化留下了许多宝贵的文化遗产。文艺复兴以后，西方文明有了较快的发展。生产力的提高，特别是工业革命以后生产力的飞速发展，物质生产的迅速增长，为西方国家的扩张提供了条件。实际上，西方文明是在掠夺其他文明的基础上发展起来的。西方文化的发达，并不能排除其他各民族文化的发展。只要这个民族还存在，它的文化总是会按照自己的方式发展的。

20 世纪 60 年代西方出现一种现代化理论，认为非西方发展中国家与西方发达国家的发展历程是一致的，前者现在所处的阶段是后者经历过的一个阶段，非西方发展中国家要想实现现代化，惟一的途径就是西方化和照搬西方的模式，只有靠西方文明的传播，靠输入西方社会的现代化因素才有可能。这种理论代表了西方中心主义的观点。事实上世界文明并非以西方文明为中心，西方文明只是人类文明中的一个类型。20 世纪 60 年代以后许多东方国家走上现代化的道路，创造了各自现代化的模式，打破了“现代化理论”的神话。“现代化理论”在比较教育研究中有一定的影响。70 年代以后它受到许多学者的批判，现在已经不起什么作用。但是西方文化中心主义的文化观很难在西方学者中克服，原因不在于他们自己不想克服，而是他们太不了解别的文化了。尤其是比较教育，它产生于西方，长期活动在西方，更容易受到西方文化中心主义的影响。近几年来，世界比较教育学会理事会在非西方国家举行年会，对于西方学者了解非西方文化是大有裨益的。亚洲比较教育学会的成立，更有利于东西方比较教育学者的交流。

应该特别提出，以儒教为核心的东亚文化，覆盖东亚、东南亚以及世界其他东亚移民居住地区，但是在包括比较教育在内的几乎所有的人文社会科学研究中，它未能发挥重要作用。在新的世纪，东亚各国应自觉地挖掘本民族文化中优秀传统，使之成为东亚比较教育研究的重要理论源泉。

要克服西方文化中心主义观念，东方学者也有责任。东方学者要放弃迷信西方的观念，要跳出表面看西方教育制度的框框，深入到西方文化的深层去认识西方的教育；要在学习西方文化的优秀经验时注意理解它的实质，并尽力使之本土化。这就要开展文化研究。

（三）文化与教育的互动关系

教育是文化的组成部分，但它又具有相对的独立性。教育离不开文化传统，教育除了受一定社会的政治制度、经济发展的影响外，教育思想、教育制度、教育内容和方法无不留下文化传统的痕迹。例如中国历史上长期存在的科举制度是在封建制度中形成的，这种科举制度把学校教育与人才的选拔制度结合在一起，这就影响到中国一千多年的教育传统。清朝末年帝国主义列强的侵略，动摇了封建主义统治的基础，科举制度终于随着政治经济的剧烈变革而彻底破灭。但是科举制度作为一种制度虽然在中国已消灭了一百年，而与科举制度相伴随的教育思想却作为一种传统的教育思想至今仍然在一些人的头脑中残存下来，追求学历，重视考试就是这种教育思想的反映。日本的所谓“考试地狱”恐怕也与中国的传统有关。

教育一方面受到文化传统的影响，另一方面它又是发展文化，创造文化的最重要的手段。也就是说，教育无时无刻不在传播文化，创造文化。文化靠什么继承和发展？靠教育。当然这种教育不仅指学校教育，也包括家庭教育、社会教育。但是学校教育起着重要的作用。教育又总是根据时代的要求，社会的需要对文化传统加以选择和改造。特别是学校教育是有计划有组织的活动，它要根据国家的教育方针、培养目标来选择文化、传播文化、改造文化、创造文化，使它符合时代的要求、社会的需要。

比较教育要了解一个国家的教育，就需要研究影响这个国家教育制度的各种因素，特别是文化因素。前面说到，文化的内涵很广。但对教育来说，最重要的是一个国家、一个民族的价值观、思维方式、民族心理和民族精神。例如西方文化强调个人主义，而东方文化则重视集体主义；发达国家多少具有大国沙文主义倾向，不发达国家总是抱有民族主义倾向。即使同是西方发达国家，由于历史文化背景不同，他们的思维方式和民族心理也很不相同。笔者最近访问法国，适值 WTO 在西雅图开会，法国教授批评 WTO 过分重视商业，不重视文化。他们总是为自己的文化传统而自豪。但你如果到美国，就很难听到这种声音。一个国家的这种传统必然会反映到教育上，特别是反映到教育思想观念上，从而影响到教育的各个方面。这就是为什么要强调在比较教育中文化研究的重要性。也就是说，只有从文化研究中才能认识一个国家、一个民族的教育的本质。

（四）文化研究的困难与课题

进行文化研究是很困难的一件事。最好是采用文化人类学的方法，到当地去生活一段较长的时间。正像萨德勒曾经说过的，不能只注意一个国家的有形有色的建筑物和教师与学生，还要走上街头，深入民间家庭，去发现无形的精神力量。这是难以做到的。即使在一个国家做到了，对其他国家还是不了解，仍然难以比较。

还有另一个困难是，研究者本身是另一种文化的主体，他自身已经具有本民族文化的传统，也就是具有本民族的思维定式，即使他能够深入到客文化中，如果不克服自身的思维定式，也不能得出客观的科学的结论。因此从事文化研究的比较教育学者，特别是西方学者需要克服自身的文化偏见，树立多元文化的观念，尊重别国、别民族的文化，尊重他们的价值观。

进行文化研究还需要与历史研究结合起来。因为文化传统总是历史延续下来的。不了解一个国家的历史，就不可能了解这个国家的文化传统是怎样形成的，也就不能了解它的文化实质。因此，比较教育中的文化研究不仅是跨文化的研究，而且也是跨学科的研究。

虽然有以上的困难，在比较教育中开展文化研究不是不可能的。因为一个国家的文化总有它的表现形式。它们常常表现在他们的哲学历史著作中、文学艺术中，也常常表现在他们的教育政策、教育体制、教育管理等方面。研究他们的文献资料，特别是该国的著名学者的著作，是可以把握他们的文化实质的。尤其是近几十年来教育的国际化促进了人员的交往，许多留学生到异国他乡去学习，对当地的文化有了较为深入的了解，有利于开展文化研究；各国学者的交往与合作也有利于对别国文化的了解和认识；特别是几个国家的学者如果能合作开展文化研究，则将会取得更好的成果。

我们北京师范大学国际与比较教育研究所，正在从事题为“文化传统和教育现代化”的研究，目的是想通过研究了解各国文化传统在教育现代化的进程中起了什么作用、传统教育如何向现代教育转变，从而认识今天如何进行教育改革。我们的方法是：选择有在某个国家留学经验或对该国有较深了解的学者，研究该国的历史、哲学乃至于文学；研究该国教育政策文献；实地考察该国的教育，包括参观访问、和教师学生以及学者座谈；然后与其他国家加以比较。此项研究已进行了九年，第一阶段的成果反映在《民族文化传统与教育现代化》(北京师范大学出版社出版，1998年）这部专著中。该书研究了美、英、德、俄、日、中六国的文化传统和教育传统，并对中西人文主义传统、中日人才观、中美师生观以及西方现代知识观进行了比较分析。此项研究还有必要进一步深入，研究还在继续中。

参考文献：

[1] 顾明远，薛理银．比较教育导论——教育与国家发展［M］．北京：人民教育出版社，1996.

[2] 顾明远．民族文化传统与教育现代化［M］．北京：人民教育出版社，1998.

[3] 全国比较教育研究会．国际教育纵横——中国比较教育文选［C］．北京：人民教育出版社，1994.

[4] 王承绪．比较教育学史［M］．北京：人民教育出版社，1997.

[5] 薛理银．当代比较教育方法论研究——作为国际教育交流论坛的比较教育［M］．北京：首都师范大学出版社，1993.

[6] 赵中建，顾建民选编．比较教育的理论与方法——国外比较教育文选［M］．北京：人民教育出版社，1994.

[7] 朱勃等编译．比较教育——名著与评论［M］．长春：吉林教育出版社，1998.

（本文发表于《比较教育研究》2000年第4期。作者顾明远，时属单位为北京师范大学国际与比较教育研究所）

七、关于比较教育若干问题的探讨

近20年来，与西方发达国家日渐式微相反，我国比较教育研究呈现出了相对的繁荣。表现为：(1) 自1982年以来，由我国学者撰写的比较教育教材已达10种，并出版了以“比较教育方法论”和“比较教育学史”为研究对象的专著，形成了相对完整的学科体系。(2) 研究的对象国已从发达国家、周边国家拓展至非洲与拉美，扩大了研究范围。(3) 涌现出了一批系统化的研究成果。如“外国教育丛书”“战后国际教育研究丛书”“当代日本教育丛书”“当今世界教育概览丛书”“比较教育丛书”“亚洲四小龙教育研究丛书”及“世界教育大系”等，这些成果对于推动我国比较教育学科的发展，扩大视野，增强对异质教育的了解都起到了重要的作用。但是，研究成果的功用与出版的相对繁荣并不能消解我国比较教育存在的隐忧。理论上过分地倚重引入，绝大多数研究成果仅是对国外教育的介绍，即便是这门学科的一些最基本的问题，目前的教材中也都还存在着一些需要探讨之处。

(一) 关于学科的定义

对于什么是比较教育（学），目前国内使用的几本权威教材界定如下：1) 比较教育是用比较分析的方法，研究当代外国教育的理论和实践，找出教育发展的共同规律和发展趋势，以作为教育改革的借鉴。[1] 2) 比较教育学是以比较法为主要方法，研究当代世界各国教育的一般规律与特殊规律，揭示教育发展的主要因素及其相互关系，探索未来教育发展趋势的一门教育学科。[2] 3) 比较教育学是把比较的方法作为它的主要方法，去研究当代世界不同国家和地区的各种教育理论和教育实践问题，揭示影响它们发展的最主要的条件和因素，找出它们的共同性和差异性并做出比较性的评价、探索问题的发展趋势和一般规律，以作为改进本国教育的借鉴的一门科学。[3] 4）比较教育学是以比较的方法研究当代世界各国的教育，揭示不同国家教育的特点，判明决定和影响教育发展的主要因素，探索教育的发展趋势，作为本国改革教育的借鉴的一门新兴教育学科。[4] 比较上述四种定义，后三种除研究对象与第一种稍有差异外，其它方面基本相同，都强调运用比较法，找出教育发展的规律和趋势，也都认为研究的目的在于“借鉴”或隐含此意。这些虽不乏对比较教育规律性的认识，但也存在明显的问题。第一，用于比较教育（社会科学）中，比较究竟是一种具体的研究方法，还是思维过程或思维方式；第二，比较法是不是比较教育的主要研究方法。对于第一个问题，我们认为当属后者。心理学著作在关于“思维过程”方面对此多有论述。“比较是思想上把各种对象和现象加以对比，确定它们的相同点、不同点及其关系，比较是以分析为前提的。”[5] 人们学习知识、感知事物的过程，也是比较存在的过程。对于不同的知识或观念，人们总是首先在大脑中进行分析、比较、决定取舍，然后纳入到原有的认知结构中去，进而获得新知识、形成新观念。由此不难得出这样的结论：比较，是思维的过程，存在于一切思维活动中，而不是一种具体的研究方法。应用于比较教育研究中，如阿尔特巴赫所说：“比较是一种有用的工具，但它是一种需要运用审慎思考与分析来使用的工具。”[6] 再从比较教育发展的历史来看，朱利安时代，“牛顿力学等一系列自然科学的卓越成就使许多人文学者集合在唯科学主义哲学思潮的旗帜下，自然科学的观点与方法成了衡量社会科学，包括教育学是否科学的权威尺度。各种社会科学领域纷纷进行探索式的效仿。朱利安便是这样一位教育领域里的探索者。”[7] 他提出成立国际教育组织，用问卷的方式收集外国教育资料，传播教育改革经验，表明对教育研究他采用的是自然科学的实证方法。20 世纪初，萨德勒努力探究造成各国教育制度差异的根本因素，开创了因素分析时代，但这种工作主要是由康德尔完成的。从康德尔“民族性”的单因素分析到汉斯对教育的自然的、宗教的、世俗的多因素分析，在比较教育学的研究中，因素分析的历史学方法占支配地位，学者们采用的并不是“比较法”。直到20世纪60年代，贝雷迪在他的《教育中的比较法》一书中，做了用研究方法给学科下定义的尝试，并提出了“描述——解释——并列——比较”、包括“比较”在内的比较教育研究四阶段说。在贝雷迪的四阶段说中，“比较”是“表示两个或两个以上的同种现象间的统一性、相似性和异质性的关系概念”，“是观察、分析、整理等活动交织在一起的智力劳动”。[8]同一时代，诺亚和埃克斯坦、布赖恩·霍尔姆斯、埃德蒙·金在他们的著作《比较教育的科学探索》《教育问题：一种比较的方法》《教育研究和教育决策》中，也都探讨了比较教育方法论的问题，但诺亚和埃克斯坦主张运用科学的方法，即在研究过程中，大量收集数据、提出假说并验证假说、形成理论。布赖恩·霍尔姆斯在杜威思维五步法的基础上，独辟蹊径的建立了“问题研究法”。埃德蒙·金探讨了有关教育研究的客观性，比较教育学的分析研究法，他还认为比较教育的“研究方法本身只有暂时的和有条件的意义，并且它总是要过时的”。[9]对比较教育可定义为：系统的收集各国教育制度及其背景资料的一门学科。美国的另一学者安德森认为，比较教育学的研究可根据它的内容——学校与社会的关系，应用出自历史学和各门社会科学的研究方法。综观这些西方学者关于比较教育研究方法的论述，除贝雷迪外，他们都没有提到比较法。原因自然是多方面的，但有一点是可以肯定的。比较教育作为一门跨边缘的中间学科，具有多学科的性质，它的任务是从不同的角度研究学校与社会的关系，揭示教育发展的规律，这样的一门学科，任何一种单一的研究方法都是无法胜任的，而且也不可能有某种专用的方法。如法国比较教育学家黎成魁所说：“尽管比较教育确实有其研究对象——教育事实的比较，但它没有自己独特的方法。”[10]因此，我们认为：在比较教育中，比较是对所比对象进行分析的思维过程，不能把它作为学科的方法论纳入到定义中，比较也不是比较教育学科的特有属性。

我国学者对比较教育的界定在表述内容与方式上之所以如此的一致，根本原因或许在于将衡量一门学科成熟与否的标准，即“凡为学科，就必须有自己独特的研究对象、方法与目的”也作为了给学科下定义的标准，并视其为惟一的标准，结果反而造成了定义的疏漏。这说明衡量学科的标准并不就是给学科下定义的标准，而且上述观点也不是衡量一门学科成熟与否的惟一标准。华勒斯坦等人在《开放社会科学》中提出了 4 个衡量学科的标准。这些标准“① 成为大学的一个学术领域并占领了大学的讲台；② 有本学科正规或半正规的学术刊物；③ 接受该学科的训练可以获得学位，尤其是博士学位；④ 建立了全国性的或国际性的专业组织与协会”，相对于我国学者所奉行的概括性原则，更具体、更易把握。同时也再次地说明，学科定义与衡量学科标准之间没有对应的关系，衡量学科的要素，并不就是学科定义的要素。至此，对于什么是比较教育，我们尝试定义如下：比较教育是教育科学的一个分支。它以不同时间、地缘或社会文化圈的教育现象、教育制度或教育理论等为研究对象，并对其进行比较分析，以加深对不同教育的理解，获得教育发展的参照。

(二) 关于学科的特征

特征是关于事物质的规定性，是一事物区别于它事物的标志。因此，作为比较教育学科的学科特征，它应当是比较教育学科所特有，是比较教育区别于其它学科的标志。那么，什么是比较教育的特征呢？目前国内教材一般将其概括为：① 跨国性或国际性；② 跨学科性；③ 可比性。这些是否是比较教育的特征呢？如果跳出比较教育的学科范围答案就不言而喻了。因为在人文社会科学领域，除比较教育外，比较文学、比较法学、比较政治学、比较经济学、比较社会学等等都具有这样的特征，而不仅仅是比较教育具有这样的特征。因此，对于跨国性、跨学科性和可比性只能说是人文社会科学领域比较类学科的一般特征，而不是某一具体学科的特征。类学科特征是探讨某一具体学科特征的基础，而某一具体学科的特征则是其深化与具体化。

(三) 比较研究的弱点与优势

任何比较都是在不同的对象、文本或主客体之间进行的。比较教育领域即便是只涉及某一国家或某一观点的研究成果，研究者的观点与评价也无处不在以自己所在国或已习得的观点作为潜在的比较对象或基础，而不同对象或文本等之间的固有差异注定了比较研究不可避免的弱点。

第一，比较中的误读。误读是由比较对象的差异性造成的。所谓的误读就是研究者按照已形成的识见或思维方式，自己所熟知的教育去解读、分析其研究对象。这时，所找寻的观点、启发往往并不是真实的揭示，而是带有研究者的先见或本民族教育的痕迹，并预设在其原有的认识或选择倾向之中。以素质教育为例，它的产生其实是对应于我国因教育资源不足、受教育机会有限而导致的极端的应试教育，是特定阶段的产物。而美、英等发达国家，由于有充分的受教育的机会，并不存在我们所谓的素质教育，我国充斥于世的所谓“素质教育在某国”所列素质教育也不过是这些国家中小学教育应有的内容。以至于一直以来都无法给素质教育找一个合适的英文译名。在比较教育研究中，这种以本国教育来误读他国教育的现象随处可见。

第二，比较中的简化。在比较研究中，为了说明或希望得到预设的结论，研究者通常只从某个特定的角度、倾向于强调一个或几个方面而不顾其它方面，在考虑一个问题时，往往会忘记对某个教育制度来说同样重要或更重要的其它一些问题的存在。而“一种教育制度，从它的本质上说，是一系列复杂的结构性状况和问题的真实反映”。[11]这使得要抓住这些问题的核心与实质变得极为困难，从而使研究对象被简化，应有的丰富性大大削弱，所以，列宁曾说：“任何比较只是拿所比较的事物或概念的一个方面或几个方面来相比，而暂时地和有条件地撇开其它方面。我们提醒读者注意一下这个大家都知道的但常常被人忘掉的真理。”[12]

尽管比较研究存在着不足之处，但它也有其它研究无法取代的优势。

第一，有利于反观自身。如前所述，由于比较通常是在两个或两个以上的不同对象之间进行的，因此，无论研究者已经形成的教育识见或本国教育以显在的或潜在的比较对象出现，它都直接或间接地存在于研究者进行比较的过程中。而研究对象的差异性，不仅有利于研究者形成新的思路与阐释立场，克服以往认识的单一性与封闭性，而且通过借助于外来参照系，研究者还能够从研究对象的立场来反观自身，在比较、鉴别中加深对自身的理解，获得更加清晰和准确的认识。这种认识仅从系统内部是无法获得的。因为恒守同一解读的结果必然是僵化、封闭与自我认同，是对自身片面的认识。

第二，有利于发展中国家正确地汲取外来的经验。西方发达国家的教育伴随其经济、技术上的优势，成为世界的中心和主流模式，对发展中国家的支配作用也越来越强。教育水平的落差，使处于低位的发展中国家自觉或不自觉地将发达国家的教育理想化，人为地将其抹上了神秘的色彩，并不断的产生对自身的失望、批判、甚至革命。把西方模式当成包治百病的灵丹妙药，盲目地学习发达国家经验或选择其发展模式。而比较作为一种有用的工具，不仅“能够提供其他国家和其他经验的思想”，而且“比较视角还是一种批判性视角——它意味着审慎地对经验、模式和实践进行评价”。[13]这有助于发展中国家理性地面对发达国家的经验，尽可能少地犯盲从与照搬的错误。这在当今教育国际化的发展进程中尤为重要。

第三，教育科学不同于自然科学，无法制造实验情境，而比较提供了考察另一种方案的可能性。首先，通过比较、考察不同国家曾经出现的类似问题，有助于预见可能发生的事情；其次，通过考察不同时期、不同国家解决类似问题的方案可以从中得到启发。就此而言，比较不仅可以提高自觉性和指出方向，也有利于制定解决问题的方案，避免重犯其他国家已经出现的问题或错误，减少在教育发展过程中不必要的损失，这对一国教育乃至国家的发展都是十分有益的。因此，在一定的意义上说，比较研究具有类似于自然科学中的实验室的作用。

参考文献：

[1] 王承绪，朱勃，顾明远. 比较教育 [M]. 北京：人民教育出版社，1999：17.

[2] 吴文侃，杨汉清. 比较教育学 [M]. 北京：人民教育出版社，2000：8.

[3] 成有信. 比较教育教程 [M]. 北京：北京师范大学出版社，1987：13.

[4] 商继宗. 中小学比较教育 [M]. 北京：人民教育出版社，1995：8.

[5] 彭聃龄. 普通心理学 [M]. 北京：北京师范大学出版社，1991：356.

[6] [13] [美] 菲利普·阿尔特巴赫. 比较高等教育：知识大学与发展

[M]. 北京：人民教育出版社，2001：3.

[7] 王长纯. 教育的国际理解与国际视野 [J]. 外国教育研究，1994(5)：25.

[8] [日] 冲原丰. 比较教育学 [M]. 刘树范，李永连，译. 长春：吉林人民出版社，1984：86—87.

[9] 徐辉，王英杰. 比较教育纵横谈 [J]. 教育研究. 1991 (7)：58.

[10] 赵中建，顾建民选编. 比较教育的理论与方法 [M]. 北京：人民教育出版社，1994：3.

[11] [西班牙] 何塞·加里多. 比较教育概论 [M]. 北京：人民教育出版社，2001：5.

[12] 列宁. 列宁全集（第八卷）[M]. 中央马克思恩格斯列宁斯大林著作编译局，译. 北京：人民出版社，1960：423.

（本文发表于《比较教育研究》2003 年第 7 期。作者谷贤林，时属单位为教育部人文社会科学重点研究基地北京师范大学比较教育研究中心、北京师范大学国际与比较教育研究所）

八、比较教育学学科形象的科学定位
——教育形态类型学

在后现代主义思潮来势凶猛，解构学科、去学科化倾向日益强盛的情况下，[1]比较教育学的身份危机问题日益突出，明确比较教育学的学术身份、空间、道路、价值和归宿，为比较教育学学科形象进行一次严肃的科学设计，就成了我们无法回避的历史性任务。

（一）确定比较教育学学科形象的科学依据

所谓比较教育学的学科形象，是指由比较教育学的历史使命和学科性质决定和体现出来的学科存在状态。清醒地把握和运用确定比较教育学学科形象的科学依据，就是要科学地认识和依据时代的性质和科学分工对比较教育学提出的特定使命要求和比较教育学的学科性质，准确地确定比较教育学的研究主体、目的、内容、方法和条件，完整地刻画出比较教育学的学科状态。

当今中国乃至世界社会，实际上处在现代和后现代社会并存和交替继存的时代。从同时性意义上说，中国社会或全球社会同时存在着或具有现代和后现代两种类型社会的属性和特征；从继时性的意义上说，中国社会或全球社会前后交替持续存在着或具有现代和后现代两种类型社会的属性和特征。因此，今日时代是一种混合时代，或者是正在积极地超越传统现代社会的后现代社会。[2]正是这种积极的后现代混合时代的积淀性和超越性等特征，才为比较教育学提出了当之无愧的历史使命。

混合时代最为直观的表现就是现实生态世界的多样性。动植物自然生态的多样性是自然界自发进化的表现和结果，包括教育在内的人类社会生态系统的多样性则源于人类的自觉选择和能动建构，是人类自我意识和主体能动性形成和日益强化的必然结果，是人类自身及其社会发展进步的标志。正是人类特有的且以加速度进行强化的自我意识和主体能动性，才使人类日益认识到人与人的生存环境条件和自身结构的各种差异，进而不断地选择、开发和创造出相应的多种多样的生存、生产、生活形式和教育式样。

自然、社会和教育的丰富多彩和千变万化并没有代替、摆脱和消解其共有的普遍确定性的基本规定性，而人类自我意识和主体能动性的彻底解放和充分发挥，也并不能彻底取消和排除客观世界普遍共性的确定性，有的只是自然、社会和教育的共性与多样性、确定性与不确定性、“全球性与地方性的辩证统一”，[3]是既丰富多彩又质量稳定的教育形态和类型，而不仅仅是变换不定的教育表面形式、词语标号、臆断幻想和假设虚拟；是普遍理解和公认可靠的教育质量内涵、思想理念和标准规范，而不仅仅是抽象的教条、干瘪的框架或霸道的规定；是对人为淡化、否认和扭曲这种统一性的限制、修正、教训、惩罚、报复甚至是毁灭性的反击。

然而，颇为流行的消极后现代主义教育理论与实践却无视这种必然的统一，不愿意承认教育普遍共性和确定性对教育多样化发展和建构的制约与决定作用，更是有意回避和淡化教育普遍共性和确定性对教育的主观多样化任意发展和建构的抵制、惩戒和报复；而是在用时髦的教育话语文本变本加厉地片面肯定、放大、颂扬和鼓吹极端主观性的教育样式、价值立场和行动实践的不确定性、多样性和随意虚构性。这不仅严重地误判、扭曲和伤害了教育实践本身的多样性、不确定性与普遍共性、确定性及其二者辩证有机统一的健全教育形态和类型，而且严重地扭曲和伤害了教育理论对教育实践的科学反映、合理建构和有效指导，造成比较教育学形象乃至整个教育理论与实践的专业分工、身份资质、领域定位、话语文本、思想理论、观念价值和互动实践平台的倾斜、扭曲和混乱，甚至会导致比较教育学乃至整个教育理论实践共同体的迷茫、错乱、分裂、退化乃至瘫痪和解体。

当然，执意追求共性确定性的思维方式和价值选择与行动，已经落后于张扬主体性、崇尚多样性的人类能动发展的时代性和要求；而以片面放大或放任、怀疑或放逐和鼓吹或贬抑人类自我意识和主体能动性、津津乐道于多样性、特殊性和不确定性为根本特征的消极后现代思维方式和理论，[4]则是不同教育个体和群体相互藐视、分裂、对立和冲突的结果，是无视教育客观规律性、普遍共性和确定性，最终割裂和扭曲丰富多彩的教育形式与稳定一致的教育实质统一的结果，更不足以客观准确地反映和适应当代教育的实际存在、必然要求和自然进程，甚至有碍有害于教育的健康发展。时代要求所有教育理论与实践主体之间的协调共处和有效交流、建构与互动，是辩证科学和积极负责的思维方式和学科形象，是把丰富多彩的教育形式与稳定一致的教育实质的有机统一性完整准确地反映、揭示和表述出来的教育形态与类型研究。

哪个教育学科能够和适宜担当这样的历史使命呢？对教育形态与类型的研究不是对教育现实的直观表象进行“混沌的整体性直观反映”，而应该由具有相应特定思维方式和偏好的学科个体或共同体在“抽象具体”的层次上，对分别反映各种教育的实质共性和多样形式的教育学科进行超越性整合。[5]

严格的教育学理论类学科不能也不该这样去做。教育现实的客观确定性和普遍性存在要求有一类学科去义无返顾地坐“冷板凳”：透过直观具体的形式表象，彻底地形而上地思索和追求教育客观世界的各个层面、因素的普遍共性即稳定的质的规定性，这就是教育哲学、教育学、教育社会学等理论学科能够而且应该承担的历史使命。因为它们要诉诸于人的理性世界，要用科学、逻辑、演绎、归纳、推理等方式方法去考量、审视、推演、概括和把握教育客观现象的抽象而确定的实质共性。

典型的描述性学科不能也不该这样去做。教育现实的主体不确定性和多样性存在也要求有一类学科去热情地直接感受、体验和拥抱这个生动的感性教育世界，这就是教育日志、教育史学和教育文学等教育经验学科的历史使命。因为它们要诉诸于人的感性世界，要用叙事和描述的方法来感知、呈现、记录和刻画教育现实，及时地反映和把握具体情境中的变化不定的丰富多彩教育形式，因而不适合甚至无法、因此也就不该理性地反映教育的抽象共性和实质，只能或最好是所谓追求理论的广度，生动直观地“浅上来”。

实际上，人类对外部世界的总体把握总是感性与理性的有机统一，任何个人也必然是在这个意义上完整地把握表象与实质有机统一的教育现实的，无论是教育哲学专业出身的学者及其科学的理论，还是教育文学专业毕业的作家及其教育文学作品。因此，必须特别重申和强调的是，仅仅是从严格的科学分工所决定的学科特性和学科建设的角度，我们才能说上述单纯理论性教育学科或单纯描述性教育学科都不适宜、因而“不该”反映教育形态和类型。科学研究这个教育层面的任务只能且适宜于比较教育学这门学科来承担。

这是因为，从学科萌芽诞生之日起，比较教育学就是由一批具有国际或全球视野和兴趣的实践研究者，以既有的教育理念为依托和工具，采取“系统化对等资料并置”的形式对比和实质性的“阐释和平衡”比较方法，[6]从国际直至全球的范围内比任何其他教育学科都更明确、更直接、更充分地关注教育的现实形态和类型的形式差异性和多样性；同时，比较教育学又关注所有这些教育形态和类型的普遍共性和发展趋势，以便能够为不同形态和类型的教育之间相互启示和借鉴提供可迁移性的共同依据，从而把学科目光投向并锁定在“比较性教育”形态和类型上，[7]成为最开放、最具包容性和有机整合性的全能性学科。

这就意味着，比较教育学既不是单纯感性地陈述、展现和把握各种不同的教育形态的直观形式，也不是抛开这些直观形式所代表和承载的特定含义和价值，单纯抽象地概括、提炼、推演和把握不具有特定含义和价值的超具体形态的普遍共性，更不是研究者从自己的立场愿望、价值观念、兴趣好恶或宗旨教条出发的随意想象、假设和推论，而是必须在直接描述特定教育形式和概括多种教育共性的基础上，运用科学类比、分析比较的方法，概括综合地反映特殊教育表象和普遍教育共性现实有机统一整合的教育形态和类型。可见，比较教育学从诞生之日起，就拥有了其他学科所欠缺的、从教育的特殊形式和普遍共性现实统一的角度和层面把握教育的特定研究主体、目的、对象、方法和条件的学科特性。

比较教育学的时代要求和学科特性决定它最有条件、能力和资格来完成科学把握教育形态和类型这一历史使命，而承担这一使命的比较教育学的新学科形象是教育形态类型学。

(二) 教育形态类型学

作为比较教育学学科形象的教育形态类型学，就是用社会生态学的话语、文本和原理，对全球范围内各种教育理论与实践的现实存在的实质现象和状态，进行科学的叙述、类比、阐释、概括和建构，以准确地反映各种教育事实的整体面貌和差异特征、内部结构、生态属性及其与生态环境间的条件因果功能关系，合理建构更具生态价值、活力和适应性的教育形态，为人们完整辩证地把握、利用和创造教育生态多样性提供交流、启示、借鉴和指导的学科。简言之，教育形态类型学就是研究多样性教育形态和类型的学科。

教育形态类型学是一个由包括专业化的比较教育学理论与实践工作者共同体在内的所有教育工作者共建的主体共容性学科。比较教育学共同体的个体和群体，有其人格角色的“包容性”：他们是个人特殊品性与普遍人性具体结合的现实生活人，其特有的现实教育行为表现形式与风格是与其具体拥有的普遍人性完全一致的。他们拥有最为开阔、健全、公平和现实的全球教育理性、需要、情意、抱负、能力和行为。他们立足本国、本土、本地、本群、本家和本人的我属教育文化，放眼全球、国际、社会、外群和他人的他属和共属教育文化，并在最高的程度上努力促进、实现和保持二者的现实整合与统一。他既不会把纯粹我属教育文化无原则地放大、扩展、矫饰、装扮、自命和冒充为他属共属教育文化，进而贬低、压制、排挤以至取代和取消他属共属教育文化；也不会一味推崇、迷信、舞动和祭奠起他属共属教育文化的幡旗，来简单地贬低、取代和否定各种特定的我属教育文化。他们是真正的普世主义和“特世主义”有机结合的全球主义教育者。[8]

教育形态类型学是一个关照和研究全球范围内的各种教育理论与实践的现实形态和类型对象整体性学科。任何形态或类型的教育生态系统都是特定或特有的直观教育生态现象样式和普遍的教育生态实质共性的有机统一体，即实质性的教育生态现象或现象性的教育生态实质，这就是全球教育的多态性。因为教育的生态实质内容是普遍共有的，所以教育形态和类型的多态性，就是由教育生态的多样性样式所直接标定的，即有什么样的教育生态样式，就有相应的教育形态和类型。但必须强调的是，这里的教育的普遍共有实质是与特定特有的教育生态样式情境性地有机结合在一起的，而不仅仅是被抽象或排斥具体情境形式的教育假设命题或演绎推论，也不是消解或回避普遍共性的教育直觉样式或生动表象。教育形态类型学就是从这种特定样式形式和实质共性情境性地具体结合并有机统一的意义上来现实完整地反映各种教育形态和类型，即全球多态性教育。

最客观的教育存在样式是思维研究者观念之外的历史教育形态和现实教育形态。因此，教育形态类型学必须把研究的重点和基础放在实际存在过特别是存在着的现有教育形态上，由此也就决定了比较教育最基础的研究方式、方法和途径就是田野性考察、观察、调查和反思。

从单纯的时间形式上看，可以划分出原始教育、古代教育、近代教育、现代教育、当代教育和后现代教育等教育时间形态；从空间形式看，可以划分出不同的自然地理区域教育形态、不同的行政区域教育形态、不同的经济区域教育形态和不同的文化区域教育形态。进一步还可以划分出更为具体的种种教育形态：全球教育和世界教育等全球区域教育形态；亚洲教育、中东教育、北欧教育等洲际区域教育形态；平原教育、山区教育等地貌地形区域教育形态；联合国教育、欧盟教育等国际行政教育形态；中国教育、美国教育和墨西哥教育等国家行政教育形态；河北教育等省别行政教育形态；以及北京教育、上海教育等市别教育形态和县别、乡别、村别教育形态；农村教育、发展中国家教育等经济区域类型、水平、体制教育形态；市场经济教育、混合经济教育等经济区域教育形态和天主教教育、东方教育等文化区域教育形态，以及各种时空教育形态。

不同的教育结构或属性因素涵盖和包容的是一种教育事实的某种侧面，它所标定的教育事实只是一种“平面”的教育类型而非立体的教育形态。不过，在现实的教育客观存在中，任何类型的教育都是整体性的，即不仅仅表现为某种单面的结构因素或属性；而且，任何种类的教育类型又总是在一定的时空条件下现实地存在，因而也就总是表现为一定的教育形态，如中国德育等。因此，这种形态性的教育类型亦可简明地称为教育形态。当然，它仍然是“平面”的，不能把教育形态和类型简单地混为一谈。

从教育的主体结构因素看，可以划分出职前教育、在职教育、职后教育等教师教育类型，学前教育、初等教育和社区教育，公立学校教育、私立学校教育，法人组织教育和民间学校教育；正规教育、非正规教育，义务教育、有偿教育等教育机构性质、归属和正规化程度等不同的组织机构教育类型。

从教育的目的功能结构因素看，可划分出健康教育、生活教育等基本目的教育类型，全面发展教育、情感教育等素质素养教育类型，基础教育、普通教育、通才（识）教育、能力教育、人格教育和职业教育等基本性能教育类型，世民（世界公民）教育、公民教育、国民教育、市民教育、公务员教育等一般社会角色教育类型，农业教育、工业教育、商业教育、医疗卫生教育、建筑教育、财经教育、金融教育、竞技教育等社会分工部门的教育类型。

从教育的内容结构这个因素看，可划分为文科教育、理科教育等不同基本知识领域教育类型，学科课程、综合课程（广域）、活动课程、核心课程、隐蔽课程等不同教育内容组合方式的教育类型，环境教育、人口教育、计算机教育、外语教育、法律教育、宗教（信念、信仰）教育、产业教育和艺术教育等不同特定知识领域教育类型。

从教育的条件、手段和方式结构因素看，可划分为校园建设、教育资源开发和利用、教育运营、教育策划等教育管理类型，电化教育、网络教育、远程教育等不同工具手段教育类型，集体教育（学）、个别教育（学）等不同组织方式教育类型，灌输教育、启发教育、发现教育、研究性教育、展示性教育、获得性教育、体验教育、理解教育、合作教育、活动教育（学）、实践教育（学）、情境教育（学）、开放教育等不同方式方法的教育类型。

从教育的属性因素看，还可划分出创造性教育、主体性教育、全球化教育、专业性教育、信息化教育、现代化教育、整体化教育、趋同化教育、一体化教育、多元化教育、个体化教育，人本性教育、民主化教育、优质化教育、大众化教育、普及化教育、差异性教育，市场化教育、制度化教育、超越性教育、弹性教育、竞争性教育等属性教育类型。

除了上述常态教育形态外，还有非常态或问题教育形态和类型，如大学生就业难、教育浪费、教育泡沫虚值、教育的畸形市场化、产业化和商品化、教育产权虚化、教育机会不平等、教育质量滑坡、教育的公益性扭曲消解、教育恶性竞争、教育腐败、教育生态环境恶化、文理教育失调、贫困学生、学生超前消费、学生安全、教师疲劳等问题。

上述各种教育形态本身都蕴涵并表征着下述与其样式现实地融合在一起的基本教育生态共性：全球教育是一个多层次、多形态、多类型的既相互区别又相互统一并有机整合的多种教育生态系统。任何一种教育生态系统都是由一定的教育物质（财富、经济）、能量（人员、政治）和信息（文化、制度）等教育生态因子按着结构耦合、运行协调和性能互补与适应的自然规则组织在一起的有机整体，都是教育生命个体和群体（种群、群落）自身及其与外部生命个体或群体共处、共生、共存和共荣的生命存在发展的动态平衡形态和过程。这种形态和过程都是教育生命个体和群体同系统内外教育物质和信息进行能动的生产性消费性交流转换的过程和表现，这种交流转换都是通过同化与顺应、合作或竞争、适应和改造、继承与创新等方式和途径实现的。一旦教育生态系统内部或外部的生态因子和结构性能在内外部突发或蜕变力量的作用下发生质变，教育生态系统就会出现发展失调、系统破损直至最后崩溃和解体或重组为新的教育生态系统。教育形态类型学就是研究各种教育生态系统的形态结构（构件、构式、组织）、属性、生态环境（条件、背景）、运行过程（动力、动因、机制）和功能（性能、作用、职能、价值）的学科。

教育形态类型学是一种是用特定的教育生态观研究模式和框架建构而成的方法类比性学科。这种特定的研究模式和框架运用写生叙事的历史性方法直接面对教育形态的各种具体的可量化的真实差异形式，运用概括推演的逻辑方法透视教育形式背后实有的实质共性与生态价值，运用科学类比的方法对个体之间、群体之间的异同进行具象、表象、现象和抽象等层次的比较与融合，形成对现实教育形态的真实完整的反映和合理完备的建构。我们把这套方法简称为科学类比法（形态比较法）。

教育生态观的研究模式和框架，首先要求的是研究者所持有的研究方法、态度和立场的超越性转变。一方面要超越固守单纯的逻辑方法及其僵化、教条和虚张的态度和立场；另一方面要超越固守单纯的历史方法，极其狭隘、独断和霸道的态度和立场，用一种坦率、包容、竞进和共荣的现代社会生态性的方法、态度和立场来看待教育。其次，要有一套特定的概念命题和相应的话语文本，如生命、生态、有机体、生产、生活、系统、结构、属性、运行、功能、适应、均衡、竞争、合作、继承、创新、协调等。这些概念话语一方面要超越其单纯描述日常教育生活话语的前科学性，另一方面又要超越其理性逻辑思维术语赋予它们的单纯性、抽象性和晦涩性，把它们提炼、充实和规范成真正的综合性教育形态科学话语。

最为重要的是科学类比法在思维机制层面的超越性把握与运用。这里的科学类比法最关键之处在于科学类比的"大类小比"或"形态类比"上。前者是指把教育放在最普遍的生态性存在的共性层面上而在最小教育同类中进行"类内"比较；后者则是指在教育特殊形式与普遍共性有机统一的形态层面进行的整体比较。如何实现对教育形态的形式把握和共性把握之间的相互吸收、转化和融合，进而实现超越性形态把握，根本出路还是在于借鉴客观教育形态本身的生成存在机制。这就是把实质内容具体表征到现实教育形态中；同时，对生动易变、丰富多样的教育形态样式形式进行科学的还原和界定，使其获得真正的对教育实质共性的蕴涵和标定作用。简言之，就是成为教育特定样式形式与普遍共性真正有机现实结合的教育形态的完整反映。

教育形态类型学是一种以全球一体化背景和社会条件为依托的全球性学科。一方面，教育全球一体化和趋同规范化以加速度发展促进了全球性教育生态系统的形成和教育的普遍生态共性的明朗化；教育的民族化、地方化、个性化发展推动着教育样式形式的多样化与实质化和教育形态的多态化与完整化；人类对生命生活质量的关注和对客观教育现象进行综合性立体性把握的能力的日渐提高；人类的发展以及对秩序、规则、丰富性、共生的期望等，都为教育形态学的产生提供了重要的客观条件和主观基础。另一方面，人类自我中心的畸形扩张和情欲的急剧膨胀以及由此而导致的对教育生态普遍共性的误读、蔑视和曲解与对教育生态多样性的偏爱、垄断和滥用，又在严重地干扰、割裂甚至破坏教育生态的多样性形式与实质共性的现实统一，造成日益突出的教育统一性的混乱、萎缩和扭曲与教育多样性的泛滥和浅薄化危机，这为教育形态学的诞生提出了急迫的要求。

（三）比较教育学共同体所分享的生产生活专业平台和园地

作为比较教育学科学新形象的教育形态类型学，能够为比较教育学理论和实践工作者提供一个田肥土沃、天宽地阔、从而便于齐耕共建、分享同乐的专业平台和园地。[9]在这里，比较教育学工作者将能够充分依托时代提供的必要而充分的条件和机遇，立足时代的学术制高点，系统完整地汇聚和陈列全球各地的教育形态和类型，生动形象地描画、状述和呈现出世界教育群落和生态系统的原貌和风采，真实充分地再现和展示世界各地的各种教育形态的生机与活力。

在这里，比较教育学工作者将能够运用科学的类比方法，准确清晰地勾勒和凸现出各种教育形态之间在结构、属性、进化和功能上的细微差别和特征，客观条理地追踪和把握它们各自成长发展的环节、阶段和进程，深入考察和指证出它们各自赖以生存发展的生态环境、背景和条件，充分揭示和确认出它们各自的生态性能和价值，精到简练地概括抽象出各种教育形态的共有属性，帮助人们充分地感知全球各种教育形态的生动真实的差异性和多样性，科学准确地把握全球各种教育形态的生态本质共性，为人们及时更新、科学建构和超越性创造教育形态提供有益的启示、可靠的参照、可行的借鉴和可操作的举措。

在这里，比较教育理论与实践工作者乃至所有教育理论与实践工作者和爱好者都能够公开获得登台亮相的专业职位、身份和资格，找到社会公认、有为有位的有效生存，找到积极发展、充分享有的依托空间和工具手段；能够相互便利地识别读懂，交流沟通，不断形成、更新和强化群体内外成员相互间的可读性、可理解性、认同感和协同性，增强合作互动的有效性；能够增强相互间的可接受性和有效对话互动的理念基础；能够彼此了解相互之间的差异性，扬长避短，彼此取长补短，形成强劲的互补网络与合作纽带；能够有充分的机会和条件相互接触，交流信息、交换理念，形成健康持续的互动实践过程。最终，形成目标一致、分工明确、角色稳定、身份平等、相互尊重、协调共处、互通共识、互认解释、互惠建构、互补合作、互动实践的专业学科共同体，共同为比较教育学园地的繁荣昌盛，为世界教育生态的健全协调、为人类社会的持续发展做出我们的贡献。

参考文献：

[1] 华勒斯坦. 学科·知识·权力 [M]. 刘健芝等，编译. 北京：三联书店，1999：21—17.［美］大卫·雷·格里芬等. 超越解构——建设性后现代哲学的奠基者 [M]. 鲍世斌等，译. 北京：中央编译出版社，2002：2—5.

[2]［美］乔治·瑞泽尔. 后现代社会理论 [M]. 谢立中等，译. 北京：华夏出版社，2003：3，215—223.

[3] ARNOVE R F，TOMES C A. Comparative Education. Lanham，Maryland：Rowman & Littlefield，1999：2—5；CURRIE J. Universities and Globalization. Thousand Oaks：Sage，1998.

[4] 张国清. 中心与边缘 [M]. 北京：中国社会科学出版社，1998：108—125，254—260.

[5] 马克思，恩格斯. 马克思恩格斯选集（第2卷）[M]. 北京：人民出版社，1972：102—107.

[6] 赵中建，顾建民选编. 比较教育的理论与方法 [M]. 北京：人民教育出版社，1994：1，173—180；王承绪主编. 比较教育学史 [M]. 北京：人民教育出版社，1997：25—37.

[7] 傅松涛. 比较性教育是比较教育学的研究对象 [J]. 比较教育研究，1999（2）：7—11.

[8] 项贤明. 比较教育学的文化逻辑 [M]. 哈尔滨：黑龙江教育出版社，2000：29—38，190—254.

[9] 顾明远，薛理银. 比较教育导论—教育与国家发展 [M]. 北京：人民教育出版社，1996：173—182；傅松涛. WTO：中国教育的真正世界舞台 [J]. 教育理论与实践，2003（7）：11—14.

（本文发表于《比较教育研究》2005年第3期。作者傅松涛，时属单位为河北大学教育学院）

九、关于比较教育学科建设的几个问题

中国比较教育学科建设在改革开放以来有了长足的进步，表现在研究范围不断扩大，研究内容不断深入，研究成果十分丰硕，研究队伍日益庞大。但比较教育的学科定位和今后的发展始终困扰着中国的比较教育学者，每次年会或研讨会总会把比较教育的身份问题、方法问题的讨论放在重要位置。如何摆脱比较教育学科所遇到的困境？我想是否可以另辟蹊径，打开一条新的出路。

（一）比较教育有没有存在的必要

首先来回答这个问题，比较教育有没有独立存在的必要？有没有其他学科可以替代？许多学者都谈到，比较只是一种方法，其他学科也会使用这种方法，如教育经济学需要比较各国的教育投入、教育社会学需要比较各国教育在社会分层中的作用、教育管理学需要比较各种管理理论和方法、课程论要比较各国的课程，似乎比较教育没有单独存在的必要。但是，是不是还有一些问题是其他学科所包含不进去的？例如教育制度的比较。比较教育的产生是从教育制度的比较开始的，然后发展到对各国教育制度产生的背景、因素进行分析和研究，现在仍然为比较教育学者所关注。当然也可以再建立一门教育制度学来替代比较教育的研究，但随着比较教育的发展，比较教育早已不再限于教育制度的比较，比较教育研究的领域在 20 世纪有了很大的扩展。如教育与国家发展的研究，这是20世纪50年代发展起来的，随着二次大战后民族国家的独立，教育和民族国家发展的研究就被比较教育学者所关注，例如英国伦敦大学国际教育研究中心就是研究英国原殖民地国家教育的机构。80年代以后比较教育学者开始关注国际教育的问题、全球教育问题，如人口教育、环境教育、妇女教育、多元文化教育等等。比较教育研究的兴趣在增长，研究的领域在扩大，似乎不是要不要比较教育的问题，而是如何把握比较教育研究的走向，把教育发展与国际形势和国家的发展综合起来加以研究，提高对教育发展规律的认识。比较教育的身份危机只是一部分从事比较教育学科本身研究的学者提出来的。对于比较教育学科的问题确实值得探讨。过去我们曾经说过，与其说比较教育是一门学科，不如说它是一个研究领域。这个领域似乎还没有其他学科能够占领它。因此比较教育学者应在国际比较教育领域中发挥作用，并在研究过程中逐步建设学科体系。

比较教育的研究对象应该包括以下几个方面：一是国别教育，把一个国家的教育研究透彻并非易事，而且要跟踪研究它的发展，充分掌握他们的教育信息。这方面的研究我们做得还很不够。不要说我们研究的国别太少太少，而且对这些少数国家的教育也还没有研究透彻，还需要我们花大力气去研究。二是国际组织对世界教育的评论和意见。当今国际组织都很关心教育，联合国教科文组织、世界银行、经合组织、儿童基金会等等经常发表报告。比较教育研究者需要关注这些报告，研究其对各国教育发展和改革的影响。三是世界教育发展遇到的共同问题，如教育与国家发展、人口教育、环境教育、国际教育、妇女教育、宗教教育、少数民族教育等等，这些问题中有些问题在别的学科中也会涉及，但作为一个世界教育的整体问题，恐怕是别的学科难以承担的，需要比较教育学者来研究。

（二）中国比较教育研究的走向

我这里只讲中国的比较教育研究，因为外国比较教育研究者所关注的问题与我们不同。当然我们应该关注他们的研究动向，吸收他们的研究成果，但任何一门学科的发展都离不开本国的利益。纯粹价值无涉的学科是没有的。

即使是自然科学，探讨自然的奥秘，最终也还是为了人类自身的发展。社会科学研究社会发展的规律，更不能脱离自身所存在的社会。中国比较教育是在中国改革开放以后，谋求中国教育的优化发展而发展起来的。回顾中国比较教育发展的历程，是从研究六个发达国家的教育制度开始，然后到专题比较研究，再到教育国际化的研究从宏观的制度研究到微观的课程、教学模式和方法的研究，无不与我国的教育改革和发展密切相关。尽管国际比较教育界认为，比较借鉴的时代已经过去，但是在多元文化研究中，在国际化与本土化的矛盾冲突中，总会把别国的教育经验融入到本土教育之中。回避借鉴，既无必要，也不明智。特别在我国，我国教育已有雄厚的基础和丰富的经验，但不能说已经建成完善的现代国民教育体系，在教育国际化的发展趋势中，我们还有许多值得向别人学习借鉴的地方。比较教育回避了借鉴，在我国就难以发展。当然，借鉴不是把别人的经验简单地搬来，而是要从比较中发现教育的规律或者带有规律性的经验，或者从比较研究中得到启发，通过本土化研究得出改善本国教育的政策。当前有几个问题值得我们特别关注。

1. 教育国际化是当代比较教育需要研究的重要课题

我和薛理银在《比较教育导论》一书中曾提出教育国际化的十大课题，至今仍有重要意义。其中以下几个问题值得我们重视：

第一，教育国际化与国家发展问题值得我们始终关注。经济全球化导致了许多国际机构的出现，例如世界贸易组织、国际货币基金组织、世界银行等等。这些国际组织影响着各国的政治、经济、文化行为，也对各国的教育提出了许多新的目标和要求。我们需要深入研究教育国际化与各国的经济发展、政治发展、社会发展、文化发展之间的关系，寻找教育发展的规律，探求具有中国特色的教育发展模式。

第二，人员交流，培养国际化人才的问题。在今天相互依存的世界体系中，教育将成为沟通国际理解，培养具有跨文化人才的重要渠道。国际化过程中的人员交流、互派学者和留学生、互相承认学历和学位等问题，都需要通过比较教育研究来解决。需要研究各国的人才策略，对外国教育和外国留学生的政策进行研究，分析这些政策背后的政治、经济、文化因素和实施的现状，以作为我国制定对外教育政策的依据。我国加入世贸组织以后，中外合作办学骤增，合理的政策会促进中外合作办学健康的发展，并有利于我国人才的培养。

第三，需要研究经济全球化和教育国际化过程中存在的问题。国际化也对各国教育的发展，特别是发展中国家的教育发展带来许多问题，例如人才的流失、文化的渗透、国际强势语言和民族语言的矛盾等等。这些问题只有比较教育工作者才有能力去研究。在我国，随着国际地位的提高，国际交往的增多，需要探讨国际化对我国教育的影响和要求，探索与国际化相适应的教育模式。

第四，国际化与本土化的关系。借鉴别国的教育经验，运用于本国的教育改革，需要有一个选择和改造的过程，也就是本土化的过程。排斥别国的教育经验是不明智的，照搬别国的经验也不会有好的效果。几十年的经验教训说明了这一点。本土化并不是简单的话语本土化，而是要使外国教育的先进经验经过选择和改造内化为我们自己的教育理念，从而创造出自己独特的教育理论和教育模式。

第五，使中国教育走向世界的问题。教育国际化需要互相交流。但是以往很长时期我们只是单向交流。虽然我们也曾召开过多次国际会议，我们也曾参加国外的会议，学者到国外访问进修，但总是去学习别国的教育经验，很少介绍我国的经验。许多外国比较教育学者至今不了解中国。中国比较教育学者有责任把中国教育发展的成就、科学研究的成果、甚至我们在发展中遇到的问题介绍给世界。进行双向交流才有利于相互理解，互相学习。

2. 跨文化研究是比较教育研究的重要内容

过去我国比较教育总是研究外国的教育，把比较教育局限于跨国性。其实在本土也有可比较的内容和课题。我认为比较教育也应该包括本国的各地区、各民族之间教育的研究。我国地员广大，各地经济发展极不平衡；我国又是一个多民族国家，56个民族集居在960万平方公里的土地上，他们有不同的语言，不同的文化传统，即使是占总人口的91.5%左右的汉族，也因地区不同有不同的文化传统。开展不同地区、不同文化传统的比较研究，对于我国教育的改革与发展有着重要的意义。

我国还有一个特殊国情，我国除大陆内地外，还有台湾省、香港和澳门特别行政区。台湾尚未统一，实行的是民国时期的教育制度；香港和澳门至今还沿用英、葡殖民时期的教育制度。两岸四地的教育制度和发展不同，对他们进行比较研究也很有必要，有利于互相了解，互相借鉴。

3. 世界教育思潮的比较研究

教育思潮往往影响到一个时期的教育改革和发展。在教育发展历史上，重大的教育思潮都对教育制度、课程和教学模式的变革产生重大影响。当前，建构主义思潮、后现代主义思潮正在冲击着传统的教育观念和教育模式。全民教育思潮和终身教育思潮从另一个角度影响着各国教育的发展。是否可以这样说，建构主义、后现代主义等思潮是从微观层面上影响着学校教育教学的改革，全民教育和终身教育则是从宏观层面上影响各国教育的发展。如何正确地理解和应对这些思潮对我国教育的影响，需要比较教育认真的研究。

需要研究的问题还有许许多多，比较教育工作者在我国还大有用武之地。

(三) 关于比较教育研究方法问题

比较教育的研究方法是比较教育学科建设中的重要问题，一直受到大家的关注。在比较教育发展的历史上有很多学者探索过比较教育的研究方法，但是至今没有被大家公认的方法论体系。这是构成比较教育学科身份危机最重要的因素。是不是一门学科只有一种属于自己的独特方法才能存在呢？恐怕也未必如此。实验法是自然科学研究普遍运用的方法，社会分析法往往是社会科学研究的方法。并不需要每门学科都只有一种独特的方法。为什么一定要求比较教育必须有自己的独特方法呢？硬要说比较教育要有独特的方法，那就是比较法。其他学科也在使用比较法，但没有像在比较教育研究中那样突出和重要。只要去了解一下别的社会学科的研究方法就可以发现，文献法、调查法是社会学科的普遍方法，很难说是哪门学科所独有。各门学科的各个研究领域都有自己需要的研究方法，但只是一组方法的组合。比较教育学科内也有多个领域，不同的研究领域和不同的课题也需要不同方法的组合。例如比较研究各国的教育政策，主要运用文献法，对各国颁布的各种法律、法规进行比较研究；如果要比较研究教育政策实施的效果，最好是采用调查法、访谈法、实地考察法，才能了解到真实的情况。我这里无意，也无法举出比较教育方法论体系。我只想强调文化研究对比较教育研究的重要性。

文化研究是我竭力主张的比较教育研究方法，因为教育是一个十分复杂的社会现象，教育要受到政治、经济、文化等各种因素的影响。而政治经济的变革比较激烈，它们对教育的影响比较容易显现，容易为人们所认识。但是文化的影响比较隐匿，比较深刻，比较持久，不容易被人们所认识。因此对教育的文化研究就十分必要。可以这样说，不了解一个国家或一个民族的文化，就很难理解这个国家或这个民族的教育。当然我并不排斥其他的研究方法，只是强调文化研究的必要性和重要性。

进行文化研究有一个立场问题。需要采取历史唯物主义的方法论立场，历史地和客观地分析各种教育现象，避免主观性。也就是说，研究主体（比较教育工作者）要摒弃主体主文化的立场，要有一个客观的参照系，来评价分析研究客体。同时，研究主体还应该站在客体文化的立场上来理解客文化与研究客体（教育现象）的关系。例如，许多西方学者研究汉学，由于对中国的文化理解不深，对中国发生的一些事实往往用西方人的眼光来审视，得出的结果难免有谬误。我们研究别国的教育也会发生这种现象。因此首先要理解别国的文化，认识别国文化与该国教育的关系，才能真正认识该国的教育。为了加以比较，还要有一个客观的参照系。选择客观的参照系却是一件难事。既然各国文化教育是五彩缤纷，各有特点，并无优劣之分，怎么能找到一个普适的客观标准？因此在比较研究时往往采取两种方法：一种是先以一个国家为参照系，再列举别的国家的数据加以比较分析，得出比较客观的参照系，再按照这个参照系来分析；另一种是列举各国的数据，从中抽象出带有普适性的标准，例如列举发达国家高等教育大众化与该国GDP的关系，在比较中得出GDP在什么水平上就将带来高等教育大众化。但是即使如此，研究者还必须选择几个与研究有关的因子，建立一个参照模型。以上述例子来说，研究者选择的是GDP和高等教育毛入学率两个因子，来说明高等教育大众化的临界线。也可以选择产业结构作为因子，来说明高等教育大众化的临界线。找到了这种临界线，就可以把它作为参照系来比较各国教育的发展。当然，文化研究要找到参照系是十分困难的，或者说是不可能的。所以只能运用历史唯物主义的方法论来描述各国的教育事实，探索教育发展的规律或规律性的经验。

总之，对比较教育学科身份的争论尽管会继续下去，而比较教育研究领域中的许许多多问题亟待我们去研究。

（本文发表于《比较教育研究》2005 年第 3 期。作者顾明远，时属单位为教育部人文社会科学重点研究基地北京师范大学比较教育研究中心、北京师范大学国际与比较教育研究所）

十、比较教育学科本体论的前提性建构

黑格尔有言“一门学科首先要解决的问题是：这门学科是什么及其是否存在。”那么，比较教育作为一个已经有近二百年历史的学科，它是什么？又怎样存在呢？对这个本体论问题，本文试图在借用“本体”这一哲学范畴的基础上进行前提性探讨，即比较教育依据什么而存在？

（一）追问比较教育学科本体的意义

“本体”就是终极存在。追问比较教育的学科“本体”——寻找这门学科存在和发展的最终根据，对于比较教育的学科建设自身而言具有更迫切的现实意义。

在近二百年的发展史中，学者们一直力图建构本学科的理论体系，但在学科的对象、方法等这样基础性的问题上，却不能达成一致。明确学科的对象与方法是建构学科理论体系的基本前提，但如果仅就比较教育的研究对象和研究方法而论，却给人一种充斥异质而缺乏同一的印象：不仅比较教育的研究对象涉及所有教育领域、覆盖整个国际社会，而且研究方法也汇聚了各种各样的主义和范式。异质化的表象当然首先带来的是无休止的学术争论，这使比较教育“成了一个由各种欣欣向荣而又互不相干的思潮构成的松散的集合体”。[1]所以追问比较教育的学科本体，已经成为学科生存与发展的必然选择。其次，异质化的结果也在一定程度上说明研究对象与方法虽然是学科理论建设的基本要素，但对于比较教育这样一个异质性的边缘学科来说，它们不可能成为学科建构的本体，因此我们只能另辟蹊径。

(二) 比较教育的本体比较视野

什么是比较教育的本体？这是在终极存在意义上对一个学科所进行的设问，因此本体可以被通俗地解释为学科理论安身立命的基点，它决定了学科的整体发展进程及特性。比较教育研究并不是寻找“共同点和不同点”的“描述性工作”，它“是对关系和关系方式而不是对事实进行的比较”，它是与“教育哲学”、“教育史”近似的“更高水平的抽象研究”，它“感兴趣的是比反映普遍规律的科学资料所能表现的还要深、还要广的现实”[2]，因此它在本质上是对教育进行反思和再造。所以，比较教育的本体不会是普通的物质存在，而应是一种学科内在的思维逻辑，这里我们称之为比较视野。

1. 比较视野的含义

“视野”在此相当于英文中的“perspective”，原意只是用来表示眼睛的视觉范围，而在这里是指主体考察对象的广度和深度。所以，比较视野就是研究主体对研究单元内的教育事实及其背景因素进行跨民族、跨文化、跨学科的多元观察、多视点透视的研究视野。当比较教育研究者采用这样一种视野对研究对象进行透视时，实际上就是一种内在的、深层次的比较，而在学理层面上，这就是比较教育在学科意识上所强调的比较——深层的、体系化的比较。

2.“比较”的发展：比较思维、比较方法、比较视野

一个事物的本质并不能通过对概念的界定得以完全显现，所以我们对比较视野本质的了解必须从认识“比较”开始。

“比较”是个外延广阔，却“缺乏精确性”的概念，[3]这是因为它的日常形态就是每个人思维活动的一部分。心理学认为：“比较是思想上把各种对象和现象加以对比，确定它们的相同点、不同点及其关系，比较是以分析为前提的。”[4]我们通过比较可以感知事物、进行选择、学习知识，对于认知对象，我们总是先在大脑中进行分析、比较、取舍，然后纳入到原有的认知结构中去，进而形成新知识和新观念。显而易见，比较是一种普遍存在的基本思维活动，是支撑人类思维的“原始的脚手架”。[5]

比较作为人类的基本思维活动，随着人类整体的进化也在不断地发展。到了18世纪末，各种学科都开始在自己的方法体系建构中融入比较方法。而

整个19世纪，则诞生了大量的比较学科，包括比较教育。虽然它们尚未形成严格意义上的学科，但这股比较主义思潮却为世界科学的发展提供了新的研究方法——比较研究方法。历史发展到这里，在一般学术研究中“比较”已经从基本的思维活动演变为系统的学术研究方法。涂尔干曾高度评价比较方法，他认为，比较方法是在某种程度上接近于实验方法并可用于社会学科的方法，他把比较方法界定为“间接实验”，在这种间接实验方法之下，他认为可以从比较“相伴差异”或“共存差异”的特殊方法中找到最适合于社会学研究的工具。[6]虽然比较作为一种方法已经发展到了顶峰，但在普通学科中（除比较学科以外的学科）它不过是许多方法中的一个。也就是说，“在普通或‘平常’的思维水平里，比较法常常被用来找出共同点和不同点，以便形成和限定概念和类型。而这仅仅是描述性的工作。”[7]由于它与这些学科内在的思维逻辑没有根本性的联系，所以它只能作为工具性方法保持与研究对象的统一性，也就成为某种必然。

何塞·加里多认为，“我们学科的特征，从本身的名称就可看出，是把比较作为研究这门学问的‘主要方法’，这与其他许多比较性学科是一样的”。虽然“从朱利安到我们时代的比较教育工作者，都一致同意比较的方法在教育中存在和其适用性（这种一致意见是罕见的）”[8]，但是我们仍不禁要指出他们理解的片面性。因为在比较教育这样的比较学科中，“比较”的内涵又一次发生了根本转折，它已经成为一种辩证的思维方式，仅仅从方法的角度理解“比较”已经不能正确反映它的存在，而使用比较的方法当然也就不能标明一门学科必然是比较学科。

所谓“思维方式”，通俗地说，就是“怎样想”的问题。它对于人的思想和行为至关重要，既规范着人们“想什么”和“做什么”，也规范着人们“怎样做”和“做得怎样”。黑格尔认为，“辩证法是现实世界中一切运动、一切生命、一切事业的推动原则。同样，辩证法又是知识范围内一切真正科学认识的灵魂。”[9]虽然辩证思维一方面是“自在的”，即是人类思维的固有产物，但另一方面，它需要自觉的“发展和锻炼”[10]。比较视野就是辩证思维被“发展和锻炼”的产物。具体地说，它是人类的物质世界和精神世界发展到一定历史阶段的思维成就。物质世界的发展使近代历史赋予了科学，尤其是人文社会科学以广泛认识的国际视野，使人们在客观上能够对不同民族和国家的语言、历史、文学、教育、法律、宗教等进行比较；而精神世界的发展则使人们的科学理论思维在自然科学的发展中“发展”，在哲学辩证法的演进过程中得到“锻炼”。① 这就难怪比较文学学者波斯奈特感叹：“有意识的比较思维是 19 世纪的重要贡献。”[11] “有意识”标志着此时的比较已经超越了工具性方法阶段而进入一个更高的抽象层次，成为学科内在思维逻辑，进而也产生了比较教育和其他比较学科。从这个意义上说，作为辩证的思维方式的比较视野就是比较教育学科产生的基点。

3. 比较视野的本质辩证的思维方式

比较视野在本质上是一种辩证性的思维方式，即通过异中求同、同中求异的方式来揭示研究对象之间的本质关系，从差别与同一的辩证关系中认识人类的整体性和统一性。这主要表现在两个方面。

首先，它是辩证的比较，它摒弃了在绝对不相容的对立中思维的同一性思维方式，能够辩证地理解差异性和同一性的关系。这一点可以说是我们能够进行比较教育研究的基本思维条件。一方面，研究主体必须摆脱“是就是，不是就不是”（恩格斯语）的思维定式，才能透过教育现象去发现本质，才可能形成真正的比较研究。另一方面，无论比较研究的目的是通过所谓“科学的方法”发现教育与社会间普遍的关系法则，还是通过移情观察、同情分析来发现不同国家教育之差异，为本国教育服务，研究主体都必须承认差异与同一的存在是暂时的、相对的，它们之间是相互依赖、相互转化的，只有具备这样的思维前提，才有可能达到研究目的。譬如，萨德勒以来，学者们对

---

① 早在 18 世纪末，就在自然科学中以萌芽状态出现的辩证综合趋势，到 19 世纪中期已经汇集成为科学发展的主流。……自然科学机械分析的思维方式被辩证综合方式所代替。而无论是黑格尔，还是马克思的辩证法都是对那个时代科学和生产状况的反映及理论总结。参见：尹星凡，王斌. 论思维方式的四种基本历史形态［J］. 南昌大学学报，2003（1）。每个时代理论思维的内容与形式，首先都是由科学与哲学这两种基本理论思维方式所决定的。但对于包括科学家在内的每个人来说，“理论思维仅仅是一种天赋的能力，这种能力必须加以发展和锻炼，而为了进行这种锻炼，除了学习以往的哲学，直到现在还没有别的手段（恩格斯语）”。而对于 19 世纪理论思维的状况，恩格斯认为：“恰好辩证法对今天的自然科学来说是最重要的思维形式，因为只有它才能为自然界中所发生的过程，为自然界中的普遍联系，为从一个研究领域到另一个研究领域的过渡提供类比，并从而提供说明方法。”参见：孙正聿. 哲学通论［M］. 沈阳：辽宁人民出版社，1998：111—117，337—344.

支撑一定教育制度的精神力量的探寻，正是力图在本质上都相似的诸多教育现象中追寻它们和其他社会子系统之间的本质关系，从而正确理解不同民族、国家系统之间的本质关系，从而正确理解不同民族、国家教育发展过程中的历史的、逻辑的必然联系。

其次，比较视野将形式化的类比发展成为对研究对象的体系化的、内在的汇通性比较。这是一个对已知进行联系和批判的过程，是一个造就新的体系化观点的发展过程。也就是说，研究主体对就纳入自身知识结构的教育现象及其背景资料及各种学术知识咀嚼、消化、汇通后，使其体系化。其实质就是，研究对象及学术知识在主体知识结构内部进行对话、阐释、互动、重组的过程。比较视野只有达到汇通的境界，一方面，它才能够在诸多"事实"中抽象出"通过低水平研究而发现的两个或两个以上社会集团中的关系类型之间的关系"作为研究对象；[12] 另一方面，也才能够对这些关系——研究单元内的教育事实及其背景因素进行跨民族、跨文化、跨学科的多元观察、多视点透视，建构出"由此能看得见全景的'中间地带'"——一种思想的框架和逻辑。在汇通性比较中，比较有了更广泛的含义，比较标准可能不像实证研究那样被量化或标明，因而比较可能是隐含的、内在的。譬如，加拿大学者露斯·海霍①的力作《中国大学1895～1995——一个文化冲突的世纪》，虽然没有将中国与加拿大或别的国家进行直接的比较，甚至也不是为了解决加拿大教育问题而进行的研究，但却是从以其内在的本国教育这一测量点（尽管没有明确提出）为核心，将当代西方科学方法论汇通后形成的比较视野对中国大学的百年历程进行考察分析的。

4. 比较视野的特质

比较视野作为一种辩证思维方式、一种客观存在，它所具有的特质也是比较教育学科本体的组成部分。

(1) 内在性

所谓比较视野的内在性，首先是指它的存在方式。比较视野作为一种思维方式，其存在方式归根结底不能脱离思维的存在方式，即它是人脑功能的

① Ruth Hayhoe（又译许美德）——编者注。

体现。所以，它虽然是比较教育的学科本体，其根本的存在方式并不是能够立即被感知的物质形式，而是以特殊的物质形式——一种稳定的、定型化的思维样式内化于研究主体的头脑之中。其次，内在性还体现在比较视野的表现方式上。由于比较视野是思维的方式，所以，一方面它会表现为研究主体在学术活动中将其作为本体论加以内在地、自觉地使用；另一方面，它会以文本的形式出现在研究成果之中，但它只是以思维的“逻辑”与“框架”、“程式”与“方法”的形态内在于字里行间，而不是外显为明确的文字描述。

（2）相对性

比较视野的相对性，首先是针对学科发展的总体而言。也就是说，虽然它是学科本体，并内化于研究主体的头脑之中，但是其总体的成熟度仍然受到学科发展所处外部客观条件以及学科发展状况的制约。其中，前者包括人类总体发展状况、相关学科（如哲学、社会学）发展情况等等；而后者主要指在学科发展的不同历史时期，比较视野的成熟度不同。其次，比较视野的相对性是指它在每个研究主体的学术活动中表现出的成熟度和倾向性会有所不同。而这主要与研究主体的研究目的、研究条件、知识结构、兴趣爱好、从事研究的时间长短，甚至种族、语言、年龄等因素有关。

（3）跨越性

跨越性是指比较视野超越民族、国家、文化及教育界限，将跨民族、跨文化、跨学科的研究对象连结为一个整体。它代表着比较视野的深度和广度。这一特性源自于比较成立的基本前提条件。也就是说比较作为基本思维活动要在人类的头脑中生成，其感知的事物表象必须是两个或两个以上。而比较视野作为抽象的比较形式，它首先必须超越民族教育或是国别教育的视域，才能使比较教育研究成为可能。这正如安德森所说，“人们难以在某一种制度中识别一些可变物的影响，因为实践从本质上说对整个制度是统一的。”[13]文化通常以民族的界限为分水岭，所以超越了民族界限就等于超越了文化的界限。而追寻研究对象本质联系的研究取向则使方法论层面上跨越学科和文化界限成为另一种必然。

（4）开放性

比较视野的开放性体现在它能够能动地进行科学研究。如果说跨越性是比较视野“与生俱来”的客观特性，那么开放性则是跨越性的衍生物，并在比较视野的发展过程中逐渐完善起来。也就是说，开放性脱胎于跨越性，是比较视野的主观能动性的体现。比较视野的发展史已经清楚地表明了这一点：19世纪学科奠基时期，朱利安和库森等人的研究视野在一开始就已经跨越了民族和文化的界限，但是尚不具备这种主观能动性，所以他们的研究只能停留在教育现象表面。而自从萨德勒开始反对孤立地研究教育，直至20世纪70年代比较教育中开始出现以霍尔斯为首的文化主义研究转向，比较视野的开放性一直为比较教育研究提供着新的发展机遇。尤其是文化主义研究的转向恢复了教育作为社会子系统存在的本来面目，使人们在比较研究中可以把教育作为文化的一部分加以研究，并有可能为比较教育建构起一个文化比较研究的框架，而不是仅仅简单地追究那些“背后的力量”。所以，实际上，开放性是对跨越性自身的超越，它处在比较视野性质的更高层次。

（三）比较视野与比较教育的学科性质

从前面的分析，我们可以得出结论，“比较”在比较教育中已经超越了工具性方法的阶段，完成了到学科内在思维逻辑的演化，成为一种辩证的思维方式——比较视野，并进而成为比较教育作为一个学科存在的基点。从学者们对思维方式的解释看，“思维方式既是思想的‘程式’和‘方法’，又是思想的‘框架’和‘逻辑’，因而需要从本体论、认识论和方法论的统一中去看待”比较视野这种辨证思维方式。[14]在学科理论建构中，独特的方法可以成为一个学科的特征，而学科的本体则决定了一个学科的对象、方法和特性。比较视野正是在这个意义上能够成为比较教育的学科本体。

1. 比较视野与比较教育的研究对象

比较教育不是简单的外国教育研究，这是因为它的研究视野并没有停留在外国教育经验的表面，而更多的是关注集中于经验背后的原因。如果说比较教育在19世纪经历过外国教育阶段的话，那是因为学科发展尚处于萌芽状态。20世纪以来，随着比较视野的成熟，“‘比较的’角度为比较教育增加了一维空间，使它处于一个更高的抽象层次”[15]，即它已经能够在诸多“事实”中抽象出“通过低水平研究而发现的两个或两个以上社会集团中的关系类型之间的关系”作为研究对象。所以，从这个意义上说，正是比较视野使比较教育的研究对象从“具体的问题”转向“从两个或更多的教育领域中发现抽象的关系类型”。[16]

2. 比较视野与比较教育的方法论

比较视野是本体论、认识论和方法论的统一。认识论决定方法论，从这个角度看，比较视野统摄着比较方法论。在比较教育中，比较法是公认的系统而多样化的方法体系。何塞·加里多在他的《比较教育概论》中就把比较方法论与描述、实验和历史方法一起归为“倾向于归纳”这一“基本方法论”的“根本类型”。[17]也就是说，比较法仅次于具有普遍意义的哲学方法论，属于比较教育学科的“基本方法”，它存在于“专门方法和用来研究特定对象的具体的技术或程序”之上。[18]比较法之所以成为“基本方法论”，有许多学者认为，其最重要的学理依据是比较教育的跨文化特性，但实际上，没有比较视野在思维逻辑层面的指引，方法论本身并没有能力超越哪怕是一丝一毫的文化和学科的界限。所以在这个意义上，比较视野决定了比较教育的方法论。

3. 比较视野与比较教育的学科特性

(1) 主体性与客观性

主体性和客观性是比较教育的重要学科特性，其中前者制约后者，并因此而确立了比较教育学科身份的主体性定位，但两者又都是依据比较视野而存在的。

比较视野作为比较教育的学科本体，首先是在发挥思想的“框架”和“逻辑”的作用，即决定做什么。从认识论的角度看，认识真理是人类永恒的追求，所以尽管存在实证主义和相对主义的论争，比较教育的研究者们一直在力图客观、科学地进行这种跨文化、跨学科的研究，并努力使之成为朱利安所谓“近乎实证的科学”。可以说客观性是比较教育与生俱来的特性，但它却是与众不同的。对于一些初涉比较教育的人来说，客观似乎很简单，只要将有关外国教育的原文资料翻译过来就可以了。可是，为什么比较教育的研究者们除了用各种手段收集第一手资料，还要力争能够用客文化的价值观、认知方式来认识和解释当地的教育现象呢？问题的关键在于比较教育所追寻的客观性并不同于物理、化学等自然学科以及一般的人文社会学科，后者探寻的是绝对的物质的客观存在，而比较教育则是在研究主体的比较视野造就的客观范围内活动，也就是说比较教育研究的客观性从属于它的主体性。也正是在这个意义上，主体性成为比较教育学科身份的定位。

比较教育的主体性不是主观性，而是比较视野存在于研究者与被研究者两者关系中的一种真实反映。实际上，一般意义上的主体性在比较尚处于基本思维活动的阶段就已经存在了，因为比较产生的决定性因素是个体将两个事物相联系的主体性的思维活动。比较教育研究作为高级的比较活动，其研究主体所面对的是跨民族、跨文化和跨学科的多元关系，并且力图发现这些多元关系之间的关系。从发生学的角度看，纯粹的外国教育本质的存在方式都是一元的，它们自身并不能跨越领土的、文化的或是学科的界限而与它国教育形成多于一元的关系。所以这种复杂的多元关系在研究开始前并不是客观存在，而是在学术活动过程中，依据比较视野，即研究主体对跨越文化和学科界限的教育现象及其背景因素的多视点透视而生成的。因而这种多元关系在客观上不可能完全从属于研究者或是被研究者中的任何一方，但却因为研究者主体的介入、透视而生成。

（2）跨越性与开放性

比较视野作为比较教育的学科本体，也在发挥思想的“程式”和“方法”的作用，即决定怎样做。正是在这个意义上，比较视野自身的跨越性和开放性特质外显为比较教育的重要学科特性。换言之，跨越性与开放性对于比较视野来说是属于思维方式的固有本质，而对于作为学科的比较教育，它们更多的成分是属于在研究过程中操作层面上的客观现象。具体地说，作为比较教育的学科特性，跨越性一方面表现为对形式化类比和文本拼凑的超越，而达到建立在可比性基础上的多角度的汇通的境界；另一方面表现为对多学科知识在文本中的综合运用。而就开放性来说，它一方面表现为在研究深度上随着时间的变化而不断调整自身；另一方面则体现为在研究广度上的包容性。但是，上述情况通常也会使一些初涉比较教育者产生错觉，即将跨越性与开放性理解为比较教育研究操用的一种外在方法论，认为各种方法、各种学科知识都可以打着跨越性和开放性的旗号被纳入到比较教育的巨大羽翼之下，反而使比较教育因为缺乏独特的方法，而根本不可能称之为专门的学科。这种错觉的根源就在于没有看到是比较教育的本体——比较视野造就了它的学科特性。

参考文献：

[1]［美］爱泼斯坦．左的思潮与右的思潮：比较教育中的意识形态［M］//赵中建，顾建民选编．比较教育的理论与方法——国外比较教育文选．北京：人民教育出版社，1994：392.

[2]［7］［12］［15］［16］［阿根廷］奥利韦拉．比较经验：什么样的知识？［M］//赵中建，顾建民选编．比较教育的理论与方法——国外比较教育文选．北京：人民教育出版社，1994：324—331，324，326，327.

[3]黄志成，姚晓蒙译．国际比较教育（中）［J］．外国教育资料，1994（3）：41—47.

[4]彭聃龄．普通心理学［M］．北京：北京师范大学出版社，1991：356.

[5]［11］转引自乐黛云等著．比较文学原理新编［M］．北京：北京师范大学出版社，1998：39，39.

[6]［8］［17］［18］［西班牙］何塞·加里多．比较教育概论［M］．北京：人民教育出版社，2001：106，94，103，106.

[9]黑格尔．小逻辑［M］．北京：商务印书馆，1980：177.

[10]［14］孙正聿．哲学通论［M］．沈阳：辽宁人民出版社，1998：332—334，324.

[13]［美］安德森．比较框架中的教育社会学［M］//赵中建，顾建民选编．比较教育的理论与方法——国外比较教育的理论与方法——国外比较教育文选．北京：人民教育出版社，1994：197.

（本文发表于《比较教育研究》2005年第10期。作者付轶男，时属单位为吉林长春东北师范大学国际与比较教育研究所；作者饶从满，时属单位为吉林长春东北师范大学公民与道德教育研究所）

十一、民族国家教育知识和比较教育研究
——比较教育学科体系再思考

(一) 问题的提出：缘起/问题/概念/方法/研究框架

比较教育研究长期以来受学科、领域、同一性、认同性等问题的困扰，不少人对比较教育学作为一个学科持怀疑甚至否定态度，同时“比较教育学”已然存在，学者们也试图去建构比较教育的学科体系。本文也是基于这样一种现实背景对比较教育学科体系进行再思考。我们思考的问题是：如何在比较教育学科体系已有研究的基础上进行再思考？再思考有何新思想？与已有的比较教育学科建设的思考相比，“再思考”有什么不同或有什么新的进展？“如何再思考”是否同样绕不过何谓比较教育、比较教育学、比较教育研究和比较教育学科等概念？比较教育和比较教育学科有何用处？如何研究比较教育和比较教育学科？我们通过研究可以获得什么样的知识？

这些问题事实上在改革开放以后就已经进行了研究。对比较教育学科体系的思考是始于我国学者对外国比较教育学科的介绍，王承绪先生的《从国外比较教育学科发展的现状看我国比较教育教学中的若干问题》一文就是从国外学者的文献中探讨了我国比较教育教学的问题。[1]对比较教育学科的性质、研究对象、研究方法等问题的探讨也是基于西方比较教育学者的研究成果之上的。此后，学术界从比较教育方法、方法论、理论、学科性质、发展历史等方面都给予了思考。本文认为，比较教育是民族国家教育的知识比较；比较教育学是比较教育研究的知识体系，它对现代民族国家教育的建构具有

不可替代的作用；比较教育研究是比较教育学者对民族国家教育的比较研究，是对民族国家教育知识的探索；比较教育学科体系是比较教育研究的本体论、认识论、价值论和方法论的学术系统，因此本文通过对相关文献的阅读，以文献法为主要研究方法，从本体论（ontology）、认识论（epistemology）、方法论（methodology）和价值论（axiology）四个方面来再思考比较教育的学科体系。

当然，在再思考比较教育学科体系的时候，我们需要超越对“比较教育是否是一个学科”的回答①，在确定了比较教育是一个学科的条件下讨论如何建设比较教育学科体系的问题。至今也没有一个文献告诉我们，为什么比较教育学不是一个学科，以比较教育学没有自己独特的研究对象、研究目的、研究概念体系和研究方法来证明比较教育不是一个学科也不成立。另外，常常会把比较教育学不是一个学科与一个领域联系起来，以此说明比较教育学是一个研究领域，而不是一个学科。而比较教育学是一个学科和比较教育学是一个领域并不是相对的命题，也就是说“学科”和“领域”不是相对概念，学科的相对概念是“非学科”，作为一个学科，比较教育学当然是在一个领域中来研究的，脱离了领域就无法进行学科的研究，“领域”本身告诉我们是有边界的，比较教育学一定是在一定的边界内来进行研究的。关键的问题是，我们如何去限定这个边界，确实，在“无边界”成为我国比较教育研究的典型特征的时候，我们更需要讨论比较教育研究的边界，这才是问题的关键。本文是从比较教育、比较教育学科、比较教育研究的概念关系来探讨边界的，

---

① 本文认为，我们应该结束“比较教育是否是一个学科”的争论，更何况比较教育就是一个学科，其理由是，我们是按照学科的标准来判定比较教育是一个学科，通常学科是知识发展到一定程度的产物，是专门化的知识体系。之所以是一门学科，是因为它具有丰富的、系统的事实资料，逻辑化、结构化的问题，严密的、解释力强的理论体系以及发现事实、解决问题、形成理论的有效方法。学科是由专业人员以独有的领域为对象，按照专门的术语和方法建立起来的概念一致、体系严密、结论可靠的专门化知识体系。学科制度主要体现在以下几个方面，一是在大学建立学科专业，保证了学术研究的知识认同或身份；二是在大学设置了学科课程，保证了学术研究的传承；三是在大学设置了教席，即所谓的教授席位，保证了学术研究的知识权威性；四是可以颁发学位证书，尤其是博士学位证书，保证了学术研究的知识质量；五是建立了专业或学科组织或协会，保证了学术研究的群体知识消费性；六是建立了学术研究的专门机构或研究所、学系，它保证了学术研究的知识人才的后继性；七是编辑了学术刊物，保证了专业或学科的知识生产的前沿性。

通过对比较教育是民族国家的教育知识的限定，建立比较教育学科体系。它分别是由比较教育研究的本体论、价值论、知识论和方法论构成，而比较教育研究就是通过比较教育学科去获得比较教育的知识，也就是获得民族国家的教育知识。

(二) 比较教育研究的本体论①

比较教育研究什么？与此相关的问题是，比较教育有什么可以知道的？

这是一个本体论问题。本体论是研究世界本质的一个哲学分支，研究什么是世界的本质，什么是世界最重要的东西。在学科领域中，“本体论问题乃关于‘是什么’和‘存在什么’；用更简单的话来说就是：本体论追问，什么东西可以知道。”[5]在比较教育研究看来，我们到底要研究什么？它是关于比较教育是什么和存在什么的问题，用更简单的话来说就是，比较教育研究的本体论追问的是，有什么东西可以知道，有什么比较教育可以知道。

因此比较教育研究的本体论探讨比较教育研究的范围，也就是研究比较教育是什么的问题，比较教育研究的界限和范围，比较教育研究的具体内容是什么的问题。比较教育研究的本体论问题研究是比较教育研究方法论、价值论、认识论的前提和基础。只有先确定了比较教育研究是什么之后才能回答比较教育研究的方法论、价值论、认识论等问题。

我们在这里确定了比较教育研究的四个范围，它们是体系研究、发展研究、国际研究和微观教育学（pedagogy）研究。确定这四个研究范围的基本依据是历史地规定的，也就是比较教育研究的历史实在论决定的，不是先验地构建的，也不是逻辑演绎的。把比较教育研究的对象看成是对所有教育问题和现象的研究，忽视了比较教育研究的历史性，泛化地规定比较教育研究对象或本体论不利于比较教育学科体系的建设。由此我们可以认为，本体论

① 哲学以外的学科使用“本体论’这个名称被哲学研究者所否定。这几年我国哲学界不大用本体论这个名称了，但是，这个译名却流传到了哲学以外的学科，令人啼笑皆非。[3]那么“艺术本体论是对艺术存在的反思，是对艺术的意义和价值的领悟和揭示”[4]是否成为了被笑的对象了？本文以为，本体论既然是以“是”为核心范畴逻辑地演绎成的纯粹原理体系，那么哲学以外的学科也是客观世界的一个组成部分，不过是精神领域罢了，它同样可以通过“是”的追问去进行哲学的研究。

意义的比较教育研究范围是历史地变化的和不断扩大的。从体系研究到发展研究，同时产生了国际研究，最后到微观教育学研究，这是一个历时性和共时性的研究对象变化进程。我们需要探讨的是，这种进程是如何进行的？它是如何历史地构成从而成为比较教育研究范围的？

另外，我们把比较教育研究视为社会科学的一个组成部分，那么在本体论上"社会科学是以'了解'形成的世界为最终目的"，而自然科学是以"发掘"本质的世界中的真理为最终目的。这样我就可以推理出，比较教育研究是以"了解"民族国家教育形成的世界为最终目的。因此比较教育是通过研究各民族国家的教育来理解如何培养"人"的学科。通过研究时空和结果中的教育来理解人类教育的共性（human commonality）、自我认同（self-identity）和他性（otherness，或者 other's identity）学科，该学科形成的基点是"外国教育"，也就是民族国家的教育。通过比较教育研究获得关于民族国家的教育知识，这种知识的核心是民族国家教育培养"人"的知识。

（三）比较教育研究的认识论（知识论）

如果说本体论关注的问题是关于这个世界我们能够知道些什么，而认识论关注的是我们如何知道它，"作为哲学中最高、最抽象、最普遍、最一般的理论体系，本体论当然需要以认识论为基础，因为任何一门理论学科都必须依赖于我们的认识活动和理论的建构，所以本体论需要从知识的角度形成一定的理论体系"。[6]那么在认识论意义上，比较教育研究就是关注我们如何知道有关民族国家教育知识的，因为比较教育研究与其它任何研究一样是获得知识。"科学研究的目的是产生新的知识"，"教育研究要对教育和教育实践的知识做出贡献"，它也是获得知识，同样比较教育研究是获得民族国家的教育知识，知识的获得除了通过手段、途径和方法以外，还需要概念和理论，因而需要在认识论的层面上去讨论比较教育研究的知识论。

在英语里，"认识论"或"知识论"是 epistemology，从词源学上来看，这个术语来自两个希腊词，一个是 episteme，另一个是 logos，前者意味着"认识"或"知识"，后者意味着"逻辑"或"理性基础"，因此"认识论"或"知识论"是指对知识的哲学研究。显然在本文中我们可以把比较教育研究的认识论理解为“对比较教育知识的哲学研究”，而我们又把比较教育知识界定为民族国家的教育知识，于是进一步地说，可以把比较教育研究的认识论定义为民族国家教育知识的哲学研究。

自从民族国家产生，教育便开始成为民族国家的一个不可分割的组成部分，教育与民族国家的关系成为研究者关注的焦点。我们要提出的问题是，民族国家教育知识何以可能？① 它是被建构的吗？关于民族国家教育的有效知识何以可能？我们要不要确立为民族国家教育研究的合法性、正当性进行论证？有学者认为：“比较教育总是追求两个目标：系统地收集知识和促进教育改革与国际理解。”[7]我们的理解是，“系统地收集知识”应该是民族国家教育知识，“促进教育改革”应该是民族国家教育改革，“促进国际理解”应该是民族国家与民族国家之间的理解。

认识论是需要认识路径的，那么比较教育研究是通过什么途径实现认识论目标的呢？我们认为，它是通过比较教育研究路径、范式、视角、理论框架（概念框架、分析框架）等来实现的。

1. 比较教育研究的“路径”（approach）

“路径”一词来自于英文的“approach”，西方比较教育学家们经常使用这个词，以至于把我们非西方研究者在方法、手段、途径、范式等弄糊涂的也是这个词，我们在这里把它视为比较教育研究的认识方式之一。阿诺弗（Arnove）在谈到面向21世纪的比较教育挑战的时候，认为理论与实践的错误二分法、学者与实践者之间在沟通上的鸿沟、后现代主义提出的学科的元叙述和道德与认识论价值、全球化、新自由主义、在一个多元文化和全球社会中的民主化（公民资格）等问题都需要比较教育进行研究，而对研究这些问题的所有的认识论路径（epistemological approach）和方法论工具（methodological tools）的挑战是什么呢？[8]阿诺弗在这里提出了一个关键性的问题，即比较教育的方法论在面对这些挑战中如何使用，尤其是认识论路径。全球化已经成为比较教育研究的一种新理论模式，即这里所说的研究路

① 关于社会的知识何以可能是社会学、社会理论要回答的问题，关于过去的知识何以可能是历史学要回答的问题

径。卡诺伊等人指出，“当前全球化现象提供了一种新的经验主义的挑战，实际等于它为比较教育提供了一种新的理论模式”[9]。

诺亚（Noah）和埃克斯坦（Eckstein）倡导的路径与早期 I. E. A 研究所应用的路径是相似的，因为他们也参与了研究。他们的著作《比较教育的科学趋势》① 被比较教育领域的知名学者推荐为初学者必读的五本书之一。科学比较教育（scientific comparative education）在 20 世纪 60 年代早期风靡一时，科学的方法成为一时之宠，成为一切事情的处方。在分析和解释教育现象和教育变革中运用冲突论而不是谐同论模式，对获得特殊目的而最有效地使用资源的研究称之为生产功能模式、人类学路径。

从上面的讨论中我们可以看到，研究路径是一种认识途径，也是知识获得的理论途径。比较教育研究学者也普遍地在使用着这种认识方法。

2. 比较教育研究的范式（paradigm）

自从历史主义科学哲学史家库恩提出的“范式”理论以来，在比较教育研究领域也在大量使用这个概念。那么比较教育研究中是否也有“范式”的存在？这里我们首先要阐明何谓“范式”。按照赵一凡先生对库恩的理解：“所谓范式，是指在一个科学领域内，由科学家集体承诺并遵循的一整套标准理论、常规观念，以及相应的研究方法。”[10] 如果按照这个概念我们再来推演比较教育研究的范式，那么应该是“在比较教育研究领域内，由比较教育学家承诺并遵循的一整套标准理论、常规观念，以及相应的研究方法”。我们要问的是，比较教育学家承诺并遵循的标准理论是什么？常规观念是什么？研究方法是什么？更进一步的问题是，在比较教育研究领域内有多少种“范式”可以得到确认？

3. 比较教育研究的视角（perspectives）

在比较教育研究中，有些比较教育学者确实在使用“perspective”，通常“尼采是第一个把‘视角’当作哲学术语来使用的哲学家”，“‘视角化’可能是最有价值的实践”。因为人们知道的每样事物都受限于某种视角，因此哲学

① 这里指的是“Toward a Science of Comparative Education”（New York：Macmillan，1969）一书，又译“比较教育科学的探索”——编者注。

家认为，这是没有事实只有解释的观点。因此我们也可以称之为视角主义（perspectivism）理论。在比较教育研究中，利格尔（Liegle）认为，比较教育遵循着两种研究视角，一种实用主义视角（pragmatic perspective），一种是体系化视角（systematic perspective）。在实用主义视野中，有关其它民族国家教育体系的知识的获得，并从这种知识中学习以及利用外国经验来支持本国教育的改革是比较教育研究的基本实用逻辑；而体系化视角则主要由比较教育作为一门学术学科的代表们发展起来的，由教育、哲学、历史学和社会学领域的前辈们推动的。这种视角的先驱性著作可以追溯到19世纪末，如英格兰的萨德勒（Sadler）。但正是把实用主义视角和体系化视角结合起来使萨德勒成为比较教育的经典先驱者。他利用了国际交往日益频繁的网络研究问题，类似于“教育对行为和性格的影响”这样的问题，他也在寻找实用主义问题的答案：“我们能够从外国教育体系的研究中学习到的实际价值的东西有多么深”①。

4. 比较教育研究的理论框架和概念框架、分析框架

任何一种研究都需要理论框架、概念框架和分析框架，而这些框架的建立依赖于某一个学术理论、学术概念、学术范畴等，这也是一个认识论问题。如“文化作为一种分析框架”就是使用了“文化”这个概念进行研究。它是“用以研究、分析、把握某一领域及其演化过程的基本范式和基本尺度”。它规定了对某一领域研究的问题的内容和边界，或者说问题域，以提问的方式，同时还提供了理解、分析、解决这些问题的基本视角、基本思路、基本原则和基本方法。当把文化作为一种分析框架、概念框架的时候，其实是指用文化作为分析、把握人类社会生活及其历史进程的基本范式和基本尺度。西方比较教育研究都会以某种理论框架或概念框架作为标记来显示其研究的特殊性，或者“殊相”，也就是区分比较教育学家们的一条界限。在英文里理论框架和概念框架是“theoretical framework“和“conceptual framework”。结构功能主义的理论框架在20世纪70年代受到了定量研究的系统性运用的挑战，

① 这里应是对萨德勒作品名称的翻译（“How far can we learn anything of practical value from the study of foreign systems of education”）——编者注。

挑战还来自于批判理论、冲突论。

与“conceptual framework”相近的另外一个概念是 frame of reference (参照框架)，利格尔就是把文化和社会化两个概念作为比较教育研究的参照框架的。同时他还把这两个概念视为视角，“在我们学科里广泛地利用社会化和文化概念可以增强两个视角的整合”，因为比较教育不仅具有实践价值，它可以系统地理解在学校环境里社会化所具有的日益增长的影响力，它也可以有助于国际理解，因为它可以系统地理解不同文化模式的根源、个性和影响力。[11] “比较教育研究的类型包括社会化和文化的视角，这种类型的研究可以起到既学习他人又学习自身的方法的作用。”[12]

(四) 比较教育研究的方法和方法论

比较教育研究在目的上是要获得民族国家的教育知识，但问题是，我们如何去获得民族国家的教育知识？通过对民族国家教育知识何以可能的追问，我们更需要回答“用什么方法和方法论去获得民族国家的教育知识”。恰恰在这个问题上比较教育研究遭遇到了学科的无休止争论，同时也推动了比较教育学科的发展。这是哲学上知识论问题在比较教育研究中的应用，知识是通过一种单一的方式获得的，还是为了获得不同类型的知识，我们就需要使用不同类型的方法？

那么何谓比较教育研究方法？何谓比较教育研究的方法论？“方法论就是关于方法的方法。它是一系列有关方法的理论与学说，是抽象的、概括的‘方法哲学’。”

比较教育研究之所以引起学者们关注的一个很重要的原因在于方法和方法论问题，因此深入探讨和构建比较教育研究的方法论体系成为比较教育研究的重要方面。那么，比较教育研究的方法和方法论包含什么内容？本文认为，比较教育研究的方法和方法论体系应该由三个维度构成，一是体现比较教育学科本质特征之一的“比较”方法，它是一种人类独有的思维方式，它具有普适性，它适用于所有人类构建的学科研究。对于比较教育而言，比较一定要涉及“比较单位”或“分析单位”(unit of analysis)，以民族国家为分析单位与以全球化为分析单位得出的结论是不同的。二是工具性的、所有学科都在使用的操作性、技术性方法，它是由定性、定量和政策分析等方法所构成，它们可以称之为比较教育的研究技术，是高度工具性的、具体的、有关搜集与分析有关比较教育研究数据的手段与方法，如调查、问卷与抽样设计、内容分析、统计、量化、模式建立、计算机运用等有关技术。这一层次的方法在整个方法体系中常常涉及如何根据特定的比较教育研究课题和特定的研究目标，运用相应的技术来获取与分析有关的资料。当代风靡学术界的这些方法无疑也是比较教育的研究方法，如案例研究（case study），在比较教育研究中经常被使用，但它绝不是比较教育的独有方法；三是认识论意义上的方法，它是通过多种形式来体现的，即研究路径、范式、视角、研究单位、研究理论框架或概念框架、研究理论，这个维度在本文的认识论中已加以详细讨论。

因此我们可以认为，区别于教育学其它分支学科，但又相同于其它人文社会科学的比较方法是比较教育研究方法的基础，而被所有人文社会科学所使用的定性、定量研究方法是比较教育研究方法的工具，重要的是，比较教育研究者所使用的不同的研究路径是比较教育研究方法的关键。①

从总体上讲，比较教育研究方法论主要讨论的是认识民族国家教育现象和预测民族国家教育行为的方法与途径。它系统地讨论有关认识、描述以及获得民族国家教育知识的方式，并提供有关验证这种知识的尺度。在比较教育研究中，针对实验性、操作性的方法和采用量化的研究方法，强调对研究假设进行实证和整体主义的研究，是一种方法论经验主义（methodological empiricism）。它秉持科学研究的客观的、价值无涉的立场，它建立在“对明确陈述的假设进行系统的、被控的、经验的以及（有可能的话）定量的研究”基础上。对民族国家教育和在民族国家教育领域中求知方式的研究还可以描述、解释与论证，因此它强调理解的、人文的、阐释的、辩证的比较教育研究方法论；对民族国家教育研究中甚至还可以强调对话的、辩证的、批判的方法论。毫无疑问，研究比较教育研究的方法论的目的主要在于提高比较教

① 这里需要澄清的一个问题是，在学科讨论中，总有研究者会假定性提问：比较教育是否具有自身独特的方法，我们要提出的问题是：哪一门学科有自身独特的研究方法？事实上，各门学科都在使用相同的方法，这已经成为不争的事实。

育研究方法的穿透力、领悟力和可靠性，在于提供合适的研究方法、研究技术与指导思想，从多角度去把握民族国家的教育现象，并通过对教育现象的描述与释义去开掘不同民族国家的教育的共性与个性。

这里我们还需要辨析的是，比较教育研究和教育中的比较研究是两个不同的概念，前者是对民族国家教育的比较研究，它具有研究对象、时间、空间、视角等的独特对象，而后者是一切弥散于教育研究中的方法，因此两者在外在形式上是相同的，同属比较研究，但其内在性质上是有本质不同的，本文还是主张一个民族国家内的教育，如地区、省份等的教育是不可以成为比较教育研究对象的，但两个不同民族国家内的某一个省或地区的教育是可以进行比较教育研究的。我还要再次强调，我国的港、澳、台、大陆可以进行教育的比较研究，但不可以进行比较教育研究。

(五) 比较教育研究的价值论

为什么要进行比较教育研究？探究比较教育研究的认识论有何价值？研究民族国家的教育知识具有什么价值？如果说“价值是主体和客体之间的一种关系”，[13]“是客体与主体需要之间的一种特定（肯定与否定）关系”，[14]那么我们就是希望通过比较教育研究（主体）以获得民族国家的教育知识（客体）。按照知识论的逻辑，如果我们声称我们知道民族国家的教育知识，那么我们是如何知道我们确实知道民族国家的教育知识？为此，在比较教育研究中也存在着比较教育研究对知识的辩护问题。

有关比较教育研究的价值问题，学者们也从各自不同的角度进行了关于借鉴价值、理解价值、政策价值甚至审美价值等的讨论。著名比较教育学家诺亚提出了“比较教育的可用和滥用”的命题，显然这个命题主要是价值层面的，比较教育具有什么样的价值？他把“比较教育的可用”分为：描述（description）、决策中的帮助、比较标准、矫正误解（misperception）、作为试金石的教育、起源和影响、从特殊到一般；他把滥用分为：案例选择、结果误释。另外，诺亚还认为：“比较教育能够加深对我们自己的教育和社会的理解；它有助于决策者和管理者；它还能够对教师教育带来很重要的价值。”换一种表达方式就是：“比较教育能够帮助我们更好理解我们自己的过去，给自己在现在找到准确的定位，清晰地辨明我们的教育的未来会是什么。”[15]要想实现这些价值，可以通过多种途径：描述的、分析的或解释的途径；可以是一个国家，也可以是多个国家，甚至可以有更大的范围；可以是非定量的，也可以是定量的数据和方法；使用建构的社会科学范式，等等。

在本文看来，我们人类居住的这个星球在地域上是由几个大陆板块构成的，在社会范畴上是由不同性质的社会机构组成的，在人类属性上是由不同人种、不同种族构成的，在政治上是由各个不同的民族国家构成的，在文化上是由不同语言、不同宗教、不同习俗组成的，教育是所有以上不同组成部分中的一个不可分割的部分。由于先验性、先天性的差异，不同组成部分的地域也好，不同社会也罢，还有不同政治、不同文化甚至不同人类都具有不同的教育。作为一个地域上的，一个社会中的，一个政治、文化里的一种人类，我们站在中国的立场上去看其它地域、人类、社会、政治、社会中的教育，就构成了最基本的比较教育研究因子。这里包含着“他者—我们”的主客体关系，这种关系是由描述、分析、解释、阐释等行为构成的，也是以地缘学的、人类学的、社会学的、政治学的、文化学、经济学的学术视角作为基础的。但无论哪一种视角，都被限定在民族国家的框架内。如果以西方学者的国家功能观来看，那么现代社会学术研究的空间边界性具有民族国家性的特征。韦伯说：“国家是这样一个人类共同体，它（成功地）垄断了在一个既定领土内对有形力量的合法使用。”英国当代政治学家赫尔德也说：“所有现代国家都是民族国家……它在一个被界定的领土内具有最高管辖权，它是以对强制性权力的垄断为基础的，它享有其公民的最低限度的支持或忠诚。”吉登斯声称，民族国家是“一系列与治理有关的制度形式，它垄断了对某个被界定的领土的管理，它的统治是由法律认可的并由于控制了对内和对外的暴力手段而得以维持”。[16]韦伯所说的“有形力量”也一定包括教育，赫尔德所说的“最高管辖权”也包括教育，同时教育也是“强制性权力的垄断”的一部分，吉登斯的“与治理有关的制度形式”也包含了教育的制度。因而对民族国家的教育进行研究成为比较教育存在的理由。

现代民族国家之间以各自的特殊性作为彼此相区别的标准，产生国家间的边界，这种边界是不可逾越的。重要的是，民族国家间的不同产生了“我们”和“他们”的概念和逻辑，“我们”和“他们”并不是臆想的产物，是历史发展的客观结果。恰恰比较教育研究也是以“我们的学校”和“他们的学校”为研究对象的，不同民族国家教育的特殊性成为比较教育研究的正当性。民族国家教育也不是臆想的产物，而是历史发展的结果，是每一个民族国家根据自己的民族国家的特殊性而建构起来的。比较教育研究就是要对这种建构性进行各个视角的阐释，因为民族国家的教育也不是臆想的产物，而是历史地建构的，之所以一个民族国家的教育区别于另一个民族国家的教育是由这个历史发展的客观结果的“民族国家”规定的。比较教育研究就是去获得民族国家教育的知识，并且是相互区分的独特的知识，从而去选择为民族国家教育的发展提供“意见”。不要指望通过比较教育研究可以找到一条“规律”从而可以为民族国家教育直接指明发展的道路或方向，简单地移植民族国家的教育的做法事实证明行不通，我们只能通过比较教育研究呈现出民族国家的教育知识。知识是具有多种功能的，它可以成为思考的资源，它可以用来鉴赏，它可以用来传播，它具有工具价值，通过比较教育研究而获得的民族国家的教育知识同样具有这些价值，如何体现这些价值全赖于如何去利用这些知识了。

(六) 结语

通过以上研究，我们可以来回答本文开头提出的问题，我们把比较教育学科体系规定在本体论、方法和方法论、认识论和价值论的范围内，这与以往的思考不同的是本文的思考带有一定程度的系统性，具有“再思考”的特征；我们在“再思考”中确实也提出了一些新思想，在学科体系构建上更加全面，尤其是更具针对性。本文把比较教育视为民族国家教育的知识比较，把比较教育学视为比较教育研究的知识体系，把比较教育研究视为比较教育学者对民族国家教育的比较研究，是对民族国家教育知识的探索，把比较教育学科体系看作是比较教育研究的本体论、认识论、价值论和方法论的学术系统。

参考文献：

[1] 王承绪. 从国外比较教育学科发展的现状看我国比较教育教学中的若干问题 [J]. 杭州大学学报，1979 (4)：72—84.

[2] 朱旭东. 比较教育研究的学术制度化和规范化 [J]. 比较教育研究，1999 (6).

[3] 俞宣孟. 本体论研究 [M]. 上海：上海人民出版社，2005.

[4] 王岳川. 艺术本体论 [M]. 北京：中国社会科学出版社，2005.

[5] 大卫·马什，格里·斯托克编. 政治科学的理论与方法 [M]. 景跃进等，译. 北京：中国人民大学出版社，2006 (7).

[6] 张志伟等. 西方哲学问题研究 [M]. 北京：中国人民大学出版社，1999.

[7] [11] [12] LIEGLE L. Culture and Socialization: Forgotten Traditions and New Dimensions in Comparative Education [M] //SCHRIEWER J. Theories and Methods in Comparative Education. Frankfurt am Main: Peter Lang, 1990: 261, 261, 262.

[8] ARNOVE R F, ROBERT F. Comparative and International Education Society (CIES) Facing the Twenty－First Century: Challenges and Contributions [J]. Comparative Education Review, 2002, 45 (2): 477—503.

[9] CARNOY M, RHOTEN D. What Does Globalization Mean for Education Change? A Comparative Approach [J]. Comparative Education Review, 2002, 46 (1): 1—9.

[10] 赵一凡，张中载，李德恩主编. 西方文论关键词 [M]. 北京：外语教学与研究出版社，2006：253.

[13] 袁贵仁. 价值学引论 [M]. 北京：北京师范大学出版社，1991：44.

[14] 李连科. 价值哲学引论 [M]. 北京：商务印书馆，1999：70.

[15] NOAH H J. The Use and Abuse of Comparative Education [M] // ALTBACHP G, KELLY G P (eds.). New Approaches to Comparative

Education，Chicago：the University of Chicago Press，1986.

[16] 夏光. 从文化的角度看东亚现代性［M］//苏国勋主编. 社会理论第1辑. 北京：社会科学文献出版社，2005.

（本文发表于《比较教育研究》2007年第3期。作者朱旭东，时属单位为教育部人文社会科学重点研究基地北京师范大学比较教育研究中心、北京师范大学国际与比较教育研究所）

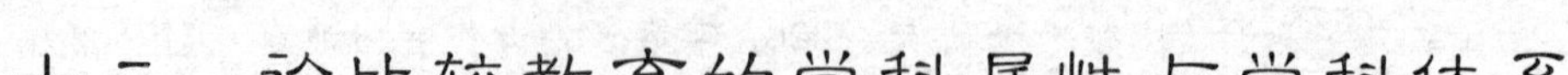

十二、论比较教育的学科属性与学科体系

今天，我们正面临一个现实的问题：近200年来的比较教育真的会成为没有学科基础和信念，而成为研究者体现各自研究兴趣的公共领域吗？比较教育的未来发展意味着零散的广度，还是集中的深度？为了比较教育学科的纵深发展，我们不能把这一问题视为冒犯或可有可无的纠缠，而应该给出明确的回答。

(一)

比较教育作为学科，而不是作为单纯的方法，这在比较教育诞生之始就得到了强调。但它试图超越国家、民族、语言、文化和学科界限的理想企图，又使比较教育进入一种无所不包的范围。而且，正是比较教育研究的跨界性和超越性并由此形成的广泛研究范围，曾经给比较教育带来了生机。比较教育也由此敞开胸怀，吸纳和借鉴20世纪以来教育领域发生的各种新理论、新探索、新经验，昂首阔步地进入跨学科前沿，成为教育科学的知识源泉，推动世界各国教育的革新与发展。

比较教育在一路高歌猛进的行进中，其作用受到世界各国普遍的认同和强调。比较教育充分展示了它独特的研究价值，并由此获得了良好的发展空间。比较教育成为世界大多数国家高等学校常设的教育类课程。世界各国出版了大量比较教育的专门化教材和众多稳定的比较教育专业性刊物，组建了比较教育专业学术团队和非常活跃的世界性学术组织，推出了比较教育的各类研究结果，涌现了一批又一批比较教育的专家学人。比较教育研究成果无论对教育理论的繁荣还是对教育实践的变革都产生了非常广泛而深远的影响。

比较教育如此充满生机，如此引人注目，进步如此显著，为什么还会形成“身份危机”呢？其实，这个问题主要不是针对比较教育所做出的具体贡献，也不是针对比较教育是否仍将发挥作用，更不是针对比较教育是否存在客观的现实需求，因为这些问题的答案是有目共睹和不容怀疑的。但今天，比较教育的贡献方式正越来越多地被其他学科所分解，比较教育的现实需求也正越来越多地被其他学科所满足。比较教育无所不包的研究范围着实让人们感受到这门学科在很大程度上缺乏根底。那么，比较教育是否可以被其他学科的研究所包含？比较教育作为学科的存在是否必要？同时，我们也应该看到，近些年来，世界一些发达国家的比较教育呈现出衰退的迹象，国内高校教育专业课程体系中比较教育课程呈逐渐减少的趋势，人们对比较教育的建设热情有所减弱。

有一种比较普遍的看法是，比较教育是运用比较方法研究教育问题，因而，比较教育是一种比较方法在教育研究中的具体运用，具有极大的开放性。有的学者甚至认为，比较教育是一个涉及所有学科的研究领域，是一种跨学科领域的研究，这种研究欢迎各种类型的信息输入，欢迎来自其他领域能够利用工具的和富有远见的以及愿意选择在比较的背景下关注教育问题的学者参与其中。比较教育由此形成这样一种印象，即比较教育就是教育领域中的比较研究。这种观点其实由来已久，而且在现实中得到了满足，今天也占有很大的市场。因为这种无所不包的研究范围多少年来着实给比较教育拓展了空间，研究主题涉及教育领域的古今中外，纷繁多样，相应地，所取得的研究成果也丰富多彩，关涉几乎所有的教育学科领域。在特定的发展时期，比较教育研究被所有教育学科广为需要，因为大多学科的发展迫切需要吸收世界各国先进的思想、先进的经验，并从中获得新的营养，产生新的活力。在许多学科的发展历程中都能发现比较教育的贡献。可见，这不但没有影响比较教育的发展，反而为比较教育的发展带来了强大的动力。

这种局面之所以产生而且一直比较稳定地持续下来，这与教育的实际需求有关。在较长的一段时期里，国内信息相对比较封闭，人们对外界知之不多，加之国内在教育的诸多方面还比较落后，教育各项事业正处于百废待兴的状态，因而有一种需要了解国外教育信息和吸收国外教育先进经验的强烈愿望，但由于信息渠道比较单一，外语又远没有普及到相应的程度，人们对外界的了解往往依赖少数专业人员的引入和资料翻译。人们热情地欢迎和吸纳来自外界的信息，比较教育学者明智地利用和发挥了这一客观需求，充分有效地与政策制定者、理论研究者、教育改革者和教育实践者交流研究成果，并真正发挥了重要的作用。比较教育更多地体现为外国教育研究和教育比较研究，试图通过从其他国家教育系统借鉴和移植的模式、实践、革新等来改善本国的教育系统。比较教育也主要在将比较研究成果运用于改善国家教育体制的"实践领域"中建立起独特的地位和形象。

借鉴外国经验，改善本国教育，这无疑是比较教育的重要特征，也是比较教育的魅力所在。这一特征或者魅力也将一直存在下去并继续发挥它独特的作用。但也存在一个比较大的问题，那就是研究范围无所不包，研究成果无所不在，同时其研究方法相对单一，方法论模糊不清，学科意识淡薄，学科信念越来越弱化。这种局面在今天受到越来越严厉的挑战。因为今天的社会需求发生了很大的变化。国内不断开放，交流日益频繁，人们对外界的了解越来越广泛而深入，同时，信息来源渠道多元，人们的外语水平不断提升，人们可以不再依赖少数专业人员的引入、翻译和评介，而是直接获取国外的信息，直接接触国外的现场经验。所有学科都广泛地运用比较方法研究其他国家的教育问题，都不同程度地试图借鉴国外的先进思想和经验来改善本国具体的教育实践。教育比较研究不再是比较教育学者的专利，而成为教育各门学科学者们研究工作的一部分。

在这一新的历史时期，教育比较研究广泛地存在于各门教育学科之中，如果比较教育就是或者主要是教育比较研究，那么，人们必然会提出这样的质疑："如果比较教育仅仅停留于告知不同国家教育的相同点与不同点，仅仅停留于提供一些关于外国教育的知识、资料、情报和信息，人们还要它何用?"[1]其实，早在上世纪末，国内就有学者指出：人们"总是把比较教育的性质有意无意地界定为'跨学科'，总是从其他学科中去寻找比较教育的理论支柱，总是从教育与社会的关系框架内来理解比较教育的基点。这种尝试直接导致两个不良后果：一是比较教育这门学科长期以来一直未能形成自己的理论体系，比较教育学科实际上由于无奈的‘折中’而变成了一个多学科的理论‘大杂烩’；二是由于过多地关注了诸如教育制度（并且基于它与社会政治、经济、文化的关系）、‘民族性’等主题的研究，大大忽视了对学校教育本身的‘过程研究’，这多多少少使比较教育研究陷入‘缘木求鱼’的认识困境之中”。[2]也有学者提出：“比较教育给人留下的印象是，比较教育家们都研究各自感兴趣的外国的教育，除此之外很难找到共同点。”[3]此外，比较教育还会像有些学者担忧的那样面临队伍瓦解的局面，“比较教育学的学术研究与其他教育学科之间存在着诸多交叉领域。我们如果不能正确认识比较教育学自身的学科特性和独特价值，就很容易模糊比较教育学与其他教育学科之间的界限，进而在不知不觉中造成（比较教育研究队伍）实际上的转行”。[4]

显然，比较教育的学科属性并非可有可无的思考，而是在新的历史时期比较教育面临挑战的背景下，需要我们理应做出回应的问题。今天，比较教育需要发出更加专业的声音，就必须坚守比较教育的学科信念，明确比较教育学科存在的意义与价值，凝聚比较教育学术队伍，提升比较教育学科的整体水平。因此，我们必须在总结和弘扬比较教育学术传统和发展成就的基础上，明确比较教育的学科属性，建构比较教育的知识体系和学术规范，进而推动比较教育的新发展。

（二）

比较教育的学科属性之所以遭到人们的质疑，主要涉及到比较教育的研究对象和研究方法，因此，要明确比较教育的学科属性，就不能回避研究对象和研究方法这两个根本性的问题。

1. 比较教育研究对象的层次性

关于比较教育的研究对象，一直是引起争议的关键问题。由于人们在这个问题上经常是含混模糊的，因而往往给人们带来认识或理解上的混乱。对这个问题的含糊不清和长期的争论不休是人们对比较教育学科存在的必然性产生怀疑的重要原因。

“比较教育的产生是从教育制度的比较开始的”，[5]不仅具有明显的跨国性，而且具有很强的借鉴目的。由于比较教育从一开始形成的强烈的借鉴取向，比较教育研究大多以引介和分析特定时代“理想社会”的“理想教育”为基本内容。而“理想社会”通常是依据社会现代化发展的程度作为标准的，因此，这一研究取向及其由此形成的“理想社会的理想教育”的假设，使人们把研究的注意力主要集中在发达国家的教育，比较教育重在描述、引入、介绍、分析发达国家的教育制度，以为本国教育改革提供借鉴，并直接服务于本国教育改革。从这个意义上说，比较教育从一开始就是指向国际教育，只是更多地以发达国家教育的整体性发展为对象，以借鉴发达国家教育的整体性发展经验为根本目的。

当今世界发生了剧烈的变化，全球化发展凸显了不同区域、不同文化背景下教育发展的多样性与差异性。对于不同区域和国家而言，理想社会的理想教育模式并非理想而可能是外加或者预设的，并不一定能适宜于特定的区域和国家教育的发展。理想教育模式的移植很可能造成一种替代或者抹杀，因为单向教育输入是对理想教育的扩大化，是对非理想教育，特别是本土教育的忽视，因而不利于挖掘、保存和利用各区域或国家文化教育丰富的资源。单向的教育输入，还会出现相应的单向性的教育贡献，因而不利于国际间教育的平等交流，更不利于合作互动。因此，比较教育的研究范围在 20 世纪得到了很大的拓展。

20 世纪 60 年代以后，比较教育研究朝着宏观和微观两个方向拓展，一部分坚持比较教育的研究传统，侧重研究国际社会中各国教育制度以及教育发展的整体性问题，以评价和指导各国教育的宏观决策；一部分则坚持从学校内部教育改革实践进行比较研究，侧重研究不同国家的学校管理、课程设置、教学内容、教学方法、考试制度、师资培养等具体的教育事实，于是出现了比较教育研究对象同其他教育学科研究对象的大量交叉。

随着研究范围的不断拓展和交叉，人们对比较教育研究对象的认识变得复杂起来。有人主张不同国家的教育制度，有人坚持跨文化的教育领域，有人甚至将比较教育的研究对象泛化到教育的所有领域，因此比较教育的分析单元变得更加复杂。正是由于比较教育研究对象的不确定性和无限扩张，造成了越来越多的比较教育研究成果是关于外国教育某一方面的教育事实的研究，也就是有学者批评的比较教育大都“研究各自感兴趣的外国的教育”，造成学科意识淡薄，从而失去了学科信念，使比较教育长期停留在一般性的国外教育介绍与引入上。

实际上，真正同其他教育学科相交叉的是微观层面，比较教育传统意义上的宏观层面的研究仍然是比较教育学科所特有的。在今天全球化不断推进的过程中，文化的更加多样与丰富以及不断增强的社会流动性，对世界各国、各区域的教育产生了重大而深刻的影响。基于新的社会背景和时代特征，比较教育要以新的世界体系为基础，建立在国际教育的整体性基础上，建立在多元文化思维层面的比较视野的基础上。同时，比较教育不能仅仅局限于借鉴，还要立足于国际合作，还要立足于整体发展，这样，就不仅仅是需要借鉴时才开展比较教育研究。比较教育研究不仅可以从教育输入中实现其价值，而且可以从输出中形成交流、合作和发展的力量，还可以将发展应用于发展本身，从其自身的发展中寻求新的生命力。[6]

因此，比较教育的研究对象逐渐发展为既包括宏观层面的国际教育整体性发展研究，也包括微观层面的教育事实的比较研究。宏观层面关于国际教育及其整体性发展的研究仍然是比较教育研究对象的主体，而微观层面的教育事实的比较研究与其他教育学科的研究相交叉，是比较教育研究对象的拓展。因此可以说，比较教育主要不是基于比较具体的教育事实，而是基于国际教育的多样化发展类型，基于国际教育的整体性发展。今天，比较教育应更多地坚持多元文化主义观念，冲破以发达国家为基本单元的传统分析模式，研究领域应扩展到世界体系范围多元文化背景下不同区域和国家的教育发展类型及其相互影响的关系，以及国际教育的整体性发展与变革。

2. 比较教育方法体系的层次性

人们通常认为，比较是比较教育的基本方法，比较教育之所以产生，是因为有了比较方法并把这种方法具体运用于教育研究领域之中，所以，比较是比较教育之所以存在的基础。有学者甚至断言，“比较教育学基本上是一种方法”，是“利用比较方法提出并试图解决教育问题的科学”。[7]从表面上看，这种看法似乎为比较教育找到了存在的理由，因为比较可以把比较教育从教育的其他学科中区别出来。然而，随着比较方法在教育其他学科的运用越来越广泛，这种普遍的看法使比较教育反而处于尴尬的境地，进而使比较教育的学科属性受到几乎彻底的否定。

要理解比较教育的学科属性，必须对比较进行深入的剖析。一方面，比较教育学科层面的比较与作为一般研究方法层面的比较虽有联系，但存在着根本的差异；另一方面，比较教育研究不只是运用比较方法所进行的教育研究，而更多地体现为国际性和全球性的整体研究取向。

比较是人类认识未知事物的主要方法之一，它是通过对比和鉴别去认识事物。无论是在个人意识和思维发生的初级阶段，还是在人类科学知识发展的高级阶段，比较方法都一直发挥着非常重要的作用。所以，比较既是人们日常生活中常见的思维方法，也是社会科学研究中最常见的方法，无论在日常生活中，还是在科学研究中都有着广泛的运用。

比较既是一种技术性的具体方法，也是一种方法论层面的思维方式。教育其他学科也广泛运用比较方法，但比较教育研究的比较与教育其他学科研究的比较有很大的差异。其他教育学科研究的比较，主要是把比较作为一种技术性的具体方法，通过这种方法获得所需要的资料、数据或结论，这里的比较具有强烈的工具性特征。而比较教育研究的比较，主要是作为一种方法论层面的思维方式，是研究主体基于跨文化整体视野考察研究对象所形成比较的广度和深度，是一种比较视野。这里的比较具有研究主体的性质，比较也由此从技术层面转变为思维方式层面，从工具变成为目的。[8]因此，我们必须明确，比较方法并不是比较教育独特的研究方法，相应地，比较方法也不是比较教育惟一使用的研究方法。比较教育的比较，其独特性主要体现在其整体的研究取向上。因此，既不能排斥比较教育中要具体运用比较方法，也不能把运用比较方法所进行的教育研究等同于比较教育。

首先，由于自然科学所研究的现象在世界各地都是相同的，因而不会出现为了寻找电子电路原理进行跨国、跨区域研究，也就不会出现比较物理学。但由于社会和文化发展与其特有的物质环境、历史传统等密切相关，如果我们要真正深刻理解某种社会或文化现象，往往难以从单一国家或文化区域获得，而要通过比较。所以，几乎所有社会科学都运用比较方法。教育科学也不例外，我们可以把运用比较方法进行的教育研究称为教育比较研究，由于这种研究的问题范围非常广泛，可以涉及所有教育问题，所以，教育比较研究属于教育科学的交叉领地，是整个教育科学的公共领域。从这个意义上说，比较教育本质上是教育学的，所有的教育学科本质上又都是比较的。如果教育比较研究处于比较教育和其他教育学科的交叉领域，那么它作为比较教育的一部分，只能属于交叉层面的拓展层次。

其次，很多研究，虽然没有运用具体的比较方法，而是综合多种研究方法，基于比较视野而进行的国际教育研究，只要是跨越两个或者以上的国家或区域，分析和揭示相似现象的多样性，也应该纳入比较教育的范畴。正如奥利韦拉（Olivera）所指出的：比较教育是“在两个或者以上的社会集团中发现的关系类型之间的关系”，是“研究和分析本质上都相似的现象的多样性”，是“从两个或更多的教育领域中发现的抽象的关系类型”，其目的在于“从更高的抽象水平上建立和阐述这些类型之间的新的关系”。[9]这种研究已经超越了一般性的具体技术层面的比较，而是从认识论或方法论层面上进行的比较，是一种整体性的研究取向，这种取向可以是显性比，也可以是隐性比。[10]这种研究是高一层面的比较教育研究，体现了比较教育的学科视野，因而这一层面的研究正好构成了比较教育研究的主体部分。

此外，比较教育在近 200 年的发展过程中，逐渐凝聚了一批研究队伍和相对稳定的学术群体，尽管他们的观点和贡献或许不尽相同，但他们长期致力于并不断推动着比较教育的发展，由此形成了基于国际教育发展的共同信念和整体性的研究视角，形成了强烈的自觉意识和研究中的基本立场。这种国际教育发展信念和整体性研究立场规定着比较教育的话语体系、基本观点和基本方法，不断产生虽然多样但却同类的理论模型和分析框架，它们不仅构筑了比较教育研究的学术传统，而且为比较教育的进一步发展规定了方向。范式是指某一学术共同体所具有的共同信念，是表征一种理论模型、分析框架和思维方式，是科学共同体的某种认识。因此，范式也可说是在研究方法长期运用和形成过程中所形成的一种思维习惯和基本认识。虽然比较教育的范式还没有引起人们足够的重视，但总结比较教育的发展历史，可以窥见比较教育基本范式的形成和发展。这是更高层面的比较教育研究，是比较教育研究的核心部分。

就比较教育学的范式而言，它是指在一定时期内多数比较教育研究共同体成员基于比较教育研究传统和发展方向而恪守共同的学科信仰，遵循相似的思维方式和拥有独特的话语体系。这不仅为学科发展提供了一种把握研究对象的概念框架，一种理论和方法信条，一种可供仿效和迁移的研究范例，而且规定了一定时期内学科发展的方向和共同体成员的信念和价值标准。比较教育研究者一方面要在世界观层面上明确方法论的统治地位，明确在多元发展过程中形成范式系统并作为比较教育研究者具有的共同信念的重要作用，另一方面要在采用共同的概念范畴、工具和方法基础上形成比较教育学术共同体以及为追求比较教育学科发展而奋斗的精神。[11]

从学科层面上说，比较教育是否形成了独特的研究方法或者方法体系，也是一个基础性的重要问题。一些学者主张，比较教育研究不需要独特的研究方法，因为比较教育是跨学科的，具有多学科性质，它主要是移植和借用其他学科的研究方法。但是，这种观点也遭到批评，"从多学科借用概念、原理、理论、方法本来是无可厚非和相当必须的，但如果仅仅停留在这种'拿来'的层次上，而未能为其他学术领域提供可供消费的学术观点，其结果必然是可悲的"。[12]要真正建构比较教育学科体系，就必须对比较教育的方法体系做出回答。

综合上述分析，比较教育主要不是基于比较方法的具体运用，而是基于整体研究取向的研究视野和不断变化发展的研究范式，由此，我们可以把比较教育的方法体系分成三个层次。第一个层次是作为技术层面的比较法，第二个层次是作为整体取向的比较视野，第三个层次是作为信念层面的比较范式。比较范式确立比较教育的研究信念和研究方向，比较视野规定比较教育的理论模型和分析方式，比较方法影响比较教育的开放程度和拓展空间，由此构成了比较教育的方法体系。

（三）

以上对比较教育研究对象和方法体系进行了具体的分析，有助于我们深入了解比较教育研究对象和方法体系的层次性，但还必须回答一个非常重要的问题，比较教育的学科属性究竟是基于比较教育的方法体系，还是基于比较教育的研究对象。对这个问题做出明确的回答，有助于进一步厘清比较教育的学科体系。

1. 比较教育学科属性的界定

一方面，如果离开比较教育的研究对象而仅仅从比较方法来说明比较教育的学科属性是非常困难的。因为仅有比较方法或者方法体系难以形成一个真正意义上的学科，即使存在这样一个学科，那也是一门抽象层面的比较学科或者方法学科。虽然可以把比较方法体系下的教育研究纳入其中，但这样一种无所不包的研究，不但研究范围非常广泛而且研究内容也相当杂乱，当然也就不可能上升到学科范式层面。正如加里多所批评的，根据方法论来界定比较教育，要么说明比较教育根本不是专门的学问，要么说明比较教育实际上就是随心所欲地将不同的教育学科纳入比较教育的巨大羽翼之下，而在目前的学科体系之中，没有空间容得下一门独立性如此差而触须又如此发达的学问。[13]

另一方面，离开比较方法而仅仅从比较教育的研究对象来说明比较教育的学科属性也是难以厘清的。因为如果没有 18 世纪末期开始产生并迅速发展的比较研究，也就不可能在 19 世纪初期产生比较教育学，即使由于客观的需要必然会产生对国外教育的研究，那也只能是一种单纯对外国教育进行描述性的研究。朱利安于 1817 年出版《比较教育的研究计划与初步意见》，显然也是受到了一些比较学科的影响，在一定意义上也是源于对比较研究的兴趣及其对比较研究方法的深入思考。

由此可见，比较教育的学科属性既是基于比较教育的研究对象，又是基于比较方法体系。如前所述，比较教育的研究对象和比较方法都具有明显的层次性，因而比较教育的学科属性正是建立在比较教育研究对象和比较方法体系的多层次基础之上的。综合研究对象和方法体系的分析，我们可以对比较教育的学科属性做出明确的规定：比较教育是基于整体取向的比较视野，研究多元文化世界中的不同教育发展类型、不同教育发展类型间的相互借鉴与影响关系，以及教育整体性发展的一门教育学科。

2. 比较教育的学科体系

1990年，哈尔斯①在《比较教育：当代的问题与趋势》一书中对比较教育的学科体系进行了分类，把比较教育的学科体系划分为比较研究、外国教育、国际教育和发展教育。[14]这是基于对20世纪70年代以后比较教育发展的总结而做出的，具有积极意义，也得到了众多学者的认同。但这一分类存在一些明显的局限，因为比较研究、外国教育、国际教育和发展教育这四类研究是相互交叉重叠的，让人难以区分，同时没有具体分析比较教育的学科属性，比较教育的研究对象仍然十分模糊。

从对比较教育学科属性的分析，我们认为，比较教育是一门教育学科，它在研究方法上的特征主要表现为整体取向的比较视野，在研究对象上的特征主要表现为国际教育发展。在整个教育学科体系中，基于比较视野对国际教育整体性发展的研究可以说是比较教育所独有的，也使比较教育与其他教育学科相区别。但由于比较方法体系和国际教育本身具有明显的层次性，也由于比较教育研究在20世纪60年代以后向微观层面的进一步拓展，因而又使比较教育与其他教育学科相交叉，由此可以把比较教育学科体系具体描述为“三圈层、多交叉结构”。

第一圈层是比较教育发展研究，在研究对象上体现为比较教育研究的基本理论，在方法体系上体现为比较范式。这一圈层的主要内容包括比较教育的理论体系和学科分析框架，是比较教育学科开展研究活动并表现自身的一种认知分析参照系或认识图式。它规定着比较教育的理论模型和分析框架，规定着比较教育学术共同体的学科信仰和话语体系，规定着比较教育研究的方式、设计及其阐释，同时对比较教育的研究活动和发展变革具有明显的反思性，因而构成比较教育学科体系的核心层。

第二圈层是国际教育发展研究，在研究对象上体现为国际教育，在方法体系上体现为比较视野。这一圈层的主要内容是以一种比较视野对国际教育的整体性发展进行的研究。根据国际教育的不同范围，又可以把国际教育具体划分为国别教育、区域教育、跨国教育和全球教育。国别教育是基于比较

① 又译“霍尔斯”——编者注。

视野对某一国家的教育整体性发展进行的研究，区域研究是基于比较视野对某一地理、文化或经济发展区域的教育整体性发展的研究，跨国教育主要是对国际教育交流与合作的整体性发展进行的研究，全球教育主要是对国际教育发展的整体性特征及变革趋势进行的研究。在这里，比较不是一种技术层面的具体方法，而是一种整体研究取向。从具体研究方法而言，通常要综合运用文献研究法、统计分析法、田野考察法、个案分析法、历史分析法等多种研究方法。由于这一圈层是比较教育研究对象的主体部分，因而构成比较教育学科体系的主体层。

第三圈层是教育比较研究，在研究对象上体现为具体的教育事实，在方法体系上体现为具体的比较方法。这一圈层的主要内容是运用比较方法对世界各国的教育事实进行的研究。这一层次的研究大多集中在教育的微观层面，研究的问题非常多样，研究成果也相当丰硕。由于其研究范围非常广泛，几乎可以涉及所有教育学科，因而这一圈层是比较教育学科与教育其他学科相交叉的公共领地，具有明显的交叉性。比较教育学科与其他教育学科的交叉主要是指这一圈层的研究，它是比较教育学科体系的拓展层。

之所以把比较教育的学科体系称为三圈层、多交叉结构，是因为三个层次和多个交叉不是在一个平面上的层次、交叉结构，而是一种立体性的圈层、交叉结构。圈层体现了比较教育的研究范围和比较方法的层次性，表明了比较教育学科与其他教育学科相区别的独特性，而交叉体现了比较教育学科与其他教育学科研究范围的交叉性，表明了比较教育学科与其他教育学科不可避免的相互联系。这一结构既说明了比较教育学科的独立性，也说明了比较教育学科与其他教育学科之间的关联性。

参考文献：

[1] [12] 李现平. 比较教育身份危机之研究 [M]. 北京：教育科学出版社，2005：20，35.

[2] 方展画. 国外比较教育学科建设及其研究方法论的演变 [J]. 比较教育研究，1998 (4)：12.

[3] 顾明远，薛理银. 比较教育导论——教育与国家发展 [M]. 北京：人民教育出版社，1999：28.

[4] 项贤明. 站在十字路口的中国比较教育学 [J]. 比较教育研究，2005 (3)：30.

[5] 顾明远. 关于比较教育学科建设的几个问题 [J]. 比较教育研究，2005 (3)：1.

[6] [8] 陈时见. 论比较教育的学科体系及其建设 [J]. 比较教育研究，2005 (3)：36—37.

[7] [13] 何塞·加里多. 比较教育概论 [C]. 万秀兰，译. 北京：人民教育出版社，2001：74，82.

[9] 奥利韦拉. 比较教育学：什么样的知识？[M] //顾建民，赵中建编译. 比较教育的理论与方法——国外比较教育文选. 人民教育出版社，1994：326.

[10] 卢晓中. 比较教育学 [M]. 北京：人民教育出版社，2005：53.

[11] 陈时见，袁利平. 比较教育学的范式与学科生长点 [J]. 比较教育研究，2007 (3)：17.

[14] HALLS W D (ed.). Comparative Education：Comtemporary Issues and Trends [M]. UNESCO：Jessica Kingsley Publishers，1990：23.

（本文发表于《比较教育研究》2008 年第 6 期。作者陈时见，时属单位为西南大学教育学院）

十三、论比较教育思想的演进及特征

(一) 比较教育思想研究的意义

比较教育学是一门新兴的学科，但现已出现“比较教育学科危机”。长期以来受因素分析方法的影响，比较教育在历史上更为关注学校外的影响，比较教育学者将目光更多地投向了那些影响教育发展的外部因素，注重于探索教育与社会的关系。但时至今日，我们不仅应该关注学科“外部”的影响，更应该关注学科“内部”的发展，比较教育学科史的研究，才应该是我们比较教育学目前所亟需发掘和研究的理论源泉和发展基础。比较教育学科史，当然也包括比较教育学家的思想，是构成我们比较教育学科理论的主要因素和基本内容，是比较教育学科发展的理论基础和逻辑起点，也是学科能够持续发展的力量源泉和不竭动力。

(二) 比较教育思想的演进历程

比较教育思想的发展经历了一个由粗浅、零散到不断成熟、系统的过程。根据比较教育思想家的活动及比较教育学科理论发展的逻辑体系，我们可以将比较教育思想的发展大致划分为以下五个阶段。

一是比较教育思想的史前溯源阶段。主要为1817年比较教育诞生以前的漫长的历史时期。比较教育学虽然是开始于19世纪初朱利安（M. Jullien）的贡献，但是比较教育思想因素的萌芽却是在古代就已经出现。古代的色诺芬、玄奘、马可波罗等人的旅行活动都含有一些教育交流的成分，这些早期的教育交流活动激发了他们关于教育的一些考察、介绍及思考，并以游记的形式记录下来。虽然这些都是无意识的、非专门性的看法，但却包含了珍贵的比较教育思想的早期因素。这些旅行家生活的时代，比较教育学作为独立的学科还远未产生，但是历史的发展总是有其继承性的，比较教育学的产生和发展与他们所作出的卓越贡献是分不开的，他们的教育传播与交流活动在比较教育发展历史上具有开拓性的作用。

二是比较教育思想的初步产生阶段。主要指从1817年朱利安的《比较教育的研究计划和初步意见》发表至19世纪末的历史时期。这一时期的著名比较教育学家有法国的朱利安、库森（V. Cousin），英国的约瑟夫·凯（J. Kay）、阿诺德（M. Arnold）以及美国的贺拉斯·曼（H. Mann）、巴纳德（H. Barnard）等。这些比较教育思想家从他们的工作实际及教育实践中总结出了他们对于外国教育和教育交流的初步看法，提出了关于比较教育的初步的、专门的观点和理论，初步的比较教育理论开始形成。这一时期比较教育学家的思想尚不系统，甚至一些比较教育学家并没有自觉地意识到他们所从事的教育研究和改革实践与比较教育相关，他们只是从自己的工作实际需要和教育改革需要出发，自觉或不自觉地形成了自己的比较教育理论。他们关注比较教育或教育比较的目的在于借鉴外国教育的现实需要，使外国的教育经验直接为本国教育的改革实践服务，采取的方法主要是直接的考察和访问。

三是比较教育思想的体系形成阶段。20世纪初到50年代，比较教育思想发展进入了体系化阶段。这一时期的主要代表人物为英国的萨德勒（M. Sadler）、德国的施奈德（F. Schneider）、美国的康德尔（I. Kandel）、英国的汉斯（N. Hans）和中国的庄泽宣等比较教育学家。从萨德勒开始的比较教育学家试图对比较教育进行系统化和专门性的思考，提出了系统化的、专门的比较教育理论，因此可以说这一时期比较教育思想发展的重要特征在于系统化和专门化倾向。萨德勒1900年发表的《我们从对外国教育制度的研究中究竟能学到什么有实际价值的东西?》标志着一个新的注重因素分析时代的开始，萨德勒通过自己的专职比较教育研究工作为比较教育思想发展的专门化和系统化开辟了道路。康德尔继承了萨德勒的观点，并予以进一步深化和拓展，其著作《比较教育》是比较教育思想发展史上的重要里程碑，他系统阐发了比较教育的基本理论和基本方法，对比较教育的学科体系的形成和发展做出了突出贡献。其后，汉斯又进一步充实和发展了因素分析法，将因素分析法推向了发展的顶峰。与此同时，德国的施耐德基于德国的辩证思维传统，提出了在重视外部因素分析的同时要关注教育和学校内部因素分析的观点，倡导内部和外部因素并重的辩证因素分析方法。

四是比较教育思想的多元化发展阶段。20世纪60年代到80年代中期是比较教育进入多元化发展的阶段。这一阶段的主要代表人物有美国的莫尔曼（A. Moehlman）、安德森（C. Anderson）、贝雷迪（G. Bereday）、诺亚（H. Noah）、埃克斯坦（M. Eckstein）、卡扎米亚斯（A. Kazamias）、马西亚拉斯（B. Massialas）、卡诺伊（M. Carnoy），英国的霍姆斯（B. Holmes）、埃德蒙·金（E. King）、霍尔斯（W. Halls），苏联的索科洛娃等。这一阶段比较教育思想呈现出多元化发展的态势，比较教育学者开始对比较教育的发展进行反思，众多的比较教育流派和理论逐渐形成，出现了流派纷呈、百家争鸣的发展态势。这一阶段比较教育思想的发展大体呈现两个趋向，一是探寻新的比较教育方法论，试图引进其他社会科学的方法来改进比较教育方法的局限与缺陷，以求突破现有的比较教育分析框架；二是对比较教育进行回顾和总结，全面梳理比较教育的发展历程，并对不同的比较教育流派和思想作出甄别和评价，使比较教育的理论体系进一步走向系统化和多元化。

五是比较教育思想的整合建构阶段。20世纪80年代中期以后，比较教育的发展进入了整合建构阶段。这一阶段主要的代表人物有美国的阿尔特巴赫、梅斯曼、爱波斯坦（E. Epstein）、施瑞尔，中国的王承绪、顾明远，日本的冲原丰、小林哲也等。比较教育经过上一个阶段的多元探索和纷繁争论，到了这一时期开始出现了整合和统构的趋势。施瑞尔提出了系统论的观点，试图结束比较教育的纷争，建构容纳不同观点和流派的比较教育的新的理论框架和体系；后现代主义也试图以自己的方式重构比较教育理论体系。这一时期比较教育思想发展大体呈现两个发展方向，一是试图解决上一个时期的混乱和争议，导入了系统论的分析模式，试图建构一个能够包容所有的不同观点和争议的整合性的系统分析框架；二是在上一阶段开拓的思想观点基础上进一步拓展。总之，比较教育思想开始出现由纷争和多歧到整合和统构的趋势。

(三)比较教育思想演进的总体特征

通过对历史上各个时期中外比较教育学家思想的发展轨迹及主要内容进行分析和考察，[①] 我们可以清晰地看出比较教育思想的发展具有以下一些基本特征。

1. 社会性

比较教育思想是社会的产物，每一个时代的比较教育学家思想的产生和发展都与其社会政治、经济、文化、历史发展背景以及个人的成长经历和知识结构密不可分，是特定历史条件下的必然产物，带有其生活的历史时代的烙印和特点。史前时期对比较教育的认识受到其社会发展水平的制约，只能是零散的、不系统的比较教育因素的萌芽。19 世纪随着经济的发展、国际竞争的加剧、国际交流的日益紧密，产生了了解和借鉴外国教育的需要，朱利安、库森、约瑟夫·凯等比较教育学家便开始了以借鉴为目的的比较教育研究。20 世纪上半叶，外国的教育制度是否能够移植到本国的问题需要解答，于是比较教育学家则开始从外国教育制度的形成因素来分析和解释这一可能性。20 世纪下半期，“二战”的结束、经济的飞速发展、冷战格局的形成以及社会的现代化、民主化、个性化、国际化、信息化发展，使得比较教育研究进入了运用多种社会科学方法进行研究的时代。

2. 独特性

比较教育学家的思想各具特色，每一个时期的每一位比较教育学家都提出了不同的比较教育主张，鲜明地表现出了自己的特点。不仅史前时代、借鉴时代、因素分析时代、社会科学方法时代的比较教育思想各具特色，即使是同一时代的比较教育学家也风格迥异，立场鲜明。例如：社会科学方法时代的比较教育学家埃德蒙·金的比较教育思想属于文化相对主义流派，他重

---

① 另见笔者的教育部课题“中外比较教育学家思想研究”成果。

视比较教育对教育决策的影响；而诺亚和埃克斯坦的比较教育思想则突出地表现出实证主义的倾向，为比较教育研究的定量分析和科学化作出了突出贡献；王承绪和顾明远的比较教育思想则鲜明地体现了辩证唯物主义的马克思主义哲学观，为具有中国特色的比较教育研究作出了重要贡献，创造性地探索了发展中国家比较教育发展的新模式；阿尔特巴赫的比较教育思想则反映了新马克思主义哲学对比较教育的思考，揭示了发达国家与发展中国家的依附与中心的关系。

3. 本质性

比较教育学家的思想催生和促进了比较教育学的发展，同时也以其巨大的贡献丰富和发展了教育学研究。他们通过自己的不懈努力和卓越研究积极探索各国教育发展的一般规律和特殊规律，为人类认识教育现象和规律增加了一个重要的视角和考量的纬度。虽然每个比较教育学家的思想并不一致，甚至在一些观点上是严重对立的，例如，新马克思主义的冲突理论、依附理论等与结构功能主义理论、现代化理论的对立。但是他们的目的都在于追求和加深对比较教育的本质属性及其规律的认识，也都为推动对比较教育本质属性及其规律的认识作出了突出贡献。正是他们的思想，甚至是对立性的思想主张才共同推动了比较教育学科由一个新兴领域成长为一个独立学科，并为教育学的发展作出了自己的独特贡献。

4. 实践性

比较教育思想来源于比较教育的研究实践，每一位比较教育思想家思想的形成都与其丰富的比较教育研究实践密不可分，比较教育研究实践活动是形成比较教育思想的基础。朱利安的思想形成就是来源于其对瑞士伊佛东学院的长期考察和研究。库森关于比较教育的认识也是建立在其对普鲁士和荷兰教育的考察、研究基础之上。萨德勒更是参与了大学推广运动、福布赖斯中等教育委员会和特别调查报告局的工作，从而产生和发展了自己的开拓性比较教育思想，引领了比较教育发展的一个新时代。众所周知，教育科学是一门具有实践性的学科和理论，比较教育属于教育学科的特性也决定了比较教育是一门具有实践性的学科，这是由历史的发展和现实的改革所证明了的。[1]

5. 指导性

比较教育学家的思想来源于实践，也对比较教育和教育改革实践产生了重要的指导作用。不同时期的比较教育学家都是根据其自身所处的社会环境审时度势地推出具有前瞻性的教育主张，对其所处的社会和国家的教育改革发挥了十分重要的指导性作用，为教育决策服务甚至成为了比较教育研究的一项重要使命，“比较教育开始被用于解决国家最重要的任务”。[2]埃德蒙·金大力主张比较教育应当为教育决策服务，指导教育改革实践；库森的比较教育研究实践活动及其所提交的《关于德意志各邦——特别是普鲁士公共教育状况的报告》为法国1833年颁布的《基佐法案》提供了直接的参考，有力推动了法国初等教育的发展；巴纳德遍访欧洲各国，依照普鲁士的教育模式于1838年发起并领导了美国公立学校改革运动，极大促进了美国的现代教育改革。综观比较教育发展的各个时期，比较教育学家总是站在教育改革的前沿，引领着教育改革的方向，为本国和世界教育的改革作出了指导性贡献。

6. 多元性

比较教育思想丰富多彩而流派众多，同一比较教育学家的教育主张随着社会的变化也是有所不同的。19世纪比较教育诞生之时，朱利安虽然开拓了实证主义的研究方法、奠定了比较教育作为一门实证性学科的基础，但随之而来的时代，比较教育却是沿着历史主义的因素分析方向而不断发展。社会科学方法时代的比较教育主张和观点更是多元和丰富，主要有结构功能主义理论、人力资本理论、现代化理论、文化相对主义理论、依附理论、冲突理论、世界体系理论等。比较教育思想的丰富性和多元性实际上是不同时代和不同国家社会政治、经济、文化发展的多元性的反映；随着社会的不断发展，比较教育思想将会更加趋于丰富和多元。

7. 局限性

比较教育学家以其卓越的智慧和敏锐的洞察力为世界比较教育学的发展作出了巨大的贡献，但不可忽视的是不同时期的比较教育学家的思想都不同程度地存在着局限性。这种局限性是难以完全避免的，是受人类认识事物的局限性所制约的，也符合人类认知发展的基本规律。因此，我们考察比较教育学家的思想时一方面要再现历史，尊重历史，全面挖掘其思想本质，深入、客观地分析和评价其历史影响和卓越贡献，同时也要注意不能过分局限甚至迷信比较教育学家的观点和思想，从而束缚了我们自己的认识能力和观察视角。

(四) 比较教育思想演进的内容体系特征

具体到比较教育学家的思想内容方面，通过一代代比较教育学家的不断探索和共同努力，取得了一些具有共识性的研究成果和基本认识。

1. 学科理论的体系性

学科理论体系是一门学科得以存在和发展的理论基础，因而比较教育的学科理论问题在不同的历史时期都得到了比较教育学家的普遍关注。比较教育的先行者们对于比较教育的学科性质、目的、方法等都进行了积极的探索，试图论证比较教育存在的合理性，辨明比较教育的身份，寻找比较教育的基本研究方法。“比较教育之父”朱利安在创建比较教育之初就开始系统建立比较教育的理论体系，思索比较教育的研究主体、研究目的、研究内容和研究方法等理论问题，为比较教育的科学化发展奠定了基础；库森则对比较教育的研究目的、研究内容、研究方法和比较教育的比较标准进行了思考；康德尔将比较教育的理论体系建构推到了一个重要历史阶段，其 1933 年出版的代表作《比较教育》促成了比较教育学科体系的形成和发展，奠定了比较教育学作为一门真正的科学研究的基础。[3]社会科学方法时代的比较教育学家们更是关注比较教育学科理论建设，分别从不同的立场探寻了比较教育的学科基本方法等学科理论问题，使得比较教育的理论更为多元。

2. 方法论的核心性

比较教育的方法论问题是不同时期的比较教育学家所共同关心的核心问题，比较教育的方法论和分析框架的建立是比较教育中的一个重要问题，决定着学科理论的发展方向和水平，在某种程度上甚至可以说比较教育的发展历史就是比较教育方法论演变的历史。比较教育的方法论体系也经历了一个由简单到复杂的过程，由最初的零散、单一、侧重于观察描述的方法到建立体系的、多元的、侧重于社会科学分析的方法，再到系统的、整合的方法论体系的建立。史前时期的色诺芬、玄奘等主要采用了不系统的观察方法；朱利安、库森等借鉴时代的比较教育学者对观察和描述的方法进行了充分的运用，并提出了借鉴的方法；萨德勒、康德尔等因素分析时代的比较教育学家进一步深化了借鉴的方法，丰富和发展了历史主义的因素分析方法；埃德蒙·金、贝雷迪、索科洛娃、诺亚与埃克斯坦、阿尔特巴赫等则导入不同的社会科学方法丰富了比较教育的研究方法。

3. 目的论的统一性

通过考察不同时期比较教育学家的思想可以看到，比较教育思想家对比较教育研究目的的认识逐渐发展而趋于统一。由早期的单一借鉴为主的目的发展到了多元的目的。朱利安的思想已经表现出了比较教育的“促进教育学发展”“促进教育改革和社会进步”以及“借鉴外国经验”的意图；而库森则直接提出其研究的目的是“为了法国教育的改革需要”；马修·阿诺德提倡“了解本国特性”；萨德勒则强调“提供全面准确的教育信息”；施奈德主张“加强各国理解和促进世界和平”；埃德蒙·金和霍姆斯则鲜明地提出为教育决策服务是比较教育的重要使命；贝雷迪认为“增进人类智力”也应是比较教育的主要目的。索科洛娃指出“阐明国民教育发展的规律和趋势”也是比较教育的任务，从而与讳言规律的西方比较教育目的论有了本质的区别。总体来看，呈现出由单一的借鉴目的论到借鉴、发展智力、了解本国特性、为教育决策服务、探寻教育规律和普遍原则、促进世界和平和国际理解为一体的综合目的论的逐渐提升和完善的过程。

4. 研究单位的拓展性

对于比较教育研究单位的认识是在比较教育学家的共同努力下而不断拓展的。比较教育研究单位在保留国家间比较的基础上向两个方向扩展，一方面是研究单位的宏观趋向，由国家到区域再到全球的超国家取向；一方面是研究单位的微观趋向，由国家之间到国家内部区域的细化取向。20世纪初及其以前的比较教育主要是以民族国家为基本研究单位。“二战”后不仅仅有以一个民族国家为单位的研究，也出现了世界区域、经济或政治区域为研究单位的研究。索科洛娃的研究将世界各国划分成社会主义国家、资本主义国家和发展中国家三种类型进行比较教育研究；莫尔曼《比较教育制度》一书划分了欧洲文化区、亚洲文化区、非洲文化区和美洲文化区四个文化区域进行比较分析。当然也出现了更多的以跨国家、跨区域的全球范围为研究单位的研究。研究单位的细化趋向则表现为以一国之内的区域或个案进行研究的情况。霍尔斯就大力主张以一个地区或联邦内部的州或区域为单位进行横向比较。比较教育研究单位的扩大极大地延伸了比较教育的研究空间，使得比较教育研究范围的广阔性得以进一步拓展。

5. 研究内容的丰富性

比较教育思想家的思想内容博大精深，体现了他们具有丰富的社会科学知识。他们的思想大多包含了比较教育理论和实践的各个方面，涵盖了教育科学的各个领域，涉及了初等教育、基础教育、高等教育、职业教育、教师教育、教育管理等不同的领域，基本覆盖了教育学的各个分支领域，这也是由比较教育学的综合性和广博性的基本特征所决定的，是比较教育区别于其他学科的不同之处。许多比较教育思想家的思想中还包含了多学科整合的（科际整合）的思想，大力主张哲学、社会学、历史学、文学、统计学、经济学等多种学科的联系和结合。比较教育的研究成果为教育史的研究开拓了领域和奠定了基础，也极大地促进了高等教育学的研究。[4]另外，比较教育的研究也为教育学以外的其他学科的发展提供了跨学科的支持，以其独到的视角和研究方法为人类知识的扩充和认知能力的发展作出了独特而重要的贡献。

参考文献：

[1] 单中惠. 西方教育思想史 [M]. 太原：山西人民出版社，1996：4.

[2] [俄] 鲍·里·伍尔夫松. 比较教育学——历史与现代问题 [M]. 肖甦，姜晓燕，译. 北京：教育科学出版，2007：8.

[3] 朱勃. 比较教育史略 [M]. 广州：广东高等教育出版社，1988：65.

[4] 李文英，程绍仁. 比较教育：由建构走向创新 [J]. 比较教育研究，2007 (11)：3.

（本文发表于《比较教育研究》2010 年第 8 期。作者李文英，时属单位为河北大学教育学院）

十四、“学科”，抑或“领域”？
——中国学者对比较教育学科性质的探寻

“学科”“领域”之争在比较教育学界已持续多年。国际上早已存在这种争论，至今未能平息。在国内，这一争论发端于20世纪80年代。1983年，在东北师范大学举行的中国教育学会比较教育研究会第4届年会上，“比较教育学科建设”被首次列为年会讨论专题。既然有了“学科建设”，那么比较教育作为“学科”也是确信无疑的了。然而，也正是在这次年会上，大会主席在闭幕词中提到了比较教育的“学科”“领域”之争：“比较教育，它算不算一门独立的学科？有人认为算，它是教育学科的一个分支。有人认为它不算，它只是教育学研究的一个领域、一种方法。这个问题，我们可以继续讨论。”[1]

（一）

从已有著述来看，大多数学者认为比较教育是一门学科。1979年，王承绪先生在一篇文章中明确界定了比较教育的学科性质：比较教育乃是一门以马列主义、毛泽东思想为指导，分析研究各国教育制度，吸取其优良经验，以供我国“四化”建设借鉴的学科；它具有跨学科的性质，同时又具有自身的独特性，它是一门起着综合作用的学科。[2]随后，1982年出版的新中国第一本《比较教育》教材，也称比较教育学科是教育科学体系中的一个新分支。[3]《中国大百科全书》对比较教育的学科性质做了如下陈述：比较教育学被认为是教育科学领域中的一个新的分支学科，它的基本特征是国际性、可比性、综合性或跨学科性。[4]沈煜峰认为，比较教育学是比较研究各时间或空间教育理论与实践的状况、规律和发展趋势的矛盾性（差异性和同一性）的教育学分支学科。[5]成有信先生认为，比较教育学是教育学的分支之一，它虽然与教育学其他学科拥有共同的研究对象，但区别于其他分支学科的地方在于其目的、角度、方法的独特性。[6]商继宗认为，比较教育学是以比较为方法，研究世界各国教育的一门新型教育学科。[7]高如峰等认为，比较教育学不仅是一门独立的学科，而且还是一门兼应用学科和理论学科于一身的特殊学科，在 20 世纪中叶比较教育学就已确定了本身独立的学科地位。[8]滕大春先生所说的“比较教育之成为学科仅一个世纪，比较教育的实践却不绝于书”，也从另一侧面表明了比较教育之为学科的立场。[9]谷贤林认为，比较教育是教育科学的一个分支，是一门学科，不是一个研究领域。[10]也有学者认为，尽管比较教育已经是一门学科，但还是“一门不成熟的学科”。[11]

国内第一个公开提出比较教育是“领域”的学者可能是马骥雄先生。他认为，比较教育自身没有什么特殊方法、特定概念，它只是一个研究领域，还未成为严格意义上的学科；要把它建立成一个学科，还有待于比较教育研究者从理论和方法上进一步探索和努力。[12]吴定初教授认为，比较教育不是一门学科，而是一个研究领域，是比较研究这种研究模式在教育领域中的运用；并且它还是一个年轻的研究领域，一方面它的研究领域正不断拓宽，另一方面又正逐步成为或正努力成为真正全球范围的一门学科，即发展成严格意义上的比较教育学。[13]

也有学者赞同比较教育是学科与领域的统一。在教育大辞典中，“比较教育”也称“比较教育学”，它是教育中的一个应用研究领域，也是教育科学中的一门分支学科。[14]冯增俊教授在考察了国内外学者关于比较教育性质的主要论争之后认为，比较教育既是人类教育活动中的一个研究领域，也是一种独特的研究方法，同时也是一门或必将成为一门有独特学术地位的学科，三者是三位一体的。[15]朱旭东教授认为，如果从学术制度化的条件——专业、课程、学位、协会、机构、刊物等来衡量，比较教育是一个研究领域确凿无疑，是一门学科也不成问题。[16]顾明远先生与他的学生薛理银还提出，比较教育大于一门学科，它“是国际（跨文化、民族间）教育交流的论坛”，是一切愿意贡献教育见解的社会群体的公共领域，它的对象是教育的整个领域，而且任何方法只要有用，都可以成为它的研究方法。[17]

(二)

比较教育的“学科”“领域”之争也体现在“比较教育”和“比较教育学”这两种稍有不同的称谓上。尽管《教育大辞典》上的陈述是“比较教育也称比较教育学”，但“比较教育”之后加不加“学”，还是有所分别的。

首先，来看专业称谓。1981年11月3日，国务院批准的“高等师范院校首批硕士学位授予单位及其学科、专业名单”中，北京师范大学、华东师范大学的“比较教育”专业榜上有名。这是比较教育在中国的学科制度化历程中首次得到官方确认。事隔不足3年，到了1984年，“比较教育”在官方文件上的名称便有所更改。在该年1月13日国务院批准的“高等师范院校第二批博士学位授予单位及其学科、专业和指导教师名单”以及“高等师范院校第二批硕士学位授予单位及其学科、专业名单”中，专业名称“比较教育”悄然换成了“比较教育学”。[18]

其次，来看“比较教育”和“比较教育学”在著作名中的使用。在著作中，“比较教育”与“比较教育学”两个词经常等同使用或者说混用。不过如果我们把20多年来我国学者编著出版的、以此为名的著作相比照，仍能发现中国学者在实际运用中对这两个名词的区分。从1978年至2004年，以“比较教育”或“比较教育学”命名的著作主要有以下几部，按照其内容与名称的关系，将它们划分为两类（详见表1)。如果把这两类著作的著作名、内容特点、出版时间结合在一起分析，可以看出：第一类多以“比较教育”命名，内容多为各国教育的并置，既有20世纪80年代，也有20世纪90年代的作品；第二类多以“比较教育学”命名，内容多为比较教育学科基本问题的探讨，多是20世纪90年代的作品；以“比较教育”命名的著作侧重于“比较”，以“比较教育学”命名的著作侧重于“学”。

表 1　1978 年～2004 年间以“比较教育”或“比较教育学”命名的我国学者出版的著作分类表

类别	著作名	编著者	出版社	出版年
一	《比较教育》	王承绪，朱勃，顾明远	人民教育出版社	1982
	《比较教育史略》	朱勃	广东高等教育出版社	1985
	《比较教育教程》	成有信	北京师范大学出版社	1987
	《比较教育学》	吴文侃，杨汉清	人民教育出版社	1989
	《比较教育基础》	张维平、张诗亚	辽宁大学出版社	1991
	《比较教育学》	安双宏、白彦茹	哈尔滨工业大学出版社	1997
	《比较教育》	王英杰	广东高等教育出版社	1999
二	《比较教育学》	高如峰，张保庆	上海外语教育出版社	1992
	《比较教育学》	冯增俊	江苏教育出版社	1996
	《比较教育导论》	顾明远、薛理银	人民教育出版社	1996
	《比较教育学史》	王承绪	人民教育出版社	1999

再次，“比较教育”和“比较教育学”的对应英文词组也是不一样的。“Comparative Education”这个词组是最常用的，因为“education”本身就具有“教育”“教育学”的双重含义，中国学者常用它既指“比较教育”也指“比较教育学”。① 不过，在一般意义上，“education”更强调系统正规的教育训练活动，其为“学”之意并不明显。“Comparative Pedagogy”这个词组也比较常用，中国学者用它仅指“比较教育学”。②“pedagogy”意为“教授学”，比“education”更有专业、学科的意味，特别是后缀“-logy”，起到强调和凸显学科知识的逻辑系统性的功效。但“pedagogy”更多地指向与具体教学过程、教学方法有关的学问，其含义是“关于教学的科学”。显然比较教育学的研究对象并不局限于此。“Comparative Educology”是一个新词，因

① 详见顾明远．教育大辞典（第 12 卷）[Z]．上海：上海教育出版社，1992；卫道治．英汉教育词典（修订版）[Z]．武汉：湖北教育出版社，2001；周南照，张学忠．英汉教育词典 [Z]．北京：科学出版社，2003.

② 详见顾明远．教育大辞典（第 12 卷）[Z]．上海：上海教育出版社，1992；卫道治．英汉教育词典（修订版）[Z]．武汉：湖北教育出版社，2001；周南照，张学忠．英汉教育词典 [Z]．北京：科学出版社，2003.

为“educology”本身也是个新词。据学者考证，“educology”一词最早是1951年由美国的哈丁（L. Harding）教授因不满于“education”一词的含糊多义而创造的，用来表示“关于教育的知识体系”。[19] 1984年，斯坦纳在她提交给世界比较教育大会的论文《比较教育学：回答比较教育追问的一个联结性概念》（Comparative Educology：a Bridging Concept for Comparative Educational Inquiry）中，首次运用“Comparative Educology”这一术语来指代“比较教育学”。随后，西班牙学者何塞·加里多、阿根廷学者奥利韦拉在论文中都赞同使用这一概念。这一概念突出了“学”（logy）的精神，既弥补了“Comparative Education”含义不明、有损比较教育学研究地位的缺点，又超越了“Comparative Pedagogy”的狭义内涵。中国比较教育学者将它也译作“比较教育学”。[20]

从上述对称谓的分析来看，“比较教育”更多地指涉研究领域，“比较教育学”则明确指涉一门学科。尽管“比较教育”为我们所常用，但在使用时我们常常是出于它的文字简练、意义宽泛，而并未对它指“领域”还是“学科”作认真区分。只有在专门把它作为一门学科来讲的情境下，我们才专门挑选“比较教育学”这个字眼。因此可以这么总结，“比较教育”多数情况下指研究问题归属的领域，“比较教育学”则更突出强调这个领域具备“学科”身份。

（三）

或许，争论的起源在于概念不清或标准不明。

究竟何谓“学科”，何谓“领域”？根据汉语词典的释义，学科的含义有：“唐宋时期科举考试的学业科目；按照学问的性质而划分的门类；学校教学的科目；军事或体育训练中的各种知识性的科目（区别于‘术科’的知识训练科目）。”[21] 上文学科论者使用的是第二、第三个含义，即“学问门类”和“教学科目”。汉语词典中“领域”的释义为：“深闭固拒；学术思想或社会活动的范围；一个国家行驶主权的区域。”[22] 显然，上文领域论者所谈及的“领域”用的是第二层含义，即“学术思想或社会活动的范围”。由此来看，“学科”与“领域”有两个主要区别。区别之一是涵盖的范围：学科肯定是一个研究领域，一个研究领域却不一定是一门学科；一个研究领域既可以小于一门学科，成为学科内部的研究领域，也可以大于一门学科，成为跨学科的领域。区别之二是制度化水平：学科是规范的、制度化的，领域是不规范的、松散的；学科是高水平的发展状态，领域是低水平的发展状态。

这使问题变得更加清晰：我国比较教育学界的“学科”与“领域”之争，实际上是“学科”与“非学科”之争，争论的中心不在于它是否是一个“研究领域”，而是它算不算一门“学科”。是学科，非学科？问题的关键在于对“学科”含义之一“按照学问的性质而划分的门类”的理解。一、如果我们认为“按照学问的性质而划分的门类”是一种制度的话，那么，比较教育算作一门学科当之无愧。在我国，比较教育不仅在解放前就已经成为师范院校的必修课程，在改革开放之后，还成为按照学问性质而划分的门类，作为二级学科被归为“教育学”一级学科之下。并且，不论是国内还是国际上，它都有常设的学术组织和定期的学术会议。学者谷贤林运用《开放社会科学》中提出的衡量“学科”的四个制度性标准对比较教育的性质加以甄别，认为比较教育在四个指标上都已达标。[23]二、如果我们认为“按照学问的性质而划分的门类”是一种逻辑知识体系的话，那么，比较教育算不算一门学科就产生了分歧。而这一点正是我国比较教育学界“学科”“领域”之争的实质所在。

比较教育是不是一个逻辑知识体系？这涉及到比较教育的研究对象、方法、概念、体系等多方面内容。吴文侃、杨汉清先生认为，比较教育以特定时空范围的教育制度和教育问题作为研究对象，比较法是其主要方法，这是它区别于教育科学的其他分支学科的特点，也是比较教育学能从教育学中分化出来成为一门独立学科的客观根据。[24]高如峰等认为比较教育学是一门独立的学科，原因在于，它确立了研究对象，建立了研究理论、原则、方法、方法论，研究成果也有了一定的丰富与积累，还能适应时代发展并对社会产生一定的推动作用。[25]“学科论”者以研究领域和研究方法的独特性为标准，认为比较教育是一门独立的学科。然而有意思的是，“领域论”者运用了同样的标准来评价比较教育，却得出了相反的结论。后者认为比较教育没有独特的方法、概念和理论体系，只能是一个学术研究领域而已。用同样的标准评价同一对象，为何得出相反的结论？在笔者看来，这正是作为“软”科学的比较教育在标准与评价之间留下了"价值判断"的空隙所致。即使用同样的标准去认识同一个对象，只要评判者的价值立场不同，就会得出迥异的结论。标准，在价值面前不具有绝对可信的执行力。

的确，真理越辩越明。"学科"、"领域"之争，虽然没有最终获得认识上的统一，但通过辩争，却使我们清楚了：在什么层面上，比较教育可以被理解成一个学科，又在什么层面上，它可以被理解为一个研究领域。

（四）

分析至此，似乎可以心安了。然而，一个仍然让人心生疑虑的问题是，如果否定了"学科"的存在，我们比较教育学者的安身立命之所又在哪里？在资源争霸的年代，仅仅一个"领域"之谓不足以带来专业知识生产的安全性。"学科"的制度化意义不仅在于它能给知识生产树立安全的制度篱幛，还在于它能够给比较教育学者提供一个基于"学科"的、对自身社会价值的心理认同。因而，不论是从前者出发还是出于对后者的考虑，确认比较教育的"学科"身份都是必要而有益的。在此，本文就比较教育的为"学"基础作进一步探讨，尝试提出一点自己的粗浅看法。

不管是学科还是领域，比较教育作为一种知识域已经历史和现实地与社会实践发生了并继续发生着千丝万缕的联系。这种联系正是比较教育成为"学科"的根基所在。我们可以把比较教育这个知识域与社会的联系粗略地分为三种：社会对比较教育知识域的制度化认同，也就是"学科"的外部制度性存在；比较教育知识域作为系统学问而存在的自身逻辑体系，即"学科"的内部逻辑性存在；比较教育知识域对社会现象和问题的解释、解决能力，即"学科"的对外功能性存在。正是基于这三点，我们可以判断比较教育或为"学科"或非"学科"；而这三点能否妥善解决，也直接关系到比较教育的"学科"身份危机在现实中的产生或消解。

外部制度性存在，即社会对比较教育知识域的制度化认同，是比较教育成为"学科"的外在前提。当然，如果事先没有比较教育的知识生产，社会也无从对这一知识域进行制度化认同，但是，如果没有社会的制度化认同，比较教育知识域就永远无法走上成"学"之路。制度化存在是包括比较教育在内的任何学科发展的重要条件：有专业的学术期刊、著作与会议，才能保证比较教育话语传播的通畅；有明确的课程设置与专业研究生培养，才能实现比较教育知识的薪火相传。20 世纪中国比较教育的曲折发展历程也说明了，比较教育研究活动总是随着它的制度化进程的波折起伏，或停顿或发展。因此，制度性存在是比较教育为“学”之根本。皮之不存，毛之焉附？制度性存在受到威胁，比较教育就会产生学科的制度性存在危机。

内部逻辑性存在，即比较教育知识域的自身逻辑系统性，是比较教育成为“学科”的内在机理。独特的研究对象和方法并不是判断“学科”的根本标准，基本概念及其所构成的理论体系才是“学科”的基础。正如其母学科教育学一样，尽管比较教育没有独特的研究对象和方法，但这并不是导致比较教育内部逻辑缺失的原因。常道直先生半个世纪之前就曾说过，“世间实在没有一种自足而无待外求之学术，教育既以人类全体经验（全部文化资产）为其取材范围，故与其他学科之关系，自然倍觉亲切，而事实绝对不会伤害教育学术之独立性”。[26]当然，我们需要清醒地认识到，当前的比较教育学的确存在一定的缺陷。比较教育概念、理论体系的匮乏，常使它难以成为一个逻辑上自证、有一定系统整合性的知识域，也限制了它更好地发挥“学科”对社会现象的认识和解释功能。比较教育学要保持并强化其独特的学科地位，最为重要的是加强学科建设，而构建理论框架是学科建设的关键。[27]丧失了内在的逻辑系统性，比较教育就难以在学科之林中以“学”立足，就会产生学科的逻辑性存在危机。

对外功能性存在，即比较教育对社会现象的解释、解决能力，是比较教育成为“学科”的应有之义。比较教育是否发挥了这种功能呢？有学者认为，自改革开放以来，我国比较教育一直为社会发挥着不可替代的作用：直接或间接地为国家教育行政管理部门的决策提供国外教育改革的资料、经验与建议；为全国的教育理论界提供了大量的原始资料和学术成果；为广大的教育工作者提供了大量的可资借鉴的国外教育理论和经验。[28]也有学者不以为然，认为比较教育既没有有意识地利用自己所研究的成果或创造的话语来解释当前的教育问题，也没有为比较教育之外的其他学术领域提供可消费的学术观点。[29]两种观点都有道理，区别在于二者的评判标准不同。正如前者所说，从中国比较教育发展史来看，比较教育研究的确给社会、其他学科贡献了许多知识，甚至实实在在地影响了政策制定者、教育实践者、教育研究者的观念和行动。但是，这些功能的发挥都是靠比较教育作为材料提供型学科、靠零敲碎打获得的知识片断贡献给社会的；概念、理论体系的匮乏使得比较教育难以成为观点提供型学科，难以更深入有效地认识并解释社会现象，这是后者给出的警醒。

制度性存在、逻辑性存在、功能性存在，是比较教育知识域与社会联系的三种方式，也是其成为“学科”的三个基础。三个基础不稳固，就会相应地产生三种危机，即制度性存在危机、逻辑性存在危机、功能性存在危机。这三种危机在比较教育发展史上都曾发生过，由于三个基础之间相互联系，因此三种危机往往不是独立发生，常常表现为一种引发另一种，甚至互为因果。比如，对于20世纪70～80年代的欧美比较教育来说，它经历了由功能性存在危机引发逻辑性存在危机、制度性存在危机的过程。20世纪60年代后期及70年代的经济大萧条和社会动荡使公众对教育、比较教育的功能和价值产生怀疑，比较教育的功能性存在危机产生了。功能性存在危机点燃了制度性存在危机，比较教育研究经费开始大幅压缩，研究机构迅速削减。多米诺骨牌效应仍未至此停止，接着又引发了逻辑性存在危机。这时，大批学者开始反思学科的逻辑体系，对比较教育学科的领域、方法、功能重新认真检视，从而产生了20世纪80年代关于比较教育学科身份的大讨论。当然，这场大讨论并没有最终达成一致认识，恰恰相反，形成了多种学派，促发了比较教育社会科学方法及其“后”学时代的来临。不过，与20世纪70～80年代欧美比较教育危机相比，中国比较教育身份危机的起因和表现截然不同。对于20世纪50～70年代中国比较教育来说，它经历的是制度性存在危机。这次危机几乎是覆灭性的，但到了20世纪70年代中后期，它得以制度化地解决。20世纪80～90年代的中国比较教育“危机”则由另外一条路径启动：这次“危机”并非像欧美国家一样由本国社会对比较教育的功能认同引起，而是由于欧美比较教育学界的“身份危机”大讨论传播至我国，引发了我国比较教育学界对学科的逻辑性存在、功能性存在的“危机意识”。我们并没有遇到真正的危机，我们的比较教育研究成果依然受到社会的欢迎，从不断增多的学科研究机构、日益庞大的从业人员队伍，以及名列前茅的论文转载率等种种迹象中，都可窥其一斑。我们所谓的危机是在看到发达国家比较教育发展出现危机之后而产生的自我危机感。等到有一天，社会不能容忍我们再进行这样的研究时，真正的功能性危机才出现；并且，目前这种“危机感”还没有广泛的“群众基础”，学界缺乏对学科进行反思的集体意识，这种状况也必然导致了我们至今还没有产生20世纪80～90年代西方比较教育理论界的繁荣景观。

因而，不论是中国还是世界，只有在保证外部制度性存在的前提下，继续巩固内部逻辑性存在和加强对外功能性存在这两个根基，比较教育的为“学”之路才会越走越宽广。

参考文献：

[1] 张天恩．第四次全国比较教育学术年会纪要：闭幕词［J］．外国教育，1983（6）：45．

[2] 王承绪．从国外比较教育学科的发展现状看我国比较教育教学中的若干问题［J］．杭州大学学报（社会科学版），1979（4）：5．

[3] 王承绪，朱勃，顾明远．比较教育［M］．北京：人民教育出版社，1982：1．

[4] 中国大百科全书出版社编辑部．中国大百科全书·教育卷［Z］．北京：中国大百科全书出版社，1985：20．

[5] 沈煜峰．关于比较教育学理论体系的思考［J］．外国教育，1985（1）：24．

[6] 成有信．比较教育教程［M］．北京：人民教育出版社，1987：9．

[7] 商继宗．中小学比较教育学［M］．北京：人民教育出版社，1989：8．

[8][25] 高如峰，张保庆．比较教育学［M］．上海：上海外语教育出版社，1992：39—43，39．

[9] 滕大春．迎接二十一世纪的比较教育［J］．比较教育研究，1996

(2)：1.

[10] [23] 谷贤林．关于比较教育若干问题的探讨 [J]．比较教育研究，2003 (7)：6—7.

[11] 刘卫东．中国比较教育危机之我见 [J]．比较教育研究，1995 (3)：32.

[12] 马骥雄．比较教育学科的重建 [J]．高等师范教育研究，1989 (5)：63.

[13] [27] 吴定初．关于教育研究中“比较”的若干概念辨析 [J]．教育评论，1999 (1)：26—27，27.

[14] 顾明远．教育大辞典（第12卷）[Z]．上海：上海教育出版社，1992：3.

[15] 冯增俊．比较教育学 [M]．南京：江苏教育出版社，1996：118.

[16] 朱旭东．比较教育研究的学术制度化和规范化 [J]．比较教育研究，1999 (6)：14.

[17] 顾明远，薛理银．比较教育导论——教育与国家发展 [M]．北京：人民教育出版社，1996：15.

[18]《当代中国》丛书教育卷编辑室．当代中国高等师范教育资料选（上册）[Z]．上海：华东师范大学出版社，1986：272—277，280，282—285.

[19] 瞿葆奎．当代西方教育学的探索与发展 [J]．教育研究，1998 (4)：10—11，16—17.

[20] [阿根廷] 奥利韦拉．比较教育：什么样的知识？[M] //赵中建，顾建民选编．比较教育的理论与方法——国外比较教育文选．北京：人民教育出版社，1994：309—331.

[21] 汉语大词典编辑委员会．汉语大词典（第4卷）[Z]．上海：汉语大词典出版社，1989：245—256.

[22] 汉语大词典编辑委员会．汉语大词典（第12卷）[Z]．上海：汉语大词典出版社，1989：282.

[24] 吴文侃，杨汉清．比较教育学 [M]．北京：人民教育出版社，

1989：6—7.

[26] 常道直. 关于教育学系课程的根本理论 [J]. 高等教育季刊，1942，1 (4)：151.

[28] 谷贤林. 关于比较教育若干问题的再探讨 [J]. 外国教育研究，2004 (7)：36.

[29] 朱旭东. 民族—国家和比较教育研究 [J]. 比较教育研究，1999 (2)：3.

（本文发表于《比较教育研究》2011 年第 2 期。作者生兆欣，时属单位为南京师范大学教育科学学院）

十五、论比较教育的开放性及其限度

“划界”对于学科发展及地位提升具有重要的意义，因此“每一个学科都试图对它与其他学科之间的差异进行界定，尤其要说明它与那些在社会现实研究方面内容最相近的学科之间究竟有何分别”。[1]然而，过度的强调学科边界在一定程度上也会限制学科的发展，特别是在当代科学发展越来越走向交叉与综合的背景下就更是如此。王长纯教授曾指出：“传统的边界僵硬，画地为牢的学科帝国主义的做法不利于人类社会的可持续发展，也不利于新兴学科的发展。”[2]作为一门不足 200 年历史的新兴学科，比较教育以其比较学科特有的开放性，以社会发展需求为导向，不断开拓学科前沿，不仅在教育改革与发展中发挥了巨大的作用，而且学科本身也日益繁荣。

(一) 比较教育的研究对象具有开放性

研究对象的明晰性是一门学科成熟的重要标志，但明晰性与开放性并不是矛盾的。也就是说，对于一些学科，它的研究对象既可以是明晰的，同时也可以是开放的。比较教育就是这样一门学科，这一特点甚至从其产生起就已经具备。在 1817 年，法国的朱利安（M. Jullien）在其著作《比较教育的研究计划和初步意见》中最早提出了“比较教育”的概念。这被认为是比较教育①诞生的标志，朱利安也因此被称为“比较教育之父”。“朱利安一开始就为比较教育学研究确立了一种广阔到几乎覆盖整个欧洲（并且在逻辑上有发展为全世界的可能性）的研究视野，然而却没有为这样一个广阔的视野明确奠定一个同一的理论视角；他给比较教育学开列了众多纷繁复杂的教育问题，但只是简单地把它们罗列在一张问卷中，而没有像其他一些学科的创始人那样，为这一系列问题的研究初步制定一个相对同质的理论框架；在着手构筑这一‘科学’大厦之初，他只是特别强调联系社会实际的考察、分析和比较的‘科学’研究方法，但是却似乎忘记了为这座‘科学’大厦奠定一块或两块（像教育学的创始人赫尔巴特那样）理论基石”。[3]这就是说，比较教育从一开始就没有像其他教育学科一样，将自己的研究对象“锁定”在一个固定或相对固定的对象上，而且也没有规定任何理论基础，这就为比较教育的研究带来了自由发展的可能，形成了比较教育研究对象开放性的源头。我国著名学者成有信先生认为：“比较教育学所研究的教育问题在时间方面是当代，在空间方面是全世界，在内容方面是全部理论和实际问题。”[4]日本学者冲原丰也认为，“比较教育学是以整个教育领域为对象”。[5]比较教育研究对象的开放性至少体现在以下三个方面。

首先，比较教育的研究对象在空间上具有开放性。法国学者黎成魁（L. T. Khoi）曾将比较教育的研究划分为三个层次：国与国之间的比较；国家内部的比较；超国家的比较。同时他还指出，在国与国之间的比较上，除了新近成立的国家不一定是最有意义的比较单元外，其他都可以成为比较的单元；而在国家内部的比较上，可以以空间为单位（如行政的、经济的、政治的等），也可以以种族为单元，还可以以制度为单元（如公立教育和私立教育等）；在超国家的比较上，可以是文化区域的比较，也可以是发达国家和发展中国家、资本主义国家和社会主义国家、主要地区间（如拉丁美洲和加勒比海地区、阿拉伯国家、亚洲、欧洲和北美洲等）的比较等。[6]这就是说，世界

① 目前国内学术界既有“比较教育”的说法，也有“比较教育学”的说法，但二者对应的英语表述都是“comparative education”，而且在很多著作中对两种说法并没有严格的区分。本文采用“比较教育”一词，后文涉及到的引文中也有使用“比较教育学”的说法，但我们认为与本文中的“比较教育”一词指称一致。

上任何国家、任何民族、任何种族、任何地区、任何组织、任何文化的教育都可以作为比较教育的研究对象。另外，比较教育目前还发展出两个研究领域："发展教育"和"国际教育"。前者主要研究教育在发展中国家所起的作用，包括一些研究计划和行动计划；后者包括对国际组织和机构的教育活动的研究以及跨国、跨境教育的研究等。这也可以认为是比较教育在空间上的开放性体现。

其次，比较教育的研究对象在时间上也具有开放性。一般认为，比较教育主要研究的是当代教育，这主要是由比较教育的借鉴目的决定的。我国著名教育家王承绪和顾明远先生就认为，"比较教育是对当代世界不同国家或不同地区的教育进行比较分析，找出教育发展的一般规律和特殊规律，为本国或本地区的教育改革作借鉴"。[7]由于"当代"是一个动态的概念，所以对于比较教育的研究来说，就不能固守于一定时期的教育领域，而应该始终保持一种开放的视野，对教育发展中的各种问题给予密切的关注与研究。从目前比较教育的研究现状来看，这一特点也非常明显。例如，很多新的教育理论和实践都是通过比较教育的研究，而得以迅速的传播与交流。

最后，比较教育的研究对象在内容上也具有开放性。对于比较的研究对象而言，在内容上既可以是教育理论，也可以是教育实践；既可以是教育制度，也可以是教育内容、教育方法等；既可以是德育，也可以是智育、体育、美育等；既可以是初等教育，也可以是中等教育、高等教育；既可以是公立教育，也可以是私立教育；既可以是学校教育，也可以是社会教育、家庭教育等。总之，任何教育问题、任何教育现象、任何教育理论、任何教育思想等都可以成为比较教育的研究对象。同时，教育问题的"条件、因素、共同性、差异性、趋势、必然联系和发展规律"等也是比较教育的研究对象。[8]这些均表明，比较教育的研究对象在内容上也具有开放性。

（二）比较教育的研究方法具有开放性

同研究对象一样，研究方法对一门学科的发展也具有重要意义。因为在传统的观点看来，是否具有专门的研究方法甚至成为判断一种研究能否取得学科身份的决定性因素之一。所以，自比较教育产生以来，对研究方法的探索就一直都没有间断过。例如，1817年朱利安在创建比较教育时就已经试图在建立它的研究方法了。他在《比较教育的研究计划和初步意见》一书中，建议构建系统的教育事实与观察，将之列于分析表中，然后进行对照和比较，从而推导出若干原理、一定规则，使教育成为近乎实证的科学。[9]同时，他还在该书中设计了两组问卷，其中A组包括120个问题，涉及初等和普通教育，B组包括146个问题，涉及中等和古典教育。[10]此后，法国的库森（V. Cousin）又建立了一个研究中等教育的含有5个论题的框架，即私立中学、公立中等教育的行政管理、中等学校的课程和内部运转、师资培训、毕业考试。他认为中等教育的大多数问题均可归入此框架中。[11]

进入20世纪以来，特别是50年代和60年代以来，比较教育的研究方法又取得了一些积极的进展。具有代表性的主要有英国的萨德勒（M. E. Sadler）及美国的康德尔（I. L. Kandel）和英国的汉斯（N. Hans）所建立的"因素分析法"、美国的贝雷迪（G. Z. F. Bereday）开创的"比较四步法"、美国的诺亚（H. J. Noah）与埃克斯坦（M. A. Eckstein）主张的"科学量化法"、英国的霍姆斯（B. Holmes）提出的"问题研究法"、英国的埃德蒙·金（E. King）的"教育洞察法"等。需要强调的是，尽管研究者们在动机上主要是试图为比较教育构建独特的研究方法，因为20世纪50年代和60年代，"对比较教育方法论的争论很激烈，谁在方法论方面有自己独特的观点，谁就能获得声誉"，[12]但是在这些方法中，除贝雷迪的"比较四步法"具有一定的独创性外，其余方法基本都是从别的学科借鉴而来。如"因素分析法"实际上是历史学方法的一种具体应用，"科学量化法"是社会科学中实证主义的一种应用，"问题研究法"是杜威（J. Dewey）和波普尔（K. R. Popper）哲学在比较教育研究中的应用，"教育洞察法"实际上是生态学方法的一种应用。这就是说，比较教育在追求独特研究方法的过程中反而促进了自身研究方法的开放性发展。这种开放性特征在20世纪80年代和90年代以来的发展中体现得更加明显。许多哲学、社会学、经济学、政治学、人类学、历史学等方法或方法论纷纷被运用于比较教育的研究中，如结构功能论、新马克思主义、教育人种志、质的研究、解释学方法、批判理论、女性主义、依附理论、后结构主义、后现代主义、后殖民主义、现象地图学等。任何有助于教育问题解决的研究方法，比较教育都可以拿来使用。“但是，这是不是说比较教育的方法完全与社会科学其他学科的方法等同，就不再探讨方法问题了呢？显然不是”。[13]因为比较教育在方法或方法论上的借鉴，从来都不是简单的“搬用”或“模仿”，而往往是在其适切性得到较为充分论证的前提下的一种应用。比较教育研究方法的这种开放性，不仅带来了比较教育研究成果的大量增加，而且也丰富了教育科学的研究。

除了“大胆借鉴”别的学科的方法或方法论外，比较教育研究方法的开放性还体现为，在比较教育学科发展中任何研究方法都没有取得支配性的地位，即使是那些具有学科特性的研究方法（如贝雷迪的“比较四步法”）也是如此。在当代，这种现象则更加明显，因为研究方法的多元化、综合化已经成为比较教育学科发展的一种重要趋势。这就意味着在比较教育的各种研究方法之中，并不存在孰优孰劣之分。从 20 世纪 50～60 年代到 21 世纪初，关于比较教育学科身份危机的讨论在一定程度上也与比较教育研究方法的这一开放性有关，因为比较教育不仅没有自己独特的研究方法，而且也没有一种占支配地位的研究方法，即便是借鉴别的学科的研究方法。这从传统的学科标准观点来看，比较教育的学科地位自然就值得怀疑。尽管在当代，对于比较教育的学科身份仍有学者持怀疑或否定态度，但是比较教育因为研究方法的开放性而取得的成果却是不可怀疑，不可否认的。因为对于比较教育来说，“借鉴”始终是比较教育的一个目的，这就决定了比较教育不会在研究方法上“纠缠”过多，而是把精力更多地集中在运用已有的一些学科的成熟的研究方法来解决现实的问题。正如英国学者埃德蒙·金所言，在比较教育研究中，“技术、方法甚至‘方法学’，只是为了一个实际的目的。技术或方法本身只有暂时的和有条件的意义；而且它总是要逐渐过时的。重要的是内容，不是魔术。要掌握内容，任何可行的方法都可接受”。[14]

(三) 比较教育的研究者具有开放性

比较教育研究对象的开放性和研究方法的开放性，决定了比较教育研究者的开放性。对于研究对象相对具体、相对固定的学科来说，其历史发展一般都有一个比较明晰的线索，该类学科的发展大体上是一个螺旋上升的过程，或者说它们的发展基本遵循的是“肯定—否定—否定之否定”的辩证逻辑。比较而言，比较教育由于没有相对固定的研究对象和占主导地位的研究方法，其发展没有像一般学科那样，是一种螺旋上升的过程，而是一种“灌木式生长”的过程。这在比较教育近200年的发展历程中表现得非常明显，因为在各个阶段的比较教育代表人物中，我们很难找出他们之间明确的继承与批判关系。也就是说，他们都是各自从某一方面或某些方面拓展了比较教育的研究领域，他们之间在纵向上不存在一个共同探讨的主题。这实际反映出比较教育研究者的一种开放性特征，即对于每一个从事比较教育研究的学者来说，重要的不是对已有研究成果的修正或批判，而是如何丰富比较教育的研究领域以及如何解决现实中新出现的问题，虽然已有的研究成果并不是没有缺陷。在比较教育的发展中，研究者之所以保持这样的开放性，实际上与比较教育的研究目的不无联系。我们知道，比较教育的一个重要研究目的就是“借鉴”，这就使得研究者必须对现实问题给予及时的关注，必须使自己的研究与时俱进。如果一直使自己停留在一些旧的问题上，那么也就不属于比较教育研究了。正如澳大利亚学者琼斯（P. E. Jones）所强调的：“记住这一点是很明智的——比较教育的任何研究重点都是随着时间、地点和环境的变化而变化的。”[15]关于这一点，我们甚至不需要去梳理有关比较教育杂志上的文章以及比较教育的著作，而只需要对历届比较教育年会的主题（不管是世界性的，还是地区性的、全国性的）简单分析就可以看出。这些主题，可以说没有一个不与当时的热点教育问题有关。正是因为比较教育的这种学科特性，在其历史发展中，研究者之间彼此批判的一面相对比较少，而和谐的一面相对较多。当然，这并不意味着别的学科的研究者就不具备这样的开放性，这仅仅是不同学科的不同发展取向而已，它并不是一种价值判断。

除了上述纵向维度上的开放性外，比较教育的研究者在横向维度上也表现出明显的开放性。

首先，比较教育的研究者一般都具有较为开放的研究视野。一方面，具有开放的视野是进行比较教育研究的基本前提。例如，比较教育的研究者一般都要求尽可能掌握丰富的知识，包括历史、政治、经济、文化等，同时还需要至少掌握一门外语，这样才能更好地进行自己的研究。可以说，没有开放的视野，很难把比较教育研究做好。正如朱勃先生所指出的："研究比较教育的人，除教育学科外，应具有至少一门、最好两门以上社会学科的知识与分析综合的独立工作能力。因为比较教育研究的任务在于集中几门人文学科和社会学科的成果应用于各国教育的研究，它跨越了几门学科的范围。"[16]另一方面，比较教育研究反过来又可以促进研究者视野的进一步开放。例如，在进行比较教育的研究过程中，研究者需要查阅大量的文献，特别是一些最新的文献，同时还需要分析影响教育的各种因素，因为"校外的事情甚至比校内的事情更重要"。[17]这样通过研究，研究者对所研究的国家、地区就会有一个更加深入的了解。另外，"比较教育是国际（跨文化、民族间）教育交流的论坛"，[18]所以研究者相对有更多的对外交流机会，这在一定程度上也扩大了他们的视野。

其次，比较教育研究者一般都具有开放的研究领域。目前，比较教育的专业特性还不是很明显，在某种程度上它更像是一个综合学科，或如我国台湾学者林清江所言，比较教育是"介于教育、社会科学及国际研究之间的一门学科"。[19]所以，从事比较教育的研究者一般都会选择另外一个或几个相关的专业作为自己的附属甚至主要研究方向，或是通过比较教育的研究而转向别的教育类专业的研究。正是在这种意义上，比较教育有时也被认为是一种"研究方法"。[20]此外，比较教育研究不管采用哪一种方法，最终都需要进行相关的比较，而进行比较的前提之一，就是需要对所涉及的相关学科有一个了解（例如，从事比较高等教育研究的学者首先就必须对高等教育学有所了解），否则比较教育研究就很容易沦为"教育的比较"，即简单地指出相比较对象的异同（这实际上不是严格意义上的比较教育研究）。正因为如此，我们可以看到，对于比较教育的大多数研究者来说，他们一方面可以很方便地转向其他教育类专业的研究，另一方面他们也不会局限于比较教育的研究，而是同时也进行其他专业的研究。

最后，比较教育研究者一般也具有开放的研究意识。尽管大多数比较教育研究者都具有较为开放的研究领域，但是由于很多现实问题涉及很多方面，所以单靠个人的力量很难取得高质量的研究成果，这就客观上要求比较教育研究者随时根据需要组成一个学术团队，彼此相互合作，从而取得预期的成果。再者，对于一些重大的课题，没有合作就不可能顺利完成，特别是涉及多国教育的比较研究。因为比较教育很重要的一点就是需要尽可能地掌握最新的资料，这就要求研究者的外语水平必须熟练，但是一般研究者不可能掌握很多种外语，也不可能熟悉多个国家的教育发展情况，因而集中研究团队的力量就成为一种必然。在这样的一种研究氛围中，研究者的开放意识自然就会得到加强。

(四) 比较教育开放性的限度

王长纯教授曾经指出："在世界教育改革与发展日益深入的情况下，需要改变传统学科划分的一些陈腐僵化的观念，建立开放的教育科学、开放的教育学科新体系，以有利于教育学科的发展与教育实践的创新。"[21] 正是由于比较教育在研究对象、研究方法和研究者等方面都具有开放性，才使得比较教育在学科身份质疑下仍然取得了很大的发展，其不可替代性也逐渐被学界所认可。承认比较教育学科的开放性，以开放的态度选择研究问题、研究方法，以开放合作的心态开展研究，是比较教育发展的必由之路。

当然，比较教育的开放性并不意味着它就是一门没有边界的学科，其开放性也是有限度的。正如我国著名教育家顾明远先生和薛理银博士所言，比较教育的研究对象是"教育的整个领域"，"然而，它不是，也不可能无所不包。一项教育研究（以现当代教育为中心）在它的主体、客体和参照系统等三个要素中，只要有一个与其他两个不属于同一个国家（或同一种文化），那么我们就可以把它看做比较教育研究"。[22] 超出这个边界的教育研究，便不能算作比较教育的研究了。同时我们还应该认识到，比较并不是简单的事实并列和比较，比较教育历来强调学校外部发生的事情比内部的事情更重要，强调对教育问题进行历史的、政治的、经济的、文化的分析。对此，王长纯教授就曾指出，比较教育中的"比较"，"并不是一般方法上的比较，它是一种观念，一种国际教育观念；一种意识，一种全球意识；一种超越，一种对本国教育的超越。'比较'也是教育研究者的一种基本立场，一种面向世界、走向世界的基本立场。这种'比较'是贯穿比较教育研究始终的灵魂。离开了这种意义上的'比较'，比较教育学科的意义便丧失了，取而代之的则是其他学科研究领域的开始”。[23]饶从满教授也曾撰文指出：“比较教育不在于‘比较’，而在于‘汇通’”，所以“判断一篇文章、一部著作是否在学科上属于比较教育，不在于它是否在命题及内容中使用了‘比较’两字，也并不意味比较视野下的直接研究对象必须至少是两个事实或现象，或一个事实的两个发展时期，而在于评定研究主体是否把比较视野作为研究展开的本体，是否对他所研究的民族或国家的教育或教育与其他相关学科进行了体系化的、内在性的汇通。”[24]从他们的阐述中，我们可以看出比较教育在深度上的边界。

同时，比较教育的边界是随着时代的发展和教育改革与发展的需要而不断拓展的，在一定意义上讲又是一个无止境的疆界。例如，近年来，随着国际教育交流与合作的日益深入和国际组织作用的增大，国际教育逐渐成为比较教育的一个重要领域。在将来，比较教育也不能一味固守其现在的边界，而应该根据社会发展和学科发展的需要不断拓展学科的前沿。只有这样，比较教育才会保持活力和生命力，也才更能发挥它在知识创新和服务教育改革中的作用和价值。

参考文献：

[1]［美］华勒斯坦等．开放社会科学：重建社会科学报告书［M］．刘锋，译．北京：生活·读书·新知三联书店，1997：32.

[2]［21］［23］王长纯．和而不同——比较教育的哲学沉思［M］．北京：首都师范大学出版社，2002：27，28，56.

[3]项贤明．比较教育学的文化逻辑［M］．哈尔滨：黑龙江教育出版社，2000：3.

[4]［8］成有信．比较教育教程［M］．北京：北京师范大学出版社，1987：10，12.

[5]［日］冲原丰．比较教育学新论［M］．吴自强，编译．南昌：江西教育出版社，1986：5.

[6]［法］黎成魁．比较教育［M］//赵中建，顾建民选编．比较教育的理论与方法——国外比较教育文选．北京：人民教育出版社，1994：5.

[7] 王承绪，顾明远. 比较教育（第3版）[M]. 北京：人民教育出版社，1999：23.

[9] [法] 马克·安托尼·朱利安. 关于比较教育的工作纲要和初步意见[J]. 王晓辉，译. 比较教育研究，2004（12）：21.

[10] [11] 王承绪. 比较教育学史 [M]. 北京：人民教育出版社，1999：22，41—45.

[12] [18] [22] 顾明远，薛理银. 比较教育导论——教育与国家发展[M]. 北京：人民教育出版社，1998：15，32，15.

[13] 冯增俊. 比较教育学 [M]. 南京：江苏教育出版社，1996：205.

[14] [英] 埃德蒙·金. 别国的学校和我们的学校——今日比较教育[M]. 王承绪等，译. 北京：人民教育出版社，2001：546.

[15] [澳] 菲利普·E·琼斯. 比较教育：目的与方法 [M]. 王晓明等，译. 北京：春秋出版社，1989：11.

[16] 朱勃，王孟宪. 比较教育的研究方法 [M]. 北京：教育科学出版社，1984：前言.

[17] BEREDAY G Z F. Sir Michael Sadler's "Study of Foreign Systems of Education" [J]. Comparative Education Review，1964，7（3）：310.

[19] 林清江. 比较教育 [M]. 台北：五南图书出版公司，1985：3.

[20] 方永泉. 当代思潮与比较教育研究 [M]. 台北：师大书苑有限公司，2002：自序.

[24] 饶从满，付轶男. 中国比较教育的问题与出路 [J]. 外国教育研究，2005（2）：13—14.

[17] [26] [32] ユルゲン・シュリーバー編著. 比較教育学の理論と方法 [C]. 馬越徹，今井重孝監訳. 東京：東信堂，2000：14，8，11—13.

[18] [25] 赵中建，顾建民选编. 比较教育的理论与方法 [M]. 北京：人民教育出版社，1998：297，90.

[19] [20] [21] [22] [23] [英] 埃德蒙·金. 别国的学校和我们的学校——今日比较教育 [M]. 王承绪，邵珊等，译. 北京：人民教育教育社，2001：20，41，534—535，533，25.

[24] [27] 罗婉明. 比较教育两大主流模式 [J]. 比较教育研究，2007 (4)：23，23.

[28] 钟亚妮. 霍姆斯与埃德蒙·金比较教育理论的哲学基础之比较 [J]. 比较教育研究，2004 (12)：12.

[30] 卢晓中，喻春兰. 当代比较教育学方法论的发展趋向 [J]. 华南师范大学学报（社会科学版），2005 (4)：105.

[31] 转引自薛理银. 当代比较教育研究方法论研究——作为国际教育交流论坛的比较教育 [M]. 北京：首都师范大学出版社，1993：135.

（本文发表于《比较教育研究》2011 年第 4 期。作者刘宝存、张永军，时属单位为教育部人文社会科学重点研究基地北京师范大学比较教育研究中心、北京师范大学国际与比较教育研究院）

十六、比较教育学：内涵重构

（一）问题的提出

本人有幸参与了《国家中长期教育改革和发展规划纲要（2010～2020）》的教师队伍建设前期研究工作，在参与研究中，有一项工作是必须要做的，那就是国际比较，它令我深入思考比较教育学在政策制定、理论建构、实践应用中的价值问题，这就是本文思考写作的一个大背景。本文标题中有一个大概念，即“比较教育学”，它已经在比较教育研究领域广泛讨论过。尽管学者们对这个概念的建构上有一些差异，例如，“比较教育学是以整个教育领域为对象，对当代不同国家或地区的教育进行跨文化比较研究，探讨教育发展规律及特定变现形式，借鉴有益经验，推动本国或本地区的教育改革和教育研究的一门科学”。[1]也有学者认为，“比较教育学是人类教育活动的一个研究领域，也是一种独特的教育方法，同时，还是一门具有独立学术地位的教育学科”，[2]但这样的概念仍然没有揭示出比较教育学独特的概念内涵。本文基于比较教育学既是一门学科，又是一门科学的前提，对“何谓比较教育学”这个基本问题进行重新理解，从比较教育学学科研究对象、学科独立性、学科存在依据、学科研究方法、学科概念和理念体系等方面来重建比较教育学概念的内涵。

（二）比较教育学：探求以民族国家教育知识为研究对象的一门学科和科学

本文也认为比较教育学是一门学科和科学，但它是探求民族国家教育知识的一门学科和科学。基于对学科的理解，教育研究是获得教育知识的一种途径，比较教育研究是获得民族国家教育知识的一种途径。教育研究的理论明确提出，通过发展知识来推动教育实践是教育研究的目的，同样通过发展民族国家教育知识来推动各国教育实践是比较教育研究的目的之一。同时，教育者理解教育过程，必须做出专业决定。这些决定将会对包括学生、教师、家长，最终是社区和国家等在内的对象产生直接和长期的影响。问题是教育者如何获得对教育的理解而做出决定呢？理解教育和做出教育决定的信息来源很多，包括个人经验、专家观点，传统、直觉、常识和有关对与错的信念，所有这些来源在一定情景中都有其合法性，然而在另一情景中却有可能成为做出教育决定的一种偏见，甚至会产生偏差，而研究会系统地描述或测量现实，它是比个人自身经验、信念或直觉要好得多的知识根源，所以研究会成为教育信息和知识有价值的根源。教育研究要对教育知识和教育实践发挥作用，而教育中开展的许多研究都在创造教育知识，因此教育研究也被称为科学探索和学科化探究（社会科学）。[3]比较教育研究创造民族国家教育知识，它具有典型的学科化研究的特征，即“比较教育研究是利用定量和定性路径的科学的和学科化的探究”。[4]于是，我们可以认为，比较教育学从学科研究对象上说是探寻民族国家教育如何发生、发展的根源，探讨民族国家教育表现形态、类型，研究各民族国家教育培养人的模式、机制的一门学科。这是比较教育学的性质和研究对象。

任何一门学科还需要成为一门科学。比较教育学是一门探求民族国家教育知识的科学。比较教育学是一门科学，而科学也有其内在的逻辑，我们借用其他学科是一门科学的辩护[5]认为，比较教育学满足“科学的目标是通过审慎的、规范的方式理解世界”的要求，它也是以审慎的、规范的方式理解民族国家教育的；“证明是科学接受某一理念的必要条件，并且这种证明必须是经验的”，比较教育学对民族国家教育的证明也必须是经验的，因为“证据必须是通过人类的感官能够收集的……经验观察是证明的基础……实验、调查、访谈、个案研究、数据分析。因此，其研究结果必须是可观察的，可与他人共享的”。经验观察也是比较教育学证明民族国家教育的基础。比较教育学也认为，“科学应当被认为是一个学术共同体，学者们相互检视、批判对方的工作，不断辩论，以此建构知识主体”，因此比较教育学也是以学术共同体为组织制度的，它必须“建构知识主体”，即民族国家教育知识主体。当然，比较教育学要追求“科学尝试一般化”，并“尝试对事件进行解释”，也就是对民族国家教育的一般化，对民族国家教育事件进行解释，发展出解释民族国家教育因果关系的理念。由于比较教育学是一门科学，而科学的终极目的是理论的产生和检验，显然比较教育学的终极目的是比较教育理论的产生和检验。科学研究的原理告诉我们，一种理论要预测或解释自然，理论和检验是科学探索的核心；一种理论要在科学知识发展中有价值的话，必须满足一定的原则，科学是一个已确立的知识体，而“科学的”是指知识产生的方法，科学的方法是一种有序的研究过程。在科学方法中典型的步骤包括：界定一个问题（problem）、陈述要检验的假设、收集和分析数据、解释结果和对问题做出结论。[6]显然，比较教育研究也遵循这种过程，通过这种过程，科学地产生民族国家教育知识。研究是获得知识的一种方式，而获得知识的方法有很多种，如实验研究、调查研究、内容分析研究、质性研究、历史研究，还有因果比较研究。也就是说，比较研究是获得知识的一种方法。为此，我们完全可以理解为，比较教育学是因知识而存在，比较教育研究是获得民族国家教育知识的一种方法，它也是一种实证科学。

总之，需要我们通过比较教育学来建构民族国家教育知识，通过比较教育的科学研究达到民族国家教育知识的可靠性和准确性。

（三）比较教育学：由比较而获得知识的学科存在体现其独特性

任何一门学科都具有其学科体系中存在的独特性。比较教育学是探求民族国家教育知识的一门学科和科学，它因知识而独特地存在着，同时还因比较而获得知识的存在，这是它的独特性所在，比较教育学只有在知识的合法性基础上才能得到认可。

其实，早就有比较教育学者把比较教育（学）视为一个“知识领域”。如俄罗斯比较教育学者伍尔夫松说过，“20世纪20年代，比较教育开始了获得知识领域地位的过程”。[7]他还认为，“就比较教育这一相对年轻的知识领域来说。应该进一步研究比较教育初始性的理论前提和比较教育研究的专门方式”。[8]为此，他下了一个定义：“比较教育学是一个独立的科学知识领域，有着自身的研究对象和自身特有的任务。”[9]为此，我们提出这样一个命题，即比较教育学建构的重要基础在于比较和知识的关系，比较教育学作为学科建立的一个合法基础在于比较方法的运用，而比较和知识之间的关系是一种天然的密切关系。因此，比较教育学是建立在这样一种关系假设基础上的，即比较研究和知识之间的关系，比较作为人类的一种思维方式在对客体进行对比的时候已经存在着一种价值，即知识的获得。因而，比较教育研究是获得民族国家教育知识，而只有在比较研究和知识关系确立的条件下才可以确定比较教育研究与民族国家教育知识之间的合理性。我们借鉴法国比较学者杜甘的观点来理解这个关系假设。

1.“通过参照系获得知识”[10]

所有的比较研究首先要确定参照系，通过比较更加客观地评价“我们”与“他者”在观点或制度上的差异性和相同性，从而获得对事物的确定看法，甚至是“被证明为真实的信念”。对于比较教育学而言，首先要确定民族国家教育这个参照系，通过比较“我们”的民族国家教育与“他者”的民族国家教育，评价它们的差异性和相同性，从而获得对民族国家教育的确定看法，并且一定是对比较对象的民族国家教育的真实的信念，“……真实的信念就有资格成为知识”。[11]

2.“我思考，所以我比较”[12]

杜甘将笛卡儿的名言“我思故我在”改为“我思考，所以我在比较”，可以理解为比较的理性主义原则。对于比较教育研究者而言，民族国家教育比较也遵循着这条理性主义原则。而根据知识论的历史考察，从哲学史上看，有哲学以来，哲学家们关于认识论或知识论问题的讨论大致可以区分为两大思想流派：一是以笛卡儿、斯宾诺莎和莱布尼茨为代表的理性主义，二是以洛克、休谟等人为代表的经验主义。前者基本上以数学和逻辑学作为知识的典范，把理性看做是知识的来源，坚持直觉和推理在知识尤其是必然性真理获得过程的重要性，因而理性的性质和功能、逻辑推理的正当性、真理的标准和性质等问题就是理性主义者特别关注的问题；后者以自然科学例如物理学作为知识的典范，认为经验是真理的来源，进而观察、实验等就是必须集中考察的内容。显然，这再次证明，比较与知识之间存在着天然的联系，甚至可以确定比较是知识的来源之一，因而比较教育学是民族国家教育知识的来源在合法性上是成立的。

另外，“在无法应用实验法的学科领域，比较不仅是寻找两个或多个环境的相似和不同之处的一条知识途径，也是收集足够数量的信息和数据以大致接近科学方法的唯一途径”。[13]显然，民族国家教育是无法用实验法来验证的，对民族国家教育进行比较是收集教育的足够数量的信息和数据的重要途径，当然不能说是唯一途径。

3.“关于自我的知识源自关于他者的知识”[14]

比较研究的一个重要取向是通过他者的研究获得对于自我的理解，这就是自我通过多元比较的迂回途径来确证自身。一个民族国家只有在经过比较其他民族国家的教育后，才能确证自身民族国家的教育。正如黑格尔所指出的，意识通过他人来认识自身，通过自身来认识他人。这就是自我的民族国家教育知识源于关于其他民族国家教育的知识。进一步地说，“任何一个国家都不能脱离其他国家而存在”，国家是多样性方式的存在。对于比较而言，涉及到国家、民族认同问题，如果人们“拒绝超越他或她自身的世界而向外看的可能性，那么他或她实际上就是盲目的”。[15]因此，比较教育学是通过比较确证民族国家教育知识的学问，正如历史人类学所揭示的，他者的历史“是一组关于历史本质的反思，包括由他者历史的观点来质疑我们自己的历史概念”。[16]概念是知识的表征，其他民族国家教育的概念是自我民族国家教育知识的来源。

另外，“比较是知识的发动机”，“因为对某一个个案的理解涉及对许多个案的理解，因为我们在一般性的光亮中能够更好地认识事物，所以国家间的比较增加了全面地解释政治现象的可能性。在只研究一个国家的观察者看来稀松平常的东西在比较学家眼中可能就是不同寻常的”。[17]因此，比较教育学在对某个民族国家的教育进行理解的时候就是在利用“比较”这部知识的发动机。同时，“对差异感知必然使研究者对知识的相对性保持敏感”。比较教育学实质上就是对各民族国家教育的差异感知，比较教育研究所获得的知识一定是相对的。通常所说，比较可以避免种族中心主义，因为只有在面对其他文化时，人们才会意识到知识闭塞的可能性，否则可能就被这种闭塞所蒙蔽。“对某一社会世界的真切感知，即使是一个外国人，也会带来一个珍贵的特质——由对象的复杂性而获得的生动知识”。[18]比较可以带来知识的进步，“知识的积累是通过从特殊到一般，再带着新假设和更加完善的概念从一般回到特殊的运动过程来实现的”。[19]比较教育学从民族国家教育知识积累中获得对教育的普遍认识，从而获得教育知识的进步。当然，“调查技术手段的进步以及比较领域的扩展应当与比较方法论的改善同步，与认识论思考同步，与有吸引力的、系统化的和能够赋予信息流以意义的概念的细致构造同步。没有这些知识面向，所有在收集数据和计算机程序方面的技术进步都不过是徒劳无益的”。[20]比较教育学就是在本体论、认识论和价值论与方法论的同步中被建构起来的。

（四）比较教育学：以培养“人”的民族国家教育知识为学科存在依据和逻辑起点

比较教育学作为一个学科是以培养“人”的民族国家教育知识为逻辑起点的，是比较教育学学科存在的依据，这也是引发比较教育学价值论变革的一个起点。长期以来，无论是西方，还是东方，比较教育学没有“培养人”的概念。比较教育学眼里应当有“人”。事实上，“从远古时期起，人们就对别国如何培养青少年问题表现出兴趣”。[21]因此，这就涉及到一个基本理论问题，那就是比较教育学的逻辑起点问题。有关比较教育学的逻辑起点有多种观点，如国际教育论、国际教育论坛论，但本文认为，比较教育学的逻辑起点是培养“人”的民族国家教育知识。

1. 比较教育学的逻辑起点

关于人的培养的比较是比较教育学的逻辑起点。基于这种假设，我们需要解决的问题是：民族国家是如何培养人的？为培养人创建了什么教育体系？在教育体系中如何建立学校和构建学校课程培养人？为了培养人，又是如何培养教师的？教师又是如何在学校课堂中开展教学培养人的？

问题还在于比较教育研究的内容仅仅是国家吗？具体内容应该是各民族国家如何培养“人”的问题解决。于是，进一步地说，比较教育学是关于民族国家教育的比较研究，是对各民族国家教育的“人”的培养的比较研究，通过比较研究形成关于“人”的培养的民族国家教育知识。比较教育学通过比较不同国家的政府、学校和相关利益体的关系来探讨国家怎样管理教育事业或教育事务，从而有效地培养“人”。因此，建立和通过何种民族国家教育体系来培养“人”？各民族国家如何通过教育增进“人”的发展？各民族国家又是如何在学校教育中以什么课程和教学方法培养“人”？各民族国家之间如何通过国际交往交流建立民族国家教育体系，找到教育促进“人”的发展和使用课程和教学培养“人”的制度、思想、政策、方法、途径？所有这些问题的研究建立起了这个学科的体系。

由于民族国家建立的历史背景、文化基础、政治制度、经济制度及其发展水平以及公民社会等差异，不要期望各民族国家教育体系是一致的，实际上，各国表现出极端的差异性。即使在同一个文明圈内，也会有非常不同的培养人的教育体系。这是客观事实，我们必须正视这种事实，并且要对此进行比较研究，通过研究获得可靠的知识，而不是考察后的经验，从而为创建自己的教育体系提供知识基础。

另外，强调培养“人”的民族国家教育知识提醒我们避免客观主义和实证主义的谬误。在胡塞尔看来，客观主义实质上是一种以追求客观世界为目的的认识论，它关注的是科学“事实”的发现，以此为自然科学提供知识的基础。客观主义的最大错误在于排除了人的主观性，它没有认识到，客观的真理、世界的存在、生活的意义恰恰是通过这种主观性才能够被理解。实证主义的根本错误在于，它只关注“事实”，即只关注物质世界和精神“是什么”，而不关心与“人的生存”“人的本性”有关的价值、理想、规范、理性与非理性等种种问题。在比较教育研究中，难道没有这种“错误”吗？

2. 培养“人”就是通过民族国家教育塑造现代社会的公民

抽象地谈论培养人还不足以理解民族国家教育知识的内涵，因此应该是民族国家教育的“人”的培养的比较研究，而在民族国家范畴下，“人”的培养应该理解为现代社会的“公民”的培养，“塑造有思想的公民”，这个“公民”具有着多元的角色身份。康德尔（Kandel）说过，“因为一个国家通过教育铸造其公民的品格，因此思考其目标——政治的、社会的、经济的和文化的——研究其教育体系，正如此时所界定的，能够与直接研究其政治政策一样积极地促进对其目标的理解”。[22]阿诺弗（Arnove）说过，“我们相信，比较教育能够——而且应当——在一个日益关联的世界里，我们的后代们将以国际和平和社会公正为利益运用其聪明才智的可能性发挥巨大作用”。[23]总之，比较教育学“应该看看其他民族国家及其人们是如何培养公民的”，尤其要研究与我国基于社会主义核心价值观的公民培养相比，其他各民族国家是以什么样的价值观来培养公民的？其教育体系又是如何构成的？

（五）比较教育学：基于比较方法一元论的学科多元方法论

任何一个学科都具有其方法和方法论体系，比较教育学是具有基于比较方法一元论的多元方法论的学科。因为这涉及到一个严肃的问题，即如何通过比较获得民族国家教育知识？当然任何学科的研究都需要方法，因为它是科学。比较教育学是一门学科，是一种科学研究，为此必须满足科学的本质，“科学研究是一个连续而严谨的推理过程。这一推理过程的基础是研究方法、理论及研究结果的有机结合，这样的推理使我们的理解建立在可检验的模型及理论的基础之上”。[24]同时，经过长期的应用并与实证相结合的多种研究方法则是建立科学知识的基础，从科学研究的原则来看，“提出重要的、可进行实证研究的问题”“建立研究和有关理论的探索”“使用能够直接研究问题的研究方法”“提供一条严密、明确的推理链”“实施重复验证和研究推广”“公开研究结果以鼓励专业人士的检查和批评”等[25]。这些原则同样适用于教育研究，同时也适用于比较教育学的研究。关键问题是，每个领域在遵循这些一般原则以外还有其特殊的方法论的需求。

1. 比较方法一元论的多元方法

就比较教育学而言，是一种基于比较方法一元论的多元方法论。通过这种方法论建立了比较教育研究的基础，构建民族国家教育的知识体系。其实，有关比较教育学方法论的文献不计其数，在这里我们只是提出一个基本观点，比较教育研究的方法论是一种一元论基础上的多元论。与其他学科不同的是，它首先是比较方法，然后在比较方法基础上利用其他多种方法。多种方法是比较教育学的合理的方法，基于比较方法的需要选择合理的方法，包括定性、定量和混合方法，我们称之为基于一元论的比较方法的多元方法论。

2. 比较教育学的跨界研究

比较教育学由于其比较方法独有的性格，它还是“跨界”的研究。“跨界”意思是指比较教育首先进行跨民族国家的研究，然后在跨民族国家研究基础上进行跨文化、跨民族、跨学科的研究，因此这里的“跨界”之“界”不仅指地理、地缘空间的界限，而且指实体文化和民族、智识的界限。

（六）比较教育学：来源于民族国家教育知识的多学科解释视角的学科概念和理论

比较教育学是一个以多学科解释视角为基础建立概念体系和理论体系的学科。概念来自于多学科的解释，知识是以概念为前提的，为此民族国家教育知识是由多学科解释获得的，比较教育学是以民族国家教育知识的多学科解释为视角的。比较教育学“显然是一个异彩纷呈的、跨学科的和永远变化的领域”，它受益于许多学科视角（disciplinary perspective），比较教育学科史清楚地表明，早期是以研究历史的和哲学的路径为主导，虽然实证主义认识论也明显地早就奠定了重要基础。[26]不过，长期以来，比较教育学承认自己还没有建立起自己的概念体系和理论体系，这是一个需要做艰苦努力的工作。

笔者在另外一篇文章[27]中提出，可以建立比较教育研究的亚学科群，因为这是比较教育研究的本体论决定的。以民族国家为单位的复杂性决定了比较教育研究走向亚学科群的必然性。比较教育学知识是民族国家的教育知识。

它通过跨学科的矩阵与其他社会科学联系起来，使比较教育学更具有解释力，为民族国家教育知识提供强有力的阐释，通过阐释让阅读者了解民族国家教育，并在了解的基础上去思考本民族国家教育当下的实践和构想未来可能的改革趋向。为此，我们可以从比较教育社会学、比较教育政治学、比较教育经济学、比较教育政治经济学、比较教育文化人类学等方面来建构比较教育研究的亚学科群。这是比较教育学学科建设的一个重要方向，是比较教育学概念体系和理论体系建立的必由之路。正如埃尔斯特所说，“以韦纳、托克维尔和季诺维耶夫作为永远的参考文献，通过对威权社会、民主社会和极权社会之间的相似性与差异性的比较，可以使我们在崭新和坚实的基础上重建政治社会学”。[28]

（七）重构比较教育学的内涵

在证明学科存在的理由的时候，通常会依据一个学科若干重要要素，这些要素包括学科研究对象、学科独特性、学科存在依据、学科研究方法、学科概念和理论体系，需要构建理论框架。通过上述的阐述，我们可以对比较教育学进行内涵的重建。如果说比较教育学与任何其他比较学科一样应当有三个核心要素，那么“第一，比较方法必须贯穿该学科领域的任何一项课题的研究工作中。这一方法要求在同一研究中观察和分析的对象须是不少于两个并互为参照系的个体或群体，比较的直接目的是辨识它们之间的差异性和相似性，比较始于对事物外部特征的描述，进而对其异同做出分析和解释”。[29]第二，比较教育学的研究对象是民族国家的教育，至少应当是独立的教育体系，比较教育学可以简括地界定为“对民族国家教育的比较”。只有跨国的教育比较研究才属于比较教育学，否则无法勘定比较教育学的学科边界。第三，比较教育学是一门经验科学，它从客观存在的教育事实和经验出发，进行实证研究或经验分析，从中找出教育本身固有的规律性，通过描述、解释和预测来认识教育现象。

比较教育学是一个合法性的学科，学科是通过研究建立一个领域的知识体系，因此它是关于民族国家教育的逻辑范畴和知识体系，通过比较研究建立一个民族国家教育领域的知识体系，比较教育学作为一种学术研究，是比较教育学家，也就是比较教育学术共同体对民族国家教育规律性的认识活动，它来源于各民族国家的教育实践，指导新的教育实践和接受教育实践的检验，其成果就是“一种理论化、系统化的知识体系”，也就是比较教育的知识体系，是民族国家教育的知识体系。

其方法论是比较方法一元论基础上的多元方法论；比较教育学是一门科学，是民族国家教育知识建立中的科学方法、科学规范和分析框架的研究体系。科学是关于普遍规律（nomothetic）的研究，历史则是关于个别现象（idiographic）的研究，比较教育学要展开民族国家教育培养人的普遍规律的研究，同时进行各民族国家教育培养人的个别现象的研究。

更重要的是，比较教育学是通过跨学科视角对民族国家教育进行理论提炼。正如现代民族国家在其形成和发展过程中经历了从马基雅维利和霍布斯之后的种种理论提炼，然后再经黑格尔、马克思、托克维尔以及许许多多的国家理论家的修补而使现代国家的存在具有正当的理由，我们可以视之为民族国家的知识赋予了国家建构的工具意义。同样，民族国家教育在国家理论的背景下，也经历比较教育学家的理论提炼，一部比较教育著作就是一种民族国家教育理论，是一种民族国家教育的知识。显然，比较教育学是在提供民族国家教育知识的条件下找到了其存在的正当理由。

从比较教育学的价值论角度来看，为民族国家教育政策制定提供民族国家教育知识是比较教育研究的重要目的，比较教育学能够提供解决民族国家教育实践问题的知识。因此，发展民族国家教育知识、推动教育政策的有效制定和教育实践的开展是比较教育学在我国发展的一个重要理由。教育研究为教育政策和教育实践服务是永远的追求。比较教育研究要为国家教育政策和各领域的教育实践提供服务是比较教育学存在的前提，但“学术研究是指在实证精神和理性精神指引下用科学的方法进行探索、求知，以获得新的知识、理论以及对新知识、新理论应用的行为”。[30]“比较教育研究已经提供了在不同社会、政治和文化域境中教育功能如何发挥的丰富的知识来源”。“比较教育研究为在许多国家教育议题的全国性争论提供了基础。同样，它为教育政策和规划纲要制定的指南和模式也提供了基础。最后它还大量地输入到如世界银行这样的国际组织和 NORAD 与 SIDA 这样的国家援助组织的借贷计划中”。[31]由此看来，比较教育研究不仅要探索不同民族国家教育的知识，而且还要通过这些研究为民族国家教育政策和规划的制定提供知识基础，为国际组织和国家组织在国家社会中发挥作用提供知识基础，所以比较教育研究无疑是一种民族国家的知识建构，它不应该是经验的总结，不应该是一种常识的判断，不应该是一种个案式的描述，而应该是知识的探究，通过比较教育研究提供有关民族国家教育的确定知识。①

另外，比较教育学对本国的海外知识的发展和国际教育行为的决策与执行，具有很强的针对性。在此基础上，比较教育研究一方面贡献于本国教育全球观的形成，另一方面还贡献于本国和世界之间就教育问题的互相认识和持续对话，充分塑造教育学术界、思想界和整个国家教育的全球视野。

（八）结语

比较教育学学科讨论只要它还在学术制度内存在就是一个永恒的话题，我们必须给予特别的关注。本文讨论了比较教育学是民族国家教育知识的建构的命题。这只是一种见解，它基于两个基本假设：一是不管何种教育，它的唯一的目的是培养人，而比较教育学显然也要遵循这个基本假设的。问题是，长期以来比较教育学却把这个假设扔到一边，没有真正地从这个逻辑起点出发去建构比较教育学的学科体系，从而使比较教育学在与现实问题解决的关系上越走越远。同时，比较教育学还是一门实践学科，只有把比较教育学的逻辑起点建立在“人的培养”这个假设命题上，它才会与实践靠近，最终走进实践，而不是在实践之外徘徊，也只有这样才会得到学科合理性的支持，可以反驳那些对比较教育学存在偏见的人，这对于比较教育学的未来发展至关重要。二是作为一个学科，比较教育学其终极目的是追求知识，为教

① 有趣的是，近年来“国学”的讨论与民族国家教育知识的建构在旨趣上有一致的地方。因为有学者认为，国学是一种知识体系，甚至“作为中国知识的重要组成部门，西藏的天珍物华、西藏的精英人杰、西藏的历史文化和西藏的宗教智慧，需要一个真确的可正信汉语之门”。（殷实．如何讲述本来的西藏［J］．读书，2010（1）：12）由此可见，我们需要一门学问来探讨当今民族国家的教育知识，那就是比较教育学。其实，中国的教育知识是需要建构的，我们不能无视台湾、香港、澳门的教育知识。而事实上，由于各种原因，它们的教育知识区别于大陆，如果没有民族国家教育知识的视野，我们无法对中国教育知识进行整体把握。

育知识的积累做出贡献。但由于比较教育学不是教育学，它是建立在第一个基本假设基础上的民族国家教育知识的建构的学科，因此比较教育学致力于民族国家教育知识的积累，我们首先应准确获得民族国家教育知识、[①] 民族国家教育培养人的知识，然后才为“我们”培养人建构合理的教育体系、确定教育与人的发展、社会发展、国家关系的关系，才可以有足够的知识参与国际教育，才可以在学校制度之内、课堂内确立正确的培养人的观点，把学生当作真正的人，把学生依据民族国家的需要培养成为一个“有思想的公民”。

参考文献：

[1] [2] 冯增俊，陈时见，项贤明．当代比较教育学 [M]．北京：人民教育出版社，2008：4，2.

[3] [4] MCMILLAN J H，SCHUMACHER S．Research in Education：a Conceptual Introduction [M]．Harper Collins College Publishers，1993：7，2.

[5] 乔尔·M·卡伦，李·加思·维吉伦特．社会学的意蕴 [M]．张惠强，译．北京：中国人民大学出版社，2011：10—11.

[6] MCMILLAN J H，SCHUMACHER S．Research in Education：a Conceptual Introduction [M]．Harper Collins College Publishers，1993：8.

[7] [8] [9] [21] [俄] 鲍·里·伍尔夫松．比较教育学——历史与现代问题 [M]．北京：教育科学出版社，2007：18，43，46，2.

[10] [12] [13] [14] [15] [16] [17] [18] [19] [20] [法] 马太·杜甘．国家的比较：为什么比较，如何比较，拿什么比较 [M]．文强，译．北京：社会科学文献出版社．2010：7，7，18，8，8，1，11，13，23，26.

[11] [美] 阿尔文·I·戈德曼．认识论 [M] //欧阳康．当代英美哲学

① 今天我们需要的是民族国家教育的比较教育专家，如美国教育研究专家，通过他或她告诉我们美国教育真实的知识，而不是误读、误传的美国教育知识，这显得特别重要和迫切。当然，其他国家也是一样需要其比较教育专家。

地图. 北京：人民出版社，2005：195.

[22] KANDEL I L. Education and Society. Some Studies of with a Education System in Europe and America [M]. Edited with a Foreword by Sir John Sargent. London：Batchaworth，1955.

[23] ARNOVE R F. Introduction：Reforming Comparative Education. The dialectic of the global and the local [M] //ARNOVE R F，TORRES C A (eds.). Comparative Education：the dialectic of the global and the local. Boulder：Rowman Li Hlefield Publishers，1999.

[24] [25] [美] 国家研究理事会. 教育的科学研究 [M]. 北京：教育科学出版社，2006 (2)：3—4.

[26] CROSSLEY M，WATSON K. Comparative and International Research in Education：Globalization，Context and Difference [M]. London：Routledgr Falmer，2003：20.

[27] 朱旭东. 论比较教育研究的跨学科性——比较教育亚学科群建构 [J]. 教育学报，2011 (4)：46—53.

[28] [美] 乔恩·埃尔斯特. 政治心理学 [M]. 陈秀峰，胡勇，译. 长春：吉林出版集团有限责任公司，2010：前言，1.

[29] 宁骚. 民族与国家——民族关系与民族政策的国际比较 [M]. 北京：北京大学出版社，2005：1.

[30] 教育部社会科学委员会学风建设委员组. 高校人文社会科学学术规范指南 [M]. 北京：高等教育出版社，2009：1.

[31] SAHA L. The Sociology of Comparative Education [M] // DOMAINE J. Sociology of Education Today. New York：Palgrave Ltd，2001：163—164.

（本文发表于《比较教育研究》2012年第6期。作者朱旭东，时属单位为教育部人文社会科学重点研究基地北京师范大学教师教育研究中心）

十七、比较教育学的概念建构及其现实意义

比较教育学从19世纪初期诞生以来，经过差不多两百年的发展历程，现已成为教育科学中影响深远的重要学科，为人类认识教育提供了不可替代的学术视野，它不仅具有稳定的学术体系，而且拥有庞大的世界性学术组织；不仅在高等教育研究计划中占有重要的地位，而且是影响世界各国教育政策制定和改革发展的重要学术力量。不过，对于比较教育学的概念，人们却有着不同的论争。历史绵延至今，比较教育学概念的界定愈发多元。比较教育学概念的争论和多元的界定，一方面体现了人们对比较教育学概念的多种探索和不同认识，这恰好是推动比较教育学不断发展的学术源泉；另一方面也反映了比较教育学概念建构的紧迫性，这显然是比较教育学深入发展的重要基础。

(一) 为什么要进行比较教育学的概念建构

为什么要进行比较教育学的概念建构？从大的方面而言，比较教育学在我们所生活的这个越来越全球化的世界里遭遇了新的挑战，比较教育学的一些基本理论问题受到越来越多的关注。比较教育学的概念无疑是比较教育学最重要的基本理论问题之一，不仅是比较教育学科成熟的重要标志，而且对于比较教育学科的进一步发展具有重要的现实意义。具体而言，关于比较教育学概念的思考主要源于两个直接的现实问题，一是为何比较教育学作为已然存在的学科却不断受到质疑？二是比较教育学的概念界定为何存在容易产生歧义的模糊性？

首先，比较教育学至今已有差不多两百年的历史，在中国也存在了差不多大半个世纪，为何人们还要对比较教育学提出质疑呢？实际上，我们可以看到，在比较教育学的发展历程中，学术组织一直都异常活跃，专业学术期刊也受到高度重视，该领域的学术成果不仅非常丰富，而且广泛运用于教育研究之中，不断推动着各国教育理论的繁荣和教育实践的变革。当前，无论是教育政策的制定，还是教育改革的推动，或者是教育理论的发展，都在很大程度上依赖于比较教育研究的学术成果，比较教育学不仅是教育新思想、新思潮的集散地，而且是教育改革创新的重要动力源。

人们对比较教育学提出质疑，主要不是从比较教育学的作用、功能或意义等方面提出的，而主要是从学科合理性方面提出的。一方面，比较教育学的研究对象非常广泛，甚至包括教育整个领域，无所不包的研究范围导致比较教育学似乎失去了应有的边界。那么比较教育学究竟研究什么？它是否具有明确的研究指向？另一方面，比较研究法通常被认为是比较教育学的主要研究方法，但比较研究法显然不是比较教育学所独有的研究方法，因为比较研究法无疑是所有教育学科都经常使用的方法，无所不用的研究方法导致比较教育学似乎失去了研究方法方面的独特性，那么比较教育学究竟如何开展研究？它是否缺乏研究方法的独特性？此外，随着比较教育研究的不断拓展和教育比较研究的广泛开展，比较教育学队伍似乎越来越壮大，不同教育学科的人员都进行着教育比较研究，无所不在的研究队伍导致比较教育学似乎失去了特定的专业学术队伍。那么比较教育学研究队伍与不同教育学科进行教育比较的研究人员是否有区别？比较教育学队伍是否具有专业性？如果对这些问题存在着多样化的认识，或者缺乏相对统一的认识基础，人们对比较教育学存在的合理性提出质疑，当然是正常的。所以，我们必须对这些问题进行明确的解释，对这些问题的不同应答在很大程度上决定着比较教育学纵深发展的方向。

其次，比较教育学已有概念不仅是多样的，而且存在着明显的歧义，缺乏相对统一的认识论基础。综观比较教育学的各种概念，从比较教育学的归属而言，应该说是达成共识的。绝大多数比较教育学概念都坚持认为，比较教育学是教育科学的一个分支，或者说是属于教育科学的范畴。事实上，虽然比较教育学的诞生及其后来的发展显然受到比较解剖学、比较语言学、比较文学、比较法学等多种比较学科的影响，但比较教育学从一开始就关注教育问题，而且始终如一地关注着教育问题，比较教育学也正是基于对教育问题的关注，并不断推动着教育的改革和发展而呈现出持久的生命力。离开了教育这个生根和养育的土地，比较教育学就会因为失去必备的土壤而消失。所以，坚持把比较教育学作为单纯的方法类学科，或者作为比较类学科，或者作为共享类交流平台，显然是违背历史而缺乏根底，当然是站不住脚的。教育是比较教育学赖以生存的沃土，比较教育学也给教育带来生机。这样的一种依存关系不仅使比较教育学深深扎根于教育的土地，而且将永远在教育的这片土地上耕耘不息。比较教育学是教育科学大厦中的重要组成部分，关注教育并促进教育的不断发展，无疑是比较教育学永恒不变的追求。因此，抛开教育科学而对比较教育学进行界定肯定是徒劳无益的。

目前，关于比较教育学的概念主要存在两个方面的问题：一方面，比较教育学的概念界定存在明显的多维性。有人认为比较教育是一门学科，即学科论；有人认为比较教育是一个研究领域，即领域论；有人认为比较教育是一种方法，即方法论；有人认为比较教育是一个国际教育交流的平台，即平台论。当我们把这些不同的认识完全分别开来进行讨论时，应该是没有什么问题的，因为不同的学者是从不同的维度对比较教育提出了不同的认识。当我们说比较教育是一门学科时，往往是从学科体系的维度进行讨论的。如果把比较教育视为一个研究领域，往往是从比较教育研究所涉及范围的维度进行讨论的。从这个维度而言，比较教育可能是某一具体学科范围内的研究领域，也可能是包括若干学科在内而超越某一具体学科范围的研究领域。如果把比较教育视为一种方法，往往是从研究方法的维度进行讨论的，通常是把比较教育研究视为比较研究方法在教育领域中的运用。如果把比较教育视为一种国际教育交流的平台，往往是从比较教育功能的维度进行讨论的，因为比较教育无疑具有国际教育交流的功能，对于国际教育交流具有直接的意义。由于这几个维度本来就不在同一个平面上，因而我们不能把这些不同的概念混合在一起来讨论。既然人们是从不同的维度提出的，那么，我们就不能因为有人提出比较教育学是一个研究领域，或者是一种交流平台，就否定比较教育学是一门学科。但有一点是可以肯定的，人们从不同维度对比较教育进行概念界定，在一定意义上反映了人们所处的不同国家的学术背景和学者自身的学术立场。从中国的教育学术背景而言，学科意识具有非常重要的学术地位，离开了学科这样的学术背景，不但难以找到学术研究的生根土壤，而且无法有效地凝聚学术队伍，相关的学术研究就会成为完全自由的兴趣集结，或兴或衰，顺其自然。所以，作为中国比较教育研究的学者，离开教育研究的学术背景，离开教育学科的学术立场，不仅会是缺乏根底的虚构，而且会对比较教育学的长远发展形成伤害。因此，我们需要更多地从学科的维度来讨论比较教育学，而且更应该从教育学科群的视角寻求比较教育学的发展定位。只有这样，我们才会真正把"比较教育学是教育科学中的一个分支学科"视为不容质疑的价值选择，比较教育学也才会真正成为凝聚比较教育研究学术队伍生生不息的力量源泉。另一方面，比较教育学的概念界定存在一定的模糊性。由于对一些关键性的问题和指向上存在着有意回避或者诠释不明，导致比较教育学概念界定的模糊性，这无疑是导致人们质疑比较教育学存在合理性的重要原因。比如，人们对比较教育学研究对象的认识总是存在着比较大的争议，甚至是含混模糊，因而很容易带来理解上的混乱。有学者认为，比较教育学是"以整个教育领域为对象"，也有学者认为，比较教育学是"教育史延伸到现在"，还有人认为，比较教育学是"用比较方法研究所有教育理论和教育实践问题"，这类无所不包的研究对象观实际上掩盖了比较教育学研究对象的独特性。那么，比较教育学是否有独特的研究对象呢？如果有独特的研究对象，比较教育学的存在合理性还会受到质疑吗？如果没有独特的研究对象，比较教育学是否也可以成为一门独立的学科呢？再比如，关于比较教育学的研究方法，通常人们认为，比较研究法是比较教育学的基本研究方法，但这里存在两个方面的疑问，一是比较研究法是几乎所有教育学科都普遍采用的研究方法，不是比较教育学所独有的研究方法，那么，比较教育学的研究方法具有怎样的独特性？二是比较教育学的很多研究成果都没有直接使用比较研究方法，而是运用了描述研究法、统计研究法、个案研究法、历史研究法等多种研究方法，那么，比较教育学在研究方法上究竟是怎样的？既然比较教育学的研究成果可以通过其他研究方法而获得，那么，"比较研究法是比较教育学的基本研究方法”是否过于武断？如果不能对比较教育学的研究方法进行明确的解释，比较教育学作为科学的存在合理性就很难让人信服。还比如，关于比较教育学的研究目的，大多比较教育学家都坚持把借鉴外国教育经验以改进本国教育现实作为比较教育研究的主要目的。但随着比较教育学的不断发展，比较教育学的研究目的亦呈现出多样化，比较教育学的概念界定应当顺应和反映比较教育学研究目的的变化，而不能仅仅停留在原初的认识水平上。正是由于人们对这些根本性的问题缺乏明确的共识，因而造成比较教育学概念界定的模糊性，进而助推了人们对于比较教育学存在合理性的质疑。因此，我们进行比较教育学的概念建构有助于明晰作为学科合理性认识基础的这些根本性问题。

（二）比较教育学概念建构涉及的关键性问题

要对比较教育学进行概念建构，有几个关键性的问题是无法回避的。对这些关键性问题的诠释是进行概念建构的必要条件。事实上，长期以来在这些关键性问题上的有意回避或者含糊不清，是导致比较教育学科合理性受到质疑的重要原因。因此，我们必须要对这些问题进行深入细致的分析，并给出明确而具体的回答。

1. 比较教育学的本体论

虽然本体涉及学科发展诸多的核心问题，但最集中体现在学科的概念上，特别是体现在对研究对象的界定上。比较教育学的本体论应当清晰地表述其研究对象，具体地阐释其研究范围及其具体内容。

比较教育学有特定的研究对象吗？比较教育学的研究对象能够为比较教育学的研究范围及其具体内容提供明晰的解释吗？比较教育学必须做出明确的回答。中国比较教育学者在参考国外比较教育学者关于比较教育概念界定的基础上，对比较教育学的研究对象进行了阐释。20 世纪 80 年代初期，中国社会进入了改革开放新的历史时期。随着教育科学的发展，比较教育学被列入高等学校教育学专业的重要课程，比较教育研究成为人们了解世界教育发展和国外教育新理论的重要途径。因此，比较教育研究的主要任务在于研究和引进国外不同国家的教育发展经验和国外教育发展的新思想、新理论、新方法，比较教育学的研究对象很自然地被界定为“当代外国教育的理论和实践”。[1]在以后近 30 年的发展过程中，比较教育学基本上遵循这一思路，将其研究对象确定为“当代世界不同国家或地区的各种教育理论与教育实践问题”，[2]“当代世界各国教育的一般规律和特殊规律”，[3]“不同空间或时间之间的教育理论与实践”，[4]“不同国家或地区的教育”，[5]“当代世界不同国家或地区的教育现实问题”，[6]“民族—国家教育”，[7]“当代不同国家或地区的教育”。[8]虽然不同学者在比较教育学研究对象的具体表述上略有差异，但基本内涵是差不多的，即在时间上特指当代，在空间上包括世界不同国家或地区，在范围上涵括教育整个领域，在目的上是全面了解和借鉴世界各国的教育。在过去相当长的一段时期里，其他教育学科出于自身发展的需要，迫切需要吸收世界各国先进的思想、先进的经验和先进的方法，而由于语言等方面的原因缺乏从事比较研究的条件，因而教育问题的比较研究为其他的教育学科所广为需要，比较教育研究也因为深入开展教育问题的比较研究而为其他教育学科的发展做出了贡献。正如王英杰先生所言，“在改革开放之初，只有比较教育学科的研究者从事比较研究，他们的研究成果被教育的其他各分支学科所引用，比较研究成为教育学科发展的动力之一”。[9]比较教育学顺应教育科学的理论发展和教育改革的现实需要，其研究对象扩展到涉及教育理论和教育实践的整个教育领域，这不仅满足了教育科学发展的需要，也适应了学校教育改革的现实需求。

从世界范围来看，由于比较教育学从一开始形成的非常强烈的借鉴取向，因而在相当长的一段时间里，比较教育学重在描述、分析和引介所谓“先进国家”的教育制度，从而为改革和完善本国教育制度提供借鉴，20 世纪中叶以后，比较教育学的研究领域朝着宏观和微观两个方向拓展，一是继续将其他先进国家的教育制度作为研究的重点领域，以反思和指导自己国家教育的宏观决策，进而推动自己国家教育的整体发展；一是从学校内部教育改革实践出发，侧重研究不同国家学校教育内部的教育管理、课程设置、教学过程、考试制度、学习评价、师资培养等具体的教育事实。比较教育学的研究领域朝着微观方向进一步拓展。与此同时，教育其他学科出于自身建设的需要，其研究范围不断朝着各国学校教育内部延伸，进而出现了比较教育研究范围与其他教育学科的相互交叉和重叠。比较教育学研究范围的拓展虽然在特定的历史时期给比较教育学的发展带来了生机和活力，比较教育研究成果也为其他教育学科的发展做出了积极的贡献，但也造成了越来越多的比较教育研究成果是关于国外某一具体国家学校教育内部某一具体教育事实的研究，比较教育学的研究者大都“研究各自感兴趣的外国的教育”，[10]因而，比较教育研究越来越被理解为教育领域中的比较研究，即教育比较研究。比较教育学的研究对象也由此从早期的别国教育制度研究扩展到不同国家的教育理论与教育实践研究。

比较教育学研究范围的无限扩张，虽然在一定意义上促进了教育科学的发展，也给比较教育学自身带来了生机，但却导致了比较教育学边界的混乱和研究对象的模糊。“比较教育学的学科危机很大程度上来自于自身‘本体论’的模糊，即对自己言说对象的不确定性及其自身对其言说的合法性的怀疑”。[11]比较教育学发展到今天，比较教育学的学术生态环境已经发生了很大的改变。一方面，教育其他学科的学术队伍，不仅语言方面有了长足的进步，他们不再需要经过比较教育学科的学术队伍的翻译和引介，而是可以直接阅读、翻译和引介外文文献资料，而且他们出入世界各国的机会越来越频繁，可以直接深入到不同国家学校教育内部进行直接的了解。运用比较研究方法进行教育具体问题的教育比较研究，不再属于比较教育学研究者的特权。教育所有学科，出于自身发展的需要，都越来越多地开展教育比较研究，并通过教育比较研究获得最新的资料、数据以及认识和理解。正如有学者所言，“所有的科学都是比较的”，“如果没有教育的比较研究就不可能有普遍的科学教育研究”，[12]因此，“今天教育的各分支学科几乎无不从事比较研究”。[13]另一方面，当今世界发生了剧烈的变化，全球化发展进一步突显了文化的差异性和多样性。对于不同国家而言，先进国家的教育模式不一定能够适应特定国家的教育发展需求，“单向的教育输入是对理想教育的扩大化，是对本土教育的忽视”，因此，“理想教育模式的移植很可能造成一种替代或者抹杀”。[14]此外，单向的教育输入还会出现“单向性的教育贡献”，很容易造成教育殖民主义倾向，不利于国际教育的平等交流和合作互动。

综合上述分析，当今比较教育学的研究范围及其具体内容应当侧重两个方向去发展：一是重点回归，即研究重点从教育微观问题的比较研究回归到国际教育发展的整体性研究。既然比较研究法是教育所有学科都使用的研究方法，教育比较研究亦是教育所有学科的共有领地，那么，比较教育学自然可以依旧进行教育问题的比较研究，从不同于教育其他学科的视角对世界各国学校教育的微观教育问题进行研究，但比较教育学的研究重点应当回归到国际教育整体性发展方面，应主要侧重全球社会不同国家的教育制度、教育政策和国际教育交流合作等方面的研究。这不仅可以反映比较教育学的历史传统，而且可以体现比较教育学研究范围的独特性。比较教育学研究重点的回归和明晰有助于消除比较教育学本体论的模糊。二是领域拓展，比较教育学应当顺应全球化发展的潮流，坚持多元文化观念，突破“理想教育移植借鉴的思维范式”和“以发达国家为基本单元的传统分析框架”，研究领域应扩展到整个世界范围多元文化背景下国际教育发展的不同类型及其相互影响的关系。综合起来，可以对比较教育学的研究对象做出明确的回答，即比较教育学主要研究多元文化世界中国际教育发展的多样化类型及其相互影响关系。其中包括三个层面的具体内容：一是国别教育发展研究，即研究世界多元文化背景下不同国家教育制度的发展类型及其相互影响关系，二是跨国教育发展研究，即研究世界多元文化背景下跨国教育交流合作的发展类型及其对国际教育交流合作的影响，三是国际教育整体性发展研究，即研究世界多元文化背景下超越国家之上的世界教育整体发展走向及其对各国教育发展的影响。

2. 比较教育学的方法论

从比较教育学科发展而言，比较教育研究究竟是遵循什么样的方法论指导？比较教育学在其方法论上是否具有或者具有怎样的独特性？当今社会，综合、交叉与融合已成为学科发展的基本趋势，所以作为工具层面的研究方法，无论是比较研究法，还是统计研究法等其他研究方法，都可能被所有教育学科或其他学科所采用。相应地，比较教育学也可以广泛地采用所有教育学科或者其他学科的研究方法。这已成为不争的事实。但在方法论方面，不同学科却存在相差悬殊的质的规定性。比较教育学与其他教育学科在方法论上的差异性为比较教育的学科合理性奠定了基于方法论视角的基础。

比较教育学之父朱利安（Jullien）早在1817年发表的《比较教育的研究

计划与初步意见》中就曾明确地指出，“比较解剖学的研究促进了解剖学的发展。同样，比较教育的研究应当为完善教育科学提供新的方法”。[15]比较教育学在近两百年的发展过程中，不断探索、丰富和发展其研究方法。虽然朱利安主张“构建系统的事实与观察，列于分析表中，以便对照和比较，从而推导出若干原理、一定规则，使教育成为近乎于实证的科学”，[16]但在19世纪，人们主要还是采用描述研究法对国外先进教育经验进行系统的描述和评论。20世纪上半叶，比较教育学在研究方法上转向了因素分析法，因素分析法成为这一时期比较教育学最为重要的特征。20世纪中叶以后，比较教育学广泛借鉴和运用社会科学研究方法，使比较教育研究方法走向多样化；一方面，比较教育学在其发展过程中形成了描述研究法、因素分析法、历史研究法、阶段研究法、假说验证法、问题研究法等较为成熟的研究方法；另一方面，比较教育学还从多种社会思潮中引入社会学、哲学、政治学、人类学等学科的新理论，并广泛引入和具体运用统计研究法、叙事研究法、人种志研究法、现象学解释法、个案研究法等多种社会科学研究方法，从而大大丰富和发展了比较教育研究方法，比较教育研究从早期的描述性研究和因素分析研究发展到今天的描述性研究、实证性研究、解释性研究、分析性研究、批判性研究等多元发展格局。“比较教育研究在引入这些思潮的过程中，逐步形成了切合自身的研究范式或方法，而这些范式或方法又被广泛地借用到教育科学中的其他学科研究中，为其他学科开阔了新的研究视野”。[17]由此可见，比较教育学在不断丰富和发展自身研究方法的过程中，也正如朱利安所指出的，为“完善教育科学”提供了新的方法。

虽然比较教育学要经常使用比较研究方法，但也经常使用文献研究法、历史研究法、统计研究法、调查研究法、个案分析法等多种研究方法。比较教育学为了实现其研究目的，可以使用比较研究方法，也可以不使用比较研究法而使用其他研究方法。事实上，比较教育学在19世纪的很长时期里，主要是运用现场考察法、描述研究法、历史研究法等研究方法开展研究，从而获得其他国家的先进教育经验。比较教育学在其研究中无论使用比较研究法还是使用其他研究方法，都是为了更好地进行比较，并通过比较进行判别和选择。可以说，比较教育学是通过教育多样化发展类型的比较而获得教育知识并进行价值选择。虽然比较教育学与其他教育学科都要进行比较，但却存在着明显的差异性。其他教育学科中的比较体现为工具性的技术方法，通过具体的比较研究方法获得具体的资料、数据或结论，这里的比较是在研究过程中所使用的一种工具，具有强烈的工具性特征。比较教育学中的比较与其说是一种操作层面的具体研究方法，不如说是一种哲学层面的比较视野，它超越了一般性方法的技术层面，而是体现为研究主体基于跨文化视野考察研究对象所形成比较的广度和深度，比较的目的在于获得整体性的认识。这里的比较具有研究主体的性质，比较也由此从技术层面转变为思维方式层面，从工具变成为目的。[18]正如奥利韦拉（Olivera）所指出的，比较教育学是"在两个或者以上的社会集团中发现的关系类型之间的关系"，"是研究和分析本质上都相似的现象的多样性"，"是从两个或更多的教育领域中发现的抽象的关系类型"，其目的在于"从更高的抽象水平上建立和阐述这些类型之间的新的关系"。[19]比如，关于学校教育制度，对比较教育学的思维方式而言，首先考虑的是不同国家学校教育制度的多样性，并从学校教育制度多种类型的考察中获得对学校教育制度的整体性认识，从而形成对现行学校教育制度的具体反思和价值选择。所以，比较教育学中的比较更多地体现为基于比较视野对教育发展多样化类型进行的反思与选择。

3. 比较教育学的目的论

关于比较教育研究的目的，不同比较教育学家提出了不同的看法。朱利安在《比较教育的研究计划与初步意见》中提出了两个方面的目的：一是通过对外国教育的比较研究为本国教育提供借鉴；一是通过建立国际性教育机构促进国际间教育的相互理解和教育研究的国际合作。朱利安所表达的借鉴性目的受到后来众多比较教育学家们的认同，并成为比较教育学重要的价值选择。为了更好地实现比较教育研究的借鉴性目的，康德尔（Kandel）认为，比较教育研究重在找出影响教育制度差异的动力及其因素。汉斯（Hans）认为，比较教育研究重在发现主导各国教育制度发展的原则。[20]20世纪60年代以后，随着比较教育学的不断发展，人们进一步拓宽了比较教育学的研究目的。特雷舍韦（Trethewey）于1976年发表了《比较教育学的目的》，明确提出四个方面：一是增进对本国教育的理解；二是为教育发展与变革做出贡献；三是寻求教育发展的概括性原则；四是增进国际间的相互理解与交流。波斯尔斯惠特（Postlethwaite）于1988年也提出了比较教育学研究的四个方面的目的：一是确认发生在国外而有助于改革本国教育制度的教育事实或现象；二是描述不同教育制度所呈现的教育异同现象，并说明其差异存在的原因；三是估计有关教育的决定因素或变项对于教育可能产生的影响；四是认清与教育实施成效有关的一般法则。哈尔斯（Halls）于1990年在其《比较教育：当代的问题与趋势》一书中也明确提出了比较教育学的三个目的：一是提供教育形态学（educational morphology）对全球不同形式的教育进行描述和分类；二是确定教育的相关因素以及教育与社会的关系与互动；三是寻求影响教育变革与持续发展的基本条件。[21]阿诺夫（Arnove）和托雷斯（Torres）等人于2003年出版了《比较教育学：全球化与本土化的辩证关系》一书，他们在书中明确表达了这样的思想，即比较教育研究不仅“能致力于改善政策和实践”，“能改善和服务所有国家并使之更繁荣而推动变革”，而且也“应当在促进新一代用他们的才智在日益紧密联系的世界中，为促进国际和平与社会正义发挥更加重要的作用”。[22]显然，比较教育学的研究目的必然反映了社会发展的时代诉求和教育变革的现实需要。

综合起来，可以把比较教育学的目的观从整体上划分为三种观点：一是理论取向的观点。这一派的观点认为，人类所有的认识活动都是为了获得知识，比较教育研究也不例外，其主要目的亦是获得认识及相关的知识。正如著名比较教育学家贝雷迪（Bereday）所指出的，“比较教育的主要存在理由是其知识特性。我们研究外国教育制度只是因为我们想获得知识，因为人类总是追求知识。获取知识是比较教育证明自己有权与其他学术领域共存的唯一理由”。[23]二是实用取向的观点。这一派的观点认为，比较教育研究的目的在于借鉴先进教育经验改善教育实践。这一观点又包括具体服务于改善本国教育和改善世界教育两种观点。一种观点认为，比较教育研究“通过收集分析他国资料，具有增进国际了解的效果，而国际了解也是改善本国教育或发展的工具”，因此，“比较教育研究的最终结果是为政策的参考或预测政策施行的结果”，“达成改善自身教育的具体实用目的”。[24]另一种观点认为，“比较教育的目的不是介绍需要模仿或否定的模式，而是要了解不同人民，学习他们的教育和文化经验，归根结底，比较教育不是孤立地来改善‘一种’教育制度，而是通过改善各种具体的教育制度来改善整个世界的教育”。[25]三是综合取向的观点。这一派观点认为，比较教育学不仅要服务于教育实践的变革，而且要着力于学科理论的建设。德国比较教育学家施瑞尔（Schriewer）基于卢曼的系统理论提出了科学理论与反省理论的观点，并由此提出比较教育学的两种理论构建，即比较教育科学理论更加强调理论性，是为比较教育能够成为真正比较的科学服务的，而比较教育反省理论则服务于变化着的教育情境，为教育的现实行动提出指导。这无疑是企图把理论追求和实践服务进行有效结合的探索。

事实上，比较教育学如果要成为教育科学中的重要学科，就必须在促进理论建设和推动改革实践两方面做出同样的努力。如果只是强调对教育现实变革的推动，那么，比较教育学就会构建起完全基于教育现实需求的知识体系，比较教育研究就会变成为单纯的“各自感兴趣的外国教育研究”或者“多样而零散的教育问题比较研究”，比较教育学就会消失在研究者体现各自研究兴趣的公共领域之中。相应地，如果只是追求理论探索而不关注教育现实，这不仅偏离比较教育学的历史传统，而且导致比较教育学成为单纯的“思辨过程”或者各种社会科学新思想的“转场”，比较教育学就会失却其内在的活力和持久的生命力。只有正确处理好这两种取向的关系，才能真正科学构筑比较教育学合理的知识体系。比较教育学的知识体系对于比较教育学的概念构建具有直接的意义。

（三）比较教育学的概念及其意义指向

综合上述分析，笔者尝试性地提出比较教育学的概念，即比较教育学是基于整体取向的比较视野，研究国际教育发展的多样化类型及其相互影响关系，进而促进教育理解和推动教育发展的一门教育学科。比较教育学的这一概念体现了这样一些规定性：首先，比较教育学是教育科学中的一个分支学科，是教育科学的重要组成部分，比较教育学离不开教育沃土的滋养，同时也不断为教育科学提供养料。其次，比较教育学是对国际教育发展进行的研究，主要是对世界范围内除本国以外的所有国家的教育发展和超越国家的跨国教育发展以及国际教育整体性发展及其影响关系进行的研究。国别教育发展研究是比较教育研究的传统和基础，跨国教育发展研究和国际教育整体性发展研究是比较教育研究新的拓展。第三，比较教育研究是一种跨界研究，是在世界教育整体发展的大背景下基于多样化发展类型而进行的跨文化研究。这种研究主要不是体现在技术层面的具体研究方法上，而是基于国际教育整体性发展的比较视野。第四，比较教育学的研究目的在于通过教育发展多样化类型的比较，提高人们对教育的理解和认识水平，从而推动教育科学发展和教育实践的变革。比较教育学正是通过多类型的比较分析获得对教育的更高层次的理解，促进人们对教育的深刻反思和价值选择。

明确了比较教育学的基本概念，比较教育学的知识体系相应地变得清晰起来。从总体上说，比较教育学的知识体系涵括比较教育理论研究和国际教育发展研究两个基础性研究领域，比较教育理论研究侧重比较教育基础理论及学科体系方面的研究，是比较教育研究的理论反思，具体内容包括比较教育学的本体论、方法论、知识论、价值论等方面，它不仅影响着比较教育的理论模型和分析框架，而且规定着比较教育学术队伍的学科信仰和话语体系。此外，它还担负着比较教育学核心概念、研究方式、学术规范的阐释与建构。国际教育发展研究主要是对国际教育多样化发展类型进行的研究，是比较教育研究的实践反思，既包括不同国家的教育发展类型及其相关的教育政策，也包括跨越国家的国际教育交流合作及其实践模式。在此，有三个问题需要特别指出。

第一，关于比较教育学与国际教育的关系。比较教育学是对国际教育多样化发展类型的比较及其反思，这是比较教育学的历史传统，也是比较教育学在新的发展阶段的一种回归，更是比较教育学在全球化背景和教育科学纵深发展新形势下的价值选择。因而不宜把国际教育从比较教育学中分离出来，国际教育是比较教育学的研究领域，是比较教育学研究对象的核心体现。相应地，国际教育也只有在比较教育学的框架内才具有学科的根底和生长的场域。

第二，关于比较教育学与发展教育的关系。发展教育是20世纪60年代以后逐步被提出来的，主要关注教育如何推进后进国家或发展中国家的教育发展。这主要反映了当时比较教育学研究主题重心的变化。但从全球化视角来看，发展中国家仍然是世界多元文化背景下平等的成员国，仍然属于国际教育发展研究的范畴。在全球化不断发展的今天，我们更应该坚持多元文化世界中国家之间的平等性和交流性，世界上所有的国家都是平等的成员，发达国家的教育发展对发展中国家的教育有着重要的影响，但发展中国家的教育也有其自身的传统和存在的合理性，并对世界教育的整体发展具有重要的影响。因此，发展教育研究完全可以纳入到国际教育发展研究的知识体系而成为比较教育研究的重要内容，不宜单独成为比较教育研究中与国际教育相并行的知识领域。

第三，关于比较教育学与教育比较研究的关系。比较教育学同其他教育学科一样都开展教育问题的比较研究，即教育比较研究，教育比较研究是所有教育科学公共的学术研究活动。所以比较教育学的研究主题仍然可以涉及各种具体的教育问题。但比较教育研究中的教育问题比较与其他教育学科中的教育问题比较存在截然不同的研究取向，比较教育研究中的教育问题体现在国别教育或国际教育发展的整体性背景之中，往往被置于国别教育这一大的背景之中。而其他教育学科开展比较研究中的教育问题则是体现在相应学科发展的背景之中，往往被置于该学科研究的现实需求的背景之中。所以，完全可以把比较教育研究中的教育比较研究纳入到国别教育研究或国际教育整体性研究范围之中。事实上，缺乏国别教育的完整了解，缺乏国际教育发展的大背景，具体的教育问题常常在一般性的研究中被误读或误解。比较教育研究可以把具体的教育问题还原到国别教育和国际教育的大背景中，可以真实地反映教育问题的本质内涵，还可以对这些教育问题的现实表现进行符合实际的甄别和准确的判断。比较教育学的概念建构进一步澄清了比较教育学的学科使命和学术方向。一方面，比较教育学作为教育科学的分支学科，既要不断强化基础理论研究，加强自身的学科建设，提升学科发展的专业性水平，又要不断为教育科学创生和奉献国际教育发展的独特知识，丰富和发展教育科学的方法体系和理论体系，为教育科学的发展做出积极的贡献。比较教育学有必要通过自身的理论建设建立起自己的学科自信。另一方面，比较教育学作为研究国际教育发展的独特学科，不能仅仅坚持传统的教育借鉴取向，分析和判别先进国家教育发展的先进经验，并把这些先进经验借鉴到本国教育发展的现实中，推动本国教育的改革和发展；而是要更多地坚持教育理解取向，在平等对待国际教育发展多样化类型的基础上寻求教育发展相互关系的理解，增强对教育发展普适性和特殊性意义的认识，从而消除人们对不同国家教育的误解与偏见，真正促进教育的国际理解，推动国际间教育的交流合作，促进教育科学的繁荣发展。可见，比较教育学以其独特的学科特性和学术优势，不仅可以在推动本国教育改革发展中发挥建设性的作用，而且可以在推动世界教育整体性发展中产生重要的影响，还能够为促进教育科学理论的繁荣发展做出积极的贡献。

比较教育学的概念建构有助于构筑比较教育学稳定的学术共同体。比较教育学学术共同体无疑是比较教育学持续发展的基本前提。如果比较教育学的学术队伍只是各自感兴趣的学术研究的随意集结或零散聚合，缺乏稳定的学术方向和研究取向，就不可能形成稳定的学术共同体。“在长期的科学发展过程中，基于不同的研究视野往往会形成不同的研究共同体，每一共同体都会形成特定的学术传统，从而形成不同的学术规范和学科信念，这是学科发展生生不息的基石”。[26]这就需要在比较教育学的学术队伍中凝聚一批具有明确学科意识和坚定的学科信念并长期致力于比较教育学术研究的学术队伍。如果说比较思维是每个人与生俱来的，比较方法是每个教育研究学人必须具备的，那么，对于一个比较教育学科的研究者而言，就必须坚持整体取向的比较视野，聚焦国际教育发展的研究立场，在对教育问题进行研究时，很自然地从国际教育的多样化类型中寻求教育问题的理解，进而探寻教育问题的本质。比较教育学的概念建构明确了比较教育学的研究对象及其具体的知识领域，明晰了比较教育学的方法论原则及其具体的研究视角，揭示了比较教育学的发展方向及其具体的研究目的，对于建构比较教育学的学术规范、完善比较教育学的话语体系、创新比较教育学的知识内容无疑具有导向性作用。因此，比较教育学的概念建构对于比较教育学者形成稳定的学科意识和学科信念、明确比较教育学科存在的真实意义和独特价值、自觉担负起比较教育学的学科使命和学术责任产生积极的影响。

参考文献：

[1] 王承绪，朱勃，顾明远．比较教育［M］．北京：人民教育出版社，1982：17.

[2] 成有信．比较教育教程［M］．北京：北京师范大学出版社，1987：13.

[3] 杨汉清，吴文侃．比较教育学［M］．北京：人民教育出版社，1989：8.

[4] 高如峰，张宝庆．比较教育学［M］．上海：上海外语教育出版社，1992：32.

[5] 冯增俊．比较教育学［M］．南京：江苏教育出版社，1996：125.

[6] 卢晓中．比较教育学［M］．北京：人民教育出版社，2005：10.

[7] 朱旭东．新比较教育［M］．北京：高等教育出版社，2008：7.

[8] 冯增俊，陈时见，项贤明．当代比较教育学［M］．北京：人民教育出版社，2008：4.

[9] ［13］王英杰．简谈比较教育学在改革开放30年中的发展与功用［J］．外国教育研究，2010 (02)：1—3.

[10] 顾明远，薛理银．比较教育导论——教育与国家发展［M］．北京：人民教育出版社，1999：28.

[11] 田小红．知识的境遇——中国比较教育学的学术生态［M］．北京：高等教育出版社，2011：151.

[12] FARRELL J P. The Necessity of Comparisons in the Study of Education: the Salience of Science and the Problem of Comparability [J]. Comparative Education Review, 1979. 23 (1): 10.

[14] ［21］陈时见．比较教育学［M］．重庆：西南师范大学出版社，2012：13，17.

[15] ［16］朱利安．关于比较教育的工作纲要和初步意见［J］．王晓辉，译．比较教育研究，2004 (12).

[17] 刘宝存，张永军．比较教育研究与教育科学的发展［J］．外国教育

研究，2010（2）：28.

[18] 陈时见. 论比较教育的学科体系及其建设 [J]. 比较教育研究，2005（3）：36.

[19] 赵中建，顾建民选编. 比较教育的理论与方法——国外比较教育文选 [M]. 北京：人民教育出版社，1994：326.

[20] KUBOW P K，FOSSUM P R. Comprartive Education：Exploring Issues in International Context [M]. Pearson Education，Inc. 2003：11.

[22] 罗伯特·阿诺夫，卡洛斯·阿尔伯特·托雷斯. 比较教育学——全球化与本土化的辩证关系 [M]. 冯增俊等，译. 北京：人民教育出版社，2012：20—21.

[23] BEREDAY G Z F. Comparative Method in Education [M]. New York：Holt，Rinehart and Winston. Inc.，1964：5.

[24] 沈姗姗. 国际比较教育学 [M]. 台北：正中书局股份有限公司，2000：23.

[25] 何塞·加里多. 比较教育概论 [M]. 万秀兰，译. 北京：人民教育出版社，2001：91.

[26] 何茜，谢韦韦. 比较教育学科视野下比较的层次性探析 [J]. 比较教育研究，2008（06）：18—21.

（本文发表于《比较教育研究》2013 年第 4 期。作者陈时见，时属单位为西南大学教育学部国际与比较教育研究所）

比较教育的学科关系

一、比较教育学与教育学

比较教育是一门学科（Discipline），一个研究领域（Field of study），还是如一些人理解的那样只是教育研究的一种方法？如果认定它为一门学科，又如何确立它特有的概念、原理和理论体系？这些问题的答案至今仍在争论和商榷之中。“在经历几十年的关于比较教育学科性质的论争之后，许多人认识到应该而且必须从‘教育’这个独特系统出发来理解比较教育的任务与使命，应该基于‘教育’来建设‘比较教育（学）’这门学科。”[1]那么，比较教育学相对于教育学来说是什么？比较教育学如何从它的“母学科”——教育学那里得到应有的理解和承认？本着这一思路，笔者进行了下面的思考。现就教于专家。

（一）

教育之用在于改造人，进而改造社会；比较教育之用在于改造教育自身，进而改造社会。

关于教育的目的和功能，教育理论界已基本取得共识，普遍认为教育是传递社会生活经验并培养人的社会活动。顾明远主编《教育大辞典》（1998）将教育的功能概括为保证人类延续、促进人类发展功能、促进社会发展功能、阶级斗争功能和选择功能。[2]当然，对于教育目的与功能，一直就有“个人本位论”“社会本位论”“个人本位与社会本位统一论”等多种观点。按照求同存异的原则，大致可以做出如下判断：教育之用在于改造人，进而改造社会。

与此相对应，比较教育的目的和功能又是什么呢？“比较教育之父”朱利安（M. Jullien，1775～1848）认为，比较教育研究目的在于“……从中演绎出一定的原则和明确的规则，使教育成为近乎实证的科学。”“就解剖而作比较解剖的研究，终于促进解剖而使之成为一门科学。同样，作比较教育的研究也必然能为教育的完善而成为科学，提供一些新的手段。”[3]

著名美国比较教育学家坎德尔（I. L. Kandel，1881～1965）提出，比较教育研究的目的是“发现教育上存在哪些问题，讨论这些问题是如何产生的，阐述这些问题在特定的社会环境中是如何被解决的，并发展教育哲学或教育原理。”[4]

王承绪、朱勃、顾明远教授编写的我国第一本比较教育学著作《比较教育》认为，比较教育要“研究当代外国教育的理论和实践，找出教育发展的共同规律和发展趋势，以作为改革本国教育的借鉴。”[5]

成有信《比较教育学》认为，“比较教育学是以比较的方法为核心的方法体系，去研究当代世界不同国家或地区的各种教育理论和教育实践问题，揭示影响它们发展的最主要的条件和因素，找出它们的共同性和差异性并作出比较性评价，探索问题的发展趋势和一般规律，以作为改进本国教育的借鉴的一门教育科学。”[6]

日本著名比较教育学者冲原丰认为，“比较教育学是以教育的整个领域为对象，对两国以上的现代教育进行比较，并把外国教育学包括在内的学科。”[7]

分析上述定义不难看出，比较教育的目的和功能并不像教育那样直接指向改造人进而改造社会，而是定位于改造教育自身：无论是“使教育成为近乎实证的科学”，还是“发展教育哲学或教育原理”；无论是“研究当代世界不同国家或地区的各种教育理论和教育实践问题”，还是“探索问题的发展趋势和一般规律”，或“对两国以上的现代教育进行比较”，它的目标定位和落脚点都没有超出教育自身（教育理论和教育实践）的范围，都是要试图对教育自身施加某种可以控制的影响。回顾比较教育历史，无论是学习借鉴外国教育经验、反思审视以至改革本国教育，还是探索教育发展共同规律、推动教育科学发展，乃至扩大教育交流等等，归结起来不外乎改造教育自身，而不是直接指向改造受教育者或社会存在。这种以教育自身发展为目的，对教育自身进行反思、批判、审视和构建的理论旨趣，到目前为止，只有在教育哲学和比较教育学中才能够得到尽情的展现。可以说，比较教育学是教育和教育学生成自我意识和主体“人格”的一种标志，是教育和教育学反观自我的一面镜子。

(二)

教育以人类的存在与发展为逻辑起点，在个体发展与人类发展的良性互动关系中发挥纽带、桥梁和催化剂作用；比较教育以教育自身的存在与发展为逻辑起点，在不同教育单元之间、教育单元与其它社会单元之间良性互动关系中扮演类似角色。

毫无疑问，作为培养人的社会活动，教育是以人类存在与发展为前提条件的，人类在个体和群体进化过程中逐渐演化出类主体，并产生出更为高级的生存发展形式——各种社会存在。在人类的存在与发展这个逻辑起点中，已经内含了个体及社会的存在与发展。教育以人类的存在与发展为前提条件，反过来又给这个进程以积极、主动、有效的影响。在这个起点处，蕴含着教育之所以成为教育的几乎全部原始信息教育的本质、规律、功能、价值、主体、客体、方法、内容等等，都可以从人类的存在与发展这个原点找到端倪和根源。

那么比较教育以什么为自己的逻辑起点呢？不可置疑的是，比较教育产生之前，教育已经存在、发展着；比较教育学产生之前，教育学同样存在、发展着。比较教育正是人类各类教育单元之间不断加强交流、交往和相互影响，教育学视野不断拓展的必然结果，“比较教育随着国际交流日益频繁，而更显其重要性。”[8]所以有学者认为，“广义的比较教育的历史也就是世界各国、各民族教育交流的历史”，“比较教育是国际（跨文化、民族间）教育交流的论坛。”[9]既然要进行教育交流，一个前提的条件，就是各类教育单元（……不同文化、不同民族、不同国家、不同地区、不同意识形态……教育）的存在和发展。所以，可以初步认为，比较教育以教育的存在与发展为逻辑前提，同样又给这个进程以积极、主动、有效的影响。在这个起点处，同样蕴含着比较教育之所以成为比较教育的全部原始信息：比较教育的本质——

对教育自身的反思、审视与再造，比较教育的核心内容——由各类教育单元之间以及教育单元与其它社会单元之间的相互关系所构成的教育发展规律，比较教育的目的和功能——改造和发展教育进而发展整个人类社会，比较教育的价值取向——作为教育和教育学反观自身的一面镜子、作为教育与教育学在近现代社会中主体品格的一种体现、作为教育学学科性质和学科地位的潜在支撑点和有力说明者、作为“教育现代性的一部分”[10]等等。

确立比较教育的这一逻辑起点，就容易解释长期以来提出的许多难题：为什么比较教育研究关注的首先是既定的教育史实、教育事实和教育存在，即整个教育，而不是学生作为人的一般发展和教师作为教育者的一般教育行为；为什么在某种意义上可以认为“比较教育学就是教育学本身”，“比较教育学是以教育的整个领域为对象”的，为什么比较教育的初衷是“使教育成为近乎实证的科学”。归根到底，因为比较教育的逻辑起点是教育的存在与发展，它的旨趣在于对包括教育学在内的整个教育进行反思、自醒与改造，从而推动教育自身的发展。教育学关注人的存在与发展，力图改变人的存在与发展，进而改变和影响社会发展进程。至于教育自身的存在与发展，在教育学那里是一个秘而不宣、不证自明的公理或隐含前提。而比较教育学却把教育自身的发展作为学科聚焦的对象，在反思教育、审视教育、改造教育、发展教育的基础上谋求推动人类的发展与社会的进步。但是，“在以往的有关论争中，总是把比较教育的性质有意无意地界定为‘跨学科’，总是从其它学科中去寻求比较教育的理论支柱，总是从教育与社会的关系框架内来理解比较教育的基点。这种尝试，直接导致两个不良后果：一是比较教育学科长期以来一直未能形成自己的理论体系，比较教育学科实际上由于无奈的‘折衷’而变成了一个多学科的理论‘大杂烩’；二是由于过多地关注了诸如教育制度（并且基于它与社会政治、经济、文化的关系）、‘民族性’等主题的研究，大大忽视了对学校教育本身的‘过程研究’，这多多少少使比较教育的研究陷于‘缘木求鱼’的认识困境之中。”[11]笔者甚同此言。如果不首先在教育和教育学中寻找自己的学科发展基点，不能恰当地“认祖归宗”，比较教育学势必会陷入自我迷失的境地。

(三)

教育学的核心内容是教育规律，它探讨教育者、受教育者及其社会环境之间的相互关系，主要回答如何教育人的问题；比较教育学的核心内容是教育发展规律，研究各类教育单元之间、教育单元与其它社会单元之间的相互关系，主要回答如何认识教育、如何对待教育、如何发展教育的问题。

由于教育学的根本旨趣在于推动人的发展进而推动社会发展，逻辑起点是人类的存在与发展，所以它所关注和研究的核心问题必然是如何教育人、培养人、发展人，告诉教育工作者需要做什么以及怎么做，这正是教育规律的内容。整个教育学学科体系正是以教育规律为支柱和主体框架建立起来的。最新出版的《教育大辞典》对教育学所下的定义便是“研究人类教育现象及其一般规律的学科。[12]

那么比较教育学呢？由于它的根本旨趣在于推动教育的发展进而推动社会发展，逻辑起点是教育的存在与发展，所以它所关注和研究的核心内容应该是如何办教育、如何对待教育、如何发展教育，告诉办教育的人以及关心教育发展的人做什么以及怎么做，这正是教育发展规律。整个比较教育学科体系也应该以教育发展规律为支柱和主体框架来建构。近年来在国际上影响较大的阿根廷比较教育学者奥利韦拉（C. E. Olivera）认为，比较教育研究不应是寻找“共同点和不同点”的描述性工作，它“是对关系和关系方式而不是对事实进行的比较”，应该既能产生“一般认识”，又能反映“多样性的规律”。[13]这一观点反映了20世纪90年代以来比较教育学科发展的新动向。教育学把教育解剖为教育者、受教育者、教育影响、教育环境等，进而研究这些因素之间的相互关系；而比较教育学则把教育解剖为同时包括着教育者和受教育者的一个个教育单元，对这些教育单元之间的相互关系和关系方式作比较研究。教育学研究的最小单位是活着的个人，这些个人可能是教育者或受教育者；而比较教育学研究的最小单位就是“麻雀虽小五脏俱全”的“教育单元”或叫“教育发展单元”。正是这些教育单元之间以及教育单元与其它社会单元之间的相互关系，蕴含着教育发展的规律。只有研究这些规律，发现这些规律，认识和理解这些规律，才能够更好地认识教育、定位教育、实施教育和发展教育，包括发展教育理论和教育实践、教育工程和教育技术、教育事业和教育产业等等。比较教育研究就是以各种教育发展单元为对象，以相应的教育发展主体行为及其活动规律为内容，以比较学科所特有的跨界视野、反思精神和超越个性，揭示各层次教育发展的规律，以达到对教育自身反思、自醒和改造的目的，最终推动教育的发展。

比较教育史上比较研究的视界或教育单元有一个逐步扩展的过程。作为新闻记者、外交官、社会活动家的朱利安，进行比较教育研究的目的是“为教育这门科学建立事实和观察的库藏”，进而把教育学建设成为“近乎实证性的科学”，被后人称为“实证研究”的开创者。这一时期的比较教育研究所关注的教育单元多局限于外国教育的事实和经验，所以“在整个十九世纪，比较教育研究，实际上是外国教育研究。”[14]而且这种研究很少将研究对象看作具有成长、发展、生命特征的整体教育单元，而更多定位于教育素材、教育事实、教育经验等等。具有划时代意义的美国著名比较教育学家坎德尔(Kandel)，提出了“比较教育就是外国教育史向现代的延伸”的观点，得到后继者英国比较教育学家汉斯（N. Hans）的支持，从而开创了比较教育史上活跃于20世纪上半叶的“历史学家”派。这期间，比较教育研究的视界超越了一个个经验事实的局限性，进入历史与现实、教育与文化相结合的领域，从而使研究对象或教育单元具有了历史感和纵深感，更加带有整体性和发展性特征。人们开始注意到一国的教育也好，一地区的教育也好，都是一个个具有历史文化积淀和地域民族个性的完整事物，并以自己独特的方式在发展、成长、变化，必须将它们作为整体的教育来研究和对待。自上个世纪50年代以来，东西方比较教育学说精彩纷呈，结构主义、解构主义、现代主义、后现代主义接踵而至。按照贝雷迪（Bereday）的说法，这一时期的比较教育研究，一个重要的特征便是“从事系统化的工作”，“以便揭示各国教育实践的全景”。[15]①可以说比较教育研究所面对的教育单元被赋予了更加浓厚的社会文化内涵和民族国家个性特征，更具有整体性、全面性、主体性和发展性。“近年的国际趋势之一，是在继续重视国家之间的比较的同时，开展一国之内

① 作者在原文中没有给出参考文献。——编者论

不同地区之间和世界体系的研究。”[16]而一国之内少数民族教育的比较研究也呼之欲出。不难看出，比较教育研究的视界正是这样一步步得到拓展的。

(四)

总结上文，最后还是要回到这样一个问题：比较教育究竟是什么？根据上面的分析，我们可以初步对比较教育作出如下事实判断：

第一，比较教育和比较教育学是从教育和教育学中分离出来和成长起来的一类人类活动及其理论和方法体系。在这一进化、分化过程中，教育在先，教育学在后，比较教育在先，比较教育学次之。比较教育学与教育学同属于教育科学领域，就如同教学论、课程论从教育学中逐步分离出来并与之同处于教育科学领域一样。由于它与母学科有着共同的“血缘关系”，因此具有某种同质性和相似性是正常的。

第二，比较教育和比较教育学的基本功能是它对教育自身的反思、自醒和改造。其它一切功能都从这一功能延伸出来，并依附于这一功能而存在，在此基础上形成各项功能的相互支撑和相互加强。比如政策咨询功能、国际交流功能、推进全球化功能、世界和平功能等等，都取决于比较教育对教育自身反思、自醒和改造的程度和效果。

第三，比较教育学视野中的教育，是各种具有整体性、生长性和发展性的教育单元。比较教育所要反思、自醒和改造的这些教育单元，不仅仅是教育实践，也包括教育理论；不仅仅是本国的教育理论和教育实践，也包括人类共有的教育理论和教育实践；不仅仅是一种文化圈里的教育，也包括全人类文化意义上的教育。每一个民族国家的比较教育研究，都是在代表全人类的教育在审视、反思和改革本国的教育，这是对人类教育发展应尽的责任。而比较教育所能够区分出的教育单元或教育发展单元几乎是无限的，这也从一个角度证明了比较教育学发展的无限前景。比较教育的主要特点或学科品质是用不断超越和拓展的跨界视野审视教育，只有不断采用更远、更深、更宽广的研究视界，才能保持它的学科生命力。局限在一国的眼光、一时代的眼光、一文化圈子的眼光、一国际区域的眼光，对比较教育学的发展都是不利的。

最后，我们大致可以对比较教育学提出这样一个类似定义的东西：比较教育学是在教育发展和教育学进化过程中孕育生成的，用不断拓展的跨界视野对教育自身的各层次发展单元进行审视、反思和重新建构，探索教育发展规律，推动教育发展的教育学科。

参考文献：

[1] [4] [11] [13] [14] 方展画. 国外比较教育学科建设及其研究方法论的演变 [J]. 比较教育研究，1998 (04)：8，9，12.

[2] [12] [16] 顾明远. 教育大辞典（增订合编本）[Z]. 上海：上海教育出版社，1998：25，789，82.

[3] 赵中建，顾建民选编. 比较教育的理论与方法——国外比较教育文选 [M]. 北京：人民教育出版社，1995：101.

[5] 王承绪，朱勃，顾明远. 比较教育 [M]. 北京：人民教育出版社，1985：16.

[6] 成有信. 比较教育学 [M]. 北京：北京师范大学出版社，1987：35.

[7] 霍力岩. 学前比较教育学 [M]. 北京：北京师范大学出版社，1996：4、3.

[8] 林秀珍. 比较教育中的“比较”探微 [J]. 台湾：比较教育，1997，44：9.

[9] 顾明远，薛理银. 比较教育导论——教育与国家发展 [M]. 北京：人民教育出版社，1996：14.

[10] 朱旭东. 后现代主义与比较教育研究——评柯温的后现代比较教育理论 [J]. 比较教育研究，1998 (04)：1.

[17] 王承绪. 比较教育学史 [M]. 北京：人民教育出版社，1999：4.

（本文发表于《比较教育研究》2001年第9期。作者李现平，时属单位为北京师范大学国际与比较教育研究所、比较教育研究中心）

二、比较教育和社会学的关系史及其分析

（一）问题的提出

“比较教育研究的历史是一种社会科学化的历史。”[1]“所谓比较教育研究的社会科学化，是指比较教育研究利用社会科学的概念、范式和方法的过程，而这种过程又具有历史的维度。”[2]在比较教育的发展史上，众多的比较教育学者一直都在利用社会学、政治学、经济学、历史学等社会科学作为研究的知识资源。“比较教育研究在社会科学化的历史过程中形成了自身的知识生产样式，并构建了自己的理论和思想，比较教育的理论和思想有赖于比较教育研究的社会科学化。”[3]社会学作为一门对比较教育有独特亲和力的学科，在比较教育的发展过程中“已经证明了其自身具有的丰富资源”。[4]两者的历史关系究竟如何？本文主要采用文献分析的方法，试图对这一关系进行比较系统全面的梳理和分析。

（二）社会学视野中的比较教育和社会学的关系史

划分比较教育的发展历史应是多个角度和多重标准的。学者们有的按照比较教育研究目的和方法的阶段特点分期，有的按世界历史的进程划分，也有按比较教育的发展水平进行分期。本文则尝试着立足于社会学广阔的视野中，以比较教育和社会学的历史关系为梳理主线，把其划分为四个阶段：

第一阶段——实证主义的形成期。“和比较教育一样，社会学有着长远的过去，但只有短暂的历史”。[5]19 世纪二三十年代社会学创始人孔德将社会学

与自然科学相提并论，试图建立实证主义社会学说。古典西方社会学主要强调对人类社会进行宏观的实证主义考察分析。而“社会学的发展与比较教育的初次尝试几乎是同时的”。[6]1817年比较教育创始人朱利安发表《关于比较教育的工作纲要和初步意见》，建议成立“特别教育委员会”收集有关欧洲各国教育状况的资料，并排列成分析性图表，还提供了一份详尽的教育问卷。他期望从收集到的事实和观察到的情况中“演绎出一些（教育）原则和明确法则，以便使教育成为近乎实证的科学”。[7]同一时期的比较教育学家如库森（Cousin）、阿诺德（Arnold）等通过对访问国的实地考察、收集资料、并置统计数据，对教育进行宏观整体的比较，表现出了“社会研究的趋向”。可见，比较教育自问世之时起便具有了社会学的实证主义科学情结。“我们甚至可以说19世纪后半期比较教育学者的研究路径是由社会学立场的观点来完成的”。[8]

第二阶段——“因果多元论”的发展期。20世纪上半叶，社会学发展进入了成熟与分化的近代社会学时期。这一时期社会学方法论的突破尤其引人注目。这方面的成就首推韦伯（Weber），他提出并实践了“因果多元论”的方法论原则。韦伯在其著作《社会科学方法论》中指出，社会科学研究的对象是：“客观的可能性”，即历史个体的因果关系，而非其必然性或规律性。同一时期著名社会学家涂尔干（Durkheim）在《社会学的方法原则》中也主张用历史分析方法对社会现象或事实发生的原因进行科学分析，他强调，研究者应当从某一社会现象所处的特定历史环境内的诸多现象或事实中寻找主导因素，从而解释各种现象之间的因果关系。受近代社会学“因果多元论”历史分析的影响，从20世纪初到二战结束，比较教育开始密切联系各国的社会文化和民族特性等因素，对各国教育进行历史分析。1900年英国比较教育学家萨德勒（Sadler）发表了《我们从别国教育制度的研究中究竟能学到什么有价值的东西?》，主张研究“校外的事物比校内的事情更重要”，同时把历史法真正引入比较教育研究中。著名的比较教育学家康德尔也强调对各国社会、文化和国民性的历史比较考察，以历史法对其教育制度的“国民性特质”进行类型分析。同时，英国的汉斯、德国的施奈德等都主张从教育的内外部各种因素来对各国教育情况进行历史的分析研究。

第三阶段——功能主义和冲突理论的繁荣期。二战后是现代社会学理论形成和发展的新时期。在五六十年代，结构功能主义占主导地位，同时，冲突理论作为功能主义的对立面，以人类不同群体利益的冲突来批判地分析社会，并批评功能主义为“保守的理论”。而且，社会学研究的方法已由文献资料法、历史分析法等传统方式逐渐转变为定量的、模型化的实证分析方式。同一时期的比较教育几乎毫无疑问地借用了社会学流行的结构功能主义、冲突理论、现代化理论等理论。比较教育也从历史研究逐步向以实证性的科学研究方法为主的方向发展。例如社会学家安德森（Anderson）、福斯特（Foster）等把功能主义引入比较教育，主张研究教育结构在社会中的功能以及社会结构对教育的作用等。诺亚（Noah）和埃克斯坦（Eckstein）提倡采用通过各国教育制度及其结果的定量数据的形成进行假设、检验和证实的“科学方法”，都体现了这一阶段比较教育研究注重定量和经验方法的特点。

第四阶段——与其他社会科学方法综合使用的反思期。20 世纪七八十年代以来，社会学出现多元化发展趋势，并且形成微观社会学逐步占优势的情境。这一时期的比较教育也更关注微观学校教育过程本身以及性别教育、少数民族教育等一些时代论题。而且，随着经济学、人类学、现象学等其他学科进入比较教育研究领域，新的研究范式不断产生，这使一直居于主导地位的社会学实证主义的研究范式受到诸多诘难和挑战。特别是在 80 年代末和 90 年代初出现了后现代主义和后结构主义等研究范式，比较教育研究呈现出社会科学化的多元发展趋势。从总体上看，这一时期的社会学已经不能单独承担比较教育研究的重任，逐渐丧失其支配地位，但仍有一些比较教育学者立足于社会学视角对教育情况进行比较研究。如康奈尔（Connell）和帕普斯奈克（Papsnek）等学者从社会等级和性别附属关系的角度，研究女性贫困、文盲和就业问题是如何形成的。也有学者从社会公平和公正的角度来研究学校和课堂上教师与学生之间的互动问题。总之，社会学仍然是比较教育研究一个必不可少的视角。

比较教育发展自始至终都忽明忽暗地闪烁着社会学的踪影。因此，从一定意义上讲，比较教育的发展史是一部借用社会学的概念、理论和方法论的历史。

（三）比较教育和社会学的关系分析

“每门社会科学在研究教育与社会其他方面的联系时都有独特的优势。社会学由于其精于分析‘制度性体制’（institutional system）的相互关系，因而有其独特的比较能力。”[9] 回顾比较教育的发展史，我们不难发现，比较教育问题域、基本话语的形成、方法论的建立以及理论框架的构建都深深地烙上了社会学的印记。

1. 比较教育的问题域——社会学问题

从问题到理论是一门学科发展的基本路向。比较教育也是在不断提出问题和不断解决问题的过程中形成与发展的。考察比较教育研究的历程，可以看出比较教育问题来源有着明显的社会学倾向。很多问题是由社会学问题引发的，而且可以在社会学的问题网络里找出原生点（见表1）。

表1

社会学问题	比较教育研究的问题
社会群体与组织	学校群体的性质及结构 教育制度的结构与特性
文化及其整合变迁	教育如何影响并推动文化变迁 民族文化传统与教育现代化
社会角色和社会地位	教育在整个社会中的地位 教师角色与地位 性别教育
社会互动	国家、地区之间教育的互动 教育、社会与自然之间的互动关系 比较课程与教学论（如师生互动）
社会分层和社会流动	教育分层、教育公平及公正 学生流动
社会变迁与社会现代化	教育改革、教育发展 教育与现代化 教育与民主化进程

社会学的“问题”在很大程度上影响限定了比较教育研究问题的广度和深度。同时，随着社会学研究对象和分析范围逐渐由宏观（整个社会的、结构的、制度的）层次转向微观（个人的、小群体的、心理的、人格特征的）层次，比较教育在发展过程中也出现了逐渐从传统的对国民教育系统或亚系统的比较研究，转向对微观的学习系统的比较研究。

2. 比较教育的措辞方式——社会学基本话语

各个教育学科都有自身来源于某一相关学科的措辞方式。“从总体上看，教育学科的措辞形式是纷繁复杂的，包括哲学在内的几乎所有人文社会科学措辞都混居其中。不过，这种多样性是以学科的多样性为概括的。若单纯以措辞学的标准来观察教育学科措辞，它的单一性就一目了然。”[10] 在比较教育发展史上，我们经常可以看见社会学的措辞体系。比较教育学家研究的核心概念，比较教育的基本话语，如筛选、流动、教育机会、发展、性别角色、教育分层、教育公平等都导源于社会学。这说明比较教育实际上已经在运用社会学的措辞方式“说话”、“写作”和“思考”。当然，社会学的措辞并不只是一种概念和术语，而是建于其上的一套模式。梳理比较教育学家的著作文本，同样可以看出，比较教育学家在一定程度上是按社会学的措辞方式写作，以社会学的措辞标准为衡量、评价自身写作的标准。

3. 比较教育的理论框架——社会学经典理论

在比较教育的发展史上，比较教育学家一直试图努力构建比较教育的理论框架作为生产知识的基础。众多的比较教育学家借用了社会学的分析模式，特别是结构功能主义理论、现代化理论、冲突理论和依附论等对比较教育理论框架的构建起着举足轻重的作用。

（1）结构功能主义理论

结构功能主义认为社会是具有一定结构或组织手段的系统，社会的各组成部分以有序的方式相互关联并对社会整体发挥着必要的功能。教育是社会整体的组成部分，担负着重要的社会功能。结构功能主义对比较教育的影响主要表现为比较教育注重对教育与社会之间的关系进行整体的分析研究。通过比较不同国家的教育制度和社会结构的关系，来说明不同的教育如何与不同的社会达到相应的组合。比较教育学家安德森是把结构功能主义引入比较教育研究的典型代表。他强调比较教育不仅要研究各国的教育结构，而且要研究教育结构在具体社会中的功能。福斯特在《加纳的教育和社会变迁》等研究中采用结构功能主义理论对非洲国家教育进行比较研究，他考察了加纳在殖民地时期从西方宗主国移植进来的西式教育模式，在其独立以后所经历的功能转换过程，并且还运用该理论分析了学校在社会流动、社会分层和精英遴选过程中的作用。

20 世纪 60 年代，结构功能主义理论在比较教育学界达到鼎盛，大多数研究都把它作为分析和比较教育问题的理论框架。70 年代之后，由于其过于强调结构和功能的一致性而受到广泛的批评。此后，结构功能主义在比较教育界的影响逐渐式微，但并未完全消失。

（2）现代化理论

现代化理论与结构功能主义密切相关。它是站在西方社会的角度描述和解释传统社会逐步转变为现代社会的变迁过程。现代化理论在比较教育研究中的运用，不仅使得 50 年代对比较教育方法论和定义的争论到 60、70 年代转向了对理论问题的争论，而且还导致了现代派比较论的产生，开拓了比较教育研究的新阶段。以芝加哥学派的安德森、贝雷迪、诺亚、埃克斯坦等为代表的比较教育学者，主张比较教育的跨学科研究，注重探求教育与社会的关系及教育的经济、政治、文化的功能。

现代化理论为比较教育研究提供了一个新的视角，丰富了比较教育的理论框架，但是这一理论过分强调教育的积极功能，忽视了发展中国家接受和输出教育信息的能动性及教育的特殊性，并且缺乏对具有动态特征的教育具体过程的关注。

（3）冲突理论

20 世纪 70 年代，由于现实教育改革的失败，比较教育学者改变了对现代化理论模式的极端崇拜，转而求助于西方马克思主义，冲突理论对比较教育产生了很大影响。冲突理论强调用社会生活中的冲突性来解释社会的变迁。70 年代中期，分化出新马克思主义和新韦伯主义两个学派。

新马克思主义把马克思的再生产概念作为解释和批判现代资本主义学校教育的性质和功能的主要概念，认为资本主义社会的学校教育不仅再生产出资本主义发展所必需的劳动力，而且也再生产出维持资本主义社会所必需的生产关系和阶级关系，以及资产阶级政治思想、意识形态和文化价值。在比较教育学界，以鲍尔斯和金梯斯为代表的经济再生产理论倡导者认为，学校教育反映和再生产社会生产关系，它的变革是对生产关系变革做出的反应。教育上的许多问题在很大程度上是阶级国家所固有的，而不仅仅是缺乏资源和管理技术水平低的缘故。卡诺依提出要变革以阶级关系再生产为特征的教育制度，就必须探讨变革社会的阶级结构和占统治地位的资本主义生产关系的总战略。还有些比较教育学者如弗赖尔等强调教育的解放作用。新韦伯主义运用社会学概念可以还原为个体行动的范式，力图通过解释个体行动的主观意义，并把个体的行动置于其社会环境之中，以阐明宏观和微观两种社会过程。他们认为必须把学校和教室中进行的活动与社会过程相衔接，进行宏观与微观相结合的教育社会学分析。比较教育学家埃德蒙·金从相对主义的立场出发，主张把现象学、社会学注重个体主观意志的微观分析，同结构功能主义、新马克思主义注重社会结构的宏观分析结合起来，运用于对各国教育的分析和比较研究中。

新马克思主义比较教育流派深刻地剖析了资本主义国家教育的实质，对于人们认识和理解发达资本主义国家和第三世界国家教育不平等的关系及其原因有较大帮助。然而，它并没有明确指出教育如何促进社会变革，也没有研究教育如何促进第三世界国家的现代化。

（4）依附论和世界体系理论

依附理论最早出现在20世纪60年代的拉丁美洲，认为世界是由核心国家（发达资本主义国家）和边陲国家（欠发达国家）构成的不平等的体系；前者对后者的剥削是导致后者欠发达的根本原因；为了克服依附关系，欠发达国家的出路在于同西方发达国家脱钩，进行社会主义革命。比较教育中的依附论观点是在批判结构功能主义发展观的过程中形成的，这一理论观点认为一个国家的教育制度不但受本国因素的影响，更受到本国以外因素的影响。卡诺伊、阿诺夫和阿尔特巴赫等都极力主张比较教育研究要集中辨别这些外部因素，考察教育制度如何以不同方式服务于不同的社会团体，以及社会不平等怎样在地区和国际水平上产生。卡诺伊《作为文化帝国主义的教育》

(1974) 著作的问世，标志比较教育领域中依附论观点开始流行。

70年代末在依附论的基础上衍生出了世界体系理论，这一理论主张以世界作为基本分析单位；认为世界体系的结构由中心国家、边陲国家和半边陲国家组成。阿诺夫与凯利等主编的《比较教育》一书中以一章《比较教育与世界体系分析》来阐述关于教育世界体系分析的观点。他们倡导把教育放在世界范围内，从政治、文化、经济等方面加以比较探讨，充分考虑到地区、种族差异和经济发展水平等对教育的影响，并努力探讨教育发展的基本规律。库姆斯的《世界教育危机——系统分析》也是以世界视阈作为分析的框架，设想了包括教育组织的输入与输出及组织的内部结构方面的模式，运用世界各国包括工业化国家与发展中国家的教育资料，诊断教育危机并开出处方。

依附论和世界体系理论在比较教育研究中的运用一定程度上解释了仅从发达国家或从发展中国家内部所无法解释的问题。但也遭受到了一些批评，诺亚和埃克斯坦认为“依附论并不能被看成是对比较教育研究增加了特别强有力的观点……它们对于比较教育只能作出有限的贡献。”[11]

由上可见，社会学的经典理论已经被广泛地运用于比较教育的发展过程中。从某种意义上来看，社会学的逻辑基础已被先验式地内置于比较教育的理论框架之中。

4. 比较教育的方法论——社会学方法准则

方法论是一门学科存在的支撑点，是其赖以存在并获得相应地位的基础。方法论的中心任务是“为科学行为提供一种规范，就是要告诉我们，为达到科学事业在认识上和实际上的目标，我们应该做些什么，或不应该做什么”。[12] “从本质上讲，方法论研究的对象不是纯方法，也不是纯客观对象本身，而是两者的关系，及方法整体与对象特性的适宜性问题”。[13] 比较教育的发展史表明，比较教育的方法论一直是最有争议的问题。在20世纪80年代，福斯特和卡诺伊围绕发展中国家的教育政策问题展开论争，其实质是社会学视野中的新实证主义和新马克思主义的交锋，而阿切尔和埃德蒙·金的论争也可以归结为宏观社会学和微观社会学领域的实证主义和新相对主义的争论。可以说，比较教育方法论在理论层面和具体研究方法层面都受到社会学方法论的深刻影响。在此，本文主要立足方法论理论准则层面，选择具有典型性的比较教育研究社会学方法论进行阐述。

（1）朱利安的实证主义方法

朱利安在《关于比较教育的工作纲要和初步意见》中强调客观观察（objective observation）、文件收集（the collection of documents）、全面整体（thoroughness）和系统分析（systematic analysis）的研究方法。而当时可以称为社会科学的学科——社会学也正试图建立实证主义社会学说。朱利安的比较教育研究难免受到社会学的影响。在一定程度上，他的研究已经证实了社会学的研究方法。虽然后来比较教育的发展似乎并没有出现完全依照朱利安设计的“以事实与观察”为基础的“近乎实证的科学”为主导的发展趋向，但它为比较教育方法论体系的形成和构建奠定了重要的基础。

（2）霍姆斯的实用主义方法

英国比较教育学家霍姆斯根据波普尔对规范法则和社会学法则进行区别的批判二元论观点，认为比较教育研究必须重视考虑社会学法则，“正是对有关的社会学定律研究构成了教育科学，或者你愿意称之为教育的科学研究”。“社会学法则是有计划教育改革的基础”。由此，他制定了一套相应的比较教育研究资料收集框架。即规范模式（normative pattern）、体制模式（institutional pattern）、精神状态模式（pattern of mental states）和自然模式（physical pattern）。其中在体制模式中主要陈述了政治、经济和教育等制度以及教育制度内部各个方面的关系，霍姆斯认为制度间的关系应体现为一种可检验的社会学法则。他强调加强体制模式的研究对于认识和确定重大教育问题的性质，提出切实可行的改革方案具有重要意义。

（3）安德森、卡扎米亚斯的结构功能主义方法

美国比较教育学家安德森是把社会学方法引进比较教育的先驱。他把文化人类学中的结构功能主义引入比较教育，并把其作为比较教育研究的方法论基础。他强调在比较教育研究中运用社会科学的调查技术和对比较教育进行跨学科研究的价值，认为社会学方法有助于对教育的有效研究。同时，卡扎米亚斯和马西亚拉斯在他们合著的《教育的传统与变革》一书中，运用了社会功能法来研究某些教育问题，诸如招生、选拔和教育机会均等，教育制度的结构等。[14]这种结构功能法在60年代很盛行。时至今日，西方仍有学者

沿用这种方法研究比较教育。

(4) 施瑞尔的系统功能主义方法

德国比较教育学家施瑞尔依据科学哲学从逻辑主义走向历史主义的趋势，在卢曼系统功能主义社会学的基础上，建立了系统功能主义比较教育方法论的分析框架。他不仅把比较教育中相互冲突的学派确定为不同的理论—方法论模式，还把它们的起源、变迁与各自参照的社会框架联系起来。施瑞尔区分了简单的“普遍精神操作”与复杂的“社会科学方法”两类比较风格，以及“比较教育研究”与“国际发展教育”两种类型的理论，并把它们与感知和思维的参照框架联系起来，形成一个描述和分析比较教育的完整框架。这种框架可用于对比较教育的历史和研究风格进行分析，而且对于建构比较教育未来发展的国际主义的参照系统具有重要的现实意义。

(四) 结语

“没有任何一门学科可以承担解释所有教育问题的权力，因此它只能求助于多学科的解释”。[15]比较教育的历史是一个与社会学“联姻”的历史。与社会学提供给比较教育的丰富的知识资源相比，这种联姻似乎更多地是比较教育的“一厢情愿”。许多比较教育学者还缺少足够的措辞、理论修养，从而也容易陷入弗莱所批评的“美学上的无政府状态”，这在相当程度上限制了比较教育的发展。从知识资源的角度来看，社会学对比较教育的影响反映了比较教育学科外的社会学知识在比较教育内的消费。同时，这也表明了比较教育发展过程中存在着比较教育知识的生产和消费不协调的问题。比较教育在生产知识时忽视了比较教育知识在自身内部的消费。

作为一门独立学科存在的重要前提便是其学科内的知识资源的消费。因此，比较教育能否创造出供作为消费者的其他学科（如社会学）使用的产品，能否以自己特有的视角提供人类认识教育独特的观点和思想，将是比较教育学科是否具有旺盛生命力的关键所在。

参考文献：

[1] [2] [3] 朱旭东. 试论西方比较教育研究的社会科学化历史 [J].

全球教育展望，2004（1）：64—70.

［4］MOORE J. Comparative Education and Sociolinguistics［J］. Comparative Education Review，1972（9）：57—61.

［5］JONES P E. Comparative Education：Purpose and Method［M］. Queensland：University of Queensland Press，1971：48.

［6］［8］JONES P E. Comparative Education：Purpose and Method［M］. Queensland：University of Queensland Press，1971：48，48.

［7］HOLMES B. Comparative Education：Some Consideration of Method［M］. London：George Allen & Unwin Ltd，1981：39.

［9］ANDERSON C A. Sociology in the Service of Comparative Education［J］. International Review of Education，1959（3）：310—318.

［10］李政涛. 教育学科与相关学科的“对话”——从知识、科学、信仰和人的角度［M］. 上海：上海教育出版社，2001：290.

［11］王承绪. 比较教育学史［M］. 北京：人民教育出版社，1999：150.

［12］［美］劳丹. 进步及其问题［M］. 刘新民，译. 北京：华夏出版社，1999：59—60.

［13］叶澜. 教育研究方法论初探［M］. 上海：上海教育出版社，1999：15.

［14］KAZAMIAS A M，MASSINALAS B G. Tradition and Change in Education：a Comparative Study［M］. New Jersey：Prentice－Hall. Inc. Englewood Cliffs，1965：1.

［15］朱旭东. 试论西方比较教育研究的社会科学化历史［J］. 全球教育展望，2004（1）：64—70.

（本文发表于《比较教育研究》2006年第10期。作者乐先莲，时属单位为教育部人文社会科学重点研究基地北京师范大学比较教育研究中心、北京师范大学教育学院国际与比较教育研究所）

三、要进行教学论的比较研究
——兼谈设置比较教学论学科的必要性

比较教育的历史是不长的。如果从法国教育家马克·安托万·朱利安首次发表的《比较教育的研究计划与初步意见》(1817) 算起，到现在也不过一百多年，而作为教育科学的一个独立分支——比较教育乃是20世纪初的事，如美国著名的比较教育家康德尔的《比较教育》一书，是在1933年才出版的。直到20世纪60年代以后，比较教育的研究才显得活跃，有了较大的发展。

在比较教育产生伊始及其发展的各个阶段，教学方面的问题就作为一个组成部分存在于比较教育之中，并且越来越受到普遍重视。

(一)

比较教育发展的第一阶段，有人称为“教育的借鉴时代”，这个时期由于产业革命的深入，许多国家为了充实和健全富国强兵的国策，都积极地派遣学者和行政官员去外国考察，力图从先进的国家中搜集教育方面的情报和资料，以便借鉴别国的有益的教育经验，发展本国的教育事业，其中就包括教学方面的理论和经验。例如1931年法国教育家库森在其《普鲁士教育报告》一书中，就不仅谈到了普鲁士的教育行政，家长和教区的教育责任，教师的培养、任命和薪俸等问题，而且还对学校的课程内容、教学方法等进行了描述。美国格里斯孔的《留欧一年》和霍勒斯曼的《第七年报》，以及巴纳德利办的杂志，翻译欧洲的教育文献，都包含着普鲁士、瑞典和荷兰关于教学方法方面的内容。日本比较教育学家田中不二磨于明治四年赴欧美考察教育制度，后于明治六至八年写成了《理事功程》，共十五卷，记载了美、英、法、比利时、德、荷兰、瑞士、丹麦、俄等国的教育制度和教学方法的情况。在其卷二“华盛顿学校略记”中，还特别记载了该府公学规则、入学、教官心得、学生心得、学习时间、休业等等。

在比较教育发展的第二阶段，比较教育也由教育借鉴时代向因素分析时代转化。比较教育家们认为，比较教育不仅要一般地、表面地报道和描述各国的教育制度和情报，而且要重视这些教育制度产生的社会背景和国家背景，要同社会经济、政治、文化等因素结合起来进行分析比较研究，如英国比较教育学家萨德勒强调说：“我们不要忘记的是，学校外的事情，比学校内的事情更为重要，而且它支配和说明学校内的事情。”因此，他认为，研究外国教育制度时，不应当只注意已固定化的学校制度和师生关系，而要到街道和家庭，观察平民的生活方式，在此基础上，去努力发现“在教育制度深处存在着的、像捕捉云彩那样不容易捕捉的精神和文化的各种力量”。美国著名的比较教育学家康德尔在谈到作为教育研究的重要分支——比较教育——发展缓慢的重要原因时，就把对外国教育制度的报道仅仅是“单纯的描述”作为重要原因之一。在康德尔看来，作为比较教育工作者应采取一系列的研究步骤，即研究工作从描述现象开始，导致解释原因，再作比较分析，最后证实教育实施的模式、原理或动向。他认为：“仅仅研究教育机构、学校制度的行政管理与组织系统、课程和教学过程以及课堂教学，则这种研究成果将是贫乏的”，需要作进一步的解释。康德尔不仅是这样讲，而且也是这样做的，他在论基础教育和师范教育中，就不仅对美、英初等教育的历史概况和现行体制作了记载，而且还对美、英中小学，师范学校的教学目的、内容或课程、教学方法、以及教师的培养等，都作了比较详细的描述和分析比较。

20世纪50年代，由于生产迅猛发展和国际斗争不断加剧的迫切需要，对比较教育提出了新的要求，也促进了比较教育的发展进入了第三阶段。在这个阶段中，比较教育不仅研究规模迅速扩大，研究方法多种多样，研究成果大大增加，而且对教学领域的比较研究更为重视和深入，明确提出比较教育是比较研究各国教育和教学理论和实践的共同点和不同的问题。苏联索科洛娃等合著的《比较教育学》中就指出："比较教育学研究当前世界上教学和教育理论和实践的共同的和个别的特点及发展趋势，揭示它们的经济、社会政治和哲学基础，以及民族的特点"。波兰勃·苏霍多尔斯基也认为：比较教育学研究不同国家在教育制度上，在对教育问题的理解和解决上的相似点和差别，并探讨范围广泛的问题，如教育和教学的理论、内容、方法和组织等等。苏联索科洛娃等合著的《比较教育学》，还把教学内容和教学组织列为专门章节进行比较研究。如其第五章就是对社会主义、资本主义和发展中国家的教学内容、教学组织的比较，第七章当代世界的师资问题中，对不同国家师范院校的教学内容进行了比较研究。我国王承绪等主编的《比较教育》里，几乎每章都有一节，专门对教学内容或课程、教学方法进行比较研究。同时，值得重视的，在这个阶段，还深入到学科教学的比较研究，如日本冲原丰著《比较教育学》的第十三章里，专门谈到学科教育比较研究问题，他不仅从理论上阐述了学科教育比较研究的可能性、特点和比较研究时应注意的事项，而且还谈到了世界学科教育的比较研究成界。在这个阶段，国际教育成绩评定协会还对各国数学、科学和外语学习成绩进行比较研究，1962年发表了《十二个国家十三岁儿童的教育成绩》；1967年发表了《数学成绩的国际研究：十二国比较》；1973年到1975年，陆续发表了六本有关科学、文学、阅读、英语和法语的教学，以及公民教育的比较教育专著等。总之，教学理论和实践方面的比较研究在比较教育中所占的篇幅越来越大，也越来越被各国的教育家们所重视。

（二）

但是，从当今社会发展对教育和教学的迫切要求来看，教学理论和实践方面的内容仍只作为比较教育学的一章或一节进行比较研究是很不够了，它应该从比较教育学中分化出来，成为一门独立的、比较教育学的分支学科——比较教学论，这是势在必行、十分需要的。

第一，时代的要求使然。大家都很清楚，我们今天所处的时代是科学技术飞速发展的时代。国际间的竞争是科技的竞争，而科技的竞争实际上是人才的竞争。培养出更多更好的人才，是使国家在这个竞争时代立于不败之地的重要对策。因此，如何培养适应当今要求的人才，是这个时代向教育提出的迫切要求。而要培养这样的人才，就必须提高教学质量，就必须深入地、具体地研究和认识培养人才的规律，形成科学的教学理论，并以此为指导进行教学实践活动，否则是不可能的。为此，近些年来，在从宏观上探讨教育理论的同时，人们也十分注重了对微观的、特别是对教学理论和实践问题的研究。比较教育学也不例外。在今天，比较教育学家们所关心的、感兴趣的重要问题之一，就是教学理论和实践方面的问题。据有的材料报道，1988 年 3 月在美国乔治亚州亚特兰大市召开的第三十二届北美比较教育协会年会上，在 123 篇正式论文中，就有 56%的论文是关于教学理论和实践方面的论文。人们关注的不再仅仅是一些“教育与社会”，“教育与现代化”或“比较教育科学方法的兴与衰”等问题，而更多的是关于教学方法、课程设置、课堂教学、学校管理、考试方法等等，特别是对课堂教学的意义，以及影响课堂教学的因素等进行了探讨，如在《学校教育的成效：课堂教学的质量与意义》论文中指出：教师能力的高低，对知识选择是否得当，对学生的要求是否严格等都是影响学校教学效果的重要因素。根据美、法、日、中、英、苏、瑞典和西德等国的实践，探讨了各国中学毕业考试的形式、方法、实施及各国近年来政策发展变化的关系等。在《小学质量与算术大纲》一文中，谈到了小学算术教学成功与否，很大程度上取决于教材与大纲是否考虑了当地学生的算术知识，是否把本地传统的算术方法和政府制订的算术大纲很好地结合起来等。会上还有的文章专门研究了学生的留级辍学，分析了学生大量留级、缀学的原因等。所有这些都说明：当今比较教育学的研究，不仅仍在宏观上探讨各国的教育制度，解释各国教育问题及其背景，而且已深入到微观领域，深入到教学领域的比较研究。

第二，科学教学论本身的形成和发展使然。我们知道，培养人的工作是一个系统工程，它是由许多子系统构成的。教学是学校培养人的、不可缺少的子系统之一。科学地、合理地组织教学是使学生身心全面发展的重要条件。要科学地、合理地组织教学，就必须以科学的教学理论为指导。而科学教学论的形成，不仅要在本国教学实践经验的基础上，加以总结和概括，使之上升为理论，而且还应对国外的、特别是发达国家在其教学改革和实验的基础上提出的教学思想、理论进行分析、比较，从中取其科学的精华，结合本国的教学实际进行不断的实验、研究、总结、概括，才能逐步地形成和发展为科学的教学论。另外，就教学论本身的内容来看，具有较大的可比性。因此，教学论从比较教育学中分化出来，成为一门独立的、比较教育学的分支学科——比较教学论，不仅是科学教学论本身形成和发展所需要的，而且也是可能的。

第三、比较教育学的广泛性使然。作为比较教育学，其研究的内容是比较广泛的，它涉及到整个教育领域，康德尔认为：比较教育是以现行的实况为基础而不以理论为基础，比较各国教育制度的原理。在他的代表作《比较教育学》（1933年）里，前两章论述教育、民族主义和国民性，第三章以下是谈国家与教育、国民教育制度的组织、教育行政、初等教育及初等教员的培养、中等教育及中等教员的培养等问题，分别比较研究了英、法、德、意、苏、美的教育制度。1955年出版的《教育的新时代——比较研究》一书，其目录为：比较教育学的内容和方法、国家与教育、决定教育性质的各种力量、教育改造的新形式、教育机会均等、教育行政与教育组织、儿童教育、青年教育、教员培养、问题与展望等。英国的汉斯在其代表作《比较教育学——教育的因素与传统的研究》的序言中，着重说明了决定各国教育的各种因素，认为在说明各国教育制度时，必须对历史的诸因素进行积极的分析。在他的《比较教育》一书中，除了分析研究教育的各种因素之外，分论了英、美、法、苏四国的教育制度。日本的冲原丰在其著作《比较教育学》中，认为比较教育学是以教育的整个领域为对象。英国马林森的《比较教育研究概况》，更为广泛地分别比较研究了美、英、德、法、比、荷兰、丹麦、瑞典、挪威、瑞士、意大利、苏联等国的师范教育、小学、中学和职业技术教育。

以上可见，比较教育学从宏观上研究较多，深入到微观研究较少，从整个教育领域或从教育制度方面比较研究多，具体、深入、全面地比较研究教学论方面的问题则不够。产生这种情况的原因，自然是由于比较教育学研究对象的广泛性使它很难对教育这个系统的各个子系统，即教育整个领域的各个部分、方方面面都能比较研究得那么具体、深入和全面。何况教学论方面需要比较研究的问题很多，特别是二十世纪中期以来，各国出现较大规模的教学改革和实验，提出了许多新的教学理论和主张。在教学目的任务方面，有的认为20世纪的今天，教学的主要任务不能是传授知识，而使学生得到发展才是教学的主要任务，只有在发展上取得成绩，才能从根本上提高教学质量；有的教育家甚至把发展学生的智力与国家的存亡联系在一起；有的则提出教学应综合地完成多方面的任务，认为教学和学生个性发展的各个方面有着密切的联系，那种把教学狭隘地归结为传授科学知识、技能以及发展学生的智力，教学与学生的个性形成、身体、道德、美育没有联系的说法，无疑是不正确的。在教学内容方面，除了较为古老的学科课程论外，还提出了结构课程论、发展课程论、核心课程论、活动课程论、综合课程论、潜在课程论等。在教学过程理论方面，在强调教师在教学过程中起主导作用的同时，提出学生不仅是教育的对象，而且是学习的主体，只有使学生成为学习的主体，积极主动地进行学习，才能提高教学的效率，因此，不仅要研究教师的教，更要研究学生的学，甚至提出“学生为中心”的教学理论体系。对教学过程的理论基础，有的认为除哲学、心理学外，自然科学，特别是控制论、信息论和系统论对教学论也具有方法论的意义；有的还认为，除哲学、心理学、自然科学外，社会科学，如经济学、社会学、伦理学、美学、语言学、逻辑学、文学、政治等都使教学论的理论基础雄厚起来。在研究教学过程中学的方面，有的从联结说出发，认为学生学习的基本规律就是要加强重复练习，以便强化和巩固刺激与反应之间的联结，从而达到牢固地掌握所学内容；有的则从认知说出发，认为领悟是学生观察问题的整个情境、明晰各部分的关系、了解问题的关键所在，因而是学生学习的基本规律。基于上述的不同认识，在教学原则、教学方法、教学组织形式、教学检查与评价、教学管理、以及教师的培养等方面都提出了多种多样新的内容。所有这些，都要求在比较教育学一门学科中，加以具体、深入、全面地比较研究，显然是很困难的，甚至是不可能的。因此，要适应现代科学高度分化、高度综合的发展趋势，把教学部分从比较教育学中分化出来建立比较教育学的分支——比较教学论，这样，才有利于对以上问题进行具体、深入、全面地比较研究。

（三）

比较教学论从比较教育学中分化出来成为一门独立形态和学科后，将会对社会产生巨大的效益。

首先，有助于培养现代社会所需要的现代人。那么，对于什么样的人是现代人，他们都应具备哪些素质，这个问题，由于各国的情况，即使在同一国家里，由于各种主张和观点不同，说法不尽相同，要求是多方面的。但其中一点却是相同的，即重视教育的国际化，要求培养具有国际视野、充分了解和认识国际社会、善于进行国际交往和斗争的人。如美国，早在60年代就通过了一系列鼓励和加强关于其他国家教学和研究的计划和法令，1966年公布了《国际教育法》，70年代又有巨大的推进，近些年来，他们认为：由于新技术革命已将民族经济变成世界经济，培养“全球意识”是保持美国国际经济竞争优势的关键一着。日本在1965年中央教育审议会《所期望的人》咨询报告中，要求培养具有国际视野的日本人，在第三次教育改革中，把国际化作为以21世纪为目标的教育改革的一个重要原则，有的建议把国际性作为新时代日本人的重要素质之一，并采取种种措施使教育国际化，以达到培养“活跃于国际社会的日本人”或国际人的目的。在我国，邓小平同志提出：“教育要面向现代化，面向世界，面向未来”。这不仅要求我们的教学要面向国内，而且也要求教学要面向世界即国际社会。为此，我们必须通过教学内容的更新和学校课程设置，使学生深刻地了解当今的国际社会，使教育工作者和将要从事教育和教学工作的人了解国外教育和教学的理论并进行比较研究，无疑是十分必要的。

其次，有助于培养一支现代社会所需要的教师队伍。教师是人类文化科学知识的传播者，也是塑造人类灵魂的工程师。把学生培养成为什么样的人，在很大程度上取决于教师。当今，许多教育家也非常重视教师的影响作用，认为教师是联结过去、现在和未来的人。关系着未来的全局，是“未来的全权大使”，苏联教育界人士说：“我们学校的未来，取决于我们把什么样的青年男女送进师范院校里去，以便明日去代替那些光荣退休的老教师”。为此，现代教师应具备什么样的素质便成为当今国外教育界研究的重大课题。对现代教师应具备什么素质问题说法甚多，但都较为一致地认为：为适应现代社会与教育自身发展的要求，在本世纪末，传统的通晓一门学科的教师，将为“完整型”或“全能型”的教师所代替。“完整型”或“全能型”教师具备的素质当然是多方面的、全面的，如科学文化素养、思想道德品质、身体和心理的发展、人际交往等等，除此之外，各国教育界都对教师的教学思想和教学理论、以及教学能力提出了相当的要求，如日本把现代教师应具备的能力分为五种，其中一种就是富有成效的教学和学习指导能力，西方的一些教育家认为教师应具备从事教育和教学工作所不可缺少的教育理论和特殊能力，这些与教学效果有着直接的关系等等。比较教学论不仅可以开拓教师的视野，使他们了解当代国外教学方面的理论和经验，从中吸取有益的东西，改进工作，提高教学质量，而且还能使教师认清现代和未来社会对自己的要求，以及教师应具备的素质，从而向着这个方向努力，不断提高自己。

最后，有助于深入教学改革，建立我国现代教学论。十一届三中全会以来，我国教育事业得到了恢复，开始走上了蓬勃发展的道路，但是，要看到，教育工作不适应社会主义现代化建设需要的局面还没有根本扭转，存在着许多弊端，其中很重要的方面就是：不少课程的内容陈旧、教学方法死板、实践环节不被重视、专业设置过于狭窄，不同程度地脱离了经济和社会发展的需要，落后于当代科学文化的发展等等。产生以上现象的原因很多，但其中一个很重要的原因就是我国还没有建立起适应我国现代社会所需要的现代教学论，广大教师和教育工作者还没有被科学的、现代教学论所武装起来。此外，国外教育界近年来提出了许多新的教学思想和理论，其中，有的是符合现代社会的要求，经过实践验证，取得成功经验的总结，是先进的；有的则是不符合现代社会的需要，有一定片面性、甚至是错误的，是以失败而告终的东西，如果我们照搬照用，就会导致教师教学思想的混乱降低教学质量。因此，对于国外近些年来提出的种种教学思想和理论，必须进行分析、比较和研究，结合我国的国情和教学实际，从中吸取精华，扬弃糟粕，这对我国深入进行教学改革，建立现代教学论是不可或缺的。

（本文发表于《外国教育动态》1990 年第 3 期。作者罗正华）

四、开拓新的研究领域
——比较教育史实研究的意义

相对来说，比较教育学是一门新兴的学科，然而近些年来在我国发展极快，研究队伍不断扩大，有一定水平的学术成果日渐增多。但从总体上看，对比较教育史的研究，特别是对比较教育史实的研究仍是一个薄弱环节，可以说仍是一片尚未开发的处女地，这种疏忽显然是说不过去的。"历史是一面镜子"，比较教育如果没有历史为基础，就难以作出深入的研究。尽管作为一门学科，比较教育学只有一百多年的历史。但朱利安之前比较教育的"史前史"，却长达数千年，其中不乏许多值得探索的课题，而且各国教育相互交流和借鉴的史实在近现代更是屡见不鲜，如果对这些史实视而不见或一笔带过，只注重"当前"的比较，至少是不全面的。国外比较教育学者十分重视比较教育史实的研究，有的著名学者在所撰比较教育教材中，有关比较教育历史的篇幅超过三分之一，他们的研究范围远至古希腊罗马，近至当代各国，无所不包。美国当代比较教育学者布里克曼（W. W. Brickman）说："当前迫切需要的是，对各种教育的、社会的、文化的、经济的、政治的、人类学的，以及其他的著作进行更为细致的研究。从这些著作中，我们一定能够提取关于过去教育的某些有趣的、或许有价值的观察和思想，其中一些对现在或将来的人可能有重要的启迪意义"。从这段话看出，布里克曼对历史研究的意义是充分肯定的。

以高等教育为例，众所周知，德国是近代大学的发源地，其奉行的学术自由原则以及对科学研究的重视，对世界各国都产生了深远的影响。国外对这个问题研究较早，成果颇丰，早在1928年美国学者思温（C. F. Thwing）就发表了著名的《美国和德国大学一百年史》，详细论述了从第一批美国学生留学德国哥廷根，到第一次世界大战爆发前一百年里德国大学对美国的影响。这段史实至今仍为西方比较教育学者所津津乐道，被称为近代教育史上最有意义的课题之一，近年仍有有关的新著或研究论文问世。然而我国外国教育史或比较教育在谈到这个问题时，往往只是蜻蜓点水般一略而过，其实，如果深入研究，你会发现这是一个十分有趣和有意义的课题。美国高等教育最初是从英国移植而来的，19世纪中叶以后以德国大学为范例，向高深的学术进军，短短的几十年间即获得丰硕的成果，出现了一批高水平的大学，为国家发展和经济建设作出了巨大贡献。如果我们弄清美国学习德国的过程和经验，其现实意义是毋庸置疑的，而且美国借鉴德国大学这段史实，是比较教育史上最成功的例子之一，通过它我们可以更深一步体会比较教育学科的功能和意义。此外，同属近代最早改革高等教育的国家，为什么法国最终被德国抛在了后面，这是值得深思的。德国的模式是保存传统的大学形式并注入新的活力，具体而言，是通过注重自由的学术研究培养个性充分发展的人；而法国的模式是以注重功利主义的专业学院代替传统大学，结果，德国很快取代法国成为世界科学的中心，19世纪末，曾经骄横的法国人也不得不参照德国的榜样重新改造本国的高等教育。通过近代德法两国高等教育发展的比较，我们可以从中吸取有益的教训，我以为至少有三：第一，教育与民族复兴和国家存亡有着密切的联系。教育昌盛，国家才能富强，才能够抵御外侮。耶拿战役（1806年）败于法兰西的普鲁士和色当战役（1870年）败于普鲁士的法兰西正因为深刻地认识到这一点，才有战后的励精图志和重新崛起，才能使民族和国家立于不败之地。第二，教育发展是有一定的规律的，必须尊重之。德国对大学的改革反映了时代和国家对高等教育的要求，大学既要为国家服务，又要保持一定的自由和独立性，过分的行政干预只能适得其反。正是学术自由的原则成为柏林大学以及其他德国大学的保障，并使之成为科学和学术研究的中心。法国将高等教育置于国家的严密控制之下，虽然也产生了一些急功近利的效果，但最终使法国高等教育轮为二流水平，并丧失了法国在科学上的领先地位。其三，发展教育要注重国家之间的借鉴和交流。

德法长期互为敌国，但并没有阻碍两国间教育的交往及学习。通过教育比较而得出的这些经验，难道不是十分宝贵的吗?

以初等教育为例，我们知道，德国是西方初等教育最先发达的国家，也是最早实施义务教育的国家。1831 年，库森受法国政府委派到德国各邦考察初等教育。1832 年发表了著名的《普鲁士教育报告》，引起轰动。法国政府从普鲁士的经验中，看到了改革本国初等教育制度的紧迫性，遂于 1833 年制订《基佐教育法》，建立了国家初等教育制度。库森报告对美国也产生了较大的影响，美国教育革新家从中了解到德国新教育的发展，并在 19 世纪 30 至 60 年代的公共教育运动中，借鉴了许多德国的先进经验，如国家管理、免费及强迫入学、征税办学等，最终使本国的公共教育进入世界先进行列。如果比较教育对此进行深入研究，相信一定会有新的收获的。库森的名言是："一个真正伟大的民族是不会拒绝向别的民族学习的，他们学习所有好的东西并加以完善之"，这难道不值得我们深思吗?

再以教育思想为例，裴斯泰洛齐是近代瑞士最伟大的教育家，他的思想对欧美影响极大，德国政府曾选派数十人赴瑞士随裴斯泰洛齐学习，在改革初等教育时，大力吸取裴斯泰洛齐的进步精神、原理和方法，取得了宏伟的功效。法国也曾派员前往瑞士学习，但更多的是通过普鲁士而了解裴斯泰洛齐的，后来终于产生了库森报告，产生了法国的初等教育制度。18 世纪上半期，美国从德法翻译的文献中接触到裴斯泰洛齐，随之许多人赴欧参观裴斯泰洛齐的教育改革实验，最终形成"奥斯威哥运动"，对 19 世纪后半期美国师范教育及初等教育产生了深远的影响。德国幼儿教育家福禄培尔是裴斯泰洛齐教育思想的信奉者，也是世界上第一所幼儿园的创办者，然而幼儿园在德国最初却因政治原因被关闭，不料却在异国他乡的美国获得长足的发展。比较教育如果不研究或介绍这些重要的史实，是不能令人满意的。

以上介绍的是欧美等国的比较教育史实，其实我国的近邻日本也有许多值得探讨的例子。日本是当今世界教育的先进之邦，其教育对经济发展之功举世瞩目。古代日本曾派使者和留学生到我国学习隋唐先进的文化和教育。自明治维新以来，日本曾先后借鉴法国、美国、德国等西方国家的教育经验，在此基础上形成了自己独特的和行之有效的教育体系，日本向西方取法的历史和经验是很值得我国比较教育学者研究并参考的。如果将日本学习西方教育的历程与我国近代模仿西方所走过的道路进行比较研究，其意义恐怕就更非一般了。遗憾的是，至今我国比较教育对这类重要的史实很少涉猎。

我国比较教育的史实同样值得探索。我国近代教育较之古代发生了根本的变化，这种变化的基础即是西方教育。如果没有洪堡的柏林大学，恐怕不会有蔡元培的北京大学；如果没有借鉴美国的学制，恐怕不会有今日的六、三、三学制，以上难道不都是比较教育之功吗？建国初期我国教育曾全面借鉴苏联的经验，1952 年开始的高等学校院系调整即是学习苏联的产物。这次学习正负两方面的经验恐怕不是一两句话便可概括的。如今，左的思潮已被清除，还有什么顾忌阻止我国比较教育工作者对此作出深入研究呢！

以上只是信手拈来的几则例子，古今中外，比较教育的史实不胜枚举。或许有人认为，这些是属于教育史的研究领域，其实不尽然。在此须澄清一种糊涂观念，这种观点认为比较教育和教育史是以时间划分界限的，即第二次世界大战之前为教育史研究范围，第二次世界大战之后为比较教育研究范围。在这种观念的支配下，从事比较教育研究的往往忽视历史的研究，甚至对史实不屑一顾，我认为这是错误的。学科的划分不应该仅以时间为标准或依据，教育史是研究从古至今教育理论和教育实践的发展以及变化，可以说凡是过去了的都是历史，都是教育史的研究范围，当然也包括二战以后的教育发展；而比较教育则是以比较法为主要方法研究世界各国的教育理论和教育实践，它不仅研究当代教育，也研究过去的教育，纵向比较和横向比较都是比较教育的方法。纵向比较自然也包括二战前的教育。鉴于此，我认为比较教育和教育史的区别更重要的应该是研究方法的区别而不是时间上的区别。有人说比较教育“追溯历史根源的目的是为了更好地说明现在”，即鉴古知今或古为今用，试问比较教育的研究如此，教育史的研究不同样如此吗？从这种意义上说，比较教育史实的研究毫无疑问是比较教育学科的研究范围。美国比较教育学家康德尔（I. L. Kandel）的观点“比较教育的研究是继续教育史的研究，把教育史延伸到现在”，是不无道理的。比较教育的研究以当代教育为中心，固然不错，但千万不要因此而忽略了对历史特别是对比较教育史实的研究。实际上，教育史和比较教育两门学科是很难作出截然划分的。

近闻我国比较教育学者和教育史学者正联手编纂《中外教育比较史》，但愿该书早日问世，以弥补我国目前比较教育史研究的不足。

（本文发表于《比较教育研究》1996年第2期。作者贺国庆，时属单位为河北大学）

五、中国比较教育学不该忽视的一个领域
——少数民族教育研究

（一）问题的提出：比较教育学为何忽视少数民族教育研究？

少数民族教育（以下简称“民族教育”）广义地说，是指多元化社会中文化方面较为特殊、属于非主流文化尤其是处境不利族群（例如土著、少数民族、移民等）的教育；狭义上主要指多民族国家中少数民族的教育。谈到中国时，本文的“民族教育”侧重用其狭义；涉及外国时，兼用其广义。

比较教育学曾长期忽视民族教育研究。由于现代社会日益标准化，尤其是现代民族国家实质上大多是一种政治统一体[1]，现代国家教育基本上是推行国家主义的工具。比较教育学以服务于国民教育发展为主要初衷之一，也就长期难免国家主义色彩。“比较教育学之父”朱利安（M·Jullien）主张，比较教育学要归纳出一般性原理，为国家制定共同的教育改革政策服务[2]。这种影响一直很大，正如埃克斯坦（M. A. Eckstein）所说，迄今比较教育学盛行这样的做法，即“把国家作为比较的单位去考察普遍的实际”[3]。另外，现代西方较为得势，以白人文化为核心的教育模式曾长期被大多数不发达社会视为楷模。欧美学术界又声称其成果的文化普适性，逐渐获得了跨文化的解释权，加之比较教育学的中心长时期主要在欧洲和北美，这就使其研究大多难逃“白人文化至上”偏见的引诱[4]，甚至某种程度上成为推行欧美教育模式的吹鼓手。其结果是，比较教育学对一国之内各少数民族教育进行的专门考察严重薄弱。二战后，弱小民族纷纷觉醒和独立。尤其是 20 世纪

60年代前后，种族问题使教育民主化的理念面临严峻挑战。同时，现代化理论、西方马克思主义思潮的诸理论和多元文化思潮日益影响着比较教育学者，促使他们开始对不发达地区和民族教育进行深入研究。近期的有关进展，一是对将单一国家作为唯一研究框架做法的挑战，注意到地区差异、种族群体、阶级等因素对教育的影响[5]；二是针对不发达社会的发展教育兴起并受到重视[6]。比较教育学已开始对处境不利族群教育的研究，著名学者阿尔特巴赫（P. H. Altbach）等编著的《比较教育》中，专门列出了“教育机会平等与种族、少数民族的不平等”一章。但是，总体上看，该领域中对少数民族教育的专门研究及其成果，至今远远不能令人满意。

在中国，80年代前后开始，民族教育开始成为一个较规范的专门学术领域，并在规模、方法、成果和学术队伍等方面得到了较显著的发展[7]。值得注意的是，改革开放后，民族教育研究日益受到国家重视。1979年第一次全国教育科学规划会议确定的“七五”计划重点研究项目中，就列出了《民族教育概论》课题。到“九五”规划时，民族教育课题单列出来，组成一个相对独立的学科组，包含了国家重点课题2个，国家级课题2个，国家教委重点课题19个，其它课题37个[8]。但直到90年代，中国比较教育学界却基本与迅速发展的中国民族教育研究无缘，只是少数学者偶尔编译了国外有关少数民族教育和多元文化教育的文献，或在某些著述中零星地涉及过少数民族教育。有意思的是，海外比较教育学界已经进行了一些有关中国少数民族教育的研究[9]。中国比较教育学界近期已开始这方面的工作，其最明显的标志是，中国著名比较教育学专家顾明远先生90年代主编的《教育大辞典》中，已包含《民族教育分册》和与民族教育研究较相关的《教育人类学》栏目。张诗亚的《祭坛与讲坛——西南民族宗教教育比较研究》[10]，可算中青年学者在这方面努力的成果之一。但在总体上，民族教育研究至今仍是中国比较教育学非常薄弱的领域。

（二）可能性：民族教育研究与比较教育学拥有共同的学术理念

民族教育研究与比较教育学有效互动的可能性在于，二者拥有共同的学术理念。

从比较教育学方面看，因素分析法是20世纪该学科的主要方法，至今影响很大。萨德勒甚至认为，校外的事情比校内的事情更重要，并支配或说明校内的事情。坎德尔认为，了解和评价各国的教育，需要分析影响教育的诸条件，其中民族主义和民族性是决定教育制度性质的因素。他本人和爱德蒙·金都较重视文化传统与教育发展的关系。汉斯将该方法系统化，并主张对诸因素给予历史的说明[11]。欧美比较教育界最近的基本主张是，比较教育学的目标是："提供一种教育形态学（Morphology），即对多种多样教育形式进行全球性描述与分类"[12]。该学科重视对教育内外因素的考察，较其它教育学科更重视文化与教育的互动。

民族教育研究较突出的特点，一是力求准确描述和系统分析具体族群教育的外部环境，诸如地理、种族、语言、宗教、生计方式和风俗习惯等，尤其重视从文化传统和历史角度的分析。许多民族教育研究还注意民族之间教育的比较，以考察教育的共性。中国学者目前较有影响的观点认为，民族教育研究的目的，"广义地说，是研究跨文化教育一般规律"，狭义地说，是研究多民族国家中少数民族教育规律[13]。

尽管二者做法各有侧重，但显然比较教育研究和民族教育研究有相当的共性：重视对影响教育的诸因素尤其是文化传统的考察，常进行跨文化比较。因此，从理论上可以说，比较教育学进行民族教育研究，有较独特的天然优势，可能性很大，并能够对民族教育的理论和实践课题做出切实和更广泛的贡献。

（三）学术价值：民族教育研究能够促进中国比较教育的学科发展

世纪之交的中国比较教育学发现自身尚面临诸多危机，这尤其表现在理论基础和方法论方面。下面侧重说明，比较教育学加强民族教育研究在这两方面的收获。

1. 理论基础的充实

与民族教育较为相关的若干理论，经过本土化后，可充实比较教育学的理论基础。下面以"多元文化教育（Multicultural Education）理论"为例具体说明。

多元文化教育60年代兴起于北美，70年代和80年代分别反响于澳洲和西欧，深入影响到师资培训、课程设置、教学方法、教学用语、学生入学等方面，正成为世界教育重视的大课题，甚至已被许多国家作为教育决策的指导原则之一，已形成强劲的思潮[14]。该思潮已发展出许多理论，但都基于多元文化主义的理念，即要承认和接纳人类的多样性，给予不同民族、种族和文化群体以平等的地位，因为统一性存在于多样性之中，主流文化得益于与附属的（Adjunct）群体文化的共存与互动[15]。虽然该思潮在学术方面产生于西方，但仍有许多可取之处。一方面，它是对“白人文化中心主义”、种族主义的直接反动，尤其是符合当今世界地球村化与多样化并存的发展趋势，体现了追求公正、和谐的理想。正如1992年第43届国际教育大会第78号建议书的第6条建议所说，“鉴于当今世界所独有的大量因素，各个现代国家都必须不同程度地面临多元文化现象。”另一方面，儒家文明素有“四海之内皆兄弟”的和合精神，各民族平等和共同繁荣是新中国民族工作的基本出发点，民族问题一直受到重视，各民族优秀文化遗产也有待进一步发扬和弘扬。随着中国不断改革开放和“一国两制”的实施，亚文化集团间的利益竞争可能会复杂，侨民和移民会逐渐增多。总之，比较教育学如果要克服欧美文化中心主义等传统局限，适应新世纪中国民族工作和日益多元化社会发展的需要，拓展自己的阵地，那么，多元文化教育观，在努力本土化之后，可以作为比较教育学的理论基础之一。

开展民族教育研究将是这种努力的渠道之一。这是因为，首先，多元文化教育观的基础——多元文化主义和文化相对主义，主要是当代民族学（人类学）对种族、文化处境不利族群问题反思的成果和倡导的理念。第二，该思潮的切入点主要从民族文化入手，这正是民族教育研究的基本思路之一。这也是比较教育研究的传统之一。比较教育学者萨德勒（M. Sadler）、坎德尔、金（E. King）、霍尔姆斯（B. Holmes）等人，都重视文化传统与教育的互动。第三，多元文化教育针对的不只是少数民族，但它首先并始终关注少数民族教育问题。第四，该思潮关注的各种问题，诸如双语教育、多元文化课程设置、民族教育师资培训等，在中国也不同程度地存在，故有必要大力研究国外行之有效的有关理论和方法。第五，对中国民族教育的研究，能够丰富多元文化教育理论。中国各民族已历史地融合为多元一体的中华民族，中国民族关系与欧美国家有质的区别，尤其是新中国重视和支持少数民族发展自己的文化教育与接受现代文明，坚持民族团结教育，成绩显著。这实际上也是一种多元文化教育，并且能够较好地克服西方多元文化教育运动中的局限，诸如“多元”与“一体”的对立、新狭隘民族主义等。总之，比较教育学加强民族教育研究，对于将西方多元文化教育思想本土化，向世界介绍新中国多元文化教育的特色与贡献，提出有中国特色的多元文化教育思想，都具有重大而独特的价值。

2. *方法论的更新*

在方法论上，民族教育研究能够对比较教育学贡献的最显著智慧，是“教育民族志（Educational Ethnography，有人也译为‘教育人种志’）”，即“为特定情境中的教育系统、教育过程以及教育现象提供完整和科学的描述”[16]。

从困扰中国比较教育学方法论方面的基本问题来看，教育民族志方法论的以下基本主张确有相当可取之处。第一，研究视角的相对性，即将站在被研究者角度的“自观（Emic）”与从局外研究者立场的“他观（Etic）”相结合。这正是比较教育学有待解决的重要问题之一，这是因为“‘我’与‘他人’文化之间的关系很少受到（该学科研究者的）重视”[17]。民族志方法论还认为，跨文化地研究其他群体，能培养研究者洞察自己群体的有效技能。这有助于证明和实现比较教育学理念之一，即研究别国是为了更好地反观本国。第二，研究对象与内容之全貌性。被选择的研究对象最好是相对完整、均质的单元。对其考察，既要系统地弄清内部各因素，又要注意相关的外部因素；不仅要关注结果，而且要重视其发生背景和发展过程，以便获得更全面的认识。这有助于克服一些比较教育研究中“就教育论教育”、断章取义、片面描述、空洞介绍的现象。第三，数据与假设来源的自然主义。现实是由被研究者经历的意义构成，其认识和行动又要受具体环境的影响。所以，民族志最基本的途径是田野工作（Field Work）或参与性观察（Participant Observation），即研究者用足够时间深入到被研究情境，最好是参与到其中，进行全面、科学、客观的观察与描述，以去掉自己对被研究对象的陌生感、局外感和偏见，然后提出问题，形成并不断修正和验证假设，最后严谨地得出结论。由于比较教育学的对象更具局外感的异文化性，其结论更易产生偏差。该学科要拿出精品，显然不可仅靠文献研究、编译和“走马观花”式的访问，应力求田野工作或参与性观察。第四，具体方法与技术的多样化。研究过程是整合的过程，故尽管可以某一具体方法为主，但也应并列或交叉运用各种方法与技术，以达到较全面认识。应当说，这种中庸务实的思维，可使方法与成果生动多样，还可避免因“科学的”与“非科学的”简单二分法而造成的方法论上的无谓争吵。其实，最近二三十年来，民族志方法日益引起教育研究者的重视。方法论专家麦克米兰（J. H. Mcmillan）认为，“这种方法可以使研究者发现，教育中要研究的什么是重要的课题”，“可以对所有教育研究中的基本问题做出重要贡献”，它“也许是解决教育中存在问题的最好方法”，因为它能贡献大量丰富的描述，这意味着能够孕育、发展和检验良好的理论[18]。

教育民族志的概念目前还仅是中国少数比较教育研究者偶尔提及的术语或译著中的内容。这种局面显然应当积极地得到改变，而开展民族教育研究应该是改变这种局面的一个切实措施。

3. 研究领域的拓展

比较教育学的特点决定了它可以研究各类教育，民族教育也不例外，可中国的现状正相反。民族教育应该而且能够成为中国比较教育学的新领域。如前所述，比较教育学与民族教育研究拥有共同的学术理念，因而在此领域比其它教育学科有更多天然优势。值得注意的是，几乎整个中国教育学科在此领域都很薄弱，比较教育学可抓住机遇，捷足先登。

（四）现实意义：中国比较教育学研究民族教育有重大实践价值

中国比较教育学素来重视为本国教育服务，要弘扬这一传统，就必须重视民族教育研究。

从民族教育子系统看，民族教育研究将为民族教育实践提供相关性强的科学理论。著名民族教育学者班克斯认为，少数民族学生学业成就低下的主要原因之一，就是他们一直接受的是主流文化模式的教育[19]。中国各少数民族的自然和文化生态环境，尤其是其文化传统、语言文字等因素，决定了民族教育有其特殊性，不能采取“一刀切”的做法。这就需要明智地借鉴他国少数民族教育有效的理论与实践。新中国形成了民族教育的一系列特殊政策和独特的丰富经验，必须对它们进行科学总结。尤其是新时期民族地区社会的巨大变革，使民族教育又面临着许多严峻问题和新挑战。这一切都要求加强民族教育研究。

从中国整个教育事业这一庞大系统看，民族教育研究仍具有重大意义。一方面，民族教育已成为中国教育事业的一个重要组成部分。到 1996 年，中国普通高校、中专、中师、普通中学、职业中学和小学各层次中，民族学生的比例已分别达到 6.5%、6.3%、10.3%、6.5%、5.2%和 9.2%[20]。另外，全国共有独立设置的民族小学 25037 所，民族中学 2 287 所，民族职业中学 303 所，民族高等学校 40 余所[21]。到 1998 年，中国各级各类学校的少数民族在读学生已达 1 856.22 万人[22]。另一方面，少数民族教育程度总体水平已有显著提高，但由于历史等原因，今日少数民族教育和全国平均水平相比，仍存在一定的差距。据专门调查，从文盲率上看，到 1990 年，15 岁以上少数民族文盲、半文盲有 1 857.4 万，占其同龄人口总数的 30.83%，其中女性的比例高达 41.65%，文盲率超过 50%以上的还有 18 个民族，而同期全国人口平均文盲率为 22.21%；在文化教育水平综合均值方面，汉族为 5.64，有 41 个少数民族基本在 5.0（小学程度）以下，32 个民族在 2.0～4.0 间（小学二至四年级程度），有 5 个民族在 1.07～1.82 之间（相当于小学一年级程度）[23]。在儿童入学率上，少数民族较多的 10 省区为 89.92%，个别民族低至 19.40%，而全国平均入学率为 97.84%[24]。少数民族女童入学率尤其低。1992 年四川 5 个民族贫困县女童入学率不超过 20%，青海个别牧区仅有 8%[25]。可见，在实施科教兴国战略、实现全民族教育理念、最终实现“两基”教育发展目标等重大方面，民族教育是主要难点和关键之一。上文已说明，解决民族教育的各种严峻问题必须根据民族教育的特殊规律，这就必须加强民族教育研究。

从中国安定与发展的大局来看，民族教育研究具有独特的意义。统一的多民族国家是中国基本国情。人口上，中国少数民族人口总数已超过 1 亿，占全国总人口的8%以上，少数民族较多的省区总人口已达5亿[26]，百万以上人口的民族达18个。行政管理上，少数民族聚居的民族自治地方占全部国土面积的64.3%，包括5个自治区、30个自治州、120个自治县和1 200多个民族乡。另外，非民族地区城市的少数民族人口在不断增加，到1997年已约占中国少数民族人口总数的20%[27]。从国防上看，中国有20多个跨境民族，陆地边境线的90%在民族地区，中国民族人口聚居的西北、西南边陲自古以来就是国际通道。从自然资源上看，民族自治区土地占全国63.7%，草原占94%，森林蓄积量占51.1%，水利资源52.2%，矿产储量也较为繁多、富饶。从扶贫工作来看，进入90年代中期以后，全国"八七扶贫攻坚计划"592个贫困县中，民族地区贫困县有257个，占43.4%，尤其是云南、贵州、青海的民族贫困县分别占该省贫困县总数的71.0%、70.8%和85.7%[28]。显然，民族工作对中国全局的安定和发展具有重大意义。民族教育研究不仅有助于普遍提高各民族人口素质，推动民族地区社会全面进步，实现各民族共同繁荣，而且许多重大问题，诸如智力扶贫、民族团结教育、各民族优秀文化的弘扬等，都需要放在民族教育领域中进行专门深入研究。鉴于大多数少数民族聚居中国西北部，通过民族教育研究，比较教育学在国家开发大西北的战略中可以发挥更重要的作用。

(五) 新的机遇：民族教育研究将在新世纪成为比较教育学的增长点

世纪之交，全球日益面临的许多重大挑战，其中多种问题的解决，诸如和平、环境、人口、传统文化传承、恐怖活动、贫困、毒品、疾病等，都涉及少数民族。教育已史无前例地被视为解决人类面临各种重大挑战的有力手段之一。

在这种背景下，有关少数民族等处境不利族群的问题日益得到世界教育界前所未有的重视。"全民教育"成为90年代声势最浩大的国际教育运动，种族、人种或宗教上的少数民族和游牧民族等群体被视为该运动的重要目标。1994年的"第44届国际教育大会"以"国际理解之教育的总结与展望"为主题，其大会宣言的第1条深深关注种族歧视、仇外情绪及寻衅等民族主义现象，要求教育政策必须有助于增进种族、文化、宗教群体和主权国家之间的理解、团结与宽容[29]。1999年联合国教科文组织召开的首届世界高等教育大会提出，高等教育不可在种族、语言、宗教、文化社会差异等方面有任何歧视，要特别关注处境不利的群体[30]。

尽管民族问题关联着这些课题，比较教育学也研究这些课题，但很少从民族教育这一维度对这些课题进行深入、具体的探讨。本文不是要比较教育学赶时髦或者好高骛远，比较教育学加强民族教育研究确实能够极大地促进二者的发展，显然，这将是新世纪比较教育学的一个新增长点。

参考文献：

[1] [美] 阿尔温·托夫勒. 第三次潮 [M]. 朱志焱等，译. 三联书店，1983：383.

[2] 顾明远. 教育大辞典（第12卷） [Z]. 上海：上海教育出版社，1992：11.

[3] [4] [5] [德] 波斯特尔思韦特. 比较教育和国际教育制度百科全书（中文版）[Z]. 北京：教育科学出版社，1990：5，6，9.

[6] [11] 顾明远，薛理银. 比较教育导论 [M]. 北京：人民教育出版社，1996：368，125.

[7] [8] 常永才. 中国少数民族教育学研究：历史、成就与问题 [J]. 中央民族大学学报（哲学社会科学版），2000（1）：37—42.

[9] Compare，1995，25（2）：162. 178.（参见正文及其注释）

[10] 张诗亚. 祭坛与讲坛——西南民族宗教教育比较研究 [M]. 昆明：云南教育出版社，1992.

[12] HALLS W D (ed.). Comparative Education：Comtemporary Issues and Trends [M]. UNESCO：Jessica Kingsley Publishers，1990：22.

[13] 孙若穷，滕星，王美逢. 中国少数民族教育学概论 [M]. 北京：中国劳动出版社，1990：12.

[14] 比较教育研究 [C]. 1998 (3)：34—38.

[15] COON D. Introduction to Psychology [M]. Minneapolis：West Publishing Company，1995：682.

[16] [18] [美] 威廉·维尔斯曼. 教育研究方法导论 [M]. 袁振国，主译. 北京：教育科学出版社，1997：300，299，333.

[17] 薛理银. 当代比较教育方法论研究 [M]. 北京：首都师范大学出版社，1993：42.

[19] 陈枝烈. 台湾原住民族教育 [M]. 台湾：师大书苑有限公司，1997：5.

[20] 国家民委经济司与国家统计局国民经济综合统计司. 中国民族统计年鉴 (1997) [Z]. 北京：民族出版社，1997：447.

[21] 国家民委教育司. 中国少数民族教育 [Z]. 民族出版社，1995：1.

[22] [26] 夏铸，哈经雄，阿布都·吾寿尔. 中国民族教育50年 [M]. 北京：红旗出版社，1999：序，前言.

[23] 张天路，黄荣清. 中国少数民族人口调查研究 [Z]. 北京：高等教育出版社，1996：343—353.

[24] [25] 韦钰. 中国妇女教育 [Z]. 北京：教育科学出版社，1995：291.

[27] 沈路涛. 少数民族分布发生显著变化 [N]. 北京：人民日报，2000：2—12.

[28] 邬沧萍主编. 转变中的中国人口与发展总报告 [Z]. 北京：高等教育出版社，1996：75.

[29] 常永才. 世界教育发展与现代化 [Z] //世界经济文化年鉴 (1995/1996) [G]. 北京：中国社会科学出版社，1996：328—332.

[30] 王晓辉. 21世纪国际高等教育展望 [N]. 北京：中国教育报，外国教育专栏第380期.

（本文发表于《比较教育研究》2000年增刊。作者常永才，时属单位为中央民族大学教育系）

六、比较教育的“发展与教育”研究领域

(一)“发展与教育”研究领域的形成

“发展与教育”（development and education）在国际教育学术界引人注目，它广泛地出现在国际各种教育学术期刊，甚至出现在各国政府、国际组织和非政府组织的报告中，但正如国外有学者指出，“发展与教育”成为了比较教育的一个研究领域，大部分研究成果是通过比较教育的学术期刊发表出来的。[1]在比较教育文献中，“发展”一词自从20世纪50年代后期以来成为一个主要话语，[2]这是由于各国普遍强调发展教育的共同蓝图所致。[3]随着1961年由霍尔塞（A. H. Halsey）弗劳德（J. Floud）和安德森（C. A. Anderson）主编的《教育、经济和社会》一书的出版，它就成为公众关注的一个词。[4]在此书中，众多比较教育专家都认为，教育和经济及社会增长之间的关系是紧密的。他们指出，这种联系并不一定是原因和结果的线性关系，在某些方面它们既是促进因素也是结果。教育无疑会刺激经济和社会增长，而经济和社会增长也刺激教育的供应（provision）。而比较教育学家卡扎米亚斯（A. Kazamias）和施瓦兹（K. Schwartz）则认为1963年有两件重要事件标志着发展与教育研究的重要开端。第一件是由唐·亚当斯（D. Adams）组织，在雪城大学（Syracuse University）召开的大会，其主题是“教育和国家发展”。第二件事是斯坦福大学宣布，它正在建立“斯坦福国际发展教育中心（Standford International Development Education Center，SIDEC)”。值得注意的是，芝加哥大学也开始了“发展”方面的研究，其中比较教育学者安

德森、福斯特（P. Forster）和鲍曼（M. J. Bowman）的工作是在所谓的自由主义的民主传统范围内进行思考，这种传统促进了“市场力量和进取的个人主义”。卡扎米亚斯和施瓦兹注意到，发展教育（development education）运动很快获得了不同寻常的发展，活动中表现出“工具主义”的特征，它推动了经济中市场力量的发展。这就意味着，比较教育研究不再只满足于对教育的理解，解释教育条件，或者分析教育和更广泛的社会背景之间的相互联系。相反，这些研究使自身的价值取向发生转变，从生产比较教育知识转向了把知识应用到教育政策研究中的教育规划。从此，比较教育研究中的“教育与发展”领域得以形成并成为比较教育此后发展的一个重要研究领域。

当然，从理论上对“发展与教育”作出贡献的不只是比较教育的研究，相反影响越来越大的是国际机构，包括世界银行、经济合作发展组织、联合国教科文组织及其辅助机构，如国际教育局、国际教育规划局。二战以来，在联合国内形成了“发展”话语的制度化，这可以从联合国大量正式的附属组织的建立中得到证明。联合国在促进实现作为一种人权的教育方面所做的贡献主要是成立联合国教科文组织。通过建立联合国教科文组织，并把它建成一个行动取向的组织，对在二战中被毁坏的教育体系进行重建。

考克斯（R. W. Cox）在1968年指出，在“发展与教育”的研究领域形成过程中，逐渐产生了一种“教育发展意识形态（ideology of educational development)”，[5]它的产生和形成因素是多方面的。首先，联合国教科文组织的地区会议对形成一些共同的话语和目标起到了很重要的作用。其次，美国经济学家，如贝克尔、舒尔茨等，以人力资本理论的形式提供了教育和发展之间的合理关系。美国的基金会不但支持经济研究，而且扩大了对其他国家研究和发展的支持力度。再次，国际发展组织扩大了它们的教育部门，促进了专门的教育政策和计划，在发展中国家资助新的教育和研究网络。自二战以来国家发展的重要方法几经变化，同时与国家发展话语相联系的教育发展和教育优先的话语也不断改变。这种改变可以从表1看出来。

表 1　1950～1995 年国家发展和教育发展话语中的主题[6]

年代	发展话语	教育发展话语	教育优先
20 世纪 50 年代	社区发展 技术转让 综合国家计划 工业化	基础教育（1949～1955） 功能教育 人力规划	农村扩展培训 健康和农业的成人扫盲 普及初级教育
60 年代 （经济增长论）	现代化 经济增长 依附	人力资本理论 人力规划 功能教育	正规中等和高等学校教育 技术和职业培训 职业倾向的扫盲
70 年代 （基本需求战略）	人的基本需要 增长和公平 综合乡村发展 国际经济新铁序	基本教育 教育机会均等化 教育“被忽视人群” 被压迫者教育学	正规基础学校 青年和成年的非正规教育 扫盲教育 成人/终身学习
80 年代 （综合发展观）	减少贫困 社会调整	人力资源开发 教育效率和有效性 优质学习	正规初等和中等学校 教育行政和财政
90 年代 （可持续发展论）	人类可持续发展 减少贫困 社会调整	满足基本学习需要 优质学习 女童教育	普及正规初等和中等学校 课堂教学和优质课程

在比较教育的“发展与教育”的研究中还提出了教育同态现象（educational isomorphism）的问题，“同态”这个词是指生态学中的同态性、同形性、同态现象，它在教育上是指对标准的强制性、模仿性和一致性。分析产生这种同态现象的机制，我们需要讨论三个方面的问题，一是关于进步和公正的抽象思想是如何转换成全球水平上教育和发展的理性话语的；第二是哪种话语成为国际发展组织中的正式化话语；第三是国际发展专家在使教育和发展话语制度化以及在变革中所发挥的作用。在所有的话语当中，进步和公正是普适性的话语，它已经成为世界性的思想。把这种思想转变为发展话语，然后形成教育和发展话语，是一种理性化的话语发展过程，而且这一过程还推动了发展专家和国际发展组织网络的形成，这些专家和组织反过来

通过协调梳理话语的活动使话语更突出，并使之标准化。其中国际会议是这些典型活动中的一个例子。自 1990 年首次“全民教育大会”之后，众多国际会议的标准成果表现在非强制的宣言和行动框架中。这些宣言及它们相关的框架尤其祈求进步和公正的最高理想，这种理想对各国代表团产生了极大的影响，形成了会议——宣言——国家计划的循环和周期。在国家层面上，一方面为了应对国际规则而制定国家教育政策，另一方面把这种政策在亚国家水平上进行实施。政府间国际发展组织不断增加，并支持国际、国家和地方非政府组织（NGOs）在国际会议上的参与。它们也支持非政府组织监督宣言的实施和在国家层面和地方层面上的国家行动计划。一旦国家政府没有实施这些计划，地方非政府组织会利用先进的电子通讯手段公开国家计划，并引起国际的广泛关注。这显然可以增进国际组织和国家政府之间的信任度。图 1 是“发展与教育”实施机制图，从中我们可以看到“发展与教育”在国际组织范围内的运行机制。

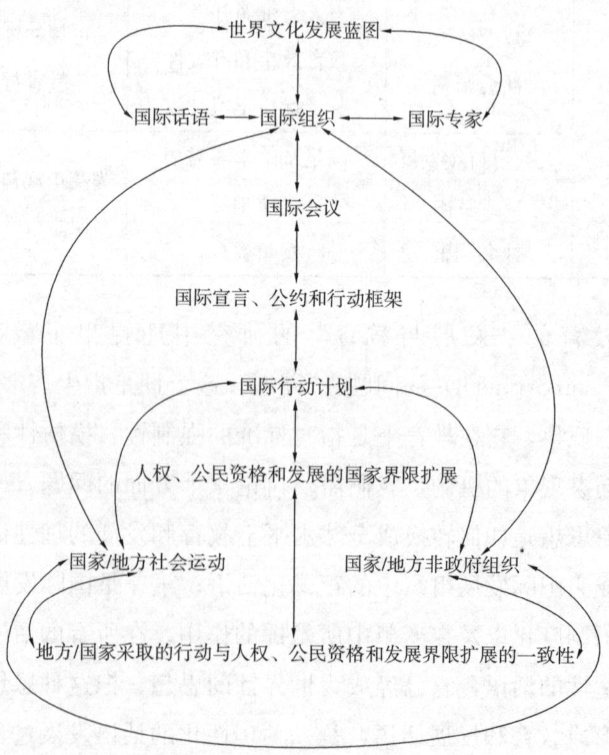

图 1 发展与教育蓝图的实施机制[7]

由此看来，“发展与教育”已经在研究中形成了一个领域。了解这个国际性的研究领域的理论、范式等成为进一步推动我国对“发展与教育”研究的基础，尽管我国学者也进行了一些努力，[8]但是研究有待深入，本文就是基于这样一种目的对此进行探讨。

(二)“发展与教育”研究的范式和理论[9]

1. 新自由主义范式

新自由主义范式主要由人力资本理论、现代化理论和全球化理论构成。在“发展与教育”问题上，人力资本理论假定，教育通过改善人力资本的质量而对社会经济的发展产生作用，因此“发展与教育”的研究应当关注利用教育如何改善人的生产力的问题。而现代化理论的假设是，教育可以促进社会经济的发展，其途径是培养具有现代价值观并以现代行为来表现的现代人，因此研究者普遍关注个体的态度、信仰和行为，他们认为教育的首要目的在于培养现代社会中的个体对现代世界观的认识。“人力资本理论和现代化理论反映了一种新自由主义的意识形态，而且自 20 世纪 50 年代中期以来它们主宰着教育和发展领域的研究和政策。”[10]尽管如此，它们也遭到了广泛的批评，批评者认为它们主要是西方中心主义的，也是资本主义的。[11]随着当代新自由主义理论在全球的不断扩展，逐渐在发展与教育领域形成了另一种占主导地位的理论，即全球化理论。这种理论的假设是，社会制度的地方、地区和国家边界正在倒塌，而建立在灵活生产基础上的国际竞争的“新秩序”正在世界范围出现，于是在“发展与教育”研究领域，全球化理论强调培养灵活流动的工人及其管理技能。这种理论背后的思想是，在新的全球环境中，需要的是灵活、终身的教育，这样才可以使一个国家的劳动力对新技术的发展作出迅速而有效的调整，从而满足后工业时代的需要。

2. 激进主义范式

激进主义范式的“发展与教育”理论主要是冲突理论和依附理论。冲突理论的思想根源可以追溯到马克思和韦伯，其基本假设认为冲突是社会的正常条件，而冲突源于一个集团对另一个集团的控制或支配。这些集团可以根据阶级、地位和权力来划分。在西方马克思主义观点看来，无论是再生产理论还是抵制理论，冲突都是以剥削和压迫的形式体现出来。冲突理论的发展观是要实现一种拥有高度公平、公正，具有开放的机会结构，没有歧视和压迫的社会，为此需要一种能够打破再生产循环的教育体系。这也就意味着，学校有可能在意识形态和文化上整合到它们服务的亚集团当中，学校有可能使不同集团的学生共处和共存。依附理论与冲突理论一样强调发展，但主要侧重于自决和社会经济的可持续性。依附理论认为，在发展过程中存在的主要障碍在于一种社会对另一个社会的文化和经济依附，因此欠发展的根源在于一个社会的外部因素而不是内部因素。显然，在依附论者看来，只要教育体系满足于维护依附的利益，那么它就将起到阻碍发展的作用，教育有可能会加强依附性，因为它培养的毕业生尽管在就业和职业生涯上获得成功，但他们根本不是为了毕业生自己的社会利益。依附理论主张，教育的主要作用在于打破依附循环，其途径之一就是促进意识提高和政治动员，培养具有自治或自主以及持续性而不是依附性价值的公民身份意识。由此可见，激进主义范式的“发展与教育”研究强调教育在发展进程中的作用，这些分析发展进程的理论认为发展尺度自身就是社会的不平等，它们视教育为这些不平等的根源，但同时又是消解这些不平等的途径，因此它们主张改革建立在西方资本主义模式基础之上的维护特权和财富的教育制度。

3. 批判范式

批判范式的理论主要有批判理论和后殖民理论。批判理论的思想根源来自“法兰克福学派”，其主要思想在于揭露社会的压迫形式，目的是解放被压迫的成员和团体。在教育上，批判理论把学校教育视为压迫的根源，其途径就是“隐性课程”和“解技能”过程，这种压迫的结果就是使一个社会对处境不利者的剥削永久化。因此批判理论提出的发展模式就是构建一个彻底根除剥削和压迫的隐蔽根源的社会，其途径是把赋权技能的学习，包括公民身份和公民教育，引进到课程当中。保罗·弗莱雷的著作和“良知”观念被视为这种解放和揭露过程的重点概念。在第三世界，识字规划和不同形式的普及教育是批判理论应用的典型。后殖民主义概念可以追溯到萨伊德（Said）的《东方学》（Orientalism），他认为只有通过理解了东方人所理解和体验的东方文化，人们才能理解生产东方学的欧洲文化，因此后殖民主义范式在

"发展与教育"上强调，许多第三世界的国家应当使学校课程摆脱外来影响的文化控制，因而在后殖民主义的"发展与教育"理论中强调民族文化、民族认同、民族意识和民族自决等。

4. 后现代主义范式

后现代主义范式在发展观上主张超越一切的"科学理性"，信仰的统治性与进步和发展的线性理论应该结束，取而代之的是社会动力和社会变革的文化、符号、想象以及观点的多元性，在这一点上，后现代主义质疑理性思想和技术进步是否能够单独保证发展和进步。后现代主义理论坚持社会和知识的多元性和宽容性，知识追求应当从"现代"的文化信仰的控制中解放出来，尤其是发展和进步理论，主张思想的多元性。在后现代状态下，国家推动了对知识的控制，对于后现代主义者而言，在传统的"现代主义者"意义上无法理解发展，在发展背景中教育的作用在于使一切知识都从属于批评（解构主义），接受一种知识体系的多元性。

"发展与教育"研究的范式和理论是多元化的，它们普遍地存在于西方发达国家和第三世界国家的有关教育与发展的文献中，每一种范式都包含对发展的假设和如何构建教育以实现发展的目标。

(三)"发展与教育"研究的关系维度

1. 教育与经济发展的维度

教育与经济发展维度是"发展与教育"研究中最重要，也是首要的领域，对这个维度的最普遍理解或看法就是教育对经济发展所产生的作用。经济发展模式自18世纪由亚当·斯密、约翰·斯图亚特·穆勒及其他人所提出的进步理论一直以来占据主流的思想。经济进步理论认为，进步的其中一个因素是人的维度，劳动人口的质量对经济具有促进作用。当然，最好地阐述了教育与经济发展的关系非人力资本理论莫属。劳动力的健康、技能或动机的进步被视为工人生产力的提高，因此教育可以带来人口质量的改善，它被视为一个国家经济增长的重要促进因素。例如，萨克洛布罗斯（Psacharopoulos）利用回报率（rate-of-return）方法来分析教育对经济增长的作用，他认为对教育的投资最终会带来多种形式的经济增长，经济增长可以根据回报率来界定，他把这种方法运用到比较教育研究当中。他认为，在发展中国家，初等学校教育的社会回报率在17.9%～24.3%之间。同时他还研究了个体的得益问题，他的调查表明，个体的回报率总体上比对社会的回报率要高，在高等教育水平上的差异比在初等教育水平上要大一些，因此在关注投资教育的社会回报率的时候，也要关注个体的回报率。在发展中国家，对初等教育的投资、女性的教育和学术课程将会对经济发展作出最大的贡献。[12]

2. 教育与政治发展的维度

学校教育的扩大可以带来经济利益的乐观主义观点也反映在教育与政治发展的关系研究中。研究结果表明，教育也可以给政治带来利益，学校教育可以对个体的政治知识、价值观和态度产生影响，教育的政治社会化影响的研究反映了这种研究的传统，其中有一种更宏观的社会学方法途径直接考察教育对政治民主和国家整合的影响。政治社会化的研究结果认为，个体接受的学校教育越多，他就越有可能对政治体系了解得更多，拥有更多积极的政治价值观和态度。另外，政治社会化的比较研究提出的假设是，在民主社会中，学校是民主的工具，接受学校教育越多，就会导致更多的民主视野和实践。在全球化条件下，尤其是前苏联的解体和东欧社会主义国家的瓦解以来，对公民资格的关注成为全球焦点的重要组成部分，公民教育的国际研究似有如火如荼之势，它涉及到教育、民主和人权的比较。一般的观点认为，一个接受过教育的公民对于政治民主的维护是至关重要的，因此公民接受学校教育的水平较低的时候也会影响到政治民主。其他的一些研究涉及到高等教育对政治民主的影响问题，研究者们担心在政治秩序和国家一体化问题上，过度膨胀的高等教育体系会导致政治的不稳定，但跨国研究的分析表明，这种影响是不存在的，也没有任何证据能够说明教育的扩大会影响到一个国家的政权制度的类型。

从政治角度看，教育有助于生活在一个国家内的人民的国家认同或民族认同（national identity）意识的培养。如何使国家的观念（nationhood）深入人心，涉及到一个国家的社会和政治稳定。因此，通过正规教育，传播一定知识被视为最有可能推动传统社会的现代化和发展。

3. 教育与文化发展的维度

与经济和政治发展的研究密切相关的是，现代化理论和研究也强调个体发展的方式，这些方式与文化发展相关。现代化理论利用帕森斯结构分化理论来解释制度的增加和传统社会的简单结构在面对技术和价值变革中如何变得更加复杂的问题。在这种维度上的研究要提及的是英克尔斯和史密斯(Inkeles and Smith)，他们的核心观点是教育是一种现代化力量，在“教育与发展”的关系上提出了“教育与成为现代（becoming modern)”的关系命题。

4. 教育与现代发展的维度

“教育与现代发展”这个命题是由麦克格伏（S. McGovern）在《教育、现代发展和本土知识：学术知识生产分析》[13]一书中提出来的，他从现代进步功能、筛选优异功能和均等功能三个方面阐述了这个命题。

(1) 现代进步功能。麦克格伏认为，国际与比较教育研究的一个很重要内容是教育在国家现代发展中的作用问题。学校教育是一种制度，通过学校教育来推动现代发展已经成为许多国家的一种社会追求。因此，全世界所有政府都为了教育制度的扩展而分配资源，全世界的所有人都要求接受学校教育，从而使他们可以“进入到社会的现代政治和经济部门”[14]；人们都希望学校能培养学生的技能和价值观，可以塑造更具有生产能力和更能适应工业和技术变革的工人，从而导致国家和个体的经济增长；更重要的是，教育可以把个体从“狭隘、非理性”当中解放出来，“通过知识和建立在理性原则基础上的社会成员的形式”实现现代进步。所以，教育有助于学生形成将在一个现代社会中发挥功能或作用的能力。这是一种功能主义的发展教育思想。

(2) 筛选优异功能。实际上，教育除了具有塑造合适公民的功能以外，还有筛选和培养未来领导的功能，这种功能是建立在学校教育制度内部的优异亚制度基础上，而不是建立在宗教、种族、地位或社会性别的基础上。同样，作为个体，他应当放弃他的背景和传统的特权，接受一种“竞争考试，这是一种不具人格影响的严酷考验”，从而成为被社会认可的精英。

(3) 均等功能。现代义务教育制度本身就是一种实现均等功能的制度。这种教育不仅在于促进“机会的更均等，而且还在于促进收入和公正权力分配的更均等”。[15]

5. 对“发展与教育”关系的质疑和矛盾

教育和发展之间的关系成为一种信条，得到了广泛的支持，这里有两条原则发挥着重要作用。一是把教育构建为一种人力资本的投资，二是把教育构建为一种人权。在第一种原则下，教育会提高劳动生产力，并在社会层面上对经济增长和发展作出贡献，这种原则与科学、进步、富裕以及经济发展的全球准则紧密相联；在第二种原则下，把教育想像为人类改善自身并全面参与他们所生活的社会中的经济、政治和文化的重要机制，这种原则与公正、平等和个体人权的观念紧密相联。

但同时，西方学者在研究“发展与教育”的关系时逐渐产生了一种怀疑论和质疑论。一方面，“发展与教育”研究专家论证了教育与经济、政治和文化发展之间的关系是积极的，在现代和正在现代化的世界里得到了广泛的认可。但另一方面，研究表明，这种关系是有疑问的，[16]或者说是有问题的。它表现在两个方面，一方面，虽然许多实证或经验研究表明，许多教育模式与个体的经济、政治和文化发展之间的关系是积极的，但在集体层面上，教育对发展的作用或效果却不明确；另一方面，在这种不明确性显著增加的同时，众多国际教育会议和宣言中，在国家层面的教育政策上，越来越多的人相信教育是个体和集体发展的支柱。

有学者提出，教育和发展之间的关系并不是新古典主义学家和人力资本理论家所提出的那么直接，20 世纪 60 年代后期，库姆斯（Coombs）就指出，政府在教育设施投资的扩大并不一定会导致经济增长，但会导致因为持续的费用增加使教育结构不合理所带来的经济负担，到了 80 年代，他仍然认为教育和经济增长之间的关系很复杂。[17]其他的一些比较教育学家也对教育扩展（educational expansion）会自主地导致经济增长这个观念提出质疑。威勒（Weiler）认为，公平和公正问题、教育和就业之间的关系、教育发展等是与教育政策制定相关的最重要的三个问题，而教育与发展并不一定会自主解决以上问题。布劳格（Blaug）也认为，教育对经济增长的影响并不是线性的、直接的，其他社会因素的介入会产生意想不同的结果。他指出，经济学家应当把他们的注意力集中在“不完全的就业契约”和“劳动力市场分割”

来解释为什么教育扩大并没有导致令人满意的经济增长。无限制地推动更多的教育在任何一个国家扩展都会导致一种受到很高培养的、受过教育的人才的功能失调的过度生产。

就教育与文化、社会发展之间的关系而言，现代化论受到了激烈的批判。有学者认为，由现代化导致的教育“现代化”影响仅仅是西方式的学校的一种反映，因为其预设的前提就是，西方式的学校就是现代化的学校，因此批判的结论是，教育在促进社会发展中的作用并不直接。在个体层面上，有研究指出，学校教育越多与更具有生产水平和更加民主的个体之间的因素联系并不一定会促进经济增长和政治民主，同样教育的扩大与更现代的人的培养之间的联系并不能说明社会水平上的因果推理。在教育与政治发展的维度上，跨国分析表明，没有任何证据能够说明教育的扩大会影响到一个国家的政权制度的类型。至于教育在国家统一方面的作用，有一项关于马来西亚的研究表明，教育并没有促进国家统一，这与20世纪50、60年代教育在国家建设中所具有的潜在重要力量的研究形成了完全相反的对比。

通过对教育与发展方面的文献进行梳理，有学者发现它们之间的联系有许多灰色地带，实际上就是所谓的“发展的幻想”，发展与教育之间的相互作用既有消极的，也有积极的，问题是在何种条件下教育与发展之间的关系才最有可能发生？还有许多研究超越了教育扩展与财富扩大之间的互动关系，教育质量与生活质量方面的研究也正在上升，看来发展与教育的范围已经扩大，其中一个表现就是教育与国家发展之间的关系，研究有待进一步深入。

参考文献：

［1］［9］［10］SAHA L. The Sociology of Comparative Education［M］//DEMAINE J（ed.）. Sociology of Education in Today，Palgarve Publishers led. 2001：163—179，166，166.

［2］HYLLA E. Recent Developments in Education in the Federal Republic of Germany［J］. Comparative Education Review. 1958，6（2）：12—16.

［3］［6］［7］［16］CHABBOTT C，RAMIREZ F O. Development and

Education [M] //HALLINAN M T. ed., Handbook of the Sociology of Education. New York: Kluwer Academic/Plenum Publishers, 2000: 173, 178, 174.

[4] RUST V D, LAUMANN L. The Democratic Politics of Theory in Comparative Education [M] //LIMAGE L J (ed.). Democratizing Education and Educating Democratic Citizens. New York: RoutledgeFalmer, 2001: 34.

[5] COX R W. Education of Development [M] //GARDNER R N, MILLIKANM F (eds.). The Global Partnership: International Agencies &Economic Development. New York: Frederick A. Praeger, 1968: 310—331.

[8] 顾明远，薛理银. 比较教育导论——教育与国家发展 [M]. 北京：人民教育出版社，1996；刘惠林. 中国的发展与教育 [M]. 哈尔滨：黑龙江人民出版社，2000；许庆豫. 教育发展论：理论评介与个案分析汇 [M]. 福州：福建教育出版社，2001.

[11] FÄGERLIND I, SAHA L J. Education and National Development: a comparative perspective [M]. New York: Pergamon Press, 1989.

[12] PSACHAROPOULOS G. Returns to Education: a further international update and implications [J]. Journal of Human Resource, 1985, 20 (4): 583—604; PSACHAROPOULOS G. Returns to Investment in Education: a global update [J]. World Development, 1994, 22 (9): 1325—1343.

[13] MEGOVERN S. Education, Modern Development, and Indigenous Knowledge: an analysis of academic knowledge production [M]. London, New York: Routledge, 1999.

[14] BOCK J. Education and Development: a conflict of meaning [M] //ALTBACH P, ARNOVE R, KELLY G (eds.). Comparative Education. New York: Macmillan, 1982: 79.

[15] WATSON K. Forty Years of Education and Development: From

Optimism to University [J]. Educational Review，1988，40（2）：137—174.

［17］COOMBS P H. The World Educational Crisis：A Systems Analysis [M]. New York：Oxford University Press，1968；COOMBS P H. The World Crisis in Education：The Views from the Eighties [M]. New York：Oxford University Press，1985.

（本文发表于《比较教育研究》2004 年第 12 期。作者朱旭东，时属单位为教育部人文社会科学重点研究基地北京师范大学比较教育研究中心、北京师范大学国际与比较教育研究所）

七、"区域研究"与中国比较教育学的新发展

20世纪90年代以来，我国的比较教育研究在经历10余年的繁荣成长期以后，进入了全面反思阶段，这包括对比较教育学的身份地位、哲学基础、知识体系、理论框架、方法论等各方面进行全面反思。作为反思的结果，有学者断言中国的比较教育学出现了危机。因而谋求克服比较教育学危机，探明比较教育研究的进一步发展路向，是今后一段时期我国比较教育学者要努力的方向之一。

我国的比较教育研究屡屡遭到这样的批评：比较教育研究只是对外国教育资料的编译，一些研究仅能称得上是外国教育研究，这种研究只停留在对外国教育情况的简单描述和分析上，真正意义上的"比较"甚少，所谓的"借鉴"或"启示"具有明显的机械性。这些批评和10多年前日本学者市川昭午批评日本比较教育研究中所存在的问题有惊人的相似之处。市川昭午批评日本的比较教育研究存在以下问题：(1) 错误地把收集某个国家的教育信息和介绍比较教育理论认为是比较教育研究；(2) 盛行把罗列没有"比较"的"各国（教育）报告"作为比较教育研究；(3) 比较教育研究处于低调状态的原因在于研究外国教育的学者缺乏对日本教育问题的关心，缺乏为解决日本教育中的问题做贡献的积极性，缺乏把外国与日本作比较的意识。[1]针对市川昭午的这些批评，日本著名比较教育学家马越彻发表了《"区域研究"与比较教育学——以阐明"区域"(areas) 的教育特质为目的的比较研究》一文，指出为了促进日本比较教育学的复兴，要充实构成比较教育学的基础部分的"教育的区域研究"。[2]马越彻的问题意识和问题解决方略为探索解决我

国比较教育学危机之路提供了有益的启发。

当今世界，全球化正在以不可阻挡之势冲击着各国人民生产、生活的方方面面，我国各领域也被卷入全球化大潮之中。全球化时代是“全球”、“区域”和“本土”紧密联系、互相促动的时代。在全球化趋势下，比较教育学者不仅要从教育学立场上研究全球性教育问题，还必须研究区域、本土的教育问题。比较教育研究要从全球视野出发切实地探寻区域教育的特质，以区域教育的理论化形成对全球教育的规律性认识。所以，扎实地开展教育的区域研究也是全球化时代比较教育研究的一个必然选择。那么，如何开展教育的区域研究实践就是一个非常值得探讨的问题。

(一)“区域研究”的涵义

现代意义上的区域研究于“二战”前后在美国产生，“冷战”期间得到迅速发展并达到鼎盛状态。“冷战”结束后一度出现式微迹象，当今全球化时代重新受到重视，是具有“综合之学”性质的一个研究领域。

关于区域研究的涵义，美国学者大卫·L·桑顿（D. L. Szanton）等人著的《知识的政治职能：区域研究与各门学科》（The Politics of Knowledge: Area Studies and the Disciplines，2003）一书，采用了阿兰·坦斯曼（A. Tansman）给区域研究所作的界定，即区域研究是一个内涵广泛的概念，用于表述有共同志向的学术领域和行为的集合，包括：① 精深的语言学习；② 运用方言进行深入的实地调查；③ 密切关注地方性历史、观点、材料和评注；④ 通过细致的观察来验证、阐释、批评或提出宏大理论；⑤ 经常跨越社会科学与人文科学的边界来进行多学科讨论。[3]

另外，日本文化人类学者中村光男对区域研究作了这样的界定：区域研究中的对象区域既可以是作为一种政治单位的民族国家（如埃及、印度尼西亚），也可以是包含几个民族国家、具有特定文化和地理统一性的范围更广阔的地区（如中东、东南亚）。区域研究的目的在于：根据区域的地理和历史状况，针对区域内国家、社会、各种集团的实际情况，系统地收集资料和信息，明确和把握所研究区域的总体特征，进而预测其未来的发展动向。区域研究不仅在语言学、人文地理学、历史学、文化人类学、社会学、政治学、经济学等人文、社会科学中被广泛运用，而且在形态人类学、农学、林学、气象学、海洋学、流行病学等自然科学中也被运用着，它采用的是多学科合作的综合性研究体制。[4]

上述两个界说虽然在语言阐述上详略不一，但都表明：区域研究是研究者根据研究的需要，对所选择的区域进行跨学科的综合性研究和注重实地调查的实证性研究，以期透视所研究区域的发展趋势的一个研究领域。同时，它又是一种研究范式。

（二）东西方比较教育学界对“区域研究”的提倡

区域研究在许多人文、社会科学甚至自然科学中都被广泛采用，在比较教育学领域中也不是一件新颖的事情。在美、英等西方国家，经过比较教育学者的长期研究实践，区域研究已经成为其比较教育学研究中惯常采用的一种研究范式，许多比较教育学的先驱论证了区域研究的必要性，提倡在比较教育学研究中采用区域研究的方法论。[5]

早在20世纪60年代，美国比较教育学家莫尔曼（A. H. Moehlman）就提出了“文化区域”概念，主张建立一个“理论模型”，“使用文化和主题调查的方法”，[6]按照文化区域对各国文化和教育制度进行系统的比较研究。同一时期，另一位美国比较教育学家贝雷迪（G. Z. F. Bereday）认识到区域研究之于比较教育学的“不可缺少”或“绝对必要”性，[7]比较系统地把区域研究引入到比较教育学之中，创立了“区域研究模型”，即“比较四步法”的前两个阶段或步骤——描述（description）和解释（interpretation）。

20世纪90年代初，日本学者马越彻明确主张把区域研究的方法论引入到比较教育学领域。他认为，日本的比较教育学为其教育研究做出的贡献甚少，与世界的比较教育研究不接轨，其中最大的原因在于作为比较教育学的基础部分的区域研究的水平太低，所以，充实教育的区域研究是“当务之急”。[8]马越彻认为，教育的区域研究的方法论体系包括两部分：一是“资料制作（形成）型的实地调查”，[9]二是历史学、人类学或社会学的方法论。[10]

20世纪末、21世纪初以来，东西方比较教育学界再次重新探讨区域研究在比较教育研究中的必要性、有效性以及比较教育学如何运用区域研究的方法论等问题。其有力佐证是，近年美国比较与国际教育学会会刊《比较教育评论》(Comparative Education Review)、英国著名国际性比较教育学学术期刊《比较教育》(Comparative Education)、日本比较教育学会会刊《比较教育学研究》发表了多篇关于区域研究与比较教育学科建设方面的论文。① 另外，英国基尔大学的萨利·芬德罗（S. Findlow）于 2003 年 1 月向夏威夷国际教育会议（Hawaii International Conference on Education）提交了一篇题为《比较教育学、区域研究和人类学》的论文。这些论文的作者虽然问题意识、立论基础和方式等不尽相同，但他们几乎一致承认区域研究在比较教育学中的必要性和有效性，主张在新的时代背景下，比较教育学要重视并加强教育的区域研究或“区域教育研究”。

（三）“区域研究”与中国比较教育学的理论创新

本文主张中国比较教育学界要扎实地开展教育的区域研究，目的在于使中国的比较教育学实现理论创新和实践创新。

1. 教育的区域研究的理论化或比较教育的理论化

比较教育学的理论创新是和教育的区域研究的理论化（或比较教育的理论化）直接相关的一个关键性问题。

在探讨教育的区域研究的理论化之前，首先探讨一下区域研究的理论化问题。在区域研究能否实现理论化和如何实现理论化问题上，西方学术界曾经颇有争议，但现在区域研究拥护论者的立场和观点似乎占据了主流。他们

---

① 近年这些杂志发表的以区域研究与比较教育学为主题的论文主要有：1. 美国加利福尼亚大学的约翰·N. 霍金斯和瓦尔·D. 鲁斯特（J. N. Hawkins & V. D. Rust）在英国《比较教育》杂志 2001 年第 4 期上发表的《转变比较教育研究的视角：一种来自美国的观点》；2. 美国《比较教育评论》杂志 2006 年第 1 期刊登的由玛格丽特·萨顿（M. Sutton）、大卫·普斯特（D. Post）、吉尔伯特·W. 莫克斯（G. W. Merkx）、路斯·海霍（R. Hayhoe）等人撰写的文章《比较教育学、区域研究和各门学科》；3. 日本《比较教育学研究》第 25 号（1999 年 6 月）发表的两篇论文，即村田翼夫、涩谷惠撰写的《比较教育学与区域研究（1）从东南亚区域研究的立场出发》，笹森健撰写的《比较教育学与区域研究；（2）从大洋洲区域研究的立场出发》；4. 日本《比较教育学研究》第 27 号（2001 年 6 月）刊登的 6 篇论文，即竹熊尚夫撰写的《比较教育学与区域教育研究的课题》、涩谷英章撰写的《区域教育研究的可能性—从“区域教育概况”的转变》、齐藤泰雄撰写的《拉丁美洲文化圈的教育研究》、西野节男撰写的《“伊斯兰教文化圈”的教育研究》、远藤忠撰写的《俄罗斯、前苏联教育研究的动向与今后的课题》、木户裕撰写的《欧盟的成立与欧洲教育的课题》。

不但认为区域研究能够实现理论化，而且还认为区域研究的理论化的原理和机制在于“比较”。比如，美国政治学学者苏珊娜·赫柏·鲁道夫（S. H. Rudolph）指出，区域研究运用比较的方法“可以产生出一般性的结论”，即找到科学中的普遍规律，这一过程就是“理论化”。[11]英国学者熊·布思林（S. Breslin）在探讨运用国际政治经济学批评理论研究中国问题时，同样主张区域研究可以运用比较的方法实现理论化。[12]

如果说区域研究的理论化是一个合理命题的话，那么教育的区域研究的理论化也应当是合理的和可行的。日本学者马越彻明确主张教育的区域研究可以实现理论化。在马越彻对“区域研究与比较教育学”的关系的论述中，“理论化、概念化”（或类型化、模型化）是一个关键问题。他认为，研究者在区域研究和学科研究的基础上，提出并验证自己的假说，其结果可以实现理论化和概念化。而区域研究和通过区域研究实现理论化的总体就形成了比较教育学的架构。他指出，区域研究和理论化的反复运动可以使比较教育学得到丰富和发展。[13]

英国学者萨利·芬德罗也认识到了使比较教育“进行有意义的理论化”的必要性。他认为比较教育的理论化的重要前提是建立一个共享的话语和方法论框架。萨利·芬德罗认为，比较教育的理论化是指通过将研究的关注点从特殊上升到一般，然后再回归到特殊。萨利·芬德罗还揭示了比较教育的理论化的原理和机制就是“比较”。他认为，比较教育的理论化不能从特殊直接跳到一般，只有通过“比较”才能使特殊上升到一般。[14]

2. 中国比较教育学的理论创新之路

按照区域研究的方法论和研究范式扎实地开展教育的区域研究，应当是中国比较教育学实现理论创新的一条路径。

前面在阐述比较教育的理论化问题时阐明了这样一个道理：比较教育的理论化就是在对相关区域的教育进行整体性、综合性、跨学科、跨文化研究的基础上，对不同区域的教育进行比较研究，使之类型化和模型化，从中抽象出一般性理论，再以此理论为指导去从事新的教育的区域研究的过程。这个循环往复的过程可以简单地概括为：教育的区域研究（实地调查和学科研究）→区域教育的比较研究→比较教育的理论化（即类型化、模型化）→形成新的比较教育学理论→新的教育的区域研究。

中国比较教育学的理论创新的根本是创造出丰富多彩的区域教育研究成果。那么，我国比较教育学领域区域研究的状况如何呢？实事求是地讲，目前我国教育的区域研究在质上和量上都存在一些问题。首先，我国研究者对于区域研究所具有的方法论意义还未必认识得十分明确，这影响着我们真正地按照区域研究的方法论和研究范式去开展特定区域教育的比较研究；其次，保证教育的区域研究的质量，关键在于扎实地开展实地调查，在研究中形成并运用人文、社会科学研究所不可缺少的理论框架，坚持运用科学、明确的方法论。我国的比较教育学领域在这一点上还需要进一步加强；第三，比较教育的理论化的关键是对区域教育进行比较研究，然而，目前我国对比较教育学中“比较”的含义和本质还存在着多重理解，在比较研究上还往往止于对可量化的数据进行简单的并置，缺乏深入理解和科学分析，甚至只是简单地阐述如何“借鉴”和得到什么“启示”。如何对区域教育进行比较研究还是一个重大的难题。在认识到问题的症结及其主要表现之后，今后我国的比较教育研究要充分地加强教育的区域研究，严格按照比较研究的理论框架和方法论对区域教育进行比较研究，通过反复实践来验证异域理论的真伪或通用性，努力实现比较教育的理论化，从而发现和发展比较教育学理论。如此，我们在比较教育学科建设上，在认识国际教育发展规律上，就会取得重大的进步，进而创造出中国特色的比较教育学理论。

(四)“区域研究”与中国比较教育学的实践创新

中国比较教育学的实践创新同样需要真正地开展教育的区域研究，因为教育的区域研究本身就是一种创新性的研究实践，没有教育的区域研究，教育的比较研究是无从谈起的，教育的区域研究是比较教育研究的基础性实践。由于教育的区域研究实践极具复杂性，所以，这里仅对中国开展教育的区域研究的几个基本问题作以阐述。

1. 把握好“区域”的内涵和本质

教育的区域研究直接指向“区域”，“区域”是其中的一个核心概念，它实际上是教育的区域研究的研究对象或分析单元。一般而言，“区域”是一个地理概念，是指有具体地理位置和地理范围的地域、地区。但教育的区域研究中的“区域”实际上是一种区域社会，它是特定区域的人民所创造的政治、经济、社会、文化的整体，因而这种“区域”又具有人文性、社会性、历史性、文化性特征。

在教育的区域研究中，作为地理性区域的边界是非常宽泛的，它可以是小到一个村庄、一个省份，大到一个民族国家或者由数个“相似”的民族国家组成的大陆，甚至是一个文化圈。在马克·贝磊（M. Bray）构建的“比较教育学分析框架”中，“地理位置比较”是一个重要维度，其中的“地理、地区层次”包括：世界性地区或大陆、国家、州或省、地区、学校、教室、个人。[15]对于如此众多的区域层次，教育的区域研究应该在哪些层次上开展研究？贝雷迪提出了把一个国家的教育实践作为研究重点的观点，[16]日本学者江原武一认为区域教育研究“把一个国家内部或超越国家界限的文化圈作为焦点”更为重要。[17]可见，在教育的区域研究的对象区域的层次上存在着相差悬殊的观点。在这种情况下，开展教育的区域研究要针对研究课题的性质和研究目的及目标以及研究方法来选择自己的分析单元——区域。

在教育的区域研究的传统中，“区域”被视为一种“文化区域”。莫尔曼和贝雷迪把“区域”视为“文化区域”就是典型的事例。这是因为，一方面区域研究往往被认为是重视所研究区域的历史和文化的一种研究方法，它可以为比较研究提供必要的历史和文化背景知识；另一方面，特定区域的教育是深深植根于其历史背景和文化环境之中的，所以，教育的区域研究虽然以“现代”甚至“现状”为重点，但是为了避免肤浅和简单化，不得不采取历史研究和文化研究的方法，对一定区域的教育进行历史的和文化的深入理解和分析。

20世纪90年代以来兴起的“新区域主义方法”对于世界新秩序、区域结构和区域间结构、区域化、区域性和区域间性等提出了新见解。[18]在全球化、区域化不断发展并对教育变革带来巨大影响的今天，“新区域主义方法”的主要观点对于理解教育的区域研究中区域的特性和特征具有很大的启发。特别是它提出的“区域性”（regionness）概念，作为与“国家性”（stateness）和“民族性”（nationness）类似的理论化术语，能够为研究同一区域内和不同区域间教育变革与发展提供一个重要视角和分析框架。

2. 深入理解“比较”的实质

比较分析在区域研究中占有重要一席。在区域研究中引入“比较”机制，是区域研究理论化的关键步骤。

由于贝雷迪的比较教育“完整模型”人为地把教育的区域研究和比较研究并立起来，使得长期以来教育的区域研究并没有把“比较”置于应有的地位。而马越彻不但认为真正的区域研究中自然含有“比较”的方法，而且还认为教育的区域研究的理论化离不开“比较”的视角。另外，在萨利·芬德罗的区域教育研究框架中，也把“比较”置于应有的位置。这样，“比较”的明确化突破了以贝雷迪为代表的传统的教育的区域研究模式。

根据区域研究的特性，教育的区域研究中的“比较”更多的应当是一种“理解”，因为以“区域性”作为比较分析的工具审视异域的教育实践，只能是一种理解。

从比较教育的理论化是一个循环往复的过程来看，教育的区域研究中的“比较”是研究者对研究对象采取“主体间性”立场，对其进行“深度描述”和概念化的过程。它不是将研究对象进行静止的简单化的并置。

在深入地理解“比较”的实质的基础上，区域研究中的“比较”要注意两点：一是建立比较分析的理论框架；二是采取人类学研究中惯常采用的“三角测量”的方法。

3. 采取批判民族志的方法论

教育的区域研究的复杂性要求研究者要有主导性的方法论。通过回顾比较教育研究在方法论上的摇摆，并考虑到教育的区域研究的方法论的适切性要求，可以认为批判民族志是开展教育的区域研究应当采取的主要的方法论。

从 20 世纪 80 年代开始，在人类学和社会学的解释学运动逐渐与新马克思主义和女性主义理论融合的背景下，在教育领域中，批判民族志（critical ethnography）作为批判社会理论（critical social theory）和民族志方法（ethnographic methods）相结合的产物而产生了。[19] 批判民族志产生以后，一些学者积极倡导在比较教育研究中运用批判民族志的方法论。批判民族志的运用使比较教育学的研究范式发生了转型，即由量化研究转向了量化研究与质性研究相结合。批判民族志在方法论上突破了相对主义和实证主义各自的局限，促进了历史文化主义和科学实证主义的融合，况且民族志的方法对于区域研究具有高度适切性，所以，批判民族志应该而且也能够构成教育的区域研究的方法论。萨利·芬德罗就主张比较教育学和教育的区域研究应当采取批判民族志的方法论。

教育的区域研究运用批判民族志的方法论应该特别注意以下两点：一是切实地把实地调查、参与式观察和深度访谈置于重要的位置；二是采取多学科分析的方法。

4. 建立一种“聚焦团体”

区域研究本质上是一种整体性、综合性、跨学科、跨文化的研究领域。它具有实行科际合作、采取综合研究体制的特征。因此，建立一种“聚焦团体”（focus group）① 是非常必要的。在人文社会科学研究日益复杂化的今天，建立综合性、跨学科的研究机构，采取合作研究，已经成为时代的必然。在比较教育学领域，建立“聚焦团体”已经成为一种标准化的研究实践。[20]所以，教育的区域研究也应该建立一个由多个学科的专家学者组成的“聚焦团体”性的研究组织，以真正地开展跨学科、跨文化的合作研究。

（五）结语

新世纪愈演愈烈的全球化浪潮给我国比较教育研究提出了重大挑战，我们的比较教育研究一定要有全球的视角，但这种全球视角应该是一种对包含地区、国家、区域、世界的结构进行相对化审视的视角。如此，即使在全球化时代，教育的区域研究也是合时宜的。况且，我们的比较教育研究无论是理论层面还是实践层面还存在巨大的发展空间。创新是我国比较教育学发展的根本出路，而教育的区域研究就是这种创新性发展的基础性、根本性工作。

在中国比较教育学危机的各种论说中，学科认同危机、价值危机是焦点性认识，而这些危机的背后则是方法论危机和由此产生的对其研究成效的失信。按照区域研究的方法论和研究范式开展教育的区域研究，可以很大程度

① 也被译为“焦点团体”——编者注。

上弥补这种缺失。美国学者佳亚特里·斯皮瓦克（G. Spivak）在《一门学科的死亡》（Death of a Discipline，2003）一书中宣布，作为一门传统学科的比较文学已经死亡，但她又指明了全球化时代比较文学获得新生的方向，即比较文学与区域研究相遇并“携手合作”。[21] 斯皮瓦克的观点给笔者主张扎实地开展教育的区域研究从而克服中国比较教育学的危机以巨大的鼓舞。中国比较教育学的危机需要以发展和在发展中来克服。“千里之行，始于足下”，中国比较教育学要想取得新发展，开展真正的教育的区域研究是无论何时、无论发展到什么程度都要走的道路。

参考文献：

[1]［日］市川昭午．比较教育再考［J］．比较教育学研究，1990，第16号：5—17.

[2]［8]［13］［日］马越徹．「地域研究と」比较教育学—「地域(areas)」の教育的特质解明のための比较研究—．名古屋大学教育学部纪要(教育学科)，1992，39（2）：21—29.

[3] 陈家喜．地区研究与比较政治学的理论革新［J］．教学与研究，2007（1）：84—89.

[4]［日］中村光男．地域研究［M］//［日］松崎巌．国际教育事典．东京：株式会社アルク，1991：481—482.

[5]［日］竹熊尚夫．比较教育学と地域教育研究の课题．比较教育学研究，2001，第27号：5—15.

[6] 菲利浦·E琼斯．比较教育：目的与方法［M］．王晓明，译．北京：春秋出版社，1989：65.

[7]［16］BEREDAY G Z F. Comparative Method in Education［M］. Oxford & IBH Publishing Company，1964：10.

[9]［日］大塚豊．教育の地域研究（主に非西洋）［J］．比较教育学研究，1994，第20号：41—46.

[10]［日］石附実．比较·国际教育学［补正版］［M］．东京：株式会

社东信堂，1998（06）：53.

[11]［美］苏珊娜·赫柏·鲁道夫．范畴帝国主义：置知识于全球化的世界中［J］．黄相怀，译．经济社会体制比较，2006（4）：39—45.

[12]［英］熊·布思林．国际关系学、区域研究与国际政治经济学——关于使用IPE批评理论研究中国的问题［J］．庞中英，译．世界经济与政治，2003（3）：62—68.

[14] FINDLOW S. Comparative Education, Area Studies and Anthropology [EB/OL]. [2007-09-10]. http://www.hiceducation.org/edu_proceedings/Sally%20Findlow.pdf.

[15]贝磊，古鼎仪．香港与澳门的教育与社会：从比较角度看延续与变化［M］．贾文浩，贾文渊，译．香港：香港大学比较教育研究中心，2002：191—193.

[17]［日］江原武一．特集の趣旨［J］．比较教育学研究，2001，第27号：4.

[18]郑先武．区域研究的新路径："新区域主义方法"述评［J］．国际观察，2004（4）：65—73.

[19]李嘉龄．批判俗民志与比较教育研究［J］．台北师范学院学报，2002（15）：211—232.

[20] HAWKINS J N, RUST V D. Shifting Perspectives on Comparative Research: a view from the USA [J]. Comparative Education, 2001, 37 (4): 501—506.

[21]王宁．中国比较文学学科的"全球本土化"历程及其走向［J］．学术月刊，2006，38（12）：93—100.

（本文发表于《比较教育研究》2009年第12期。作者张德伟、王喜娟、卫沈丽，时属单位为东北师范大学国际与比较教育研究所）

八、比较军事教育成为独立分支学科的基本条件

随着中国军队现代化的前进步伐，比较军事教育的研究成果直接进入军事训练改革和军队院校体制调整的决策程序，为中央军委和总部机关的宏观决策提供了理论依据与咨询参考。比较军事教育在促进机械化条件下军事训练向信息化条件下军事训练转变、培养高素质现代化军事人才所发挥的巨大作用，正被各级领导和广大教育工作者所认同。与此同时，比较军事教育的理论体系初步形成，教学基地建设不断完善，教学基地开设了富有特色的系列课程，培养了一批硕士、博士研究生。比较军事教育的学术组织和教学基地承担并完成了多项科研课题，撰写和出版了多种专著，取得了部分高层次的研究成果和奖项；已完成本学科基础理论专著的撰写。此外，比较军事教育的学科队伍也在日益壮大。

比较军事教育成为一个独立分支学科的基本条件已经具备。

(一) 具有特殊的研究对象、研究领域和研究方法

是否具有与其他学科不同的研究对象、研究领域和研究方法，是衡量与判断一个学科能否成为独立学科的重要标准。

比较军事教育将世界各国的军事教育训练作为研究对象，具体包括：外国军事教育训练的历史、现状与发展，以及特点、规律和趋势；外国重要历史人物的军事教育思想与实践；外国军事教育训练的领导体制与体系、法规与理论、管理与保障、技术与设备等。

比较军事教育的研究领域包括：军事教育训练的国别研究、比较研究；

世界各国军事教育训练理论与军事教育思想、历史和比较军事教育特有的研究方法。

比较军事教育的研究广泛运用社会科学、教育科学和军事科学的研究方法，同时形成并运用学科自身特有的方法。这些方法主要有：军事翻译、情况整编、动向跟踪、专题研究、综合研究、超前研究、对策研究、借鉴研究等。

（二）具有学科体系完备的上位学科，挂靠国家正式认可的学术组织

比较军事教育特有的研究对象、研究领域涉及教育学和军事学两个学科，属于这两个学科研究对象和研究领域的一个特殊部分，分别归属于教育学下设的比较教育学和军事学下设的军事教育训练学。因此，我们可以说，比较军事教育是涉及比较教育学和军事训练学的新兴交叉与边缘学科。

1. 具有学科体系完备的上位学科

比较教育学是研究世界不同国家、民族和地区的教育；在探讨其各自特点的基础上，研究教育的某些共同特点、发展规律及其总的趋势，并进行科学预测的学科。比较军事教育研究世界各国的军事教育训练，是比较教育学的重要分支，必然遵循比较教育学的一般规律。军事教育学是研究军事教育活动及其规律的学科。比较军事教育是军事教育的特殊领域，必然遵循军事教育的一般规律。因此，我们可以说，比较军事教育是跨比较教育学与军事教育学的交叉学科与边缘学科，它是比较教育学的分支和下位学科；同时，它又是军事教育学的下位学科。

比较教育学和军事教育学都有较长的发展历史，已经形成了较为完善的学科体系。它们都具有丰富的历史积淀，经过几个世纪的教育实践和教育知识的积累，特别是教育发展的客观需要，具有明确的研究对象，成为了专门的研究领域；形成了专门反映其各自本质和规律的教育概念、范畴以及概念和范畴的体系；具有了科学的研究方法；出版了专门的、系统的学术著作；形成了专门的教育研究机构。比较军事教育能够在这两门上位学科的指导下，

运用科学的方法和手段，逐步完善其理论体系，使学科建设沿着正确的方向发展。

2. 挂靠国家正式认可的学术组织

借助一定的学术组织和交流平台，是促进学术交流，推进学科建设的必要条件。比较军事教育挂靠在全国教育学会比较教育分会和中国军事教育学会，这两个学会都是国家正式认可的学术组织，具有坚实的学术基础和广泛的群众基础。多年来，从事比较军事教育教学与研究的领导、教员、研究人员和研究生积极参加全国教育学会比较教育分会和中国军事教育学会的学术活动，与两个学会建立了密切的关系。比较军事教育的学科建设得到专业学会的认可、理解与支持。

3. 初步形成教学基地，开设特色系列课程

1987 年初，全军军事科学“七五”科研规划将比较军事教育学正式列为研究项目，从而确立了比较军事教育学作为一门正式科学学科的地位。1987 年，总参谋部军训部组织编写并颁发的理论专著《军事教育学》中，在论述军事教育科学体系的构建时，将“比较军事教育”列为该学科的二级学科之一。[1]

1989 年 10 月，军事教育学院正式开设了“中外军校教育比较”课程。以后，军队一些院校相继开设了有关课程。[2] 2003 年，比较军事教育学科依托和借助军事教育训练学，开设了全军第一个外国军事教育训练研究方向。比较军事教育已形成了本学科的教学平台，经过几年的努力与实践，已经开设了多门富有特色的课程。这些课程经过教学实践，不断改进与更新，教学效果良好。2007 年 9 月，军队院校开始联合培养外国军事教育训练研究方向的博士研究生。几年来，军队院校已培养了一批外国军事教育训练研究方向的硕士和博士研究生。

经过中国军事教育学会正式批准，2011 年 4 月在湖南长沙举办了首届比较军事教育学术研讨会。

4. 获得高层次的研究成果和奖项，完成基础理论专著初稿

1989 年 10 月，由李可锐等同志集体编写的《中外军校教育比较》一书正式出版。随后，又有姜廷玉编撰的《外国军事院校概览》、邱蜀林的《军队

院校体制研究》、王春茅的《美国军事教育现状与发展展望》、方江等的《中外军校教育比较研究》、《军地高校教育比较研究》、邓忠党等的《中外士官教育比较》和《西点军校丛书》《世界著名高等学府丛书·西点军校》《外国军事院校系列丛书》《世界新军事变革丛书——转型中的军事教育与训练》等比较军事教育学科的一系列重要著作陆续出版。这些著作系统、客观地介绍了外国军事院校的情况，对教育体制、院校结构、内在逻辑和发展历史等诸多因素进行了比较分析，拓宽了我军院校管理与教学工作人员的视野。[3]

2002年，军事学核心期刊《中国军事教育》正式开设了“比较教育”栏目，为全军比较军事教育的研究提供了一个重要的学术平台与阵地。近年来，通过“比较教育”栏目发表了大量这一领域的论文和学术成果，并聚集了一批有志于比较军事教育研究的人士，为学科的形成与发展奠定了学术基础，准备了人才队伍。

近年来，中央军委和总部机关对参考与借鉴世界各国军队教育训练的有益做法和成功经验越来越重视。比较军事教育的研究成果和研究方法在军事教育与训练中得到了越来越广泛的应用。从事比较军事教育研究的人员先后完成总部机关、国防大学、军事科学院、国防科技大学委托与组织的资料编译、专题研究与重点课题研究任务多项；参加并完成了全国教育科学“九五”“十五”和“十一五”规划的国家重点课题，以及国家社科基金军事学项目的研究工作；参加了全军院校工作会议的论证与资料编撰工作。不少科研成果获得国家级、军队级、院校级优秀学术成果奖、优秀教学成果奖、优秀理论研究成果奖、优秀论文奖和科技进步奖多项。

5. 拥有一定规模的学科人才队伍

多年来，一些最早从事比较军事教育研究的老前辈为这一学科的创建做出了重要的贡献。全军机关、科研机构和院校的许多同志一直在这一领域从事研究，辛勤耕耘，形成了一支高素质的学科专业人才队伍。近几年来，随着这一学科研究生培养工作的开展，一批具有硕士、博士学位的高学历年轻人才相继加入到这个队伍中来，为比较军事教育人才队伍注入了新鲜血液，显示出比较军事教育学科人才队伍的兴旺发达。

（三）结语

中国比较军事教育的建设起步较晚，是一个年轻和尚未成熟的分支，仍处于初创时期。学科建设的前期工作已经取得了阶段性成果，但学科体系仍未完全形成，仍然有大量工作尚待完善。

目前，中国军队所面临的新历史使命，对比较军事教育提出了新的要求，比较军事教育研究的复杂性需要高层次的专门人才；比较军事教育方法的广泛应用要求比较军事教育学科的研究向深度、广度两个方向扩展，由一般现象描述向理论研究升华，客观上要求适当扩大现有的比较军事教育教学与研究规模和提高培训层次，逐步壮大学科队伍，提高研究的整体水平；更重要的是培养出这一研究领域的领军人物。

参考文献：

[1] 朱如珂．军事教育学［M］．北京：解放军出版社，1988：14.

[2] 蓝江桥．比较军事教育在军事教育转型中的使命与任务［J］．中国军事教育，2009（1）：25—26，27.

（本文发表于《比较教育研究》2011 年第 6 期。作者王春茅，时属单位为解放军炮兵学院；作者田佳，时属单位为解放军石家庄陆军指挥学院）

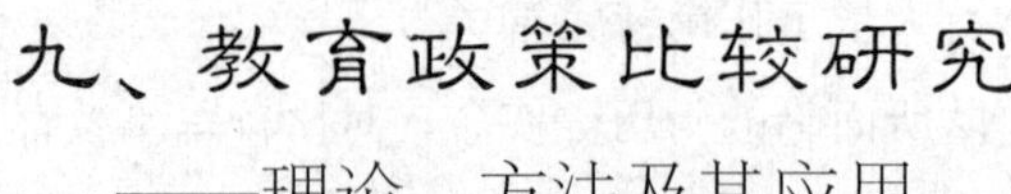

——理论、方法及其应用

政策的比较研究是近年来国际社会科学研究的热点和重要趋势。在教育领域，教育政策的比较研究也是教育政策研究者和国际与比较教育工作者们共同关注的主题。然而，当前的教育政策比较研究却普遍存在着理论和方法缺失，重文献和思辨研究，轻实证和定量研究，缺乏规范性和跨学科视野等问题，导致此类研究的教育决策服务能力不足。[1]本文采用比较教育的视野，系统梳理教育政策比较研究这一主题，阐述和回答以下三个问题：第一，什么是教育政策比较研究？其研究范畴和理论依据是什么？第二，怎样进行教育政策的比较研究？第三，如何应用教育政策比较研究来认识和改进中国的教育政策？

(一) 教育政策比较研究的理论探索

1. 教育政策比较研究的内涵界定

现代政策科学之父哈罗德·拉斯维尔（H. Lasswell）首次提出政策研究的内涵，将其界定为：它是一种分析政策的制定和执行过程，并通过数据的搜集与分析对特定政策问题提供解释的研究。[2]“二战”后在美国，政策研究逐渐发展为一门跨学科的、综合性的研究领域。教育政策研究是政策研究在教育领域的一个分支和应用，是立足于教育领域中的基本问题，对教育政策制定、执行和存在的问题进行解释的一种研究。自 20 世纪 80 年代开始，教育政策研究呈现出快速发展的势头。[3]教育政策比较研究即采用国际视野，对不同国家（或地区）具体的教育政策环境、制定、内容、实施、评价的经验和模式等进行对比分析的研究，旨在发现这些国家（或地区）在教育政策形成与发展过程以及问题解决效果等方面的异同。教育政策比较研究的目标主要有两方面，一是为了促进跨国间成功政策经验的交流、理解与借鉴，二是为了更好地认识和弥补本土教育政策的不足，完善国家教育政策体系，服务于国家教育事业的改革与发展。

2. 教育政策比较研究的基本范畴

在研究领域方面，教育政策比较研究以各种教育政策为研究对象；在发展历史方面，重视从全球化和跨文化的角度研究当前重大的、热点的、旨在解决迫切教育问题的教育政策；在研究范围方面，涵盖世界各国的和全球性的教育政策相关问题。

从我国现有的教育政策比较研究来看，多数研究以某个或多个国家（或地区）的具体教育政策内容为分析对象，既包括宏观层面的教育发展与改革、教育财政、教育质量等政策，也包括微观层面的招生考试、课程设置、师资配置等相关政策的比较。[4]这些研究都是从探究相似性与差异性的角度，对不同国家（或地区）的教育政策进行引介或对比分析，涵盖的范畴较为广泛。但它们往往只重点关注政策的内容分析，对政策过程的研究不足；往往以文献和思辨研究为主，对政策现象的深层探究和实证研究不足，使得此类研究实质上成为“对资料的简单而无序的堆积”。[5][6]

拉斯维尔曾提出政策研究具有建构主义蕴涵，即政策研究以其社会背景变迁为依托，强调政策对社会变动和革新的影响与作用。[7]换言之，那些简单停留在政策文本内容层面，未触及政策的社会变迁背景，也未探究政策对变革的贡献度的政策研究，并没有实现政策分析的深层建构主义意蕴。可见，在进行教育政策的比较研究时，其范畴应向纵深延展，应深入理解特定政策的本土背景。其实从某种意义而言，理解政策及其过程就是理解政策的背景。[8]尤其在当今全球化加剧的情境下，教育政策制定者往往在国际化与本土化之间寻求某种张力平衡。当国家 A 对国家 B 的某项具有重大国际影响的教育政策进行比较研究时，需要对国家 B 的社会、历史、文化、政治、教育背景进行系统的分析，同时考察国家 A 相应背景的相似性、差异性和适宜度，并在应用于国家A的本土时进行必要的、甚至大幅度的调整。

3. 教育政策比较研究的理论探析

教育政策比较研究以政策为基本的研究对象，因此，对于政策的认识论在很大程度上影响着政策比较研究的方法与路径。[9]要对教育政策进行比较，首先就要理解教育政策的理论根源。在此，借鉴马克·贝磊（M. Bray）[10]书中所提出的两大政策理论：工具理性主义的政策理论（the rational perspective）和冲突理论（the conflict perspective），来探究教育政策比较研究所依托的理论基础。

工具理性主义是政策发展与分析的传统框架和模式，强调从技术层面制定和实施政策以达到某个目标。在教育政策等公共政策领域，这种决策技术理性使得政府依从成本——收益的规则来选择和执行政策，依从实证主义者的立场将政策制定视为一种价值中立的过程，将政策过程中复杂的政治权力因素简单化，甚至完全规避。赫伯特·西蒙（H. Simon）[11]基于此提出了理性政策生产理论（rational policy production theory），认为政策决策过程即为依照一些系统的程序从多种对策中选取利益最大化的“最优”对策的过程。这种以价值中立或价值一致为默认前提的理论衍伸出一条线性的政策分析框架与模型：（1）问题确立；（2）政策发展/形成；（3）政策采纳；（4）政策实施；（5）政策评价。[12]这种工具理性主义的政策分析框架推崇客观、中立、科学、注重量化的实证主义分析范式，为跨国的教育政策比较研究提供了逻辑理论前提和操作范型。

然而，简单地将政策分析划分为几个步骤的论断，忽视了每一阶段中错综复杂的政治权力、利益关系等因素，工具理性主义因而遭到了质疑和批判。冲突理论即为其中一种批判的声音。冲突理论认为，社会是由持有不同价值观和权利的群体构成的，政策反映的是相互竞争的利益群体间的一种妥协与协商。[13]由于群体间的利益和权力冲突是时刻潜伏在社会秩序中的，而权力的合理性是人为臆断的，这就导致社会总处于冲突推动下的不断变迁之中。在这种变迁中，某一政策不再是一成不变的静态模式，而只会在特定情境中和特定阶段下才产生效力。于是政策被称为权力和利益群体间动态的“游戏规则”。[14]又如史蒂芬·鲍尔（S. Ball）[15]所总结的那样：政策永远都不是社会群众一致意志的反映，它从来都不遵循理性的、逻辑的规则，而是利益主体间无休止争斗的结果，最终显现为当权者价值观的意志符号与象征。可见，冲突理论指导下的政策认识论强调政策分析的非实证性、反逻辑性，强调批判理性和阐释主义的价值分析。在这一理论基础上，鲍尔[16]等人发展了教育政策社会学分析范式，聚焦于社会冲突和社会变迁，以批判的视角研究教育政策与社会控制、社会不平等之间的关系，通过解释理论、对话理论和批判理论研究教育政策过程中的权力与控制张力。这一范式打破了实证主义范式和工具理性—成本收益分析框架的主导和垄断，弥补了实证主义缺乏对不同政治和社会文化的解释张力的不足，从社会学、政治学的视角为教育政策的比较研究奠定了阐释主义和批判主义的理论基础。

(二) 教育政策比较研究的方法与程序

1. 教育政策比较研究的方法

(1) 跨学科的研究视野。从学科本质来看，教育政策比较研究既属于教育领域中的比较教育学科，也属于管理领域中的政策科学。由于其研究问题及理论根基的多重性和复杂性，教育政策比较研究强调跨学科分析，注重政治学、社会学、人类学、经济学乃至自然科学等多学科理论与方法的交融。拉斯维尔也曾指出，政策研究基于多元学科的知识整合，在不同学科间建立起联系，合成一个聚焦于政策分析的新型的跨学科学术体系。[17]跨学科的特性使得教育政策比较研究在比较法的基础上融入多样的方法，并解决方法融合的难题，如定量方法的操作性、定性方法的客观性以及混合方法中定量资料与定性资料的匹配等。[18]研究者们需要超越单纯的方法分类，基于探究问题和变量的需要，将定量测量和定性解释有效结合。这种跨学科的方法无疑是对上述工具理性主义和冲突理论两大理论的协商与整合，与比较法结合起来，构成教育政策比较研究独特的方法论体系。

(2) 基于实证的量化研究方法。拉斯维尔将政策研究称为一种科学，主要是强调政策研究必须建立在数据的统计分析、模型建构和科学检验等程序的基础上，以确保政策的合理性。[19]据此，政策的比较研究也同样要遵循发展和验证理论、建构模型以及实施政策评估等步骤，以完善和推进政策的理论建设与实践转化。[20]在这些理念影响下，定量的实证研究在西方教育政策研究中长期占据主流地位。[21]而在比较教育领域中，虽然实证主义分析范式提高了比较教育的客观性、科学性、可操作性和可验证性，但由于比较教育学科探究诸多不可量化的、本土依赖的和国际影响的教育因素间错综复杂的关系，并强调社会的、文化的、政治的、历史的背景研究，使得追求工具理性旨趣的实证主义受到一定的局限和约束。[22]因此这种基于量化的实证分析在我国教育政策比较研究中并未得到广泛应用。本研究认为，在进行教育政策的比较研究时，应尽量避免定量研究占据主导和完全忽视定量研究的两种极端；在进行跨国教育政策的共性和宏观探究时，可以基于大规模官方统计数据，以实证研究的视野寻找教育政策及其背景的共同因子，分析不同国家（或地区）特定教育政策的趋同，从而使庞大、复杂的政策体系的比较研究具有可操作性，为微观的、针对个案的质性洞悉奠定基础。

(3) 基于阐释、批判和理解的质性研究方法。持有冲突理论的批判主义政策研究者们一致主张，政策研究的目的是剖析政策过程背后的复杂根源和影响因素，因而质性研究方法是最适宜于政策分析的方法。[23]采用质性研究方法的政策比较研究者们通过比较来建构理论，认为政策行为或主张在很大程度上取决于其所依托的社会背景，强调通过对教育政策社会背景的分析来理解社会；如果在教育政策的比较中不考虑该国家的特定社会背景，那么这一政策的社会意旨与影响很可能会被误解或歪曲。[24]总之，教育政策在不同的情境下形成差异性的解读，而质性研究方法的应用价值即在于在比较和借鉴的过程中深入地、具有批判性地理解和阐释特定政策及其所植根的土壤。具体而言，质性研究基于深度访谈、参与观察等个案研究的方法，着重分析特定国家（或地区）教育政策及其制度背景所具有的特征，探究其价值取向，并比较不同政策模式的异同。质性研究方法挑战了主导西方政策研究界的实证主义范式霸权（paradigmatic tyranny），[25]弥补了看似精确的数字所缺乏的解释力，增强了教育政策比较研究的可信度和效度，使其在研究方法上更为多样化。

2. 教育政策比较研究的程序和步骤

西方学者对广义的公共政策研究程序与步骤提出了多样的主张，具有代表性的如乔治·麦考尔（G. McCall）和乔治·韦伯（G. Weber）[26]提出的分析模式二步骤：(1) 政策内容分析，即对政策的目标、路径选择、意图阐述、行动计划等的分析；(2) 政策过程分析，即对政策行为、政策抉择、政策实施、政策评价等的分析。又如查尔斯·沃夫尔（C. Wolf Jr.）[27]的分析模式五步骤：(1) 收集和分析政策依托的数据资料；(2) 探索和建立数据变量之间的关系；(3) 建构分析模型；(4) 提出多种可供选择的方案；(5) 检验所选择的方案模型。这些都为教育政策的跨国比较研究实践提供了具有操作性的参考。

具体到教育政策比较研究领域，大卫·菲利普斯（D. Phillips）[28]提出了教育政策借鉴的四步模型：(1) 跨国吸引，即探究一国向目标国家借鉴学习某个教育政策的缘由、驱动力和目标等；(2) 制定决策，即分析对目标国家教育政策的理解和借鉴如何转化为本国的教育决策；(3) 实施/执行，即回答在决策出台后如何在本国实施以适应当地的现实需求等问题；(4) 本土化，即探索借鉴和调整而来的政策对解决本国相关教育问题的影响效果。这一模型为教育政策比较研究者提供了一套系统、详细、具有普适性的程序框架。我国学者汪利兵也从研究的选题、专题资料库的建设、政策文本分析、文献回顾、研究框架的确定、论文的撰写几个程序和步骤，给予了从事教育政策比较研究的学者们一些建议。[29]

本研究认为，要推动我国教育政策比较研究的规范化，需要依据比较研究的政策选题的特征与目的及对该政策的认知，来选取具体的教育政策比较研究的视角和切入点，继而选择具有针对性的研究程序和步骤，制定框架，确定研究方法，而不必一刀切地照搬某一固定的程序。

(三) 教育政策比较研究的应用原则与规范

要发挥教育政策比较研究所应有的改进中国教育政策的应用功能与价值，就必须在研究中遵循一些原则和规范，否则应用就会成为滥用（abuses）——实际上，这种滥用的现象普遍存在于当前大量教育政策比较研究的文献中。[30]

第一，理解我国教育政策的实际状况和需求。以往对比较教育学科的最大诟病，就是光说国外，不了解国内。如果不了解本国的实际与需要，研究就缺乏相关性和现实意义。比较教育研究以往很少受到教育决策部门的重视，其主要原因恐怕就在这里。[31]我国学者应该立足于丰富的本土教育、社会和文化经验来构建独特的视角和价值取向。具备本土意识将有助于中国教育政策比较研究者辨识本国的真正需要，树立有价值的现实目标和分析框架。

第二，系统分析本国和目标国教育政策的背景。教育政策比较研究者在借鉴时应充分理解目标国教育政策生长的土壤特征，这包括政治、经济、社会、文化等多方面因素。在理解的基础上，研究者应依据本国土壤的特征，选择能够在培育条件适度调整后生存下去的种子；政策环境将决定政策移植的可行性以及移植后的生长力。总之，教育政策比较研究者选题时应避免对政策的简单和盲目借鉴，慎重考虑本土化与国际影响力间的张力。

第三，选择国别时应避免英、美等发达国家的垄断。由于人们通常认为一国的经济发展水平与该国的教育发展水平成正相关，因此在教育政策比较研究中长期存在着以英语为第一语言的经济发达国家为中心的政策借鉴垄断局面。[32]然而这种对发达国家教育体制的信赖是近乎"讽刺"的、"极其狭隘"的，[33]因为国家背景的差距使得国家间的教育不完全具有可比性。教育政策比较研究者在实践中应祛除国别选择的盲目性，排除固有偏见，树立正确的价值立场，根据本国的政策需求寻找具有相似度和可比性的政策所在国为比较对象，为本国政策的建构和完善提供来源于国际视野的批判性和建设性意见。此外，在同一国家内部，不断增大的地区差异性使得之前以国家为单位的比较研究正逐步向以地区为单位的研究发展。

第四，理论研究和应用研究相结合，落实本土化的转型与评估。在对教育政策进行比较研究时，学者们往往以本国的启示和对策作为研究的结论。但这类文献往往是基于理性思辨的自我阐释，缺乏本土化的落实与验证。有价值的政策研究应该在推动改革的同时保持可持续发展，确保理论和实际的紧密联系。这要求我们在进行教育政策比较研究时不能停留在学理性的层面，而应积极参与教育部门的决策咨询，与教育决策者建立合作对话关系，[34]在实践中评估和验证外来政策的本土适应性，并探测该政策对本土教育体系的推进和内化作用。

参考文献：

[1] [4] [5] 涂端午，陈学飞. 我国教育政策研究现状分析 [J]. 教育科学，2007 (1)：19—23.

[2] [7] [17] [19] LASSWELL H. The Emerging Conception of the Policy Sciences [J]. Policy Sciences，1970 (1)：3—14.

[3] 卢乃桂，柯政. 教育政策研究的类别、特征和启示 [J]. 比较教育研究，2007 (2)：27—31.

[6] [29] [31] [34] 陈时见，徐辉主编. 比较教育的学科发展与研究方法 [M]. 北京：商务印书馆，2006：303—312.

[8] [10] [21] [25] [30] [32] [33] BRAY M (eds). Comparative Education Research：Approaches and Methods [M]. Hong Kong：Springer，2007：241—262.

[9] BALL S. Education Reform：A Critical and Post Structural Approach [M]. Buckingham：Open University Press，1994：15.

[11] SIMON H. Administrative Behaviour：A Study of Decision－making Processes in Administrative Organisation [M]. 3rd ed. New York：The Free Press，1945：240.

[12] ANDERSON J. Public Policy－Making [M]. 3rd ed. New York：Holt，Rinehart & Winston，1984：26.

[13] [23] Taylor S (eds). Educational Policy and the Politics of Change [M]. London and New York：Routledge，1997：5，37.

[14] OFFE C. Disorganised Capitalism：Contemporary Transformations of Work and Politics [M]. Cambridge：Polity Press，1985：106.

[15] [16] BALL S. Politics and Policy Making in Education：Explorations in Policy Sociology [M]. London：Routledge，1990：15—288.

[18] [20] 熊跃根. 社会政策的比较研究：概念、方法及其应用 [J]. 经济社会体制比较，2011 (3)：16—28.

[22] 陈时见，梁艳玲. 实证分析范式的产生及其对比较教育发展的影响

[J]. 外国教育研究，2009 (4)：21—25.

[24] NEUMAN L. Social Research Methods [M]. Boston：Pearson，2003：140—146.

[26] MCCALL G，Weber G. Social Science and Public Policy：The Roles of Academic Disciplines in Policy Analysis [M]. Washington，New York：Associated Faculty Pr.，1984：76.

[27] WOLF C. Markets or Governments：Choosing between Imperfect Alternatives [M]. 2nd ed. Santa Monica，CA：RAND，1993：117—137.

[28] PHILLIPS D，OCHS K. Researching Policy Borrowing：Some Methodological Problems in Comparative Education [J]. British Educational Research Journal，2004 (6)：773—784.

(本文发表于《比较教育研究》2013年第4期。作者韩玉梅、李玲，时属单位为西南大学教育学部国际与比较教育研究所)

十、跨文化教育
——一个新的重要研究领域

(一) 跨文化教育已成为一个新的研究领域

跨文化教育（intercultural education）在国际组织的大力推动下，现已成为国际教育研究中的一个新的研究领域。近年来，跨文化教育已日益引起各国学者的关注，也出现了大量跨文化教育的研究。

从20世纪50年代起，随着多次移民潮的出现，世界许多国家均遇到了移民及其带来的文化与移居国的生活方式不适应的问题，有的甚至产生了很大的矛盾和冲突。为了解决这一新的社会问题，使新来的移民尽快适应和融入移居国的生活环境，许多国家开展了专门的移民教育，其中包括双语或多语种教育，试图通过掌握当地语言，使移民能尽快地适应和融入到当地的生活环境中去。然而，初步的研究表明，仅仅掌握当地语言并不能很好地解决这一问题，移民教育忽视了一个隐含的重要因素——不同的文化。随后，对移民教育的焦点转向了多元文化教育的研究。

在20世纪70年代早期的美国，当第一批研究文章和成果发表后，多元文化教育（multicultural education）就成为一个热点话题，并一直延续至今。与此同时，加拿大引入了与多元文化教育有关的课程，这主要是为了应对讲法语的加拿大人的运动和其他反英语化的少数民族。同样，澳大利亚也引入了以多元文化为导向的教育方案。在欧洲，欧洲委员会发表了一些有关跨文化教育的文件，在一些国家中逐渐将跨文化教育的思想落实到学校的教育政策上。西班牙是移民国家，跨文化教育在学校中很普遍。即使像德国这样的传统的民族性很强的国家，近年来也逐渐开展了跨文化教育。

值得提及的是，在各国开展跨文化教育的过程中，国际组织发挥了积极的作用。在以联合国教科文组织为主的国际组织倡导下，跨文化教育成为最新的国际教育思潮之一，这推动了各国跨文化教育的发展以及对跨文化教育的研究。

联合国教科文组织连年来召开了系列国际大会，并发布重要宣言来不断推动跨文化教育在各国的发展。从 20 世纪 80 年代至今，召开的有关跨文化教育的重要国际会议和发布的宣言主要有：

"世界文化政策大会"（1982）发布了《墨西哥城文化政策》。该文献指出：教育能帮助培养尊重他人、团结社会与实现国际一体化的意识，最适合将国家与世界的文化及价值传于后代[1]。

"第 43 届国际教育大会"（1992）发布了《教育对文化发展的贡献》。该文献对跨文化教育的开展具有十分重要的指导意义，如在各国文化和教育制度的独立性和多样性；不同文化间的对话的重要性；教育对文化发展的意义；跨文化教育的目的、范围、基本原则精神、具体策略和方法；学校在跨文化教育方面的作用以及跨文化教育的质量标准等方面均作出了重要指导。[2]此次会议后，跨文化教育的思想得到了更明确、更广泛的认同和传播。

"第 44 届国际教育大会"（1994）发表了《国际理解教育的总结与展望》。该文献强调教育政策必须有助于增进个人、种族、社会、文化、宗教团体和主权国家之间的理解、团结和宽容；教育应有助于建立和平与民主的文化知识、价值观、态度和技能；教育机构应成为实践宽容、尊重人权、实行民主、学习文化特性的多样性和丰富性的理想场所。[3]随后，又发布了《国际理解教育：一个富有根基的理念》专题报告（1996），强调通过跨文化教育可以促进国际理解，并可以在学校教育、课程与教学过程中进行跨文化教育。[4]

"跨文化教育指南"（2006）。该文献提出了跨文化教育的准则、目标、作用和实施步骤，具体指导了各国跨文化教育的实施。该文献认为，跨文化教育仍是 21 世纪未来教育发展的热点之一。[5]

在各国跨文化教育发展的过程中，由于各国社会传统、历史发展、教育观念的差异，出现了对跨文化教育的不同看法，其发展过程也不是完全一样的，因此也产生了不同的跨文化教育模式。

随着全球化的发展及其世界政治形态的变化以及对民主和人权的重视，跨文化教育的研究发生了很大变化。这些新的发展导致了要对现存跨文化教育理论的反思和重新建构，以及对跨文化教育实践的重新评估。因此，许多新的研究目标和研究领域出现了，其中侧重关注的问题有：全球化社会的发展；不同文化的融合；跨国、跨界和跨文化的交流；跨文化冲突的消弭；教育系统对和平共处的责任；后现代多元文化社会的整合与发展等。

国际跨文化教育的研究，同样对我国教育的发展具有现实意义。例如，我国教育界应该考虑的问题：如何对待国内不同民族的文化？如何看待主流文化和非主流文化？如何理解和对待西方文化与东方文化、传统文化与现代文化、文化冲突与文化融合？如何处理好区域文化和城乡文化的差异？学校教育如何关注、尊重和平等对待学校中不同文化的存在？如何在课程和教学中消除我们习惯使用的而又带有文化歧视和文化偏见的内容？因此，跨文化教育是一个值得研究的领域。

(二) 跨文化教育的研究特点

1. 跨文化教育基本概念的探究

随着跨文化教育的发展，出现了越来越多的对跨文化教育基本概念的研究。由于各个国家语言习惯以及各个学者不同学科背景，对跨文化教育的基本概念就有不同的理解和看法。

美国、英国等英语国家使用较频繁的是“多元文化教育”一词，而欧盟非英语国家经常使用的却是“跨文化教育”。联合国教科文组织的文献中也没有严格区分两者的差别，而是将其看作同义词。如在《教育对文化发展的贡献》的建议性文件中，就将跨文化教育和多元文化教育作为同义词来作出界定。[6]那么，究竟怎样来看待这种词语和概念上的差异呢？

国外学者大多是从对文化的解说（有的学者列举了 200 多种对文化的不同定义），到对多元文化和跨文化的探究，然后再到对跨文化教育的阐述来界定跨文化教育；也有学者从各种不同学科的角度来对跨文化作出界定。因此，无论是对多元文化教育还是跨文化教育，均有许多不同的看法。

在我国，还有一个翻译的问题。跨文化（intercultural）和多元文化（multicultural）前缀不同，“inter”指的是“在……之间”、“相互作用的”；而“multi”指的是“多的”、“多元的”。跨文化主要表明的是不同文化间动态性的互动；而多元文化的主要意思则是说明多种文化静态性并存的一种状态。从上述词义上的主要差异来看，我们可以认为，“多元文化”，是指各种文化的共存，有可能这种共存是无互动，是没有相互交流的，当然也有可能是有互动和交流的。而我们讲的“跨文化”是指有互动和有交流的这种互动性。从多元文化教育研究到跨文化教育研究的这种发展，表明了研究者已从关注静态的、不变的文化图式和文化差异转向关注在交流上的文化动态性、关注跨文化关系及跨文化能力。这一新观点表明了全球化社会发展的一个特征，也可被视为是面对文化移民挑战的教育回应。联合国教科文组织召开的第43届国际教育大会提出的跨文化教育的目的就是“增进融合，尊重文化间的差异，减少各种形式的排斥，理解其他个体与其他国家培养学生跨文化的适应能力，帮助学生在多元文化社会中更好地生存”。[7]这充分表明了跨文化教育的这种互动性。

虽然从词义和教育理念上可以对跨文化教育和多元文化教育作出不同的解说，然而，在此我们要重申的是，从学术性探讨上来看，我们可以将跨文化教育和多元文化教育作出区分，因为确实也存在差别；但是从其发展的历史现实状况来分析，以及由于各国语言使用的习惯来看，我们更倾向于将多元文化教育与跨文化教育合二为一，也就是我们所说的跨文化教育即包涵了多元文化教育。

2. 跨文化教育的研究视角

随着跨文化教育和研究的发展，跨文化教育已被看作是一门跨学科的应用型社会科学。[8]跨文化教育研究包含了对个人、机构和社会团体的探究性解释、适应和转型作用的研究，其特殊性是关注全球化和多元文化社会中教育和社会化的发展。跨文化教育的研究大致有这样的三种视角：[9]

（1）宏观视角——全球

从宏观社会的视角开展跨文化教育的研究，也就是以全球化发展为主要视角来研究跨文化教育的问题。这种宏观社会的视角是从全球化的过程中强化多元文化和文明存在的意识，注重对其他文化的尊重，强调人类团结的重要性，维护人权的发展，培养与其他国家和平相处的能力，关注移民和转型期的问题等。

(2) 中观视角——国家

从中观社会的视角开展跨文化教育的研究，也就是从国家立场上考虑多元文化发展的视角来开展跨文化教育研究。这种中观社会的视角，主要研究如何支持多元文化中民主社会的发展，抵制源于不同的民族和人种之间存在的社会不公平，防止跨文化冲突和在文化多元群体中的社会契约和社会资本的重建等问题。

(3) 微观视角——个人

从微观社会的视角开展跨文化教育的研究，也就是从个人的现状和发展的视角来开展跨文化教育的研究。这种微观社会的视角，注重个人对不同民族、不同文化的人的理解，消除跨文化交流上的障碍（诸如民族优越感、人种和民族歧视或排斥），发展个人跨文化交流的能力，促进跨文化适应的过程，培养能在文化边界上达成一致并产生有效作用的能力等。

研究视角上的不同也体现在词汇表达上的变化，即从多元文化（讲的是其他不同的文化）变为跨文化（讲的是相交文化的互动）。

与跨文化教育相关的研究范围和目标表明，跨文化教育已被看作是一门跨学科的应用科学。作为一门跨学科，它涉及行为、人文和社会学科领域。其主要研究领域被确定在社会学、心理学和教育学领域。其辅助学科包括：种族、文化、宗教研究、政治学、社会工作、人种学和人种志、法学以及一些涉及特殊文化领域的学科（如欧洲、非洲、东方、斯拉夫研究等）。

3. 跨文化教育研究与相关领域的关系

跨文化教育的特殊性使其不可能被其他领域跨越或替代。从全球教育、比较教育、国际教育、和平教育、公民教育、欧洲教育的研究领域来看，其间的界限变得不再明确清晰了，尤其是当全球教育、国际教育和比较教育搅在一起时，更是说不清楚了。

(1) 跨文化教育与全球教育

跨文化教育与全球教育两者均聚焦于全球化发展过程，注重文化的全球化以及跨文化合作和如何解决文化冲突等问题。跨文化教育与全球教育两者都试图提高对全球化问题和全球化发展之间相互关系的认识。两者主要目的是要鼓励承担起责任进而采取行动，致力于解决问题并与生活在其他国家的人加强团结。跨文化教育的特殊之处在于它集中关注社会文化现象和普遍的地方与区域问题。

(2) 跨文化教育与比较教育

跨文化教育与比较教育的联系是很明显的，这是因为两者均关注对理论方面、对问题和对发展趋势的研究，以及对世界不同国家和地区跨文化教育框架下的组织发展与实践活动的研究。然而，在这一点上，比较教育更注重进行比较，而跨文化教育则试图超越实际应用，力求在多元文化社会中发展关于教育和社会进步的理论知识。

(3) 跨文化教育与国际教育

跨文化教育与国际教育之间似乎存在更加复杂的关系。国际教育的定义直到现在还很模糊。在正式的文件上，国际教育是指外国的正规教育。虽然国际教育的研究内容与比较教育有很大联系，但是很有可能两者的研究兴趣方面将会合在一起，在文化、教育、社会发展的研究领域中向国际合作理论与实践的研究方向发展。这一发展可能会使两个学科合并，并在相互的补充中受益。

(4) 跨文化教育与和平教育

各研究领域的这种互补性在跨文化教育与和平教育中表现得更为具体。和平教育的思想在许多国家的教育理念中出现过，在联合国组织中可以找到其法律和机构上的依据。和平教育已作为一个保护后代免受战争和冲突的项目，该项目是通过以人类福祉为目的来促进互相理解和容忍。联合国教科文组织和联合国儿童发展基金会已成为促进和平教育项目的主要国际组织。跨文化教育与和平教育的目的是要倡导尊重人权、保持容忍，并且与由于民族、种族和宗教差异产生的偏见及歧视作斗争。在两个研究领域中可以看到，更为重要的是如何防止并解决跨文化冲突以及在后冲突和多元种族社区中实现关系正常化。

(5) 跨文化教育与公民教育

在重视人权、消除社会排斥以及促进人力资源发展等方面，跨文化教育与公民教育之间具有另外一种联系。后现代社会持续不断的移民浪潮与文化差异、从欧洲民族国家到多元文化社会的转型以及以文化社区为基础的一体化与同步机制的下滑，都促使了需要将多种民族融合到跨文化公民社区的框架之中。产生这样的一种社区的条件是培养一种意识来引导个人对社会负责任。这种意识可以超越个人对自己民族团体的特殊兴趣，以及能促进其愿意与不同文化的人们合作。

(6) 跨文化教育与欧盟教育

跨文化教育的研究也可以与欧盟教育的研究相结合。欧盟教育的目标是通过传播有关欧盟的知识、培养个人能力使之成为真正的欧洲公民，来促进欧洲一体化发展，鼓励与欧洲其他居住地区的人民合作以及促进欧洲认同感。[10]因此，欧盟教育在某些方面是与跨文化教育相重叠的。欧盟教育和跨文化教育两者都支持通过促进文化和当地语言以及在欧盟中发展合作的能力，来支持对欧洲情感上的认同和文化上的继承。但是也可以看到某些差异：欧盟教育的主流集中在与地方文化相联系的传统问题上以及欧洲文化的准则上，主要是地中海地区文化，而忽略斯拉夫、凯尔特人或德国民族的文化，还忽视了移民到欧洲的其他非欧洲团体的文化；跨文化教育则超越了地方文化的层面，而把欧洲文化视为一个动态的现象，并接受之前在欧洲文化中没有显现出来的文化因素。

(7) 跨文化教育与区域教育

跨文化教育和区域教育也有类似的关系。区域教育思想的根据来源于两种假设：其中一种假设是需要在许多层次上、具有共同的身份和发展成员国的地方文化来促进地区一体化发展，例如欧盟区域教育由教育项目组成，目的是通过复兴地方文化，在欧洲内建立“小家园”，支持所居住区域学生情感的认同、促进民族认同感以及传播地区特色的知识；另一种假设是需要重建地区文化多样性以抵制文化全球化的发展。[11]同样在区域文化差异上、在构建社区意识、公民社会和文化代表之间的共存上，跨文化教育与区域教育也有重叠。两者的不同之处体现在对由文化移民带来的对当地环境的冲击而产生的文化变化的态度上。

4. 跨文化教育的不同模式

尽管所有国家都面临全球化的挑战，但是跨文化教育在不同国家的状况和特点却有很大不同。这种不同的模式可以反映出一个国家发展状况、人口结构、民族关系及对移民与少数民族的政策等。

在实施多元文化主义政策的国家中，至少可以划分出跨文化教育的四种模式：国家模式，民族补偿模式，公民模式和文化边界模式。[12]

（1）国家模式

国家模式在德国和波兰较为典型。这种模式是在国家文化的框架下关注文化的差异性。其主流文化试图统合文化多样的社区，同时将少数民族的文化边缘化以及常常忽视移民文化。上述社会在融合与整合的过程中是通过不公平的同化，促使文化小群体纳入主流文化之中。在这一模式中，跨文化教育与民族教育、公民教育以及国家文化教育是相分离的。国家文化被认为是具有巨大价值的，需要代代相传以保存一种历史意义上的国家认同感。民族教育只限于非公立的民族学校，与少数民族相关的问题上只停留于当地的研究和少数民族集聚区的学校课程中。在全球化的社会中，如果不采取一定的措施在教育中提及这些问题，那么要保持文化的多样性以及在课程和教学中展开跨文化交流将会不复存在。因此，跨文化教育的目的在于培养那些从事移民、难民、少数民族文化或是那些从事与国际组织与贸易相关的人具有较强的跨文化能力。

（2）种族补偿模式

种族补偿模式在美国较典型。种族补偿模式主要是以一种政治性的种族观念，来应对当前的意识形态方面的需要和挑战。种族补偿模式运用了社会冲突理论，以“民族”、“民族意识”和“文化战争”等变形的概念取代“阶级”、“阶级意识”和“阶级斗争”的概念。这种范式对跨文化团体的分析是以政治上的文化冲突、不公平和社会正义概念支配的，忽视了跨文化交流理论、文化适应理论、社会交换或社会融合理论。与民族、国家和宗教相关的问题、离散犹太人文化特征问题、跨国团体和被包围的民族问题都被边缘化或是被转移得偏离了研究所关注的范围。在学校教授文化差异和相关问题不是为了促进跨文化理解，而只是为了培养多元文化的视角。这种模式还有一种倾向，就是超越跨文化教育的理论来满足过去受到压迫的小团体通过提高现在的社会地位以得到补偿的需要。

（3）公民模式

公民模式在法国较为典型。公民模式的核心概念是：在一个公民社会及其价值框架下来看待社会、团体和其中的成员。因此，将种族、民族和文化差异性问题，尤其是那些与宗教相关的问题边缘化和私人化。在公民社会的框架中，试图联合所有的公民，不论他们的种族、民族、文化和宗教背景。这种模式中基本的观念是“公民的”“公民”和“公民参与”。这一模式最重要的假设与价值最大化和同公民社会文化联系的社会资本相关，认为它们优于存在于民族或国家文化之内的文化。跨文化教育中公民导向的概念主要是运用了社会科学中的结构功能主义理论。文化差异性只被视为是在全球化和区域化维度强调建立跨文化社会资本和对话。

（4）文化边界模式

文化边界模式在澳大利亚、英国和加拿大表现得较为典型。文化边界模式提供了一个有选择性的或许是最动态的视角。在这种模式中，可以发现存在两种文化价值：核心文化价值和少数民族文化价值。核心文化价值及其内容通常是属于占统治地位团体的文化。然而，少数民族文化和文化差异（包括宗教文化），只要它们不与核心文化发生冲突，都会受到尊重且被视为一种重要的和主体社会文化环境中不可缺少的一部分。这种文化边界的模式强调了社会相互作用和社会交换的维度。在该模式的基本概念中，常常可以看到“文化边界”“跨团队关系”“民族”“宗教差异”“认同”“社会交换”“文化传播”“交互作用”和“对话”这样的词语。其理论分析的特点是运用一种动态方法，即将文化放在一个国家历史发展的背景上来看待。其关注点集中在跨文化交流与关系、社会中少数民族结构的转型、一种文化边界的形成和代代相传的文化认同的转变等。该模式致力于培养学生的二元文化认同，尊重其他文化，使其对文化差异和跨文化交流变得敏感。

上述的不同模式，只是总括性的列举了跨文化教育在各国的不同特点，并不能表明所有国家的状况。在一个全球化多元移民社会中，跨文化教育关注的是文化多元社会的融合，同时跨文化教育也是影响国家建设过程的一种手段。在那些所谓传统的老牌欧洲国家中，跨文化教育主要注重支持移民文化融入主流文化之中以及国家文化逐渐转型为多元文化。在那些新融入欧盟的国家中，跨文化教育关注的是现在依然处于抑制状态的少数民族的当地文化的恢复，消除历史遗留下的仇恨，并防止作为对转型期问题的反应而出现的宗教和国家主义的趋势。

在21世纪全球化发展过程中，跨文化教育越来越受到各国的关注。现实的挑战呼唤对现存跨文化教育的模式、方法、数据、理论的更新和丰富，也需要更多的研究人员投入到跨文化教育的研究中去。

参考文献：

［1］UNESCO. Mexico City Declaration on Cultural Policies［R］. Mexico City：World Conference on Cultural Policies，1982.

［2］［6］［7］UNESCO. The Contribution of Education to Cultural Development［R］. Paris：43rd. Session of International Conference on Education，1992.

［3］UNESCO. Final Report［R］. Paris：44rd. Session of the International Conference on Education，1994.

［4］UNESCO. Education for International Understanding：An Idea Gaining Ground［R］. Geneva：International Bureau of Education，1996.

［5］UNESCO. Guidelines on Intercultural Education［R］. Paris：United Nations Educational，Scientific and Cultural Organization，2006.

［8］［9］［10］［11］［12］BLESZYNSKA K M. Construction Intercultural Education［J］. Intercultural Education，2008，19（6）：537—545.

（本文发表于《比较教育研究》2013年第9期。作者黄志成，时属单位为华东师范大学国际与比较教育研究所；作者韩友耿（Juergen Henze），时属单位为德国柏林洪堡大学比较教育研究中心）

比较教育的学科危机

一、中国比较教育危机之我见

(一) 中国比较教育的身份危机[1]

比较教育在中国已经作为一门学科存在了，但是，作为一门学科的最基本理论问题，诸如，比较教育研究方法如何？比较教育研究的目标是什么？比较教育研究对象、范围又是什么？等等，则众说不一，出现了所谓的比较教育在中国的身份危机。

比较教育是什么？当前比较教育学的理论和实际问题几乎无不与定义问题相关，搞清定义问题，无疑会促进比较教育学的发展。

在当今世界，对比较教育学不同的定义，主要来自比较教育的两大主流流派，即实证主义和文化相对主义。实证主义代表人物是美国比较教育学家诺亚（H. J. Noah）和艾克斯坦（M. A. Eckstein），他们认为，比较教育是发现在教育和社会之间的恒定关系的跨国方法；比较教育研究的主要内容是教育和社会间的关系，主要研究方法是所谓“科学的方法”——应用定量的方法和经验的方法，他们研究的主要目标是进行概括、发现教育与社会间的普遍的关系法则。文化相对主义则认为，比较教育是一个获取有关外国学校的知识以更好地理解自己的学校制度的过程，这派的代表人物是英国的马林森和埃德蒙·金。

我国比较教育学者对比较教育的定义问题尚未展开广泛的讨论，从已出版的几本比较教育学专著来看，给比较教育学所下的定义也可分为两类。

一类可称为“偏向一派”。吴文侃和杨汉清教授在其主编的《比较教育学》中提出："比较教育学是以比较法为主要方法，研究当代世界各国教育的一般规律与特殊规律，揭示教育发展的主要因素及相互关系，探索未来的教育发展趋势的一门教育学科"。高如峰、张保庆主编的《比较教育学》认为，"比较教育学是教育学的一个分支学科。它通过对不同空间或时间教育理论与实践的相似性、差异性以及对其产生影响的各种因素的比较分析，探讨并揭示不同空间或时间之间教育发展的一般规律、原理和趋势"。这两部专著中关于比较教育的研究目标是一致的，即发现教育的普遍规律和发展趋势，与实证主义对研究目标的表述相近。

另一类可称为"综合两派"。王承绪、朱勃和顾明远教授主编的《比较教育》指出，比较教育是用比较分析的方法，研究当代外国教育理论和实践，找出教育发展的共同规律和发展趋势，以作为改革本国教育的借鉴。成有信教授的《比较教育原理》则定义为："比较教育学是把比较的方法作为它的主要方法，去研究当代世界不同国家或地区的各种教育理论和教育实践问题，揭示影响它们发展的最主要的条件和因素，找出它们的共同性和差异性并作出比较性评价，探索问题的发展趋势和一般规律，以作为改进本国教育借鉴的一门教育科学"。这两部专著实际上是综合了国际上两大流派的主张，既强调找出教育的普遍规律，又提出最终目标是借鉴和改革本国教育。

上述四种定义均提出"比较的方法"。然而，学科的研究方法不过是研究的工具，只要有助于认识所研究的对象，任何方法均可采用。研究方法并不反映学科的本质特征，像比较法作为一种基本的科学的逻辑方法，在自然科学和社会科学各学科均被广泛应用。显然，它不适合用于给学科下定义。而研究内容，实质是研究目标体系的分解，或者是研究目标在一定层次实现具体化或者是研究目标的分期具体化，也不宜用于定义，否则，使定义显得繁琐。

一门学科的简练、科学的定义，要阐明本学科的本质特征，在定义中主要应明确两个方面：① 学科的研究对象、范围是什么？② 学科的研究目标是什么？然而，这两个方面也正是比较教育学领域争论不一的问题。研究对象、范围、目的不统一、不确定，与比较教育学作为一门学科是否成熟直接相关，谈不上是比较教育的学科特色。研究对象、范围、目标等不确定、不明了，是比较教育身份危机问题的症结。

(二) 中国比较教育学科的生存危机

学科所拥有的著作、论文及期刊的数量和质量是显示该学科学术性、理论性的窗口。北京师大外国教育研究所编辑出版的《比较教育研究》是我国最主要的宣传比较教育的专刊。笔者将四年来《比较教育研究》（1992 年以前刊名为《外国教育动态》）所刊登的论文分析归类，其结果见附表 1。

表 1　　《比较教育研究》发表论文的研究对象国统计表（1990～1993）

	1990	1991	1992	1993	合计	所占%
西方发达国家						70.1
美国	22	27	22	31	102	
苏俄 *	21	11	3	5	40	
日本	6	12	10	11	39	
英国	9	6	7	13	35	
德国	5	4	4	6	19	
法国	3	4	1	5	13	
加拿大	4	3	1	2	10	
其它	10	7	12	13	42	
发展中国家						9.6
印度	2	1	1	1	5	
泰国	2	1	1		5	
菲律宾		2	3		5	
其它	4	7	12	3	26	
中国 * *	2	7	10	18	37	8.7
世界 * * *	8	6	7	2	23	5.4
亚洲四小龙及澳门	5	4	6	4	19	4.5
大洋洲		1	2	3	6	1.4
总计	103	103	103	117	426	100.0

注：* 前苏联与现在的俄罗斯合称；

* *以中国教育为研究对象或进行中外对比；

* * *研究对象国分布于世界各大洲，或明确指出为世界。

表1说明：

(1) 表中数据含义：例1990年美国出现次数为22，指有22篇论文研究对象均有美国，其它类推；

(2) 译文中的对象国的处理：若美国作者研究的对象国是日本，则对象国出现次数计美国和日本各1次；若美国作者介绍美国教育，则只计美国1次。其它类推；

(3) 文中研究对象国为4个以下，则各计数1次。如：论文是关于美、日、英、法四国的比较研究，则在表中计美、英、日、法各1次。

表1的统计结果，固然有笔者主观因素（知识水平、看待问题的角度等）造成的误差，但是，仍然可以反映出目前中国比较教育发展中存在以下的主要问题：

1. 我国的比较教育研究仍牢牢地坚持“西方中心”

表1的统计显示，以西方发达国家为研究对象的论文达70.4%，我国比较教育的特色——强烈的“西方中心”。研究的对象国主要是西方发达国家，介绍的教育资料主要属于西方国家，介绍的理论也是西方学者的理论。总之，比较教育在我国仍然还是一门“西方中心”的学科。由于西方发达国家的教育发展在很多方面比我国先进，而且具有现代意义的比较教育学发源于西方发达国家，我国比较教育的发展，在一定的时期内，围绕“西方中心”也无可厚非。但是，目前，在我国比较教育已作为一门学科存在，并且还要下设分支学科之际，我国的比较教育研究仍牢牢地坚持“西方中心”，而对与我国国情基本相似的很多发展中国家却较少关注。这种现象如果不是因为我国与这些发展中国家之间的可比性不大而造成的，就有可能让人怀疑：离开了“西方中心”，我国的比较教育能独立地“行走几步”吗？

2. 我国的比较教育研究主要地仍停留在介绍描述水平

近年来，我国关于比较教育的论文和出版物数量大增，从它们对资料处理的程度来看，可将它们归为下列几种类型：① 译文类，全文翻译、摘译或编译外国著名学者的论文和著作及其它教育资料；② 介绍描述类，根据一定资料客观地介绍、描述国外教育状况，未加评析，或者，即便是作了评析，也只是蜻蜓点水，一笔带过；③ 对比研究类，介绍外国教育情况与评析相结合；④ 学科理论建设类，在不同层次、尝试性地对比较教育理论和实践问题进行探讨。

从理论水平来看，上述前两种类型处于外国教育资料介绍水平，它们在我国比较教育出版物中所占比例较大（例如，在表 2 的统计中为 74.2%）。翻译、介绍描述外国教育发展情况，的确也为我国开展比较教育研究打下了基础，但是，毕竟属于比较教育研究的起始准备工作——收集外国资料水平。值得注意的是，其中部分资料已显得陈旧，“以至于到了九十年代，有些人对有些国家的认识，还停留在八十年代初发表的，来自七十年代资料的，对五、六十年代‘现状’的描述之上’[2]。

表 2　　《比较教育研究》论文分类情况统计表（1990～1993）

	1990	1991	1992	1993	合计	所占%
译文	21	23	11	19	74	20.8
介绍描述	57	46	47	40	190	53.4
对比研究	13	18	22	23	76	21.3
学科理论	1	3	4	8	16	4.5
合计	92	90	84	90	356	100.00

表 2 说明：

(1) 译文类含全文翻译、摘译、编译；

(2) 介绍描述类，据一定资料客观地介绍、描述国外教育状况；

(3) 对比研究类，介绍外国教育情况与我国教育实际相结合进行中外对比或两个国家以上的多国对比分析研究；

(4) 学科理论类，探讨世界教育理论发展趋势，或探讨比较教育学科发展的基本理论问题。

后两种类型处于比较教育研究水平。目前，我国已有一定量的比较教育学论文和著作属于第三种类型，即把外国教育资料介绍与评析结合起来，这样的内容也有两种：一种是中外综合的或分专题的对比分析，另一种是对多个国家或地区的综合的及分专题的对比研究，它们都试图将外国教育中的先进经验，在中国教育改革实践中予以借鉴应用。第四种类型，尝试性地探讨、研究比较教育理论和实践问题，如比较教育赖以建立的理论，比较教育的研究对象、任务和方法，我国和世界各国教育发展的趋势或内在规律等。这种类型的论文和著作较少（如在表2的统计结果中，仅占4.5%），有独特、新颖观点的不多见，尤其是系统地对比较教育理论体系进行探讨的论文和著作就更为稀少了。有的著作试图摆脱大量介绍外国教育资料，然后再加以评析的模式，但是，名为《比较教育学》的专著，主要充斥的是对比较教育学的研究对象、范围、目标、研究方法的阐述（这些内容在其它学科著作中往往只在绪论或导言进行简要介绍），而涉及到比较教育学的理论体系，则仅有较少的文字。

无怪乎，我国著名比较教育学家顾明远教授一针见血地指出，中国比较教育缺乏理论的深度[3]。比较教育学研究的不足，表现在理论基础薄弱且欠系统，比较容易流于形式，即表面化、简单化，不能从分析比较中找出规律性的东西，在国别研究上尚不够深透。

有些人认为[4]，由于比较教育研究人员具备三个条件：① 对国外教育有较为深刻的认识与了解；② 具有一定的教育理论基础；③ 掌握相应的工具（外语）与方法，因而，比较教育学科的理论性和学术性是不成问题的。这种观点显然还很值得商榷。难道当一个猎人有了枪和弹药，就能说他已经打到了老虎吗？上述三个条件只能说是，作为一个比较教育研究人员要进行比较教育研究起码应该具备的条件。

同时，存在这样的观点，比较教育目前主要是介绍国外的教育情况是自然的。因为这是每一学科发展的必由之路，客观地描述国外教育情况是比较教育发展的初级阶段。那么，从这种现象出发，为什么就不能说，比较教育还算不上一门学科或至多处于学科诞生的奠基时期？客观地介绍和描述是非常重要的，绝不是低级的，但毕竟是基础性的，是学科的奠基工作。然而，比较教育学已经作为一门学科在中国存在，甚至还要设下属分支学科。这表明，在中国比较教育的学科硬件（科研机构与科研队伍等）已基本具备，但是，学科软件（比较教育学的理论体系）仍不坚实充足，比较教育作为学科存在具有潜在危机。

(三) 关于目前中国比较教育发展的设想

早在1990年11月召开的中国比较教育第六届年会上，顾明远教授就明确指出："近十年中虽然出版了几本比较教育的教科书，但是，无论从体系来讲，还是从内容来讲还没有突破五、六十年代比较教育的框架。这种课本只能适用于一般初步接触比较教育的人作为比较教育入门，还不能反映比较教育作为一门教育科学分支学科的现代水平，更谈不上有我们中国比较教育的特色"[5]。这就更清楚地指出了中国比较教育作为学科存在的危机，在今后一个时期内需要刻不容缓地加强比较教育学科的基本理论建设。

如何摆脱中国比较教育的身份和学科生存的危机？下面就针对上述比较教育发展中所存在的问题，谈谈笔者对目前比较教育发展的设想，仅供参考。

1. 加强交流，是学科发展的前提和基础

比较教育本来就是在国际教育交流过程中产生的，因此，比较教育研究工作必须重视学术交流。① 基于我国国情，经常地进行全国性的学术交流是不可能的。然而，经常性地（定期）开展本地区交流活动却是可能的。同时，为了避免区域局限性造成的比较教育研究视野狭窄问题，全国性的学会会员之间也可以以信函来交流；② 比较教育是国际教育交流的产物，这种交流有助于认识事物的本质。有时，当我们研究我国自身教育问题时，会出现"不识庐山真面目，只缘身在此山中"的情况；有时，我们所得到的国别研究结果，由于只是"中国人眼中的美国（或其它国家）教育"，难免不够准确，不够深透，甚至会令所研究的对象国学者忍俊不禁。因而，国际间的教育交流不可缺少。若能吸收外国比较教育研究者加入我国的学会，无论是对国别研究，还是对国际性普遍问题的专题研究都有裨益；③ 建立全国性的比较教育资料中心。该中心职能是收集、整理世界第一手教育资料，并定期向各地输送存书信息、文献目录等。

2. 发现规律，建立学科理论体系是学科发展的关键

在学术理论发展方面，应该提倡"百花齐放，百家争鸣"，但是，"争鸣"

的最终目的是为了使人们的认识完整、准确、科学，形成对事物的本质的共同认识。世界上对比较教育学科的基本问题，如比较教育是什么？其研究对象、研究目的如何？研究方法又怎样？等等，议论纷纷，莫衷一是。而在我国却没有出现争鸣，究其缘由，主要有两点：其一属于国际通病，“在比较教育研究中，大中规模的课题较少，绝大部分课题是由单个人完成的”[6]，因而，难能形成共同的兴趣中心，故而，就没有“争鸣”；其二是由于我国比较教育严重忽视学科理论体系建设。要使比较教育学具有中国特色，并不只是在于比较教育研究要从中国教育实际问题出发，而更在于中国的比较教育应重视学科理论建设，在学习研究西方比较教育的同时，要有计划分阶段的确立我国进行比较教育研究的中心问题，逐步建立起自己的学科理论体系（当然要以已有的国内外比较教育成果为基础），或者说，在世界比较教育理论体系中有我们中国学者的观点、理论。否则，中国的比较教育研究就会永远围绕“西方中心”，永远步人后尘。中国比较教育学科要健康发展，还要注意使国际教育研究和中外比较研究并重。比较教育研究的主要目的之一是发现人类教育（或至少是多国教育）的普遍规律；对于各国来讲，最终目的是为了借鉴，为了发展本国教育。因而，我们不仅应该注重对外国教育的研究，也应该重视中外教育的比较研究。

3. 加强为社会服务，壮大比较教育研究队伍，增强我国比较教育研究的后劲

目前，中国比较教育，既要重视学科理论建设，也要努力为社会服务，扩大比较教育研究的社会影响力，赢得社会的重视，创设发展比较教育良好的环境条件，使比较教育能持续、深入发展。

当代许多教育问题都具有国际性，它们早已冲破一个国家的范围，成为各国普遍关心和解决的共同问题。未来各国教育在对象、制度、内容和方式方法等方面的共同点将日益增多，其国际化趋势将日益增强，这表明中国的比较教育的存在具有客观必然性。我国的改革开放给社会的政治、经济、文化、教育等领域的发展注人了新的活力，也为比较教育的生存、发展创造了良好的环境条件。同时，比较教育在我国教育事业改革开放及其在其它领域所作的贡献，也证明了它存在的价值，这表明比较教育有很强的生命力。总之，中国比较教育危机与生机并存。比较教育只有经过深刻反思，充分重视

学科基本理论建设，才能去掉对西方国家的比较教育研究亦步亦趋的形象，摆脱危机；比较教育只有加强为社会服务，才能得到适宜于它发展的生机。

参考文献：

[1] 王英杰. 比较教育学定义问题浅议 [J]. 外国教育研究，1993(03)：6—9.

[2] 邢克超. 比较教育应处理好几个关系 [J]. 比较教育研究，1993(03)：6.

[3] [5] 顾明远. 比较教育的回顾与展望 [J]. 比较教育研究，1991(06)：6.

[4] 李守福. 比较教育要为改革开放服务 [J]. 比较教育研究，1993(01)：45.

[6] 薛理银. 英国比较与国际教育学者论比较教育 [J]. 比较教育研究，1992 (05)：25—28.

（本文发表于《比较教育研究》1995 年第 3 期。作者刘卫东，时属单位为湖北大学生物系）

二、比较教育学的学科同一性危机及其超越

自1817年到今天，比较教育学已经走过了180余年的历史，然而，作为教育科学一个分支，它至今仍然是一个步履蹒跚的学步儿，它甚至连自己的“身份”（Identity）也尚未弄清。要获得更好的发展，比较教育学有必要进行一次总体性的自我反思和理论统整。

（一）一个异质的领域

韦尔奇（A. Welch）和伯恩斯（R. Burns）在总结比较教育学理论发展状况时曾经这样写道：“和很多其它学科一样，国际与比较教育学也是一个异质的领域，……对这一领域的歧异性，对其在方法论上缺乏一致的认识，或者对这一学科中缺少清晰的定义等问题的批评比比皆是，这也是不足为奇的。”[1]比较教育学研究领域的这种异质性及其带来的比较教育学者的“同一性危机”（Identity Crisis），从朱利安时代就开始了。朱利安为比较教育学研究确立了一种广阔到几乎覆盖整个欧洲（并且在逻辑上有发展为全世界的可能性）的研究视野，然而却没有为这样一个广阔的视野明确奠定一个同一的理论视角。他给比较教育学开列了众多纷繁复杂的教育问题，但只是简单地把它们罗列在一张问卷中，而没有像其它一些学科的创始人那样为这一系列问题的研究初步制订一个相对同质的理论框架。在着手构筑这一“科学”大厦之初，他也只是特别强调联系社会实际的考察、分析和比较的“科学”研究方法，但是却似乎忘记了为这座“科学”大厦奠定一块或两块（像教育学的创始人赫尔巴特那样[2]）的理论基石。

比较教育学的异质性首先表现为其研究对象的异质性。比较教育学几乎先天就该是一个异质的研究领域，因为它的研究对象本身就是异质的。这种研究对象的异质性首先体现为研究的基本单元的异质性。比较教育学的基本研究单元是近现代的民族国家。以这种研究单元为基准，比较教育学的研究对象在内外两个方面都表现出明显的异质性。就民族国家的外部关系而言，把不同民族国家的教育同时放在一起加以比较研究，这样的研究对象理所当然地会表现出不同程度的异质性。就某一个民族国家来说，不同地域、不同种族和不同阶层的教育都各自具有自己的特性，它们在民族国家政治主权的辐辏作用下联结在一起，成为比较教育学的一个整体的、异质的研究对象。而所谓“超国家”的研究对象实际上仍然离不开民族国家这个基本的比较研究单元。与此同时，比较教育学的研究对象在分布层次上也是异质的，从理论到实践，从民族国家到整个国际社会，都分布有比较教育学的研究对象。分布在不同层次上的研究对象在很多方面有着相互不同的特性，因而这些研究对象联系在一起构成的整体也是异质的。

其次，比较教育学的异质性还表现在它所关注的现实教育领域的异质性。从国家的教育方针到课堂教学中的方法和技术，从抽象的教育哲学和教育观念到具体的教育实施过程，比较教育学的研究视野几乎覆盖了所有的教育领域。从最初朱利安为比较教育学研究设计的那份著名的“问卷”中我们就可以看到，其中的两组共 246 个问题，几乎凡是涉及教育的内容都无所不包。[3] 与朱利安时代相比，如今的比较教育学研究领域在范围上获得了更大的扩展，在构成上也有了更加纷繁复杂的分化。由于这些研究领域的社会空间跨度非常之大，所以其中包含的教育现象相互之间也存在很大的差异。这种社会空间大跨度的领域构成，使比较教育学的研究领域不仅在构成上纷繁复杂，而且这些领域中具体的研究对象的特性也因而具有很大差异，这就迫使比较教育学采取不同的范式来对这些对象分别进行不同的研究，也就自然而然地形成了比较教育学的异质性。比较教育学理论领域的异质性和现实领域的异质性皆由此出。结果正如爱泼斯坦（E. H. Epstein）所描述的那样，“比较教育学没有发展成一个统一的领域，而是发展成了一个由各种欣欣向荣而又互不相干的思潮构成的松散的集合体”。[4]

第三，异质化的研究方法也是比较教育学异质性的一项表征。一方面，比较教育学虽然以比较的方法为基本研究方法，但在具体研究各种不同的研究对象时，比较教育学却可以采取历史学的、社会学的、政治学的、经济学的、心理学的和教育学的多种多样的研究方法。由于缺乏一个统一的理论基础，这些方法因而也就在几乎是相互独立的零散状态下被应用于比较教育学研究实践之中，相互之间难以找到某种内在的逻辑联系，甚至发生相互冲突，结果往往使得比较教育学者卷入方法论争论的怪圈。另一方面，就其学术旨趣而言，比较教育学在其认知的内驱力发动之初便有一种寻求对象之间某种差异性的意向。它的学术实践有一个前置性条件就是研究对象的“他者化”，即它要首先在“本国教育”之外建构出一个异于本国教育的“别国的教育”，将作为历史事实存在的别国教育转化成一个有待比较教育学者去进行研究的“他者”（Others），然后才能开始它的学术实践。上述多种多样的研究方法在比较教育学研究的一开始就有一个指向使对象异质化的目标定向，从这种意义上讲，比较教育学正是通过这些异质化的研究方法为本学科建构了异质的研究对象。

第四，比较教育学的异质性最深刻的表现还在于其文化语境的异质性。作为一种进行跨文化比较研究的学术实践，比较教育学总是要面对两个或两个以上相互不同的文化语境，这就使“文化误读”在所难免。同时，来自不同文化背景的比较教育学者，从各自的民族文化背景出发来建构比较教育学的话语体系，不断地再生出其文化语境的异质性。文化语境的异质性本身并不是比较教育学的学科同一性的障碍，但问题在于平等的跨文化对话关系在这里是否可能，这种平等的对话关系是形成跨越文化语境的相互理解的前提之一。然而，殖民主义的历史和文化殖民的现状，使这种跨文化的平等对话关系成为所有比较教育学研究者都不得不面对的一大难题。一方面，殖民主义的历史和文化殖民的现状在西方学术界形成了西方中心主义的思维方式，让一些长期习惯于西方中心主义思维方式的西方比较教育学者以真正平等的心态参与同第三世界国家比较教育学者的学术对话，这并不是一件轻而易举的事情；另一方面，面对长期以来由西方比较教育学者构筑成的一整套比较教育学话语体系，第三世界国家的比较教育学者也常常会陷入两难的境地：

如果他们运用这套话语体系去理解和解释本土社会的教育现象，那么必然会有很多最具本土特色和独创性的教育现象由于不符合这套话语体系而无法言说，然而，在比较教育学这种发源于西方的学术研究中，他们又不可能抛弃这套话语体系。在这样的文化殖民的背景下，比较教育学的文化语境的异质性就更显得突出了。

(二)“我”是谁?

比较教育学的学科同一性危机在本学科领域内已经受到十分普遍的关注。比较教育学该向何方去寻求建立自己的学科同一性？爱泼斯坦曾指出“理论建构的三条原则”，即“内在一致性、互不相容和包摄性”。他认为，一个独立的学科理论体系首先必须拥有自己稳定的范畴体系，而一个稳定的范畴体系应当具有一种内在的一致性，这种内在的一致性使它能够同其它学科的基本范畴体系相区别。与此同时，这种基本范畴体系的内在一致性又不能妨碍我们分别在不同的论域中来理解那些分属不同领域的互不相容的观念和思潮。在此基础上，它还要具有一定的包摄性，以便不同的观念能在其中共同存在、相互补充和互相启迪。[5]就比较教育学目前的发展状况而言，在“包摄性”方面并不存在很大的问题，各种观念在比较教育学界自由活动的空间并没有明显地受到过度的限制。问题似乎更多地出现在另一方面，即“互不相容”和“内在一致性”方面。比较教育学所缺乏的正是一个稳定的具有内在一致性的基本范畴体系，以及领域分化过程中对不同领域的边界及其相互关系的明确清晰的界定。比较教育学要建立自己的基本范畴体系，就必须首先建立自己的基本理论体系。

所谓“学科同一性”问题实际上也包含两个层面：理论体系的层面和科学社会心理的层面。就理论体系的层面来说，一门具有学科同一性的学科必须有自己独立的、完整的理论体系，并且这一理论体系在历时性的发展中具有相对稳定的连续性。就科学共同体的社会心理的层面而言，学科同一性也表现为从事这门学科的专业人员有关于本学科的自我意识，即他们应当感觉到自己所从事的这门学科具有独立性、完整性和连续性，是一个具有独特社会功能的与众不同的独立学科，并且感觉到自己在社会角色上同其他学科的研究者，尤其是相邻学科研究者，是能够清晰加以区分的。这两个层面实际上是紧密联系在一起的，前一个层面是后一层面的基础，而后一层面是前一层面在具体研究者身上的反映。对比较教育学者来说，本学科的独特社会功能和自身与其他教育科学工作者在社会角色上的区别是基本不成问题的，怀疑更多地集中在学科本身是否具有独立性、完整性和连续性。首先来看独立性的问题。有些比较教育学者认为“比较教育不是一门‘学科’(Discipline)，而是一个‘研究领域’(Field of Study)”，理由是比较教育学“没有自己独特的方法”。[6]实际上，所谓的“学科”和“研究领域”之间的界限本来就十分模糊，这里的判断标准往往并不在于这种学术实践本身，而在于它是否被纳入了对现代知识分类有着重大影响的学校教育的课程设置。从语义学的角度也可以看出，所谓“学科”(Discipline) 不过就是某种学术实践发展到一定程度而成了学校教育中一种专门的训练。就此而言，比较教育学作为一门“学科”应当早就不成问题了。再从比较教育学与其它教育科学之间的关系来看，比较教育学也并非只有依赖于某个学科才能存在，它确确实实在教育科学体系中发挥着独特的功能。虽然比较的方法确实为所有的社会科学所采用，但在教育科学中主要使用比较的研究方法的却只有比较教育学。我们再来看连续性的问题。只要对比较教育学的发展历史稍作一些考察我们就不难看出其中存在着确定无疑的连续性。虽然从朱利安到现在，比较教育学从目的、概念到方法和领域都发生了很大变化，但其中仍然明显存在着一些基本的稳定不变的东西，否则我们就难以将这些历史事实串联在一条线索之上，最后剩下的是完整性问题。比较教育学具有自己的研究目的、研究方法和研究对象，问题在于它有没有自己独特的概念体系和理论基础。

从科学共同体的社会心理学的角度来看，在自身作为科学工作者的社会角色意义上，所有比较教育学者对“我是谁?”这样的问题作出清晰的回答都并非十分困难。几乎从朱利安时代开始，比较教育学者们就已经十分清楚自己将要扮演的社会角色就是：比较不同民族国家的教育，“从别国的发达和繁荣中发现可使本国兴旺的办法”[7]。明白了这一点，他们对自己与其他教育学者和社会科学工作者之间的社会角色的区别也就有了基本的认识。就比较教育学这门学科本身而言，我们也可以清楚地指认它与其它教育科学以及其他社会科学之间的区别与联系。对于比较教育学的发展历史和现实状况，我们也不大可能发生将其与其它学科的发展历史相混淆的问题，它在现实社会中与其它学科不同的独特作用也应当是明晰的。所以，比较教育学者关于自己所从事的这门学科的自我感知并不存在太大问题。但是，在社会对本学科的期待，以及对本学科的未来发展方面，我们就常常要面对很多捉摸不定的因素了。“我在他人眼中是谁?”“我在做什么?”“我将走向何方?”在这类问题面前，比较教育学者常常会陷入困惑。由于自身在现实的教育发展过程中的实际作用与社会期望及自我预期之间的差距，“比较教育学家很少例外地发觉他们自己被排斥于教育改革过程之外”，他们“没有在对教育现实的影响中找到自己的位置”。[8]这是产生比较教育学的“学科同一性危机”的一个重要原因。比较教育学者们没有坚持把他们在这一领域进行的各个方面的研究联系起来，成为一个有机整体。这方面的表现之一就是“载入国际文献的众多研究在课题和方法上呈现出散乱状况”。[9]比较教育学研究的零散状况，不仅在诸如“我在做什么”这类问题上给我们带来了迷失感，而且由此还加剧了对比较教育学未来发展方向的疑惑。由于缺乏整合的理论基础，比较教育学者们很难把本门学科在不同方向上的学术实践放在同一个框架中去思考，于是这些学术实践对他们来说便成为互不关联、非此即彼的选择，而其中几乎每一种选择都似乎是对比较教育学学科同一性的某种背离。

文化自我意识的迷失是比较教育学“学科同一性危机”的另一深层次的成因。这种文化自我意识的迷失首先表现在民族文化特性在比较教育学研究中的被逐步淡忘，特别是在如今文化殖民主义和全球化思潮的时代背景下，民族文化特性的问题在多数比较教育学者的学术实践中更少受到应有的重视。西方现代教育制度及其代表的西方文化特性正在成为人们思考教育问题的一种“通行标准”，而处于弱势的民族文化特性却不知不觉中被排斥在比较教育学的论域之外。人们似乎已经忘却了比较教育学研究从根本上说应属于一种文化比较研究。而文化比较研究总是不可回避不同民族的文化特性问题。文化自我意识的迷失的第二个表现在于比较教育学者们仅仅把自己当作教育科学研究者，而越来越少意识到自己作为文化比较研究者的另一种特殊学术身份。文化自我意识迷失的第三种表现是以西方国家为基准的“超民族国家”

的思维方式，逐步取代民族性思想而成为本领域基本的运思逻辑。在这种情况下，西方比较教育学者由于受比较教育学的普世主义传统影响，以为自己的研究是真正超民族国家的，而对其中隐含的西方强势文化的权力少有自觉。对第三世界国家的比较教育学者来说，这种“超民族国家”的研究框架，配合本土社会的殖民心态，致使他们的民族文化自我意识处于一种麻木状态。于是，比较教育学便难以代表本民族国家的教育立于国际教育学术论坛，这对它的独立存在的价值也是一种动摇。文化自我意识迷失的第四种表现是比较教育学研究者对自己的学科实践中所包含的民族际文化权力关系的漠视。不仅西方比较教育学者很少意识到自己出于普世主义理想的研究与不同民族之间——尤其是西方国家与第三世界国家之间——的文化权力关系有着深刻的联系，而且第三世界国家的比较教育学者也很少有人意识到这一点。在一定意义上我们可以说，正是由于在这些方面的文化自我意识的迷失，比较教育学者才逐渐丧失了对自身作为在教育科学领域从事文化比较研究的学者身份的自觉意识，因而逐渐迷失了自己所从事的学科研究与当代外国教育史、一般教育科学方法论和普通教育学等一般教育学科之间的界限，进而逐步迷失了本学科的“同一性”。

比较教育学者文化自我意识迷失的原因主要有三个方面：第一是比较教育学的跨文化学科特性本身就给文化自我意识的建构和再生产带来了一定的困难。由于这种跨文化学科特性，比较教育学者的学科实践中常常要同时在两种或两种以上的文化背景下进行，这在表面上很容易使人觉得他们是站在不同的民族文化立场上进行教育的比较研究，而看不到他们实际上总是站在本民族的文化立场上不断建构作为其研究对象的其他民族国家的教育的，并且这种建构也始终是从本民族国家教育发展的需要出发的。这种“多文化立场”的错觉，必然给比较教育学者文化自我意识的建立和明晰界定带来困难。第二是比较教育学的普世主义传统和实证理性的影响也一直在引导比较教育学者不断寻求一种超越民族文化的“上帝的视角”。比较教育学的发展从朱利安时代开始就存在着普世主义的和实证理性的传统。普世主义对某种大同世界理想的追求，以及实证理性对认识的某种无主观的纯粹客观性的无止境追寻，引导着比较教育学研究不断寻找一种“科学方法”。这种“科学方法”超越了一切民族文化和个人主观性可能对研究结果产生的影响，因而是绝对客观的研究方法。这样一种事实上不可能存在的“上帝的视角”，在超越主观、超越民族的同时实际上也超越了文化本身，“文化自我意识”的迷失也就在所难免了。第三个主要原因在于殖民与后殖民的历史背景及其历史进程中的合法化过程抑制了人们对文化自我意识的自觉和表达。比较教育学是一门产生于殖民时代，而在后殖民时代获得重要发展的对教育进行跨文化比较研究的学科。在这样的历史背景下，人们的文化自我意识很容易失去平衡。与此同时，殖民势力和后殖民势力在不断再生产不同民族文化之间不平等关系的同时，又运用各种制度手段和话语策略使这种不平等关系合法化。他们通过这种合法化过程使压迫民族和被压迫民族的人们都对这种压迫和被压迫关系的公正合理深信不疑。在这样的历史状况中，无论是西方国家的还是第三世界国家的比较教育学者，也都同社会上其他学者及大众一样，文化自我意识常常处于一种被麻痹的状态。这也是导致比较教育学者文化自我意识迷失的重要原因之一。

（三）文化视野：同一性的基石

比较教育学的研究领域是一个覆盖了整个教育领域、涉及社会文化方方面面的异质性的领域，所以比较教育学家们不得不像霍尔斯所说的那样“试图成为教育的各个方面的专家”，从而成为教育领域的通才。要做到这一点，“比较教育学家就不得不占领一个能让他看到全景的‘中心地带’（Middle Ground）”，[11]这个能够看到全景的“中心地带”显然只能是“文化”。这同时也意味着我们应当以此为基础来建立一个同一的比较教育学理论基础，并由此而建构成比较教育学的“学科同一性”。至于从哪个角度、运用何种理论来建构，则每一个理论流派和每一个比较教育学研究者都可以有自己的选择。奥利韦拉认为要走高水平的抽象道路，把比较教育学建成一种研究“从两个或更多的教育领域中发现的抽象的关系类型”的学科，并且“作为一个力争获得科学地位的学科，它的真正目的就在于从更高的抽象水平上建立和阐述这种类型之间的新的关系”。[12]霍尔斯也提出以一种教育形态学（Educational Morphology）作为比较教育学进行比较研究的理论基础的构想。[13]无论具体从何种理论基础出发和走什么样的理论道路，有一点可以肯定，那就是：只有在“文化”这块宽阔、深厚而坚实的基石上，我们才有可能成功地建构起比较教育学的“学科同一性”。

阿尔特巴赫（P. G. Altbach）和凯利（G. P. Kelly）在其1986年出版的《比较教育学新探》一书的导论中写道：“自1977年以来，比较教育学领域已经大大拓展了它的研究方向……比较教育学领域的学者们近来采用一系列方法论和研究途径，从而发展出在一种跨文化的框架内处理复杂的研究问题和创造性地分析教育资料的创新性研究方式。”[14]这里的“跨文化的框架”，意味着比较教育学界已经开始意识到本学科的文化比较研究的学科特性，并由此学科特性出发，努力探索比较教育学发展的新方向。这种跨文化的框架给比较教育学带来的首先是一个更加宽广的研究视野，即一种“文化的视野”，也就是说，无论我们从什么角度出发，无论我们在教育的哪一个领域内进行这种关于不同民族国家的教育的比较研究，我们的研究在总体上所参照的框架都是文化比较研究的框架。当然，这并不是说要把教育与国家政治、经济及社会发展等方面的研究排斥在比较教育学研究视野之外，也不是要将这些具体方面的比较研究统统纳入一个文化比较的具体分析框架之中，而是要从教育作为一种文化现象在社会生活中的作用出发，来把比较教育学研究的这些不同的具体研究领域整合在同一个总体的研究框架内。同样，从构筑一个宽广的文化视野开始，比较教育学家们也不是要把比较教育学仅仅变成某种文化学，而是要由此建构一种能够把比较教育学各个领域整合在一起的、有一定统一理论基础的“学科”。这个拥有牢固的学科同一性的“学科”，霍尔斯把它叫做“Comparative Pedagogy”（译作：比较教育学），[15]奥利韦拉则在相对来说更加广泛的意义上创造性地称之为“Comparative Educology”（同样译作：比较教育学）。[16]有了同一的理论基础和研究框架，比较教育学也的确就可以避免像“比较教育”（Comparative Education）这一类既可理解为一门“学科”也可理解为一个“研究领域”的模糊指称，也可以避免仅仅借助方法论的界定而带来的比较教育学是一门“学科”还是一个“研究领域”的无谓的争论。[17]

“文化比较研究”这一总体框架的确定，为比较教育学“学科同一性”的建立提供了一个基本立足点，但是，这只不过就像建筑楼房以前要搭好脚手架一样，此后还有大量的工作要做。其中一项重要的工作，就是比较教育学者文化自我意识的构筑。如果说前者构造了比较教育学的骨架，那么后一项工作就可以看作是模塑这门学科的最基本的灵魂。不同民族国家的比较教育学者完全可以在各自文化自我意识的支配下，从不同的理论角度出发，运用同一个比较教育学理论体系进行各自的教育比较研究。但是，不论是立足于哪一个民族国家的文化自我意识，都是比较教育学必不能或缺的。一个比较教育学者假如失去了文化自我意识，或者确切地说，他的文化自我意识由于某种原因被压抑或处于麻痹状态，那么，他的教育比较研究也就丧失了基本的立足点。比较教育学者们要构筑“文化自我意识”，要涉及很多方面的复杂因素。这里最基本的出发点，还应当是比较教育学者首先对自身的学科实践进行深入的文化反思，因为正像爱泼斯坦所说的那样，“一种教育理论的实质，特别是那种致力于人类活动的政治的教育理论的实质，不仅在于这种理论明确地言说了什么，而且在于它漏说了什么，或者它的言说中包含的那些它所难以承认的内容。”[18]通过对比较教育学自身学科实践的反思，我们可以认清本学科的文化比较研究的特质及其在教育学术跨文化对话过程中的独特功用，进而认识这种跨文化学术对话与不同民族国家之间的文化权力关系的内在联系和相互作用。这是促进比较教育学者文化自我意识的自觉的一条最基本、最重要的途径。作为比较教育学研究对象的不同民族国家的教育，在一定意义上包含着比较教育学者从本民族文化的角度出发进行对象化建构的成分。这实际上是一种对异文化的“他者化”，其中必然地反映着不同民族国家文化之间的权力关系。比较教育学者文化自我意识的自觉所面临的另一大屏障就是复杂的文化殖民问题。无论是对第三世界国家的比较教育学者来说，还是就西方国家的比较教育学者而言，文化殖民对他们的文化自我意识都会带来某种抑制和麻痹。所以，解构西方国家的世界文化霸权体系，逐步实现第三世界国家文化的去殖民化，这也是比较教育学者文化自我意识真正觉醒的一条必由之路。

比较教育学作为一种在教育领域进行文化比较研究的学科，它不可避免地要面对各种不同文化之间的冲突和融合，要面对这种冲突与融合中所包含的不同民族国家文化之间的权力关系。所以，"比较领域特别易受责难，因为这些领域直接受到各种不同的民族倾向和不可比的世界观的影响，并且教育又是灌输信仰体系的最为恒久的社会机制。"[19]比较教育学与不同民族文化及其相互关系之间的这种紧密联系，一方面反映了教育学术与民族文化及其相互关系之间的内在关联，另一方面也反映了教育本身与民族文化之间的根本联系。各种教育制度本身就是每一个社会的民族特性、文化态度和文化自我意识等的一种再生产机制，对不同民族国家的这种社会机制进行比较研究，自然也就离不开与此相关的民族特性、文化态度和文化自我意识等。从教育学术与民族文化之间的密不可分的联系来看，比较教育学作为各个民族国家文化不可分割的组成部分。它本身就必然要受到各种不同的民族特性、文化态度和文化自我意识的影响，同时又必然要表达一定的民族文化特性、文化态度和文化自我意识。所以，比较教育学领域充满各种话语权力的争夺和文化权力的制衡本应是正常现象，然而事实却是，"不论是出于对学术礼仪的关注还是由于简单的疏忽，比较教育学领域里的学者们普遍没有能够明确地鉴别相互对立的意识形态的根源"。[20]比较教育学要获得进一步的发展，要在这进一步的发展中建立自身的学科同一性，它就必须对自身所处的文化殖民的背景以及它自身的殖民化作出深刻的反思，而要实现这一学科自身的去殖民化，它自已就必须首先投入到文化去殖民化的历史过程中去。这种去殖民化当然并不是要取消文化的异质性，相反它要承认和维护文化异质性存在的合理性，承认和维护每一种民族文化的"差异的权利"（Right to Difference）也只有在文化的异质性和丰富性的宽阔基础上，比较教育学才有可能建立起自身的学科同一性。

正如霍尔姆斯所言，"'文化多样性和政治同一性'（Cultural Diversity and Political Unity）的主题吸引着比较教育学者们的注意已经有很长一段时间了"。[21]从萨德勒（M. Sadler）对形成国家教育体系的那种"活的精神"（Living Spirit）的关注，到康德尔等对不同国家教育体系之间差异的成因的考察，从汉斯（N. Hans）对民族文化构成因素的分析，到卡诺伊（M. Carnoy）等人对国家教育制度与民族国家间不平等的权力分配之间的内在联系的揭示，比较教育学者们一直没有终止过不懈的探索。在我们这样一个全球化与民族化并行推进的时代，在比较教育学正经历前所未有的迅速发展的历史条件下，这种不懈的探索应当能够取得一次突破性的长足进展。这是比较教育学走出“学科同一性危机”的一个契机，我们每一个比较教育学研究者都不应放弃这一重要契机。

参考文献：

[1] WELCH A R, BURNS R J. Introduction: Reflections upon the Field [M] //BURNS R J, WELCH A R (eds.). Contemporary Perspectives in Comparative Education. New York & London: Garland Publishing, 1992: XI.

[2] 项贤明. 试论教育学的哲学——科学基础 [J]. 上海教育科研, 1997 (2).

[3] 朱勃等编译. 比较教育——名著与评论 [M]. 吉林教育出版社, 1988: 15—44.

[4] [5] [18] [19] [20] EPSTEIN E H. Currents Left and Right: Ideology in Comparative Education [J]. Comparative Education Review, 1983, 27 (1): 28, 26—29, 3, 3, 3.

[6] [17] 黎成魁. 比较教育 [M] //赵中建, 顾建民选编. 比较教育的理论与方法——国外比较教育文选. 北京: 人民教育出版社, 1994: 3.

[7] 朱利安. 关于比较教育的工作纲要和初步意见 [M] //赵中建, 顾建民选编. 比较教育的理论与方法——国外比较教育文选. 北京: 人民教育出版社, 1994: 99.

[8] [10] [11] [13] [15] HALLS W D. Culture and Education: The Culturalist Approach to Comparative Studies [M] //EDWARDS R, HOLMES B, VAN DE GRAAFF J (eds.). Relevant Methods in Comparative Education. Hamburg: Unesco Institute for Education, 1973: 119, 124, 120, 122, 121.

[9] [12] [16] OLIVERA C E. Comparative Education: what kind of

knowledge? [M] //SCHRIEWER J, HOLMES B (eds.). Theories and Methods in Comparative Education. 2nd ed. Frankfurt: Peter Lang, 1990: 200.

[14] ALTBACH P G, KELLY G P. Introduction: Perspectives on Comparative Education [M] //ALTBACH P G, KELLY G P (eds.). New Approaches to Comparative Education. Chicago: The University of Chicago Press, 1986: 1.

[21] HOLMES B. Introduction: Cultural Diversity and Political Unity——A Comparative Analysis [M] //HOLMES B (eds.). Diversity and Unity in Education: A Comparative Analysis. London: George Allen & Unwin (Publishers) Ltd., 1980: 1.

(本文发表于《比较教育研究》2001年第3期。作者项贤明，时属单位为北京师范大学国际与比较教育研究所)

三、比较教育的身份危机及出路

2003 年 7 月的比较教育研讨会有着特别的意义，这一年适值铃木慎一先生七十华诞，为此，我要代表中国教育界的同行、北京师范大学的同事们以及我个人向铃木先生表示最热烈的祝贺和敬意，衷心祝愿他健康长寿，合家幸福。

铃木慎一先生是我认识最早的日本学者之一。早在 1980 年我在参加世界比较教育学会联合会在日本琦玉县召开的第四届比较教育大会期间就认识了他。此后，我们在许多国际会议上常常见面。当我每次访问日本的时候，他都会热情地接待我。铃木先生是日本著名的学者，在中国也很有名。他在早稻田大学工作了 40 年，培养了大批学生，在比较教育和教师教育方面尤其有突出的贡献。他治学严谨，待人诚恳，为中日教育交流做了大量工作。尤其是与北京师范大学国际与比较教育研究所有着密切的交往，他是我们所的客座教授。这一天我们来庆祝他七十华诞，我们要向他学习，为进一步促进中日两国学者的交流，促进国际合作，为我们下一代和平幸福的发展成长而努力工作。

关于比较教育，我非常赞赏这次研讨会的主题“比较教育的历史文化自我认同与他者”（Historical & Cultural Self Identities and of Others in Comparative Perspectives）。最近，不少学者在谈论比较教育的身份危机，认为比较教育在 20 世纪 60、70 年代曾辉煌一时，近 20 年来却逐渐地衰落下来，原因在于比较教育的身份危机：比较教育是不是一门学科，比较教育有没有自己的研究方法，比较教育起什么作用？我却认为，比较教育学者首先不是去纠缠比较教育是什么的争论，而是要从切切实实研究当代世界教育中存在哪些问题、如何解决当中，找到关于比较教育自身问题的答案。教育学科中所有学科都在研究教育问题，但他们只是从自身学科的视角研究这些问题。例如教育经济学是从经济学的视角研究教育的投入和产出；教育社会学则是从社会学的视角研究教育在社会变迁中的作用等。比较教育则是要从世界的大视野来审视教育问题，这种审视似乎至今还没有哪一门学科能够替代。特别是20世纪，人类创造了物质文明的辉煌，同时带来了毁灭性的战乱和生态环境的破坏；一部分人过着奢侈的生活，另一部分人却连最起码的生存条件都没有；物质欲望在增长而道德水准却在下降；教育质量滑坡，学校暴力日趋严重，等等。这一切难道不值得比较教育工作者关注吗？比较教育工作者有许多事情需要做，而不必自暴自弃，自我制造身份的危机。其实任何一门学科都可以产生危机：当这门学科的知识不能解决现有的问题时，危机就出现了。我们要努力寻求解决问题的方法，当问题解决了，学科就会得到进一步发展。因此可以说，没有危机就没有进步，就没有发展。比较教育何尝不是这样呢？

教育的历史和文化的自我认同是比较教育研究的重要课题。比较教育不只是研究各国教育的共同点和不同点，而且要说出这些共同点和不同点的由来，这样才能深刻理解一个国家或一个民族的教育，也才能寻找出教育发展的内在规律。教育的历史和文化认同要求比较教育学者对本国的教育要作客观的历史的自我分析，而不是仅仅用别国的理论或别国的价值观来评价本国的教育；研究别国的教育应该站在客文化的立场上作客观的分析，不要用研究者主体的理论或个人的价值观去评价别国的教育。所以我有时说，我是赞同文化相对主义的。在当今民族主义高涨的时代，更要强调文化的多元化，反对任何文化霸权主义。但是，教育既是文化的产物，同时又是科学的产物。文化是有个性的，科学却是不分国界的。因此在教育领域里有许多共同的话语，不同国家的学者可以互相对话，互相沟通。

教育的科学性表现在教育发展是有规律可循的，尽管这种规律有时难以捉摸。由于影响教育发展的可变因素太多，难以用自然科学的方法来精密测量，所以长期以来比较教育学者试图用科学的方法来测量教育的发展总是难以奏效。例如过去教育经济学者认为，初等教育的收益率是最高的，近些年来却发现，还是高等教育的收益率比较高。正如世界银行和联合国教科文组织联合组织的高等教育与社会特别工作组编著的《发展中国家的高等教育：危机与出路》一书所指出的："20 世纪 80 年代以来，许多国家的政府和国际捐助者都把高等教育置于一个相对较低的地位。在我们看来，狭隘的和误导的经济分析促成了这样一种观点，即与投资于初等和中等学校相比，对于大学和学院的公共投资所带来的收益要小，并且高等教育加剧了收入不平等。"知识经济时代的到来，使得教育越来越重要。正如上述特别工作组在该书开篇就指出的："通过两年多的研究，特别工作组在集中讨论和听取意见的基础上，得出这样的结论：没有更多更高质的高等教育，发展中国家将会发现自身越来越难以从全球性知识经济中受益。"最后又强调："高等教育不再是一种奢侈品：它是国家、社会和经济发展的必需。"[1]这种观点的转变是通过各种可变因素得出的。其实，80 年代的观点也未必就是错误的。在一个刚刚步入工业化的国家，恐怕应该把主要投资放在中小学上，否则缺乏优质的劳动力，发展经济是不现实的。但是，知识经济的迅速到来，教育外部因素变化了，发展教育的策略自然也应该变化。这种变化是带有规律性的，是可以预见的。比较教育工作者在这方面有许多工作要做。而且，当今世界，科学技术日新月异，社会发展瞬息万变，比较教育工作者就要关注并研究这些变化对教育的影响，预测教育未来的发展。

以上是从教育发展的宏观上来讲的，从教育的微观上来看，更有许多带有规律性的问题可以研究。近几年来脑科学的发展，人们对人的认识过程、人的能力的发展提出了许多新见解。重新审视传统教育的内容、方式和方法，提出新的教育内容、方式和方法，是各国广大教师关注的焦点。比较教育工作者在这方面也不是无所事事的。比较教育工作者不仅需要去比较各种教育内容、方式和方法的异同，更要研究哪种教育内容、方式和方法在何种背景下、何种条件下才能取得成功。

比较教育学界有一种观点认为，比较教育借鉴别国经验的时代已经过去，借鉴别国经验是现代化的理论，是文化殖民主义的表现，也是比较教育落后之所在。现在要用后现代主义的理论来消解现代化理论，用后现代主义来审视教育，文化本来就是多元的，教育当然也是多元的，因此无所谓借鉴。我无意在这篇小文章中来评论后现代主义理论，我只想说明，任何学科都有两种研究，一种是基础研究，一种是应用研究。比较教育也不例外，比较教育的基础研究可以是对比较教育的定义的研究、方法论的研究、国际教育的调查与分析等等。比较教育的应用研究就是借鉴，就是为我所用。没有必要把教育借鉴与教育多元化对立起来。事实上，没有教育的多元化也就用不着借鉴，正是因为彼此不同才需要借鉴；而在当今国际化时代，没有借鉴也就没有发展。后现代主义是主张创新的，但从来的创新都是在多元文化的互相冲突和互相学习中产生的，从来没有毫无基础的创新，没有半空中掉下来的创新。比较教育工作者如果想为自己的国家教育发展做点贡献，那就要认真研究别国的教育，吸取一切有益的经验，为本国的教育改革提出建议。当然这种借鉴并不是照搬，而是在对本国的教育和别国的教育研究透彻的基础上进行，就像人体器官移植那样，使别人的器官能够融入自己的机体，成为自己机体的一部分。现在人人都提倡对话、交流，先不说对话的目的，对话的结果必然是互相了解，互相学习。无论现代还是后现代，这一点恐怕是没有区别的。区别只在于不要把自己的价值观强加于别人。

比较教育是靠借鉴发展起来的，近几十年来比较教育之所以衰退，正是因为忽视了教育的借鉴意义。正如已故比较教育学家霍尔姆斯在90年代初所说的："在历史上，我们可以看出有趣的比较教育研究是如何被激起的。当苏联发射了第一颗人造地球卫星之后，美国变得更加关注其工程技术人员的培养。基于当时的美苏关系，这个危机激起了美国学者对比较教育的兴趣。英法殖民地的独立运动激起了对发展中国家教育的兴趣。"他还说："我认为比较教育将不会像从前曾经有过的那样得到更多的资助。如果将来出现新的世界危机，那么人们也许就会重视比较教育。"[2]可见，现在并非是比较教育学者不想从事比较教育研究，而是决策者觉得不需要借鉴别国的教育经验，所以不需要比较教育。当然，比较教育学者需要研究改善这门学科，完善它的理论体系，但并不能用比较教育的学科身份危机来抹杀比较教育的借鉴作用；或把教育的借鉴说成是比较教育身份危机的根源。

经济的全球化给比较教育带来了新的课题。经济的全球化已经把世界连成一体，互相依存，共同发展。但是，国家之间的竞争越来越激烈。在当今知识经济时代，国际间的竞争，说到底是知识的竞争，人才的竞争。因此新一轮的教育改革正在全球兴起。各国的教育工作者无不关注着别国的教育改革和发展。这种关注也可以理解为借鉴。借鉴并非把别国的经验拿来，也可以把别国的经验作为一面镜子来对照自己，从而更好认识自己并设法改善自己。比较教育借鉴的理论确实已经很古老，但是在新的时代却越发显现出它的重要性。

在全球化、国际化的浪潮中，各国教育更需要历史的、文化的自我认同。要借鉴别国的经验，首先对自己要有清醒的认识。就像移植人体器官一样，首先要检查自己的身体，有没有接受别人的器官的能力，有没有排异现象。历史的、文化的自我认同也是在比较中认识的。例如东方文化的特点，必须在和西方文化相比较中才能显现出来。长期以来，比较教育中的西方中心主义占统治地位，比较教育学者很少研究东方文化，自然也就不了解东方国家的教育。东方国家由于近几百年来的停滞，在科学技术和经济发展上落后于西方国家，并且是在西方列强的逼迫和侵略下走向现代化道路，是后发外发型国家，因此长期以来把西方先发内发的现代化国家视为自己的榜样。东方的比较教育工作者，较多地注意研究和介绍别国的教育经验，却对自己的历史文化传统认识不足。尤其是中国比较教育工作者，由于长期闭关自守政策的限制，渴望着了解别国的情况，改革开放以后，犹如一下子打开窗户看到外面五彩缤纷的世界，因而迫不及待地把它们介绍到中国来。近些年来我们开始反思，国外的经验都是好的吗？能不能适合中国的国情？和中国传统文化如何结合？我们能不能创造出自己的经验？这种反思就要求中国比较教育工作者认真研究中国的文化历史，然后再与别国做比较。这种比较才具有深刻性。我和我的研究生正在做这种研究。当然这还只是刚刚开始，还有许多艰苦的工作。

参考文献：

[1]（世界银行、联合国教科文组织）高等教育与社会特别工作组．发展

中国家的高等教育：危机与出路［M］. 北京：教育科学出版社，2001.

［2］薛理银. 问题法与比较教育——对布莱恩·霍尔姆斯的一次采访［J］. 比较教育研究，1992（3）.

（本文发表于《比较教育研究》2003年第7期。作者顾明远，时属单位为教育部人文社会科学重点研究基地北京师范大学比较教育研究中心、北京师范大学国际与比较教育研究所）

四、再谈比较教育学的危机

笔者在1993年曾著文谈比较教育危机："由于当前比较教育学界尚未对比较教育的定义取得一致的意见，比较教育学科的发展受到了一定的阻碍，出现了所谓身份危机。但是从另一个角度来看，这也是比较教育学生机发展的一个表征，比较教育学发展的历史在一定意义上就是其不断证明自身的过程。"[1]此后，我国不断有文章谈比较教育的危机。学科危机也是国际比较教育学界热衷的话题。

自上世纪70年代以来，对比较教育学科危机的讨论浪潮此起彼伏。著名的比较教育学家菲利普·阿特巴赫和艾尔温·埃普斯坦都曾经指出，比较教育不得不经常面对身份危机，不得不经常从经济学、社会学、人类学和其他主流学科中借用概念、原理和理论。[2]其实如果我们对这些讨论危机的文章进行研究分析，不难看出比较教育存在的学科危机无非是在以下三个方面：一是比较教育研究的领域过于宽泛，教育方方面面的问题几乎无不在比较教育的视野之下，其边界过于模糊；第二是比较教育缺乏自己特殊的理论、概念和方法，要向其他更成熟的学科借用；第三是教育各分支学科现在都从事比较研究，从而挤压了比较教育生存的空间，甚至产生了对比较教育存在的必要性的质疑。尽管对比较教育学的危机的承认有相当的广泛性，甚至一部分比较教育学者离开了比较教育，自觉地与比较教育划清界线，但是毋庸置疑，比较教育具备了一个独立存在的学科所必须具备的所有的基础结构——它有一支规模相当大的专门研究队伍，有一个比较活跃的学会组织，在高等院校普遍设置了比较教育专业，开设了比较教育课程，出版了专门刊物。

那么，既然比较教育学是一个客观存在，为什么关于比较教育危机的观点始终不云消雾散？这首先是由于，作为比较教育学者，我们对自己安身立命的学科关心之切，过于急切地希望看到比较教育学成为一个非常成熟的学科。岂不知一个学科的成熟需要走一段漫长的道路。通常一个学科的发展道路是从边界模糊走向边界清晰，再从清晰走向模糊，这是一个螺旋发展的道路。恐怕比较教育学的发展也要走这样的道路，从模糊到清晰不可能一蹴而就，更何况现在一些成熟学科的边界也开始变得模糊。从一定意义上来说，边界模糊有利于学科的发展，有利于学科之间的渗透，有利于我们学习借鉴其他学科的理论和概念，有利于我们从全局了解和把握教育的现象与本质。至于说比较教育学缺乏自己独特的研究方法，在今天就更不是问题了。今天学科发展的一个特点就是研究方法的多样化，学科间相互借用研究方法的现象屡见不鲜。比如以数学法研究历史，曾经被视为天方夜谭，今天很多史学家也承认这种方法在历史研究中可起到一定作用。再比如人类学的移情贴近观察的研究方法现已广泛用于许多社会问题的研究之中。如果我们说任何一种社会科学研究方法都可以用于任何一门社会科学的研究，也许我们并未言过其实。其次，也可能由于我们一些比较教育学者对何谓比较教育，比较教育在认识教育现象、解决教育问题和促进教育发展中的作用认识不够有关，因此，在谈到比较教育学科问题时，自己先底气不足了。再加上，教育其他分支学科的专家在做了一些“比较”研究后，就自认为已经知道了比较教育学的真谛，因此倾向于轻视比较教育研究。这样，在比较教育学科内外就出现了置疑比较教育存在理性的趋势。因此，我们实有必要重申比较教育存在的基本理性。

第一，比较教育研究是教育科学知识的源泉。人类天生好奇，好奇是人类认识的原动力，好奇就会去探索，而探索的实质就是在已知与未知之间建立联系，通过已知去认识未知。比较教育学的起源就在于人的好奇，由于好奇而去探索教育在其他国家或地区是如何进行的。比较教育学如同教育史学，教育史是由好奇而推动去探索史学家所未经历过的历史上发生的实践，在当代与历史之间建立联系，温故而知新，比较教育则是比较而知新。因此，比较教育研究可以产生原创性的成果，从而拓宽和加深我们对教育原理、教育规律和教育实践的理解与认识。正因为比较在哲学上的意义是在已知与未知间建立桥梁，具有新知识源泉的作用，几乎在所有的人文或社会科学学科中都设有比较类的分支学科，例如比较法学、比较神学、比较文学和比较哲学等。比较教育学在教育学科中的地位与作用应该是不言而喻的了。当然，从这一认识论的角度论述比较教育的地位与作用，可能会扩大比较教育的研究范畴，使比较教育研究的边界趋于模糊，但是这对比较教育学科发展环境的建立是有益的。我们比较教育研究人员的一项重要责任就是在教育研究中推进认识的根本途径——比较，以比较的视野审视一切教育问题，在比较中探索，在比较中发现，在比较中建构。

第二，比较教育研究是思想的实验室。从认识论的角度看，社会科学与自然科学没有什么本质的不同，都要从试验中发现新思想，在实验中验证新思想。所不同的是，自然科学在自己物质的、确定的、实实在在的实验室中从事新思想的发现和验证工作。在一间实验室发现和验证的新思想，也要能在其他实验室中做出来，这样的新思想才能被学界肯定为新的发现和新的知识。而社会科学不存在这样的实验室。各社会学科中的比较研究分支学科就发挥了类似自然科学实验室的作用，一种新思想可以在比较中发现，必须在比较中验证或证伪，只有在不同的社会环境中得到验证的新思想，才能够确定为新的知识和新的社会科学规律与理论。因此，比较教育的中心使命就是在比较研究中发现新的教育思想，在比较研究中验证新的发现，将新的发现上升为具有指导意义的理论。

第三，比较教育研究是批判的利器。批判是发现知识的核心过程，在已知与未知之间建立桥梁的过程也是批判的过程，从已知出发，以批判的眼光探索未知，在探索未知的过程中批判地重新审视已知，这就是比较教育的研究过程。从比较教育的研究过程出发，我们可以把比较教育研究的基本主张概括为："只有在深入地了解其他社会的进程中，才能真正理解我们自己。"因此，我们的比较教育研究要有很强的针对性和尖锐性，要针砭时弊，不能温吞水，不能跟风，不要人云亦云，要有勇气指出我们教育传统中的糟粕，更要有勇气批判我们现实教育改革中的问题。因为我们既了解本民族的文化传统，了解本国的教育实践，又了解外国文化和国际最新教育发展，我们要有学者的良知，不能看着我们的改革走弯路而不坦诚地提出批评。同时，因为我们是具有悠久文化传统、正在迅速发展的发展中大国，我们的教育经验理应成为世界教育发展中的宝贵财富。因此，我们在比较教育研究中，应该批判地审视世界教育发展的趋势，批判教育全球化和高等教育商业化等世界教育发展新趋势中的负面影响，在不断涌现的教育新思想和新思潮中，旗帜鲜明地提出我们的主张，像巴西学者福来雷①著《被压迫者教育学》那样，顶风逆流独树一帜，立于世界教育学科发展之林。

第四，比较教育研究是提供前沿服务的平台。比较教育研究不能停留在书斋中，比较教育研究的生命在于改进教育实践。回顾在我国教育改革开放的初期，比较教育研究把大量的国外教育成熟的经验和新的教育思想引入到我国，为我国百废待兴的教育注入了活力，为我国新形势下新教育制度的建立提供了可资借鉴的范例，比较教育研究的重要性得到了广泛的认同。但是，随着我国教育改革实践的深入发展，教育理论与实践工作者对国外教育有了更多的了解，他们对比较教育研究有了更高的要求。这就要求比较教育研究把最新的教育思想、理念和方法拿到教室里，带到社区去，比较教育研究工作者要有大气魄改革我国的教育实践，要脚踏实地关注和引导教室中的变化。比较教育研究还要为决策提供咨询，为政治文明建设服务，使我国的教育决策更科学。总之，比较教育研究要顶天立地，对上为教育决策服务，对下为教育实践服务，这样才能使比较教育研究重新焕发生机，服务应该是推动比较教育研究发展的永恒动力。

第五，比较教育研究是国际教育交流的论坛。“比较教育的发展与世界各国、各民族的经济、文化和政治等的发展紧密地联系在一起。广义的比较教育的历史也就是世界各国、各民族教育交流的历史。”所谓“国际教育交流”就是世界各国教育间的交互影响与作用。[3]

在今天的世界，西方发达国家，特别是美国，主导着国际教育交流，显然发达国家与发展中国家的教育交流在影响与作用上基本上是单向度的。发达国家处于国际教育交流的中心，而发展中国家处于国际教育交流的边缘，

① 巴西教育学家保罗·弗莱雷（Paulo Freire）——编者注。

交流的过程是中心不断向边缘辐射。即便是在发展中国家中，我国在国际教育交流的论坛中也相对处于弱势，比较起来印度和拉美一些国家的声音都要强过我国，更不要提诸如韩国和新加坡等新兴的工业化国家了。在国际性的教育组织中、在国际性教育刊物中、在国际教育会议中我国教育学者的声音都非常有限。目前，在我国，比较教育学已经培养了大批有能力开展国际教育交流的学者，他们掌握教育国际交流的语言，理解教育国际交流的话语，了解其他国家教育学者思维的逻辑和方法，学习了至少一个其他国家的文化和教育制度，因此他们可能在我国教育国际交流中处于先锋的位置，可能对教育国际交流中的话语霸权和不公平的秩序提出挑战，可能把我国教育发展的先进经验和教育研究的新发现介绍给世界，逐步改变教育国际交流中的单向性。我国比较教育在日趋国际化的教育世界中要促进教育国际交流，提供教育国际交流的平台，研究教育国际交流中的问题，为提高全民族的国际主义意识，同时保持全民族的民族认同感而做出自己的努力。

基于以上几点认识，我认为比较教育研究工作者要有使命感，要有勇气认识比较教育今天所处的危机，走出危机，为比较教育学的发展，为教育学科的发展，为我国教育的发展做出自己的贡献。

参考文献：

[1] 王英杰. 比较教育学定义问题浅议 [J]. 外国教育研究，1993 (03)：6—9.

[2] 李现平. 比较教育身份危机之研究 [M]. 北京：教育科学出版社，2005：12.

[3] 顾明远，薛理银. 比较教育导论——教育与国家发展 [M]. 北京：人民教育出版社，1996：2.

（本文发表于《比较教育研究》2007 年第 3 期。作者王英杰，时属单位为教育部人文社会科学重点研究基地北京师范大学比较教育研究中心、北京师范大学国际与比较教育研究所）

五、批判性视角下中国比较教育的学科危机与出路

学科危机已成为我国比较教育学界的热点议题。笔者认为，我国比较教育研究中批判性的弱化是导致学科危机的重要原因，而强化批判性则是走出困局的必由之路。

（一）批判与批判性

“批判”所对应的英文为 criticize，源于德文 Kritik。其词源可追溯至古希腊语 Krino，意为“选择性评论”“区分”和“筛选”，主要见于文学评论领域。19世纪，由于康德哲学思想的巨大影响，“批判”在哲学以及其他学术研究领域中获得了特定内涵。康德哲学赋予“批判”的内涵可以概括为两点，其一是以理性为标准对所有事物加以审视，其二是理性自身亦须接受审视，目的在于“建立一所理性法庭，来保证理性合法的要求而驳回一切无根据的僭妄”。[1]康德之后，费希特、黑格尔、马克思等哲学家对于“批判”的使用沿袭了康德的界定，而哲学也越来越被赋予了“批判本性”。受此影响，其他学术领域亦崇尚基于理性的“批判”，肯定其对于学术发展的突破性、颠覆性和建设性的价值，并使“批判意识”“批判精神”成为学术殿堂中的优秀品质。

所谓批判意识和批判精神，抑或是批判性，在本质上是一种独立的怀疑精神。它拒绝承认任何绝对、神圣、权威与潮流，拒绝盲信、盲从，坚持对所有事物进行独立的、理性的思考和评判。因而，批判性具有如下特征：其

一，崇尚普遍怀疑，在作出判断之前要拷问一切事物的合理性依据；其二，以独立的理性为基础，其怀疑与判断免受宗教、权力、功利等因素的诱导或胁迫；其三，以明确的自我意识为前提，否则独立的怀疑与评判无从谈起；其四，追求无止境的超越，不会满足于任何既有状况。各学术领域的沿革史几乎都证明，批判性得以强化和弘扬的时期（或领域）也是学术昌盛的时期（或领域），反则反之。

(二) 危机境遇中的当下中国比较教育

1. 比较教育的学术地位与价值危机

首先，比较教育的学科身份尚未得到认同。19 世纪前期，一批“比较学科”相继出现。1817 年法国学者朱利安发表了《比较教育的研究计划与初步意见》，被视为比较教育脱离“史前阶段”或“孕育阶段”而成为“独立学科”的标志。但慎思之后，很多研究者却发现将比较教育认定为一门“学科”的依据与逻辑并不坚实，一度被认为是无需证明的学科身份问题却成了一个“大问题”。对于比较教育是一门学科、一个领域、一种方法抑或教育研究的一种视角，学界争论未定。有些研究者或者认为比较教育缺少核心的概念与原则，或者认为比较研究法不足以成为学科认定的依据，进而否定了比较教育的“学科”身份。黎成魁就认为比较教育不是“学科”，而是一个“研究领域”。何塞·加里多则认为只需承认比较教育是一门“学问”和“知识领域”即可。[2]顾明远教授认为比较教育是国际教育交流的论坛。[3]比较教育身份的界定多有争议，以至于有学者在梳理相关文献后无奈地承认，“得到公允的比较教育概念并不存在”。[4]发展至今，比较教育的身份认定问题尚未解决，而该问题在与其同时代产生的其他比较学科中却很少存在。

其次，比较教育研究的学术成就尚未得到充分认同，其价值常受贬损。国内学者多赞同吴文侃教授对比较教育研究学术价值的设定：研究当代世界各国教育的一般规律和特殊规律，揭示影响教育发展的主要因素及其相互关系，探索未来教育的发展趋势。[5]毋庸讳言，我国的比较教育研究与此目标尚有距离。研究成果数量虽丰，但堪称经典者屈指可数。查阅当前国内比较教育的文献不难发现，相当数量的著述仍以翻译、介绍他国的教育状况为主，或附上表浅机械的“借鉴”或“比较”。无怪乎有学者批评比较教育领域缺乏具有学术影响力的成果，“仅仅是生产出了大量随处都可以得到的外国教育资料、知识和信息”。[6]

此外，比较教育面临着“学科领地”危机。在教育学的学科分化较为粗疏时，比较教育的研究范围涵盖了整个教育领域，并以“比较研究”区别于教育学的其他子学科。但“二战”后教育研究领域逐步细化、分化为越来越多的独立学科，而且“国际视野”、“比较研究”亦被广泛采纳。在这种情况下，比较教育的“领地”不断流失，越来越面临何以安身的忧虑。

2. 比较教育的社会地位与价值危机

比较教育的产生源于教育实践领域的需求，而时至今日，“比较教育有什么用”等问题常让此领域的学者如芒在背。服务于本国教育发展是比较教育的重要功能，但由于各国在文化传统、社会制度等方面的巨大差异，以及比较教育研究质量与水平方面的欠缺，这种功能的发挥不甚理想，正如有学者批评比较教育“不能为教育决策提供依据，人们不觉得它那么重要”。[7]

更关键的是，比较教育研究成果的信度常遭质疑，比较教育的学术价值、社会价值都因此被削弱。对国内比较教育研究的质疑多集中于两个方面。其一，“闭门造车”式的“猜度”。多数研究者缺乏对国外教育深入的实地考察，其研究以文献信息为主，易与实际偏离。例如，描述是比较教育研究的基础，但由于条件所限，很多国内研究者所做的并非基于切身感知的“描述”，而是“转述”甚至猜测，失真者绝非少数。其二，“以己度人”式的“揣套”。有些研究者将我国的教育问题及其分析模式套用于他国，而疏于辨明具体事实与深层本质。例如有学者质疑，我国启动素质教育改革后，一系列诸如“某某国素质教育”的研究成果骤然呈现，似乎这些国家早已开展“素质教育”而其自己却全无察觉。①

比较教育的价值危机进而导致了研究者的身份认同问题。比较教育研究者在公众与学界中的知名度和认可度较弱，研究者常由于对前景缺乏信心而

① 此观点见于《也谈“十字路口的现代教育”》（陈桂生．教育实话［M］．上海：华东师范大学出版社，2003：321.）。陈桂生教授在提出此观点时并无指责比较教育研究之意，但比较教育研究者应以反求诸己、闻过则喜的态度对学界所指出的问题虚心反思。

流失。[8]

(三)批判性的弱化与中国比较教育的危机境遇

在批判性视角内，中国比较教育的危机境遇在很大程度上源于批判意识的弱化，具体体现于学科意识、科学意识和本土意识的欠缺。

1. 学科立场的批判性弱化与比较教育的“游散状态”

“游”即无根基，飘移不定；“散”即无体系，凌乱难调。“游散状态”旨在指我国比较教育缺乏独立的、确定的、具有特色的理论体系，而学科立场的批判性的弱化则是原因之一。

首先，在寻找理论基础时缺乏批判意识。哲学、经济学、社会学等学科都曾为比较教育提供过作为基础的理论。但凡有影响的理论均被比较教育纳而用之，兼容并包成了无鉴别的大包大揽。正如方展画教授所言，过度依赖从其他学科寻找比较教育的理论支柱，其后果是“这门学科长期以来一直未能形成自己的理论体系……由于无奈的‘折中’而变成了一个多学科的理论‘大杂烩’”。[9]项贤明教授对于这种无批判的“理论借用”同样持批评态度，“比较教育学不应该只是借用其他社会科学的理论，它还应当在各种不同的社会科学理论基础上，形成自己对不同文化背景下的教育现象进行解释的基本理论框架”。[10]

其次，学科立场批判性的弱化使我国比较教育至今没有形成成熟的研究范式。国内学者热衷于对西方比较教育研究范式的引入，却缺乏甄辨。这种情况早已引起警惕。王长纯教授曾指出，我国的比较教育在学科建设方面一度疏于采取“和”的立场，而是以“同”的心态“缺乏分析地跟随在一部分西方比较教育理论后面”，用西方的理论和研究范式代替自身的学科建设。[11]由于在借用西方研究范式时缺乏批判性的甄别意识，优劣俱纳，国内比较教育研究中各种研究范式“你方唱罢我登场”，流于形似和形式。表面上多种研究范式活跃并存，而实质上却是“空虚的丰富”，鲜有研究范式能够真正地“扎根”、“结实”。

2. 科学立场的批判性弱化与比较教育的“科学性危机”

科学性是比较教育研究学术价值的前提。比较教育科学性危机的成因直接源于科学立场的批判性弱化，抑或说科学精神与求真意识薄弱。

首先，在学术伦理层面。由于当前我国整体学术风气欠佳，加之比较教育研究群体的迅速扩大，良莠不齐，比较教育领域研究功利化和学术操守蜕化的现象并不鲜见。在国际比较教育学界中，我国比较教育研究者的规模与我国比较教育研究成果的影响并不对等。20世纪末，全世界得到西方学界认可的比较教育学术成果中有90%出于英美学者以及由英美培养的学者之手。[12]究其原因，与其说我国的比较教育研究“虚”在“方法（论）”层面(methodologically weak)，[13]莫如说“虚”在更深层、更关键的学术精神上。

其次，在学术方法层面。比较教育研究的过程与方法应该追求科学性与客观性。正如何塞·加里多所言：“比较教育不能讲‘应该是什么’，而应该讲‘本来是什么’，或者更准确的说法是‘好像是什么’。”[14]比较教育研究应对所掌握的研究资料进行批判性的分析，并在此基础上作出客观的事实判断，而国内研究恰恰长期缺乏这种实证追求。

再次，在学术创新层面。学术创新不足是比较教育科学性危机的重要方面。很多研究属于重复研究，资料循环借用，观点、方法未能突破既有成果。有些研究以对国外教育问题、理论的“单方介绍”代替“真正深入的‘比较’研究”。[15]这些问题是研究者缺乏求知精神、独立思考与判断的勇气必然要导致的结果。

3. 本土立场的批判性弱化与比较教育的“西方中心主义”

比较教育产生之初，目的在于从别国寻求、借鉴对本国有益的经验，此中实际上暗含着一个“他国更为优越”的假设。在进行东、西方教育的比较研究时，许多国内研究者往往自觉或不自觉地首先假定西方的教育优于我国，乃至在“对本国教育却相对隔膜”的情况下，“常怀着敬畏把西方的教育理论和教育思想介绍给国内的教育界。当国内出现某种问题的时候，这些东方的智囊提出的却往往是西方的解决方案，‘西方国家在这方面如何如何’几乎成为流行的口头禅”。[16]由于缺乏基于本土的批判意识，国内比较教育研究在汲取西方教育理论与实践领域的资源时盲目跟从而不重深究，消极引入而不加改造。在“西方中心主义”的冲击下，我国比较教育研究对教育问题的分析脱离了本土立场，或者说，正由于失却了基于本土立场的批判性，“西方中心主义”才如此强势。二者互为因果，导致了恶性循环。这正印证了“东方学”的创始人萨义德（E. W. Said）的观点，“东方——西方”并非纯粹的地理学概念，也是文化概念，是在“西方中心”的体系内“人为制造出来的”，而“东方”却因囿于这一体系而失去了自我意识。[17]

(四) 批判性的强化与中国比较教育的困境超脱

批判性的弱化是导致中国比较教育陷入危机境遇的原因，要摆脱危机状态则须重申、强化比较教育研究的批判性。

1. 批判性的强化与“中国的比较教育理论”

比较教育无论被视作学科、研究领域抑或是国际教育交流论坛，均应具有广泛的包容性。在比较教育理论的建构方面，不同国家、民族与文化区域是平等的，均“有权”建立具有自身特征的理论体系。然而，“如果缺乏理论上的想象力和反思，必然会沦为对西方已有比较教育理论和模式的无批判的服从与肯定”。[18]正由于我国对西方比较教育理论的过度依赖，所以尚未形成得到公允的“中国的比较教育理论”。

要解决这一问题，当务之急就是强化我国比较教育研究的批判意识。批判意识的前提是明确的自我意识。比较教育在本质上是一种异质文化的交流过程，只有植根于本土文化传统才能走入世界体系。比较教育学者不能局限于理论引介，而应积极建构本民族的比较教育理论。建构本民族的比较教育理论不是简单地将西方理论本土“化”，而是理论的本土创生和本土生长。正如项贤明教授指出：“西方的‘知识’，即便‘通过翻译而变为本土化的’，也仍然是西方的‘知识’。”[19]鉴于此，“中国的比较教育理论”的培育和建立要求中国比较教育学者必须树立自我意识、批判意识和本土意识。

2. 批判性的强化与比较教育学科形象的改善

改善比较教育当前的学科形象，既需要学理上的审思与辩护，也需要实践领域的建设。如果脱离了批判意识，两方面都不可能取得任何进展。

批判的审思可以提供认识身份危机问题的新思路。以比较教育学的“学科身份”为例，有学者认为比较法虽是比较教育藉以安身立命的方法，但它却不为比较教育所专有，更不能作为认定学科身份的依据。面对此类困境，很多学者超越了对“比较”与“比较教育”的常规理解，从新的视角去求解“学科存在与发展的最终根据”。[20]王长纯教授、饶从满教授等学者认为，作为方法的“比较”确实为各学科共用，但“比较教育”中的“比较”并非一般方法，而是“一种全球意识”、“一种面向世界、走向世界的基本立场”。[21]比较教育之所以为比较教育，不是由于比较的方法，而是由于比较的意识和视野，这是贯穿于比较教育研究始终的灵魂，也是比较教育区别于其他学科的根本所在。超脱常规思维与传统观念的束缚，对于在理论上重塑比较教育的学科形象甚为必要。

相比之下，实践领域踏踏实实的建设对比较教育学科形象的改善更为关键。我国比较教育研究的原创性问题、研究信度问题、学术风气问题如果得不到解决，学科形象的改善只是空话一句。在这个方面，批判意识尤为重要。

3. 批判性的强化与比较教育研究实践价值的实现

我国比较教育研究的实践价值受到质疑，其原因并非比较教育研究没有履行其借鉴国外经验的职责，而是因为无甄别、无批判的借鉴。“借鉴”虽是多数比较教育研究的目的，但许多“借鉴”却属于缺乏针对性的盲目借鉴，研究者撰写“借鉴”甚至成了为追求著述体例完整的习惯性行为，其目的未必在于“致用”。这反映了研究者缺乏对本国教育的长期关注与深入理解，以及在此基础上针对所借鉴内容的批判性的甄别意识。正如有学者指出，“中国比较教育研究缺少对本国教育的研究，这是影响比较研究深入发展的关键问题……结果对外国教育的研究也很盲目，人云亦云”。[22]

强化本土立场的比较教育批判性，可以使研究者为本国教育实践服务的意识更清晰，从而更充分地实现比较教育研究的价值。教育问题纷繁复杂，往往形同而质异，使跨越异质文化的比较研究颇具难度，并因此常在研究深度方面受到质疑。对比较教育研究这一特殊的学术领域而言，研究深度以及以此为基础的实践价值，必须建立在对国内外教育问题进行理性的、批判的和实证的分析辨别、去伪存真、求同索异的基础之上。

4. 批判性的强化与比较教育的“谏诤形象”

教育决策需要比较教育为其提供依据，只有通过合理性证明的政策才能获得广泛认可并顺利实施。然而，国内的比较教育缺乏批判的意识与胆识，偏重政策辩护并常为辩护而出现“选择性失明”，无视与政策立场相矛盾的信息。比较教育学者“成为教育决策者的附庸”，[23]既不能引鉴切实可行的教育政策，更不能进行有力的政策批评。

对教育政策进行批评和证伪是比较教育不可放弃的重要功能。美国学者麦克莱伦（J. E. McClellam）曾这样评价比较教育的批判价值：“它就像一面巨大的放大镜，把我们的面貌毫不留情地呈现出来。比较教育研究可以防止我们因满足于肤浅的自信而对深层问题置之不理。”[24]霍姆斯（B. Holmes）宣称比较教育研究的目的是使“政策接受严格的检验”，使决策者认识到政策的“不明智或不可行”。[25]比较教育学者梅森（M. Mazon）认为“批判的目的”（critical purpose）与“理论的目的”、“实用的目的”同样重要。[26]比较教育研究只有独立、理性地分析教育问题，评判教育政策，才能使比较教育在教育决策科学化和民主化的进程中发挥其应有的作用。当前，比较教育的批判性及其价值越来越受国内学界的倡导。顾明远教授赞同比较教育学者作为独立于决策阶层和公众的社会力量，在政策批评和鉴别方面发挥作用。[27]王英杰教授亦指出“批判的利器”是比较教育的一个极为重要的价值形象，“比较教育研究要有很强的针对性和尖锐性，要针砭时弊，不能温吞水，不能跟风，不要人云亦云，要有勇气指出我们教育传统中的糟粕，更要有勇气批判我们现实教育改革中的问题”。[28]比较教育要使学界、社会承认其价值，就应使自己成为一个具有独立意志与批判精神的“谏诤者”。

虽然学科危机已成为国际和国内比较教育学界的重要议题，但学界对本学科的发展前景持乐观态度，认为危机也是比较教育发展的表征和契机。批判性视角虽不是分析学科危机问题的唯一视角，却是一个有价值的视角，它有助于更深入地认识我国比较教育学科危机的根源和摆脱困境的出路。

参考文献：

[1]［德］康德．纯粹理性批判［M］．韦卓民，译．武汉：华中师范大学出版社，2000：5.

[2]［14]［西］何塞·加里多．比较教育概论［M］．万秀兰，译．北

京：人民教育出版社，2001：184，116.

[3] [7] [23] [27] 顾明远，薛理银. 比较教育导论——教育与国家发展 [M]. 北京：人民教育出版社，1998：15，(序) 1，31，31.

[4] [26] MAZON M. Comparative Education: The Construction of a Field [M]. London & New York: Springer Dordrecht Heidelberg, 2011: 13.

[5] 杨汉清，吴文侃. 比较教育学 [M]. 北京：人民教育科学出版社，1999：7.

[6] 李现平. 比较教育身份危机之研究 [M]. 北京：教育科学出版社，2005：18.

[8] MASEMANN V, BRAY M, MANZON M. Common Interests, Uncommon Goals: Histories of the World Council of Comparative Education Societies and Its Members [M]. Hong Kong: Springer, 2008: 237.

[9] 方展画. 国外比较教育学科建设及其方法论的演变 [J]. 比较教育研究，1998 (4)：8—12.

[10] [15] [16] [19] 项贤明. 比较教育的文化逻辑 [M]. 哈尔滨：黑龙江教育出版社，2000：68，184，160，219.

[11] 王长纯. “和”的哲学与比较教育：兼论西方中心在比较教育研究中的终结 [J]. 外国教育研究，1998 (6)：6—11.

[12] [美] 菲利普·G. 阿尔特巴赫. 国际比较教育当前的问题及发展的趋势 [J]. 张云，译. 比较教育研究，1996 (3)：47—51.

[13] BRAY M, GUI Q. Comparative Education in Greater China: Contexts, Characteristics, Contrasts and Contributions [J]. Comparative Education, 2001, 37 (4): 451—473.

[17] SAID E W. Orientalism [M]. London: Routledge & Kengan Paul Ltd., 1978: 3—5.

[18] [21] 王长纯. 和而不同——比较教育的哲学沉思 [M]. 北京：首都师范大学出版社，2002：2，56.

[20] 付轶男，饶从满. 比较教育学科本体论的前提性构建 [J]. 比较教育研究，2005 (10)：1—6.

[22] 冯增俊．比较教育学 [M]．南京：江苏教育出版社，1996：302.

[24] McClellan J E. An Educational Philosopher Looks at Comparative Education [J]. Comparative Education Review，1957，1 (1)：8—9.

[25] HOLMES B. Comparative Education：Some Considerations of Method [M]. London：George Allen and Unvin Ltd.，1981：49.

[28] 王英杰．再谈比较教育学的危机 [J]．比较教育研究，2007 (3)：14—16.

（本文发表于《比较教育研究》2012 年第 6 期。作者周世厚，时属单位为渤海大学教育学院）

六、论比较教育研究的四重境界
——兼谈比较教育的危机

比较教育的危机不仅是身份危机，更是生存危机。危机的实质在于研究的层次和成果的水平不高，缺乏学科特色和独特价值，主要表现为：一方面，研究方式与策略过于单一，大多数研究和成果采用的是文献综述的方式；另一方面，比较教育研究者在研究活动中的文化理解意识淡薄，程度尚浅。正因如此，研究成果多数未能把握和理解作为研究对象的教育现象的本质。其中，最根本的原因在于比较教育研究丧失了文化理解的自觉和努力。比较教育本质上是基于文化理解的教育研究活动，“其本身就代表了不同文化传统中的人们互相理解其教育体系的可能性，这也正是比较教育学产生和存在的合理基础之一”。[1]顾明远先生指出：“要想认识和理解一个国家或一个民族的教育，非了解和认识该国该民族的文化不可。”[2]

根据文化理解程度、研究方式及成果水平的不同，笔者认为，比较教育研究可以划分为“四重境界”，即文献综述式——“入门级”、模型或理论指导式——“专家级”、数据挖掘式——“高深级”和融会贯通式——“大师级”。我们应该遵循这种循序渐进的路径，着力于研究方式的多元化和研究成果的高深化，以此推动比较教育的可持续发展。

（一）第一重境界：文献综述式——“入门级”

比较教育研究者总是通过一定的媒介来认识待研究的教育现象。对于发展中国家的比较教育研究者来讲，最重要且最现实的媒介应该是各种文献和统计资料。埃德蒙·金（E. King）就曾指出，比较教育最基本的任务和功能就在于搜集、筛选出一些特殊的知识和简介并为之增添分量，以便为热心研究各种不同背景中施行教育实践的人们提供信息，培养他们对事物的敏锐性。[3]因此，文献综述式可以被看作是比较教育研究的第一重境界，亦即“入门级”。

1. 文献综述式比较教育研究的基本内涵

文献综述式比较教育研究主要是指从事比较教育的研究者通过对所搜集到的各类文献资料进行加工与组织，从而对研究的教育现象进行描述和分析，以提供信息和观点。在收集文献资料的过程中发现问题、解决问题是文献研究的初衷。由于研究者缺乏对文献资料背后所隐含的历史文化因素的自觉挖掘和把握，成果呈现往往以描述介绍为主。

2. 文献综述式比较教育研究者的基本素养

提高研究资料的可靠性与有效性是任何社会科学领域展开研究的前提和基础，比较教育学自然也不例外。因此，文献综述式比较教育研究者应具备以下基本素养。

(1) 搜集资料的能力。搜集资料是比较教育研究者最基本的能力。研究问题并非建造空中楼阁，而是要在大量相关文献资料的基础上提出问题，进而分析和解决问题。马克思指出：“只要按照事物的本来面目及其产生根源来理解事物，任何深奥的哲学问题都会被简单地归纳为某种经验的事实。”[4]因此，对于比较教育研究者来讲，由于客观条件的限制，更应该提高自身搜集资料的能力，保证资料内容的全面性、翔实性、代表性和可比性，不能仅仅满足于二手资料，甚或忽视资料的搜集而自说其话。

(2) 驾驭资料的能力。当面对众多的研究资料时，研究者需要具备较强的驾驭资料的能力。这就要求研究者在完成资料的搜集工作后，还要根据研究对象和问题的性质以及自身的研究目的，选取恰当的方法对资料进行筛选、组织、分类和描述，注意第一手资料、第二手资料以及辅助性资料之间的平衡，并且始终秉承科学的和客观的立场对其进行全面而深入的分析。

3. 文献综述式比较教育研究的特点

做文献综述的主要目的就是让研究者通过文献研究熟悉该研究领域，熟悉研究发展的脉络，然后在这个脉络上开展研究，把自己的研究植入知识发展的长河之中。[5]爱因斯坦说过：“从来没有一个真正有用的和深刻的理论果真是靠单纯思辨去发现的。”[6]可以说，任何科学研究都是建立在对于可靠的事实和材料的搜集这一基础之上。因此，文献综述式的研究理应成为“入门级”比较教育研究者的首选。

尤其是在发展中国家，由于比较教育研究起步较晚，相当一部分学者对比较教育研究的新方法知之甚少，并未达到深刻认识和熟练运用的程度，因而借助文献来进行研究是这一层次的研究者最常用的方式。另外，由于客观条件的限制，如经济方面的原因，导致许多比较教育研究者无法直接参与到研究对象国的现实情境中去研究问题，只能将研究建立在文献分析的基础上。他们所提供的研究成果主要是通过文献综述式的研究得出的关于发达国家教育制度、理论和实践的描述和评论。以我国为例，在过去的十多年中，我国比较教育学者较为完备地介绍了一些发达国家的教育制度，并发挥其外语水平较高的优势，引进了许多新的教育理论与教育实践，这对提高我国的教育研究水平有不小的影响，在这方面比较教育学者功不可没。[7]

4. 文献综述式比较教育研究的局限性

文献综述式的研究方法对于比较教育研究的基础性作用是不言而喻的。然而，作为任何社会学科的初级研究者不可或缺的主要研究手段，文献综述所获得的研究成果常常为研究水平和主观意识所限，缺乏对于研究对象国文化氛围的切身感受。研究者仅仅从文献阅读中不能直观体会和深刻理解教育现象根植于其中的文化因素，所做研究难免有纸上谈兵之嫌。研究成果在很大程度上只是一种事实的呈现或是一种材料的集合或是研究者个人经验层面的一种理解，甚至只是文本翻译，而没有凸显出研究者本人对于事实或材料背后的根源、实质和隐含意义的深度观察和剖析，因而其理论价值和现实意义均受到严重局限。真正的介绍、翻译当然也需要有人去做，但如果大家都在做这种事情，情况就有点不妙了，因为在这过程中失落的正是对本国教育实践的关怀。[8]目前此类研究成果非常普遍的存在于比较教育研究中，并常常被讥讽为“外国情况＋启示借鉴”的两张皮，致使人们误以为比较教育研究者只能停留在“入门级”的研究水平，从事肤浅的重复性工作，得出乏善可陈、毫无新意的结论。这是比较教育研究成果不被学界所承认的一个重要因素，并阻碍了比较教育研究向高深方向的发展。

（二）第二重境界：模型或理论指导式——“专家级”

比较教育要向更深的层次发展，就必须克服其自身的异质性，形成一定的标准和模式。[9]因此，为了拓展研究深度，促进学科发展，比较教育研究越过“入门级”步入第二重境界——“专家级”，即研究者在明晰的理论框架和研究模型的指导下来研究教育发展的相关问题。

1. 模型或理论指导式比较教育研究的基本内涵

所谓模型就是用图形方式对某一事项或实体进行的一种有意简化的描述。它试图表明任何结构或过程的主要组成部分以及这些部分之间的相互关系。[10]薛理银认为：“模型不是理论，它本身也不是一种解释方法，而是再现现实的一种理论性的简化形式，有助于直接、明确的表达理论。”[11]而理论指导式比较教育研究主要是指研究者使用某种学科的理论或某种特定的理论分析框架来分析相应研究领域中某个教育问题的方式。分析框架是从一个理论出发，针对要研究的问题所提出的研究思路和工具，它是理论和问题两者之间的桥梁，实际上是把研究方法具体化了，情景化了。[12]研究者以模型或理论切入的角度来展开研究，作为分析教育现象的隐性工具，它往往只强调学科的特点，而忽略了研究对象仍然具有文化背景的约束性，即以学科逻辑和研究框架掩盖了文化背景。

2. 模型或理论指导式比较教育研究者的基本素养

刘献君认为，“不能用无知去研究未知”。科学研究就是要运用现有的理论、知识去解决未知的问题，从而发现规律和新的知识。[13]作为模型或理论指导式比较教育研究者需要具备以下基本素养。

(1) 灵活应对和有效使用“外来”模型或理论的能力。我们在比较教育研究中，经常使用来自哲学、心理学、社会学等其他学科领域的模型或理论框架，这对于丰富比较教育的研究方法、提高研究水平，推动学科建设和可持续发展均具有重要的作用，但同时也对比较教育研究者的基本素养提出了要求，即应灵活应对和有效使用“外来”模型或理论，避免对其盲目崇拜和堆砌罗列。

一方面，这些“外来”的研究模型和理论是在其学科领域的特定背景下产生的，未必完全适用于比较教育研究，这就要求我们应充分结合本学科研究对象和问题的独特性质和实际情况，在对其进行批判和扬弃的基础上加以有效利用。另一方面，当面对复杂的研究对象和问题时，研究者需要对多种模型或理论分析框架进行有效整合，加以综合运用。然而，如何使多种模型和理论有机结合、互为补充、各取所长地去分析和研究问题，而非互相冲突和牵制，也是对这一层次比较教育研究者的基本素养提出的挑战。

（2）主动建构模型或理论的能力。目前比较教育学者常常寄希望于从其他学科借鉴些概念、原理、理论和方法，却很少反思：比较教育学科到底能够为其他学科提供哪些概念、原理、理论和方法？在比较教育研究中，从不缺乏借鉴，却更应注重创造。埃德蒙·金、布莱恩·霍尔姆斯（B. Holmes）和黎成魁都曾强调过比较教育研究中模型和理论建构的重要作用，而积极主动地建构适用于本学科、本地区的研究模型和理论框架是每一位研究者的重要任务和应具备的专业素质。

3. 模型或理论指导式比较教育研究的特点

可以说，在比较教育研究中，乃至所有科学研究中，模型或理论分析框架都是十分重要的，如果没有模型或分析框架，那么面对复杂的研究对象或一系列杂乱无章的文献材料，研究将很难顺利进行。比较教育活动的模型，如基本要素模型、依附模型与现代化模型、主体功能分化模型、生态模型、使用与满足模型、文化模式模型、知识沟模型、互动过程模型等，都大大有助于本学科理论和观点的有效阐明，并且启迪人们对新生事物和未知领域进行探寻。

学科的理论分析框架是研究者用以对相应研究领域中的研究对象进行资料收集、归纳整理、分析概括并加以阐释的一种图式或参考系，这也是一种思维原则或分析维度，对研究有重要的影响，[14]它有助于形成思考问题的视角，也可能提供支持研究的学术基础。[15]具体到比较教育学科，有因素分析法、结构功能分析模式、新马克思主义分析模式、世界体系分析模式、文化相对论分析模式、教育人种学分析模式等，这些理论分析框架对于发挥比较教育学科的独特力量不无裨益。

4. 模型或理论指导式比较教育研究的局限性

任何模型或理论分析框架都有可取之处，但也都不可避免地存在缺陷。就像地图不是无所不包的一样，模型和理论分析框架也并不是无懈可击的，无论设计如何周密的模型或理论，都无法概括出研究对象的全部事实。要想找到可以适用于一切研究目的和分析层次的模型显然是不可能的，即使是那些经过反复使用被证明卓有成效的模型也未必适用于任何地区的教育现象。这是因为不同国家或地区的教育现象都是在其文化背景下才得以可能生存和发展，而模型或理论框架一旦成型，就不能因文化因素的不同而改变。用一成不变的运算公式只能做出泛泛的解读，难以在文化理解的基础上把握教育现象的本质。因此，凡是局限于既定模型或理论框架下的研究成果，都必将受到该模型或理论框架的选择规定的制约，只是在特定模型或框架下的特定产物。倘若研究者不能对其灵活对待、综合处理，这些成果就不可避免地呈现出局限性、机械性等缺陷，不能全面深入地把握问题的实质。

（三）第三重境界：数据挖掘式——“高深级”

可以说，模型或理论指导式的研究方法增强了比较教育研究的解释力。然而，随着新信息技术媒介的推广和使用，比较教育研究者能够以一种更加便捷的方式接触到研究对象国的教育数据。这就要求比较教育研究者必须超越对别国教育事实进行简单描述的水平，在更深层次上展开工作。因此，比较教育的研究还需要从“专家级”向第三重境界“高深级”过渡。

1. 数据挖掘式比较教育研究的基本内涵

数据挖掘式比较教育研究主要是指研究者从大型数据库中提取出有意义的、隐含的、先前未知并有潜在价值的信息或模式的非凡过程。[16] 研究者在较好把握对象国文化背景因素的基础上，对数据展开深度的挖掘，进而对其进行新的解读，发现新的特征，建构新的意义。

2. 数据挖掘式比较教育研究者的基本素养

虽然现代信息技术的发展为比较教育研究者研究别国的教育状况提供了便利，为研究者在国际范围内研究各国的教育观念、教育制度以及教育实践等方面提供了可能，但是要从大型的数据库中挖掘出有意义和有价值的内容来也并非易事，这就要求“专家级”的比较教育研究者具备以下基本素养。

(1) 较强的专业能力和敏锐的洞察力。由于新技术媒介的冲击，使得现场研究的意义变得尤为突出，比较教育研究者用新信息技术来搜集和处理大量教育资料能力的提升，将进一步促进比较教育研究者专业能力的发展。同时，新信息技术的发展也将使各国学者共同参与大型的比较教育研究项目变得更加现实，[17]这不仅推动了比较教育学者专业研究队伍的组建，也促进了整个比较教育研究者专业能力的提升。

由于数据类型呈现多样性，它可以是称名尺度、顺序尺度、间隔尺度和比率尺度数据，其相应的处理方法也就不一样。[18]因此，研究者要对所挖掘的数据进行有效处理，而并非一般意义上的简单处理，重点是要探寻数据背后那些潜在的有价值的信息，并阐明数据间的相互关系。在这个过程中，研究者除了需要具备较强的专业理论水平之外，还必须拥有敏锐的洞察力。通过研究者的分析研究之后，建构起自己对研究问题新的认识。

(2) 建构研究领域新意义的能力。建构研究领域新意义的能力是比较教育研究者的重要素养之一。提升此能力的关键在于研究者要从发现待研究的问题入手，没有问题的提出，要真正开展研究将无从谈起。由于比较教育所涉及的范围相当广泛，因此，作为一个比较教育研究的“高深级”研究者，必须根据自身的兴趣、专长和研究对象国的实际情况建立起自己独有的信息数据体系，对数据进行深入挖掘，发现新的问题、产生新的认识和理解，并在自己独有的判断力基础之上构建出该研究领域的新意义，从而超越以往研究者在认识论、本体论等方面的不足。

3. 数据挖掘式比较教育研究的特点

与“入门级”和“专家级”不同，“高深级”的比较教育研究并非对既有的数据解读和理论观点的再加工，而是通过深入挖掘一手资料和原始数据，最大限度地“回到事实本身”，进而展开研究并建构意义。这有助于研究者排除前人所做研究和已有结论的影响，避免带着先入为主的主观意识去认识和分析问题，使研究对象从时间和空间两个维度保持静止状态，以本真面目示人，从而体现科学研究的“主体间性”。

"高深级"的研究者不仅可以针对某一对象国或研究领域进行数据挖掘，从海量数据中甄别出有价值的信息，通过对其分类解读得出建设性的成果，还能够凭借自身敏锐的洞悉力与丰富的专业知识，从数据中找出规律，对其产生的结果进行预测、关联，使得研究成果更具预见性和创新性。

4. 数据挖掘式比较教育研究的局限性

比较教育研究者不仅要有自己所专长的研究领域，而且应具备持之以恒的毅力和海纳百川的视野来从事整个教育领域的研究，才能凸显出自身无可替代的地位，从而获得话语权。"高深级"的研究者能够对某个研究对象国的文化因素达到深入理解，并能够针对具体教育问题展开高深的研究，但是稍逊于研究视野的不够宽泛。

(四) 第四重境界：融会贯通式——"大师级"

"高深级"的研究者可以独立开展高深层次的研究工作，这是目前众多比较教育研究者所向往并通过自身努力有望达到的境界。然而，数据挖掘式的比较教育研究仍然存在其自身难以克服的缺陷，要想站在"会当凌绝顶"的高度，游刃有余地驾驭教育学科各个领域的比较研究，还有待于所有比较教育人共同努力，朝着本学科研究的最高境界——"大师级"不断迈进。

1. 融会贯通式比较教育研究的基本内涵

融会贯通式比较教育研究是指比较教育研究者通过纵横比较的方式，结合研究者本人丰富的人生阅历和非凡的文化理解力对本国的教育问题进行较为敏锐的思考，并且灵活运用国外的教育经验对本国教育改革提出建议。研究者能够对于不同国家或地区的文化因素达到全面透彻的理解，而不仅仅局限于某个层面上或某个领域中，因此总能获得独到的认识和见解。

2. 融会贯通式比较教育研究者的基本素养

身处比较教育研究的最高境界，"大师级"的学者们要在教育学科各个领域纵横捭阖、自由行走，就必须具备前三重境界研究者难以企及的基本素养。

(1) 兼容并包、融会贯通。"大师级"的比较教育研究者，最显著的过人之处在于其非凡的文化理解力。跨文化研究是比较教育的基本特性之一，"与教育科学体系中其他学科相比，比较教育学最大的特质即在于其跨文化性”，[19] 在当前多元文化百花齐放的国际化进程中，研究者只有将待研究问题置于跨文化的大背景下进行思考，并结合其自身扎实的学术基础和广博的研究视野，才能对比较教育研究所涉及的所有问题和领域都能够触类旁通。由于能够高屋建瓴地对问题进行统揽全局地分析和思考，大师们自然能对教育发展的趋势和教育政策的制定发挥重大的影响和导向作用。

(2) 一闻千悟、不拘文法。一个优秀的比较教育研究者还需要具备非凡的领悟力。当他们积淀了广博的知识底蕴、丰富的人生阅历、深邃的思想体系和满腔的研究热情，便能时常领悟到高深的学问。看似信手拈来，不符合学术规范，却难掩随心所欲的背后隐含的真义，显示出别具一格、不同流俗的品质和“一览众山小”的气势。

(3) 精神独立、自成一家。“大师级”学者应当具有独创精神，在研究中坚持独立性、自主性和创造性，不迷信“真理”、不盲从权威，这有助于克服以往研究者对于西方强势文化所推行的文化霸权、文化殖民的“依附心态”，从而彰显比较教育、比较教育学和比较教育学者的思想之自由、精神之独立。

总之，“大师级”的比较教育工作者，具有国际性广阔视野和最新数据，通过他们的不懈努力，既能对本国的教育改革和决定政策发挥作用，又能在世界规模上，对各国的教育改革和制定国际性长期教育计划做出贡献。[20] 然而，在目前的比较教育研究中却出现了一些“伪大师”，总是急功近利地要为政府“开处方”。诚然，借鉴是比较教育学与生俱有的，也是该学科发展史上永恒的主题。学习国外教育制度、理论和经验并以此为本国教育的改进提供借鉴，这是比较教育学科得以产生和发展的内在动力依据与直接原因，教育借鉴也因此便成为比较教育研究重要的价值取向。[21] 然而，从文化与教育的互相依赖性和高度相关性来看，国别教育差异的根本原因在于文化传统和教育传统的差异。[22] 那些没有真正结合本土文化与实际情况而提出的所谓的启示与借鉴不仅没有起到积极的作用，更没有促进比较教育学科本身的发展，反而成为比较教育的精神枷锁。因此，顾明远先生指出：要借鉴别国的经验，首先对自己要有清醒的认识。[23]

(五) 结语

四重境界既代表了比较教育研究的四种类型，也代表了比较教育研究的四种水平。由于文化理解能力的差异，不同类型和不同水平的研究者可能有着不同的学术境界和梦想，他们关注不同的学术问题，执行不同的学术标准，因而创造不同的学术成就。在“入门级”中孜孜以求的问题，“专家级”“高深级”“大师级”的学者可能不屑一顾；而“专家级”“高深级”“大师级”所讨论的问题，“入门级”的研究者却也望尘莫及。这四种类型的划分，一则有助于推动比较教育学科的规划与建设，自觉地推动本学科的知识贡献突破文献综述式水平，朝着高深层次可持续发展；二则有助于促进比较教育学者专业发展与成长的规划，使其对自身成长的阶梯与路径有一个清醒的意识，并据此不断向前发展；三则有助于为比较教育专业研究生的培养提供依据，在重视其国别知识训练的基础上，使他们进一步获得运用本学科独特理论模型与分析框架的能力，争取迈向更高阶段的研究水平。

总体而言，比较教育的危机是不容否认的，如王英杰教授所言：“比较教育学科的发展受到了一定的阻碍，出现了所谓的身份危机，但是，从另一角度来看，这也是比较教育学生机发展的一个表征，比较教育学在一定意义上就是其不断证明自身的过程。”[24]因此，我们不能空谈危机，而应理性认识、积极应对。比较教育学要转危为安，就要不断提升自身的文化理解能力，加快自身研究水平从“入门级”到“专家级”，再到“高深级”，直至“大师级”的发展，提供具有学科独特研究视角与价值的理论成果。

一言以蔽之，应对比较教育危机的最好方式便是：“我有大成果，故我在。

参考文献：

[1] [19] 项贤明．比较教育学的文化逻辑 [M]．哈尔滨：黑龙江教育出版社，2000：334，328.

[2] 顾明远．中国教育的文化基础 [M]．太原：山西教育出版社，2004：9.

[3] [英] 埃德蒙·金．别国的学校和我们的学校——今日比较教育 [M]．王承绪等，译．北京：人民教育出版社，2001：27.

[4] 马克思．德意志意识形式［M］//中央编译局．马克思恩格斯全集（第3卷）．北京：人民出版社，1960：49.

[5]［12］刘献君．教育研究方法高级讲座［M］．武汉：华中科技大学出版社，2010：63，14.

[6] 爱因斯坦．爱因斯坦文集（第三卷）［M］．张良英，赵中立，张宜三，编译．北京：商务印书馆，1979：73.

[7] 顾明远，薛理银．比较教育导论——教育与国家发展［M］．北京：人民教育出版社，2008：39.

[8] 彭正梅．教育借鉴的困惑——关于比较教育使命的反思［J］．外国教育资料，1999（4）.

[9] 陈时见，徐辉．比较教育导论［M］．北京：商务印书馆，2007：82.

[10]［美］丹尼斯·麦奎尔，［瑞典］斯文·温德尔．大众传播模式论［M］．祝新华，武伟，译．上海：上海译文出版社，1987：2.

[11]［17］薛理银．当代比较教育研究方法论研究［M］．北京：人民教育出版社，2009：60，31.

[13] 刘献君．教育研究中的四个基本要素［J］．高等工程教育研究，2011（5）.

[14] 冯增俊．比较教育学科理论分析框架（上）［J］．教育导刊，1997（10）.

[15] 王长纯．和而不同——比较教育的跨文化对话［M］．北京：人民教育出版社，2007：354.

[16] 李婷，傅钢善．国内外教育数据挖掘研究现状及趋势分析［J］．现代教育技术，2010（10）.

[18]［日］佐藤隆博．教育信息工程学引论［M］．薛理银，译．沈阳：辽宁大学出版社，1992：8—9.

[20]［日］冲元丰．比较教育学［M］．刘树范，李永连，译．长春：吉林人民出版社，1984．8.

[21] 褚远辉，辉进宇．比较教育学科视野中的“教育借鉴”［J］．中国

人民大学教育学刊，2011（2）.

[22] 张应强. 文化视野中的高等教育 [M]. 南京：南京师范大学，1999：189—190.

[23] 顾明远. 比较教育的身份危机及出路 [J]. 比较教育研究，2003（7）.

[24] 王英杰. 比较教育学定义问题浅议 [J]. 外国教育研究，1993（3）.

（本文发表于《比较教育研究》2013 年第 7 期。作者马健生、陈玥，时属单位为北京师范大学国际与比较教育研究院）

比较教育研究的理论

一、比较教育的论争与趋势

自从比较教育在美国学术界占有一席之地以来，就一直为下述问题所困扰：定义、方法论、研究范式、理论建构及其与社会科学、教育研究的关系，甚至作为一个领域，比较教育能否证明自身的存在。尽管存在着周期性的“危机”，比较教育还是取得了长足的进步：许多高质量的比较教育刊物在传播着该领域的研究成果；出版了各种有关比较教育的百科全书和手册；比较教育作为一个学术领域在若干国家的教育学院牢牢确立了自己的地位。虽然人们对比较教育能否自成一个学术领域一直争论不休，但同时各种国际比较教育专业组织都在不断扩大。美国比较和国际教育学会、加拿大国际教育学会、中国比较教育学会、英国比较教育学会的会员不断增加。世界比较教育学会理事会得到了巩固并每三年召开一次世界比较教育大会。总之，比较教育在不断寻求自身的地位，而这正是其生命力的表现。

随着时间的推移，有关比较教育的争论也在不断变化：早期的争论集中在方法论和定义上；本世纪六十年代和七十年代，理论问题是争论的焦点，同时还出现了许多有关公立学校在促进变革中所起作用的争论；八十年代，争论转向公共教育与私立教育的效益比较、学校效益及教学效率上；到了九十年代，有关不考虑历史背景的社会科学研究的有效性以及比较教育研究的理论问题等这样一些老的争论又重新出现。

(一) 定义

比较教育的历史可追溯到马可·波罗（M. Polo)，甚至追溯到古希腊历史学家希罗多德（Herodotus）。然而，直到美国比较教育家康德尔（Kandel）于1933年发表了《比较教育》这篇论文之后，比较教育才开始成为一个学术领域并占领了大学讲坛。第二次世界大战后，比较教育得到了极大的发展，但当时比较教育的定义还是很不明确的。康德尔和汉斯（Hans）认为，在描述各国学校制度时，应结合它们的社会、历史、政治和文化背景。他们被称为“历史主义者”，因为他们坚信离开了一个国家具体的政治和社会背景就不能理解该国的学校制度和教育实践。他们认为比较教育的目的是解释，而不是预言，比较教育不是一项社会工程。他们还坚持认为学校是反映并维持国家“民族特性”的，所以比较教育与制定政策关系不甚密切而与教育史则密切相关。

五十年代后期，出现了对历史学方法的批评。诺伯（H. Noah）、埃克斯坦（M. Eckstein）和卡扎米亚斯（A. Kazamias）等学者指责历史学研究法是“不科学的”，因为这种研究不能得出因果关系，因而不能为改进学校教育提供依据。此外，除了研究外国学校制度，比较教育的方法论还未形成体系，并且其本身也还没有公认的定义。

五十年代后期和六十年代，比较教育领域基本上接受了上述批评，着手发展使比较教育能跻身于各种社会科学之中并具有其自身特点的方法论，从而成为一门独立的学科。例如，贝雷迪（Bereday）提出了一种方法，将比较教育定义为对不同国家体制中的教育现象进行比较。诺亚和埃克斯坦主张采用“科学的方法”，即大量搜集有关教育体制和教育结果的定量资料，提出假说并进行验证，以提高比较教育的严密性。由此可见，诺亚和埃克斯坦在某种意义上把科学与统计学等同起来了，基本上不考虑历史、文化和社会背景。这样，比较教育就从描述各国的教育体制及解释该体制在特定的国家背景下的发展转向了集中研究与具体的社会结果（如经济的发展及对政治体制的支持程度）相关的具体的教育现象（如在校学生人数）。他们认为比较教育的任务就是分析研究这些现象，以建立起支配学校与社会关系的科学规律。这一目标后来成了社会工程。

（二）理论与研究

虽然在五十年代和六十年代，方法论是比较教育领域主要的争论点，然而到了七十年代，采用什么理论以及比较教育领域对结构功能主义的绝对依赖是否可取成了争论的焦点。一些学者对结构功能主义提出了挑战，同时还对一些由同种社会科学学科（如社会学和政治学）中产生的理论进行了辩论。

由于人们越来越清楚地看到由先前研究导出的政策未能获得预期的结果，于是引发了理论上的争论。在第三世界，由贫穷的政府拨款并部分以接受外援和贷款的形式筹集资金，一些国家大幅度地扩展了教育，但这并没有给它们的经济带来发展。事实上，大多数第三世界国家的经济开始停滞。教育扩展也未能使第三世界国家民主化，相反，越来越多的国家变为军事独裁，学校应当提供的受教育机会均等不过是一种虚幻。在大多数国家中，贫富和城乡差距加大。因此，许多人断言，研究的理论基础，尤其是产生于比较教育的理论基础应当受到批判。他们指出，结构功能主义在本质上是求稳定而不是求发展的，是主张维持现状而不是促变革的，并指出比较教育拒不承认国家在维护富者和强者利益方面所起的作用，这是违背绝大多数人的利益和需要的。

理论上的争论是多方面的：有关理论正确性的，有批评理论的社会和政治用途的，还有的指出理论是如何引导研究者只去研究现象的。对结构功能主义的批评集中在该理论倾向于维持社会现状。这种理论引导学者们将研究集中在诸如学生是否支持现政治体制的政治态度，教育是否有助于发展国家的经济，学校是否以维持社会体制的方法来调节社会现状这样的问题上。批评者认为，这些问题否认了国家或社会结构是可争议的领域。这样，结构功能主义理论就否认了大多数国家的阶级结构和这些国家内争取结构变革的运动，因而学校教育会再生国家内部和国家之间现存的不平等现象。

还有些批评者指出，结构功能主义理论是为压迫穷人，建立资本主义，使少数人更加富有效劳的，这种理论还有助于促使第三世界国家与美国和西欧建立起依赖关系。弗兰克（A. G. Frank）认为，结构功能主义理论的应用使得拉丁美洲更加落后。菲利普·阿尔特巴赫（P. Altbach）七十年代关于高等教育的著作，马丁·卡诺伊（M. Carnoy）关于新殖民主义的著作以及罗伯特·阿诺夫（R. Arnove）通过对世界体系进行分析而作出的研究都详细阐述了上述观点，他们呼吁探讨新的理论和实践。

第三种批评着重指出结构功能主义是如何将比较教育引向只重视学校教育的政治、社会和经济效果，而忽视教育过程和认知结果的。他们坚持认为，由于结构功能主义假定所有社会机构的目的都是相互协调一致的，并与国家一致，因此不必对教育过程和内容作具体研究。于是，具有讽刺意味的是，比较教育只注重结果，而不研究学校教育实践和教育内容。因此七十年代和八十年代对教育改革的研究甚少。

对结构主义的挑战引发了许多争论。一是更好的可替代理论是否存在。迈克尔·阿普尔（M. Apple）、阿诺夫、卡诺伊、R·保尔斯顿（R. Paulston）和H·韦勒（H. Weiler）等人提出了西方马克思主义理论及其变种——合法化理论（legitimation theory）、依赖理论（dependency theory）、世界体系分析理论（world systems analysis）和批判理论（critical theory）。这些理论虽然使争论更加激烈，但未被广泛接受。八十年代出现了对依赖理论的公开抨击，认为该理论过于愚笨、简单。第二种争论是关于理论是否那么重要。E·爱泼斯坦（E. Epstein）在美国比较和国际教育学会的讲话中指出，理论上的争论只能造成意见不和，而实际上基于结构功能主义理论范式的研究所得到的数据与西方马克思主义者得到的数据相差无几。R·保尔斯顿认为，理论的多样化是正常的。他提出，西方马克思主义理论可以用来分析教育问题，而结构功能主义则可用来指导解决这些问题。

爱泼斯坦和保尔斯顿的著作都强调指出：关于理论的争论是无法平息的。面对比较教育理论领域四分五裂的局面，人们只有以下几种选择：一是采取一种理论，但对大多数人来讲，这显然是难于接受的，而且这样做肯定会把比较教育的理论领域分裂成激烈论战的许多派别；二是否认“从长远的观点来看理论是重要的”这一观点；三是承认分歧，停止争论。到了八十年代中期，关于理论的争论表面上平息下来了，但争论并未消失，在触及到一些具体理论（如人力资本论）时，还时有发生。

七十年代出现的有关理论的论争给比较教育留下了印记。首先，比较教育研究在某种程度上开始从完全注重学校教育的社会、经济和政治效果转向关注学校教育的认知效果及教育的效益。虽然，国际教育评价计划早于上述理论争论，但随着八十年代比较教育开始更多地转向注重教育和教育的考察，类似这项计划的研究工作对比较教育的重要性就更显示出来了。八十年代，比较教育开始了对课程、语言使用和选择、教科书、教师和测试的研究。这些研究大多不具备六十年代和七十年代有关学校与社会关系的文献中所包含的那种理论前提。它们往往是按对学校效益的关注建立起自己的研究框架的，而不顾及教育的社会背景及社会效果。这些研究回避了七十年代和八十年代早期的理论争论，但决没有忽视对结构功能主义理论的批评，即该理论使比较教育研究偏离了对教育过程和教育结果的研究方向。

七十年代和八十年代早期的理论争论给比较教育留下的第二个印记，是为研究开辟了新的课题。对妇女教育和少数民族的研究开始了。相当多的研究是定性的，是以建立能够解释诸如教育对妇女生活的意义等问题的新理论为目标的。

七十年代和八十年代早期理论争论的第三个结果，是寻求可供选择的其他教育形式。采用西方马克思主义理论的人认为，国家，特别是资本主义国家是一种压迫的机构，而与资本主义国家相关联的学校的作用就是维护这个国家的。因此，研究应注重创建一种有利于力争变革又受国家压迫的人的教育形式。许多这类研究深受保罗·弗雷尔（P. Freire）著作的影响。这些研究坚持认为，赞成解放的教育形式只能由那些正在受教育的人来创建，而有关可供选择的其他教育形式的研究也只能通过直接参与教育过程的人的积极参与来进行。参与性研究就是理论争论的产物。在这些研究中，有些是以西方马克思主义理论的面目出现的，但大多数则不然。

关于理论的争论平息了一段，到了八十年代中期，争论又以新的形式出现了。争论不再集中于西方马克思主义与结构功能主义的论争，而开始集中于像人力资本论这样的理论上，集中于产生自西方经验的理论是否适合第三世界的探讨上，以及理论在研究中的重要性的问题上。

(三) 疑问与反思

比较教育领域一直受到当代各种事件的影响，七十年代和八十年代早期有关理论的争论发生在大部分第三世界国家经济停滞及世界对学校能否产生变革以使情况好转表现出日益增长的困惑的背景下。在整个八十年代，大多数第三世界国家的经济继续衰退。坦桑尼亚过去一直被视为非洲社会主义发展的模式，也因经济停滞而改变了社会主义的方向，重新引入了自由市场经济。到1989年，大多数苏联集团的国家开始放弃共产主义寻求引进资本主义经济结构。在这种情况下，看来马克思主义也不再是替代结构功能主义的一种可行选择了。比较教育领域似乎也失去了得以支持的理论，到底用什么理论来指导研究尚不明确。不过对人力资本论的讨论还比较充分。对该理论的争论产生于七十年代末，当时索贝尔（l. Sobel）批评人力资本论并不行之有效，八十年代克利斯（S. Klees）发表文章对根据人力资本论做出的一些假说和政策提出质疑。世界银行的萨卡罗普洛斯（G. Psacharapoulos）则坚决捍卫人力资本论。

有关人力资本论的争论稍不同于七十年代对结构功能主义的争论。在七十年代的那场争论中，人们大多以西方马克思主义作为替代理论，而在八十年代后期对人力资本论效度的争论中，几乎没有提出替代理论。

八十年代关于人力资本论的争论在某种程度上表明了比较教育领域出现了学术界与国际机构，特别是世界银行之间的分歧。美国退出联合国教科文组织后，世界银行就成了参与规划和资助第三世界国家教育的最有力的国际机构。七十年代中期以来，世界银行的研究人员根据人力资本论提出，由国家支持的免费公共教育是发展的障碍。现世界银行驻拉丁美洲和加勒比地区办事处的萨卡罗普洛斯甚至认为，公共教育是给富人的又一种补贴，因而不符合最需要教育的穷人的利益。世界银行力主征收学费，并使学校私有化。世界银行关于非洲教育的报告提出，应优先发展初等教育，对中等教育和高等教育的拨款可不予增加。

对人力资本论的质疑也可以说是对世界银行政策指令的质疑，同时也是关于公共教育的争论，因为世界银行的政策是提倡私有化并以此来促使学校系统更有效的。比较教育过去曾对学校在社会变革中的作用提出过疑问，但并不认为私立教育是一种更理想的形式。有些人，如伊万·伊里奇（l. Illich）认为学校是致力维持社会现状的压迫机构。不过伊里奇仍主张国家为各种可供选择的形式的学校拨款，并主张国家通过教育信用卡制度（Voucher System）帮助加强个人选择学校的能力。世界银行主张减少国家在教育中的作用，它不仅认为个人应为自己所受的教育付款，还坚持认为为赢利而开设并由私人企业家开办的学校之所以优于公立学校是因为受自由市场需求的支配。从事比较教育研究的大多数专家反对上述政策，主要是因为他们认为这些政策不公正。他们坚决捍卫公共教育，认为国家能使穷人免受市场兴衰的影响。赞成费赫观点的人认为教育有可能具有解放的作用，因此如果能为穷人提供教育，他们就能从教育中获益，而无知和文盲只能使他们不能驾驭自己的命运。

世界银行的研究人员否认私有化意味着不平等。相反，他们坚持认为，由于私有化或征收学费，教育效益会提高，因此穷人可以从中获益。他们还为这种作法辩解道，如果穷人付不起学费，可以实施必要的奖学金制度加以解决。

有关人力资本论和根据人力资本论制定的政策法规的争论中，一些比较教育学者开始对教育政策和实践能否从一种背景迁移到另一种背景中去提出了质疑。在比较教育研究中，这种质疑由来已久。例如，英国的M·萨德勒（M. Sadler）在本世纪初就提出了这个问题。康德尔和汉斯也很关注教育实践和政策的可迁移性。

西方社会科学能指导第三世界国家的研究吗？R·海霍（R. Hayhoe）在《比较教育评论》，(1980年7月，33）发表文章，再次提出了西方社会科学是否适用于第三世界国家的研究这一问题，她对产生于美国或西欧的社会科学能否正确理解第三世界某国的教育发展规律，并能指出其未来发展方向表示怀疑。通过对中国教育的研究，她提出，文化和历史不仅决定了教育的意义和内容，而且决定了教育同国家的关系。她指出，各国的教育发展有符合其国情和文化的特殊逻辑，而不同于大多数比较教育得出的理论建构。她明确指出，依赖理论和现代化理论不适合于中国的具体国情。

理论究竟有多重要？R·海霍否认了某国产生的理论在它国的可应用性，同时还有一些学者否认了理论对指导研究的重要性。萨卡罗普洛斯在《比较教育评论》1990年理论论坛上撰文提出，理论并不重要。他认为："重要的是人们在重要问题上的立场"，而提高学校质量、扩大初等后教育就是这样的一些重要问题。萨卡罗普洛斯认为，这些问题并不是某一理论能永远解释得了的，当对这些问题作定量分析时，更是如此。

萨卡罗普洛斯关于理论并不重要的观点受到了一些比较教育专家的批评。亚当斯（D. Adams）认为，没有理论的学问导致了萨卡罗普洛斯认为的那些与理论无关或是“假定成立”的问题的简单化，保尔斯顿指责萨卡罗普洛斯以狭窄的观点看待研究。

关于如何应用社会科学研究的结果以及关于理论与研究的相关性和理论的应用的争论是无法解决的。如前所述，比较教育自产生以来就一直为这些问题所困扰。然而，有趣的是，比较教育早先已抛开了的争论在九十年代又抬了头，也许这是因为在六十年代和七十年代那令人兴奋的年月里，由比较教育得出的许多政策法规在实施后并未得到预期的效果。争论的再现也许与研究质量低，指导研究的理论有缺陷或是错误的有关，或与探索适合各国的政策从一开始就注定是办不到的有关，然而这正是比较教育研究有活力的表现，因为比较教育在提出问题，进行研究及解释和应用研究结果的过程中，再次开始关注文化、政治、历史和社会背景。

（四）未来前景

本文集中讨论了有关比较教育领域的各种争论的演变过程。在过去的岁月里，比较教育一直在通过自身的方法或理论建构来寻求给自身下定义，但至今仍未能找出一个非常好的定义、方法或理论。比较教育仍是一个定义不明确的领域，也没有简单的理论或方法来指导学术研究，并且有关文化和历史特性的重要性也将会继续争论下去。比较教育研究一直是并将继续是多样化的，课题繁多，而课题之间似乎又没有多大联系，例如学校财政、妇女文盲、教科书出版办法、马拉维的殖民学校、学术问题、学生的政治态度等等。比较教育没有一个中心，确切地说，比较教育研究是多学科研究的混合体，其发展将得力于许多不同的理论框架。比较教育领域的争论将很可能随着教育实践和需求的变化而变化，并随着对特定理论的信仰、社会制度或改革的成效而变化。比较教育尚未能解决关于文化、方法和理论方面的争论，这不是它的短处，恰恰相反，这正是它的生命力的表现，是它得以继续发展的力量所在。

（本文发表于《比较教育研究》1992年第5期。作者盖尔·P·凯利（G. P. Kelly）、郑桂泉译，时属单位为北京中央教科所）

二、西方国家的人力资本理论

人力资本理论是五十年代末在美国创立、六十年代后在西方国家广泛传播的一种经济理论，它不仅开辟了资产阶级经济学的新的研究领域，而且还为西方教育经济学奠定了理论基础，其代表人物有美国的舒尔茨、丹尼逊、贝克尔和恩格尔曼等。为了了解西方教育经济学，创立和发展社会主义的教育经济学，有必要对人力资本理论进行深入的考察和分析。

(一) 人力资本的概念

1. 人力资本的定义

美国经济学家舒尔茨 1960 年在美国经济学会年会上提出了完整的人力资本理论。他指出，人力资本是指体现在人的身上的一种资本，它可以为人们提供未来的收入。、

当代西方经济学家们认为，资本有两种形式，一是物质资本，另一是人力资本。物质资本是体现于物质产品之上的，人力资本是体现在劳动者身上的。一个社会中的各种生产资料，诸如厂房、机器设备、原材料、燃料、半成品等的多少，在一定程度上代表着该社会的物质资本的多少。一个社会的劳动者人数的多少，在一定程度上代表着该社会的人力资本的多少。然而，经济学家们指出，仅仅考察生产资料和劳动者的数量是远远不够的，因为，无论是物质资本还是人力资本，它们的数量都同其质量紧切相关。例如，同样是一台纺纱机，它今天的质量或它所体现的技术水平，与五十年或一百年前相比，已有天渊之别。所以，判断物质资本的多少，应该同它的质量联系

起来。人力资本的情况也是如此。各个劳动者的质量，或工作能力、技术水平和熟练程度千差万别，即使是同一个人，受过教育或没受过教育，受过培训或没受过培训，其工作能力、技术水平和熟练程度也迥然不同。所以，判断人力资本的多少，也应当同劳动者受教育和培训的程度联系起来，同他们的工作能力、技术水平和熟练程度等联系起来。

因而，人力资本这个概念的完整的、准确的表述应当是：体现在劳动者身上的，以劳动者的数量和质量表示的资本，它能促进经济增长和国民收入增加，是一种生产性资本。

2. 人力资本的形成途径

人力资本是通过对人力的投资而形成的。对人力的投资是多方面的，因此，人力资本的形成途径也是多种多样的。舒尔茨等人认为，对人力的投资主要有以下几方面。

第一，用于教育的支出。通过教育（包括在职教育）可以提高劳动力的质量，提高劳动者的技能技巧和熟练程度，从而增加国民收入、推动经济增长。在人力资本形成的各种途径中，用于各级各类教育的开支最为重要。

第二，用于医疗保健的支出。保健事业的发展可以降低婴儿死亡率，增加未来劳动者的数量和贡献；能减少疾病、死亡，保证现有劳动者的数量，提高他们的身体素质，增强工作能力和精力。因此，用于保健的支出也是人力资本形成的重要途径。

第三，用于劳动力国内流动的支出。劳动力的国内流动可以调节各地区、各部门劳动力的余缺。在劳动力供大于求的地区和部门，存在着人力的浪费，人力资本的作用不能发挥出来，这是人力资本的损失。用于国内劳动力流动的支出，有利于解决国内劳动力余缺调剂，充分发挥人力资本的作用，这当然也是一种对人力的投资，是人力资本形成的一条途径。

第四，用于移民入境的支出。移民入境是使国外的人力迁到本国，是国际间的人力流动。如果入境的是经过专门训练的人才，那就不必花费教育开支，省去了培养这些人力的投资，无疑是很合算的；即使入境的是普通劳动者，那也省去了对他们的生育、抚养和入境前的保健费用，只要这些人的入境不致使本国的劳动者丧失就业机会，那么，这种迁入就是有利的，所以，用于移民入境的支出也是一国人力资本形成的途径之一。

3. 人力资本与物质资本的异同

西方经济学家指出，人力资本和物质资本既有相似之处，也有不同之点。其相似之处有：二者都对生产起着生产性的作用；二者作用的结果都能使国民收入增加、经济增长；二者都是通过投资才形成的；这些投资都意味着减少或牺牲现期的消费以换取未来的收入。

人力资本与物质资本的主要区别在于：物质资本的所有权可以买卖、转让或被继承；体现在人身上的人力资本的所有权不能买卖、转让或继承。

人力资本和物质资本之间不仅有相似之处和不同之点，而且存在着互相补充或替代的关系。例如，一定量的收入是一定量物质资本和人力资本相结合的产物，用较小量的物质资本和较多量的人力资本；或用较多量的物质资本和较少量的人力资本，往往可以产生同样数量的国民收入。

（二）人力投资的成本和收益

西方经济学家认为，教育投资是人力资本构成的最主要部分，因而，他们的研究主要是围绕教育投资展开的。对教育投资的分析，在理论上也适用于其他形式的人力资本构成。

1. 教育的成本

教育的成本分为两大类，一是用于教育的费用，主要包括政府拨出的经费（来自税收收入）和个人负担的学杂费开支；二是学生放弃的收入。

学生放弃的收入是指学生由于上学而可能放弃的收入。西方经济学家把人们放弃一种机会由此可能受到的损失或放弃的收入称为机会成本，把学生因上学可能放弃的收入称为教育的机会成本。例如，一个青少年总是面临着两种机会，一是上学，一是就业。如果他选择就业，就可获得收入，即使不能在外面找到工作，帮助家庭也可以增加家庭收入；如果他选择上学，那么他就由此放弃选择就业所能获得的收入。这就是说，只要学生上学，就意味着放弃了收入，支付了机会成本。因而，教育成本等于教育费用和机会成本之和。

2. 教育的收益

教育的收益是多方面的，既包括个人，也包括社会的收益；既包括经济，也包括精神等方面的收益。西方经济学家主要探讨了个人和社会在经济方面的收益。

他们认为，个人在经济方面的收益主要有：第一，一个人受教育越多，获得收入的能力越大，未来的收入将比未受这种水平教育的人要高一些。第二，受过教育的人与未受教育的人相比，在安排个人的支出时能够比较合理，从而使每一美元开支更有效，这也等于增加了收入。但这方面的计算是不容易的，因为影响个人合理安排开支能力的因素有许多，而不仅仅是教育。第三，与未受过教育的人相比，受过教育的人有更多的医疗保健方面的知识，会更好地保护自己的身体健康，从而提高劳动力的质量，增加未来的收入。当然这也是不易计算的，因为还有另外一些影响健康水平的因素。第四，受过教育与未受过教育的人相比，有较多的机会变更职业，以取得较多的收入，或者有较大的工作适应能力，以应付工作条件和产业结构的迅速变化，不至于失去就业机会。但是，这方面收益同样是不易计算的，因为影响个人职业机动性的因素，同样不限于教育。

上述情况表明，在这四类收益中只有第一类比较易于计算，因此，在衡量教育的个人收益时，通常只列入第一项。

教育投资的最大社会收益，在于它促进经济增长。按照资产阶级经济学家的解释，经济增长过程中所遇到的主要问题是工业中资本投资收益率较低。如果工业中资本投资收益率较低，那么无论储蓄率达到怎样的高度，都难以增加投资总量，从而难以提高经济增长率。因而，一国工业化的关键在于提高物质资本投资的收益率。而要做列这一点，必须有足够的技术人员和熟练工人，这就必须加强对人力的投资，增加教育投资。否则，工业投资的收益率是低的，甚至是负的，工业化和经济增长势难成功。

具体说来，教育的作用主要表现为以下几方面：

第一，教育能够使劳动力的结构适应经济增长的需要，为国民经济各部门、各行业，为不同工种和技术水平的岗位培养足够的从业人员，从数量上保证经济增长对各级各类劳动力和技术人才的需要。这就是说，教育的结构一定要随产业结构的变化而变化，否则，即使劳动力总量似乎与经济增长的需要相适应，但因劳动力结构无法满足经济增长的需要，从而将出现劳动力的浪费，人力资本的损失，出现失业和职位空缺并存的结构性失业现象。

第二，更加重要的是，教育可以大大提高劳动力的质量，从而推动经济的增长。

舒尔茨等人指出，过去衡量劳动投入量是按自然单位计算的，即把每一个人或每一工时都看成是等量的劳动投入，事实上，不同质量的劳动力在同一时间内所投入的劳动量是有差别的。显然，原来的计算办法不能揭示不同劳动力质量对经济增长所起的不同作用，因而有必要给劳动投入量规定新的定义。

劳动力质量的变化涉及到许多因素，诸如劳动者的知识、能力、熟练程度及个人天赋等，但是，提高劳动力质量的最重要途径是教育，因为劳动者的知识和技能等主要是通过教育获得的。因此，衡量劳动力质量的高低可以用劳动者受教育的年数作为一个尺度。按教育程度分组可以考察一个国家劳动力质量的变化。

但是，劳动力质量并不是与受教育年数按同一比例变化的。例如，不能简单地认为一个受过十六年教育的人的工作能力，技术水平和熟练程度等于一个受过八年教育的人的两倍或等于一个受过四年教育的人的四倍，甚或等于一个未受过教育者的无限大倍。

这表明，要使不同质量的劳动力在经济上可以比较，就不能简单地把受教育年限作为衡量的尺度。应当利用市场上公认的标准，即工资收入的多少，作为衡量的尺度。

例如，假定受过十八年教育的大学毕业生的工资收入等于受过十二年教育的中学毕业生的一倍，这表明市场上承认前者的劳动生产率比后者高一倍。但是，在很多场合，适宜于一个大学毕业生的工作并不是两个中学毕业生所能替代的。工作的专业性越强，教育程度较低的人越难以去替代。这也进一步说明了人力投资的重要性。因为，随着经济的发展，它对高质量的劳动力的需求愈来愈迫切，而这是无法用数量较多但质量较低的劳动力来替代的，只能通过各级各类教育来培养大批高质量的劳动力，或是从国外移入高质量的劳动力的办法，来满足经济增长的需要。

既然对教育的投资和对物质的投资都是生产性投资，能够产生经济收益，那么就存在着教育的收益率。教育的收益率包括个人和社会两个方面。

个人收益率是指个人通过教育而提高的未来收入。假定个人是人力资本的投资者，教育是人力投资的途径，那么教育的成本就是指个人负担的教育费用加上个人因受教育而放弃的收入，因而教育的收益率就是教育收益的现期价值与教育成本的现期价值之比。

根据西方经济学家的计算，小学的收益率最高，中学次之，大学最低。这是因为，上小学时，个人用于教育的费用很少，因上学而放弃的收入也微乎其微，因而这时的收益率最高；进中学后，教育的成本增加，与此相应，收益率下降；上大学后，不仅用于教育的费用越来越多，而且随着年龄的增长，因上学而放弃的收入也越来越大，因而教育的收益率呈下降趋势。

教育的收益率是个人判断继续上学在经济上是否有利的标准。既然教育是一种投资，那么投资者就会把它与其他投资的收益率进行比较，以便做出是否继续上学的决定。由于教育的收益率是递减的，所以学生的年龄越大，面临升学与就业的选择也就越尖锐。

社会收益率系指整个社会所获得的收益与它所支付的全部成本之比。各级教育收益率的计算公式是：

本级教育教育收益率＝本级毕业生与前级毕业生的工资差额/本级教育费用成本

根据这个公式，舒尔茨分别测算出美国各级教育的收益率及整个教育的收益率。知道了教育投资收益率，又掌握了各个时期教育投资数额，就可以计算出各个时期教育投资对于经济增长所作的贡献。例如，1929—1957年间，美国教育投资的增添值为二千八百六十亿美元，教育收益率为17.3%，因而教育投资对经济增长的贡献就是2 860×17.3%＝495（亿美元）。这个数字占同期国民收入增长额一千五百二十亿美元的33%。这就是说，教育投资对经济增长的贡献为33%。

计算教育成本比计算社会收益相对说来要容易些。成本主要包括政府拨出的教育经费、个人所付学杂费及学生放弃的收入。教育收益涉及到若干不固定的因素。例如，一个人毕业后能工作多少年？在其收入不断提高的过程中，教育起了多大作用？此外，还要考虑通货膨胀及其他社会经济因素。总之，只有较全面地考虑影响收益的种种因素并做出相应的修正，才可能得出比较符合实际的估算。

计算教育的社会收益率不仅有助于阐明教育投资对经济增长所起作用，而且还可以判断教育投资效率的高低，从而有利于改进和提高教育投资的社会经济效益。

(三) 人力资本理论和人力政策

以上我们扼要介绍了舒尔茨等人对人力投资特别是教育投资的分析。人力资本理论的内容相当丰富，但归纳起来，其基本论点主要有以下几方面。

1. 对人的资本投资的作用大于物的资本投资的作用。舒尔茨等人认为，物的资本投资和人的资本投资都是生产性投资，是经济增长必不可少的推动力，但与物的投资相比，人的投资更加重要。因为如果没有对人的投资，物的投资再多也无济于事。特别是在现代化的生产中，人的资本投资的作用往往大于物的资本投资的作用。他们以日本和西德为例，指出这些国家所以能在战争废墟上迅速崛起，主要是过去对人的投资的积累和战后重视人力投资的结果。他们强调指出，当代世界经济中最突出的现象就是人的资本的不断形成和扩大。没有对人的大量投资，经济增长，以至整个现代文明就不可设想。

他们还指出，为了促进经济增长，必须确定物质投资和人力投资的合理比例。哪种投资收益率高，就应增加哪种投资，反之就应减少。一直到两种投资收益率相等，那便是最佳投资比例。忽视人力投资的作用，片面强调物质资本投资的作用，必然损害经济增长。

2. 教育投资是人力投资的核心，教育投资增长速度应高于物质投资增长速度。大多数经济学家指出，教育投资是一种生产性投资，是各种形式的人力投资的核心，它对经济增长具有举足轻重的作用。他们说，各国人口和劳动力的先天能力是趋于平衡的，相近的，但是后天获得的能力，各国却相差悬殊。各国人口、劳动力质量的差别主要取决于后天能力。这种后天能力主要是知识、技能、文化修养、企业精神等等，这一切都离不开教育。因而人们通过教育所获得的知识和技能，是最重要的人力资本形式。

由于教育投资比物的投资的作用更大，因而前者的增长速度远远超过后者。例如，根据舒尔茨的计算，1900～1957年，美国物质资本投资额增加了大约四点五倍，而对劳动力进行教育和训练的投资却增加了大约八点五倍。同期，物质资本投资获得的利润增加了三点五倍，教育投资所获利润却增加了十七点五倍。

3. 政府负担的教育费用所占比重有逐步增大的趋势。以美国为例，十九世纪五十年代，政府负担的教育费用只占全部费用的50%左右，其后逐步增加。目前，大中小学教育经费开支总额中，政府所占比重已超过80%。由于整个教育开支中政府负担的部分增大，个人负担的直接教育费用所占比重减少，相形之下，个人因上学而放弃的收入在个人教育支出中的重要性日渐突出。

4. 资本投资的重点应从物质资本转向人力资本。当代资产阶级经济学家普遍认为，在科技革命迅猛发展的形势下，人力资本的不断积累已成为劳动力质量和劳动生产率不断提高的关键，为了保证国民经济的持续发展，教育投资必须随社会财富的增长而相应增长，投资的重点应当从物质资本转向人力资本。舒尔茨严厉批评了轻视教育作用的观点，批评那种认为只有物质投资才是生产性投资，在做决策时总是最优先考虑钢铁厂、辅助工业及土地开发。而只把少量资源留给教育的“顽固的偏见”，主张增加人力资本这种可能产生最佳预期收益率的资本形式。

资产阶级经济学家适应生产力发展和垄断资本利益的需要，创立起人力资本理论。其主要目的，是通过对经济增长因素的分析，探索经济持续发展的途径。所以，他们一方面研究人力资本理论，另一方面还研究在人力投资方面应当采取的政策。人力政策进一步丰富和发展了人力资本理论，成为它的有机组成部分。

人力政策涉及到社会经济、政治、文化、道德等各个领域，归结起来，主要有以下几方面。

(1) 人力投资对收入分配具有重大影响，因而应当通过教育投资实现

“收入均等化”，稳定社会秩序。许多专家认为，劳工市场具有二元性，即劳工市场分为头等市场和次等市场。头等市场的特征是：工资收入高、知识和技能高、在职学习深造的机会和被提拔的机会多、工作稳定性大等；次等市场则恰恰相反。他们认为这两个劳工市场的收入差别是与教育程度密切相关的，教育程度高的人基本上集中在头等市场，教育程度低的大多属于次等市场。因而，促成次等市场的人向头等市场流动的途径主要是教育，为此，必须实行义务教育、延长义务教育年限、加强在职培训，并帮助因家庭经济困难而难以进入大学的人。这样做，不仅有助于消除人们收入的悬殊差别，而且有助于创造经济稳定发展的社会环境。

(2) 教育不仅要从总量上满足经济增长对劳动力的需求，而且还要满足国民经济对各种技术水平、各种类型劳动力和专业人才的需求，因而，教育投资结构必须随产业结构、技术结构和就业结构的变化而相应变化，否则就会造成人力资本或物质资本的浪费，损害经济增长。

(3) 劳动力的国内流动和国际流动，有助于劳动力的国内调剂和国际调制，因而，政府应当资助国内劳动力从人力过剩的地区和部门向人力短缺的地方和部门移动，充分发挥人力资本的作用；同时，应当采取措施鼓励外国熟练劳动力特别是专业技术人才移入本国，这一方面节省了本国人力投资，同时又增加了本国人力资本积累量。

(4) 从人力投资的社会收益的角度来看，培养少数“优秀分子”是有利可图的。因为同样的投资花在具有不同能力的人的身上，其效果是不一样的。如果政府用一笔正常的开支对一般人进行人力投资，再用一笔追加的开支对少数“优秀分子”进行人力投资，那么这笔追加投资每单位的收益将大大超过一般人力投资。因而对少数“优秀分子”进行追加的人力投资，对社会是有利的。

六十年代以来，西方各国政府根据经济学家的建议，采取了相应的人力政策，程度不同地收到了成效。

(四) 人力资本理论的合理因素及其缺陷

人力资本理论的产生，在西方各国引起了强烈反响。不久，许多经济学家都成了人力资本理论的拥护者，甚至把它的出现视为“经济学的一场革命”。与此同时，它也受到某些经济学家的批评或非难，认为把教育当成一种资本，是对教育崇高目的的亵渎。那么，究竟应该怎样评价人力资本理论？我们认为，人力资本理论是适应现代经济和科学技术的迅速发展而诞生的，因而它具有某些合理因素；另一方面，它又是在资产阶级庸俗经济学的理论基础上成长起来的，因而它又具有非科学的一面。

1. 人力资本理论的合理成分

第一，对人的能力的提高在经济增长中起作用的高度重视。舒尔茨等人指出，人力资源是一切资源中最重要的资源，提高劳动力质量，无论对经济增长还是对个人收入提高，都会带来巨大的效益。因此，他们坚决主张把用于提高人口质量的所有费用都看成是一种生产性投资，反对把这类费用视为纯粹消费的传统观念。

他们尖锐地批评了资产阶级传统经济理论对人力资源的忽视。舒尔茨批评说：“以往的经济学家没有强调人们向自己本身进行很大投资这样一个事实，他们不敢涉及向人的资本投资问题。”舒尔茨特别批判了李嘉图的“土地收益递减规律”和马尔萨斯人口论所散布的悲观论调。不少经济学家断言，固定的土地面积和日益增长的人口将会导致世界资源的枯竭，使人民陷入贫困。舒尔茨反驳道：“空间、能源和耕地并不能决定人类的前途。人类的前途将由人类的才智的进化来决定。”

舒尔茨的这些论断无疑是正确的，它们不仅驳斥了传统经济理论对人类前途散布的悲观情绪，而且还为经济发展理论的研究开辟了新的领域。

第二，对人力投资进行了定量分析。教育开支作为一种生产性投资，它要耗费成本，又能带来经济收益，这说明，投资与收益之间必然存在某种量的关系。揭示这种量的关系，就能具体形象地阐明教育在经济增长中的作用，从而有助于教育经济学的创立。教育经济学是一门计量性很强的学科，以往的许多经济学家虽然也原则地谈过教育对经济发展的作用，但都没有进行量的分析。这是教育经济学迟迟没能创立的原因之一。尽管人们对舒尔茨等人的计算方法及其结果，可能提出异议，但他们毕竟迈出了决定性的一步。

第三，适应经济增长的需要，提出了人力政策。建立在人力资本理论基础之上的人力政策，主张投资的重点从物质投资转向人力投资，人力投资的增长速度应当高于物质投资的增长速度，等等，这些政策主张在理论上是站得住脚的，在实践中有利于社会经济的发展。

2. 人力、资本理论的缺陷和问题

第一，把人力投资“资本化”，抹煞了资本的实质。马克思主义认为，虽然资本离不开货币，但货币并不等于资本，只有能够为资本家带来剩余价值的货币才是资本，因而资本体现的是资本主义的生产关系。资本家花钱购买生产资料和生产手段，同时还购买工人的劳动力，为他们生产剩余价值，只有这种投资才是资本。工人和劳动者在自己身上投资受教育，未来的收入可能提高，但多得的这一部分收入并不是他人创造的剩余价值，只是他们劳动力价值的一部分，因为正如马克思所指出的，教育费用是构成劳动力价值的重要因素之一。显然，把人力投资资本化，抹煞了资本主义的剥削实质。

再则，把人力投资与物质投资等同起来，认为它们都是创造财富的源泉的观点也是错误的。马克思主义认为，只有工人和其他劳动者的活劳动才是创造物质财富的唯一源泉。离开了人们的劳动，不仅物质资本成了一堆废物，就是在人力资源上投下的资金，也发挥不了作用。这就是说，无论是物质资本还是人力投资，都不能直接创造物质财富，只有通过工人的劳动，它们才能运转起来，发挥作用。把物质资本或人力投资视为社会财富源泉的理论，是资产阶级庸俗经济学“生产三要素”理论的翻版。

第二，把工人和劳动者的收入看成是人力投资的全部收益的论断，掩盖了工人受剥削的实质。资产阶级经济学家断言，物质资本为资本家创造利润，人力投资为劳动者带来收益。这种理论是根本不能成立的。众所周知，利润是工人创造的剩余价值的转化形式，而不是资本的直接产物；工人得到的工资是劳动力价值或价格的转化形式，而不是人力投资的全部报酬。这是因为，其一，教育和其他形式的人力投资提高了工人和劳动者的知识和技能，从而大大提高了劳动生产率，由此而大幅度增长的剩余价值全部落到资本家的腰包，工人所得的，仍是他们劳动力的价值。其二，在资本主义条件下，人力投资有时未能给劳动者带来收益，因为失业是资本主义的伴侣。在西方国家，不仅大批普通劳动者常常流落街头，即使是学士，硕士和博士学位获得者有时也难以幸免。

第三，某些西方经济学家断言，发展中国家经济落后的主要原因是教育落后，只有推进教育，才能改变贫困落后的面貌。这种论断显然夸大了教育的作用。我们认为，教育对国民经济的发展确实具有重要作用，但它并不是决定性因素。发展中国家的经济之所以落后，主要是帝国主义长期殖民统治和掠夺所造成的，而教育不发达和人力投资不足也正是殖民统治和掠夺的必然结果。显然，只有推翻帝国主义殖民统治，改革不合理的国际经济旧秩序，才能为经济发展和教育进步扫清道路。教育的发展、教育作用的发挥，离不开社会制度，生产关系及社会政治经济政策的制约；离开了社会政治、经济制度，过分强调教育的作用，在理论上是说不通的，在实践中必然碰壁。

（本文发表于《外国教育动态》1985年第5期。作者曲恒昌，时属单位为北京师范大学比较所）

三、现代化理论在比较教育中的运用

自从工业大革命以来，现代化问题就成了世界各国学者关注的中心，对现代化问题的研究所形成的现代化理论给我们留下不少有益的启示及教训。而现代化理论在比较教育中的运用大大丰富了其研究的内容和方法，促进了国际教育的交流。

（一）现代化理论的产生及其发展

现代化理论是社会不断变革的结果。按照美国社会学家帕森斯（T. Parsons）在《社会系统》一书中从世界史角度所作的划分，社会现代化共分三个阶段。第一阶段从十七世纪开始到十九世纪末结束。这一时期的现代化以当时具世界领先地位的英、法为主导，其代表是最先进行生产工具革命的英国产业革命及资产阶级民主革命最具彻底性的法国大革命。十五世纪末和十六世纪初相继出现的欧洲文艺复兴、宗教改革运动及地理大发现，不仅通过打击神的权威及封建的天主教势力而大大促进了人们思想的解放，而且通过开辟地理上的新航线、发现新的大陆而更加开阔了人们的视野，推动了科技的巨大进步。在此影响下，由英国纺织业和蒸汽机起始的产业革命迅速扩展至欧洲、美洲，它不仅塑造了一个新社会即工业社会的轮廓，而且它开辟了研究这一新社会及新特征的新兴学科——社会学，其奠基人是德国的社会学家韦伯（M. Weber）及法国的社会学家涂尔干（E. Durkheim）。他们提出“社会行动实质论”及“分析社会结构”的思想，并依此把西方社会本身的变化分为“传统社会”和“现代社会”。后人依此思想，进而按照现代化的程度把世界上的发展中国家和发达国家作了“传统社会”和“现代社会”的划分，认为传统社会缺乏文化能力去适应新环境，世袭门弟关系至关重要，其成员宿命迷信等；而在现代社会里，人们敢于摒弃阻碍文明进步的东西，门弟关系无关紧要，其成员表现出对世界的理性与科学态度等。社会学的学者们用“现代性”描述那些在技术、政治、经济和社会发展方面最先进国家的共同特征，及获得这些特征的过程，故现代化理论起源于社会科学本身，韦伯和涂尔干可说是此理论的鼻祖。

这一时期，被恩格斯称为自然科学三大发现之一的达尔文的生物进化论问世。这一理论认为，生物有机体适应“自然选择、适者生存”的原则沿着线性的阶段连续地升进。受此影响的许多社会学家也都认为社会像生物有机体一样，沿着从传统向现代、从落后到先进、从不发达到发达这一线性路径不间断地发展，这也就是社会进化论。自此，社会进化论一直是整个社会科学、人文学科中起支配影响的思潮。这一思潮使得人们用自然主义历史观看待世界，把发达国家同发展中国家放在同一条历史发展线上，“工业较发达国家向工业较不发达国家所显示的，只是后者未来的形象”[1]。

社会现代化的第二阶段始于二十世纪初至第二次世界大战止，它以德国的急速工业化为主导，其特征为两次世界大战造成的全球性浩劫。十九世纪后半期，德国通过国家统一的完成、战败国的巨额赔款而大力开发资源、更新机器设备、发展教育一跃成为帝国主义第二号强国。为重新瓜分世界殖民地，它挑起两次世界大战。战争一方面摧毁了人们对未来社会的乐观向往，另一方面也使产业革命以来发展的科技发挥了前所未有的作用，并促进了殖民地国家的纷纷独立。独立后的人民向往走上现代化道路，这时社会进化论仍有市场。

但第二次世界大战摧毁了西欧和德意日法西斯，却使美国独享胜利果实而跃居资本主义世界经济和政治发展的顶峰。它一方面对弱小国家进行重新殖民，对社会主义国家展开“冷战”，而把整个世界卷入资本主义政治、经济及文化体系以实现“西方化”、“美国化”；另一方面它又对新兴国家和地区的前途产生兴趣。这些新兴国家和地区是仿效西方资本主义发展模式，还是仿效社会主义发展模式或发展自己的独特模式不仅关系到这些国家和地区的现代化问题，而且关系到国际社会发展的方向和前景。故美国学者纷纷从政治、社会、历史、经济等角度对它们的发展问题进行探讨，这就促进了新的社会进化思潮在更大范围内的重新复活。这样，以战后美国为主导的第三阶段现代化理论就在对这一发展进程进行经济、政治、历史等综合研究之中形成了，这也即是通常意义上的“现代化理论”。与前两个阶段的现代化理论相比，它有两点特色：第一，其课题在于阐明非西方发展中国家得以实现工业化和现代化的条件，并就由此产生的社会变动的性质作出提示；第二，它以这一时期占据统治地位的结构功能主义社会学为主要理论基础，同时又受到人力资本论的重大影响。结构功能主义产生于三十年代末的美国，鼎盛于五十年代，其集大成者是帕森斯及其学生默顿（Merton）。该理论强调社会均衡，认为社会是一个各部分相互联系的系统和整体；每一部分都有独特的功能，而整个社会有维持模式、整合、完成目标及适应四大功能。就教育而言，它认为教育具有个人社会化功能、社会选择功能、维持社会生存与稳定的功能及技术功能。人力资本论是以结构功能主义为基础的另一发展理论，它与第三阶段的现代化理论一样都产生于五、六十年代资本主义蓬勃发展时期。它认为，人力资源是一切资源中最重要的资源；提高人的质量可提高生产能力，而教育是提高人的质量的核心内容，故增加教育投资可间接地促进未来的经济发展。上述观点对现代化理论家们影响甚大。

在对这一时期现代化问题的研究中，各个领域都涌现出一些著名的代表人物，他们从各个角度对现代化的概念及条件进行探讨。这些代表人物如社会学家列维（Levy）、莱西（Nash）、帕森斯、阿普特（D. E. Apter）、穆尔（W. E. Moore）、经济学家罗斯托（Rostow）、历史学家布莱克（C. E. Black）。其中，帕森斯从现代化起源角度，认为现代化过程不仅是“西方化”，实质上是“美国化”；阿普特和穆尔则从性质角度，认为现代化也就是人变得更为理性的过程；列维、罗斯托从指标角度，认为现代化即经济发展的工业化；而布莱克则从历史进程角度，认为现代化是一场深刻的社会变革，是人类历史上的第三次革命。由此可见，现代化理论并不是某一领域独有的理论，而是有关“现代化”问题的各种不同学派的理论的统称。但值得注意的是，众多现代化理论家尽管其研究领域不同，但都十分强调教育对社会经济、文化、公民心理等方面的作用。他们在对日本、俄国、巴基斯坦、尼日利亚及智利等国家的现代化研究中发现教育不仅在某种程度上似乎决定政治态度，而且职业欲望的提高、对传统习俗和信仰的较少依附、对新经验的开放态度等都源于学校教育的现代导向。一句话，教育在现代性所有方面的发展中都起着关键作用。自然，至于何种教育培养出现代人，他们有着很不相同的看法。如美国学者阿默（Armer）和尤兹（Youtz）认为是西方模式的正规学校教育培养出了现代人，而劳吉（Ragin）等人则认为学校教育能以一种非西方化的方式有助于社会现代化。

根据上述学者的探讨，我们可以概括出现代化理论的主要内容，即是：① 在经济技术层面上，强调经济的工业化、科技化及人的社会心理属性对经济增长的稳定连续模式的作用；② 在政治生活上，主张生活城市化、政治民主化、文化世俗性及组织科层化；③ 在价值体系层面上，主张观念理性化，即强调现代人的特征；④ 在发展中国家的现代化问题上，主张西方化、资本主义化。而所有这些内容的实现都依赖于教育的发展，教育的发展又依赖于教育投资，这样现代化理论学者就建立了教育现代性的下列模式：大量教育投资——现代化教育——现代化意识和行为——现代化社会和经济发展。此模式对人们教育观念的更新影响甚大。

（二）现代化理论在比较教育中的运用

美国比较教育学家凯利（G. P. Kelly）曾说："比较教育没有一个中心，确切地说，比较教育研究是多学科研究的混合体，其发展将得力于许多不同的理论框架"[2]。盛行于六、七十年代对社会各个领域的现代化过程进行综合研究而形成的现代化理论无疑也给这一时期的比较教育研究供了一个新的理论框架，而且"现代化框架对教育学科的研究要比它对各门社会科学的研究更为适用"[3]。同时，现代化理论家们对教育在现代化过程中起着重大作用的认识也给比较教育学者们打开了新的视野，于是一些比较教育学家把现代化理论引入比较教育，这不仅使得五十年代对比较教育方法论和定义的争论到六、七十年代转向了对理论问题的争论，而且还导致了现代派比较论的产生，开拓了比较教育学研究的新阶段。其代表人物主要是芝加哥学派的安德森、贝雷迪、诺亚、埃克斯坦，另外有经济学家出身的福斯特、舒尔茨。

安德森是美国著名社会学家兼比较教育学家，他关于比较教育的代表作有:《服务于比较教育的社会学》(1959)、《教育社会学的比较框架》(1970)、《比较教育方法论》(1961) 等，并创立了结构功能法。贝雷迪曾是哥伦比亚大学比较教育学教授，其代表作有《教育中的比较方法》、《教育的比较方法论反思》等，提倡社会学法。诺亚和埃克斯坦分别是纽约州立大学、纽约市立大学教授，代表作是他们合著的《比较教育科学的探讨》(1969) 等，主张用自然科学的一般程序分析教育现象或假设。福斯特和舒尔茨都是美国著名的经济学家、人力资本论的倡导者，他们在各自的代表作《教育发展的困境:我们从过去能学到什么?》及《人力资本的投资》中提出了教育投资是生产性投资的重要观点。总起来看，他们的现代比较论思想主要有以下几个方面:

第一，主张跨学科研究。前已说明现代化理论并不是某一领域独有的理论，而是对社会各个层面的现代化过程进行综合研究而形成的，而社会各层面之间是密切联系不可分割的。并且，当代各门社会科学、社会科学和自然科学之间又都呈现出了相互交叉和渗透的趋势，故受此影响的现代派比较论者主张比较教育研究应向跨学科方向发展，以实现与历史、政治、民族学、心理学、经济学等相邻学科的相互渗透和密切合作。如安德森认为每门社会科学在研究教育与社会其他方面的联系时，都有其独特的优势[4]。同样，在贝雷迪关于方法论的“四阶段”中，“研究的解释阶段是用哲学和各门社会科学学科，比如社会学、心理学、人类学等的方法和观点来分析所收集的资料。因此，比较教育学具有跨学科的性质”[5]。

第二，注重探求教育和社会之间的关系及教育的经济、政治文化的功能。以结构功能主义为其主要理论基础的现代化理论主张分析社会的各种结构和功能，并认为社会的各结构又是有机相联的。就教育而言，每种教育制度因有其不同的社会基础，故应从社会的政治、经济、社会阶层形成和变迁、文化等各个方面来探求它和社会的关系。另外教育作为社会的一个子系统，它也是结构和功能的统一，故也要研究教育的政治、经济、文化等功能。

如，安德森曾指出比较教育这门学科既要研究校内现象又要研究校外现象，强调集中研究学校教育的教学效果（成绩）与社会效果（如社会地位变动）之间的复合关系模式，认为这种复合关系模式一旦得到证实，就能为教育政策和改革提供依据。他还提出，又因一个特定类型的社会就有一种特定类型的教育，故“在发展中社会，学校与非教育机构之间的新的联系必须取代历史赋予目前发达社会的那种联系”[6]，因此应注重“特色”研究。另外，以前的比较教育研究往往在教育结果方面研究较少，故应弥补这一“缺口”，以加强教育的社会效果。他的这些观点得到了贝雷迪、诺亚和埃克斯坦的支持，他们都把比较教育的首要目的看成是学校与社会关系之间的理论建设，而这项工作一旦完成，它对教育政策、教育革新、教育借鉴及决策等方面的贡献将是不言而喻的。

第三，从理论和方法上，致力于“比较教育”本身的建设及它在教育决策和教育预测中的影响和作用。现代化理论强调教育对社会各个领域现代化的重要性，注重探求教育的独特结构和功能，而比较教育作为国际教育交流的论坛无疑具有重要的作用。故现代派比较论者注重“比较教育”这一学科建设，并且由于以下四点原因，他们的努力尤为重要：首先，比较教育学的合法正规性直到二战以后才在大学建立起来，并且关于其方法论、定义、理论构架等问题一直争论不断；其次，它涉及一种或多种不同于研究者生活于其中的文化，这使它面临独特的方法论上的问题如可比性、概念的等价；再次，“越来越多蔑视与‘教育专业’划等号的社会科学家们正在研究教育”[7]，他们对教育的研究一方面促进了比较教育的发展，另一方面又使得它几乎成为一门折衷的学科而没有自己的一套独特的方法和理论；最后，从五十年代末期开始的“教育国际竞争”和“教育计划与开创的导向”给了比较教育以新的课题，它一方面要求比较教育加强决策和预测功能，另一方面要求它随着课题不同而使用多种方法，从事综合性研究。因此，六十年代中期，安德森要求用结构功能法取代传统的“历史的研究”；贝雷迪要求比较教育学研究方法的体系化并提出著名的“四阶段说”：描述、解释、并列和比较，此外他还尝试着把比较教育学建成一门独立的学科并提出其学科问题；诺亚和埃克斯坦主张把现代自然科学的一般程序引入比较教育学研究，并确立作为社会科学的比较教育学，从而进一步开拓了比较教育学的研究思路。

第四，注重发达国家的教育经验对发展中国家的“输出”。比较教育学是在“借鉴”外国教育经验的要求下产生的，二战前的比较教育学研究也都强调教育经验的“输入”，而二战后的现代化理论注重研究非西方发展中国家和地区的现代化过程，并认为教育是实现现代化的最重要因素。受此影响的现代派比较论者自然关注第三世界国家的教育改革，主张本国先进教育经验的“输出”。安德森、诺亚、埃克斯坦等科学主义者都严厉批评人文主义者主张的以地方为特征的教育的无效性，而强调对教育现象进行客观的、“价值无涉”的研究，强调研究结果的可重复性及研究方法的可操作性，以试图发现出普遍性的规律和法则“移植”到发展中国家，从而解决发展中国家的教育问题，实现教育在现代化过程中的独特功能。他们的努力形成了比较教育中的现代化分析模型：发达国家→教育问题→教育援助→发展中国家教育与经济的发展→发展中国家的发展与现代化。

第五，注重教育的投资及长远规划。这一主张主要由福斯特、舒尔茨等人提出，他们既是经济学家，又是现代派比较论者。在对人力资本论的研究中，他们发现增加教育投资能促进生产发展。另外，教育周期长，“十年树木，百年树人”，今天的人才是明天的科技和后天的财富。并且德国和日本战后经济的腾飞都大大得力于教育，故发展中国家若要迅速赶上现代化的步伐，在处于与当年发达国家同等的经济水平时，应加大教育投资。

（三）现代化理论应用于比较教育的利弊

现代化理论依据西方的历史经验，在研究第三世界国家和地区从传统社会向现代社会转变的过程中，不仅强调社会各个领域现代化的重要性，而且提供了我们衡量社会发展时可供参照的标准。这一方面使得发达国家大量的方针政策都受到现代化理论的支持，包括扩大教育计划、支持民主国家等；另一方面对发展中国家的探索富有重要启迪性。它在比较教育中的运用有它的特色又有它的弊端，其特色体现在以下方面：

第一，现代派比较教育学者在强调比较教育的跨学科研究的同时，又致力于比较教育学本身的建设。这不仅充分体现了这一学科或领域本身的性质或特点，有利于比较教育发挥它应有的对理论和实践的指导作用，而且大大地促进了比较教育作为世界性的教育交流论坛的形成。1968 年作为比较教育发展史上的一个重大事件的世界比较教育学会联合会诞生，无疑与现代派比较论者们的努力密不可分。

第二，现代派比较论者努力探求教育与社会之间的关系并注重教育的社会功能，这对以往比较教育研究只注重人本身而不注重教育的社会功能是一个重大的突破和创新。二战后，以美国为首的资本主义阵营和以苏联为首的社会主义阵营尖锐对立和竞争，竞争的一项重要内容便是人才和技术的竞争，这一竞争促使欧美国家在战后采取迅速发展教育的政策，同时新兴独立国家和地区也急切地希望发展教育以振兴经济，对付国际竞争。现代派比较论者正是适应了这一时代潮流，把比较教育看作为前进的、改革的利器而从社会各个角度来探讨教育的功能，以图为决策部门提供理论指导。他们的研究推动了对教育与社会结构之间关系的考察及对教育功能的社会学研究。另外，他们在强调政治、经济及文化现代化的同时，极其注重个人的现代化：强烈的成就取向、高度的自尊及集体荣誉感、对新事物的开放态度等，大大有助于激发第三世界国家和地区人民的信心、努力和干劲，开发他们自己的“人力资源”来建设自己独特的现代化国家。

第三，现代派比较教育学家们对教育的作用、教育投资与经济发展的研究奠定了教育经济学的基础，不仅带来了教育观念上的更新，促进了国家和经济学家对教育的重视和干预，为国际机构对发展中国家教育的援助提供了方向；而且以此为生长点，带动了七十年代后相继出现的“筛选假说”、“社会化理论”及“劳动市场划分理论”，使人们对教育的经济价值进行了重新评价与认识，因而从另一个角度影响了各国对教育的决策。

第四，许多现代派比较教育学者并不全搬“现代化理论”而主张发展中国家的全盘西方化，相反，他们认为不同的国家可以按照不同的发展阶段而现代化。如，安德森曾说“相同的社会结构或实践在不同社会中会产生不同的结果或作用；反之亦然，即不同的社会结构或实践会产生相同的结果或作用”[8]，故现代化道路应有特色。同样，福斯特和诺亚等怀疑在从传统向现代推进的过程中是否应该遵循欧洲社会提供的技术结构的道路，他们认为，在第三世界里，非正规的教育甚至简单的关于怎样修理自行车或净化水的知识可能是更重要的。这些主张具体指导了第三世界的发展策略。

尽管现代化理论对社会发展作出了重大贡献，但其本身及其使用者们的缺陷使得它一直受到众多批评。

第一，就此理论本身来说，它用了以生物体自我增殖为原则的系统论概念和重视组织分化过程的结构功能主义，从而把发达国家和发展中国家的发展看成是一条线上的前后连续关系，现代化几乎是“西方化”的代名词，这使得它严重脱离了第三世界发展中国家和地区的实际，没有找到发展中国家的独特道路，故难以产生预期的效果。

第二，就现代派比较论者而言，在教育和社会的关系上，他们过分强调了教育的积极功能而忽视了其消极功能，并且他们的许多研究也只是重复一些常识性的见解，实际教育决策无法开出什么好的处方。

第三，现代派比较论者在“移植”教育经验时，误以为“移植”的经验总是有效果的，发展中国家总是毫不拒绝地接受的。他们过高估计教育信息传播的效果，而把教育交流、“输入”、“输出”问题简单化等。我国一些学者如薛理银等曾主张把比较教育视作国际教育交流的论坛，在这里，发达国家和发展中国家的地位、作用和身份是相等的。而现代派比较论者却忽视了发展中国家接受和输出教育信息的能动性及教育这一客体的特殊性。

第四，现代派比较论者对教育经济价值的认识也陷于肤浅，他们像他们运用的现代化理论一样，把教育投资与经济发展之间的联系看成单一的线性关系，而没看到二者之间存在的正偏态不平衡、负偏态不平衡等复杂关系。在他们看来，“增大教育投资就有了教育发展，扩大了教育发展就有了经济增长”，这种过于简单的认识自然无重要的实践意义。

第五，他们注重从宏观的整体的角度去研究具有“静态”特征的教育的整体结构，而几乎不关注具有“动态”特征的教育的具体过程，并忽视教育中的人际关系因素。教育的本质为它是一种培养人的活动。尽管它处于社会情境之中，它有自己的独特性，忽视其内部关系的研究无疑是一重大缺陷。另外，因教育和社会之间关系的研究与教育内部因素的研究是互补的，不可替代的，故忽视其内部研究也难以揭示其外部之间的关系。

参考文献：

[1] 中央编译局. 马克思恩格斯全集 [M]. 第23卷. 北京：人民出版社，1972：8.

[2] KELLY G P. 比较教育的论争与趋势 [J]. 外国教育动态，1991(3)：33.

[3] 朱勃，王孟宪编译. 比较教育——名著与评论 [M]. 第1版. 吉林教育出版社，1988：267.

[4] [6] [7] [8] 安德森. 比较框架中的教育社会学 [M] //赵中建，顾建民选编. 比较教育的理论与方法. 北京：人民教育出版社，1994：194，202，194，197.

[5] 薛理银. 当代比较教育方法论研究 [M]. 北京：人民教育出版社，2009：105—106.

（本文发表于《比较教育研究》1997年第4期。作者王海澜，时属单位为华东师范大学比较教育研究所）

四、从属理论和比较教育

根据西方学者的解释，“从属”这一术语指的是一种权力关系，“从属”表示个人或集团与其他个人或集团之间的臣属和从属关系，也就是某些事物是属于更大的复合体或更大的一组事物的这种状态。一个多世纪以来，从属现象一直是社会科学研究的题目，世界上不论穷国富国都对之日益发生兴趣。

(一)什么是从属理论

关于从属现象的第一种理论是卡尔·马克思在其对历史的经济分析中提出来的。从他的历史观点出发，这种从属观念被认为是预示资本主义世界结构性危机的一种方法论的说法。他认为帝国主义是造成从属的原因。他还从统治社会的观点出发解释了从属国家在经济上、政治上和文化上所处的从属地位，提出通过社会革命摆脱从属地位。然而，马克思主义所信奉的解放理想尚有待于在从属国家中采取具体化的形式。

列宁进一步发展了马克思的理论观点。他撰写了《帝国主义：资本主义的最高阶段》以揭示十九世纪末二十世纪初欧洲资本主义由于自身矛盾而产生的衰落，认为资本主义带来的并不是马克思当时所设想的苦难和斗争，而是为工业无产阶级带来了实实在在的物质财富和某种程度的工人合作。列宁进一步运用J. H. 霍布森的观点，提出帝国主义是资本主义发展的特殊阶段，欧洲资本主义在非欧洲殖民地进行新的投资，获得了大量的利益，结果殖民地人民代替欧洲不断壮大的工人阶级成为新的被压迫无产阶级。但由于时代的限制，列宁也未能为当今的从属现象提供切合实际的解决办法。

关于从属现象的第二种理论是与马克思主义相反的自由主义。其理论基础是由孔德和斯宾塞创建的。它不是采取革命改造而是采取和平演进、遵守秩序和进步的手段作为克服从属状况的策略。提出从属现象可以随着“不发达”社会通过一系列阶段的发展而一步步地减少，直到进入标准状况——“发达”社会的状况时为止。但这种自由理论未能充分注意到当今从属社会特有的现实情况，无法对从属社会的历史动态提出一个全面的解释。尤其是对最近几十年在一些国家（特别是拉丁美洲）存在的从属现象，这种理论很少作出令人信服的解释。

那么，如何妥帖地解释当今的现实情况和提出克服这种从属现象的解决办法？六十年代，有人提出应该对社会科学提出新概念。这种提出概念的做法通过一种与传统马克思主义不同的分析方法而在拉丁美洲产生效果。这种分析观点在社会科学上引起了一场大胆的理论运动，即从属理论。有人把这一理论称为“拉丁美洲社会学的独立宣言”。这种从属理论从从属社会的角度来理解和解释经济和社会政治结构，试图揭露出在发达国家和发展中国家之间形成一种支配关系的前因后果。从属理论提出，完全可以把世界目前的状况看成是由于“富有”国统治“贫穷”国、国内“富有”阶级及利益统治“贪穷”阶级及利益的结果。“中心—外围”“霸权”“再生”，这些都是从属理论的重要概念。它们被用来说明当今世界的现状。居于中心及霸主地位者，对处于外围和从属者系统地再生产自己的价值观念，借此来保证他们得以单方面行使支配权。在每一个国家里，也有一个中心在支配和利用外围。许多学者、思想家参与了从属理论的研究，如：卡多索、法莱托、普莱比什、里韦罗等。目前，在拉丁美洲有一大批关于从属理论的文献。

在从属理论产生和初期发展阶段，至少可以把它分为三种见解：第一，作为资本主义发展不充分（underdevelopment）的理论。持这种见解的分析家把从属看做是这么一种情况，某些国家的经济左右着另一些国家的经济增长和发展，他们之间表现为从属关系。支配国家能自行求得发展而从属国家的发展只能是支配国家发展的反映。从属实际意味着经济停滞和社会萧条。直到五十年代末，拉丁美洲的经济明显处于停滞状态是由于外来资本主义的干涉。外国的投资并未促进经济的发展，因为资本的输出超过了资本的输入。

中心国的投资往往集中于能带来即时收入的生产领域或是采矿业，而不是制造业。原材料被出口到中心国家，经过加工成为制成品，大量的制成品通过不当的贸易形式再进口到外围国家。外围国家没有资本积累——除了世界大战期间和战前的萧条期，那时中心国放松了对外围国家的控制，制造业亦未得到发展，传统的经济模式继续存留着。工业化国家的资本主义制造并维持了不发达国家经济的停滞，而他们可以通过保存现存的经济结构获得最大的经济利益。外围国经济上对中心国资本的依赖以及这种依赖带来的畸形意味着在这种中心—外围关系中，外围国经济发展是没有机会的。从属国家摆脱从属关系的方法就是社会革命，否则中心国与外围国的结构存在一天，发展不充分就会存在一天。

第二，作为阻碍资本主义发展的理论。"自然"形成的国家之间的现有分工，显然有利于中心国家。外围国家试图通过工业化来摆脱这种不利局面，但中心国家不会等闲视之，必会强迫推行现有的国际分工。同时，外围国家的经济发展也存在着自己内部的结构性障碍。这一理论把垄断帝国主义在世界范围的发展和新殖民主义的存在以及同时存在于外围国家的半殖民地关系紧密地联系到一起，以说明为什么外围国家继续贫困化、农业化和传统化，而在这同时中心国家却在富裕化、工业化和现代化，为什么贫富国家之间的联系会不断自发地加强。它还对宗主国未能使外围国获得如罗斯托的"生长阶段"（stage of growth）经济理论所预期的发展作出了解释。富兰克认为贫穷国家由于外来资本主义利益集团的干涉而不断贫穷。因此他提出，外围国应通过摆脱对外来投资的依赖，打破现有分工，调整经济结构，依靠工业、合作和地区性独立发展资本主义经济。另外，他提出加强大众教育，以扩大平等的教育机会，进一步加强教育和地方经济需要的联系，提高地方团体对教育影响的控制，把教育作为提高公共集体观念的工具和社会及政治力量再分配的手段。

第三，作为一种概念和分析工具。即注重探讨经济发展过程的政治意义，克服人为地区分为外部因素和内部影响的做法，对两者作辩证统一的研究。同时根据特定的和具体的情况对由此产生的经济、政治和社会变化作出解释。

(二) 比较教育研究中的从属理论

当某一领域产生了新的理论，其它研究领域的实践者们总是试图拿来为己所用。有时这种理论借鉴确能有力地促进知识的发展和学科研究的进步。从属理论的引进，从某种意义上说，就极大地推动了比较教育研究的发展。

从属理论于二十世纪六十年代开始应用于教育学。目前已有大量文献涉及教育的从属问题。在许多国家和国际教育工作者的各种会议上对这一问题加强了讨论，运用从属理论为框架进行比较教育研究也引起西方比较教育界的极大关注。1987年7月2日至6日在巴黎召开的第五届世界比较教育代表大会，讨论的主要议题就是“教育的从属性和相互依赖性”。这个主题涉及的范围非常广泛，既包括探究多种不同的解决办法，又包括当前研究项目——比较教育——这一广大领域。同时，也是第三世界国家特别关注的主题。这说明该学派已成为世界比较教育的一个重要流派，其影响已超越了拉丁美洲。

把从属理论运用于比较教育研究的学者明确提出了教育的从属性问题，认为外围国家的教育体制、教学内容、教学方法等是宗主国教育体制、教学内容、教学方法的移植，形成不发达国家对发达国家教育的从属。同时，宗主国的教育实践在形成殖民国的上层（elites）和下层（masses）方面起着独特的作用。从宗主国移植来的教育把它的价值观反复灌输给当地的上层人士，引起上层人士文化上的异化，导致从属的进一步加强。从属的途径包括宗主国对出版物的控制，宗主国把知识、价值观移植到外围国家；发展中国家的学生流向发达国家的教育机构，运用宗主国的模式，在发达国家教育学者的干预下制订外围国家的教育计划。

六十年代以后，在美国、英国、法国、意大利、拉丁美洲国家等出现了一大批持从属理论的教育学者。如卡诺伊和莱文，鲍尔斯和金提斯，阿普尔和韦克斯勒等都是美国当代最重要的教育从属理论家。英国的伯恩斯坦和杨，意大利的格莱姆西也是著名的从属论学者。在拉丁美洲，曼弗雷多·贝尔赫是一位杰出的研究教育从属性的学者，他侧重于研究具有从属社会特征的世界范围内的社会与教育之间的关系，他探讨了国家发展过程的具体条件，并努力钻研某些特定制度该如何克服从属状态。另一位是弗莱雷，他的重要贡献是对教育所产生的经济和文化上的统治力量作了清晰的阐述。他在其代表作《被压迫者的教育学》一书中，分析了作为一种压迫穷人的工具的学校课程，这种课程在从属思想的指导下教育穷人以遵守秩序的方式求生存。从他的分析中我们不难推论出“国际上被压迫者的教育学”的存在。法国的布迪厄和帕塞隆则认为学校和教育制度是在重复产生现有的不平等关系和压迫关系。他们努力把有关的社会、政治和经济方面都合到一块儿进行分析，他们的研究填补了教育文献中的一个巨大空白，因为许多文献未能充分地探讨和解释社会制度和教育制度中明显的和一直存在的不平等现象，尤其是在外围国家。

著名的比较教育学家菲利普·阿尔特巴赫还运用从属理论探讨大学的问题。在他的题为《作为中心和外围的大学》一文中，他认为大学可分为“有影响力的”和“从属性的”两类。第三世界的大学，也许在本土享有声望，但在国际学术网络中，却是被动的，处于从属地位。

卡诺伊通过悉心研究指出，第三世界许多国家的教育制度是由当初的殖民主义带来的，这些殖民地国家获得独立后，教育制度依然如故，这就导致了第三世界国家对西方教育模式的从属。另外，当今世界，工业化国家由于具有知识、技术、工业、经济等方面的实力，因此成为作为外围国家的第三世界国家的从属对象。

乔安·高尔丁指出，除了国际上存在中心—外围关系以外，在一个国家内也存在中心—外围关系。中心总是在支配和利用外围，它还试图利用教育体系来再产生一整套确保其继续居于中心地位的价值观念和等级制度。所作的政治安排也是为了维护其自身利益，而这种利益通常是与工业化国家的利益相一致，而与大多数人民的利益并无关系。国际交往也主要是在这些“中心”之间进行的。

美洲教育行政管理协会主席本诺·桑德也撰文指出，在专业性研究领域中，如教育行政管理，在特定地区，如拉丁美洲，从属现象是特别明显的。他认为，在很大程度上，拉丁美洲学校行政管理的历史就是文化从属的历史。直到本世纪三十年代，拉丁美洲所采用的教育行政管理方法都是由欧洲大陆输入的。从二战开始，在拉丁美洲的教育行政管理中出现了一种行为方法，这是起源于美国的一种新的理论潮流。大量的理论著作开始跻身于拉丁美洲教育管理文献中。六十年代以后，拉丁美洲的一些学者也试图设想一种能符合拉丁美洲现实需要的行政管理理论，但终究难以抵御来自工业化国家的理论模式的影响。

非洲课程组织主席E·阿约滕德·约洛伊在非洲教育研究上颇有建树。他认为非洲教育制度具有相当大的从属性，在殖民地时期，教育的内容、结构、方法等皆以宗主国为楷模，师资也不是经非洲传统教育体系培养出来的。这种从属性造成的结果之一是：这些非洲国家的孩子不仅仅是为了适应其部落社会受教育，而且还为了一个更大的“世界”而受教育，而他们对这样一个世界一无所知。独立后，由于政治、经济等的原因，教育内容、方法仍未独立，还是根据非非洲的背景制订的。独立后加入国际组织，经济上接受外援，而发达国家在科学技术方面的发展速度之快，使得非洲国家几乎没有其它的选择，只能在与教育有关的技术方面依靠这些国家的产品。这一切导致非洲国家难以摆脱从属的地位。

（三）对比较教育从属理论流派的评价

比较教育从属理论流派自六十年代产生以来，作为研究特定的和具体的从属局面的理论流派，已受到各国比较教育学家越来越多的关注。它承认发达国家和发展中国家之间经济、政治势力的相互作用充满着支配关系，并认为这是由外围国家自己移到国内的。同时也指出，这些外围国家在发展的过程中也有相对程度的独立性，即经济、政治、社会的结构（包括教育制度）在国家之间的支配和从属关系中有它自己的动力。所以，外围国家所具有的从属地位其实并不是霸权中心的一种简单的直接产物。从某种意义上说，从属关系只不过是资本主义制度内部各种因素起作用的必然结果。资本主义的各种制度必然会产生和再生产支配关系以及由此而来的各种不平等现象。但是，资本主义制度同样也会产生反支配关系，这包括整个制度的各个组成部分。

从属理论流派强烈反映了人们对二十世纪后半期的失望和灰心。在这期间，两次爆发了世界大战，残酷的战争导致了非人性化行为；不少国家通过前赴后继的斗争摆脱了殖民统治，赢得了独立，但独立后的人们并没有过上他们所向往的美好生活，教育被许多人看作是一种万灵药，能治各种社会疾病。可事实上它并没有起到人们所期望的作用，导致人们的强烈失望。另外，由于从属理论填充了思想上的空白，倍受第三世界比较教育学者的欢迎。并且，由于各国学者的普遍关注，而获得了与结构功能主义比较教育相抗衡的地位。

从属理论流派的出现，扩大了比较教育研究的国际范围，第三世界国家的教育问题成为全世界关注的重要议题。一直被拒之门外的发展中国家的比较教育问题专家们终于加入国际比较教育学者们的行列。四个国家（巴西、中国、哥伦比亚和埃及）的比较教育学会成为世界理事会的新成员。从属理论流派促进了教育领域国际交流的集中性和多样性。

从属理论比较教育研究揭示，为了消除发展中国家在经济、政治、文化教育上的从属现象，吸收发达国家的经验、模式需要适合本国的国情，盲目移植发达国家的教育理论和方法，只会导致从属现象的进一步增强。

从属理论比较教育研究的另一个贡献是，告诫人们不要不加批判地接受在教育方面的所谓国际合作，以及所谓的对受援国有好处。虽然某些这样的合作活动或项目确实有益于受援国，因此是互相有利的，但也有一些合作项目主要是为中心国家的利益而进行的。直到七十年代末，不发达国家经济的发展的确与外资的参与及外来的合作有关，但这并不意味着发达国家和不发达国家的关系是高尚的，或从各方面说彼此间的合作项目对后者都是有益的。

通过增加而不是减少对组织系统或国家内在情况的分析，以及对它们与更广大社会的关系及这种相互关系的后果进行分析，努力在拉丁美洲建立一个更为自主的比较教育学体系，这对所有发展中国家的比较教育研究都具有启迪作用。

从属理论比较教育研究也遭到了一部分比较教育学者的反对，如诺亚和埃克斯坦斥之为“新的简单化”。概括起来学者们对此理论的批评主要集中在以下几个方面：

第一，从属理论断言，在殖民地时期，贫穷者处于被压迫、被奴役的状态。独立后，虽然获得了人身自由，但由思想控制取代了人身征服，实际仍处于受奴役地位。这些断言忽视了中心和外围关系的极其复杂性，把外围国人民仅仅描述成被中心国随意操纵的对象，这种做法未免过于简单化。并不是所有的外围国都俯首贴耳充当中心国的附庸。

第二，从属理论学家指出教育是建立在一种权力关系上的，教育过程即是行使权力的过程，教育是中心国对外围国进行思想控制的重要工具。反对者指出，教育过程实际还包括权力的转移。中心国虽强有力，但这并不意味着可以成功地达到目标，即使达到，也不一定能坚持下去。这至少说明中心国的统治地位不是或主要不是通过教育体制和知识结构实现的。其实，学校再产生某种社会分工和一整套有利于不平等权力关系的思想特性，其方式是相当复杂的，所以不能简单化地一概而论。

第三，从属理论家们总是使他们所说的势力带有意图，这样给人的印象是：有某种邪恶势力在全球起作用，产生恶果。似乎把世界描绘成充满着有意识的和一心一意要保持奴役制度的价值观念。对于国与国之间以及一个国家内的霸权关系，当然应该承认，但言过其实的描述似乎是不可取的。各种社会机构并不能被认为具有相同的目的和意图。

第四，伦敦大学教育学院的马丁·麦克林教授曾告诫说，从另外一个领域借用理论，要慎而又慎。借来的东西也许根本就不适用于其它领域。诺亚和埃克斯坦认为，一些比较教育学者从经济领域借来从属理论，并不加思索地把从属理论的基本术语用于比较教育研究，如“中心—外围”，“再生”、“霸权”等，忽视了这些比喻所包含的特定内涵，这是很危险的。从方法论上来说，把经济领域的方法和模式用于教育领域，是不可靠的。教育机构和文化价值不同于经济资本和技术，后者迁移的途径并不适用于前者。其次，资本和技术向外围国的迁移可以相对容易地被证明和测量，由此产生的经济结果也可用不容怀疑的措辞描述出来。接受外援后生产的增长率、资本积累率、技术变化程度皆能一目了然。虽然教育的迁移可以得到证明和以相当的确切度加以描述，但迁移后的结果却不容易鉴别。如，引进的教育模式在多大程度上加强了社会成层？它在多大范围内使接受此模式教育的人产生了“亲欧”态度？前一种结果也许可以通过测量特定教育模式的保持率和选择步骤(selection procedures)获得，然而造成多大范围的社会成层并不清楚。态度上教育迁移的结果更难证明。文化价值可以通过许多非正式途径传播，而这和国家与国家间的中心—外围关系是不相关的。教育从属理论学者曾引用英语的传播为例，竭力要说明教育从说英语的中心国向外围国迁移的结果。但英语属于世界性的语言，它不再和诸如美国、英国之类国家的影响有关，并更广泛地为非外围国的北欧的专业人员所了解和使用，而不是拉丁美洲的专业人员。就语言而言，迁移的结果可以测量，不过迁移的途径更为复杂，并不是用中心—外围从属理论或是源于宗主国的教育机构的影响所能解释的。再次，对于经济从属理论家来说，资本就是资本，技术也是世界性的，在文化上是中立的，不必去区分资本和技术的民族根源。教育的迁移则不一样，正规教育的迁移具有文化上和民族性上的特殊性，具有不同文化背景的教育对社会成层和价值观的影响也是不同的。再者，许多第三世界国家，尤其是非洲，与许多西方发达国家都有经济上的联系和教育上的接触，这不可避免地使之受到了更大范围的异域文化的影响，导致教育从属的多样化。反对者们正是抓住了这一点而大加抨击，指责一些比较教育学者随意借用其它领域的理论。

第五，从属理论对于开展国际比较教育研究具有普遍意义，但它不适应不同的需要。另外，它常常把研究的重点放在对从属的描述上而不是放在解释从属的差异和结果上，更没有展开深层的探究，以揭示其内在的根源。

参考文献：

[1] MCLEAN M. Educational Depeildency: a Critique [J]. Compare, 1983, 13 (1).

[2] FURTER P. Dependency and the Pedagogical Debate: Permanent Education in Latin America [J]. Compare, 1983, 13 (2).

[3] SANDER B. Education and Dependence: the Role of Comparative Education [J]. Prospects, 1085, XV (2).

[4] ECKSTEIN M A, NOAH H J. Dependency Theory in Comparative Education: the New Simplicitude [J]. Prospects, 1985, XV (2).

[5] OLIVERA C E. Is Education in Latin America Dependent? [J]. Prospects, 1985, XV (2).

[6] YOLOYE E A. Dependence and Interdependence in Education: Two Case-Studies from Africa [J]. Prospects. 1985, XV (2).

（本文发表于《比较教育研究》1992年第6期。作者汪霞，时属单位为华东师大比较教育研究所）

五、论比较教育视野下的世界体系分析

(一) 世界体系分析理论兴起、内涵及其溯源

1. 世界体系分析理论的兴起

世界体系（World System）分析理论是美国著名社会学家、历史学家伊曼纽尔·沃勒斯坦（I. Wallestein，1930～）所开创的理论流派，它的形成以沃勒斯坦1974年发表的著作《现代世界体系Ⅰ：16世纪资本主义农业和欧洲世界经济的兴起》[1]为标志。在该书中，他提出运用“世界体系”的观点来分析欧洲资本主义的农业与经济。在随后对欧洲资本主义经济起源的研究中，沃勒斯坦进一步阐述了其理论主张。他于1980年和1989年分别出版《现代世界体系Ⅱ：1600～1750年商业和欧洲世界经济的一体化》[2]、《现代世界体系Ⅲ：1730～1840年资本主义世界经济急剧扩张的第二个时代》[3]两部著作，这三部作品共同奠定了世界体系分析理论的基本框架。世界体系理论力图了解作为一个整体的世界体系如何运作，包括世界体系的经济结构、政治框架、文化环境等，并把所有这些方面当做紧密联系在一起的一个整体看待。[4]世界体系理论是在对现代化理论的“西方中心主义”、依附论的“中心—边缘”等观点批判基础之上发展起来的一种理论流派，是一种“否思（unthinking）社会科学”[5]的模型。世界体系理论的核心观点主要有：首先，世界体系的基础是世界贸易和国际分工；其次，世界体系的结构由中心国家、边陲国家和半边陲国家组成；第三，在世界体系崩溃之前，其结构不会改变，一个国家或社会在世界体系中的地位取决于世界体系结构。[6]世界体系理论为

社会科学研究提供了新的思路和新的分析框架，20世纪后期它成为西方最具影响力的社会科学理论之一，广为西方学术界用以解释资本主义发展、工业革命和三个世界之间的关系，同时广泛运用于对世界各国（或地区）的政治学、经济学、社会学、历史学等领域的研究。

2. 世界体系分析理论的内涵

沃勒斯坦认为，人类历史形成的部族、种族、民族以及民族国家，总是在相互联系而不是在孤立中演化和发展的，因而，总是形成一定的"世界性体系"。沃勒斯坦认为当代世界是资本主义世界，而目前世界资本主义体系是不平衡的。在全球资本主义经济市场中，沃勒斯坦以体系的概念首先划分体系内（internal areas）与体系外区域（external areas）。[7]沃勒斯坦指出，在一个世界体系内国家有三种类型或层次：中心国家（the core）；边陲国家（periphery）；半边陲国家（semi－periphery）。[8]沃勒斯坦认为，所谓中心国家，即经济发达、工业先进的中心国家，它们在资本主义世界体系中获利最大，如早期英国、法国、荷兰等；边陲国家，是指那些文化社会结构单一且以原料生产为主的落后国家，它们往往为其它国家所宰制，如非洲与拉丁美洲欠发达国家；半边陲国家则是介于二者之间的国家，它们既受中心国家的控制和剥削，同时又可以部分地控制和压榨落后的边缘国家，如拉美一些经济增长强劲的国家，以及亚、非一些迅速崛起的国家，它们既可能上升为中心国家，也有可能衰退为边缘国家。"中心—边陲—半边陲"理论代替了依附论等流派"中心—边陲"过于简单的两维理论结构，它的提出是对"中心—边陲"等理论上的大胆突破，更能合理解释资本主义世界体系的复杂性和动态特征。在此基础上，沃勒斯坦提出世界体系理论的分析单元是"世界体系"，研究社会体系不能只在单一国家（或地区）进行，而应该把研究对象置于整个世界体系的宏观视野下，主张从世界整体发展与变化的角度来全面考察全球各国的关系，进行多视角、多纬度的研究，这样才能使研究结论更为全面和精确。

3. 世界体系分析的理论溯源

世界体系分析理论作为一种具有广泛影响力的理论流派，是在对20世纪五六十年代流行于西方国家的各个理论流派进行批判和借鉴的基础上建立起来的。世界体系分析理论兴起以前，在如何解析世界经济关系的问题上，劳尔·普雷维什（R. Pulevision，1949）提出“中心—外围”理论；弗兰克（Frank，1966）则主张“宗主—卫星”理论；阿明（S. Amin，1973）也推崇“中心—外围”理论。他们基于一个共同的假设：即将世界经济形态一分为二——“中心和外围”，这种二分对立逻辑所建构起来的“中心—外围”分析框架，将世界简单分为两类，如文明与野蛮、工业国与殖民地、大都市与卫星城、核心国家与边缘国家、发达国家与欠发达国家等。然而，随着第二次世界大战的结束，全球步入更加复杂多样的体系中，第三世界国家纷纷摆脱殖民统治并独立自强，发展成为这些国家的时代主题，殖民话语逐渐消解，一些国家在新的世界政治经济背景下迅速崛起，西方资本主义国家与发展中国家的关系也不再是简单的两极关系。正是在这样的新时代背景下，在吸收前人研究的基础上，沃勒斯坦提出了世界体系理论。他认为人类历史不是孤立地发展，而是相互联系且不断发展和演变的，他主张用“世界体系”（或“历史社会体系”）来考察整个现实世界。追溯世界体系分析理论形成的源流，它的理论渊源主要有现代化理论、新马克思主义、年鉴学派、依附论等流派：

（1）现代化理论

现代化理论是20世纪五六十年代在西方社会科学中占据支配性地位的思想流派，在理论观点上属于结构功能主义学派，其思想源于经典社会学家迪尔凯姆、韦伯、斯宾塞和帕森斯关于传统与现代之分的两极理论观点和思想体系。现代化理论的目的之一是论证西方社会制度的优越性和合理性；另一个目的是为战后发展中国家的社会发展提供理论指导和政策依据。[9]现代化理论中蕴涵着西方中心主义的观点，该理论遵循传统社会与现代社会的二分法（“传统—现代”），指出现代化就是进步，而传统则是落后。现代化理论的倡导者认为现代社会是西方发达国家，如欧洲和北美，它们创立了理性的思想模式和制度模式；而传统社会（落后国家）则在文化上和制度上落后，无法进入现代世界。现代化理论有很多不足及缺陷，如具有明显的西方（欧美）中心主义倾向、强调内在因素的作用而忽视外在因素、抛弃传统价值观的问题、分析方法过于简单和抽象化等。沃勒斯坦吸收了现代化理论积极合理的观点，但是明确反对其“西方中心主义”的思想，他对“传统—现代”的分法提出了质疑，认为资本主义世界体系中的所有社会都已是“现代”社会，区别仅在于其中某些社会属于核心地区，而另一些则属于其外围地区。

(2) 马克思主义理论

马克思主义理论对世界体系的形成有着重要的影响，世界体系理论在很多方面接受了马克思主义的思想，如“剩余转移”、“资本积累”、“工资水平”、“国际分工”、“资本主义体系”、“阶级分析方法”，等等。[10]马克思主义的很多理论观点被世界体系理论借鉴和吸收，正如托马斯·R·桑农（T. R. Shannon）所说，“世界体系论整合了马克思主义理论方法的主要因素和基本方法”。[11]具体而言，由沃勒斯坦奠基的世界体系论受到马克思、卢森堡、列宁和布哈林四位马克思主义者的影响，同时又与 60、70 年代新马克思主义思潮有密切的关系。[12]新马克思主义又称“西方马克思主义”，是指西欧各国自称马克思主义者而又要对马克思主义进行重新阐释和纠正、补充的一种思潮，它产生于第一次世界大战后的德国、匈牙利和意大利，随后在法国、美国和西欧等国家发展起来。主要代表人物有G·卢卡奇、K·科尔施、A·葛兰西等，一般分为科学主义和人文主义两个流派。新马克思主义要求新的历史条件下重新解释马克思主义理论，用现代西方的各种哲学理论回答并解决当今世界面临的各种问题，主张马克思主义的“开放性”。新马克思主义流派在一定程度上揭露了资本主义制度的痼疾和问题，同时深刻地剖析了资本主义国家的实质，有助于进一步认识和理解发达资本主义国家和第三世界国家的不平等关系。

(3) 年鉴学派

对世界体系分析理论产生重要影响的另一个理论流派是法国年鉴学派，年鉴学派萌芽于 20 世纪 30 年代，形成于 40 年代中期，60 年代逐渐具有广泛的世界性影响。年鉴学派是在 19 世纪和 20 世纪初占主导地位的德国兰克学派和法国实证主义史学的严重危机中产生的，[13]一般是指法国自 1929 年以来主持、编纂《经济与社会史年鉴》(1946 年定名为《经济·社会·文化年鉴》）的几代历史学家，这些历史学家反对旧的史学传统，主张把新的观念和新的方法引入历史研究领域。他们的理论不仅震撼了法国的史学界，而且深刻影响了整个现代西方史学的发展。主要代表人物有吕西安·费弗尔、马克·布洛克、费尔南德·布罗代尔、雅克·勒高夫等。其中著名历史学家布罗代尔（1902～1985）的思想对沃勒斯坦影响最大，尤其是布罗代尔代表作《15～18世纪的物质文明：经济和资本主义》中关于现代世界的论述，对沃勒斯坦有直接的启发意义。此外，1958年，布罗代尔发表的《历史与社会科学：长时段》阐述了他的长时段历史观。他指出历史学家只有借助长时段的观点，研究长时段的历史现象，才能从根本上把握历史的总体，长时段和大范围的研究思想也对沃勒斯坦的世界体系理论产生了较大的影响。

（4）依附论

依附论（dependency theory）则对世界体系分析理论的形成有直接的启示意义。依附论诞生于20世纪40年代末的拉丁美洲，兴盛于60年代，最早是由阿根廷著名经济学家劳尔·普雷维什（R. Pulevision）提出，1949年他首次用“中心—外围”的结构性概念来分析和描述西方资本主义国家与发展中国家的关系。20世纪60年代后，新兴的依附理论倡导者坚持和发展了普雷维什的观念，如弗兰克（Frank，1966）用“宗主—卫星”的概念取代“中心—外围”来表述欧洲或美国的宗主中心和拉美落后地区的结构性特征。依附理论的基本观点是世界经济是一个体系，这个体系由核心国家（西方发达资本主义国家）和边陲国家（非西方欠发达国家）组成，双方各处于主导与依附或是中心与边陲的地位，使用的主要概念是“中心”与“外围”、“宗主国”与“卫星国”、“殖民主义”与“新殖民主义”等。核心和边陲之间的经济关系是不平等的，依附论者认为前者对后者的剥削是导致后者落后和不发达的根本原因，主张把国家作为研究单位。依附论也存在诸多不足之处，如体系模式过于简单化，把世界划分为依附与被依附国家；依附论过于强调外部因素的作用，它将发展中国家的贫穷直接归因于发达国家的剥削，很少提及发展中国家的内部因素，忽视了内部因素对经济发展的阻碍作用，因而有失偏颇。此外，依附论并没有提出有效的、令人信服的发展战略。20世纪70年代中期，沃勒斯坦在依附论“中心—外围”分析模型的基础上，创立“中心—边陲—半边陲”的分析框架，超越了依附论等流派只集中研究核心或边缘的局限，从而有了更宽泛的研究领域，不仅关注第三世界边缘落后的地区、发达的资本主义核心地区，也更好地解释经济快速发展的国家和地区（如东亚、拉美等地区）经济的崛起。

(二) 世界体系分析理论在比较教育中的应用

1. 比较教育与世界体系分析理论的结合

比较教育学作为教育学的一个分支，自诞生至今已有190年左右的时间，在此期间，比较教育学科的发展始终受到社会各个理论流派的影响，然后又反作用于社会的发展，使教育与社会的联系日益紧密，在不断推动比较教育学科自身由传统向现代转变的同时，比较教育学在推动各国教育改革与发展方面也作出了自己独特的贡献。自20世纪60年代起，比较教育学者不断"借鉴"社会科学理论和方法作为自己研究的基础。同时，一些社会学家、经济学家、政治学家和人类学家也积极参与跨文化的比较教育研究，从而使比较教育的跨学科性日益明显，也给比较教育研究带来活力和生机。[14]众所周知，比较教育学研究的重点是各国教育思想、教育制度和教育改革的比较，阐明各国教育的特色以及造成这些共性和个性的原因，其核心矛盾实际上是各国或各民族或地区的教育关系问题。从60年代中期起，人力资本论、结构功能主义、冲突论、世界体系分析以及现代化理论等先后进入比较教育领域，并作为处理比较教育资料的基本范畴和分析框架。从地理学的角度看，比较教育已开始从"中心"走向"边缘"。70年代末80年初，全球经济开始逐渐走向一体化，在新的时代背景下，比较教育研究急需拓宽国际研究视野，而世界体系分析理论倡导"世界体系"的研究观点迎合了比较教育研究谋求全球视野的需求，于是，比较教育研究与世界体系相结合成为必然趋势。此后，比较教育研究将世界体系理论作为新的理论支撑，采用其分析框架开展了许多研究，比如，国际学生流动对发展中国家的影响；发达国家对发展中国家的学校所传播的知识的控制和分配；发达国家如何通过知识控制竭力维持现存的国际不平等。世界体系分析给比较教育研究带来了新的活力，它给比较教育领域恢复了国际纬度。[15]世界体系分析理论此后不断介入比较教育研究领域，并且在新的政治、经济时代背景下结合日益紧密，在研究国际教育问题中发挥了重要的理论指导作用。

2. 比较教育学者运用世界体系分析研究教育问题的代表人物

20世纪70年代末，随着世界体系理论的逐渐兴盛，不少比较教育学者开始应用世界体系分析理论分析教育问题。1979 年，梅厄（J. Meyer）和汉农（M. T. Hannon）在《国家发展与世界体系》[16]一书中，首次将“世界体系分析”这一概念引入比较教育研究领域。随后，比较教育研究者纷纷运用世界体系理论对国际教育问题进行阐述和分析，如美国著名学者菲利普·G·阿尔特巴赫（P. G. Altbach）、盖尔·P·凯利（G. P. Kelly）、罗伯特·F·阿诺夫（R. F. Arnove）、马丁·卡洛伊（M. Carnoy）、菲利普·H·库姆斯（P. H. Coombs）等人就是其中的代表。这些学者提出一个国家的教育制度除了受其内在的因素影响外，还受到本国以外因素的影响，单一国家的研究框架缺乏对教育发展的整体把握，主张越出一个国家或地区的局限，应用“世界体系”的观点，把教育放在世界范围内，从政治、文化、经济等方面加以比较探讨，充分考虑到地区差异、种族差异和经济发展水平对教育的影响，从整体上来把握和分析全球各国的教育问题。在应用世界体系理论分析和研究国际比较教育问题的学者中，尤以阿诺夫、卡洛伊、阿尔特巴赫三人的贡献最为突出。

(1) 罗伯特·F·阿诺夫

阿诺夫是美国印地安纳州大学著名教授，曾任比较与国际教育协会（Comparative & International Education Society）主席，他是将世界体系分析理论应用于比较教育研究的主要代表人物之一。1980 年，阿诺夫发表《比较教育和世界体系分析》(Comparative Education and World Systems Analysis)[17]一文。在该文中阿诺夫呼吁从世界体系的角度分析教育，其主要的理由在于：对于教育机构与教育过程的研究并未将国际交互作用考虑在内，大多数的宏观研究乃是以国家为基本单位，但是研究影响教育制度的国际力量决不局限于某一国家或是某组国家之内。[18]阿诺夫认为，第一，当代许多亚洲、非洲和拉丁美洲国家的教育是过去殖民渗透的产物；第二，发展中国家为了本国的发展，接受了大量的外援，包括财政、装备和人员；第三，发展中国家派出了大量学生到发达国家的大学去学习。[19]阿诺夫指出世界体系分析重建了比较和国际教育领域的国际纬度，同时提供了理解世界上许多国家教育发展和改革的关键框架。[20]他强调要重视国际纬度在比较教育研究中的意义，主张以“世界体系”为单位来研究和分析国际教育问题，同时要通过“宏观”

和“微观”两个层面来深入揭示教育现象。

（2）马丁·卡洛伊

美国斯坦福大学著名学者卡洛伊教授，是教育及经济学领域的专家。卡洛伊原来是依附论的积极倡导者及践行者，20世纪六七十年代他将依附论的观点应用于比较教育研究，提出“中心—边缘”的理论主张，假设“中心与外围构成了国际教育不均衡格局中对立的两极”，将其理论广泛应用于教育研究的实践，引起国际比较教育学界的极大关注。随着沃勒斯坦世界体系理论的盛行，在比较分析的单位上，他对传统上以国家为单位的国别比较提出了挑战。受世界体系理论的影响，20世纪80年代以后，卡诺伊开始从依附论转向世界体系观点研究教育问题。卡洛伊认为，一个国家教育制度的形成，往往受世界政治格局和国际环境的制约，其教育政策和实践往往是由国家以外的力量决定的。因此，他主张运用世界体系分析，使比较教育研究跳出把国家作为比较对象的束缚，以使比较教育研究的结果更为精确和全面。

（3）菲利普·G·阿尔特巴赫

阿尔特巴赫是美国乃至世界上享有盛誉的国际比较高等教育学者，也是美国依附论流派的主要代表人物之一。20世纪六七十年代，他借用了激进现代化派理论的“发达”与“欠发达”、“中心”与“边缘”、“文化帝国主义”等概念作为分析框架，对国际教育进行比较研究。[21]阿尔特巴赫指出，第三世界与发达的资本主义国家之间这种不平等的关系，发达国家对第三世界的影响不仅涉及到高等教育，而且渗透到文化教育等事业的方方面面。20世纪70年代末80年代初，阿尔特巴赫开始关注并尝试运用世界体系理论来分析国际教育问题。1982年，阿尔特巴赫与阿诺夫、凯利主编《比较教育》（Comparative Education，1982）一书，该书通过对以往教育实践的剖析，从而对比较学科理论框架的发展进行全面回顾和总结，并阐述新的分析框架。[22]全书以全球教育的发展为视角，运用马克思主义比较教育观分析世界教育实践，阐明了世界体系分析模式的主要观点。阿尔特巴赫后来把该书提出的世界体系分析模式归纳为一种对比较教育学科的时代挑战，意味着学科分析框架的重大转变。[23]此后，阿尔特巴赫更加关注第三世界国家的教育发展问题，提出“国际上的中心与外围”“国家内的中心与外围”“大学的中心与外围”等观点，倡导超越“边缘与中心”的分析框架，并结合世界体系分析理论来分析亚洲、非洲和拉美地区等欠发达地区的高等教育，他于1987年和1989年分别出版了《第三世界国家的高等教育》、《从依附走向自主：亚洲大学的发展》两部著作，对世界体系分析理论在比较教育中的具体运用做出了重要贡献。

(三)结语

在全球经济、政治逐渐融为一体化的时代背景下，世界体系分析框架为比较教育学者研究国际教育改革与发展提供了新的理论支持，其独特的研究方法得到比较教育界的普遍认可和接受，被应用到世界不同类型、不同区域、不同发展水平的国家教育研究中，并特别关注发达国家与欠发达国家的教育不平衡和差异等问题，拓宽了比较教育的研究视野和研究领域，成为指导比较教育研究的一个重要理论框架。世界体系分析理论引入比较教育研究领域，倡导以世界体系为分析单位，超越了以往比较教育研究中以单一国家教育发展为背景的研究模式，为理解和阐释不同类型国家教育改革与发展提供了新的研究视角。此外，比较教育研究者运用世界体系分析框架，深入揭示中心国家、边陲国家及半边陲国家之间控制与被控制、依附及反依附的教育不平等现象，且特别将焦点放在不发达国家的教育问题上，为全面诠释和理解世界不同类型国家的教育改革与发展作出了重要的贡献。

世界体系分析理论虽为比较教育研究提供了一个较为完整的分析框架，但它也存在一些不足之处，如对现代化的理解较为片面、过于注重外部因素、框架过于宽泛、对经济体系与政治体系相互关系的认识存在偏差、理论前提过分简化等。因此，比较教育研究者在应用世界体系分析框架研究国际教育问题时应注意克服其理论的不足，这样才能保证研究的客观性及正确性。纵观世界体系分析理论的优势及不足，结合比较教育研究者应用该理论于国际教育研究的成功经验，可以给我们许多有益的启示：首先，比较教育研究除了应该研究发达国家、第三世界国家之外，还应十分关注半边陲国家或地区（如亚洲地区与原非洲殖民地区）的教育研究；其次，比较教育研究应分析和解释核心国家如何通过教育对其它国家进行边陲化；再次，比较教育研究应采用“世界体系”和“民族—国家”的比较分析单位进行研究，以避免研究的单一性；最后，比较教育研究应采取世界体系分析的统合学科概念，结合比较研究与历史研究的方法进行研究，[24]以避免研究的偏颇性。

参考文献：

[1] WALLERSTEIN I. The Modern World－System I: Capitalist Agriculture and the Origins of the European World-Economy in the Sixteenth Century [M]. San Diego, New York, Boston, London, Sydney, Tokyo and Toronto: Academic Press, 1974.

[2] WALLERSTEIN I. The Modern World－System II: Mercantilism and the Consolidation of the European World-Economy, 1600～1750 [M]. San Diego, New York, Boston, London, Sydney, Tokyo and Toronto: Academic Press, 1980.

[3] WALLERSTEIN I. The Modern World－System III: The Second Era of Great Expansion of the Capitalist World-Economy, 1730—1840s [M]. San Diego, New York, Boston, London, Sydney, Tokyo and Toronto: Academic Press, 1989.

[4] 路爱国，[美] 伊曼纽尔·沃勒斯坦. 世界体系的结构性危机与世界的未来 [J]. 世界经济与政治，2005 (4).

[5] WALLERSTEIN I. The Rise and Future Demise of World-Systems Analysis [Z]. Paper delivered at 91st Annual Meeting of the American Sociological Association, New York, Aug. 16, 1996.

[6] [9] 顾明远，薛理银. 比较教育导论——教育与国家发展 [M]. 北京：人民教育出版社，2002：166，160，168.

[7] [18] [24] 钟宜兴. 比较教育的发展与认同 [M]. 高雄：高雄复文图书出版社，2004：272，273，273.

[8] SOMMERS J, WALLERSTEIN I. World－Systems Analysis: An Introduction [J]. International Social Science Review, 2005.

［10］刘海霞. 评沃勒斯坦的“世界体系”论［J］. 首都师范大学学报（社会科学版），2002（4）.

［11］SHANNON T R. An Introduction to the World-System Perspective［M］. Boulder，San Francisco and Oxford：Westview Press，1989：2.

［12］江华. 世界体系论的马克思主义源流［J］. 中共浙江省委党校学报，2005（2）.

［13］当代社会科学大词典编委会. 当代社会科学大词典［Z］. 南京：南京大学出版社，1995：502.

［14］丁邦平. 国外比较教育研究述评［J］. 外国教育动态，1991（1）.

［15］徐辉. 作为比较教育学一般逻辑起点的国际教育［J］. 比较教育研究，1998（5）.

［16］MEYER J，HANNON M. National Development and the World System［M］. Chicago：University of Chicago Press，1979.

［17］ARNOVE R F. Comparative Education and World Systems Analysis［J］. Comparative Education Review，1980，24（1）.

［19］徐辉. 比较教育的新进展——国际教育初探［M］. 成都：四川教育出版社，2005：148—162.

［20］ARNOVE R F. Comparative Education and World－Systems Analysis［M］. ALTBACH P G，ARNOVE R F，KELLY G P. Comparative Education. New York：Macmillan Publishing co.，1982：464.

［21］王长纯. 超越“边缘与中心”，促进中国比较教育理论的新发展：阿尔特巴赫依附论的因革观分析（论纲）［J］. 外国教育研究，1999（6）.

［22］冯增俊. 建构新时代的比较教育学科理论体系［J］. 教育研究，1996（12）.

［23］KELLY G P，ALTBACH P G. Comparative Education：Challenge and Response［J］. Comparative Education Review，1986（1）.

（本文发表于《比较教育研究》2007年第8期。作者徐辉，时属单位为西南大学教育学院）

六、教育扩张的新制度主义分析
——经验与理论研究进展

随着现代性的扩张，学校教育在世界范围内迅速扩张，教育扩张成为现代社会的一个重要特征，引起社会学者的广泛关注。对现代教育扩张的研究主要聚焦于两个问题：一是影响现代教育扩张的因素；二是现代教育扩张的机制。本文选取新制度主义关于教育扩张的研究作为重点，评述了新制度主义关于教育扩张的理论逻辑和经验研究成果，并就新制度主义引发的方法论问题进行了深入的评论。

（一）教育扩张的解释框架

学校教育的普及是伴随现代性扩张而出现的一种独特的社会现象。20世纪60年代以来，西方社会科学领域出现了一股对教育扩张研究的新浪潮，各种理论都尝试根据各自占有的经验资料验证其对教育扩张的解释力，揭示教育扩张的社会历史原因。据美国学者卡瑞格（J. E. Carig，1981）对战后西方教育扩张研究的评述，大致有7种关于教育扩张的理论：人口生态学理论、人力资本理论、技术功能理论、社会控制理论、民族—国家建设理论、世界制度理论和冲突理论。这些理论针对的是特殊的个案，缺乏比较和历史的视野，没有形成关于教育扩张的普遍性结论。[1]

对教育扩张研究真正有贡献的研究是那些能够通过独特的视角，结合深度的经验研究，对教育扩张及其机制做出深度解释的研究。最常见的关于现代教育扩张原因的解释主要是：一是经济发展促进教育扩张；二是政治和社会现代化促进教育扩张；三是集权国家更倾向于扩张教育；四是种族多元的社会，教育扩张缓慢；五是殖民地国家的教育扩张缓慢。[2]这5种解释主要是从国家内在的特征来解释教育扩张，认为国家的政治特征、经济发展水平、现代化程度和种族构成是主导教育扩张的重要因素，积累了很多经验研究成果。较为典型的学者是阿塞尔（M. S. Archer)、柯林斯（R. Collins)、布迪厄（P. Bourdieu)、鲍尔斯（S. Bowles）和金蒂斯（H. Gintis)。阿塞尔的《教育系统的起源》一书通过比较和历史的视野，强调国家的特征和政治结构在教育扩张中的决定作用，认为教育扩张之所以在不同的国家之间存在明显的差异，是因为国家之间的政治制度和国家性质的差异所致，阿塞尔通过对4种不同类型国家教育系统建立的历史梳理，表明国家和政治是决定教育扩张的核心因素。[3]柯林斯的《文凭社会》则借鉴韦伯（Weber）的身份竞争理论，基于对美国教育扩张的历史梳理，发现不同阶层和宗族群体之间围绕权力、身份的竞争，推动美国教育的扩张。他对美国三级教育体制的建立以及职业与教育关系的分析，为美国教育扩张提供了新的解释。[4]布迪厄和帕斯隆(J. C. Passeron）的《再生产》一书则以法国教育制度的运行为例，指出阶级和权力通过国家赋予学校教育的合法性，在学校教育中渗透，并导致学校教育与社会阶层结构之间的对应，而在这个过程中学校教育得到发展。[5]鲍尔斯和金蒂斯的《资本主义美国的学校教育》也通过阶级分析的路径，对美国学校教育分层与社会分工之间的关系进行了系统的分析，指出学校教育扩张是美国资产阶级为维护其统治而推动的，教育机会的扩张对社会结构的变迁没有实质性的影响。[6]

按照上述对教育扩张的解释，国家之间的教育扩张应该有明显的差异，因为国家之间在政治结构、经济发展、阶层结构等方面存在明显的差异。但大量的事实却表明，国家之间的教育扩张并无明显的差异，特别是大众教育，几乎超越了国家的界限，在一个特定的时间段内迅速扩张。如美国大多数州入学人数的增加是在工业化之前，而且南方的农村与北方的城市都在1900年后出现了入学人数扩张现象。[7]拉米尔（F. O. Ramirez）和伯里（J. Boli）对西欧19世纪大众教育扩张的比较分析后，发现大众教育并没有在经济较为发达的英国和法国最先普及，相反，经济和政治较为落后的普鲁士却率先建立了国家大众教育体系。[8]主流的教育扩张理论在解释教育扩张时面临的这种经验上的困境，为教育扩张研究提出了新的挑战，因此需要一种理论解释世界范围内教育扩张现象。

（二）现代教育扩张的新制度主义分析

由于聚焦于单个国家教育扩张的研究难以解释世界范围内教育扩张现象，这种经验与理论之间的差距，激发了以斯坦福大学社会学系迈耶（J. W. Meyer）为首的研究群体对教育扩张研究的兴趣。新制度学派关于教育扩张的理论推理是，随着现代性的扩张，国家之间的经济、政治交往日渐密切，教育在社会发展中承担的功能和角色越来越重要，国家开始认识到教育在经济发展和国际竞争中的独特作用。对教育的这种认识，随着国家之间交往的频繁，国家之间竞争的激烈，在观念层面逐渐制度化。扩大教育规模和普及大众教育已经成为一种深层的文化——认知力量，在世界范围内迅速传播，教育扩张在世界范围内呈现出趋同化的趋势。这种趋同主要表现在入学人数的普遍增长、国家大众教育体系的确立、国家级别的教育行政部门的建立。表征现代教育扩张的这三个要素在世界范围内迅速渗透，教育扩张呈现出一种结构性趋同的倾向。新制度学派对大众教育、高等教育、人权教育、女性教育在世界范围的扩张做了持续而深入的经验研究，全面地描述和解释了教育扩张的趋同特征和机制。

1. 结构性趋同的经验描述

新制度学派主要从世界政治、经济、文化的转型对教育的影响来解释教育扩张，采取反向论证的方式，通过数据分析，排除教育扩张与工业化、城市化、政治结构等变量之间的相关性，最终把教育扩张的原因归结为世界范围内文化——认知力量的影响。较有深度的研究有以下 3 项。

（1）迈耶等对 1950 年至 1970 年间世界教育扩张的研究。[9]这一研究主要对这一时期世界范围内不同国家小学、中学、大学入学率的整体状况进行了统计描述，通过不同国家在这一阶段内入学人数占人口总数比例的比较分析，表明这一阶段世界范围内出现了普遍的教育扩张现象。然后，分别考察经济、政治和社会现代化、国家权威、种族和国家的独立性等 5 个变量与入学率之间的相关性。研究结果表明：国家特征与这一时期教育扩张没有统计学意义上的相关性。迈耶等学者据此认为，发生在1950年至1970年的世界教育革命，不是由国家的政治、社会和经济特征所推动的。当代世界是一个单一的社会系统，具有独特的组织和文化特征，这些特征渗透到所有的国家，激发了这些国家扩展教育规模。

（2）迈耶、拉米尔和索亚瑟（Y. N. Soysal）对大众教育1870年至1980年间扩张现象的研究。[10]这项研究充分吸收了新制度学派的最新理论成果，从经验层面检验世界模式对大众教育扩张的影响，主要选取两个层面的变量：一是国家的结构特征，如城市化、宗族（Race）、基督教的地位、国家对教育管理的制度化程度、国家的政治独立性等；二是国家与世界模式的联结程度。实证研究的结论表明，大众教育的扩张与国家的结构特征没有统计学意义上的相关性，而与国家和世界模式的联结程度有直接的关系；这表明，大众教育是在世界范围内扩张的，国家与世界模式的联系越紧密，大众教育发展越快，大众教育的扩张主要受世界范围内文化—认知力量的影响。

（3）斯克菲（E. Schofe）和迈耶对20世纪世界高等教育扩张的研究。[11]这项研究主要通过20世纪高等教育入学率扩张的经验描述，探讨世界范围内高等教育扩张的特征及其原因。根据高等教育扩张研究已经积累的文献，斯克菲和迈耶归纳出7个命题：（1）经济发展导致高等教育扩张；（2）高等教育在多种族群体（ethnic-group）竞争的条件下，扩张迅速；（3）在高度制度化的全球背景下，高等教育扩张在分权国家更快，而在集权国家被控制；（4）“二战”后，自由、理性和发展的社会发展转向产生了高等教育扩张的世界模式；（5）在组织和身份上更接近世界模式的国家，高等教育扩张更快；（6）在特定阶段，高等教育扩张缓慢的国家在随后的阶段可能出现更高的增长率；（7）当中学入学人数增加时，高等教育扩张随之加快。然后，根据这7个命题提出因变量和自变量，前者是高等教育入学率，后者则包括两个层面的变量：一是世界层面的变量，如全球民主化、全球科学化、国家发展规划的兴起以及世界政治的结构化等；二是国家层面的因素，主要是中学的入学率、经济的发展、种族语言的分化程度、中学阶段入学人数的增加、国家的民主化程度、国家对高等教育的控制等。研究采用复杂的回归分析，分别检验每一个变量与高等教育入学率之间的相关性。分析的结果表明，高等教育入学人数的增加与国家的特征没有统计学意义上的相关性，而与世界层面的变量有直接的相关性。

对高等教育扩张的分析与对大众教育扩张的分析其内在的逻辑基本是一致的，都强调世界性力量对教育扩张的影响。在新制度主义者看来，正是这些隐性的力量，使教育扩张成为一种世界性现象。对世界模式与教育扩张之间关系的量化分析对于验证教育扩张趋同理论具有十分重要的意义。迈耶等人 1977 年的研究只是推翻了国家的经济、政治和社会现代化程度推动教育扩张的理论解释，并把 1950 年至 1970 年世界范围教育扩张归结为世界层面的文化—认知因素影响的结果，但对世界层面的变量并没有展开实证分析。1992 年的研究尽管将国家与世界模式的政治联结作为一个重要的分析变量，但并没有对体现制度化趋向的全球性力量作更深入的量化界定。2005 年的研究对全球化因素的量化分析有深入的进展，从中可以看出教育扩张量化研究深化的轨迹。迈耶等人在 1977 年开始从经验层面探讨世界范围内的教育扩张现象之前，对教育扩张的研究都是以单个国家的教育扩张为研究对象的，世界范围内教育普遍扩张现象并没有引起研究者的关注。新制度主义所开展的严密的实证研究在经验层面确证了现代性开启以来的一个世纪中，大众教育和高等教育在全球范围内扩张的现象，这种扩张超越了国家的边界，在世界范围内呈现出一种趋同化的趋势。

2. 结构性趋同机制的解释

对教育扩张的研究，不只是对教育扩张趋同的经验描述，更重要的是揭示其内在的扩张机制。新制度主义对教育扩张的深层机制作了深入的解释，尤以伯里、拉米尔和迈耶的《解释大众教育的起源和扩张》、伯里和拉米尔的《世界文化与大众教育的制度化发展》、拉米尔和伯里的《大众教育的政治建构：欧洲起源和世界制度化》最为典型。这些研究采用韦伯的“理想类型”方法，从西方社会演变的长时段背景中，抽离出影响大众教育扩张的社会、文化因素，透彻地解释了大众教育为什么会在西欧普及，最终在世界范围内扩张这一问题。

欧洲大众教育普及最早，欧洲大众教育体系扩张隐含着 5 个制度神话，分别是个体的神话、民族作为个体构成的集体的神话、进步的神话、社会化和生命历程的神话以及国家作为民族捍卫者的神话。这5个神话都倾向于要求国家建立合法的教育体系，通过培养合格的公民提高社会的整体竞争力。欧洲自13世纪以来，3次社会结构和文化的转型导致欧洲教育扩张所依赖的制度神话的产生，最终使教育作为一种制度化体系得到广泛的认可。这3次转型是：宗教改革与反宗教改革；民族—国家之间交换体系的建立；交换经济的兴起。至此，欧洲教育体系完成了它的制度化进程。[12]

拉米尔和伯里主要从社会转型的角度分析西欧大众教育的制度化历程，偏重于纵向的历史分析，伯里、拉米尔和迈耶则提出一个大众教育解释的一般性框架。大众教育起源和扩张的解释必须回应大众教育作为一种制度所具有的核心的思想要素：高度制度化的结构、对社会所有成员的整合、同质和普遍化的理性仪式。大众教育的制度特征常常为大众教育扩张理论所忽视。很多理论关注的是现代性的其他维度，如社会发展的差异。最常见的理论有两种：一种强调社会差异与大众教育之间的直接联系，另一种强调社会差异与大众教育之间的间接联系。强调直接联系的主要是结构功能理论，认为教育与复杂社会对个体成员的认知要求有关，个人需要理解工业化社会所产生的不同的角色和其中的权力关系，因此，教育为现代社会提供了必要的认知技能。强调间接关系的理论主要是社会控制理论，在这种理论中，大众教育是使社会结构合法化的机制，是一种社会控制机制。大众教育的发展不是基于认知或道德整合的需要，而是支持统治精英或者使差异社会秩序合法化的一种间接的需要。这两种理论的失败不在理论层面，而是缺乏深度的经验证据。因为工业化和城市化不是直接导致大众教育扩张的核心要素。既然镇压比提供教育机会更容易对下层群体控制，为什么统治阶层还要发展教育。移民聚集的地方，教育扩张应该更快，但美国的经验并没有证明这一点。由此，伯里等人认为，大众教育的组织结构和制度规则是经由理性化社会模式的推动而产生的。与其他的社会形式相比，理性化的以进步为取向的社会组织形式更可能推动大众教育的扩张。[13]

（三）对新制度主义的批判和发展

从迈耶等人1977年发表《世界教育革命：1950～1970》到2005年斯克菲和迈耶发表《20世纪高等教育的世界性扩张》，以迈耶为首的研究群体对现代教育起源、扩张的研究已经持续了近40年。从研究的规模和质量来看，很少有理论可以与新制度理论相抗衡，新制度学派对教育扩张的研究结论具有深厚的比较和历史视野，极大地丰富了西方社会学对教育扩张的研究。

新制度主义对教育扩张的研究激发了更多深入和细致的经验研究，一些研究以迈耶等人的经验研究结果为基础，选取更为具体的变量，对教育扩张现象的解释也更加深入，这类研究的主要贡献是经验研究的深化。如罗尔福（J. H. Ralph）和罗宾森（R. Rubinson）在关于移民与美国教育扩张的实证研究中指出，迈耶等对大众教育世界范围内扩张的研究忽视了不同群体之间互动对教育扩张的影响，移民对美国教育扩张在不同的时期有不同的影响，要揭示移民对教育扩张影响的具体机制。[14]他们还对技术变迁与学校教育扩张之间的关系进行了经验研究，由于功能主义的影响，技术变迁促进教育扩张这一命题在美国教育社会学界被广泛接受，很多人简单地认为技术对教育扩张具有直接的推动作用，但罗宾森和罗尔福的经验研究却发现技术变迁对不同类型教育的扩张具有不同的影响，在不同的阶段技术变迁对教育扩张的影响有很大的差异，要通过经验研究揭示技术扩张与学校教育扩张之间的这种复杂关系。[15]

对新制度主义关于教育扩张研究的批判主要集中在两个方面：一种认为迈耶等人关于教育扩张的研究过分强调教育扩张的趋同性，忽视了教育扩张过程中宗族、阶层等结构性因素所引发的差异现象；另一种则认为新制度主义低估了教育扩张的复杂性，对制度变迁的过程缺乏充分的解释力。前者主要以沃尔特斯（P. B. Walters）为代表，后者以比德威尔（C. E. Bidwell）最为典型。沃尔特斯指出，近一个世纪以来世界范围内接受教育的人数的确是在增加，但教育机会的扩张并没有改变世界各国的阶层结构，教育机会的扩张并没有真正使出生于社会底层的人群获益，教育机会扩张背后的机会分配问题更值得研究。教育机会扩张之所以没有改变社会阶层格局，主要是因为统治阶层利用其特权，保持其阶级利益不受影响，同时又扩张教育机会，维持下层阶层对国家的政治认同。[16]沃尔斯特的研究充分关注国家政治结构对教育扩张的影响，认为教育扩张不会自发地按照新制度主义所提出的趋同方向发展，教育入学机会的差异在现代国家是普遍存在的，这是因为教育扩张必然要经过一个制度的转化才能实现。在这个制度转化过程中，政治和阶级的因素会渗透进来，影响教育机会的分配。迈耶等人在根本上忽视了这个转化过程，因而对现代教育扩张的解释有其局限性。罗宾森 1986 年发表的《阶级形成、政治与制度：美国的学校教育》一文中最早表达了这一思想，他认为教育扩张不是一个简单的、自发的趋同过程，阶级因素必然要渗透到教育扩张中，对教育扩张产生影响，但阶级因素对教育扩张的影响是在一个国家大的制度环境中存在的，当一个国家的制度设计阻碍这种阶级影响的时候，阶级因素对教育扩张和教育机会并不会产生实质性的影响；当一个国家的制度设计能够转化这种阶级影响的时候，阶级因素对教育扩张的影响就会更加突出。前者以美国的教育扩张为典型，后者则以欧洲大陆国家的教育扩张为典型，因此对教育扩张的研究必须要考察一个国家的政治制度背景。[17]沃尔斯特的经验研究正是罗宾森这一理论的验证和发展。比德威尔则指出，教育扩张的趋同性研究关注的是人们对教育的功能及其作用的信仰，而对教育制度化机制的分析很模糊。教育制度化机制包括国家建设和发展的内在政治、国家之间竞争的外部政治以及国际机构的行动，这要求将国家与学校之间的关系作为核心来研究，具体阐释国家的行为、国家的利益和目标对教育发展的影响。[18]

(四) 对比较教育研究方法论的反思

沃尔斯特和罗宾森对教育扩张中机会不平等现象的研究，强调国家制度设计对教育机会分配的影响。比德威尔也主张从政治制度的角度来解释教育扩张的机制。他们都认为，具体到某个国家的教育扩张而言，政治制度和国家性质是起决定作用的，研究者要聚焦教育扩张的差异性。新制度主义更关注教育扩张的趋同性，强调学校教育的扩张是世俗个体主义兴起的结果，一个社会的理性化程度越高，越可能发展学校教育。新制度主义与沃尔斯特、罗宾森、比德威尔不同的研究旨趣和理论假设，代表着教育扩张研究的两种不同的路向。两种路向的差异对于我们反思比较教育研究的方法论问题有一定的借鉴意义。新制度主义提出的教育扩张趋同理论在解释世界范围内教育扩张有很强的解释力，但不一定适用于解释国家内部的教育扩张现象。而沃尔斯特、罗宾森和比德威尔的研究对解释某类教育在特定的国家内部扩张具有很强的解释力，却不能解释世界范围内教育扩张现象。这种矛盾显然不仅仅是理论层面的，而是一个深层的方法论问题。比较教育研究通常有两种取向：一种是通过国家之间教育制度、教育活动的比较，寻找教育发展的差异性，对国家之间教育发展差异的描述和解释越深入越具体，越被认为是有价值的研究；另一种则通过比较不同国家的教育发展状况，寻求世界范围内教育发展的一般性规律，特别是社会学家希望通过规范的经验研究方法，寻找教育现象背后隐含的因果机制，因果机制越具有普遍性和适用性，越被认为是有价值的研究。

对于一个具体的教育现象而言，这两种研究取向关注的问题、分析的框架和理论逻辑都有很大的差异。如教育扩张研究，关注差异的研究可能在寻找国家之间的异质性，来解释国家教育扩张的差异性，如沃尔斯特对政治制度、国家性质和阶层结构对教育扩张影响的研究。关注趋同的研究则会寻找国家之间的同质性对教育扩张的影响，更强调以理性化和现代性为核心的文化——认知层面的力量对教育扩张的影响。我们不应该简单地去否定一种研究，而去夸大另一种研究，因为两种研究本质上是互补的。从世界范围来看，趋同性的研究要更有解释力，而从国家层面来看，差异性的研究更能反映国家之间教育发展的差异性。对差异性和趋同性，不应该抽象地讨论，而应该从经验研究的角度，来解释在某个阶段或者某个国家，教育扩张的差异性与教育扩张的趋同性之间的边界和范围。只有这样，才能增加我们对现代教育扩张的知识积累。

参考文献：

[1] CARIG J E. The Expansion of Education [J]. Review of Research

in Education，1981，9（1）：151—213.

［2］［9］MEYER J W，RAMIREZ F O，RUBINSON R，BOLI－BENNETT J. The World Educational Revolution，1950－1970［M］// MEYER J W，HANNAN M T（ed.）. National Development and the World System：Educational，Economic，and Political Change（1950—1970）. Chicago：The University of Chicago Press，1979：37—55.

［3］ARCHER M S. Social Origins of Educational Systems［M］// RICHARDSON J G（ed.）. Handbook of Theory and Research for the Sociology of Education. Westport，Conn：Greenwood Press，1986：3—34.

［4］COLLINS R. The Credential Society［M］. New York：Academic Press，1979.

［5］［美］P. 布迪厄，J. 帕斯隆. 再生产——一种教育系统理论的要点［M］. 邢克超，译. 北京：商务印书馆，2003.

［6］［美］鲍尔斯，金蒂斯. 美国：经济生活与学校教育改革［M］. 王佩雄等，译. 上海：上海教育出版社，1989.

［7］MEYER J W，TYACK D，NAGEL J，GORDON A. Public Education as Nation-Building in America：Enrollments and Bureaucratization in the American States，1870—1930［J］. The American Journal of Sociology，1979，85（3）：591—613.

［8］［12］RAMIREZ F O，BOLI J. The Political Construction of Mass Schooling：European Origins and Worldwide Institutionalization［J］. Sociology of Education，1987，60（1）：2—17.

［10］MEYER J W. RAMIREZ F O，SOYSAL Y N. World Expansion of Mass Education，1870—1980［J］. Sociology of Education，1992，65（2）：128—149.

［11］SCHOFER E，MEYER J W. The Worldwide Expansion of Higher Education in the Twentieth Century［J］. American Sociological Review，2005，70（6）：898—920.

［13］BOLI J，RAMIREZ F O，MEYER J W. Explaining the Origins

and Expansion of Mass Education [J]. Comparative Education Review, 1985, 29 (2): 145—170.

[14] RALPH J H, RUBINSON R. Immigration and the Expansion of Schooling in the United States, 1890—1970 [J]. American Sociological Review, 1980, 45 (6): 943—954.

[15] RUBINSON R, RALPH J H. Technical Change and the Expansion of Schooling in the United States, 1890—1970 [J]. Sociology of Education, 1984, 57 (2): 134—152.

[16] 沃尔特斯. 增长的界限——历史视角中的教育扩张与改革 [M] //莫琳·T·哈里楠. 教育社会学手册. 孙岳, 译. 上海: 华东师范大学出版社, 2004.

[17] RUBINSON R. Class Formation, Politics, and Institutions: Schooling in the United States [J]. The American Journal of Sociology, 1986, 92 (3): 519—548.

[18] BIDWELL C E. Varieties of Institutional Theory: Traditions and Prospects for Educational Research [M] //MEYER H D, Rowan B (eds.). The New Institutionalism in Education. New York: State University of New York press, 2006: 33—50.

(本文发表于《比较教育研究》2011年第12期。作者闫引堂，时属单位为上海市宝山区教师进修学院)

七、新殖民主义视阈下的比较教育研究

学科研究的理论基础在一定程度上决定了学科研究的方法论原则，而方法论原则又决定了具体的研究方法。因此学科研究的理论基础对于一门学科的发展具有重大意义。就比较教育学而言，其理论来源错综复杂，从而在比较教育研究领域形成了蔚为壮观的各种理论流派，如，结构功能主义和新马克思主义都曾对比较教育研究产生过深远的影响。而新殖民主义（Neocolonialism）以其独特的视角和历史的、动态的分析框架，打破了传统比较教育研究以西方国家为中心的分析范式，将比较教育研究的视野拓展到第三世界国家的教育发展，从而给比较教育研究带来了方法论的变革。

（一）新殖民主义的基本内涵

新殖民主义在学术界盛行肇始于20世纪60年代，标志性事件是1961年在开罗召开的第三届全非人民大会通过了一项关于“新殖民主义”的决议。该决议认为“新殖民主义是非洲新近获得独立的国家或者相近地位国家的最大威胁；新殖民主义是殖民制度的复活，它不顾新兴国家的政治独立得到了正式承认，使这些国家成为在政治、经济、社会、军事或者技术方面进行间接而狡猾统治的受害者”。[1] 1965年，加纳共和国第一任总统恩克鲁玛（K. Nkrumah）出版了《新殖民主义：帝国主义的最后阶段》一书，以非洲作为基本对象对“新殖民主义”进行了深入、全面和系统地研究，指出“新殖民主义已经代替殖民主义成为帝国主义的主要工具”[2]，被誉为是新殖民主义理论早期的代表性著作。显然，“新殖民主义”一词最初主要用于描述当今世界西方发达国家与第三世界国家之间剥夺与被剥夺、控制与依赖等新的不平等关系。不过恩克鲁玛等人把这种新的不平等关系视为一种新的殖民关系，并把当前世界的不平等关系与历史上曾经发生过的不平等关系联系起来加以考察，从而在拉美学术界掀起了新殖民主义理论研究的高潮。稍后埃及学者萨米尔·阿明（S. Amin）等人将原本侧重于意识形态描述的"新殖民主义"发展成为一种普遍性的社会理论，使其影响延伸至政治学、经济学、历史学、社会学、人类学、教育学等多个领域，最终形成了集诸多观点和理论流派为一体的新殖民主义学术思潮。

那么何谓"新殖民主义"？"新殖民主义"实际上是相对于殖民主义（Colonialism）而言的，是一种特殊形式的殖民主义。恩克鲁玛在《新殖民主义：帝国主义的最后阶段》一书中开宗明义地指出："新殖民主义的实质是，在它控制下的国家从理论上说是独立的，而且具有国家主权的一切外表。实际上，它的经济制度，它的政治政策，都是受外力支配的。"恩克鲁玛认为，"新殖民主义不仅是一种制度和统治形式，也是一个历史发展阶段。它是帝国主义最后的、也许是最危险的阶段"。[3]在斯塔夫里阿亚斯（L. S. Stavrianos）看来，"新殖民主义"这个概念"就是用来表示至少在名义上获得了政治独立之后经济上继续处于依附地位的这种状况"，"如果说殖民主义是一种凭借强权来直接进行统治的制度，那么新殖民主义就是一种让予政治独立来换取经济上的依附和剥削的间接统治制度"。[4]而科林·利斯（C. Leys）则认为，"新殖民主义本质上就是外国资本通过非直接殖民统治的方式进行支配的一种体系"。[5]总的来说，尽管西方学者的表述和侧重有所不同，但大多认为"新殖民主义"是在旧殖民体系解体和非殖民化运动取得成功后，西方发达国家对非西方国家实行间接统治的一种方式（或者体系、制度等），"是殖民主义在新的历史条件下的延续"[6]。"新殖民主义的活动舞台主要在政治、意识形态、军事与经济四个领域，而其中心内容则是经济政策"。[7]政治上，"新殖民主义"主要表现为通过提供附有政治条件的财政援助和培养代理人，破坏发展中国家的政治独立；通过建立不同形式的"联系"制度，把原来属于自己统治的殖民地、附属国纳入势力范围；制造和利用发展中国家之间的矛盾，继续维持自己的统治。经济上则表现为以提供"援助"的形式，通过附加苛刻条件的贷款、不平等贸易、组织跨国公司等手段，控制这些国家的经济命脉，对这些国家实行掠夺。军事上，“新殖民主义”则通过提供军事援助，取得建立军事基地、派遣军事顾问的权利，控制发展中国家的武装力量；甚至直接派遣武装部队、策动政变、干涉内政。而文化上的“新殖民主义”主要是通过传播西方的意识形态，进行思想渗透和文化侵略。综上所述，尽管“新殖民主义”的表现形式多种多样，但其共同特点是在被迫承认原殖民地、附属国政治独立的情况下采用比较间接的手段和隐蔽的方式对获得政治独立的国家继续进行控制、干涉、掠夺与剥削，保持新生国家对原宗主国的依附性，维持不平等的国际关系和旧的世界秩序。

(二) 新殖民主义的发展理论

作为一种理论思潮，新殖民主义和结构功能主义、新马克思主义一样，是一个内部观点繁杂、理论流派众多的思想集合体。发展理论（主要探讨第三世界国家不发达状态成因及其对策）是其理论板块中非常重要的一个组成部分。以帕森斯（T. Parsons）为代表的结构功能主义将第三世界国家经济的不发达归因于缺乏合适的现代化观念、社会结构、人力与财力资源；认为西方发达国家所经历的道路正是不发达国家所要重复的道路，即现代化就是西化。然而在现实中，现代化理论并未如其所宣称的那样惠及全球，发展的不平衡状况依然存在，甚至加剧。在此背景下，作为对现代化理论的驳斥，以依附论和世界体系理论为代表的新殖民主义的发展理论便应运而生，成为比较教育研究的重要理论基础之一。

1. 依附论

依附论（Dependency Theories）是旨在探讨第三世界不发达状态成因及其对策的宏观发展理论。严格意义上讲，依附论并不是一个统一的、完整的理论体系，其内部观点纷繁复杂，但在核心话语、理论架构、分析范式等方面仍有其一致性。正是这些共识构成了依附论的理论支柱，勾勒了依附论的总体框架。

首先，何谓“依附”？依据多斯桑托斯（T. Dos-Santos）的经典阐释，“依附是这样一种状况，即一些国家的经济受制于它所依附的另一国经济的发展和扩张。两个或更多国家的经济之间以及这些国家的经济与世界贸易之间存在着互相依赖的关系，但结果是某些国家（统治国）能够扩展和加强自己，而另外一些国家（依附国）的扩展和自身的加强则仅是前者扩展——对后者的近期发展可以产生积极的或消极的影响——的反映，这种相互依赖关系就呈现依附的形式。不管怎样，依附状态导致依附国处于落后和受统治国剥削这样一种局面。"[8]而在弗兰克（A. G. Frank）和阿明等人看来，"依附"不仅表现在经济方面，还表现在政治、社会和文化等方面。政治、社会和文化的依附是由经济的依附导致的。因此，"依附"实际上是一个总体概念，它体现了不发达国家对发达国家的经济、政治、社会和文化政策的全面隶属关系。

其次，由普雷维什（R. Prebisch）提出的"中心—边缘"概念，被普遍采用而成为依附论最具特色的分析工具。"中心"是指占统治地位的工业发达的资本主义国家，"边缘"则是处于从属地位的不发达国家或发展中的国家。"中心"与"边缘"处于不平等的两极，其对立性表现在"边缘"的资源不断流向"中心"，从而造成"中心"发达的资本积累以及"边缘"不发达的积累或没有发展的增长，其结果是不平等、贫困和畸形的发展。无论从历史还是现实来讲，西方发达资本主义国家的发达与发展中国家的不发达是同一历史过程中两个互为因果的方面，前者的发达必然以后者的贫困为代价。[9]发达与不发达如同一枚金币的两面，是互生共存而非线性更替。而依附既是不发达的外在表现，也是产生不发达的根源。

再次，依附论者大都对一般发展理论持怀疑态度，并将批判的矛头直指向现代化理论，认为"现代化理论是一种意识形态色彩浓厚的'很原始的理论'，掌握着发展理论的话语霸权，并试图强加给不发达国家"。[10]为不发达国家寻找一条发展道路是依附论的终极目标。尽管依附论者提出的解决方案各式各样，但他们大多认为不发达国家的出路在于变革不平等的国际关系，并反对简单模仿西方国家的历史经验、经济理论和政策，主张欠发达国家应根据自身的经济、政治、意识形态等因素来制定合适的、自主的发展战略。总而言之，"非西方"的发展道路是依附论的重要价值取向。

2. 世界体系理论

与现代化理论的"社会二分法"一样，依附论"中心—边缘"、"发达—

不发达”的二元对立分析框架自其诞生之日起就为学术界所诟病，因而在20世纪80年代初期逐渐式微。经过反思和调整，依附论朝着世界体系理论（World System Theories）的方向发展，尝试对现代资本主义的形成和发展做出新解释。沃勒斯坦（I. Wallerstein）于1974年至1989年出版《现代世界体系》（Ⅰ、Ⅱ、Ⅲ），奠定了世界体系分析的基本框架。

第一，世界体系理论的内核："现代世界体系"。沃勒斯坦采取了新的观察视角，认为民族国家并不是近代以来社会变迁的基本单位，具有结构性经济联系和各种内在制度规定性的、一体化的现代世界体系才是考察16世纪以来社会变迁的唯一实体。什么是世界体系？“世界体系是具有广泛劳动分工的社会体系，它具有范围、结构、成员集团、合理规则和凝聚力”。[11]现代世界体系是一个由经济、政治、文化三个基本维度构成的复合体。经济体是整个世界体系的基本层面，是政治体和文化体存在、发展的决定性因素。世界经济体的雏形是产生于“延长的16世纪”（1450～1640年）的欧洲经济体。沃勒斯坦的研究由此展开，其基本逻辑假设是：资本主义是一个历史体系，它有周期性，趋向是衰退。[12]

第二，现代世界体系的结构特征：“中心—半边缘—边缘”（core-semi periphery-periphery）。世界体系理论所确立的分析框架是三维的，即它把世界各国分为“边缘”、“半边缘”和“中心”。沃勒斯坦认为，“现代世界体系内的分工是不均匀的，在现代世界体系中占优势的地区（即中心地区），往往是一些经济发达的国家。他们不仅通过不平等的分工关系控制了有利的贸易通道，而且可以利用边缘地带提供的原材料和廉价劳动力生产高附加值产品，从而始终在世界市场占据垄断地位”。与中心国家相对应的，是边缘地区。一方面，边缘地区可为现代世界体系提供廉价的劳动力、原件和初级产品（主要是农产品、矿产品及劳动密集型产品）；另一方面，边缘地区没有一个强有力的国家机器，因此沃勒斯坦甚至不称其为“国家”。半边缘地带介于二者之间。这类国家既受中心国家控制，同时又可部分地控制边缘国家，如拉丁美洲的一些经济强大国家和欧洲的整个边缘地带，以及部分亚洲国家。[13]

第三，世界体系的整体发展规律：动态调整。世界体系理论认为，现代世界体系的结构是处于通过结构位置的流动而上升到半边缘甚至中心的不断的调整、变化中的。半边缘地带在现代世界体系中的独特地位，决定了其上升为中心国家或下降为边缘地区的双重可能性。同样，在上一个层次出现空位的前提下，一些能为自身创造有利条件（如建立强大的国家机器等）的边缘地区，也可以通过结构位置的流动而上升到半边缘甚至中心的位置。中心国家也会出现衰败，“一个国家一旦出现真正的霸权，它就开始衰落。因为一个国家不再是霸权并不是因为它丧失了力量，而是其他国家取得了胜利”。[14]

表1　依附论与世界体系理论[15]

	依附论	世界体系理论
分析单位	单一民族国家	世界体系
方法论	历史—结构：民族国家的兴衰	世界体系的历史动态：周期节律和长期趋势
理论框架	二维模型：中心—边缘	三维模型：中心—半边缘—边缘
发展路径	宿命论：依附导致欠发达	在世界体系中可上下位变动
研究焦点	边缘	边缘、半边缘、中心和世界整体

(三) 比较教育研究中的新殖民主义

尽管新殖民主义和殖民主义一样主要探讨西方宗主国与殖民地国家或第三世界国家的政治、经济关系，但“其理论中也涉及第三世界国家教育制度的建立、教学内容与规范、语言的传达与文化的熏陶等”。[16]马丁·卡诺伊（M. Carnoy）、菲利普·阿尔特巴赫（P. G. Altbach）、盖尔·凯利（G. P. Kelly）等人都曾在比较教育研究中基于新殖民主义的视角探讨过欠发达国家的教育问题。阿尔特巴赫曾分析新殖民主义对前殖民地在教育方面的影响如下：第一，本土化的教育模式受到破坏，本土文化也受到忽视；第二，强调人文学科的学习，尤其是宗主国语言的学习；第三，精英化的教育模式，尤其是高等教育；第四，教育变革与发展的速度相当缓慢，尤其是高等教育；第五，教育制度与宗主国有着紧密的关系，很难摆脱西方教育的影响；第六，许多发展中国家仍然继续使用欧美语言，尤其是精英阶层，与其宗主国在意识形态方面的联结亦颇为密切。[17]总体而言，比较教育研究中的新殖民主义论者认为，许多第三世界国家的教育是殖民过程的副产品，即殖民教育

(colonial education)；殖民教育试图做的是“协助巩固宗主国的规则”。[18] 因此在对不同国家的教育状况进行比较时，有必要先就新、旧殖民主义对教育的影响问题予以历史的考察分析，如此才有可能对各国的教育现状有更深入的了解。

作为新殖民主义的主流发展理论，依附论中的“发达”与“欠发达”、“中心”与“边缘”、“宗主国”与“卫星国”、“殖民主义”与“新殖民主义”、“文化帝国主义”和“文化异化”等概念也被教育学者们所接纳，成为透视第三世界教育问题的重要分析工具。[19] 卡诺伊 1974 年出版的《作为文化帝国主义的教育》被视为比较教育研究领域中依附论观点开始盛行的标志。1984 年，在巴黎召开的第五届世界比较教育大会以“教育中的从属性与相互依赖性”为主题，标志着依附论已成为比较教育研究的一个重要理论流派。作为比较教育研究中运用依附论的代表人物，阿尔特巴赫在《比较高等教育：知识、大学和发展》等著作中详细论述了他的高等教育依附论观点，概括起来即，“第三世界高等教育之于发达国家教育的关系是依附与被依附的关系；在国际学术领域，第三世界之于发达国家的关系是边缘与中心的关系；造成国际教育体系与学术领域的依附与被依附、边缘与中心局面的是新殖民主义”。[20] 持依附论观点的比较教育学者普遍认为，盲目抄袭发达国家的教育体系和教育理论，只会加深发展中国家对发达国家的教育依赖，最终成为发达国家的附庸，因此反对无批判地接受发达国家的教育援助。依附论学者还认为第三世界国家的教育发展首先要打破在观念上对西方国家的迷信；其次要走“内源性发展”的道路，努力发掘本民族的传统文化宝藏，扎根于本国的价值观和民族语言。[21]

比较教育研究中世界体系分析与依附论是紧密相联的。1979 年，约翰·梅厄（J. W. Meyer）和迈克·汉农（M. T. Hannon）在《国家发展与世界体系》一书中，首次将“世界体系分析”这一概念引入比较教育研究领域。此后，罗伯特·阿诺夫（R. F. Arnove）明确提出根据世界体系的分析框架来确立比较教育研究的分析框架。他认为单一国家的研究框架缺乏对教育发展的整体把握，主张越出一个国家或地区的局限，把教育放在世界范畴内，充分考虑到地区差异、种族差异和经济发展水平对教育的影响，从整体上来把握和分析全球各国的教育问题。在与阿尔特巴赫、凯利合著的《比较教育》一书第23章“比较教育与世界体系分析”中，阿诺夫指出，“到此刻为止，多数教育的宏观研究已经把民族国家作为基本的分析单位。对冲击教育系统的国际势力的考察和对国际经济秩序的考察，对于了解任何国家或一系列国家经济发展或欠发展的动力来说同样必要”。阿诺夫认为，以往研究“对这一国际维度的相对忽视是相当令人惊异的。……虽然教育的扩张和改革是在国家边界以内发生的，但是这些国家发展和竞争的舞台是一个国际舞台。需要更多注意的是‘比较和国际教育’领域的全球维度”。[22]

(四)新殖民主义的反思与批判

比较教育研究中的新殖民主义呼吁加强对于西方发达国家以外的欠发达地区或第三世界的教育研究，从而拓宽了比较教育研究的视野，使以往被忽视的第三世界国家的教育问题开始为全世界所关注。但其过度强调被殖民者与殖民者间的主宰和控制关系，因而也容易陷入思维单一、观点过激的困境。诚如阿尔特巴赫所言，“新殖民主义”或“殖民主义”对发展中国家的影响并不总是负面的。但已有研究者在分析时往往从负面着眼，并未就此进行辩证思考。不可否认，新殖民主义的发展理论对“边缘国家”不发达的原因分析有其独特之处；世界体系理论整体的、历史的、动态的分析框架也在一定程度上打破了传统比较教育研究以西方国家为中心的民族国家分析范式，将比较教育研究的视野拓展到国际范围，给比较教育研究带来新的视野和方法论的变革。但把主要适用于政治、经济领域的新殖民主义及其发展理论引入比较教育研究，其适切性仍需进一步验证。诺亚和埃克斯坦就认为，从经济学领域借来依附理论，不假思索地把前者的核心概念如“中心—边缘”、“再生产”、“霸权”等运用于比较教育研究，忽视了这些比喻所包含的特定内涵，犯了“简单化”的错误。在《比较教育中的依附论：从研究文献得出的十二点》一文中，诺亚和埃克斯坦介绍并评价了八篇引用依附论的比较教育研究论文，指出：“这八篇论文都是资料丰富，结构完整的文章。但是，无论是抽出其中的单独一篇，还是总体来看，远不能证实依附论的基本论点。……因而依附论并不能被看成是对比较教育的研究增加了特别强有力的或者有说服力的观点。……依附论及其有关的比喻对于比较教育只能做有限的贡献。"[23]至于世界体系理论，诺亚和埃克斯坦认为其分析框架来源于依附理论，因此它是"新的简单化"。[24]

鉴于新殖民主义主要是基于"欠发达"的经济学理论，不易进行有关种族、文化、语言等课题的分析，20 世纪 80 年代具有强烈文化批判色彩的后殖民主义（Post-colonialism）逐渐兴起，以期以更微观、更深入的文化议题奠定比较教育研究中多元论述的基础。与后现代主义相似，后殖民主义并非传统意义上的逻辑严密的思想体系，而是对"殖民主义"和"新殖民主义"的反思、否定和超越，是对一些不言自明的主流观点和思想的质疑，是一种崇尚多元和差异性的思维方式。事实上，与其说后殖民主义是一系列理论和教义的策源地，不如说它是一个巨大的话语场，或"理论批评策略的集合体"。在其中，所有的话语实践都基于这样一个历史事实，即"基于欧洲殖民主义的历史事实以及这一现象所造成的种种后果"。与新殖民主义相同，后殖民主义也关注独立后的殖民控制问题。只不过恩克鲁玛和阿明等人的新殖民主义侧重于经济、政治角度的论述；而以萨义德（E. Said）、霍米·巴巴（H. K. Bhabha）为代表的后殖民主义则侧重于文化和知识范畴的论述。就我国比较教育研究而言，如何回应后殖民主义思潮的冲击，并在反思中重新进行定位，逐步摆脱包括"西方中心主义"或"东方主义"在内的任何形式文化霸权的一元化宰制，通过自身的"文化自觉"和理论的"本土生长"实现真正的多元对话，是今后学科发展应着重思考的议题。

参考文献：

[1] 世界知识出版社. 第三届全非人民大会文件汇编［M］. 北京：世界知识出版社编辑出版，1962：10～313.

[2]［3］［加纳］克瓦米·恩克鲁玛. 新殖民主义：帝国主义的最后阶段［M］. 北京编译社，译. 北京：世界知识出版社，1966：5，1.

[4]［美］斯塔夫里亚诺斯. 全球分裂——第三世界的历史进程（下）［M］. 迟越等，译. 北京：商务印书馆，1993：486.

[5] LEYS C. Underdevelopment in Kenya：The Political Economy of Neocolonialism [M]. Berkeley：University of California Press，1975：271—272.

[6] 张顺洪，孟庆龙，毕健康. 英美新殖民主义 [M]. 北京：社会科学文献出版社，1999：24.

[7] WODDIS J. An Introduction to Neocolonialism [M]. London：Lawrence & Wishart，1967：61.

[8] [巴西] 特奥托尼奥·多斯桑托斯. 帝国主义与依附 [M]. 毛金里等，译. 北京：社会科学文献出版社，1999：302.

[9] [德] 安德烈·冈德·弗兰克. 不发达的发展 [M] // [美] 查尔斯·威尔伯. 发达与不发达问题的政治经济学. 高括等，译. 北京：中国社会科学出版社，1984：15.

[10] [巴西] 特奥托尼奥·多斯桑托斯. 依附论——总结与前瞻 [M] // [美] 弗朗西斯科·洛佩斯·塞格雷拉. 全球化与世界体系. 白凤森等，译. 北京：社会科学文献出版社，2003：662.

[11] [13] [美] 伊曼纽尔·沃勒斯坦. 现代世界体系（第1卷）[M]. 罗荣渠等，译. 北京：高等教育出版社，1998：15，462—463.

[12] 王正毅. 世界体系论与中国 [M]. 上海：商务印书馆，2000：72.

[14] [美] 伊曼纽尔·沃勒斯坦. 现代世界体系（第2卷）[M]. 吕丹等，译. 北京：高等教育出版社，1998：45—46.

[15] SO A Y. Social Change and Development：Modernization，Dependency and World-System Theories [M]. London：Sage Publications，1990：195.

[16] 钟宜兴. 比较教育的发展与认同 [M]. 台湾：高雄复文图书出版社，2004：263.

[17] ALTBACH P G. Education and Neocolonialism [M] //ASHCROFT B. The Post-colonial Studies Reader. London and NewYork：Routledge，1995：453—455.

[18] ALTBACH P G，KELLY G P. New Approaches to Comparative

Education [M]. Chicago: University of Chicago Press, 1986: 26.

[19] 薛理银. 当代比较教育方法论研究——作为国际教育交流论坛的比较教育 [M]. 北京: 首都师范大学出版社, 1992: 164.

[20] [美] 菲利普·G. 阿尔特巴赫. 比较高等教育: 知识、大学与发展 [M]. 人民教育出版社教育室, 译. 北京: 人民教育出版社, 2001: 33—37.

[21] 陈时见, 徐辉. 比较教育导论 [M]. 北京: 商务印书馆, 2007: 190—191.

[22] ALTBACH P G, ARNOVE G R, KELLY G P. Comparative Education [M]. New York: Macmillan, 1982: 453—454. 转引自王承绪. 比较教育学史 [M]. 北京: 人民教育出版社, 2003: 136.

[23] NOAH H J, ECKSTEIN M A. Dependency Theory in Comparative Education: Twelve Lessons from the Literature [M] //SCHRIEWER J, HOLMES B (eds.), Theories and Methods in Comparative Education. Frankfurt am Main: Peter Lang, 1988: 165—192.

[24] 埃克斯坦, 诺亚. 比较教育的依附论: 一种新的简单化立论 [J]. 教育展望 (联合国教科文组织教育季刊中文版), 1985 (6): 69.

(本文发表于《比较教育研究》2013 年第 4 期。作者周琴, 时属单位为西南大学教育学部国际与比较教育研究所)

比较教育研究的方法与方法论

一、国际比较教育的若干方法与理论

——兼谈我国比较教育研究的方法论问题

1977年，美国《比较教育评论》和英国《比较教育》两家杂志分别出版了反映和评价比较教育研究现状的专刊。20多年过去了，国际比较教育研究继60年代在研究方法方面的百家争鸣以后，在理论建设上今天再次呈现出繁荣景象。许多比较教育学者或者吸收了相关社会科学的理论建立了新的比较教育理论或方法，或者移植社会科学的研究方法和范畴，运用于比较教育研究中。其中较有影响的方法或理论有：(1) 地区差异分析法；(2) 民族志法；(3) 世界秩序模式规划理论。本文首先对这些方法与理论作一个简要的述评，然后谈谈我对比较教育研究方法的看法。

(一) 地区差异分析法

最早提出需要对一个国家内部教育进行比较研究的学者是美国人诺亚(H. J. Noah)。在讨论比较研究是否都必须是国际的、跨国的或多国的这一问题时，诺亚表示了不同的看法。他写道："尽管许多比较研究是这样的，但不必都是这种研究。以国家为单位通常构成了收集资料的框架，而且政府愿意提供研究经费……作为国际经济竞争政策的一部分。但是，我们认为，按照南方与北方、城市与乡村、白人与黑人的分类，研究美国家庭收入与子女接受中学后教育的概率之间的关系，可以与采用比较法的国际性研究相媲美……。"[1]

后来采用这种分析框架的比较教育学者还有阿切尔 (M. Archer)、鲍曼 (M. J. Bowman) 和普朗克 (D. N. Plank) 等人。他们都一致认为，一个国家内部不同地区之间教育上的差异较之国家与国家之间教育上的差异，如果不是更大的话，至少也相似。因此，国内不同地区之间教育的比较研究同样很重要，也很有价值。近年来，更多的比较教育学者强调要加强一个国家内部不同地区之间教育的比较研究。越裔法籍比较教育家黎成魁提出要进行“国家内部的比较”，他把这种内部比较分成不同的单元，如空间单元（乡村和城市地区、省、地区、州等）；种族单元（多民族国家中的各个民族、多数民族和少数民族、国民和移民）；制度单元（公立和私立教育），等等。[2]在我国，顾明远教授多年来一直号召要进行国内教育的比较研究。他认为可以把国内不同民族地区，如西藏、新疆、内蒙古[3]和江苏各作为一个单元进行比较研究。目前，国内教育的比较研究已引起了我国比较教育学界的重视，例如，在国家教育科学“九五”规划课题中，有10项比较教育研究课题就是国内教育的比较研究，如“沪港中学课程教材比较研究与二十一世纪课程教材现代化展望”；“穗港澳不同文化背景下幼儿爱国的教育比较研究”；“珠江三角洲、香港、澳门、台湾地区教育发展综合比较研究”，等等。香港大学的贝磊博士（M. Bray）从方法论角度探讨了地区差异分析方法。他不仅大力倡导要进行国内教育的比较研究，而且主张要进行一个地区（如香港）内部教育的比较研究。贝磊写道：“从比较教育作为一个研究领域的视角来看，大力强调国内的（或地区内的）比较教育研究能够作出多方面的贡献。第一，显而易见，这将扩大研究范围，由此比较教育可以获得更多的灵感，比较教育学者可以检验或创立理论。第二，或许更为重要的一点是，这将重视国家内部的多样性。有些国家被当作了同质的实体，这是不恰当的。这不仅本身就引起误解，而且还可能造成更大的偏见。例如，在有些比较教育文献里，把国家当作比较的基本单位，就可能对微观层次的教育现实状况的描述过于简单化，对形成这种教育状况的动力的分析也过于简单化。采用较小的基本单位进行分析，就可能发现以国家作为基本分析单位时易于忽视的因素。第三，依据所选择的案例，国内（或地区内）教育比较研究可以通过控制其它因素不变，阐明某些具体因素的影响。例如，加拿大说英语与说法语地区的教育制度都是在同一的国家政策、单一的货币制度和国民经济框架下运作的。这可以为只说英语或法语国家的教育制度进行富有启发的跨国比较奠定基础。

再如，比较澳大利亚各州的教育制度也是一个例子。在澳大利亚，语言和联邦政府的政策及经济的某些方面相同，但州政府的政策却迥然有别。”[4]

从以上讨论中可以看出，地区差异分析基本上是一种中观研究，而不是微观研究。像世界体系分析理论一样，地区差异分析与其说是一种方法，不如说是一种研究框架更为确切。它以国家或地区内部教育上的差异为其立论的基本前提，对于克服跨国或国际教育比较研究中容易造成的简单片面的描述和分析，是一种补救和校正。我国是一个多民族的大国，在地理、文化、经济、宗教信仰等方面都有很大差异，研究这些差异不仅可以使我们更好的了解中国的教育实况，也可以由此推动国内教育上落后的地区向发达的地区学习，促进中华民族的共同繁荣。因此，笔者认为，开展国内教育的比较研究是大有可为的。

(二) 民族志法

在西方比较教育学界，大体上在 1977 年以前，多数比较教育研究都是以结构功能主义为理论基础、以输入/输出模式为主的定量研究。学者们所关注的主要问题是对教育投入和结果的分析——例如，对学校教育在培养学生的现代性和各科学业成绩的分析。其中最著名的研究有瑞典著名比较教育学家胡森领导的国际学业成就评价协会（IEA）所进行的大规模研究。从学术思潮上看，当时的比较教育研究与整个社会科学研究的范式大体上是一致的，即注重定量研究。从比较教育领域来看，当时的比较研究仍然遵循着阿德勒的传统，即强调学校外部的事情比学校内部的事情更为重要。

然而，近 20 年来，在西方，尤其在北美，社会科学研究方法出现了由以往注重定量研究转向重视“质性研究”① 的趋势，“因为比较教育是跟社会科学与行为科学直接联系的，所以母学科的趋势和发展便决定了它。”[5]今天，在美国，“时代不同了”，在教育研究领域里，已有两份专门发表质性研究的教育学术期刊，许多教育杂志也刊登质性研究的结果。[6]据美国一些比较教育

① “Qualitative research” 以前译为“定性研究”，但这一译名与中国传统的定性研究相混淆，所以有的学者改译为“质的研究”。笔者觉得它仍然有些别扭，因而采用香港大学陈介明先生提出的“质性研究”。

学者的调查，美国比较教育学者认为自己的研究是质性研究的从 1979 年 55%上升到 1988 年 77%[7]。在质性研究方法中，民族志（ethnography，又译为“人种志”）方法成为教育研究者所青睐的方法之一。

什么是民族志方法呢？塔伏特（R. Taft）对民族志研究作了如下概括：“民族志研究大体上一是描述发生在团体生活中的事件，尤其关注其社会结构和团体中个体成员的行为；二是解释这些事件、社会结构和个体行为对该团体文化的意义。由此可见，民族志既用来记录第一手资料，又用来解释其意义。它不是一种控制性探究，而是一种自然主义的探究；不是一种定量方法，而是一种质性方法。”[8]

由于研究者参与研究对象的一部分生活，并用其从参与中所学得的知识产生研究结果，所以它又叫参与型观察法。另外，民族志研究也是一种个案研究。史密斯认为，“教育民族志、参与型观察、质性观察、个案研究、现场研究……都是同义词。”[9]

民族志方法起源于人类学，它是本世纪初期由波兰裔英国社会人类学家马林诺夫斯基（B. Malinowski，1884～1942）提出的。马林诺夫斯基强调人类学家要对自己的研究建立起“真实性”（trustworthiness），为此，民族志研究的目标应当是“抓住土著人的观点，他与生活的关系，以便实现他的世界观”。这就要求研究者与被研究者较长时间地生活在一起，打成一片，运用观察和深度访谈等技巧取得研究资料。

把民族志方法运用于教育研究中始于 60 年代。在英国，人类学家对二战后独立的前英国殖民地国家的教育进行了民族志研究。在美国，芝加哥大学的社会人类学家贝克（Becker）等人率先采用民族志法研究医学院的学生。接着，史密斯和杰弗里（Geoffrey）以人类学的田野研究方法对课堂的教学过程进行了研究，并把他们所采用的方法叫做微观民族志（micro ethnography）。60 年代至 70 年代，斯平德勒（G. Spindler）及其学生撰写了大量的教育民族志文献。至于在比较教育学界首先倡导并采用民族志法的学者当推加拿大比较教育学家梅斯曼（V. Masemann）。1976 年，梅斯曼在《比较教育评论》上发表了《论人类学方法在比较教育中的运用》一文，极力倡导比较教育学者采用民族志方法。在这篇文章里，梅斯曼还提出了学校民族志（school ethnography）的概念，即以民族志方法研究学校教育。他说："比较教育进行学校民族志研究在以下三个方面大有作为，一是研究教育学者所说的所谓差生现象；二是考察与学业成绩或其它结果相联系的正规教育制度的结构性因素及其过程；三是阐明学生从学校经验中真正学到的东西。"[10]

可以说，这种质性研究是对以往比较教育研究只注重结果（或产出）而忽视过程的一种挑战。它所关注的是教育的过程与教育的差异问题，而这正是以往的教育研究方法所忽视的。后来，梅斯曼于1982年再次在《比较教育评论》上发表了《论比较教育研究中批判民族志》一文，倡导他所提出的批判民族志研究。所谓"批判民族志"，他说，"基本上是指运用人类学的、质性的和参与型观察的方法，而同时依赖源于批判社会学和批判人类学理论来建立自己理论的研究。"[11]很显然，他要把对学校民族志研究置于宏观理论背景中，使民族志方法和社会科学的理论更好地结合起来。这对于理论与实践的结合无疑是有益的，从而把民族志方法在比较教育中的运用推进了一步。

在我国，采用民族志方法进行教育研究刚刚起步。1996年，北京大学陈向明博士发表的《王小刚为什么不上学了》一文，就是以民族志方法对辍学问题进行的个案研究。[12]随后，她又分别在《中国社会科学》和《教育研究》上发表了论述质性研究方法的论文，推动了质性研究方法在我国教育研究领域的传播。

笔者认为，我国比较教育学者应当根据自己的兴趣，采用包括民族志方法在内的质性研究方法深入探讨我国当前的教育问题。这不仅为比较教育理论研究的中国化和比较教育研究向纵深发展作出贡献，也是中国比较教育学者与国际教育研究接轨的一个途径。

（三）世界秩序模式规划理论

如果说上述两种研究方法注重中观研究的话，那么，世界秩序模式规划理论（the world order models project theory）则无疑属于宏观理论了。这一理论是由几位不同学科的社会科学家共同提出的，是一种跨学科的、全球性的、价值倾向明显的理论。提出这一理论的四位学者是戈尔屯（J. Galtung）、金木（S. Kim）、威勒（H. Weiler）和马子瑞（A. Mazrui）。而在比较教育中运用这一理论的学者则是加拿大安大略教育研究院的露丝·海霍教授（R. Hayhoe，许美德）。

世界秩序模式规划理论有一个基本的假设，即研究者可以提出某些得到人们普遍认可的世界性目标，如和平、经济繁荣、社会公正和生态平衡，等等，这些目标可以成为科学研究的重要课题。这一理论分为两个层面，一是推测世界趋势的经验层面，二是为改变全球秩序而寻找希望种子的规范层面。前者是对世界现实状况的分析，后者是为改变现状所作出的理论上的努力。

从经验层面看，戈尔屯认为全球中心和全球边缘之间的明显而又日益增长的不平等是现行世界秩序最显著的特征。对于这种不平等，他提出了与列宁的经典帝国主义理论不同的帝国主义理论来加以阐明。他把当今的帝国主义分为六种类型：经济的、政治的、军事的、通讯的、文化的和社会的。例如，他认为东西欧国家之间关系的特征是文化帝国主义，而没有相应的经济帝国主义；反之，战后日本对外关系的特征却是经济帝国主义而没有伴随文化帝国主义。帝国主义作为一种控制制度有三个标准：（1）在中心国家精英阶层和边缘国家精英阶层之间存在着一种利益关系；（2）边缘国家人民大众与精英阶层之间的利益冲突大于中心国家人民大众与精英阶层之间的利益冲突；（3）边缘国家与中心国家人民大众之间的利益冲突。戈尔屯还区分了帝国主义的两种主要机制，一是所谓封建互动结构，即中心国家对边缘国家实行一种“分而治之”的政策；二是从中心到边缘的垂直互动结构。这种垂直互动结构分为四种控制机制，即利用（exploitation）、渗透（penetration）、分化（fragmentation）和边际化（marginalisation）。

戈尔屯就帝国主义的四种机制阐述了中心与边缘的直接联系。在垂直的劳动分工中（the vertical division of labor），中心利用边缘常常是这样发生的，中心国家的学者建立理论，而边缘国家的学者完成收集资料和理论应用等卑微的任务。渗透表现在，由中心国家产生的理论深为边缘国家思想家和学者所服膺，由此产生了“当地资产阶级”的桥头堡，他们与自己国家文化的异化由此加深。分化表现在边缘国家的学者彼此分离，他们与一个或多个中心有着密切联系，而彼此之间或与其它边缘国家的学者却没有交流的渠道。至于边际化，边缘国家学者总是处在二流学者的地位上，依赖和从属于中心国家的一流学者。在当前经济全球化的浪潮中，笔者认为，上述分析大体上是符合发达国家与发展中国家社会科学的国际交流状况的。

威勒对戈尔屯的研究作了补充，他进一步探讨了知识与权力关系之间的联系。一方面，现代国家的政治秩序需要通过科学研究使其政策合法化；另一方面，学者们在确定他们所要探讨的问题时也越来越依赖于政治的支持，因而知识和权力之间形成了一种共生关系。从国际层面上来看，这种联系更加令人不安。威勒说："边缘国家使基本上是跨国体系的知识生产合法化，而研究和知识生产的体系反过来使依赖国家的跨国性合法化，从而使得跨国权力结构的国际体系本身合法化。换句话说，国际体系中中心国家和边缘国家之间的政治和经济关系是一种'垂直'的联系，这不仅反映和再生产于知识生产的垂直联系中，也从这些知识生产的结构本身得到充分的合法性。"[13]

就边缘国家的大学来说，马子瑞认为，大学处在文化依赖结构的顶点上，它们是具有政治和经济重要性的"文化公司"。他指出，边缘国家大学和中心国家大学之间文化上的联系非常密切。通过培养既熟悉中心国家文化又了解本国文化的人才，因而能够促进当地市场和原材料利用，大学为资本主义渗透到依赖国家的经济利益服务。依赖国家的大学在政治上的作用也很重要，因为大学培养的当地政治领袖的接班人很可能会支持资本主义世界秩序的国际政治关系。

以上讨论的是世界秩序模式规划理论的经验层面。然而，这一理论的规范层面并没有像依赖论那样建议发展中国家与发达国家脱钩。它要寻求的是希望的新种子和行动策略，这些策略能够促使现行的世界秩序朝着更为公平的方向和平地发生结构性变革。在国际政治领域，戈尔屯认为77国集团联盟有着巨大的希望，利用联合国作为国际经济新秩序的立法和行动论坛也很有希望。金木在其对中国和联合国的研究中，详细阐述了国际经济新秩序运动的发展以及由中国70年代在道德和思想方面所发挥的领导作用的重要贡献。后来在《寻求公正的世界秩序》一书中，他把南北政治描述为两种力量之间的较量，即精神力量（normal power）和物质力量之间的较量，并且从精神力量已经取得的胜利看到了建立世界新秩序的可能性。

在国际知识和研究结构层次上，威勒从边缘国家学者最近建立的横向联盟（horizontal alliances）中看到了希望的迹象。这些学者争取到了中心国家一部分研究人员的支持，通过瑞典与发展中国家研究合作机构和加拿大国际发展研究中心等组织，争取到了结构和经济上的支持。新的阐述问题的方法和新的分析方式都正在出现。它们对边缘国家的文化更为适切，为恢复知识应有的“解放”功能提供了可能性。所有这些都可以理解为戈尔屯所提出的非暴力社会科学的新模式——它建立在公平、自主、团结和参与等价值基础上。

最后，就大学自身来说，马子瑞提出了三条对策，它们有助于知识结构的改变，因而对政治和经济权力变革都具有意义。第一，本土化策略。它要求高等学校的课程要加强与本土文化有关的学科。第二，多样化策略。它要求课程发展具有真正的全球文化取向。就非洲而言，它不仅要吸收北美和欧洲的影响，还要从中国、阿拉伯和其它世界文化中吸取养分。第三，反渗透策略，即创造出一种独特的学术精神（a unique ethos of scholarship），它不仅吸取，而且给予，在世界学术中心留下自己的影响。边缘国家的大学按照上述策略进行知识结构的改革，对于它们所培养的毕业生的文化和政治倾向来说具有重要的作用，因而对于他们将来在国际和国内政治以及全球政治经济秩序方面所发挥的作用，也具有重要影响。

综上所述，戈尔屯、威勒、金木和马子瑞四人的上述思想表明，在全球政治和经济秩序中，大学有可能发挥两种不同的作用：一是维持极为不平等的现状，并使其合法化；二是为改变现行秩序作出贡献，为建立新的国际政治经济秩序发挥应有的作用。

根据世界秩序模式规划理论，海霍预测了中国大学在全球秩序中所起的两种截然不同的作用。在第一种预测里，即依据世界秩序模式规划理论的经验层面所作的预测里，越来越多的外国资本和尖端技术渗透到中国，引起沿海城市朝着与世界市场适应的工业生产形式高速发展。这些城市成为中国的经济中心，越来越与发达的资本主义世界的经济接轨，其结果是导致沿海与内地以及城市与乡村发展差距的进一步扩大。在沿海和其它中心城市的工业化过程中，大学是引进为工业化服务的科学技术的主渠道。知识为经济现代化服务决定了先进的科学技术知识中心较多地集中在沿海城市，从而加强了

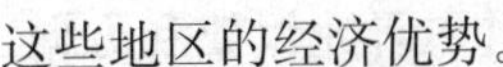

这些地区的经济优势。

大学为了引进先进的科学技术知识而与发达的资本主义学术中心的紧密关系，可能导致知识分子的文化异化，因为当代科学技术发展日新月异，要跟上它的发展变化，便阻碍着其本土化。大学的许多课程内容是资本主义国家大学课程的翻版，它所培养出来的毕业生只愿意到经济最发达的地区去工作，特别愿意去与发达国家经济接轨的地区工作。这样，他们的文化倾向性由于在大学所接受的知识内容的影响就与世界资本主义文化趋于一致。反之，他们与中国社会主义文化以及传统文化的某些方面相异化。笔者认为，这种可能性是完全存在的。

在海霍的第二个推测里，中国不仅取得了经济增长，而且取得了经济发展，其利益在各地区和各社会群体中分配公平。中国对外开放和与发达国家的经济接轨给全国人民所带来的经济利益，得到人民群众对政府的大力支持，而这有可能真正使社会主义民主取得进步。

中国大学对其吸收的外国先进的科学技术知识的本土化，承担着主要责任。这种责任包括消化这些新知识，使其既能为社会主义文化服务，也符合中国文化传统。大学还要把引进的科学技术知识广泛传播，使所有地区和阶层都得以分享。新的科技知识的广泛传播不仅可以促进经济的发展，也有利于人民群众参与当地的政治活动。由于中国各个大学之间加强横向联系和中国学者有意识地合作，知识的本土化和民主化有助于创造中国的学术精神。同时，中国对外开放不仅面向北美和欧洲，也面向世界上其它地区，包括接受印度、阿拉伯、非洲和拉丁美洲的影响。随着中国学术精神的形成，它将比六十年代毛泽东思想在西方短暂而巨大的影响更为持久而有效地反渗透于世界学术中心。

总之，中国经济的快速发展伴随着社会主义的民主化进程，不仅给予中国在全球社会中物质力量，也给予她精神力量。于是，中国人将比在60年代更现实地承担起领导第三世界的角色。无疑，这将为重建国际经济新秩序作出新的贡献。

海霍指出，上述两种预测只是运用世界秩序模式规划理论所作的纯逻辑推论，并不代表中国的现实。不过，它们对于分析中国高等教育所面临的问题是富有启迪的，为进一步深入探讨中国高等教育提供了研究框架和方向。例如，近年来中国高等教育管理体制的改革，使大学在课程设置、与国外学术交流、学校财政管理以及教学和研究规划等方面获得了决策权。大学的学者和行政人员将怎样使用这种权力呢？他们是把引进的科学技术知识仅仅用于为政府决策服务呢，还是承担更艰巨的任务，使外国知识本土化，按照中国社会主义文化重新解释它，并使之适应国家更加广泛的发展需要呢？他们是创造真正具有中国特色的新精神呢，还是走捷径照搬外国现成的模式呢？再比如，中国大学重视与国外大学的垂直联系，是不是也同样重视与国内其它大学，特别是内地大学的横向联系呢？这些及其它问题都可以运用世界秩序模式理论予以阐释和分析。

（四）对我国比较教育研究方法论的两点思考

1. 关于比较教育的“研究方法情结”

比较教育研究方法问题长期以来为国际比较教育学术界所关注和争论。这种关注和争论似有过犹不及之嫌，因此我称之为“研究方法情结”。60年代西方比较教育学者展开了方法论的论战；近年来，我国一些比较教育学者也提出了比较教育的危机论，其危机的表现之一是比较教育缺乏自己独特的研究方法。西方学者论战的结果是出现了比较教育研究方法的多样化，他们不再热衷于执着地追求一种比较教育自身所特有的方法。事实上，不仅传统的教育学一开始就没有一种独特的研究方法，就是当代教育科学也找不到一统天下的独特的研究方法。进一步说，整个社会科学的研究方法都趋于多样化，都很难声称有自己独特的研究方法。因此，我以为，比较教育（或其它教育科学的学科）与其寻找像“圣杯”一样的自己独特的研究方法，不如大胆借鉴社会科学中各种有用的研究方法并加以发展。例如，民族志方法原是人类学的研究方法，加拿大比较教育学者梅斯曼把它用于比较教育研究中，并提出“学校民族志”和“批判民族志”等概念，这就是方法论的发展，是比较教育学者对研究方法的独特贡献。再如，世界秩序模式规划理论原也不是比较教育学者提出的，但海霍教授用于研究中国高等教育，也是对比较教育的一个贡献。

当代科学发展日新月异，新的研究领域层出不穷。美国著名科学教育专家赫德（P. Hurd）指出，“当今的科学发展到2.5万～3万个研究领域。报道这些领域研究成果的杂志有7万种，其中的2.9万种是1978年以后出版的新刊。”[14]可以推想，这么多的自然科学研究领域，不可能每一个领域都有自己独特的研究方法。同样，当今学科林立的社会科学也不可能每一个学科或研究领域都有自己独特的研究方法。由此看来，比较教育作为教育科学中一个研究领域，它不必为自己尚未找到独特的研究方法而自惭形秽。

2. 关于比较教育研究“缺乏理论深度”

与研究方法相联系的一个问题是有些学者认为我国比较教育研究“缺乏理论深度”。就目前我国比较教育研究现状而论，这不能说不是事实。我国比较教育重建二十年来，虽然取得了一定的成绩，但就比较教育的理论建设而言，确实没有多少进步。正视这一现状对我们走向新世纪、深化比较教育研究具有清醒认识的作用。怎样加强比较教育的理论建设呢？这里笔者提一点不成熟的看法。

首先，在我国比较教育尚未形成自己独特的研究方法之前（我们不能排除这种可能性），借鉴西方国家比较教育的研究方法仍然是必要的。例如，上文论述的地区差异法、民族志法和世界秩序模式规划理论，以及其它研究方法和理论，只要它们对所研究的问题适用，都应当大胆借鉴。这是不是提倡西方中心论呢？不是。中国比较教育学者不管受西方文化影响有多深，他们仍然具有一颗中国心，他们的研究不可能不受中国文化的影响。他们借鉴西方研究方法研究教育问题，目的在于改善中国教育。如果我们要深刻理解西方教育乃至西方文化的话，借鉴西方之“镜”观察和研究西方教育乃是非常必要的。比如说，对西方基督教不懂，我们就很难深刻理解西方教育的变革与发展。而对西方教育缺乏深刻理解，借鉴西方教育经验或理论就是肤浅的、盲目的。

在当今信息化和国际化时代，国际文化和教育交流日益频繁。比较教育是国际教育交流论坛，借鉴西方比较教育研究方法还有助于中国比较教育学者与西方同行对话，有助于我们步入国际教育交流论坛。因为要对话，或在国际教育论坛上有自己的声音，就不能对别国的教育研究方法和理论一无所知。当然，这并不是唯一的途径。

其次，我国比较教育学者要加强对中国文化和教育传统的理解，从自己民族文化传统中吸取营养进行比较教育研究。目前，少数学者已开始着手这方面的研究，如，顾明远教授主持的国家“八五”和“九五”重点课题《民族文化传统与教育现代化》，再如首都师范大学王长纯教授近年来开展的一系列关于中国传统哲学与西方比较教育对话的研究。① 这类从本国文化传统出发进行的比较教育研究或比较教育的理论建设，对于中国比较教育研究走向世界是有益的，也无疑有助于形成海霍教授所期望的“中国的学术精神”。

再次，我国大学的比较教育专业研究生教育要加强教育研究方法的训练。目前，国内教育专业对研究生研究方法的训练普遍不够重视，比较教育专业也不例外。比较教育专业的研究生，尤其是博士生，是我国比较教育研究的重要力量，他们的专业训练质量高低直接关系到我国现在和未来比较教育研究的水平。不重视对他们进行研究方法的训练，我国比较教育研究欲改变“缺乏理论深度”的状况是靠不住的。最后，让我们重温已故的比较教育知名学者马骥雄先生十年前的一段话，作为本文的结束。马先生说：“从我国比较教育研究的现状看，方法问题是个关键问题。不用一定的方法对研究对象进行处理，就谈不上研究，更谈不上比较。抓住国外一点什么，翻译介绍一番，最后总说对我国的教育改革有‘借鉴’意义，这并不是比较研究。”[15]

参考文献：

[1] NOAH H J. Defining Comparative Education Conceptions [R] 转引自 BRAY M. Internal Comparative Education Methodological Issues, and the Examples of PRC, Hong Kong and Macao [R]. Shanghai: the fourth international conference on Chinese education for the 21st century, 1994: 4.

[2] 赵中建，顾建民选编. 比较教育的理论与方法——国外比较教育文选 [M]. 北京：人民教育出版社，1994：5.

[3] 顾明远，薛理银. 比较教育导论——教育与国家发展 [M]. 北京：

① 例如，近来王长纯教授著的《“和”的哲学与比较教育：兼论西方中心在比较教育理论研究中的终结（论纲）》，第二届亚洲比较教育年会论文，1998年10月，北京。

人民教育出版社，1996：26.

[4] 顾明远，薛理银. 比较教育导论——教育与国家发展 [M]. 北京：人民教育出版社，1996：8—9.

[5] ALTBACH P G. Trends in Comparative Education [J]. Comparative Education Review，1991，35 (3)：492.

[6] EISNER E W. The Promise and Perils of Alternative Forms of Data Representation [J]. Educational Research，1997，26 (6)：5.

[7] ROSE H. On Shifting Ground：the post-paradigm identity of us comparative education，1979—1988 [J]. Compare，1992，22 (2)：120.

[8] TAFT R. Ethnographic Research Method [M] //HUSEN T，POSTLETHWAITE N (eds.). The International Encyclopedia of Education. Oxford：Pergamon，1985，3：1729.

[9] 转引自 CROSSLEY M，et al. Case-Study Research Methods and Comparative Education [J]. Comparative Education，1984，20 (2)：193.

[10] MASEMANN V. Anthropological Approaches to Comparative Education [J]. Comparative Education Review，1976，20：374.

[11] MASEMANN V. Critical Ethnography in the Study of Comparative Education [M] //ALTBACH P G，KELLY G P (eds.). New Approaches to Comparative Education. Chicago：The University of Chicago Press，1986：11.

[12] 陈向明. 王小刚为什么不上学了？[J]. 教育理论与实验，1996 (1).

[13] HAYHOE R E S. China，Comparative Education and the World Order Models Project [J]. Compare，1986，16 (1).

[14] HURD P D. Why We Must Transform Science Education [J]. Educational Leadership，1991，49 (2)：33—35.

[15] 马骥雄. 比较教育学科的重建 [J]. 高等师范教育研究，1989 (5).

（本文发表于《比较教育研究》1999 年第 2 期。作者丁邦平，时属单位为北京师范大学国际与比较教育研究所）

二、教育研究中的历史比较方法评介
——《教育与国家形成》分析

(一)《教育与国家形成》的主要内容

《教育与国家形成》的信息极其丰富，主要揭示19世纪英国、法国、美国和德国教育制度形成过程，分析诸国教育制度形成的原因。在格林看来，国家教育制度诞生和发展的基本标志是国家建立了相对统一的教育管理体制和学校系统，承担部分教育经费，颁布教育法令，对教师培训、课程内容和教育目标实施控制。

格林认为，英、法、美和德国大约都在19世纪建立了资本主义现代国家教育制度。17世纪以后，欧洲各国国家教育制度开始缓慢地成长。最初，国家为初等学校提供部分教育经费，颁布初等教育法令，实施免费和强制的初等学校教育；接着，中等教育逐步走出狭小的哲学和宗教的框架，拓展活动空间，吸收现代科技教育内容；其后，职业技术学校出现，以便满足工业、经济和整个社会的发展需求。在这一过程中，国家逐步强化对教育的管理和控制，以往的教会、行会垄断教育的格局渐渐瓦解、淡化和消失。这是格林描绘的四国教育制度形成的宏观画面。①

格林是一位马克思主义者，但他没有直接运用马克思主义分析国家教育制度形成的历史原因，而是先行评价已经产生的多种解释教育制度形成的理

① GREEN A. Education and state formation [M]. London: Macmillan, 1990: 1～3.

论。格林首先评价了自由主义理论。自由主义是西方世界的最为正统的一种理论，在政治学、经济学和伦理学等许多领域都曾发挥过巨大的影响，内容十分复杂和丰富。在格林的著作中，自由主义的论点分为四个相互独立的方面。第一，新教精神是教育发展的动力。新教精神的一个重要内容是相信教育具有改变人的宗教信仰的力量。在这种信念的支配下，16 世纪至 19 世纪期间，教堂广泛设立了众多的学校，欧洲各国，特别是清教徒国家的学校数量有了明显的增长，从而为国家教育制度的诞生做好了准备。第二，以启蒙哲学为理论基础的相信教育价值的主张。启蒙哲学的代表洛克（Lock）坚信人脑如同白板，可以写就任何东西，而教育就是书写的工具；密尔（J. Mill）声明，“人与人之间的差别，阶级与阶级之间的差别，都是教育造成的。”[①] 第三，向往自然，拒绝权威，反对束缚等自由主义政治理想。这些理想向教育注进了与中世纪经院哲学迥然相异的新鲜气息，为教育面向社会需求，贴近社会生活，展示知识的价值提供了力量，并成为国家控制教育的重要原因。[②] 第四，自由主义内含的民主观念和机会平等观念。自由主义者非常重视这些观念，视之为现代福利国家教育制度的基石和支撑着国家教育发展政策的思想资源。

尽管自由主义观点纷呈，内容繁多，但是，格林拒绝承认自由主义对国家教育制度的解释。他说，宗教确实对教育的发展发挥了促进作用，但不是无所不在的和万能的，宗教对国家教育制度形成过程中的一些现象，包括对公立学校性质就没有解释力。[③] 自由、民主和平等观念无法说明德国教育制度诞生初期浓厚的专制主义特质。[④] 对启蒙哲学的一些主张和拒绝权威的观点，格林同样拒绝承认其解释国家教育制度的合理性，他说，确认教育价值的思想并非启蒙哲学独有，所以自由主义不应将其视为自己的专利；自由主义者向往的没有权威的图景在现代国家教育制度中没有一点立足之地。这样，格林对自由主义理解和诠释国家教育制度的每一个方面都提出了悖论。

---

① GREEN A. Education and state formation [M]. London: Macmillan, 1990: 30.
② GREEN A. Education and state formation [M]. London: Macmillan, 1990: 31.
③ GREEN A. Education and state formation [M]. London: Macmillan, 1990: 29.
④ GREEN A. Education and state formation [M]. London: Macmillan, 1990: 32.

其次，格林评价和分析了结构功能主义观点。结构功能主义是人们常用的解释教育现象的社会学理论，代表人物是杜克凯姆（E. Durkheim）。这一理论的中心涵义是从教育的功能和意义的角度探讨教育制度的起源。根据这一理论，教育具有两项功能：传递文化知识；传授技术技能。格林否认这一解释教育制度的思路，认为，结构功能主义虽然可以说明教育制度发生和发展过程中的一些现象，却无法解说教育制度诞生和发展过程中的所有现象，尤其是一些重大现象：① 现代国家教育制度诞生并非源于文化因素，而是政治因素。因此，用文化传递解释现代国家教育制度显然与历史事实方枘圆凿；② 经济史家提出的证据并不能支持结构功能主义的观点。一般地说，19世纪教育的新成就并非经济增长的主要动力。同样，人们也不清楚，工业革命中的经济和技术需要是否真的曾经极大地推动了教育的发展。而且，虽然在一些国家中教育与经济发展彼此呼应，但在另一些国家中，情形不是这样。总之，严格的经济因素很难解释不同国家的教育制度。① 格林相信，早期的工业很少需要大量技术技能，即使需要一些技术和技能，也无需教育来提供。只是到了工业革命的第二阶段，教育在满足工业技术技能需求中的作用才越来越重要。

格林在分析和否定了自由主义和结构功能主义观点后，提出了自己的解释现代国家教育制度形成的理论。在这里，格林用马克思主义的观点和方法论，说明国家教育制度形成的原因。他的这一思想方法和以此为基础展开的全部材料贯穿他的整部著作之中。

（二）历史比较研究的理论构架

在历史比较研究中，研究者的理论构架具有十分重要的意义。所谓理论构架，是指研究者从事历史比较研究时应具有的具体的价值取向、理论立场和学术观点。研究者据此研究特定的对象。在历史比较研究中，研究者是否拥有理论构架，是评判其研究规范与否的一个重要标准。

韦伯（Weber）认为，历史比较方法的研究对象是超越空间和时间限制

① GREEN A. Education and state formation [M]. London: Macmillan, 1990: 40.

的社会历史文化现象，这样的现象具有两大特征：一是蕴含着无时不在和生生不息的无限多样性；二是包孕个人和集体赋予的多种多样的文化意义。①面对这样的现象，研究者无法像自然科学家那样，对其进行确定的因果说明，而只能通过建立一定的理论构架，对其进行一定程度的因果解释。在历史比较研究中，一定的理论构架发挥着界定研究对象发生和发展原因的作用，发挥着解释研究对象变化过程的作用。具体的研究者依托理论构架，便能够运用自身有限的智慧研究无限的现实。因而，理念构架具有特别重要的意义。韦伯把这种理论构架称为“理想范型”。他说，理想范型应该是一种不言自明的假设和一种获取知识的手段。在历史比较研究中，研究者运用理想范型，解释实际的研究对象，并通过解释来丰富或修正理想范型。韦伯还具体说明了理想范型的内涵和运用理想范型的原则：“强调一个或多个观点，以此综合若干弥漫的、松散的、或隐或现的具体的和个别的现象，并根据观点组织这些现象，使之成为一个统一的分析构架，这样，理想范型便建立起来了。理想范型是纯粹的概念，这种心理结构无法在经验性的现实世界中找到。它是一种乌托邦。历史研究的任务是在每一个个案中确定理想范型与现实相近或偏离的程度。例如，在何种程度上，某一城市的经济构成可以被称之为城市经济。如果认真地加以运用，理想范型将能在研究和解释中发挥特别重要的作用。”②

格林没有声明自己是否赞同韦伯的观点，但是，可以肯定，他运用历史比较方法的实际过程与韦伯的观点是一致的。格林提出了与历史比较方法要求相符的分析国家教育制度形成过程的理论构架。在格林看来，马克思主义的国家理论，包括马克思、恩格斯的相关论述，以及葛兰西（Gramsci）的意识形态理论，可以作为解释现代国家教育制度产生和发展的理论构架。这一构架包括五个环节：① 现代国家形成过程；② 现代国家教育制度形成过程；③ 现代国家形成与现代教育制度形成两种过程的统一；④ 马克思和恩格斯的国家理论；⑤ 葛兰西的霸权理念和意识形态理论。在这个构架中，国家和

① KWONG T W. Development，education and the states of Hong Kong：A Research agenda for comparative study [J]. Education Journal，1994，21 (2)：5—27.

② 同上.

国家教育制度形成过程是具体的个案和现象，而马克思主义国家理论是研究者用以综合和解释具体个案或现象的观点。

现代国家形成过程指现代国家建构的历史过程，包括政府政治和管理机器的建构过程；政府控制的所有的公共领域的建构过程；国家的意识形态的建构过程；国家主权和民族观念的建构过程。对所有欧洲国家来说，现代国家形成过程发生于18世纪和19世纪。

现代国家教育制度形成过程的图景是，在中世纪及其后的一段历史时期内，教育专门服务于神职、技艺和法律训练，致力于教会、城镇、行会和家庭利益。在国家教育制度诞生过程中，教育逐渐具有了普遍性的特征，开始面向社会的全体成员，服务于社会的各种利益。国家教育制度的实质在于超越早期教育的狭隘利益，使教育服务于整个国家，或者说服务于社会的统治阶级设计的国家利益。这样的教育必然是国家的教育和国家的机构，而不可能继续听任个人或者利益集团左右，成为个人或集团行为。①

现代国家和现代国家教育制度的形成是一种统一的过程。18世纪前后，欧洲大陆的一些国家着手建立作为现代资本主义国家机器构成要素的中央官僚、军队和国家税收系统，同时面向学校提供经费、规定课程、发布教育法令，开拓出现代国家教育制度的发展道路。教育被看成是实现国家目的的重要工具，是向政府官僚和军队系统提供受过训练的干部的重要机构，是为国家生产输送技术的重要部门，也是按照统治阶级的意图强化政治忠诚，建设富有凝聚力的文化的重要手段。法国大革命后，在各种不同的形式下，德国、法国和美国差不多同期建起了现代资本主义主权国家，在这一过程中，教育的重要性日益突出。也正是在这一过程中，教育的制度逐步完善，发展速度加快。② 到了19世纪，教育开始承担建设国家政治、道德和文化的主要职责，教育被教会用于促进共同的宗教信仰、推广民族语言、形成国家认同感和国家文化、提倡爱国的价值观念、灌输道德规则，当然，最重要的是传播统治阶级的政治经济信念；教育还被用来形成公民意识和公民责任，培养勤

---

① GREEN A. Education and state formation [M]. London: Macmillan, 1990: 79.
② GREEN A. Education and state formation [M]. London: Macmillan, 1990: 80.

劳的工人、自愿的纳税人、可靠的陪审员、自觉的家长、忠诚的妻子、爱国的战士、值得信赖的和令人尊敬的投票人。①

格林确信，理解现代国家的形成过程和现代国家教育制度的形成过程，应该运用马克思主义的国家形成理论，以及葛兰西的意识形态观念，这些理论构成了理解国家教育制度的钥匙。②

马克思和恩格斯没有留下系统的国家形成的理论，但是，从他们的著作中，特别是从他们关于意识形态、政治和国家的论述中，可以窥见他们的国家形成观点。

马克思对国家形成的分析始于他的这一声明：现代国家发端于劳动分化的增强、资本主义财产关系的发展和社会分裂成敌对的阶级的过程中。③ 从唯物主义的角度来看，市民社会和生产关系铸就了国家的本质。生产关系与社会的物质资料生产能力一致，构成社会的经济结构。法律和政治上层建筑，以及与之相应的意识形态均构筑其上。国家的性质和功能任何时候都与经济关系相联。④ 这就是著名的国家本质和社会结构的经济基础与上层建筑论。

分析马克思主义的国家理论，教育在其中的作用不言而喻。马克思本人没有直接论述教育的国家作用，但是，他的理论提示了教育的国家意义，即教育能够介入国家形成过程并在其中发挥巨大的和独特的作用，而确保教育在国家形成过程中发挥出巨大的独特作用的基本条件，就是建立国家教育制度，规范学校的类型、教育的目的、内容和活动，马克思提倡国家直接负担公共教育制度，主张实行教育的公共民主管理。⑤ 这些主张正是他考察自己生活于其中的国家与教育关系的结果。

如果说，马克思和恩格斯的国家形成理论在教育制度形成与国家形成的关系方面只是给出了大概的论述，那么，葛兰西的著作则是进行了具体的分析。

---

① GREEN A. Education and state formation [M]. London: Macmillan, 1990: 80.

② GREEN A. Education and statc formation [M]. London: Macmillan, 1990: 76.

③ GREEN A. Education and state formation [M]. London: Macmillan, 1990: 82.

④ GREEN A. Education and state formation [M]. London: Macmillan, 1990: 83.

⑤ GREEN A. Education and state formation [M]. London: Macmillan, 1990: 88.

葛兰西的理论观点源自他的革命实践和他阅读马克思主义著作的过程。他的理论贡献在于把国家界定为社会的组织起来的和积极的力量。在他看来，国家是"统治阶级调整和维持统治，设法赢得被统治者积极同意的全部活动"。据此，可以这样看待国家：它是中央政府的立法和行政机器，是威胁性的军队和警察机构，是包括法院、学校、教会的理论和道德力量，在构成这种力量的机构中，国家的知识分子们在积极地宣传市民社会赖以建立并保持与统治阶级理想一致的世界观和意识形态。国家不仅表现为中央机构，同时植根于市民社会，以及它希望影响和控制的一切私人组织之中。①

可以说，在意识形态领域，国家是教育者；在生产领域，国家是组织者和启动者。这样，教育就成为葛兰西思想中的一个极其重要的概念。争取同意，使人民的思想意识与统治阶级的愿望相一致，本质上就是一个教育过程，也是国家作用的重要表现。因此，学校是现代国家形成过程中十分重要的工具。葛兰西说，假如国家的一个重要功能是提高全体人民的道德水平和文化水平，那么，最有效的两种工具就是法院和学校。教育具有正面的积极的意义，而法院具有负面的和压抑性的意义。所以，学校理所当然地是国家干预的重要场所。②

马克思、恩格斯和葛兰西的理论为人们理解国家教育制度的形成提供了一种具有丰富启发价值的思路。第一，他们认为，国家形成过程是国家逐步包围、控制、规范、监督和严格管理市民社会的过程，从普遍的生存模式到个人的私人生活，都逐步进入国家的视域之中。这个巨大的组织通过中央权力，企求无所不在，无所不包，包括对教育的控制和规范。教育制度就是国家控制教育的基本形式和结果。第二，教育一方面是国家控制的对象，另一方面，对国家的形成也具有独特的价值。教育主要是通过观念发生作用的，因此，与国家形成过程中的意识形态方面的关系极为密切。国家制度和教育制度的形成、发展过程昭示，教育是国家统一和推广意识形态的主要方式。在国家机构建成后，国家是藉由教育制度要求教育承担意识形态功能的。

---

① GREEN A. Education and state formation [M]. London: Macmillan, 1990: 93.

② GREEN A. Education and state formation [M]. London: Macmillan, 1990: 95.

(三) 历史比较研究的具体方法

在确定了现代国家教育制度诞生的一般原因之后，格林运用了多种历史比较方法具体解释各国教育制度产生和发展的过程，为人们理解现代国家教育制度提供了富有启发意义的思路。

其一，理论平行论证方法（parallel demonstration of theory）。这一方法的程序是运用一种理论或假设，比较历史个案，解释历史个案的起因，同时证明理论或假设自身正确与否。也可以说，这一方法的作用分别表现在历史个案解释和自身验证两个方面。这一方法试图说明，一种理论适用于多个历史个案，可以解释多种问题。对理论平行论证方法来说，个案之间的差异是次要的，而共性特征才是关注的对象。在《教育与国家形成》第四章中，格林以马克思主义国家理论为理想范型，分析了欧洲现代国家教育制度的产生，这一分析过程正是理论平行方法的具体运用。他说："欧洲大陆的正规教育的源头蕴藏于教会和宗教团体之中。但是，宗教教育转变为学校正规教育制度，服务于民族的和世俗的利益，却是国家发轫的。这一过程可以上溯至 16 世纪。宗教改革首先将教育推上了政治竞技场，促使王权干涉学校教育。稍后，国家借助宗教，对教育加以改变，使之适应自身的需要。这种情形在 18 世纪和 19 世纪特别明显。在这一历史时期，对教育加以规范的法令产生了，国家开始为教育提供经费，并对之进行管理。欧洲大陆的国家教育制度就这样成为国家形成过程的产物，其典型形式和目标取决于国家政治任务的类型和次序。"① 这说明，国家形成理论对于解释欧洲现代国家教育制度具有普遍的适用性。在这里，国家形成是国家教育制度产生的一般的和直接的动因，各国教育制度产生的独特过程是次要的，重要的是，各国教育制度的产生均可运用国家理论加以解释。

其二，背景对比方法（contrast of context）。这一方法通过历史个案的对比，致力于阐明每一个个案的独特之处，揭示这些独特之处怎样影响一般社会过程。这一方法追求的目标与理论平行论证方法恰恰相反，即舍弃个案之

① GREEN A. Education and state formation [M]. London: Macmillan, 1990: 111.

间的共性，聚焦个案的独特性质。这一方法通常以较为宽泛的主题、导向性的问题和一定的理想观点为基础，强调历史个案的完整性，在这种方法看来，具体的民族、国家、文明和宗教等等，都是一个整体，并有自己复杂和独特的社会历史结构。与第四章不同，格林在第五章“教育、国家与分权：美国的经验”中，在说明教育制度产生的一般原因的同时，突出了美国教育制度诞生的特殊原因和独特形态，这样的解释问题的过程与背景对比方法的要求是一致的。格林指出：“根据宪法，美国实行地方分权统治。美国国家的分权特征对教育的影响相当大，并形成美国以地方为中心的教育体制。”① 在这里，地方分权铸成了美国国家教育制度的独特形态。

其三，宏观原因分析方法（macrocausal analysis）。宏观原因分析方法的目的是推论宏观层次的历史结构和过程的原因。宏观原因分析方法认为，“比较”可以超越已有的理论构架，产生新的历史概括。宏观原因分析方法使研究超出了收集不同的个案并分别加以解释的意义，而成为一种创造性的智慧活动。例如，印度农民在物质上备受折磨，其程度相当于19世纪和20世纪中国农民所受的折磨，而印度农民没有发动大规模的革命运动。在注意到这种现象后，研究者开始希望明白有关的对两个不同社会中的事件的解释，并开始关注其它国家的农民运动，希望找到一般的和普遍的原因，从而在宏观的或广泛的层面上形成新的理论解释。这一过程就是宏观比较方法的具体运用过程。可以说，宏观原因分析方法的基本特点是在解释过程中形成创造性理论。这是它与其它历史比较方法的不同之处。格林在寻求英国教育制度落后的原因时，运用的正是这种方法。一方面，他走出了教育领域，在英国整个社会和历史环境中分析英国教育制度落后的原因；另一方面，他观照整个欧洲其它国家的工业革命过程，拓宽了分析英国教育制度的视野。对此，他曾有过专门的描述：“促使英国早期工业革命成功的因素，恰恰是后来妨碍英国工业进步和教育发展的因素。在早期工业革命时期，英国有三个不同于其它国家的因素。第一，英国从殖民地国家获得了大量的财富，从而使得英国经济起飞成为可能，并使英国成为最早的开始工业革命的国家。第二，最早

① GREEN A. Education and state formation [M]. London: Macmillan, 1990: 175.

的工业革命无需大量的技术和科学，也没有向工人提出接受正规训练的要求。第三，由于工业革命最早发生，英国在国内和国外都没有可能遇到竞争对手，这意味着自由贸易和最少政府干预，以及经验主义和个人主义的观念都拥有可能的发挥空间，实际地推动英国工业进步和社会发展。”① 格林强调，这些特征，都不适用于继英国之后开展工业革命的国家。② 但恰恰是这些特征概括了英国整个社会的和历史的性质，透视出国家教育制度落后的原因：英国工业革命期间无需技术和科学的支持。由此引出的一般的创造民生的理论是：早期工业革命没有向教育提出特别的要求。

其四，例证比较方法（illustrative comparison）。在例证比较方法的使用中，比较不是在各个平行的单位之间直接发生的，而是经由运用理论或概念分别解释各个具体单位，进而进行各个单位的比较的。例证比较既重视比较对象的一般性质，也重视比较对象的具体特征。《教育与国家形成》一书的整体结构是一种例证比较。在这里，马克思主义国家理论命题和概念是分析构架，分别对应和解释英国、法国、美国和德国教育制度形成的起因和发展阶段。在该书中，各国教育制度的探讨均自成一章，同时，由于研究者所运用的理论构架，各国教育制度的探讨又成为一个整体。因而，人们既可以在其中读到国家教育制度的一般性质，又可以读到各国教育制度的具体特点。

其五，分析比较方法（analytical comparison）。在分析比较方法的运用中，比较通常直接发生在各个平行的单位之间，解释性的理论构架或理想范型被比较对象所遮盖，或者隐含于研究者群体共有的认知结构之中。格林在书的第一章“国家教育制度的非均衡发展”中，恰当地运用了分析比较方法。这一章中，格林直接描绘了普鲁士德国、法国、英国和美国教育制度产生的时间和水平差异，具体说明了四国在初等教育、中等教育、教师制度和识字率发展方面的区别。在这里，读者看不到历史比较研究中常见的理念构架，即“教育制度”直接的理论界定和说明，而只看到各国教育制度的差异。但是，这并不意味着“教育制度”的理论界定和说明不存在，而只是因为，在

---

① GREEN A. Education and state formation [M]. London: Macmillan, 1990: 232—233.

② GREEN A. Education and state formation [M]. London: Macmillan, 1990: 233.

研究者看来，这样的界定和说明已经存在于与其研究课题相关的群体的意识结构之中，因而无需加以专门叙述。该书的第二章也是格林运用分析比较方法的一个例证。在这一章中，格林以历史事实为参照体系，列举自由主义、结构功能主义观点，分别说明种种观点与历史事实的一致程度和对历史事实的解释力度，揭示了各种观点在解释教育制度形成方面的力度。这里的理论构架，亦即具体的和真实的各国教育制度诞生的历史事件与过程，同样是隐匿的。

历史比较方法可以有多种分类。美国学者泰勒（C. Tilly）把历史比较方法分为四种：个别化比较（individualizing comparison）、普遍化比较（universalizing comparison）、差异寻求比较（variation finding comparison）和包容比较方法（encompassing comparison）。个别化比较方法[①]植根于社会历史科学，其宗旨是确定一个具体的历史事件的独特之处。例如，今天的落后国家没有重演美国、英国、法国的经济增长过程，这一发现是通过个别化比较获得的。普遍化比较方法[②]是社会学家运用社会现象的自然历史过程来建构理论的一种方法。个人的生涯；家庭生活；共同体形式；社会运动；革命和文明，等等，都有自己的自然史，研究者从一个著名的历史例证着手，对这个例证进行分解和探讨，形成一种理论，然后将这一理论运用到其它个案上去。在这里，比较是说明新的和旧的例证之间的共性，而不是说明两者的独特性，同时验证理论自身的有效性。差异寻求方法[③]透彻地考察各个个案之间的差异，建立一种差异范型，并运用于其它个案，同时全范型接受证明、证伪或修正。包容性比较方法[④]从一个巨大的结构或过程入手，研究者在结构和过程中寻找合适的个案，根据其与总体的关系，解释各个个案之间

---

① TILLY C. Big structures, large processes, huge comparisons [M]. New York: Russell Sage Foundation, 1989: 87.

② TILLY C. Big structures, large processes, huge comparisons [M]. New York: Russell Sage Foundation, 1989: 97.

③ TILLY C. Big structures, large processes, huge comparisons [M]. New York: Russell Sage Foundation, 1989: 116.

④ TILLY C. Big structures, large processes, huge comparisons [M]. New York: Russell Sage Foundation, 1989: 125.

的异同。在日常生活中，这种比较方法是常用的。例如，人们常常根据某一年龄段孩子共有的特征解释该年龄段个别孩子的行为；把某一个社区的特征归因于附近的大都市；说明公司经理的行为是由其在公司中的地位决定的，等等。包容性比较对研究者的要求相当高，研究者必须在大脑里形成关于整个系统的认知图形，掌握系统运行的理论，而且图形和理论从一开始就必须是正确的。

综合地考察上述历史比较方法，可以窥见，第一，多种方法之间存在着共性，很难将一些方法截然分清。例如，背景对比方法、个别化比较方法和差异寻求方法之间，以及宏观原因分析方法和包容性比较方法之间就是大同小异，在实践中没有可能也没有必要在这些方法之间划出明晰的界线。第二，由于多种方法之间存在共性，因此，可以说，格林的研究涵盖了大多数比较方法，也正因此，可以运用少数几种具体的比较方法概括他的研究活动。

（四）格林历史比较研究的评价

综观格林的历史比较研究，其特点如下：

第一，格林的研究是规范的历史比较研究。韦伯认为，历史比较方法的一个最基本的要求是可比性。所谓可比性是指，如果某一类现象的两个或两个以上的个案可以运用相同的变量予以解释，那么，这些个案之间就具有可比性。以韦伯的要求判断，格林的著作可谓规范的历史比较研究。格林运用马克思主义的国家理论，分析国家教育制度诞生的历史原因，确信国家需要，包括国家建立政治经济统治制度的需要，以及建立意识形态统治地位等方面的需要，是国家教育制度诞生的社会历史原因，并以此解释英、法、美和德国的国家教育制度。用韦伯的标准进行评价，格林的研究具有典范意义。

第二，格林的研究是宏观和微观层次并重的研究。泰勒认为，历史比较研究可在多个层次上展开：[①] 其一，世界历史层次。在这一层次上，一般的和有意义的表述对象是世界历史，分析过程指向世界的变化、联系和更替。

---

① TILLY C. Big structures, large processes, huge comparisons [M]. New York: Russell Sage Foundation, 1989: 63—64.

其二，世界体系层次。在这一层次上，比较的目的是确定世界上同时共存的大范围社会体系，如社会主义体系与资本主义体系之间的异同，揭示规模巨大的体系的内部机制。其三，宏观历史分析。在这一层次上，研究指向诸如无产阶级产生、城市化、资本积累、国家形成和官僚机构建构等一系列的宏观现象，历史比较方法的任务是解释宏观现象的一致与差异，以及与之相关的联系与过程。其四，微观历史层次。在这一层次上，历史比较的对象是具体和微小的，包括个人和组织之间的关系。在当代，历史比较方法的运用范围表现得较为模糊，泰勒的理论很能在实际社会生活中一一对应。在现实的历史比较研究中，人们大致将研究范围分为相对的宏观和微观层面。前者包容了泰勒的前三个层次，后者大致与泰勒的第四层次相当。格林一方面在宏观历史比较层次上展开研究任务，运用马克思主义理论，解说英、法、美和德国国家教育制度产生的根源；另一方面，注重从微观层面上进行比较研究，这一点特别明显地体现在对英国教育制度的分析上。在他看来，英国教育制度的产生晚于欧洲许多资本主义国家，其原因是多方面的。格林具体地比较了英国工业进程、城市文化、自由贸易政策、殖民地方针、自由主义、经验主义、无产阶级和科学技术的进步等等一系列因素对国家教育制度发生的不同性质的作用，使读者有了一种清晰的理解英国教育制度的产生过程和落后原因的视角，并在具体和微观的领域证明了马克思主义的一些基本原理。

第三，格林的研究是理论模式与概念模式并重的研究。历史社会学家在进行历史比较研究的过程中大致呈现两种风格：理论模式（history mediated by theory）与概念模式（history mediated by concept）。理论模式侧重建构和修正理论命题或范型，或者运用理论命题或范型选择、组织和解释经验材料。理论命题或范型大多是包容了丰富的因果联系的观点，因而可以反复地加以运用和解释历史原因。但是，这样的研究过程并非轻松的研究过程。为了确定理论命题或范型的有效程度，研究者必须从事冗长和繁琐的历史比较和分析，必须把一般的理论命题或范型转换成历史的具体的述语，必须追寻最好的历史线索，占有客观的和周详的观点，在此基础上判断理论命题或范型是否与历史纪录一致；假如历史不能证明理论命题，研究者必须返回理论命题或范型，对之加以修正和充实。[1] 与理论模式不同，概念模式的工具是概念，即运用概念选择、组织、分析和解释经验材料。格林没有拘泥于一种模式，而是根据研究过程的情形，同时并重理论和概念两种模式。马克思和恩格斯那里，格林提取了理论命题或范型，包括市民社会和生产关系铸就国家的本质；生产力与生产关系是国家政治上层建筑的基础；其间的矛盾运动是国家及其教育制度产生和发展的根源。从葛兰西那里，格林选择了概念，如意识形态。在其分析教育产生的原因时，读者可以看到相关的探讨。

(五) 结语

格林说明，撰写《教育与国家形成》的主题是分析 19 世纪欧洲和美国国家教育制度的形成过程。但是，读格林的著作，也可以发现其中的缺点。当代许多学者认为，马克思主义历史唯物主义理论的重大问题之一，是用经济因素解释一切历史现象，从而成为实质上的经济决定论。格林没有走上经济决定论的道路，却流露出另一种取向，这就是将教育制度的一切变化均置于国家制度背景下加以理解。在他那儿，教育制度形成一切环节都可以归为国家形成过程的组成部分。这情形使格林的理论或多或少地蒙上了简单化的色彩。

参考文献：

［1］PRZEWORSKI A，TEUNE H. The Logic of Comparative Social Inquiry [M]. London：Wiley-interscience，1970.

［2］RAGIN C C. The Comparative Method：Moving Beyond Qualitative and Quantitative Strategies [M]. California：University of California Press，1987.

［3］ARCHER M S. Social Origins of Educational Systems [M]. London：Sage Publications，1984.

---

① BONNELL V E. The use of theory. concepts and comparison in historical sociology [Z]. 香港中文大学教育学院课程讲义，1999.

[4] SKOCPOL T, SOMERS M. The Uses of Comparative History in Macrosocial Inquiry [Z]. 香港中文大学教育学院课程讲义，1999.

（本文发表于《比较教育研究》2000 年第 2 期。作者许庆豫，时属单位为香港中文大学教育学院）

三、比较教育学的立足点和方法论

比较教育学者都是一些“生活在别处”的人，他们常常身在此地却心在异乡。对比较教育学者来说，反思自己身处何处、正立足于何地而言说，这是一项应当经常做的重要工作。立足点和方法论，这是比较教育学需要加以自我反思的两个相互联系而又相互区别的重要方面，其中立足点是一个更加根本的方面，它决定着我们的比较教育学研究最终将达到一个什么样的目标，而方法论的探讨则可以使我们采用合适的方式和途径来更加高效率地实现我们的目标。

(一) 讨论方法的前提

比较教育学者们一直热衷于谈论方法论问题，并且多数情况下只是局限于具体方法的设计和运用，以及这些方法的客观性和可靠性的争论，似乎只有这些具体的研究方法才是比较教育学产生和存在的根本基础。然而，一种研究方法在一个学科中的产生、引入、存在、发展及其合理运用，都总是有其内在的学理依据的，否则，这种方法就将是不合适的甚至是有害的。方法论问题并不仅仅同如何科学客观地描述研究对象紧密联系在一起，而且也和学科本身内在的思维逻辑密切相关。

就比较教育学而言，比较的方法之所以成为它最基本的研究方法，其最重要的内在学理依据便是它的跨文化特性。由于比较教育学研究先天地要在跨文化的视野中审视不同民族国家的教育现象，这就决定了它必然要以比较的方法作为其最基本的研究方法。在这个最基本的研究方法之下，不同的比较教育学者，在不同的理论框架内，根据不同的情况，自然可以运用不同的次一级的方法来从事其比较教育学研究。但这些不同的理论框架和相应的次级研究方法仍然必定与教育、文化、社会等比较教育学面对的基本事实有着内在的联系，也就是说这些次级方法在比较教育学研究中总是拥有其内在的学理依据。关于在这类次级方法之下的那些十分具体的研究方法的争论，譬如是应当使用问卷法还是实地考察的方法等，比较教育学界并不多见，人们似乎认为这一层次上的方法论问题已经无伤大雅，对比较教育学研究没有太大的影响。然而，作为上两个层次研究方法的具体实施过程，这一具体层面的研究方法问题中，却存在着更加复杂微妙的关系需要加以分析，那就是立足点和方法论的关系问题。它在根本上与我们如何使用某种研究方法有着深刻的内在联系，是联结研究方法与比较教育学深层学理的基本纽带，反映了这一学科内在的深层次的思维逻辑。

所谓“立足点”这里并非只是在一般的民族立场和意识形态意义上，而是在比较教育学者复杂的文化自我意识和文化视角的意义上运用这一语汇的。我们用“立足点”来标识比较教育学研究实践过程中不同于方法论的另一个重要的带有决定性的因素，它同方法论一起共同构成比较教育学研究基本运思逻辑的结构基础。一个比较教育学者研究的科学性不仅取决于他所持的方法论以及他对具体研究方法的运用，而且还要取决于他立于何地以怎样的视角来审视他的研究对象，并且后者在一定程度上比方法问题更加具有根本性和决定性。在这里，方法和方法论又是两个层面上的问题，因为方法论不仅直接关涉研究方法，而且还同这种方法背后的理论联系在一起。如果把立足点，方法论和具体研究方法，以及相关的文化观念综合起来理解，似乎有些近似于库恩（T. S. Kuhn）所说的“范式”（paradigm）。库恩曾经批评过一种至今仍为人们所习以为常的对方法的误解，这种误解总是暗示人们，书中所描述的各种规则、定律和理论已经完美无缺地表达了科学的内容。这些书还不厌其烦地告诉我们，“科学方法其实就是搜集科学材料的技巧，再加上对材料进行理论概括的逻辑推理方法”。库恩认为正是这种对科学方法的普遍误解，“造成了对科学本质和科学发展的一种纠缠不清的科学观”。[1]库恩批评的这种关于科学方法的误解，其实际在比较教育学研究中也广泛存在，甚至一度左右了比较教育学发展的历史，同样它也造成了一种关于比较教育学的本质及其发展的“纠缠不清的科学观”。这种观点倾向于把比较教育学研究过程化约为应用某种所谓“科学方法”搜集和整理有关别国教育资料的过程，而比较教育学的发展即在于有关别国教育的各种知识的累积，这样的简化就把比较教育学复杂的内在学理抽空到只剩下对某种机械的实证方法的运用。而与方法紧密联系着的立足点、方法论和文化观念等问题，都被排斥在比较教育学自我反思的视域之外，并且比较教育学研究方法的演进过程和这门学科本身的发展历史过程也被混淆在一起而纠缠不清了。

比较教育学者只要进行了比较教育学研究实践活动，他的研究实践就必定已经包含了某种立足点了，并且这种立足点总是会以不同的形式或隐或显地在他的研究过程和研究结论及其表述中表达出来。比较教育学发展史上一直存在着两种观点，一种认为比较教育学是一种智性（intellectual）的研究，它源于人们对异族文化教育的好奇；另一种认为比较教育学是一种有用的研究（useful study)，它发自人们对某种功用的追求。[2]实际上这两个方面是并行不悖的，因为正如詹姆斯所说的，从我们原始的本能开始，这种对真理的追求就同趋利避害的功用性追求密切联系在一起，而不是来自什么“从天上下来的命令”或纯粹智性“技艺”的喜好。[3]追求功用作为一种价值取向，又总是无法脱离某种“立足点”。实际上，比较教育学最初产生的历史就已经证明了这一点，朱利安的关于比较教育的工作纲要和初步意见，一开始就表现出明显的功利色彩，他作那样宏大的筹划就是为了将一国教育中某些先进的东西移植到另一国，以实现教育的改良。[4]这也是白瑞德（G. Z. F. Bereday）将比较教育学发展的第一阶段称作“借鉴时代”（period of “borrowing”）的原因。[5]要“借鉴”就必定有一个站在什么立足点上进行取舍的问题，即使是宣称立于人类的普世主义立场的比较教育学家也避免不了要寻找这样一个看似超越的立足点，况且这种立足点其实并不超脱，只是另有真正的立足点表现得更加曲折、隐蔽和缺少清醒的自觉而已。

我们立足于何处，往往决定着我们选择何种研究方法，以及我们如何使用这种研究方法，同时，我们立足于何处，在一定程度上常常也受到我们对研究方法作怎样选择和使用的影响。这种复杂的相互制约与互动，对我们的比较教育学研究产生着极其深刻的影响，左右着我们对别国教育的认识以及对这些认识本身的客观性或真理性的认识，进而也反过来影响着我们关于比较教育学本身的各种认识。就比较教育学家们长期以来孜孜以求的实证的、科学的方法而言，我们关于这些方法本身的所谓客观性的判定，也无法完全超脱比较教育学的立足点和方法论之间辩证关系的制约。比较教育学现在最需要的不仅仅是某种具体方法论的转换，而是要像罗蒂（R. Rorty）所说的那样从对客观性的追求转向追求协同性。[6]即通过主体际交往在实现广泛的相互理解的基础上达成认识的协同性，就此而言，方法不仅要为我们追求主客观的统一服务，而且还要为实现不同立足点上的研究者在视域和心灵上的主体际融合与交往服务，尤其是当这种研究跨越了某种文化边界的时候，视域的融合和心灵交往的实现就显得更加重要。

比较教育学的实证主义科学情结是有其深远的哲学渊源的，不仅这一学科诞生之时恰逢实证主义大行其道，而且这一学科诞生其中的西方思想传统根本上就是一种“客观主义的传统”。罗蒂曾经对这种客观主义传统作这样的概括，他说：“我们是这一客观主义传统的子孙，这个传统的中心假设是，我们必须尽可能长久地跨出我们的社会局限，以便根据某种超越它的东西来考察它”。[7]比较教育学对普世视角的企求正反映了它的哲学基础也来自这一客观主义的哲学传统，反映了它在逻辑上试图超越本族乃至超越所有民族文化传统之外从而客观地描述本族和异族文化的企望。然而，我们在实际的比较教育学研究实践中遇到的无数历史的和逻辑的因素，却一再迫使我们不得不对这种奢望产生怀疑，不得不重新回到在早期比较教育学家们那里尚被置于视野之中的历史主义传统那里去，重新思考我们的学术实践与我们生活于其中的社会历史文化之间不可割裂的复杂关系。此外，比较教育学的实证主义科学情结也有其社会心理的基础。自培根（F. Bacon）对西方客观主义哲学传统极度张扬之后，人们对现象背后存在某种绝对客观的和永恒不变的所谓规律性的知识深信不疑，并寄希望于科学来揭示这种知识。因此，在社会大众的心目中，知识即意味着科学，科学意味着客观，而知识分子则被赋予了寻求客观知识的社会使命。这样，知识分子的社会形象也就被客观化了，知识分子在这种客观化过程中被抽去了民族的、阶级的、甚至个人特性的等等几乎所有带主观色彩的东西，并逐渐被置于一种幻想的普世空间之中。如今，知识分子作为客观知识发现者和表述者的角色也在逐渐改变，并且知识分子与自然科学家和技术专家的社会角色亦已经发生分化，从而正在脱离那个幻想的普世空间，逐步还原其本来的文化主要表述者的身份。作为文化的表述者，知识分子的立足点问题也必然重新引起人们的关注和反思，其中自然也包括比较教育学家们的立足点问题。时至今日，我们不得不对这种普世视角的可能性提出质疑。

（二）“上帝的视角”

自比较教育学的始作俑者朱利安开始，比较教育学家们就一直怀抱着一个美好的幻想，即希望能够站在某个普世的立足点上来客观地、中立地、科学地进行跨文化的比较教育学研究。出于对这种普世视角的企盼和追寻，比较教育学家们近半个世纪以来一直在尝试各种不同的方法论，试图在某种严密的实证逻辑体系中实现对我们生活于其中的社会历史和文化的超越，却很少有人在深层次上对此提出根本的质疑和反省。

在比较教育学的发展史上，比较教育学家们对某种超越民族国家立场的、纯粹客观的普世视角的追求一直没有松懈过，时至今日，我们不得不对这种普世视角的可能性提出质疑。这种普世视角的追求主要立在这样一种信念的基础之上，即只要我们找到了某个“科学”的研究方法，从而保障我们的比较研究过程及其结果的绝对客观性，我们就能够凭借这种绝对客观性所提供的支持，立于超越民族国家立场的普世视角来进行我们的比较教育学的言说。这种能够提供绝对客观性的科学方法是否可能？科学哲学的研究已经对此作出了否定的回答，波普尔等人通过严密的逻辑演绎告诉我们，任何一个科学命题都只能得到局部证实并具有相对置信度，而不可能得到全称的证实并获得绝对置信度，所有科学研究的结论都只能是等待证伪的猜想，甚至包括证伪本身。[8]在一向以实证为突出特征的自然科学那里尚且如此，在作为与社会文化和意识形态有着紧密联系的人文与社会科学的比较教育学中，又怎能保障这种无法真正实现的绝对客观性，比较教育学无论通过怎样“科学”的方法论也不可能找到一个超越一切民族国家之上的绝对客观中立的视角，我们关于异族教育文化的描述永远无法彻底摆脱主观性的制约。立足点的问题是我们在比较教育学研究中必须时刻面对并应当加以深刻反思的一个问题，只有在对我们的研究中包含的主观性进行深刻反思的基础上，我们才能更加客观地理解我们的研究及其结论。我们既然不可能站在上帝的视角来描述和分析研究不同民族国家的教育和文化现象，那么我们至少要弄清我们站在什么样的视角才作出了这样的研究并得出如此的结论，这些反思是我们真正客观地理解我们的研究及其结论所不可或缺的注脚。

正如福柯在其《知识考古学》中所说的那样，"实证性并非表达了各种知识形式的特质——无论它们是先在的必要条件还是历史依次将其投入运转的理性形式，实证性并不确定在时代的某一给定时刻知识的状态，实证性并不总结自那一时刻之后被证明是正确的并在假设中被赋予最终获得知识的地位的那些东西。另一方面，实证性也不总结那些未经证实或未充分证明的东西，或者那些作为公共信仰被接受或想象力所需要的信念。"[9] 人类社会中知识的类型是十分复杂的，而实证性根本无法将所有知识囊括在其唯科学主义的霸权之下。比较教育学所面对的人文知识，以及它的研究对象——不同民族国家的教育本身所涵盖的知识类型的极其广泛多样，都决定了实证性无法在比较教育学这一学科中得到全面彻底的落实。比较教育学所面对的人文知识中有很多如福柯所说的作为公共信仰的、作为信念的、未被证实也没有必要证实的知识，但我们不能因为其缺乏实证性就否认它们作为知识在人类社会生活中的存在，同时也不能根据实证的范式将这些知识排除于比较教育学的理论视野之外。由于实证性并不代表知识的根本特性，并且比较教育学必须包含的知识类型又极其广泛多样，所以，比较教育学长期以来对以实证性为基础的所谓"科学性"和绝对客观性的追求，包括对超越一切民族国家历史和文化传统的绝对客观中立的"上帝的视角"的孜孜追求，就因此失去了基本的前提，成为不可能实现的空想。任何一门学科对科学性的追求都是合理的，但问题在于对这种"科学性"决不能作过于偏狭的理解，否则这种追求就有可能成为对这门学科发展的严重桎梏。比较教育学自然也不例外，我们对比较教育学的"科学性"应当有一个合理的解释。

比较教育学家长期以来孜孜追寻的上帝的视角是不存在的。我们必须对我们在进行比较教育学研究和作出相关结论的过程中的立足点进行深刻的反思，我们必须不断地自问：我们正立于何地而言说？我们在对谁言说？我们在为谁而言说？我们正在作为谁而言说？我们在言说谁？进而我们还要追问：在比较教育学的国际论坛上，实际上到底是谁在言说？为什么在此时此地的比较教育学论坛上会有如此的言说？这些言说与言说者的立足点之间有着怎样复杂的意义联系？等等。作为一种跨文化的学术实践活动，比较教育学研究总是直接而深刻地同相关民族国家乃至人类社会的历史文化紧密联系在一起，比较教育学者首先是生长和生活于某一民族文化传统中的现实个人，然后才作为从事跨文化的教育学术研究的知识分子卷入比较教育学的学术实践活动之中。因此，从社会历史文化基础出发，来反思我们在比较教育学研究过程中和作出相关结论时的立足点，这对我们理解和解释比较教育学研究这种学术实践及其结论所真正包含的意义而言是十分必要的。既然我们无法站到某种超越民族国家社会历史和文化传统的上帝的视角上来进行我们的比较教育学研究，那么我们就有必要弄清我们实际上真正的立足点到底在何处，弄清我们是立于何处进行了如此的跨文化教育研究并作出了这般的结论。也就是说，我们既然无法在比较教育学研究中保障绝对客观性的实现，那么我们至少应当对我们的研究及其结论中所包含的主观性予以必要的清理和说明，从而在承认主观性的前提下最大限度地真正保障和实现比较教育学研究的客观性和科学性。

(三) 比较教育学的文化视野

教育原本就是人类社会一种重要的文化现象，“在一般意义上使用两个术语，抽象地说（in abstract），‘教育’本质上就是一种文化现象”。[10]比较教育学关注的是不同文化传统中的教育现象，对比较教育学来说，无论站在怎样的立足点，运用什么样的研究方法，“文化”都是所有探索和讨论都无法全然脱离的基本论域之一。

实际上，我们强调对立足点问题的探讨，在相当程度上也正是要在关于比较教育学的探讨与它的文化论域之间重建意义联系。脱离这种意义联系，只谈纯粹的方法论，比较教育学发展过程中出现的问题就不可能真正得到解决。这一学科自然也不可能得到健康发展，比较教育学要分析研究和阐释不同民族国家的教育现象，就必须把作为研究对象的教育现象，同相关社会生活中那些对这种教育现象有着重要影响的因素和力量，密切联系在一起来加以考察和审视。而“为了鉴别和理解那些隐藏在包括学校在内的国家教育体系的发展和运行背后的力量，文化的概念在比较教育学中是极其适合的”。[11] 实际上，在比较教育学发展史上，从朱利安开始到萨德勒、汉斯、康德尔等对此早已有深入而精辟的论述。对于这些论述，比较教育学行内的人都已耳熟能详。自 20 世纪 60 年代“科学方法”的问题在比较教育学界成为热门话题之后，这种文化历史主义传统明显式微，但重视教育制度和教育现象赖以存在的民族历史和文化传统的学术思想并非已在比较教育学的发展中绝迹。霍尔斯就主张从一种文化主义的途径入手来进行比较教育学研究，他认为，文化主义道路是以一个自明之理（truism）为基础的，即每种教育制度都源自它得以存在的文化环境，过去比较教育学家对它多少有点忽视。[12] 这在相当程度上可以说是对狭隘的唯科学主义方法论神话的批判，以及向文化历史主义学术传统的回归。

比较教育学的突出特点就在于它所面对的是不同民族国家文化传统中的教育现象，文化在很大程度上还是比较教育学用以分析和认识各种教育现象及其相互关系的一个基本凭借物，正是凭借对不同民族国家教育现象所由产生和存在的不同文化背景及其相互关系的分析研究，比较教育学才真正得以分析研究不同文化传统中的教育现象及其相互关系。由于比较教育学对教育现象的认识活动存在跨文化的特点，所以研究者的文化立足点对这种认识过程又有着极其重要的影响。黎成魁在《跨文化比较中的概念问题》一文中认为，当我们理解和解释某种文化时，往往“既非‘局内人’，亦非‘局外人’，拥有对真理的专利。双方在寻求理解和解释的过程中都各有有利和不利之处，寻求理解和解释需要持续处于科学研究方法控制之下的广泛的文化背景”。[13] 的确没有人能够获得对真理的垄断，局内人虽然更容易理解本民族的文化和教育，但有时却可能恰恰是“不识庐山真面目，只缘身在此山中”，局外人当然常常必须面对各种文化屏障，不过也时常会出现“旁观者清”的情况。然而问题在于我们如何可能得到一种或几种“处于科学研究方法控制之下”的而且广泛的文化背景来支持这种理解和解释。如果这种严格控制的文化背景是不可能的，是否意味着对本民族或异族文化的理解和解释也是不可能付诸实践的。对文化来说，我们恐怕永远也不可能在严格的实证意义上使其“处于科学研究方法控制之下”，但这并不意味着我们无法对本民族或异族文化进行合理的解释和理解，也就是说，立足点问题的客观存在并不影响比较教育学研究及其结论在教育科学理论体系和现实社会文化体系中的有效性。然而，我们对不同文化传统之中教育现象的认识还是可能的。一方面，我们可以在各自的文化传统所提供的解释框架内对本民族和异族的文化中的教育现象进行分析，并在主客观统一的基础上得出一定的认识；另一方面，我们还可以在各自的文化语境中言说这些分析和认识。那么，这是否意味着比较教育学家们只能在各自的文化传统中自言自语，如果比较教育学只能以独白的方式进行其叙事，那它产生和存在的价值就丧失了大半。

比较教育学家们在不同的文化语境中共同言说着不同文化传统之中的教育现象，在逻辑上讲，这种跨文化言说的有效性必须有一个共同的前提的支持，那就是：不同文化背景下的认识框架之间有着相互理解的可能性。应当看到，文化并非只是一个知识和技术体系，同时它又是人类相互理解和协同行动的规范和意义体系。“在一个没有天生的、绝对的意义的世界中，文化使宇宙及人类在宇宙中的位置得以理解，使社会互动成为可能”[14]。对文化屏障的绝对化理解实际上正是源于我们对那种并不存在的先天的，绝对客观性的执迷，卡里瑟斯（M. Carrithers）也在《我们为什么有文化》一书中提出了一个十分重要的观点，即理解和阐释人类文化及其多样性最为关键的一个问题就是“我们如何交往”。[15]在比较教育学研究中，有限地跨越文化屏障的根本途径既不在于定量也不在于定性，而在于基于主体际交往的哲学观念，在文化的广阔视野之下来进行跨文化的比较教育学研究。伯罗福斯基在《创造历史：普卡普卡人与知识的人类学建构》一书中说：“人类学就其研究性质来说是开展和其他在同样情形下具有不同洞察力和眼光的人民的对话。人类学的叙述对在一种文化中显而易见的想法提出疑问，把它们和其他文化中普遍的思想方式进行比较。人类学是植根于背景中的，但是相对来说它是不受这些背景束缚的，因为它继续面对一个多样性的，对人类学本身的眼光提出挑战的前景开放。”[16]这段话对与人类学同样要进行跨文化研究的比较教育来说也是非常合适的，我们可以说，比较教育学本身就代表了不同文化传统中的人们相互理解其教育体系的可能性，这也正是比较教育学产生和存在的合理基础之一。

在多数情况下，我们总是笼统地就某种比较教育学研究的客观性问题争论不休，却很少事先确定我们讨论的到底是关于某种教育体系的知识的客观性，还是关于我们对这种教育体系的评价的客观性。我们也很少深刻地反思比较教育学家那些关于别国教育的个人知识如何同我们的公共知识体系关联在一起，并成为不同民族之间跨文化对话的一部分。所有知识都是一定文化体系中的知识，特别是包括关于别国文化的知识在内的各种人文知识，更是不可能全然脱离一定的文化背景。比较教育学作为一种跨文化的教育比较研究，几乎不可避免地会包含从本民族文化的角度对异族文化和教育体系的评价，这在很大程度上是比较教育学对本民族教育体系进行反思所要求的，是文化体系发展进化过程中一种自我调节机制的表现。就此而言，比较教育学研究也不可能完全摆脱主观性而站到纯粹客观的视角去考察和审视不同民族国家的教育现象，但这并不等于比较教育学必然就此丧失了科学性。因为，从文化的角度来说，这些都是合乎文化本身的进化发展规律的。在文化发展进化的意义上讲，比较教育学就是一个民族国家审视和评价别国文化教育体系进而审视和评价本国教育体系的眼睛，凭借这双眼睛，我们才在认识别国教育的同时认识了我们自己的教育，从而看到本国教育的民族特性及其发展的方向，并由此也看到本国文化的特性及其发展进化的道路。

在实际的学术研究和跨文化学术对话过程中，每一个具体的比较教育学研究及其结论直接表达的实际上都是某一比较教育学研究者个人关于相关民族国家教育制度和教育现象的个人知识。从这种个人知识到受一个社会认同的公共知识，这里有一个不断跨越个人、群体、社会共同体、种族、民族国家等乃至达到人类社会层面的知识转化的复杂文化过程。比较教育学应当借助于关于主体际交往的哲学理论基础的支持，来对不同个人之间以及在此基础上的不同民族之间跨文化对话作出合理的解释。我们关于这个世界以及我们自身的知识都是交往行动中“商谈”的结果，同样是通过这种交往行动中的“商谈”个人知识与公共知识紧密联系在一起并相互转化。通过群体中个人与个人的主体际交往，个人的知识可以成为一个群体的公共知识，而通过个人与个人跨越民族文化界限的主体际交往，一个民族的公共知识有可能转化为全人类的公共知识。因此，比较教育学家们的跨文化学术对话，一方面在主体际交往中不断达成不同民族之间在各自教育方面的相互理解，另一方面也不断形成不同民族关于教育现象的共识。这些共识又构成新的相互理解的共同基础，这实际上也是不同民族之间一种文化视野的不断交融过程。我们站在本民族文化的视角对异族教育体系的认识，同样也要受到异族对这种认识的评判，这种评判在跨文化对话过程中反馈到我们的认识中，从而也引导和制约着我们相关认识的客观性。

把比较教育学的研究视域重新还原到文化视野当中去，这是否会影响比较教育学实现自朱利安时代开始就矢志不渝的“成为一门科学”的理想？我们认为不会，相反，这才是比较教育学真正成为一门科学应当努力的方向。比较教育学要成为一门科学，但它肯定不能成为一门自然科学，它只能是一门文化科学。实际上，即便是自然科学也无法找到某种绝对的客观性作为自身的发展基础，正如波普尔所言“科学家的目的不在于发现绝对的确定性，而在于发现愈来愈好的理论”[17]。

参考文献：

[1] [美] 库恩．科学革命的结构 [M]．李宝恒，等译．上海：上海科学技术出版社，1980：1.

[2] PHILLIP E J. Comparative Education：Purpose and Method [M]. Queensland：University of Queensland Press，1973：14—16.

[3] [美] 威廉·詹姆斯．实用主义——一些旧思想方法的新名称 [M]．陈羽纶，等译．北京：商务印书馆，1979：90—92，103—105.

[4] 朱利安．关于比较教育的工作纲要和初步意见 [M] //赵中建，顾建民选编．比较教育的理论与方法——国外比较教育文选．北京：人民教育出版社，1994：95—98.

[5] BEREDAY G Z F. Comparative Method in Education [M].

Calcutta：Oxford & IBH Publishing Company，1967：7.

[6] [7] [美] 理查德·罗蒂. 哲学和自然之镜 [M]. 李幼蒸，译. 北京：三联书店，1987：407—422，408，408.

[8] [日] 竹尾治一郎. 科学哲学 [M]. 上海：上海译文出版社，1994.

[9] FOUCALT M. The Archaeology of Knowledge & the Discourse on Language [M] //SMITH A M S，translated. New York：Random House/Pantheon Books，1972：181.

[10] [12] HALLS W D. Culture and Education：The Culturalist Approach to Comparative Studies [M] // EDWARDS R，HOLMES B，GRAFF J V (eds). Relevant Methods in Comparative Education. Hamburg：Unesco Institute for Education，1973：121.

[11] LIEGLE L. Culture and Socialization：Forgotten Tradition and New Dimensions in Comparative Education [M] //SCHRIEWER J，HOLMES B (eds.). Theories and Methods in Comparative Education. Frankfurt：Peter Lang，1990：232.

[13] KHÔI L T. Conceptual Problems in Intercultural Comparisons [M] //SCHRIEWER J，HOLMES B (eds.). Theories and Methods in Comparative Education. Frankfurt：Peter Lang，1990：112.

[14] [美] 罗伯特F. 墨菲. 文化和社会人类学引论 [M]. 王卓君，等译. 北京：商务印书馆，1994.

[15] [英] 麦克尔·卡里瑟斯. 我们为什么有文化——阐释人类学和社会多样性 [M]. 陈丰，译. 沈阳：辽宁教育出版社和牛津大学出版社，1998.

[16] BOROFSKY R. Making History：Pukapukan and Anthropological Constructions of Knowledge. Cambridge：Cambridge University Press，1987：154.

[17] [英] 卡尔·波普尔. 客观知识——一个进化论的研究 [M]. 舒炜光，等译. 上海：上海译文出版社，1987.

（本文发表于《比较教育研究》2001年第9期。作者项贤明，时属单位为北京师范大学国际与比较教育研究所、比较教育研究中心）

四、论科学哲学与霍姆斯比较教育方法论

英国著名比较教育学家布赖恩·霍姆斯（B. Holmes），受科学哲学的代表卡尔·波普尔（K. Popper）的批判二元论影响，形成了其较有特色的比较教育思想。其中，他立足于波普尔科学哲学的精髓，构建并丰富了他的比较教育方法论。

由于霍姆斯的理论体系较为庞大，涉及面较广，加上对科学哲学理论较陌生，使许多人觉得太过深奥而无法运用。为此，本文试图有针对性地剖析并评价以科学哲学为基础的霍姆斯比较教育方法论，以期更好地把握霍姆斯比较教育方法论的实质，真正认识其在比较教育领域中的地位和作用，从而在一定程度上促进我国比较教育学科建设。

（一）反归纳主义与比较教育研究

霍姆斯认为，许多比较教育研究都是以穆勒的《逻辑系统》中制定的归纳原则来进行的；其方法的核心是一种因果理论，即每一事件有其前提"原因"，从客观观察到的事实中归纳的假设是"因果"陈述，当被别的经验主义证据（观察到的规律、情况）肯定，便获得了科学法则。因此，在霍姆斯眼里，像施奈德、康德尔、汉斯等历史哲学学派的比较教育家，从先前的各种影响教育的因素中寻求决定当今教育政策及状况的因果关系这类方法，归根到底是一种归纳法；这种方法在相当程度上就是为了满足穆勒设计的研究规则。[1]不过，霍姆斯对比较教育归纳法的分析与批判主要集中在贝雷迪的《教育中的比较方法》中的观点，因为他认为该著作是对作为科学研究方法的归

纳法在比较教育领域中的运用的最为系统的阐述。[2]

霍姆斯对贝雷迪比较教育归纳法的批判是基于波普尔科学哲学中的反归纳主义立场的。那么，波普尔提倡的反归纳主义的内涵是什么呢？在波普尔看来，科学知识（定律、原理）是具有普遍有效性的全称陈述，而经验陈述则是单称陈述。我们不可能从单称陈述（经验事实）中归纳出普遍有效的全称陈述（定律、原理）。波普尔有一经典例子，即欧洲人曾因为总是看到白天鹅而归纳出"凡是天鹅都是白的"这样的全称陈述，但后来因在澳大利亚发现黑天鹅而被否定了。在波普尔看来，无论从多少个别陈述中都不能推理出一般陈述，因而这种方法得出的结论总是错误的。霍姆斯对此表示赞同，指出，归纳主义者认为过去发生的在未来还将发生，自然的一致性这一普遍原则是有效的，我们对在自然中所观察到的规律的确说明并已肯定了它们，其实这是立不住脚的。[3]总之，有限的经验陈述不能证明无限的科学知识，过去不能证明未来。

霍姆斯认为，以穆勒的归纳理论为基石的比较教育研究，究其目的，无非是要发现事件的客观原因。霍姆斯不愿接受由归纳获得绝对法则的观点，认为贝雷迪等人的假设实际上是缺乏合理性和应用性的。[4]在他看来，比较研究中的归纳理论过于强调普遍法则而忽略了特定的民族环境，"与杜威的反省思维法或与卡尔·波普尔科学研究的假设—演绎法的认识论假设不相协调"，因而他"拒绝了因果论和构成更为普遍的归纳理论的知识理论，在思想中产生了一种根本的范式转换"。[5]

（二）比较教育研究中理论与观察的关系问题

贝雷迪的研究方法主张研究者首先观察、收集和整理客观的教育事实，然后再归纳出尝试性的假设。这一点也是霍姆斯所不能接受的。他认为，假设应当先于观察等行为提出，这样才有助于研究者选择资料并操作它们。[6]为此，他明确表示，"我拒绝关于比较教育研究第一阶段应当是'事实'的客观收集这一假设，我的观点与乔治·贝雷迪有着根本的不同。"[7]霍姆斯赞同波普尔的观点，认为科学理论不是来自经验事实的归纳。那么科学理论从哪里来呢？波普尔认为它来自科学家的灵感和猜测，提出了一个著名的命题："理论先于观察”。

许多人，特别是归纳认识论者认为，研究应“先有观察，后有理论”。波普尔认为这是不正确的，因为不存在纯粹的无理论指导的观察。观察总是渗透着理论，总是具有一定的目的性和选择性的，总是在一定的理论或观点的指导下进行的。对于同一种情况，在不同理论、观点的指导下，可以有完全不同的观察结果。总之，“我们总是按照一种预想的理论去观察一切事物的”。[8]“我们的观察不是随机摄影，而更像是一个有选择的作画过程”。[9]归纳认识论“从感觉资料和知觉出发，把我们的理论建立在它们之上，这是不可能的，因为没有不建立于理论之上的感觉资料或知觉”，因而它“甚至还没有迈出第一步就垮了台”。[10]

霍姆斯无保留地继承了波普尔的这一观点。他指出，“归纳与假设—演绎的研究方法之间的一个重大差别是，前者的假设仅仅是在仔细收集和分类可观察的资料（综合）之后归纳出来的，而后者，假设的源泉是不恰当的并常常是直觉。”[11]在这里，看来归纳法中的假设似乎更站得住脚，而假设—演绎法的假设则不过是凭空的灵感猜测。霍姆斯也承认假设—演绎法的假设总是不可能正确的。但归纳法的假设源泉，即观察、整理客观事实的出发点是什么呢？追本穷源还是某种直观的猜测。说到底，正确的科学研究方法总归是理论在先，而这种理论仅仅是尝试性或猜测性的假说，是对自然的猜测，而不是反映，不可能绝对正确。正因为不可能绝对正确，才有待于在特定背景中通过检验来肯定或反驳，即进行经验证伪。

在霍姆斯看来，经验主义实际上并不是绝对客观地收集观察资料并予以描述，而是会自觉不自觉地依赖于某种理论；另一方面，事实也具有相对的自由性，它们可以不顾待检验的理论而获取，但观察收集什么事实及对事实如何进行分类描述则必然有着某种理论支持。总之，事实和理论在意义上是独立存在、相互分离的，但“在实际思考中，事实和理论之间有着不可分割的联系”。[12]

当然，“理论先于观察”这一命题也存在着一些问题。首先，波普尔和霍姆斯两人都把在活动之前预想的假设和科学的理论当成是一回事。所谓假设，是指说明某种现象但尚未经过实践检验的论题，理论是在社会实践基础上产生并经过社会实践的检验和证明了的系统化的理性认识。假设提出后必须得到实践的检验才能成为科学原理。因此，假设与理论之间有一个从量变到质变的过程，两者并不是同一个概念，不能混为一谈。

其次，直觉的猜测与假设和理论也并非同一层次上的概念。不难理解，在为检验假设而作的收集资料或观察之前便已存在的假设陈述必然也是从事实材料中产生的，而波普尔和霍姆斯忽略了这一点，片面地把收集客观材料之前的某种产生于直觉的猜测当作假设和理论，进而提出理论先于观察的观点，这显然是错误的。事实上，在霍姆斯本人所建构的比较教育问题法中，教育问题也并非是一种直觉，而是运用了一些社会变革理论，通过分析规范、制度等方面的一些不一致性及识别世界纷繁复杂的变化而提出的，而真正的假设（即他所谓的问题解决方法或教育政策建议）更是通过研究大量资料，对所识别的问题进行理智化后才产生的。总之，在研究之前，头脑中勾划出一定的猜想，有助于明确研究目的和确定研究方向，但简单地提出“理论等于观察”，似乎意义不大。

（三）经验证伪原则与假设—演绎法

基于上述反归纳主义立场和“理论先于观察”的命题，霍姆斯倡导波普尔的假设—演绎法。在他看来，“假设—演绎法的某些特征在比较教育研究中是极为贴切的”[13]；比较教育学家的任务是运用假设—演绎法，建构可供选择的政策，仔细分析问题以消除那些最不可行或不太会成功的问题解决方法（或教育政策）。霍姆斯区分了两类比较教育研究，即致力于建构政策（即提出假设）的“纯粹”比较教育研究和从假设中演绎未来事件（即预测）的“应用”比较教育研究。而这一假设—演绎法则是立足于波普尔所倡导的“经验证伪原则”。

波普尔所倡导的这一原则是在前述反归纳主义的理论基础上，针对逻辑实证主义的经验证实而针锋相对地提出来的。波普尔的经验证伪原则认为，经验所观察到的仅是具体事物，经验所能证实的只是单称陈述，由于个别不能通过归纳法而上升为一般，因此经验也不能通过证实个别而证实一般。例如，经验可以证实这只或那只天鹅是白的，却不能证实所有天鹅都是白的。

不过，经验虽然不能通过证实个别命题而证实科学的普遍性理论，但却能通过证伪个别命题而证伪科学的普遍性理论。例如，假设“所有天鹅都是白的”，只要发现一只不是白的，该命题便被证伪而不成立。因而波普尔的经验证伪原则是建立在演绎—推理的基础上的，即从一个普遍陈述的真理可以推论出单称陈述的真理，即如果前提（“所有天鹅都是白的”）为真，其结论（“这只天鹅必定是白的”）必真；反之，若其结论为假（如“这只天鹅不是白的”），则其前提（“凡是天鹅都是白的”）必假，从而被证伪。波普尔称此为“证伪的假设—演绎方法”，是“从结论被证伪而导致整个理论系统的被证伪的方法”。[14]

霍姆斯继承了波普尔的这一证伪的假设—演绎方法，把它作为其比较教育问题法的科学研究方法论。他认为，“纯粹的科学家应当探索证伪尝试性的假设”[15]，并指出，比较教育学家们往往关注于提出什么样的政策（假设）更有助于解决教育问题，但他们应当使政策假设服从于比较的经验的检验，其目的不是去证明政策假设是怎样的合理，而是要去证伪它们。[16]换言之，比较教育学家提出的政策建议，如果是科学的而不是伪科学的论断，则它们必须是可以证伪反驳的，“这意味着它们应当是功能性建议或社会学法则”。[17]“比较教育学家的普遍目标应当是使建议的政策服从于批评的考察，或者是消除那些在一个特定国家可能不能转移的东西，或者揭示一个政策的采用会产生什么结果，或说明如何使一个政策成功。”[18]

事实上，波普尔的证伪主义思想在马克思主义哲学中也已有所体现。马克思主义认为，真理是一个随着实践而不断发展的过程，因此真理发展过程中也必然要不断地发现错误、消除错误。恩格斯甚至早于波普尔半个世纪以前就以十分类似的语气说过：“今天被认为合乎真理的认识，都有它隐蔽着的、以后会显露出来的错误的方面。”[19]波普尔的证伪主义再次肯定了科学的自我运动，即科学自身的“真理—谬误—真理”的循环发展机制，证伪是科学发展的真正动力。霍姆斯将这种思想运用于比较教育，实际上就是要揭示比较教育的根本任务不是政策解释，而是政策批评，是通过比较研究发现教育政策中的不足或谬误之处，提出教育政策建议，使之趋于完善。诚然，比较教育学家的研究工作会不可避免地受到政治上的影响，但他认为，这种影响不应当妨碍批判的评价和对备受人们欢迎的政策的拒绝。[20]

不过也应当指出，霍姆斯效仿波普尔的证伪主义思想，认定证伪原则在比较教育研究中普遍有效，这似乎并不妥当。因为在科学语言里，不仅包括全称命题，也包括存在命题，两者都是科学语言所必不可少的。而存在命题不能被证伪，却可以被证实。例如，“教育将提高生活水平”这样的存在命题，只要有一国有这种情况，如在日本，那么就证实了它，即使有无数国家教育都没有带来国家的繁荣和人民生活水平的提高，也不能说明该命题不存在。因此，霍姆斯将证伪主义在比较教育中的运用，给人一种片面的感觉。由于霍姆斯过分强调了证伪原则，这最终必然会导致人们对一切命题，包括某些经教育实践证明合理的结论，都采取否定和怀疑的态度，从而使比较教育研究无所适从，这也许是霍姆斯的比较教育思想迄今很少有人继承和运用的原因之一。

此外，霍姆斯站在波普尔的反归纳主义立场上，指出归纳法不能给人以必然的结论，否认绝对法则的存在，这是有一定道理的。但以此来彻底唾弃归纳法则是不可取的。恩格斯曾经指出，“归纳和演绎，正如分析和综合一样，是必须相互联系的。不应当牺牲一个而把另一个捧到天上去，应当把每一个都用到该用的地方，而要做到这一点，就只有注意它们的相互联系，它们的相互补充。”[21]诚然，归纳法的确不是万能的，在比较教育中不应当仅仅从经验主义证据中得出所谓的法则性结论，它本身的运用也离不开演绎法及其它科学方法。同样，其它科学方法也离不开归纳法。片面强调哪一种科学方法，都无助于人们获得必然的知识。事实上，在目前的社会科学研究领域中，对于归纳法和演绎法两者究竟孰对孰错，少有人去争执。大多数社会科学家已不再把两者对立起来，而是认为在研究中两者都是不可缺少的。纵观霍姆斯的著作，虽然他明确地站在波普尔反归纳主义立场上，但较之波普尔，他对此的批判笔墨不多，力度也不大。

霍姆斯毕其大半生精力建立了一个较完整的比较教育理论体系，其中最令人瞩目的就是建立在波普尔科学哲学基础上的比较教育方法论。霍姆斯在他的科学方法论框架下，进一步吸收杜威的反省思维法以及社会学相关理论，特别是韦伯的理想典型模式，构建了比较教育研究的操作方法，即著名的问题解决法。因此，通过对科学哲学与霍姆斯比较教育方法论相互关系的分析和评价，有助于我们对霍姆斯比较教育方法论的全面认识和理解。

参考文献：

[1] [2] [6] [13] HOLMES B. The Contribution of Comparative Education to Educational Research [Z]. Paideia, Vol. 4. 1975 (Warsaw, Akademia Nauk): 151, 148, 152, 153.

[3] [16] HOLMES B. Causality, Determinism and Comparative Education as a Social Science [M] //SCHRIEWER J, HOLMES B (eds.). Theories and Methods in Comparative Education. Frankfurt: Peter Lang, 1990: 120, 129.

[4] HOLMES B. Conceptual Analysis and Empirical Enquiry [M] //EDWARDS R, HOLMES B, GRAFF J V (eds). Relevant Methods in Comparative Education. Hamburg: Unesco Institute for Education, 1973: 43.

[5] [7] [11] [12] [15] [17] [18] HOLMES B. Paradigm Shifts in Comparative Education [M] //ALTBACH P G, KELLY G P (ed). New Approaches to Comparative Education. Chicago and London: University of Chicago Press, 1986: 182—183, 197, 44, 44—45, 197, 53, 52.

[8] 波普尔. 常规科学及其危险 [M] //纪树立编译. 科学知识进化论——波普尔科学哲学选集. 北京：三联书店，1987：284.

[9] [10] 波普尔，艾尔克斯. 自我及其脑 [M] //侯鸿勋，姚介厚. 西方著名哲学家评传续编（下卷）. 济南：山东人民出版社，1987：576.

[14] 波普尔. 科学发现的逻辑 [M] //侯鸿勋，姚介厚. 西方著名哲学家评传续编（下卷）. 济南：山东人民出版社，1987：571.

[19] 中共中央编译局. 马克思恩格斯全集（第21卷）[M]. 北京：人民出版社，1972：338.

[20] HOLMES B. Social Function of Comparative Education [M] //BAUMANN U, LENHART V, ZIMMERMANN A (eds). Vergleichende Erziehungswissenschaft, Festschrift fuer Hermann Rohrs zum 65. Geburgstag.

Wiesbaden：Akademische Verlagsgesellschaft，1981：29.

[21] 中共中央编译局. 马克思恩格斯选集（第3卷）[M]. 北京：人民出版社，1972：548.

（本文发表于《比较教育研究》2002年第4期。作者祝怀新，时属单位为浙江大学教育系）

五、70年代以来西方比较教育研究方法的“质性”取向

20世纪70年代以来，比较教育研究面临“全球化”浪潮及多元文化的冲击和后现代理论群的频频叩问，在这样的背景下，重“主观体悟、解释性理解”的“质性研究方法”（又名“质的研究方法”）日渐获得比较教育研究者的青睐。基于对比较教育研究特点的归纳、对比较教育研究方法的历史钩沉及其嬗变理路的简要分析，笔者认为，当代西方比较教育研究越来越关注“质性研究方法”是比较教育研究方法的一种“质性”取向；这种取向并非意味着排斥其它研究方法，而是比较教育研究方法多样化的体现。

（一）比较教育研究的特征和比较教育研究方法的多样性

1. 审时度势，旁征博引：比较教育研究的“社会适应性”和“理论多源性”

比较教育研究自始即以推进国家和社会的发展为己任，并且在各个历史时期力图适应社会的具体需要。这种特质可形容为“社会适应性”。比较教育研究的创建者朱利安设想通过科学的方法以民族国家为单位收集与教育相关的各方面资料，试图解答在经历革命和战争之后建立民族国家所面临的社会混乱和道德失范的原因，同时达到民族国家之间的相互理解和信任。[1]埃德蒙·金（E. King）认为，“教育处于和一个国家的整个生活方式的相互作用之中”。[2]他依据比较教育研究在各个历史时期承担的主要社会功能，将其划分为“建立特定学校机构”“普及特定学校机构”“试图对正规教育及其相应联系的发展进行全面的全国性评价”“尝试从国际的视角指导政治、经济和社

会方面的决策”等四个阶段。[3]诺亚和埃克斯坦（Noah and Eckstein）也把比较教育研究视为“政策制定者的工具”。[4]从它发展的历史维度来看，比较教育研究从来没有放弃为研究者自己国家的教育和经济、政治、社会发展提供别国经验以资借鉴的目的。

比较教育研究的“理论多源性”是由“教育”和“比较”两个要素决定的。人们普遍将教育视为外在于人文科学和社会科学的学科。但是，由于教育的环境条件的多态性和人类认知、价值观念的多向性，教育实践与理论又成为极具人文性和社会性，兼具多样性和多元性的领域。因此教育学科的发展往往从人文科学和社会科学寻索到理论生长点。最明显的例证即哲学、心理学和社会学对教育学的深刻影响。作为教育学的一支，比较教育从事的是比较性研究。从词源上来讲，比较（Comparison，Compare，Comparative）是人们在异质的事物之间寻找某种联系以臻全面认识的途径。所以比较教育研究采用的就不仅是一种方式或者工具，而是研究者拥有的理论范式和知识图景在认识、分析问题时的自如运用，于是哲学认识论体系便充当了比较教育各种研究模式及研究方法的理论渊源。例如，孔德的实证主义哲学一度是比较教育研究先驱进行实证研究的哲学基础之一，波普尔的“批判二元论”促成了霍尔姆斯的“问题法”的形成。

比较教育研究与社会发展和社会、人文科学发展的这种关系，使人们将教育置于宏观的社会背景下考察教育现象与诸多社会现象之间的关系，同时在跨学科领域以多种视角透视教育。这样一来，在广阔的社会语境下，比较教育研究在教育与其它学科之间加强了“辐辏效应”——以教育学科为内核，渗透到其它社会、人文学科的各个层次去探讨它们之间的相互影响关系，以获得启发，并且关注教育与其它学科互相促进的内在驱动力——从而为比较教育研究获得一个更广泛的研究空间。[5]

2. 师无定法，不拘一格：比较教育研究方法的多样性

从早期的资料搜集分析到20世纪前半叶的因素分析法，再到20世纪六七十年代的社会科学分析方法，不同历史时期都有某一种方法在比较教育研究中占主导地位；同时，比较教育研究的“社会适应性”和“理论多源性”又使比较教育研究者可以选择丰富多样的研究方法。

从具体操作和方法表述来说，比较教育研究方法主要有两种范式。其一是实证的、经验的、实验的范式。一般采用数据统计、数学模型或理论以及实验法等定量的分析方法。从20世纪五六十年代开始，各国希望比较教育研究可就当前社会问题提供直接迅捷的解决方案，社会科学研究方法因而被大量引用到比较教育研究领域。诺亚和埃克斯坦倡导建立“比较教育科学”，强调使用计量和实证的研究方法，这在比较教育的“社会科学时代”尤为突出(贝雷迪、安德森也有类似的研究倾向)。其二是建构的、解释的、自然的范式，一般采用具体的、直接的、主观的体验研究和分析，如参与观察、访谈等质性研究方法。瑞典著名比较教育学家胡森预见到“目前理论研究发展有如下趋势……从严格的定量数据研究方法到质性的整体的研究方法”。[6]自20世纪70年代以来，比较教育研究方法的这种“质性”取向在越来越多的比较教育研究文献中显现，究其根源，在于当代社会格局的变化和社会思潮的迁衍。

(二)当代比较教育研究面临的挑战和回应挑战的比较教育研究方法

自20世纪70年代以来，有两方面因素对比较教育研究原有研究范式形成挑战：一是世界局势发生了深刻的变化，西方早发现代化国家面临全球化带来的文化多样性问题，第三世界国家的崛起也兴起了“本土化”的风潮；二是近年来风行于西方理论界的后现代理论群对比较教育研究理论提出的诸如“多元化”、“非中心”的质询。上述两个因素从社会需求和理论内源两个方面扩展了比较教育研究的传统领域并引其向纵深发展，使比较教育研究者不仅能够将教育置于一个更广阔的全球语境下加以分析，也注重把教育归入具体而微的局部区域。而质性研究方法在比较教育研究中的运用则顺应了文化多元化社会的需要和后现代理论的吁求。

1. 全球化浪潮和文化多元化对比较教育研究的影响

理论界对全球化特征的描述众说纷纭，但就它对比较教育研究的影响而言，文化多样性是最为鲜明的现象。

全球化浪潮的核心是世界经济的普遍联系和整体互动，但它不仅仅是纯粹的经济事件，它在推广以市场经济体制规范为基础的经济秩序、营造一种“全球一体化”的社会运动的同时，也在日渐压缩（compressed）的时空范围内凸现文化多元化的事实。各种文化之间的交流、碰撞引起“生活世界的碎化、社会结构的分化、认知和道德的相对性、经验范围的拓宽、短暂性”。[7]同时，全球化将纷杂的文化现象带入学校，在不同的教育需求之间形成张力，弱化了共同文化的价值取向。在这种文化的互动过程中，一方面，需要对“他者”（Others）的文化行为施以如萨德勒所说的“同情”（Empathy），一方面还要正视自身的文化身份（Identity）。就国际社会而言，第三世界的崛起和全球经济、政治的相互依赖也使全球各个民族文化之间寻求更加平等的对话，共建互相理解的国际教育的话语空间。联合国教科文组织国际发展委员会在《学会生存》（1972）的报告中认为，当代教育肩负一个新的使命：把外国人理解为同样具有丰富情感、特定文化理解的人，从而“帮助人们在各个不同的民族中找出共同的人性”，鼓励人们相互尊重不同文化之间的差异。[8]

在这一点上，跨文化研究的比较教育责无旁贷，需要把本土和异域都纳入自己的学术视界，尊重文化的多样性，克服文化之间不平等关系带来的偏见，在拓宽研究空间的广度的同时深入研究特定地域内的教育现象。为达成这一目标，首先需要西方比较教育研究者放弃“西方中心主义”的傲慢立场，反省在研究中渗入的本民族的思维定势；其次需要从“他者”的利益和文化模式出发，以“卷入”（Involvement）、“社会中心主义”（Socio－centrism）来观察、分析教育和相关社会现象，[9]从异文化内部理解他们对自身教育的认同和解释。

2. 后现代理论对比较教育研究的影响

后现代理论与全球化存在内在联系——“全球化使西方人需要重新发现特殊性、地方性和差异性，从而产生了对西方现代性本身之限制的反省”。[10]所谓后现代理论，实际上是兴起于当代西方思想理论界的一种具有“非边缘化”、“非地域化”和“消解中心”等特征的学术话语和理论群。[11]针对崇尚科学理性的实证主义的宏大叙述（Grant Narrative），后现代推崇“多样性、差异性和多元叙述”（Plurality，Difference and Multinarratives），主张文化的多元性和包容性，“讲究关联性、对话性”，倡导“直觉式、解释性”、整体地理解世界。[12]

作为现代性理论的批判者，后现代理论迅速影响到人文、社会科学的各个研究领域。在比较教育研究领域，鲁斯特（Rust）把德里达（J. Derrida）、福柯（M. Foucault）、利奥塔（J. F. Lyotard）的解构主义观点引入比较教育，批判元叙述，提倡进入“他者”的视野，强调对教育的生活世界的关注。埃泼斯坦（I. Epstein）沿用后现代理论对边缘人群的重视，把比较教育研究视为“对关于种族、性别、不利人群的本土知识进行文化研究的开放性领域”。另外，还有比较教育研究者利用阐释学主体间对话理论分析教育问题。[13]在对社会现象的认识方式上，后现代主义的理论认为，真实的社会现象一旦剥离情境（Context）就变得虚幻，对某一问题的研究也并非对事实的精确描述，而是一种态度的表达，是研究者与世界交往的一种方式。对于比较教育的研究方法而言，后现代主义思潮的渗入意味着向社会科学方法论的普遍性和惟一性提出挑战——要求在教育研究中容纳一切规则、方案和标准。在具体认识论上，后现代理论认为，研究的意义存在于研究者与被研究者的关系中，是相互交往的过程，因而必须通过双方价值观的“过滤”。

文化多元化现象和后现代主义的理论“合力”汇入比较教育研究，引起的主要反响之一便是比较教育研究方法的“质性”取向，即质性研究方法日渐受到重视，与20世纪五六十年代倡导的以“科学、客观、精确”为准绳的量化研究方法并行忝列。

3. 质性研究方法在比较教育研究中的运用

（1）何谓质性研究方法？

质性研究方法，有别于国内研究者普遍所指的“定性研究”，不是基于研究者的哲学思辨整理文献资料得出结论的研究方法，而是“以研究者本人为研究工具，在自然情景下采用多种材料收集方法对社会现象进行整体性研究，使用归纳法分析资料、形成理论，通过与研究对象互动对其行为意义建构获得解释性理解的一种活动”。[14]它不仅仅是一种研究的操作规程，更是一种本体论和认识论的自然运用——质性研究方法采取的对世界探究的态度和方式源自自然主义、阐释学和后现代主义，处于这三种理论的张力之间。质性研究方法秉承自然主义对自然研究情境的追求、阐释学对主体间理解性交流的钟情和后现代理论对边缘性知识的尊重；它又是连缀民族志、人种学、口述史、会话分析等多种研究策略的方法“网”，其中民族志（Ethnography）的研究方法最为常用。[15]

民族志方法起源于人类学对原始族群的生活的研究，是“描述发生在团体生活中的事件，尤其关注其社会结构和团体中个体成员的行为”，并且“解释这些事件、社会结构和个体行为对该团体文化的意义”的“一种自然主义的探究”。[16]民族志方法被引入教育研究，始于20世纪60年代英国人类学家对二战后独立的前英国殖民地国家教育的研究。

(2) 质性研究方法的特点

价值有涉——深受实证主义影响的社会学科研究常借用自然科学的“客观”标准，力求避免主观倾向。而质性研究方法承认社会科学研究的主观性、主体间性（研究的意义存在于研究者与被研究者两者的关系中）和研究分析过程中的解释性理解（源于胡塞尔为代表的现象学和后来的解释学方法，力图把人理解为完整的和在适当情景中的个体，通过“同感”来了解人类行为的动机）。质性研究方法不回避研究者自己固有的文化“过滤镜”，承认“他者”的视界也同时存在，力求在客文化的背景下解释当地教育现象，也诚实地辨析研究者自己的思维模式在对跨文化教育问题所做的判断中潜在的认识偏差。

取法天成——质性研究方法崇尚在自然情境中长期进行体验型研究，采取如皮亚杰、弗洛伊德的自然情景观察，或者田野调查，或者进行开放式访谈，对教育等社会现象进行动态的、整体的、情境化的探究。质性研究方法的主要研究工具是研究者，他们可以灵活采用任何有利于研究进行的方式（在不违反研究道德的前提之下）搜集资料。在实地考察过程中研究者甩开理论前设（Assumption and Hypothesis）的羁绊，作为参与被研究文化背景的一员——“局内人”（Insider）——亲临其境，吸收所有现场信息，把研究对象置于复杂、丰富、流变的自然情境中加以考察，寻找常见现象背后潜在的意义，在它们之间建立联系，又不断反观、审查不自觉中引入的价值观念，在不断积累、反思的过程中建构属于自己的理论，作出被研究者自己不能言说甚至从未意识到的“声明”。研究过程顺其自然，讲求不加干预地对现实进行理解和构建，凸显“返朴致本”的真实。

“深描”（Thick Description）归纳——在质的研究者眼中，研究场景中出现的任何细节都是赋予被研究问题以力量和意义的动态背景，它们或许暗示了被研究对象的文化价值观念、行为规范、利益和动机，还有可能是揭开研究“谜底”的关键线索，但凡在研究过程中出现的点滴都成为他们研究的素材，在他们的思索、理解中汇成流畅圆融的解释，最终归纳为研究者自己的理论。

质性研究方法关注本土文化、重微观研究、强调文化理解和沟通，正与全球化浪潮、后现代理论对比较教育研究提出的要求相契合，因此，比较教育研究倾向于使用质性研究方法便不足为奇了。

（3）比较教育研究中的质性研究方法

从文化的视角来分析，质性研究方法当属文化相对主义，即认为对任何文化的评价都应该相对于当地情境，比较教育研究应该深入被研究地区的文化背景中，做移情观察，分析影响教育的一切因素。在比较教育研究历史上，库森、萨德勒、施奈德、汉斯、康德尔和金等比较教育学家可以归入文化相对主义。

首先明确倡导民族志研究方法的学者是加拿大的比较教育学者梅斯曼（V. Masemann）。1976 年，她在《比较教育评论》上发表的“论人类学方法在比较教育中的运用”一文中提出了以民族志方法为蓝本的“学校民族志”（School Ethnography）。[17]接着伯恩斯坦（B. Bernstein）沿用民族志方法，从研究人如何运用、教授、学习语言和语言怎样被某一社会阶层利益牵制的角度分析学校教育。[18]帕普内克和斯特罗姆奎斯特等人研究社会等级和性别的附属关系与女性的贫困、教育和失业是怎样相互作用的问题时，也采用了民族志方法。[19]卡诺伊（M. Carnoy）、阿普尔（M. Apple）、阿尔特巴赫（P. Altbach）、凯利（G. Kelly）等持批判理论的比较教育研究者在研究妇女、少数人群等边缘社会阶层与教育的关系时采用了个案研究、传记学方法和田野调查等质性研究方法。

质性研究方法在比较教育中的运用不仅仅是尝试一种新的研究方法，更标志着比较教育研究主题和研究内容的转换。当代比较教育研究者越来越关注微观层面的教育现象——如个别学校、社区和少数人群的教育问题，这些问题被他们昵称为“草根”（Grassroots），而适宜研究这些问题的途径莫过于质性研究方法。[20]他们认为，质性研究方法肯定了不同民族国家教育现象差异性的合理存在，也肯定了比较教育自身研究范式的文化多元性，其意义不仅在于对某一具体文化背景中的教育问题进行深度研究，寻找恰当的解决方案，还能防止直接搬用特定异文化条件下产生的平面化分析——即用单一理论文本解释不同地域的教育现象。正如海霍（R. Hayhoe）所说：“一国的文化与历史不仅决定着教育与国家的关系，而且也决定着教育的目的和内容，因此教育的发展遵循着民族的和文化的特定逻辑。”[21]

当然，比较教育研究方法的“质性”取向并不意味着以质性研究方法取代其它方法，相反，由于质性研究方法自身的局限性，这种取向还需要比较教育研究者仔细斟酌。

（三）比较教育研究方法的发展趋向——“质性”取向的再定位

质性研究方法具有许多优点，但是，它主观描述性有余，而客观概括性不够；对个案意义的深刻发掘是优势所在，而推广效度不高是其弱点。霍尔姆斯（B. Holmes）认为，质性研究方法只是描述而已，“它至多提供某种经验地检查从文件证据和检验结果导出的一般陈述（以及由此得出的语言）的有用性和效度方式……它只能作为检验假设的一种方式”。[22]显然，比较教育研究方法的“质性”取向还需要质性研究方法以开放的姿态吸纳其它研究范式的长处。

1. *微观研究和宏观理论合纵连横*

质性研究方法注重从细枝末节处做文章，建构的是个人的、小范围的“扎根理论（Grounded Theory），尽管研究过程搜集的细节资料相当庞杂，但研究成果的取样往往范围狭窄，推广应用性有限。宏观理论自成体系的高度概括性，可以让质性研究者对看似纷杂琐碎、彼此毫无联系的现象保持敏感，将它们放在恰当的分析角度，并且赋予某种可能的意义，还可以为具体的研究提供多种思路，为解释某种现象提供相对较清晰的视角，有利于质性研究成果的推广。

加拿大比较教育学者梅斯曼（V. L. Masemann）在1982年发表的“论比较教育研究中的批判民族志（Critical Anthropology）”中提出，依靠批判社会学和批判人类学的理论建立比较教育研究中的批判民族志理论，[23]便是在宏观社会科学的理论背景中采用民族志研究方法。

2. 质性研究方法与量化研究方法互补耦合

量化研究方法多从宏观层面、采大样本对社会现象进行统计调查，研究工具和资料搜集方法标准化，数据和研究结果的相对比较有代表性，易于推广，这些是质性研究方法所欠缺的。量化研究方法缺乏的长时间动态的近距离研究和对复杂现象意义的深入探讨，而这正是质性研究方法的优点。因此，许多采用质性研究方法的研究者除了采用质的描述性和分析性资料以外，还引用了统计图表和数据，在服务于研究目的的原则下，方法的采用可以不拘一格。

（四）结语

提出“比较教育研究方法的质性取向”并非要与其它非质性的研究方法一较高下。“质性取向”是在打破某一种研究方法一统天下的局面之后，为比较教育研究者提供多元化的选择空间，消解不同研究方法的对立状态，为既定的研究主题择取最佳研究方法，使研究者们不再纠缠于争论研究方法孰优孰劣，而是考虑如何扩大研究方法的库存，利用多种方法为研究具体问题服务。

参考文献：

[1][23] 赵中建，顾建民选编. 比较教育的理论与方法——国外比较教育文选[M]. 北京：人民教育出版社，1995：95—109，291—308.

[2][3][英] 埃德蒙·金. 别国的学校和我们的学校——今日比较教育[M]. 王承绪，等译. 北京：人民教育出版社，1989：30，21.

［4］NOAH H J，ECKSTEIN M A. Doing Comparative Education: Three Decades of Collaboration［M］. Hong Kong: The University of Hong Kong，Central Printing Press Ltd.，1998：29.

［5］启发得自王宁．比较文学与中国当代文学［M］．昆明：云南出版社，1992：1—17.

［6］FERNIG L，BOWEN J. Twenty-five Years of Educational Practice and Theory 1955—1979（International Review of Education. Jubilee Volume）［C］. 1979，25（2—3）：325.

［7］［美］罗兰·罗伯特．全球化——社会理论与全球文化［M］．梁光严，译．上海：上海人民出版社，2000：96.

［8］联合国教科文组织国际教育委员会编．学会生存——教育世界的今天和明天［M］．第五版．北京：教育科学出版社，1999：191—192.

［9］薛理银．当代比较教育研究方法论研究——作为国际教育交流论坛的比较教育［M］．北京：首都师范大学出版社，1993：208.

［10］朱旭东．民族国家与比较教育研究［J］．比较教育研究，1999（2）：2.

［11］［加］大卫·杰弗里·史密斯．全球化与后现代教育学［M］．郭洋生，译．北京：教育科学出版社，2000：148.

［12］GIROUX H. Postmodernism，Feminism and Cultural Politics，Albany［M］. New York：Sunny Press，1991：17.

［13］PAULSTON R G. Mapping Comparative Education after Postmodernity［J］. Comparative Education Review，1999，43（4）：440—441.

［14］［15］陈向明．质的研究方法与社会科学研究［M］．北京：教育科学出版社，2000：7—38.

［16］TAFT R. Ethnographic Research Method［M］//HUSEN T，POSTLETHWAITE N（eds.）. The International Encyclopedia of Education. Oxford：Pergamon，1985：1729. 转引自丁邦平．国际比较教育的若干方法与理论——兼谈我国比较教育研究的方法论问题［J］．比较教育研究，1999

(2)：13.

[17] MASEMANN V. Anthropological Approaches to Comparative Education [J]. Comparative Education Review，1976，20：374.

[18] BERNSTEIN B. Class，Codes and Control，Volume 3：Towards a Theory of Educational Transmissions [M]. 2nd ed. London：Routledge and Kegan Paul，1977. 转引自罗婉明. 比较教育的两大主流模式 [J]. 比较教育研究，1997（4）：22.

[19] ALTBACH P G，谭 E. T. J. 国际比较教育当前的问题及发展的趋势 [J]. 张云，译. 比较教育研究，1996（3）：48.

[20] MITTER W. Challenges to Comparative Education：Between Retrospect and Expectation [J]. International Review of Education，1997，43（5—6）：406—412.

[21] 转引自方展画. 国外比较教育学科建设及其研究方法论的演变 [J]. 比较教育研究，1998（4）：11.

[22] HOLMES B. Comparative Education：Some Considerations of Method [M]. London：George Allen & Unwin，1981：23. 转引自薛理银. 当代比较教育研究方法论研究——作为国际教育交流论坛的比较教育 [M]. 北京：首都师范大学出版社，1993：135.

（本文发表于《比较教育研究》2002 年第 4 期。作者蒋衡，时属单位为教育部比较教育研究中心、北京师范大学国际与比较教育研究所）

六、中国比较教育研究方法的革新
——文化人类学视角

(一) 前言

正如凯利等比较教育学者在20世纪末所说，方法论是比较教育面临的挑战之一。[1]顾明远先生在世纪之交也指出，发展中国家比较教育步履艰难，首要的原因是“还缺乏一套科学方法”。[2]苛刻一点说，中国至今不少比较教育研究较为粗糙，满足于整理和编译国外文献，甚至是断章取义和走马观花的做法。显然，研究方法的革新是中国比较教育应对“危”与“机”的迫切需要。

笔者认为，向文化人类学借鉴，应是比较教育研究方法革新的一个有效举措。人类学影响日甚，尤其是其独到的研究方法。人类学一直所倡导的文化主义的影响已经贯穿到所有的社会科学领域，[3]它也成为学科与学科之间理论和方法传播的渠道。[4]从当代社会科学研究风格来看，质的研究方法日益得势。这类研究方法“是连缀民族志、人种学、口述史、会话分析等多种研究策略”的“网”，其中人类学的民族志研究方法最为常用。[5]有趣的是，文化人类学与比较教育研究基本同源：二者都发轫于古时的旅行、贸易、战争、传教等跨文化交流活动中对异文化的好奇。时至今日，二者都重视跨文化的比较，从异文化到本文化，再到全人类的视野。在一定意义上可以说，比较教育学与文化人类学能够拥有共同的学术理念和研究技术，因为“描写异文化的传统惯例在现代经历的变化，是人类学之当代策略性功能与运作效用所在”。[6]

其实，国外从20世纪70年代开始，随着对一国借鉴另一国教育模式可行性和恰当性的进一步反思，对结构功能主义忽视全面分析复杂社会背景做法的反叛，尤其是对迷信教育结果的定量化、忽视活生生教育过程的研究范式的批判，尊重文化多样性、注重深度描写、定性分析色彩浓厚的人类学方法，愈来愈影响到比较教育研究。20世纪80年代，有学者就成功地将人类学的方法运用到比较教育研究中。[7]在世纪之交，比较教育学者梅斯曼（V. Masemann）明确指出，人类学研究的类型和应用范围在比较教育中是广泛的，对其有深刻意义；拉斯特（V. D. Rust）认为，人类学方法是20世纪70年代初现代化理论面对的两个挑战源之一；爱泼斯坦（E. Epstein）回顾北美比较教育进展时写到：“作为可供选择范式的冲突理论和依附理论的发现，人类学方法的发展以及其他作为实证主义和科学主义对立面的定性研究方法的产生，表明了整个20世纪70年代和80年代初期比较教育领域范式的冲突。”[8]随着后现代主义思潮的扩散，今日比较教育研究更重视人类学的方法。

可是在中国大陆，除了西南师范大学徐辉教授的专著《比较教育的新进展：国际教育初探》（2001）用一定篇幅论述人类学方法外，至今人类学方法基本上还是作为术语，被为数不多的比较教育论文和编著顺便提及。因此，下文择要论述当代人类学对中国比较教育研究方法革新的贡献。应该说明，在北美，人类学大体上简要分为体质人类学（physical anthropology）和文化人类学（cultural anthropology）。前者研究人类的生物属性，后者是人类学大厦的基础，大致相当于英国所说的“社会人类学”（social anthropology）和欧洲大陆所说的“民族学”（ethnology）（我国政府学科分类中也用“民族学”这一名称），主要关注人类的文化属性。[9]由于教育研究的人文属性更突出，本文主要分析文化人类学的方法（下文权且简称为“人类学方法”）。

(二) 研究单元和视野的选取

比较教育研究要进行恰当的跨文化比较分析和评价，基础而首要的工作应该是对他国教育进行真切的描述和透彻的阐释。可是，至今为止，中国不少比较教育研究在这方面做得很粗糙、片面和肤浅。其主要原因是所选择的研究单元和视野过大过泛，诸如，“世界教育发展趋势”、“亚洲高等教育革新比较”、“美国中小学课程改革回顾”等。从多数比较教育研究者（少数杰出的博学者例外）的知识储备、时间精力和资料来源等方面来看，这类题目的研究是难以实际操作和深入进行的，其结果多半是泛泛而谈，华而不实。

在研究单元和视野方面，人类学在这方面有两点值得关注。其一，宏观与微观相结合。其二，侧重微观，以微观为基础。在人类学中，比较大的区域性调查或跨区域调查是宏观调查，如西南地区、彝族地区。“微观”，就是在一定的地方，在少数人可以直接观察的范围内进行调查。“‘微’是指深入到生活实际，而不是泛泛地一般化的叙述。大多数人类学研究集中在小规模的社区进行，被选择的研究对象是相对完整、均质、可供研究者切实操作的单元，例如都市社区和山区村落，以便考察文化变迁的背景、过程和结果，弄清其内、外部各因素，从而获得更全面、深刻的认识。这样的‘微型’研究是人类学研究的基础，通过比较不同‘型’，才能逐渐形成全面的宏观的认识。”[10]

应当说，比较教育可以也应该适当进行宏观研究，但这种研究必须以微观研究为基础。另一方面，比较教育要切实服务于教育改革的决策和实践，就必须拿出操作性强的成果，这也要求比较教育加强对具体问题的深入透彻研究。因此，在国内进行研究时，我们应首先“小题大做”，在切实弄清具体问题的基础上，再进行系统的比较。到国外时，我们应选择典型社区，进行扎实的田野工作，运用解剖麻雀的策略，以对异国教育达到深刻的理解，最后才能够做好宏观研究。

（三）数据和材料的收集

人类学以实践性研究方法见长，其突出的原创性贡献就是田野工作（field work，也有人译为“现场研究”）。在人类学发展史上，确实出现过颇有成就的书斋学者。但是，现代人类学研究的基本属性是深入实践，即进行田野工作。所谓田野工作，是经过专门训练的人类学者亲自进入某一社区，通过直接观察、访谈、住居体验等参与方式获取第一手研究资料的过程，它被视为是“现代人类学的基石”。[11]在国外，至少一年度周期的田野工作，是参加人类学年会的一个必备资格。

人类学认为，一方面，田野工作就是一个探索过程。只有田野工作的实践，才会给学科提供用之不竭的营养。田野工作的目的在于获取第一手资料，这种资料一般不是指文献上记载过的，也不是别人已经发现了的，而应是调查者独自占有的。另一方面，要做好“异文化研究”，就必须进入田野，以克服研究者的“民族中心主义”（ethnocentrism）倾向。民族中心主义是所有人类社会的一个特征，即人们总是以自己的喜好和经验来理解其他的文化，以自己文化的价值观念和传统作判断。[12]异文化的现实由被研究者经历的意义构成，其认识和行动又要受具体环境的影响。所以，研究者应该用足够时间深入、最好是参与到被研究情境中，进行全面观察，以去掉自己对被研究对象的陌生感、局外感和偏见。

社会科学研究现在使用的实地调查方法，主要是从人类学的田野工作借鉴、发展而来。[13]应该注意的是，人类学田野工作与一般的调查研究既有共同之处，又有自身鲜明的特点，尤其是以下两方面。

其一，讲求参与观察，兼顾“自观”与“他观”。尽管人类学研究也要搜集文物和文献，但注重观察——不是“走马观花”，而是深入细致的观察，特别是强调参与观察。其先决条件要求调查者学会被调查民族的语言，了解当地的风俗文化。然后再深入被研究社区待上一定时间（一般一年左右），“入乡随俗”，参与当地人的生活，探明问题的重要细节；并做到像一个“尽量合格的当地人”，以将从本研究者立场的“他观”与站在被研究者角度的“自观（emic）”相结合，尤其要真切体验被研究者的感受。当然，由于参与观察要求有一定跨度的时间，而并不是每一个人类学者都有充足的时间，因而就有人采用定点跟踪的办法（有人称为“历史追踪法”）。老一辈人类学家费孝通“五访江村”、林耀华“三上凉山”，即是以“定点跟踪”来探索社区的变迁。

其二，力求全貌性地认识，重视草根性（grass－rooted）材料。大多数人文社会学科各自侧重研究人类问题的某一方面，而人类学则关注人类尤其是其文化的整体。要了解一个社会的经济和政治组织，人类学家要知道这个社会的产业、技术和宗教，甚至它的婚姻及继嗣制度。尤其要注意的是，人类学家不仅调查具有“官方”色彩的“高级文化”，诸如政治、经济、法律、道德等，而且重视融于民众日常生活、非书面性的“民间”文化，诸如图腾、服饰、食物、禁忌、育儿习俗等“低文化”。人类学研究正是通过关注民间生活，以探寻人类千姿百态的文化模式与文化意义。[14]

中国比较教育研究要拿出精品，显然不可仅靠文献翻译、“走马观花”式的访问，甚至二手材料的编辑。人类学田野工作的方法论给我们的启示是，其一，比较教育学要对异国他乡的教育做到真切的描述和深刻研究，应力求进行田野工作。我国日益发达和开放的态势，为比较教育研究者走出国门，进行实地考察提供了良好的条件。但是这种考察不能是走马观花，应当是人类学风格的实地调查，以真正读懂当地的教育。其二，研究他国教育时，无论是运用出国调查还是文献研究的方式，要力求坚持全貌性视角，注意把握教育内外部因素。其三，对他国教育问题的把握，我们不能只看官方的文件和学者的观点，还应深入了解基层学校的实际运作、师生和老百姓的感受，要注意民间文化等“地方知识”对教育的影响。

（四）数据的分析

对人类学家而言，大多数情况下，一种文化是丰富多彩而又高度整合的，即构成文化的诸多要素不是随便拼凑，而是相互适应、和谐一致的。[15]所以，大多数人文社会学科各自侧重研究人类文化的某一方面，而人类学则关注一个文化的整体，揭示文化诸要素间的内在联系，并归纳出该文化整体一以贯之的特质，亦即文化模式。因此，人类学研究强调系统而有深度整合性的分析。

具体地说，人类学研究的分析策略主要有三方面。其一，整体性策略，即看待事物，要把它放在社会整体环境中加以考察。这样才能达到不仅知其然，更要知其所以然，不仅能看到事物的表面现象，更要看到事物的内在联系和深层意义。其二，三角互证的策略，即对同一问题的分析，运用分别从不同相关渠道收集的数据与材料，进行相互印证和补充，以获得较全面的信息。其三，主位与客位相结合、重视被研究者话语的策略。主位研究（emic）是站在被调查对象的角度，用他们自身的观点去解释他们的文化。客位研究

(etic)是站在局外立场，用调查者所持的观点去解释所看到的文化。当代人类学主张，现实是由被研究者经历的意义构成，因此对异文化的理解要力求运用本土眼光和主位话语，尤其是要重视被研究者的感受。这样，主位与客位互补，才会分析出表层现象后面的深层意义。其四，坚持文化相对主义，不作机械的价值评价。人类学认为，文化是人们适应环境的产物，文化间必然存在差异，每一种文化都有其独创性和充分价值，一切文化的价值都是相对的、平等的，各种文化无高低优劣之分。文化相对主义的理念，并不意味着彻底放弃批评而赞成某一特殊人群的所思所为，而是意味着将文化行为放入具体的历史、环境和社会中加以评估。

人类学研究的分析策略给我们的启示是：其一，研究一国教育时，要重视文化分析的视角，尤其要把握一国文化模式特质，以对其复杂纷繁的教育现象做到深刻而简明的认识。其二，对教育问题和项目的分析，既要系统地弄清内部各因素，又要注意相关的外部因素；不仅要关注结果，而且要重视实施背景和实施过程，以避免产生片面、肤浅的认识，并克服“就教育谈教育”的弊端。其三，评价他国教育时，我们不仅要看该国官员和学者观点，还要重视该国师生和家长的感受；同时，对待他国教育经验，要认识到它是该国社会文化的产物，不能机械地拿中国价值观去评判其优劣，借鉴时也应审慎，不要自我殖民化。

(五) 结语

国外学者海蒂·罗斯(H. Ross)把人类学研究方法对比较教育的积极意义归纳为四个方面：人类学方法有助于研究者突出教育问题的文化维度；为准确构建、描述学校和课堂内部所发生的事情提供了恰当的途径；提供了用来描述观察结果和批判性观点的确切术语；要求比较教育学者不断认清自己在研究中的责任，从而帮助阐明教育研究的利益结构。人类学方法也适用于比较教育各级各类教育研究。[16]

人类学正在进入到人文社会学术阵地的前沿，并在学术发展的后现代实验中发挥着独到的影响。正如当代著名人类学家乔治·马尔库斯(G. E. Marcuse)所说，“我们时代迫切需要对于世界的淘金者般的眼光，这种眼光显然正是文化人类学在此一时代的力量和魅力之所在。”[17]值得注意的是，在2002年中国举行的“21世纪比较教育论坛：全球化与比较教育研究”会议上，顾明远先生号召比较教育学者，借鉴人类学方法，走向田野。我国比较教育学博士徐辉教授认为，后现代主义思潮对比较教育的影响是全面的，首当其冲的是在研究方法方面，比较教育对人类学方法的应用，得益于后现代主义思潮对理解、对话、实际参与等方法论的推崇。[18]作者冒昧估计，文化人类学将对中国比较教育学研究方法产生深刻的影响，期望本文能够抛砖引玉。

参考文献：

［1］POSTLETHWAITE T N（ed.）. The Encyclopedia of Comparative Education and National Systems of Education［M］. Oxford：Pergamon Press，1988：14.

［2］顾明远，薛理银．比较教育导论［M］．北京：人民教育出版社，1995：序言．

［3］华勒斯坦等．开放社会科学［M］．刘锋，译．北京：三联书店，1997.

［4］马尔库斯，费彻尔．作为文化批评的人类学：一个人文学科的实验时代［M］．王铭铭，蓝达居，译．北京：三联书店，1998：35.

［5］陈向明．质的研究方法与社会科学研究［M］．北京：教育科学出版社，2000：38.

［6］［9］［12］［13］［14］［17］［18］庄孔韶主编．人类学通论［M］．太原：山西教育出版社，2002：3，4，15，250，251—252，34，258—260.

［7］T．胡森等主编．国际教育百科全书（2）［Z］．贵阳：贵州教育出版社，1990：263.

［8］徐辉．比较教育的新进展：国际教育初探［M］．成都：四川教育出版社，2001：258—260.

[10] 费孝通. 民族社会学调查的尝试 [J]. 中央民族学院学报，1982 (2).

[11] [15] C. 恩伯等. 文化的变异：现代文化人类学通论 [M]. 杜杉杉，译. 沈阳：辽宁人民出版，1988：98，47.

[16] ROSS H. On Shift Ground：the Post－paradigm Identity of US Comparative Education 1979—1988 [J]. Compare. 1992，22 (2)：121.

（本文发表于《比较教育研究》2004 年第 12 期。作者常永才，时属单位为中央民族大学教育学院；作者孟雅君，时属单位为北京市东城区社区学院外语系）

七、哲学视野下的方法论与比较教育研究

自朱利安1817年发表《比较教育研究计划和初步意见》开创比较教育学以来，纵观它的发展及自我反思的历史，我们不难看出，长期以来比较教育的方法论问题成为国内外比较教育学术界探讨及争论的焦点。其中，关于实证主义、人文主义和多元文化主义方法论在知识观上所涉及的二元对立或融合的问题之争，也逐渐达到更为白热化的程度。对此，就相关问题，本文尝试从哲学的角度对其方法论理论构建及运用实践加以梳理分析，以期对比较教育研究的科学性有所裨益。

（一）实证主义和人文主义方法论与比较教育研究

1. 两大方法论的哲学基础

从整体上讲，实证主义和人文主义方法论是西方现代哲学中科学主义和人文主义两大思潮的产物。其中，最直接支持它们的理论基础分别是孔德的实证主义哲学和狄尔泰的精神科学哲学。

作为社会学创始人的孔德，确立了社会学研究的客观性原则，主张使用自然科学方法论来建立“实证的社会科学”，其主要的任务是要揭示社会发展的规律。他在《实证哲学教程》中强调两个方法论的基本原则：解释社会现象的准则是“社会现象的确切原因应从那些以往社会现象中寻找，而不能从那些个人意志状况中去挖掘”，[1]在解释社会现象时，必须区分事物的原因和它所实现的功能，而且应把原因问题放在功能的前面去考察。显然，他将自然主义科学的因果观和探求普遍法则的方法引入社会学研究，试图说明社会现

象的规律性和因果关系是可以通过实证研究来发现的，社会现象同自然现象一样应遵从一定的客观规律性，并将这种思想引入及指导了大部分的社会学研究。

实证主义方法论在人文社会学科研究中得以广泛的应用，其结果是人文社会学科完全客观化，并几乎丧失了自我。19 世纪末，以德国文化哲学家狄尔泰为首的人文主义学派对实证主义进行了反击。他在其主要著作《精神科学导论》中提出了自然科学和精神科学的区别，前者研究客观事物及其运动过程，是僵死的、无意识的，研究的目标是要找出自然界物体之间必然的因果关系，排除偶然性和意义；后者研究具有历史性和目的性的人类行为及其精神活动。由于人的自由意志，它是独特的，偶然的，所以人类行为既无规律也无法预测。知识来源于人的内在世界，而不是自然外在的实在。因此，社会现象无法采用自然科学的方法加以研究，而必须以通过内省体验来了解人的内心世界、行为动机和文化观念的“理解”性方法进行研究。“理解”理论作为一种认识论和方法论的哲学基础，成为了人文主义方法论的核心思想。

从研究方法的形成来看，上文所述两种方法论分别受到了追求永恒的确实性的牛顿模式和笛卡尔的假定人类与自然、物理世界与社会/精神世界之间存在根本差异的二元论影响。相应地，产生了对社会现象研究追求科学性，把人文社会学科变成实证——实验的精密科学，寻求普适主义规律性的实证方法；以及把科学与人文研究对立起来，强调社会现象的特殊性、历史性、人文性，运用解释学的“理解”的人文主义方法。

2. 实证主义方法论在比较教育研究中的运用

首先，以实证主义方法论进行比较教育研究，旨在寻找各国教育的规律性及普遍性。比较教育学的实证主义方法论情结是有其深远的哲学渊源的，这一学科诞生之时恰逢实证主义大行其道，朱利安在他的《比较教育研究计划和初步意见》中所持的观点体现了实证主义的思想。他使用标准问卷进行比较，用问卷来收集信息，将其结果列入不同的表格之中，因而各国的教育状况可以一目了然，然后通过归纳、实证，从而得到与自然现象一样的规律性及普遍性。同样，霍姆斯受波普尔“社会学原则”观点的影响，在比较教育研究中，他相信通过社会学法则，人们就可以预测某一政策将带来的结果，并将这观点运用于寻找别国教育政策制定的因果规律。与实证主义方法论稍有不同的是，他考虑了“初始条件”对因果关系的影响，因而是用“证伪”的方法来寻找一种“中间因果关系”。

其次，持实证主义方法论的比较教育学者主张量化法以求研究的准确性。20世纪60年代左右，西方比较教育界几乎是全盘接受结构功能主义的认识模式，这突出地反映在比较教育学者普遍接受“现代化理论”，着力于研究教育与社会经济发展和现代化的关系。学者们采用输入/输出模式为主的定量研究方法，强调资料的正确性、客观性和可检验性以及研究成果的可推广性。学术界把比较教育研究的个体单位尽可能肢解为一般变量，加以量化研究。

贝雷迪在定义比较教育研究方法时，相信运用定性和定量的方法发展科学的途径以解释学校和社会的关系的可能性。他的学生诺亚和埃克斯坦也支持这一观点，并认为，比较教育应是一门科学。因此，在比较教育的研究中应倡导“科学的方法”；而所谓“科学”，就是一些可检验的、受数量化材料支持的假设，研究要借助于有关教育体制及其结果的定量性材料及遵循假设形成、检验与证实这样一个基本的研究程序。

再次，以实证主义方法论进行比较教育研究，意在追求价值中立性。实证主义方法论以科学的态度，把事实与价值人为地割裂开来，追求所谓的“事实判断”。因而，在研究中崇尚客观实在性，主张研究不受个人思想、心理、情感、意志的影响，强调“价值无涉”。研究通过严谨的资料收集，精确的数学原理分析从而达到客观性。正如康德尔认为的那样，比较教育研究的任务不包括判断一种教育是否比其他的更好。奈勤也认为，比较教育学是具有强烈实证性质的科学，研究应该要求禁欲的无价值性。

3. 人文主义方法论在比较教育研究中的运用

首先，将人文主义方法论运用到比较教育研究中，旨在理解别国教育的整体性及意义。人文主义方法论在比较教育研究中的最突出的特点是，它以跨学科的方式对各国教育现象进行整体理解的定性研究。萨德勒以他的“发生在学校外部的所有事情，比发生在学校内部的事情更为重要”为重要假设，[2]首先采用了“民族性”这个政治学概念作为分析和解释教育的方法论工具。他认为，最好从总体上去探究外国教育蕴含的精神及对学校活动背后人的内心世界、文化观念加以体验，反对在比较教育研究中运用纯粹的、客观的统计方法。在比较教育研究的历史主义方法论方面，施瑞尔不仅提出了比较教育学话语形成来自于历史学，甚至主张将方法论规定转向历史主义描述。在研究方法上采用“融合历史与比较”法，将历史进程的分析以及对结构模式的交叉文化分析融入到比较——历史研究之中，将教育现象进行“历史化”的分析，即从历史主义角度对各国教育的整体性和独特性加以理解。梅斯曼、维斯、海涅曼等主张将民族志的研究方法运用于比较教育研究。梅斯曼提出了以民族志为基础的“学校民族志”，倡导研究者参与性的观察、深度访谈，通过内心体验来了解教育活动。

其次，人文主义方法论的比较教育研究持“价值有涉”论。人文主义方法论认为，教育作为培养人的社会文化活动，其思想、内容与制度都是民族文化传统思想的集中展现。当研究者对其认识时，由于主体间文化上的差异，评价总是相伴随发生，“事实判断”和“价值判断”是无法截然划清界线的。此外，由于研究者的主观性介入，无论是问题的提出、抽样、因素范围的确定都隐含着研究者的价值倾向。对于这个问题，金认为，研究者的主观性是进行比较研究的主要理由或中心旨趣，“观察者”是通过他的主观性及过去生活经验来选择观察的对象及理解所观察的一切的。

再次，人文主义方法论的比较教育研究主张深入自然情境进行研究。它倡导深入洞察文化等特定情境以及情境的互动关系，提倡人种志研究、叙事研究、田野研究等方法在比较教育研究中的运用。它崇尚在自然情境中的体验性研究，要求研究者走上街头、深入民间、直接访谈，把研究对象置于复杂、丰富、流变的历史情境中加以考察，以理解各国教育现象背后更深层次的东西。

两大方法论“一是模仿自然科学，强调适合于用数学工具来分析的、经验的、量化的观察，研究的任务在于确立因果关系，并做出解释。另一种范式是从人文学科推衍出来的，所注重的是整体和定性的信息以及理解的方法。”[3]它们在哲学上的二元对立，也直接或间接地反映在比较教育研究的运用上：长期出现非此即彼、厚此薄彼的两极对立局面，在对待知识的态度上要么倒向机械的唯物主义，要么倾向主观唯心主义。正是这样，我们可以说前者是客观主义的方法论，而后者则是主观分析的方法论。

(二)多元文化主义方法论与比较教育研究

1. 多元文化主义方法论的理论基础

“多元文化主义”这个术语于上世纪后半叶在学术界和大众作品中相当流行并被广泛使用。在沃特森看来：“多元文化主义首先是一种文化观——认为没有任何一种文化比其他文化更为优秀，也不存在一种超然的标准可以证明这样一种正当性，可以把自己的标准强加于其他文化；它的核心是承认文化的多样性，承认文化之间的平等和相互影响。”[4]

多元文化主义理论参与方法论的构建——多元文化主义方法论（有学者称“多元文化主义研究范式”），它与实证主义和人文主义方法论有所不同的是：它的理论不是仅局限于哲学，而是由关于文化现象特质的理论与哲学理论共同构建的。

从多元文化主义自身的产生及演进来看，它的基本观点的形成是对普遍主义和相对主义的扬弃。它肯定了普遍主义对真理存在的认同，认为世界是可知的，客观真理的存在并不受人的认识局限性而虚无，但人类各民族文化存在不同标准的价值观，因此认识是可以多元存在的，没有绝对的、唯一的真理。它又肯定了相对主义抵制文化独断、尊重异文化的存在和价值的独特性，但同时认为通过阐明自己的立足点，任何人都可以对异文化及其价值加以评价，有可能就人类共同关心的问题达成共识。因此，多元文化主义方法论的哲学基础，实际上是一种现代哲学和后现代哲学思潮的混合物。在认识论方面，它保留了现代哲学的真理观，即真理的可认识性和客观存在的相对性，同时吸收了后现代哲学思潮的知识观，即它是多元性和边缘性的，因而，这使得它的哲学基础并未陷入“逻各斯中心主义”的泥潭。

在本体论方面，多元文化主义方法论以后现代哲学思潮的人类“多元文化”为本体而支撑。后现代哲学思潮认为，人类社会的结构是由观念因素，而不是由物质因素所决定的，并提出了超越客体——主体二元对立逻辑，引入了超乎两者之上的第三个维度——文化，并以此作为人类社会根本、实在的东西。在研究方法方面，多元文化主义方法论受现象学的影响，即研究意在探询、描述在生活世界中呈现自身的现象并解释生活体验中隐含的意义，重视主体意义的解释。它认为，主客体不是对立的两极，互为主体的人们生活在经验世界中，彼此相互影响和相互作用。多元文化主义方法论主要采用解释法来达到对研究者和研究对象的理解。

2. 多元文化主义方法论在比较教育中的运用

由于多元文化主义方法论具有文化与哲学的理论双重性，这就决定了它在比较教育研究中的以下特点：

首先，多元文化主义方法论有助于研究的方法论和视野的转向。多元文化主义方法论涉入比较教育研究领域，打破了比较教育研究中长期被科学哲学研究的逻辑主义垄断的局面。石中英教授在自己的著作《教育学的文化性格》中指出："教育活动的'文化解释'就是要跳出以前种种的'从教育学认识教育学'或'从某一哲学派别认识教育学'，把教育学看成是一组孤立的，利用概念、实验技术等进行的认识过程的老路，……。"[5]显然，这种"跳出"也有助于消解哲学方法论在比较教育研究中唯一性和存在的矛盾及争论。另一方面，方法论的转向直接促进了比较教育研究的视野投向教育背后的文化研究，其主要表现在：研究异文化内部对其自身教育的解释；研究异文化对研究者本身文化做出解释；研究以本文化视角对异文化教育的解释；研究者对所在国家不同的亚文化集团教育的解释；研究者对全球文本的解释。20世纪80年代，顾明远教授在我国比较教育史上，首先提出了从文化的视角来研究各国教育状况，并主持了国家哲学社会科学中华基金课题"民族文化传统与教育现代化"，他的名言是"只有理解了一个国家的文化传统，才能理解这个国家的教育制度"。[6]

其次，多元文化主义方法论强调研究者所作解释的立足点。在比较教育研究中，它强调研究者做出解释的立足点。研究者可以表明自己的立场、理论兴趣以及特定的研究问题的假设和预期，并把它作为一种参照系的理论，这表现为研究者的独特文化背景，在这过程中不回避对异文化作出不同的价值判断。比较教育研究的跨文化性决定了其研究必须涉及众多民族文化问题，由于个人的文化背景差异，因此，保持其研究的客观性是有一定困难的。正如米达尔所指出的那样，社会研究者不可能超脱自己的价值观和政治信仰，但通过阐明自己价值观的前提以及认清自己在描述现实时有那些倾向，就能够得出较为可靠的客观结论。在对异文化的解释方面，海德格尔认为，理解是不可能客观的而具有主观性。理解不仅是主观的，它本身还受制于“前理解”。因此，借助解释可达到一种新的理解，每种解释都构成了自己的世界，通过阐明自己的立足点，研究者通过自我界定“这是我的解释”，则可对研究的对象做出评判。

再次，多元文化主义方法论采用“同感”方法达到理解。“同感”原为心理学名词，意为通过设身处地地研究受咨询者的心理状况与处境，即情感同化，达到对其理解。多元文化主义方法论将“同感”的概念引入比较教育的跨文化研究，旨在通过研究者将自身置于复杂的异文化情境里，或通过对其文化政治、经济状况的深刻洞察，把理解的偏差降低到最低限度。从这个意义上讲，比较教育研究应当成为理解和接受“他人”的途径。

多元文化主义方法论在实践运用中，从哲学上看，实际上它也带着一种“客观”主张或预设来接近研究对象，这易导致研究者在研究过程中走向客观主义的一方面，采用归纳、客观、经验的研究方法；同时在对跨文化的研究上，它主张价值判断、理解、“同感”的主观分析方法，又易走入主观性的圈子。因此，它仍然面临主客的二难选择。

(三) 结语

从对比较教育研究中三大方法论的分析，不难看出，无论是它们的理论建构或是其运用都始终在“客体与主体”或“客观与主观”这一哲学范畴内摇摆，这极大地影响了研究的科学性。之所以出现这个问题，主要是方法论的知识观仍然囿限于现代哲学思想的困境之中，即面临研究对象时，研究者思考的前提是主观与客观的二元对立。具体而言，当研究者在审视研究对象时，总是在本体论的预设下提问——关于本体的知识是主观的还是客观的。若是在客观知识的预设下，则相关知识属于普遍的或是相对的，接着用实证的方法来获得知识；与此相反，若是在主观知识的预设下，则知识是属于偶然的、不可预测的，接着用主观的分析及体验来提炼知识，换言之，它们持的是一种主客观二元对立的知识观，强调的是知识的外在结构。从这个角度上讲，实证主义方法论持的是一种客观主义知识论，人文主义方法论持的是主观分析的知识论，而多元文化主义方法论可以说是两者的融合。然而，在这里，研究者对待知识产生的认识上，却忽视了一个极为重要而又普通的观点——没有把知识看成是生活实践的依据，即知识不是独立在现实之外的一个工具，而是理论与实践不断辩证的全部。知识作为一个辩证的过程，首先来自于生活经验，生活经验的归纳与理论化，则约束了人们之后的生活实践，理论与实践都是知识的来源，没有理论可以同时约束所有人，受到约束的人也不是以同样的方法在回应，因此实践与理论之间始终有落差，从而为理论的发展提供基础。由此可见，研究者忽视了研究对象中的相关知识是其自身在理论与实践不断辩证中产生的，知识是实践的产物并由实践者所创造，而不是由研究者的客观或主观的预设。因而，比较教育的研究应侧重于探测、实践、创造异己，这可避免由方法论所引起知识的主观或客观的预设。

如今，在后现代哲学、全球化、本土化思潮的影响下，比较教育研究者到了审视自己的方法论的时候了。如果说在现代哲学思潮下研究者们特别注重方法论，那么在后现代哲学思潮下则应关注反方法论。所谓反方法论主要是指将研究对象与研究主体的地位更换，假如方法论是指研究主体界定研究对象以及研究主体与研究对象沟通的途径，则反方法论就是从研究对象的角度来界定研究主体，并试图建立与研究主体沟通的途径，显然，两者都是为研究主体所用。当研究主体采用某种方法论接近研究对象时，是假定了研究主体与客体之间的绝对区隔，目的是帮助研究主体了解研究对象的状态。相对于此，如果研究主体采用了反方法论，则其目的是要了解研究主体自己。故采用反方法论之前，研究主体必须先放弃自己与研究对象之间的绝对区隔，承认不存在一个外在于研究对象的观察角度，以使研究对象的视角成为研究主体自我理解的途径。其实，后殖民主义与后现代主义本身都是一种反方法论，他们试图站在研究对象的角度看研究主体，因此反对把研究对象固定在某种疆界之中，不论这个疆界是地理的还是文化的。反方法论思维方式的启迪在于：研究者不仅立足于方法论，同时也要具有反方法论的思维，这有助于研究者——在研究中既是研究主体又是研究对象的知识产生的实践者，提高研究主体与研究对象双方沟通及交流的可能性，从而增强比较教育研究的科学性。

参考文献：

[1] [法] 迪尔凯姆. 社会学研究方法论 [M]. 胡伟，译. 北京：华夏出版社，1998：13.

[2] [西班牙] 加里多. 比较教育概论 [M]. 万秀兰，译. 北京：人民教育出版社，2001：38.

[3] [瑞典] 胡森. 教育研究范式 [M] //瞿葆奎. 教育学文集. 教育研究方法. 北京：人民教育出版社，1988：179.

[4] [英] 沃特森. 多元文化主义 [M]. 长春：人民出版社，2005：1.

[5] 石中英. 教育学的文化性格 [M]. 太原：山西教育出版社，2005：87.

[6] 顾明远. 文化研究与比较教育 [J]. 比较教育研究，2000 (4)：1.

（本文发表于《比较教育研究》2006 年第 6 期。作者石隆伟，时属单位为西南大学教育学院）

八、功能主义传统与比较教育方法论

功能主义发轫于19世纪初期的有机论。在两个世纪的发展过程中，功能主义的发展经历了三个阶段。19世纪初至20世纪中叶为早期功能主义阶段。"社会学之父"孔德为使社会学合法化，将社会和生物机体进行类比，从当时备受尊崇的生物学学科中借用术语和概念，创立了功能主义。后来经过斯宾塞、迪尔凯姆等有机体论者的传承与发扬，以及第一代人类学家马林诺夫斯基和拉的克利夫—布朗的运用和扬弃，并伴随韦伯对主观含义和理想类型的强调，早期功能主义为现代功能主义的形成提供了一定的理论基础。其共同的理论主张为强调社会整体论，提出了结构—需求—功能的解释框架，研究方法效仿自然科学（如生物学），强调观察、归纳、类比等。[1]

20世纪50～70年代为现代功能主义阶段。以帕森斯、默顿为代表的现代功能主义开始形成并成熟，且达到功能主义发展的顶峰。帕森斯、默顿对早期功能主义理论进行了批判性的吸收与改造，帕森斯建构了庞大的结构功能主义理论，默顿提出了"中层理论"。

20世纪80年代，新功能主义开始形成。当众多社会学家不满足功能主义的保守性倾向而纷纷提出自己的替代理论之时，功能主义的推论方式先在德国（以尼可拉斯·卢曼为代表），后又在美国（以杰弗里斯·亚历山大为代表）得到了复兴，预示着新功能主义的来临。与早期功能主义者以及现代功能主义者不同的是，新功能主义者抛弃了前两者的实证主义研究范式而主张后实证主义。[2]

在比较教育领域内，从早期的历史功能主义，到社会科学方法时代的功能主义，再到后现代时代的功能主义，比较教育学者对功能主义的借鉴就从未停歇过，功能主义也因而成为形塑比较教育方法论的重要流派。本文拟从功能主义在三个阶段的发展来阐释其对比较教育方法论的影响。

（一）早期功能主义与比较教育方法论

在早期功能主义者中对比较教育方法论影响较为深远的当推人类学家马林诺夫斯基。他认为理解文化特质的功能是研究社会的必备工作；同时他还试图证明，某些实践或思想过程，初看起来是非理性的，但归根到底是理性的，因为人们可以表明它们适合某些需要，这些需要或者是社会的或者是心理的。比如他以巫术与宗教为例，阐释巫术与宗教在某一特定社会中所实现的不可或缺的功能。他指出人们试图控制环境以满足他们的生物学需要。但是外部环境是不可预测的，也不是完全可以控制的。这种不确定性导致了焦虑的积累，人们有释放它的需要，巫术与宗教便起到了这种作用。[3]马林诺夫斯基还批判了那种把文化的传递设想为单纯的复制的错误观点，他认为过去的文化和实践在当代社会里也有其至关重要的功能。

马林诺夫斯基的功能主义思想被20世纪初期的比较教育先辈们所吸收。正如学者爱泼斯坦（E. H. Epstein）和卡罗尔（K. T. Carroll）所言，20世纪早期至中期进行殊则研究（idiographic research）的比较教育学者实际上都是历史功能主义者。他们认为学校与其它的社会和政治制度是分不开的；如果要对学校进行考察，就应考虑到其历史的、文化的、政治的、社会的和经济的背景。[4]汉斯借用马林诺夫斯基的观点，认为比较教育中的功能主义是指随着教育制度在各自国家中的历史性发展，对它们的功能进行比较。他进而将功能分析与统计的、科学的方法相比较，认为比较教育建立于历史之上，并应当进行功能性研究，这是探讨历史的另一种方式。统计性的比较，虽然对于原始数据的积累来说是重要的，但是它不能说明制度对于满足整个社会需要的程度。除了统计数字之外，国家之间的差异还有很多，比如历史传统、宗教信仰、管理体制等。

汉斯以英法两国培养技术性人才的比较个案为例来阐释其历史功能主义观点。面对第二次工业革命的挑战，英法两国的教育制度都须担负起为社会

培养技术型人才的功能。尽管两个国家的社会需求相同，且同为民主国家，具有相似的政治结构，但是他们实施技术教育的方法却因本国内部传统的不同存在明显的差异。由此，汉斯主张对功能的比较必须包括对民族国家传统的比较。比较教育在考察看似相同的功能之时，也应比较各个国家的历史，历史也是现在的一部分。[5]

历史功能主义者作为推动比较教育成为专业性研究领域的开山鼻祖，在多个方面开创了比较教育研究的方法论传统。首先，历史功能主义者从教育作为社会子系统与社会系统以及其它社会亚系统之间的关系来探讨教育，他们认为如果脱离教育的社会和文化环境，就无法对教育有充分的了解，从这一点上来说，他们是相对主义者；但同时他们又是普遍主义者，因为他们认为在某一历史时刻所获得的结论在某种程度上具有超越空间和时间的普适性。也就是说，20 世纪初期的历史功能主义者尽管强调民族国家的传统与文化特质，但是他们仍然试图去寻找一些跨越国界与时空的关于教育与社会之间关系的规律，比较教育研究的目的在于预测和为政策提供指导，而非阐释和理解。另外，在历史功能主义者眼中，教育仅仅作为运转良好的社会大机器的一个齿轮，而无关个体人的尊严、自由、潜能的实现等，比较教育方法论也因而重自然主义、客观主义而轻人文主义，重宏观叙述而缺微观描摹。同时，尽管比较教育领域内的历史功能主义者受到早期功能主义理论的影响，但是他们对理论的应用程度仍处于浅层次，在具体的论述中，他们更多地还是倚重经验而较少地运用理论分析工具，如此，比较教育的知识大多停留在“报道”的层次而缺理论框架。

在早期的功能主义者中，韦伯提出的“理想类型（ideal type）”的分析方式也被比较教育学者所汲取。理想类型对于韦伯来说是分析社会现象重要特征的范畴体系。从经验现实中抽象出来的理想类型意在说明相似过程和结构中某些共同的特征。可以说，理想类型是一个概念工具，它片面地强调很具体的现象里面的某些成分，然后把它提升为一个纯粹的概念。因而所谓的“理想”并非道德意义上的，而是指思维逻辑层面的建构。同时，这种思维建构并不能在现实中找到，总是与现实有一段距离。它最主要的功能是让我们用这一理想类型和我们的研究资料，或是我们在现实里面对经验的整理加以对照，看看现实与理想类型之间的距离是多远或者多近，然后它的理由又何在。另外，理想类型通过提供某种共同的分析标准，用于对照和比较不同背景下的经验事件。根据两种或多种具体经验情境与理想类型的差距，就可以对这两种情境进行比较，因而就能更好地理解这些经验情境。在许多方面，理想类型方法跟生物科学中用来对物种进行分类、并对有机体结构和过程进行描述和分类的方法差不多；与命题和定律相比，这种方法强调概念框架和范畴。再者，理想类型方法的目的不在文化间的相似性，而着眼于差异。比如，韦伯构建了合法统治的三种理想类型：传统型统治、个人魅力型统治、法理型统治，然后考查不同社会、不同历史阶段的统治类型，凸显西方特性。

学者齐梅克（B. Zymek）受到韦伯理想类型的启发，以如上所述韦伯所建构的三种社会的支配类型为出发点，以培养传统型的人才与培养专家型的人才为理想类型的两极，把不同社会文化中的教育目标放在此两极的连续体上进行评判。[6]

霍尔姆斯在他颇有影响的比较教育著作《比较教育：对方法的一些思考》中，用了四章的篇幅去探讨理想类型作为价值探求的工具在比较教育中的运用。在这本书中，他运用理想类型探讨欧洲、美国与前苏联对于教育中隐含的什么是好的社会与知识的不同概念。他建构的理想类型分别为“柏拉图的公正社会”、“科学变革社会中杜威的反省的人”、“苏维埃社会中的理想人”，以理想类型为工具，他进而进行不同文化间的比较。韦伯坚持学术研究的价值中立，霍尔姆斯也据此认为学术的价值只能是对特定情境中的价值选择与政策预测进行超然的分析，而避免作任何价值判断。

作为霍尔姆斯的学生，加拿大学者许美德在其研究中偏离了韦伯与霍尔姆斯所倡导的理想类型中的价值中立原则，她更希求可以对现实问题进行价值判断，由此，她在研究中开始探索一种具有明晰价值判断的理想类型。譬如，她在探讨中国教育发展与日本、欧洲以及北美的关系时，更注重探讨这些国家的教育政策或者实践在多大程度上注重平等、自主、团结与参与，而又在多大程度上体现了剥削、统治、分离与边缘化。由此，她建构了两种理想类型。第一种是在中国与西方国家互惠互利的情形下，中国高等教育的发展状况；另一种是在新帝国主义情形下（比如20世纪50年代前苏联对于中国的影响)，中国高等教育的发展情形。在这一基础上，某一特定国家之间关系之下的政策与其对中国高等教育的影响都可以在这两极理想类型的连续体上进行评价与分析。“9.11”之后，许美德在进行高等教育比较研究时发现，大多数的比较高等教育研究都仅仅局限于西方资本主义国家之间的比较，那么在不同文化、政治和经济体制下，比较如何可能？她以中国和加拿大为例，在探讨这两个文化、政治与经济环境不同的国家中高等教育的角色与使命时，运用了理想类型。她发现这两个国家大学中的知识分子都十分关心本国的文化认同问题，由此，她建构了“社会主义者”、“自由主义者”以及“保守主义者”的理想类型，并进而比较在不同的环境中这些理想类型的差异。[7]

(二) 现代功能主义与比较教育方法论

20 世纪中叶是功能主义发展的顶峰时期。它一方面借鉴当时科学哲学中占支配地位的流派之一——新实证主义的观点，另一方面又与结构主义结合，成为包括比较教育学科在内的众多社会科学的主导性研究范式。这一研究范式最集中的体现者便是帕森斯。帕森斯将科学主义发挥到极致，他认为自然科学和社会科学具有共同的研究方法；他坚持事实与价值的分离，遵循科学研究“价值中立”的原则；他拒斥历史解释，对社会控制和预测的兴趣要远远大于其对政治、价值伦理等问题的关注。“二战”后，帕森斯的结构功能主义深深地影响了美国比较教育学界。如传统的比较教育历史学派的先驱者萨德勒、汉斯、康德尔一样，这一阶段的功能主义将教育现象放在社会中进行考察，严格遵循萨德勒所倡导的“校外的事物比校内的事务更重要”的准则。但是，不同于历史功能主义者（如汉斯)，社会科学中的功能主义者，如比较教育学界功能主义的主要倡导者之一安德森，重在考察包含抽象社会系统的社会形式，探索事物之间永久的关系。结构功能主义的另一代表人物福斯特（Forster）认为，不同于历史学家，社会学家抽象、比较、概括，他们探求的问题是事物是什么以及事物的功能是什么，而并非他们是如何发展而来的。[8]

比较教育学者除了借鉴结构功能主义的宏大叙述之外，也同时将以结构功能主义为理论前提的现代化理论和人力资本理论引入到比较教育的研究中来，促进了 20 世纪中叶比较教育领域的繁荣。

20 世纪 60 年代库姆斯的《世界教育的危机》借鉴了功能主义理论，他从系统分析的角度，分析了“发展中国家”的教育问题。他将教育定义为具备各种互动部分的系统，强调各种亚系统之间的互动与相互依赖。某种事项或者某一亚单位的变化，如课程的变化，或者教育目标的变化都会影响到教育系统内其它亚单位的变化，如资源的分配或者学生的选择等。库姆斯认为解释和分析不能仅仅限于对系统内部因素的考虑，还应当将教育放到更广阔的社会中进行考察，考虑到教育与社会之间的互动关系。正如功能主义运用生物学的隐喻一样，库姆斯也借用生物学来阐释其系统的概念。他谈到，医生不可能完全了解病人身体的整体系统和功能，但是他却可以通过一些指标来评价整个身体的状况如何，并进行诊断以使身体各方面功能良好。同样地，教育管理者可去探得能够揭示教育系统运行状况的指标，以提高教育系统的效率。

以美国学者舒尔茨为代表的人力资本理论认为加大人力投资，培养人才是推动经济增长、促进现代化的关键。而在长远的意义上说，教育投资的意义比基础工程设施投资的效益还要大。1964 年哈比森（Harbison）和梅耶（Myers）在《教育、人力资源与经济增长》一书中提出人力资源是经济增长不可或缺的因素，并认为教育投入与教育产出之间存在线性的因果关系。

现代化理论与人力资本理论都信奉单一的社会发展模式，以西方稳定的工业化社会为发展的终极目标；同时他们都倡导“投人—产出”的分析模式。这一时期的比较教育方法论因而呈现出更多的工具理性，而这种工具理性则是内在于结构功能主义中的。同时，社会科学时代的比较教育学者从功能主义理论中借鉴了大量的理论分析工具和概念，比较教育方法论对理论的倚重明显增强了。但是不可否认的是，这一时期的比较教育方法论存在着“简约论”与“还原论”的危险，教育与经济增长并非是线性的因果关系所能解释的，教育也并非仅仅具有工具理性，文化、政治、伦理在比较教育研究中的作用仍是不可忽视的，解释和理解也是比较教育方法论所不可或缺的目的指向。另外，与结构功能主义相契合，这一时期的比较与方法论完全抛却了历史维度，在实际的研究中，各个国家的民族传统被视为是反功能的

(dysfunctional)。比较教育因而更重视“共时”性的比较而轻“历时”性的动态比较。

(三) 新功能主义与比较教育方法论

20世纪80年代，新功能主义者批判地继承了前述功能主义的遗产。像功能主义一样，新功能主义把注意力放在社会系统不同组成部分的相互关系上，但是与大多数的功能主义者不同，新功能主义对不同系统间潜在的冲突特别敏感。另外，新功能主义者拒绝任何简化论或单一原因的论点，而是承认社会研究的复杂性。尼可拉斯·卢曼是对功能主义社会理论作出贡献的最具革新精神的德国学者。卢曼的功能理论强调的是一种特定的观察态度，这一观察视角质疑效果产生的明显无误的确定性，而充分考虑到因果关系的复杂性。卢曼对“功能”概念的定义实际上来自于他对人类学功能主义中功能概念的重新阐释。马林诺夫斯基曾对仪式（ritual）的功能作过阐释。他发现，仪式具有缓解人类痛苦的功能。从功能分析的角度，马林诺夫斯基又发现，在人类痛苦的时刻，其实可以有多种方式来缓解和适应痛苦。比如说意识形态的解释框架，或者是个体私下的反应，如悲叹、烦恼、幽默、咬指甲、或者是耽溺于想象的世界中。由此，马林诺夫斯基认为，仪式与如上的反应具有功能对等（functional equivalence）的关系。在这里，重要的不是寻求特定原因和特定结果之间的法则性关系的陈述，而是以同一结果为参照点，去寻求几个可能原因的功能对等（functionally equivalent）。[9]

德国的比较教育学者于根·施瑞尔将卢曼的新功能主义观点引入到了比较教育研究中。考虑到社会科学方法论的变迁以及当今世界民族国家的社会文化与全球化交织的复杂性，他倡导比较教育方法论应实现从“共变（concominant variation）”到“功能对等”的转变。“共变”是迪尔凯姆提出的概念，他认为比较方法必须坚持因果关系的原则，而使用科学的比较方法，根据因果关系的原理去考察现象，必须以下列命题作为比较的基础：一种同样的结果总是相应于一种同样的原因。[10]很显然，“共变”概念是实证主义科学中的概念。而如今，我们所面临的时代与学术气氛已与19世纪初期相差甚远。基于此，施瑞尔高度评价了“功能对等”概念对于比较教育研究的重要意义。一方面，“功能对等”作为定义性标准使得功能推理的独特性得以彰显并与常规的功能主义（以因果术语所阐释的功能主义）区分开来。遵循这一功能推理的视角，功能关系将不再被视为是因果关系的特殊形式。相反，因果关系被视为特例。在功能系统理论的框架中，功能对等这一概念的地位类似于在假设—演绎的理论框架中因果性的位置。因此，在这个意义上，功能就是指一种独特的观察技术（observation technique），这种观察技术对特定的因果关系进行质询，旨在建立问题和问题解决方式之间的关系，并将这种关系理解为“偶然和多样的”。“功能对等”概念的另一种意义表现在它之于比较推理的意义。它的概念内容不仅包含对多样的社会—文化中的问题解决方式进行比较分析的结果，这一概念还作为一种桥梁性的原则，将功能推理的外推法（extrapolation）与比较方法论的重构联结起来。以这种方式重构的方法论有两重目的，首先是确定相对于一个参照问题的多样的输入与输出的成就（performances）、系统策略、问题解决方式。其次，从可交换性（interchangeability）的观点出发，将这些成就、策略以及问题解决方式相互联系起来。[11]施瑞尔认为建立在功能对等的基础上的比较分析经历了意义深远的转向：从作为检验假设性普遍性论述（这种论述假定特定的原因产生特定的结果）的准试验程序转变为在经验上以功能对等的观点寻求产生某种结果的替代选择的可能性。可以看出，受卢曼新功能主义的影响，施瑞尔所提出的比较教育方法论试图去纠正历史功能主义者与社会科学结构功能主义者的偏颇，以整合殊则研究与通则研究（nomothetic research），消弭科学主义与人文主义、事实与价值、描述与解释之间的鸿沟。

当然我们也应当认识到，早期历史功能主义者借鉴功能主义使比较教育领域成为专业化领域的努力，以及对韦伯理想类型运用的尝试，包括社会科学时代以结构功能主义为基础进行学科科学化的努力，都使比较教育学得益匪浅，它们教会我们分析，使我们更为深刻，更善于抓住问题，甚至可以说，使我们的思想更为充实。因而借用马克·布洛赫评价迪尔凯姆实证主义社会学时的一句话：如果说这些学说在今天已趋僵化，那也只是任何思想运动在硕果累累之后迟早要付出的代价。

参考文献：

[1] 丁元竹. 早期功能主义的方法论基础初探 [J]. 社会学研究，1990 (4)：116—118.

[2] [美] 乔纳森·特纳. 社会学理论的结构（上）[M]. 邱泽奇，等译. 北京：华夏出版社，2001：46.

[3] [英] 帕特里克·贝尔特. 二十世纪的社会理论 [M]. 粗铁鹏，译. 上海：上海译文出版社，2004：47.

[4] EPSTEIN E H, CARROLL K T. Abusing Ancestors: Historical Functionalism and the Postmodern Deviation [J]. Comparative Education Review, 2005, 49: 1.

[5] HANS N. Functionalism in Comparative Education [J]. International Review of Education, 1964, 10 (1): 94—97.

[6] ZYMEK B. Domination, Legitimacy and Education: Max Weber's Contribution to Comparative Education [M] //SCHRIEWER J. Discourse Formation in Comparative Education. Frankfurt am Main: Peter Lang: 133.

[7] RUTH H. The Use of Ideal Types in Comparative Education: a Personal Reflection [J]. Comparative Education, 2007, 43 (2): 189—205.

[8] WELCH A R. The Functionalist Tradition and Comparative Education [J]. Comparative Education, 1985, 21 (1): 5—19.

[9] [11] SCHRIEWER J. Comparative Education Methodology in Transition: towards the Study of Complexity? [M] //SCHRIEWER J. Discourse Formation in Comparative Education. Frankfurt: Peter Lang, 2000: 40.

[10] [法] 埃米尔·迪尔凯姆. 社会学方法的规则 [M]. 胡伟，译. 北京：华夏出版社，1998：105.

（本文发表于《比较教育研究》2009 年第 4 期。作者王黎云，时属单位为教育部人文社会科学重点研究基地北京师范大学比较教育研究中心、北京师范大学国际与比较教育研究所）

九、现象学方法在比较教育研究中的应用

20世纪70年代，随着“全球化”浪潮及多元文化的冲击和后现代理论群影响的不断加强，唯科学主义倾向的定量研究方法的局限性更加凸显出来，欧美的社会科学研究出现了重视“质性研究”（qualitative research）的趋势。深受其他社会科学进展影响的比较教育研究也发生了根本性的变化，打破了过去实证论独占的局面，逐渐走向一条开放的研究道路。比较教育研究范式开始从二元对立走向多元融合，比较教育研究的方法呈现为多样化的态势。现象学方法在比较教育研究中的运用既是这种态势的一种表现，同时也促进了这种态势的进一步向前发展。

（一）作为方法的现象学

对于现象学（phenomenology），我们可以从两个层面来理解：一是作为哲学理论的现象学；二是作为研究方法的现象学。诚如胡赛尔（E. Husserl）1907年对现象学的定义：“现象学：它标志着一门科学，一种诸科学学科之间的联系；但是现象学同时并且首先标志着一种方法和思维态度：典型哲学的思维态度和典型哲学的方法。”[1]

现象学首先是作为哲学理论而存在的。其起源被认为可以追溯到古希腊哲学，“现象”一词正是由希腊文“phainomenon”而来，意为“显示在经验事物中者”。[2]德国哲学家康德和黑格尔也使用了“现象学”一词。但自胡赛尔开始，现象学逐渐发展成为一个声势浩大、复杂的哲学思潮，而后又衍生出了很多分支，如存在主义现象学、解释学现象学、体验现象学等。所以，

一般认为，现象学哲学是由德国哲学家胡塞尔在20世纪初创立的，它深刻影响了海德格尔、萨特、伽达默尔、梅洛·庞蒂等一大批哲学家的思想，以至于在欧洲大陆形成了秉承现象学“回到事实本身”（zu den Sachen selbst）的思维态度的现象学运动。现象学的主要任务是分析和描述当下呈现给我们的行为或功能的内容。而胡塞尔提出的“回到事实本身”是现象学研究者们共同遵循的基本原则与基本思想。他要求人们把传统的概念、理论、偏见以及习惯的思维方式等悬置起来，从最初看到的纯粹现象中认识事物，认为“只有返回到直接的直观这个最初的来源，回到由最初的来源引出的对本质结构的洞察”，“才能运用伟大的哲学传统及其概念和问题”，“才能直观地阐明这些概念，才能在直观的基础上重新陈述这些问题，因而最终至少在原则上解决这些问题”。[3]

“方法”是现象学的标志性内容。谈现象学，无法不涉及著名的现象学方法；同样，谈现象学方法也不可能离开现象学。因为现象学方法正是现象学的核心内容。所以，有人甚至认为，对胡塞尔来说，现象学就是一个方法概念。[4]而胡塞尔本人也一再强调他构建现象学的起初目的就“在于建立一门哲学的方法”。[5]可见，在现象学那里，方法与内容是相互结合，密不可分的，以致于我们几乎无法完全脱离内容来抽象地谈论一种纯粹的方法论原则，同样也不能避开方法来孤立地解说内容。但是，我们应该认识到，作为一种研究方法的现象学，与作为哲学理论的现象学在目的和意义上都是有所不同的。它应是以现象学哲学为哲学基础，旨在探讨如何尽可能地建立“一套可靠的程序和步骤，来把握事物的本质，发现事物的意义”。[6]因此，对于作为方法的现象学应该着重从应用与方法的角度去理解与认识。也正是基于此种意义，一些现象学的研究者尝试着对作为方法的现象学作出界定：“现象学研究指一组人员对一个概念或现象生活体验意义的描述”；[7]现象学方法是“通过描述和分析来还原事物或现象意义的过程”；[8]“现象学的方法就是要重新寻找最原初的生活体验”；[9]现象学方法即是“通过描述和分析来还原事物或现象的意义的研究方式、研究步骤和程序”，[10]等等。这些界定，尽管在表述上不尽相同，但却表达了现象学研究者们基本一致的核心思想，即现象学方法必须悬置已有的概念和理论，描述在直接经验中所给予的东西；现象学研究旨在探寻、描述在生活世界中直接展现自身的直观现象，并寻求生活体验中现象的隐含意义，重视对主体的体验和意义的解释；现象学研究的基本过程是现象的描述、现象学还原状态下的分析及发现和得出本质意义的过程。

现象学方法如今已经成为人文社会科学的重要研究方式，被学界视为开展质性研究的重要理论基础或一种重要的质性研究方法，广泛运用于教育学、心理学、摄影、绘画、美学、文学理论等学科领域的分析和研究中。由此，也形成了适用于不同领域的种类繁多的现象学研究程序与步骤。如施皮格伯格的现象学方法步骤为："① 研究特殊现象；② 研究一般本质；③ 理解诸本质间的本质关系；④ 观察显现的方式；⑤ 观察现象在意识中的构成；⑥ 将对于现象存在的信念悬置起来；⑦ 解释现象的意义。"[11]克拉克・穆斯塔卡的现象学方法研究分为四个阶段，即：① 悬置；② 还原；③ 联想；④ 综合。[12]但这些研究程序与步骤并不具有普适性，而且在实际应用中也很难操作。因此，又有学者综合了前人的相关研究，提出新的现象学研究步骤：① 选择研究问题；② 体验资料收集；③ 阅读体验描述；④ 提炼基本要素；⑤ 寻找独特要素；⑥ 提炼主题；⑦ 进行自由联系变动——得出本质意义。[13]应该说，这一研究步骤的确有利于现象学方法在实践中的应用，但却弱化了现象学的特征，仍然很难让人掌握现象学方法的实质。

综上所述，我们认为，与其强调现象学方法是一种研究方法，不如说它更是一种研究的"思维态度"或"思维方式"。因为它没有固定的程序与研究步骤，它通过"回到事实本身"的基本原则及"悬置"的基本前提，为研究者提供了一个全新的视角和开放性的维度，使得秉持现象学态度的研究者总是根据一定的研究目的与内容的需求，依据研究对象的特点来确定相应的研究策略及具体的适用方法，形成自己独有的现象学研究程序和步骤。胡赛尔本人也认为，"现象学同时并且首先标志着一种方法和思维态度"，[1]而伽达默尔和罗蒂曾更是提出"现象学和解释学的方法就是没有方法"。[14]

（二）比较教育研究中现象学方法的应用

现象学作为方法首先在教育学、心理学等领域得以运用。较早把现象学理论引进教育研究的是德国海德堡大学校长克里克（E. Krieck）。他采用胡塞尔现象学的本质分析方法探讨教育科学，他的教育学也因此被称为“现象学的教育学”。[15]20世纪40～70年代，现象学作为方法运用于教育研究成为比较普遍的现象，“教育现象学”① 这一术语也在西欧教育研究领域逐渐被采用；而后，北美的教育研究领域也开始形成了现象学研究传统。20世纪70年代，现象学方法从教育学、心理学等领域全面扩展到其他各个社会科学领域，同时也逐渐渗透到比较教育研究之中。诚如日本学者马越彻所指出的那样，自20世纪70年代后半叶开始，比较教育的研究对象不再是教育制度“发展的诸种状态”，而是转向了“停滞的分析、解释”，而在这种主流中，现象学的方法和社会史的研究最引人注目，成为人们关注的焦点。[16]

1. 比较教育研究中现象学对实证主义的批判

现象学在比较教育研究的应用是在反对实证主义的过程中产生的。最早从现象学的立场对比较教育研究作出有价值的实证主义批判的是本杰明·巴伯（B. Barber）。[17]他批判实证主义者通常把方法论误解为科学，抛开研究的性质，仅从精选适用的方法追求科学的准确性、精密性、可信性。他认为实证主义者在事物间的偶然关系上谋求普遍化是不恰当的，因为“从被感知的世界的孤立事例中，获得理论世界里具有普遍性、规律性的命题，这本身就是一个先验的原则，其正确性依靠经验性用语是决不能被证明的”。并且，各种资料在特定的精神状况下，也只不过是慎重精选所感知的经验的一个部分，它是研究者的自我定义和判断，而不是事物本身；诸种概念如石头、电子、树、人与国家、理想、课程等，同样都是人们通过语言人为赋予特别意义的范畴。然而，实证主义者虽然能认识到价值和目的在资料选择时发挥着重要作用，却常常忽略了资料本身也只不过是精神的产物。因此，所有的比较（包括教育比较在内），至少在实证意义上所定义的、以通用于复杂社会的普遍性为目标的比较是没有意义的。那么，教育的比较应该如何进行？现象学的比较教育研究者认为，比较必须是微观分析（或者是“交互作用主义”或“解释学的”），教育的比较也必须从传统的宏观视野转向微观研究，深入教育内部，集中于对教育的细节分析。对此，海曼作过如下论述，“‘宏观分析是绝大多数比较教育研究的特征，必须以对日常生活世界的微观的系统观察与分析来取代它。’……关于比较教育未来的方向，他提出应该：‘（1）……把注意力集中于描述社会现实要求教育怎样存在于生活世界的问题；（2）……研究社会现实的可直接观察因而可记录的那些方面……（3）集中于细致分析社会互动这一教育社会现实的最明显的来源'”。[18]

2. 比较教育研究中现象学方法的运用范例

比较教育研究中的现象学方法并非表现为一种固有的、严格的比较研究程序或分析模式，它表达的是比较教育研究者从现象学的立场出发，遵循现象学的观点来构建自己的比较分析框架。这种模式关注人类的反应，注重主体的创造性，提倡研究人员应当研究不同的教育主体建构教育现实的过程。它批判实证主义不能正确地解释教育现象，但又并不完全否定实证主义方法的价值。

一般认为，英国的比较教育学家埃德蒙·金的研究是比较教育研究中运用现象学方法的典型代表。埃德蒙·金也认为他的“国别研究”以及“始终强调的判断”，“是与社会学从‘实证主义’研究转向‘现象学的’研究一致的”。[19]埃德蒙·金不主张比较教育研究要有具体的方法、固定的分析程序或模式。埃德蒙·金的研究强调体验，注重对主体经验的解释。他指出，“认识的可靠性和效力很大程度上将依靠我们所观察的教育活动和决策中所牵涉到的那些人的价值判断”。[20]他重视对教育现象和特定教育情境进行真实的描述和解释，并揭示其意义，提出对特定教育情境进行的具体研究和考察必须从微观方面入手。他要求比较教育研究者“尽可能客观地深入那个背景”，[21]“最好是沉浸在那里的‘生活语言’之中”，[22]从局内人的“内部观点”看待事情。当然，埃德蒙·金同时也强调实证与现象学之间的互补关系。“所以，在今天的社会科学中不再强调或者是实证主义所主张的伪科学的‘客观性’，或者是考虑人的反应的现象学方法，而是强调在研究的这两个方面提供证据和见解的人们相互之间建立伙伴关系。同样，在教育的研究中，特别是教育的比较研究中，经验的方法和‘客观的’社会科学的方法被严格地运用于某些问题和现象的考察，但是人们越来越认识到那些‘现象’必须表达内部的观点和研究时对内部情境的微妙变化”。[23]

另一位比较典型的比较教育研究现象学模式的代表者是英国的比较教育学家霍姆斯。[24]霍姆斯的比较研究架构在整体上是趋于科学、实证的，但他也明确指出，他“反对把实证主义和归纳法作为科学方法”，认为普遍法则并不能产生绝对知识，比较教育研究不应该采用实证主义的理论假设。[25]他认定比较教育研究的精确性无法以科学方式建立，强调比较教育研究者一定要从参与者的独特观点来判断、解释人类事件，重视对研究对象的主观理解。他的比较分析框架明显地吸收了现象学、相对主义的因素，呈现出鲜明的现象学特点。

3. 比较教育研究中现象学方法的特点

爱泼斯坦在《“比较”在教育学中的意义》一文中明确指出，比较教育学中有两个清晰的相对主义的谱系：一个是与实证主义几乎是同样长期存在，尤其受到很多欧洲人支持的研究范式——文化相对主义；另一个是近期运用于比较教育学中的现象学方法或民族志方法（ethnography，也译为“人种志”）。[26]并且，一般认为，北美文化相对主义者用的是民族志研究模式，欧洲则采用现象学模式。[27]因此，在比较教育研究中，现象学方法与民族志方法的分析框架都呈现出相对主义的特征：注重从相对的意义和内部的视角作出分析和解释，而不重视具体的方法、确定的分析程序和形式。所不同的是，在研究过程中，民族志方法以人类学特有的定性的实地参考、考察和溯源分析的方法对不同的教育进行跨文化比较研究，强调对教育各环节的细致微观分析；而现象学则多采用“本土化”的视角和知识，着眼于对特性与文化相对意义的鉴别和分析，注重分析对事件的主观理解，是一种较大的哲学取向的分析。具体地讲，比较教育研究中现象学方法的主要特点如下：

（1）具有鲜明的开放性。现象学研究的结果、方式等往往都没有明确的答案，有的甚至是不可预期的，是探索性的。这对于以往比较教育研究期待获得具有“放之四海而皆准”的普遍性、规律性结论无疑是一种背离。它更关注如实地描述出教育本身所呈现出来的样态，而不是某种预设；更强调研究过程中多种研究方法的融合，讲求具体方法与技术的多元化，而不拘泥于某种特定的研究方法。因此，比较教育研究中的现象学模式往往呈现出科学主义与人文主义相整合、定性研究与定量研究相结合的倾向。[28]

（2）在微观分析中把握整体性。现象学方法要求比较教育研究必须从传统的宏大叙事中走向细致的微观分析，即在研究过程中“将普遍命题的大票面钞票兑换成接近实事的细致分析的小零钱”，[29]从各个方面、各个角度对教育现象进行细节分析和考察，直至达到对教育事实的本质取得完整的认识。

（3）寻求从现象中获取意义。比较教育研究中的现象学方法同样强调要按教育自身所给予的那样“回到事实本身”，要求研究者在进行比较研究时，首先悬置头脑中已经存在的相关论断和偏见，通过直觉和主体体验的意识行为对教育现象进行观察、分析、反思，进而获得对教育本质的认识，形成相应观点、概念、判断和理解。

（三）比较教育研究中现象学方法的贡献与局限性

1. 贡献

现象学方法在比较教育研究中的应用无疑对比较教育研究向纵深的发展做出了较大贡献，为比较教育研究从传统的狭隘视野走向开放和多元开辟了新的道路。

第一，研究视角的扩展。现象学方法的“回到事情本身”，不仅要求比较教育研究者要从空间和时间两个维度让事实保持静止状态，以真实自我面对分析者，排除先入为主的主观意识，以达到最大限度的本质再现，而且还要求比较教育研究者从主客二元对立和价值中立或无涉的假象中解脱出来，重视科学研究的主观性、主体间性（研究的意义存在于研究者与被研究者两者的关系中）和研究分析过程中的意义理解。这就为比较教育研究增加了一种全新的分析视角与分析维度。

第二，研究范式的转型。现象学方法的引入促使比较教育研究形成了新的学风、新的研究方法和研究范式。诚如有人所认为的那样，“教育研究正摆脱实证的研究设计和方法论的支配，转向诠释的、人种的或质的研究，这一过程虽然缓慢，但正逐渐发展”。“质的”、“自然的”、“人种志的”、“诠释——人类学的”、“后实证的”、“后现代的”研究等正日益成为当代比较教育学研究的一种时尚话语，[30]从而使比较教育研究范式从宏观视野走向微观分析，打破了过去实证独占的局面，逐渐走上一条开放性的研究道路。

第三，研究方法上的多元融合。现象学方法的引入促进了比较教育研究方法的多元化。虽然，现象学方法实质上是一种质性研究方式，但它所具有

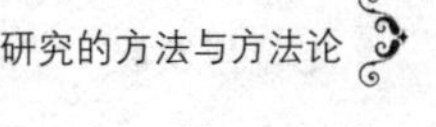

的开放性并不排斥包括实证在内的其他研究方法，反而更加注重研究过程中各种方法的相互补充，这有利于实现比较教育研究方法的多元融合。

2. 局限性

任何一种研究方法都不是十全十美的，现象学方法也不例外，其局限性主要表现如下：

第一，彻底的悬置很难实现。现象学方法的应用首先要求研究者将已有的观念、经验、认识等悬置起来，无偏见地描述、解释事物本身。但事实上，在任何研究中，彻底的悬置都是不容易的，有时甚至是不可能实现的。就如同实证主义者不可能完全实现研究过程中的价值无涉或价值中立一样，现象学研究者所投入的精力和工作也不可能全面杜绝偏见、预见等对其认识的影响。而在比较教育研究中，彻底的悬置尤其必要，也更不容易实现。比较教育研究者不仅仅要抛开自身已有的成见、预设，还要承认“他者”的视界也同时存在，并尽可能地立足于客文化的背景下解释当地教育现象，诚实地辨析研究者自己的思维模式在对跨文化教育问题所做的判断中潜在的认识偏差。

第二，描述性有余，而客观概括性不足。现象学研究是一种描述性研究，因而使用现象学方法的比较教育研究往往会出现主观描述性有余，而客观概括性不足，对个案意义的发掘深刻，但推广的效度却不高的局面。这在一定程度上削弱了现象学方法在比较教育研究中的意义。尽管很多时候描述性研究也能够深入到教育现实的内部，但对于比较教育研究来说，需要的不仅仅是描述，因为仅限于描述，将会使比较教育研究滞留在较浅层上。“它至多提供某种……从文件证据和检验结果导出的一般陈述（以及由此得出的语言）的有用性和效度方式……它只能作为检验假设的一种方式”，[31]形成进一步研究、反思的基础性条件。而且，缺乏概括性、缺少与更宏观的理论框架的联系的研究，也确实限制了那些关于“学校与社会”关系的一般性理论的研究，很难形成能令人满意的比较教育。[32]

第三，在方法论上的不确定性限制了现象学方法在研究上的应用。比较教育的现象学研究不主张拘泥于具体的方法、确定的分析程序和模式，这固然有利于研究者依据研究目的灵活地选择适用的具体方法，但是这种不确定性却增加了操作上的难度，限制了现象学方法在研究上的应用。特别是比较教育研究初学者，往往不知道该从何处着手开展研究。

参考文献：

[1][德] 胡塞尔. 现象学的观念 [M]. 倪梁康，译. 上海：译文出版社，1986：24.

[2] 董素芬等. 现象学研究 [EB/OL]. [2008－04－10]. http：//student. ed. ntnu. edu. tw/～manboy/2. doc.

[3] [11] [美] 施皮格伯格. 现象学运动 [M]. 王炳文，张金言，译. 北京：商务印书馆，1995：921—922.

[4] 张汝伦. 现象学方法的多重含义 [EB/OL]. [2008-04-10]. http：//www. siwen. org/xxlr1. asp? id=316.

[5] [29] [德] 埃德蒙德·胡塞尔. 现象学的方法 [M]. 倪梁康，译. 上海：上海译文出版社，1994：8，130.

[6] [8] 徐辉富. 教育研究的现象学视角 [D]. 上海：华东师范大学博士学位论文，2006：17，24.

[7] 徐辉富. 教育现象学及其研究步骤 [J]. 开放教育研究，2008 (4)：33，36—38.

[9] 李树英. 现象学方法在教育科学中的运用 [J]. 中国德育，2006 (7)：84，84.

[10] [12] [13] 徐辉富. 现象学研究方法与步骤 [M]. 上海：学林出版社，2008：37，87，177—181.

[14] [加] 马克斯·范梅南. 生活体验研究——人文科学视野中的教育学 [M]. 宋广文，等译. 北京：教育科学出版社，2003：36.

[15] 宁虹，钟亚妮. 现象学教育学探析 [J]. 教育研究，2002 (8)：32，32.

[16] 馬越徹. 比較教育学—越境のレッスン— [M]. 東京：東信堂，2007：29.

[17] [26] [32] ユルゲン・シュリーバー編著. 比較教育学の理論と方

法［C］. 馬越徹，今井重孝監訳. 東京：東信堂，2000：14，8，11—13.

［18］［25］赵中建，顾建民. 比较教育的理论与方法［M］. 北京：人民教育出版社，1998：297，90.

［19］［20］［21］［22］［23］［英］埃德蒙·金. 别国的学校和我们的学校——今日比较教育［M］. 王承绪，邵珊，等译. 北京：人民教育教育社，2001：20，41，534—535，533，25.

［24］［27］罗婉明. 比较教育两大主流模式［J］. 比较教育研究，2007（4）：23，23.

［28］钟亚妮. 霍姆斯与埃德蒙·金比较教育理论的哲学基础之比较［J］. 比较教育研究，2004（12）：12.

［30］卢晓中，喻春兰. 当代比较教育学方法论的发展趋向［J］. 华南师范大学学报（社会科学版），2005（4）：105.

［31］转引自薛理银. 当代比较教育研究方法论研究——作为国际教育交流论坛的比较教育［M］. 北京：首都师范大学出版社，1993：135.

（本文发表于《比较教育研究》2011年第4期。作者高亚杰，时属单位为东北师范大学国际与比较教育研究所；作者饶从满，时属单位为东北师范大学教育科学学院）

十、试论比较教育研究中的实地调查

（一）引言：区域教育研究之于我国比较教育研究的价值和意义

“二战”后在美国形成并波及到苏联、西欧及其他许多国家的“区域研究”是可以与19世纪在欧美国家形成的历史学、经济学、社会学、政治学、人类学相提并论的一个“学术创新领域”。[1]把区域研究的方法论首先引入到比较教育研究中的当推美国学者莫尔曼（A. H. Moehlman）和贝雷迪（G. Z. F. Bereday）。莫尔曼于1963年出版的《比较教育制度》一书提出了开展教育的比较研究要使用文化区域理论模型；贝雷迪于1964年出版的《教育中的比较法》一书则明确地提出了比较教育学的区域研究模型。进而，日本学者马越彻在1992年发表的《“区域研究”与比较教育学》一文中，明确主张把区域研究的方法论引入到日本的比较教育学领域。当前，英国学者马克·贝磊（M. Bray）等人在《比较教育研究：路径与方法》一书中，更是就如何开展教育的“地域比较”作了专门论证。

近年，笔者主张我国的比较教育学领域要明确地以区域研究的方法论扎实地开展区域教育研究，主要有以下几点缘由：第一，全球化对包括我国在内的各国、各地区的比较教育研究带来了严峻的挑战，我国的比较教育学者必须以专业自觉去应对这种挑战，在研究的方法论选择和运用上更加自觉、更加规范；第二，我国的社会发展和教育改革对比较教育研究有更高、更大的期待，我们必须更大限度地去满足这种期待；第三，在我国比较教育学科内部，研究方法论的自觉和规范化日益迫切，以科学的方法论开展比较教育

研究已成为当务之急。

区域研究作为一种研究范式，在历史学、文化人类学、社会学、政治学、经济学等人文社会科学中被广泛采用，主要缘于其方法论上的基础性和有效性。按照日本学者中村光男的理解，区域研究的目的在于，根据区域的地理和历史状况，针对区域内国家、社会、各种集团的实际情况，系统地收集资料和信息，明确和把握所研究区域的总体特征，进而预测其未来的发展动向。[2]区域研究从“区域”出发，注重实地调查的作用，采用多学科合作的综合性研究体制，指向对区域特质的把握和对其发展动向的预测的特征，对于比较教育学科的基本功能定位和研究路径选择来说，有很大的契合性。开展区域教育研究的目的主要在于为比较教育学这一学术领域贡献真实可靠的区域教育知识。笔者主张把区域研究的方法论引入我国的比较教育学领域，扎实地开展区域教育研究，就是期望产出实实在在的可资比较的区域教育知识。

(二) 实地调查之于比较教育研究的价值和意义

卢斯特等人通过分析国际上三种比较教育学领域的英文杂志——《比较教育评论》和《比较教育》、《教育发展国际期刊》所刊登的论文发现，20世纪80～90年代，运用参与式观察、访谈和问卷研究方法的论文明显增加（20世纪60年代的论文主要是“文献述评”和“历史研究”），而且大多数论文运用的是质性研究方法或者量化研究方法和质性研究方法的混合。[3]另据日本学者大塚丰的研究，尽管日本的比较教育研究在日本比较教育学会的草创期（20世纪70年代中期）就有学者注意到了实地调查的重要性，如绫部恒雄认为，为了改善比较教育研究，要进行基于长期缜密的参与式观察的“教育民族志学”研究，要“利用野外调查法”，但日本比较教育学会的会员在数量和内容两方面真正地运用实地调查的方法开展研究是20世纪90年代以后的事情，在运用实地调查法上，此前仅能说是“助跑阶段”。[4]目前，我国一些比较教育学者正在明确提倡或主张运用质的研究方法和批判人种志的方法。但笔者认为，我们还有探讨以下问题的必要：为什么比较教育研究非要运用实地调查的方法不可？比较教育研究如何运用实地调查的方法？运用实地调查的方法开展比较教育研究可能会带来什么样的结果？

实地调查（field work）在比较教育研究中的价值和意义问题，实际上说的是在比较教育研究中运用实地调查的方法有无功用，有无方法论意义。在没有发现对这一问题进行系统梳理和严密论证的情况下，笔者参考人类学、社会学中的一些理论观点，对这一问题进行简要分析。

1. 实地调查的出发点：深入了解所研究区域的教育文化及其用处或功能

在社会人类学中，马林诺夫斯基（B. K. Malinowski）提倡实地调查的基本出发点是通过“深入到现实生活中去”，“了解文化对生活的用处或功能”。在马林诺夫斯基那里，“文化不是刊印在书上的关于文化的记载，而是群众的活动，是他们活生生的生活的一部分，充满着有哭、有笑、有感情的举止言行”，文化就是“人的生活本身”。所以，他主张，要了解文化，就得要“进入群众的生活中去看‘文化’”。[5]这里所说的“深入到现实生活中去”、“进入群众的生活中”就指的是实地调查。

在比较教育研究中，跨文化性是带有根本性的特征之一。这是因为特定国家或地区的教育是寓于其固有的文化、社会与历史之中的，要想了解该国家或地区教育制度的起源与变革、教育思想的兴起与更迭、教育问题的本源及演化、教育现象的起与伏，必须寻找其文化根源。换句话说，特定国家或地区的教育既是其文化的载体之一，又作为社会文化系统的一部分从根本上受到文化的规约，所以要想科学地阐明特定国家或地区教育的特质，必须对其文化作深入细致的调查研究，因而实地调查是不可缺少的。

最早倡导比较教育研究要运用文化区域模型的美国学者莫尔曼认为，“教育是深深扎根于独自的文化样态整体之中的”，教育制度是“在各个文化背景之中发展而来的”，形成所有教育制度根本构成要素和特色的是“主要的长期因素”，规定教育制度主要特色的是“主要的因素”，所以要对各国的教育制度进行比较研究，最主要的是探究这种“主要的长期因素”。而且，莫尔曼还认为，“随着调查、研究方法的改善，我们是能够明确寓于各种各样的文化中的教育制度的长处和短处的”。[6]从莫尔曼的这些论述中，可以看出在比较教育研究中运用调查研究的方法探究外国教育文化（“主要的长期因素”）这样的主张。虽然他没有明确地言明用实地调查的方法，但他提到了“调查、研究方法的改善”问题。再从他遍访美洲、欧洲、非洲、亚洲对其比较教育研

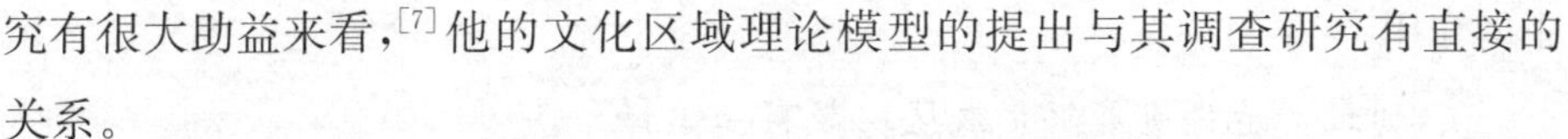

究有很大助益来看，[7]他的文化区域理论模型的提出与其调查研究有直接的关系。

2. 通过实地调查能够收集到全面、真实可靠的第一手教育资料

在人类学和社会学领域中，实地调查是研究者获取研究资料的最基本的途径。研究者通过实地调查主体性地收集第一手资料，是现代人类学和社会学研究中最基本的学科规范。实地调查“通常被视为是进行成功的社会科学研究所必备的条件”。[8]以进入现场为特征的实地调查在获取直观、可靠的第一手资料上具有特殊的价值和意义。对此，我国学者郑欣作了如下阐述：“田野调查（即本文所说的实地调查——笔者注）的最大优势在于它的直观性和可靠性。在田野调查中，研究者可以直接感知客观对象，它所获得的是直接的、具体的、生动的感性认识，特别是参与观察更能掌握大量的第一手资料，这是其他调查方法所不及的。同时，在田野调查中，研究者亲临调查对象的现场，直接观察处于自然状态下的社会现象，有利于直接了解被研究对象，而且研究者也可在共同活动中与被研究对象中的相关人物建立感情和发展友谊，并在此基础上深入、细致地了解被研究对象表层以下的有关情况及具体表现，这也是任何间接调查方法所不能做到的。”[9]

在比较教育研究中，第一手资料的重要性是不言自明的。在第一手资料中，法律法规、规章条例、咨询报告、通知文告、地方志、通信手记等固然是重要的一手文献，在研究中不可缺少，但按照区域研究的方法论来理解，通过实地调查所获得的资料更为重要。比如，通过问卷调查所获得的数据、通过访谈所获得的口述资料、通过参与观察所拍摄录制的图片和影像资料、与当地合作研究者进行讨论的记录、通过“线人”所获得的信息以及研究者的感受和领悟记录等，都是这种研究者自己亲自收集的第一手资料。

日本学者马越彻主张，从时间方面看，教育的区域研究对象应该把“现代”乃至“现状”作为重点，原因在于，这样可以发挥实地调查这种区域研究的“独特的力量”。他甚至认为，到海外去调查不应当是“资料收集型的调查”，而应当是“资料制作（形成）型的实地调查”。他指出：“比较教育学（特别是‘区域研究’）中的实地调查必须是彻底地贴近当地、制造出数据类型的。”[10]从马越彻的主张来看，他十分重视实地调查在“资料制作（形成）”

中的作用。

3. 通过实地调查能够形成区域教育知识

在人类学和社会学领域中，实地调查具有形成知识的作用。实地调查能够实事求是地提供“社会事实”，这对于社会科学来说，是一种独特的知识贡献。我国社会人类学学者高丙中高度重视实地调查在社会科学的知识生产中的作用，对于我国社会科学中“民族志的缺失”（在高丙中那里，民族志是指依托田野作业，即实地调查的社会科学中的经验研究的“一种文体”、“一种方法”）提出了尖锐的批评。他指出，“在中国现代学术的建构中，民族志的缺失造成了社会科学知识生产的许多缺陷。学术群体没有担当起民族志研究的基本队伍，不能提供所关注社会的基本事实。那么，在每个人脑子里的‘社会事实’太不一样并且相互不可知、不可衔接的状态下，学术群体不易形成共同话题，不易形成相互关联而又保持差别和张力的观点，不易磨炼整体的思想智慧和分析技术。没有民族志，没有民族志的思想方法在整个社会科学中的扩散，关于社会的学术就难以‘说事儿’，难以把‘事儿’说得有意思，难以把琐碎的现象勾连起来成为社会图像，难以在社会过程中理解人与文化”。进而，他在认识到“民族志依据社会整体观所支持的知识论来观察并呈现社会事实，对整个社会科学，对现代国家和现代世界具有独特的知识贡献”的基础上，主张“中国社会科学需要培育扎实的民族志基本功”。[11]

通过实地调查所形成的区域知识应该是整体性的、能够用于揭示区域特质的知识。由于教育与一个国家或地区的政治、经济、社会、文化甚至风俗、习惯有密切的联系，所以要揭示教育与社会、文化之间的关系，必须通过实地调查形成关于一个区域的整体的教育知识。做到这一点，要像社会人类学那样，在实施实地调查时“掌握一套科学的理论”，以“解决观察什么的问题”。[12]

4. 实地调查具有建构比较教育学理论的基础作用

在人类学和社会学领域中，实地调查具有建构理论的基础作用。正如有人类学学者所指出的那样，“实地调查并不是民族学和人类学的终结，实地调查的成果还只是人们认识社会文化现象的初级阶段，它还有待于进一步深化，即要上升到更高一层的理论性认识”。[13]也就是说，实地调查本身并不能直接产生出人类学或社会学理论，从实地调查成果中发展出概括性的理论认识需要有一个基于理论框架的分析过程。但是，这不是说实地调查与建构理论没有必然的联系。德国人类学学者鲍亚士（F. Boas）指出，“人类学家在占有的资料不够充分时，还是少发展理论为妙；而应该收集资料，愈多愈好。一旦整个资料收齐时，理论就会出现”。[14]在这里，鲍亚士说明了收集大量真实可靠的资料对于发展理论的重要基础性作用。加拿大人类学学者萨尔兹曼也认为，“人类学的理论分析”是建立在“从民族志中了解到更多内容”的基础之上的。[15]另外，我国社会人类学家费孝通也充分注意到了实地调查在概括出人的生活的“总框架”、取得“有概括性的认识”、描述出人文世界的一般共相中的作用。他指出，“回到生活中去了解人，还不够说尽马老师（马林诺夫斯基——笔者注）的全部的主张。……作为一个研究人类的科学家却还有一道工序，就是要在一个个人的生活中去概括出一个任何人的生活都逃不出的总框架。通过这个总框架才可以看到每一个人的生活一举一动的‘意义’”。“人是自然的产物。人这个自然的产物对其他的自然产物加工制造成了人文世界。……人文世界和自然世界一样可以用实证的方法去观察和分析以取得有概括性的认识，所以可以成立人文的科学”。“人文世界笼罩万方……能要求于科学的是从个别看到一般。……马老师一贯主张人文世界是具有一致的共相的，社会人类学就是要把人文世界从对个别的观察里把共相说出来”。在这些话语中，费孝通比较充分地说明了实地调查和发现规律或建构理论的直接关系。他甚至直截了当地说：“越是深入到个别的事实中去，越是能看到概括性的共同规律”。[16]

在比较教育学领域中，日本学者马越彻认可跨学科区域研究的提倡者约翰·D·莱格的观点——“与其说区域研究是以学科为背景来进行的，不如说学科是把区域作为背景而开展研究的”，也就是说，他认为，在学科（理论）和区域的关系上，区域研究中把区域放在优先位置，区域知识能够构成学科研究的背景。再联系到在马越彻那里，区域研究和实地调查几乎是“同义语”，[17]这就不难理解在马越彻的思想里实地调查具有建构理论的基础作用这一逻辑关系了。

(三) 比较教育学中的实地调查

在社会人类学中，马林诺夫斯基和布朗（A. R. Radcliffe-Brown）为科学的实地调查法的确立奠定了基础。近百年来，实地调查在社会人类学中已经成为比较成熟的研究方法。

自从美国学者莫尔曼和贝雷迪提倡区域研究的方法论（20世纪60年代前期）之后，实地调查就引入了比较教育学领域。及至加拿大学者梅斯曼于1976年提倡在比较教育研究中运用人种志的方法，特别是他于1982年进一步提倡运用批判人种志的方法，比较教育研究的方法论发生了转型（由定量研究向质性研究转变）。日本学者马越彻不仅大力提倡教育的区域研究，而且高度重视实地调查的方法在比较教育研究中的运用。另一位日本学者大塚丰更是比较详细地阐明了在比较教育研究中如何运用实地调查法的问题。下面依照大塚丰的论说，[18]对比较教育学领域中如何开展实地调查问题作以探讨。

首先，实地调查是社会科学中的一种调查方法，包括访谈、问卷调查、参与观察等。研究者只有依据自己利用实地调查的各种方法形成的数据所开展的研究，才能算得上是实地调查研究。其次，实地调查包括由以下三个阶段的活动组成的一个完整的过程：(1) 进入现场之前；(2) 在现场；(3) 从现场返回。

在进入现场之前，研究者要充分消化能够收集到的有关数据和信息；在阅读收集到的文献资料时，要尽量以敏锐的眼光和感受性从字里行间探索出所需要的事实和信息。

进入现场以后，在进行问卷调查、访谈和观察时，要确保研究对象国（或地区）的调查地区、机构和答卷人的代表性，保证所得出的数据和信息是真正有价值的，避免发生所得出的数据和信息对于理论构建和提出新见解帮助不大的状况。进行调查时，要直接和被调查者见面、交谈，最大限度地发现事实，努力修正通过文献获得的对象区域的印象，对对象区域形成既不夸大也不缩小的真相。参与观察作为实地调查法的一种，属于一种极为个性化的行为，作为一种记录教育活动的方法是适用的。在当地滞留的时间并不是越长越好，对于初学者和对当地不甚了解的人来说，可用1年的时间，而对于与当地有长期联系的专家来说，不到1个月也没关系。但总体上讲，以参与观察为主要研究方法的研究要避免近视眼式的、速成式的姿态，在比较长的时间跨度内做研究。无论是个人性的调查，还是团队合作式的调查，都要注意其背后的人际关系。许多实地调查是包括当地的研究者在内的多位研究者的联合作业，必要时（如在进行发展性调查的情况下）可动员当地的中间人和专家帮助收集数据和信息，以“伙伴”意识与当地的研究者建立长期持续的良好人际关系是非常重要的因素。在调查地区和调查机构的选定上，与当地研究者的合作都是不可缺少的。在进行实地调查时，通晓当地的语言是进入现场的研究者最低限度的必备条件，必要时需在研究者和被调查对象之间引入翻译。

再次，参与实地调查的研究者不可避免地要与本民族文化相隔离，客观地审视它，使之边缘化。专心于实地调查的研究者脑中时常会充溢着“比较”，在调查过程中会不断地从比较的观点做出价值判断。“主体形成”的“作为方法的实地调查”的意义即在于此。

最后，研究者与通过实地调查获得、累积起来的数据、信息相接近，通过与之不断地对话，能够创造出自己的理论。这种理论不仅仅是从个别案例中得出结论，而是要使从多个案例中得出的结果进一步类型化，是在更高层次上对关系的抽象概括。

（四）结语

在比较教育研究中实际地去运用实地调查的必要性和重要性已经被我国越来越多的比较教育学者所认识，但现在我们需要确立一个这样的信念：如果比较教育研究首先应当从“区域”出发，重点地去研究对象区域的“现代”及其“现状”，那么进行实地调查就成了应当、必为的事情。换句话说，开展实地调查应当成为比较教育研究中的一种重要学术规范。依照这种信念坚定不移地、扎扎实实地去做，不但可以去除人们对比较教育研究无非是外国教育资料编译的刻板印象，而且还可以从根本上创生出基于众多有效区域教育知识的、通过对它们加工再造进而提炼升华而成的富有新的内涵和意义的、具有唯一性和排他性的比较教育学理论。这一天的到来意味着我国的比较教育学真正成为了名副其实的"全球中的中国的"、"中国的即全球的"比较教育学。那时，我国的比较教育研究一定能够为我国的社会发展和教育改革提供更加真实有力的、可靠的比较教育知识支持。至于如何做"实地调查"，吸取他人的经验和参考其理论认识是十分必要的，更重要的是我们要跳入所研究区域的教育现场中，在"做"中学。

参考文献：

[1] 吴元梁．问题研究与哲学社会科学的使命 [N]．光明日报，2004-07-27.

[2] [日] 中村光男．地域研究 [Z] // [日] 松崎巌．国際教育事典．東京：株式会社アルク，1991：481-482.

[3] 贝磊，鲍勃，梅森．比较教育研究：路径与方法 [M]．李梅，主译．北京：北京大学出版社，2010：284.

[4] [17] [18] [日] 大塚豊．方法としてのフィールド—比較教育学の方法論的検討の一視点— [J]．比較教育学研究，2005，31：253—263.

[5] [12] [16] 费孝通．从马林诺斯基老师学习文化论的体会 [J]．北京大学学报（哲学社会科学版），1995 (6)：53—71.

[6] [7] 村山英雄，門前貞三訳．アーサー・H・メールマン．比較教育制度 [M]．東京：福村出版株式会社，1969：15—36，183—184.

[8] [9] 郑欣．田野调查与现场进入——当代中国研究实证方法探讨 [J]．南京大学学报（哲学・人文科学・社会科学），2003，40 (3)：52—61.

[10] [日] 馬越徹．比較教育学—越境のレッスン— [M]．東京：東信堂，2007：54—55.

[11] 高丙中．中国社会科学需要培育扎实的民族志基本功 [J]．民间文化论坛，2006 (2)：106—108.

[13] 余园．田野调查对人类学研究的价值与意义 [J]．大连民族学院学报，2005，7 (4)：15—17.

[14] 胡荣．西方社会学中实地调查法的发展 [J]．社会，1986 (4)：

48—51.

[15] [加] P·C·萨尔兹曼. 人类学传统实地调查过时了吗? [J]. 杨晓, 摘译. 民族译丛, 1989 (3): 38—42.

（本文发表于《比较教育研究》2012年第4期。作者张德伟，时属单位为东北师范大学国际与比较教育研究所）

比较教育研究的范式

一、比较教育研究范式的发展及其走向

范式是指科学共同体成员所共有的一切信念，是指常规科学所赖以运作和成立的理论基础和实践规范。从这个意义上说，范式提供了人们观察和理解特定问题和活动的框架，决定了人们行动的目的、解释观察到的现象以及解决问题的方式。因此，特定的范式可以理解为研究者据以提出或建构特定研究对象，并对有关这一研究对象的资料数据进行评判、分析、解释、概括的理论框架。在比较教育的发展过程中，形成了历史主义研究范式、民族主义研究范式、实证主义研究范式、文化相对主义研究范式等几种不同类型的研究范式，这些不同的研究范式共同构成了比较教育研究得以展开的基础性理论传统和知识发展脉络，不同研究范式之间的争论又促进了比较教育的发展和新的研究范式的出现。

(一) 历史主义研究范式

在比较教育初创的19世纪初，朱利安在其《比较教育的研究计划和初步意见》中，提出了关于调查外国教育的项目、资料整理的方式和体系化的方法等，这实际上是提出了一种独立于其他学科的认识论。但直到一个世纪后这本小册子才引起人们的重视，因而19世纪的比较教育研究着重于对外国教育资料的搜集、整理和叙述性比较，还没有采用科学的方法对所研究的问题进行系统的分析比较。1900年，萨德勒在其《我们从对别国教育制度研究中究竟能学到什么有实际价值的东西?》的演讲中，提出比较教育研究的重要方法与应注意的事项，强调比较教育的研究要通过文献分析，以直觉及历史的方式，探究教育制度背后的影响因素。此后，汉斯、施奈德、康德尔等人遵循此概念，注重对产生各国或地区教育现象的因素进行纵向分析，特别是对其历史背景进行分析研究。而另一部分学者如马林森等则更强调形成各国或地区教育现象的横向原因，十分重视文化、宗教、政治环境、经济状况，特别是民族历史传统的分析，形成了比较教育的历史主义研究范式。

被称为西方"近代史学之父"的兰克（L. Ranke）可称为第一个历史主义者，他认为每个国家都有其个性，代表一种个别的精神，而无共同的历史可言。其后德国著名史学家如特洛奇（E. Troeltsch)、迈纳克（F. Meinecke）等，在方法论上强调历史是不可重复的，历史事物具有单一性和相对性，不能像自然科学那样用普遍规律或模式进行推理研究，形成了德国历史主义学派。19世纪末20世纪初，德国历史主义传播到各地。

在历史主义的影响和启示下，比较教育研究由史前和初创时期大量的描述性研究发展为寻求历史解释的研究倾向。20世纪初，英国的比较教育学者萨德勒率先提出比较教育的主要目的是用比较和历史研究中获取的经验来影响本国教育政策的制定，强调一个社会之中的学校必须在那个社会背景中进行研究。康德尔、乌利希和汉斯又进一步加以继承和发展萨德勒的观点，形成了比较教育研究中的历史主义研究范式。

历史主义研究者认为：比较教育研究目的不仅仅是借鉴和移植别国的先进经验，而应是通过调查研究国外的教育情况，从别国的经验中寻求理解和改进本国教育之道；教育受各种因素的影响。康德尔指出："比较研究首先要求理解形成教育的无形的、不可捉摸的精神和文化力量，这些校外的力量和因素比校内事务更重要。因此，教育的比较研究必须建立在对学校所反映的社会和政治理想的分析之上，因为学校在传递与发展中集中体现了这些理想，为了理解、体会和评价一个国家教育制度的真正意义，有必要了解该国的历史与传统，统治其社会组织的力量和态度，决定其发展的政治与经济条件。"[1]汉斯在其《比较教育的历史研究法》一文中说明了历史主义研究对比较研究的重要性：一是任何比较资料的解释都需要历史背景；二是对于比较资料的解释必须有其他方法作为补充。[2]历史主义研究范式强调比较教育的"历史——功能目的，它并不满足于现象的描述，非常重视历史分析的解释作用。通过这种分析解释，历史主义研究范式旨在说明每一种教育制度是如何表现其独特性的，由此来强调教育中适用性的重要作用。

在西方，比较教育研究与民族主义的兴起是在同一时空线上的，换句话说，正如民族主义是推动现代教育或教育现代化产生的动力源一样，它也是比较教育产生和发展的动力。早在19世纪中叶，英国的比较教育学者阿诺德在他的《民主教育》论文集中，就提出关于民族性差异及在研究外国教育时应对有关因素进行分析的思想，康德尔又进一步加以继承和发展，认为民族性包含着共同的语言，共同的习俗，以及共同的文化，它作为一种影响与动力，在很大程度上可以说是塑造了不同国家的教育制度。后来汉斯、马林森等人将其深化。汉斯指出，民族性就是“种族混合、语言适应、宗教运动及一般历史地理状况的复合结果”，[3]因而民族性是决定教育发展的重要因素。马林森的研究特别重视民族传统，认为民族性对一国的教育制度影响最大，他对民族性有着自己的理解，认为民族性实际上就是一种“情感”，是“某一民族人民特定的或广为流传的思想、感觉和行为的一个整体，表现为连续几代人的或多或少的连续性。”[4]民族性不仅是历史主义研究范式的重要组成部分，而且进一步丰富发展了历史主义研究范式的内涵。

（二）实证主义研究范式

第二次世界大战后，由于科学技术的飞速发展，产生了很多的新兴学科、边缘学科及交叉学科，科学研究方法与方法论的讨论逐渐炽烈，新的方法论思想层出不穷。方法论的发展对研究产生了重要影响，学者们认为比较教育历史主义的研究结果虽然有助于我们诠释教育现象背后的因素，但由于无法数量化与证明因果关联，因而资料推论的可信程度备受质疑。安德森将社会学的方法运用到比较教育研究中，希望比较教育科学化。60年代后，随着国际竞争与教育计划开发观念的盛行，诺亚和埃克斯坦等人进一步提出“比较教育的科学研究”概念，主张在从事比较研究时，研究者采用实证科学的方法论与系统化的研究步骤，处理量化资料。[5]受到上述主张的影响，比较教育从以历史主义研究范式为主的时代进入了以实证主义研究范式为主的时代。

实证主义的基本思想源于17世纪以来西欧哲学中一直存在的经验主义传

统，同时实证主义思潮的兴起也与欧洲18世纪启蒙运动以及近代自然科学尤其是经典物理学的巨大成功有着密切关系。在比较教育研究的发展历程中，受孔德实证主义哲学思潮影响，推崇实证主义的研究者不乏其人，如安得森、胡森、诺亚和埃克斯坦等著名比较教育学家。他们的观点是经验论的，希望通过跨国的比较研究找出教育内部各要素之间的关系以及教育和社会及其它子系统之间的关系。因此，他们都主张采用如描述法、统计法等自然科学的研究方法，通过严谨的资料收集、周密的数学分析与严格的科学实验建立一种可反复检验的教育科学理论，由此产生了比较教育的实证主义研究范式。

美国的阿诺德·安德森认为，教育已成为整个社会科学研究的活跃领域，教育和社会科学之间的统一正在形成；并且"教育和社会之间关系的研究与教育内部因素的研究是互补的，不可替代。正如其它社会分析一样，比较教育的最终目的是发现因果关系的知识"。[6]他相信比较的最重要作用之一是把稳定的与不稳定的关系区别开来，人们通过比较分析可以把一个单元中得到的协变关系放到另一些单元中去检验。在诺亚和埃克斯坦的研究中，实证分析的程序问题几乎成为他们两人的注意中心。在1969年两人合著的《比较教育科学探索》一书中，他们提出了科学比较教育学的基本研究步骤：一是确定问题；二是建立假说；三是概念的操作化和指标的确定；四是选择个案；五是收集资料；六是处理数据；七是检验假说或结果的解释。[7]由此可见，诺亚和埃克斯坦极力倡导的这种从一般社会科学借过来的方法，主张建立一套有条不紊的科学准则作为比较教育研究的依据，强调精确分析教育问题，强调研究过程的可检查性和研究的可重复性，从而在教育技术上以及可作定量分析的问题，如教育经费在国民总收入中的比重、各级各类学校的数量、不同学校的师生比率等一些容易量化的客观性问题上有其独特的贡献，推动了比较教育研究发展的科学进程。

（三）文化相对主义研究范式

科学技术的迅猛发展带来科学巨大功能的显现，但与此同时，也弱化了伦理、价值和信仰等社会文化的功能。以实证主义为代表的科学理论在赋予自然领域很多发展的同时，却根本无法解释社会生活和社会精神的特殊性质，难以把握复杂的教育现象。因此，在实证主义流行、大量使用量化比较之后，爱泼斯坦在80年代提出“文化相对论”的主张，认为实证主义者经常以既定的模式，来分析不同社会中特殊的教育现象或结果，以找出不同文化中学校的概念性原则，其结果往往以偏概全，有过度推论的缺点。而文化相对主义则重视特定文化背景之不同，试图找出不同文化中学校的特点及形成该教育制度的特殊背景因素。而后，一些学者运用人类学、文化研究等方法进行比较教育研究，以从国家或民族的文化认识入手，把握不同教育之间的背景因素，实现了比较教育研究范式从实证主义到文化相对主义的转型。

文化相对主义研究范式最初见于人类学。它强调每一种文化都会产生自己的价值体系，主张对任何一种行为，只能用它本身所从属的价值体系来评价，适用于一切社会的绝对价值标准是不存在的。[8]比较教育中的文化相对主义指的是以客文化的价值观和认知方式为参照系统来认识客文化的教育现象的一种研究范式。[9]这种研究范式强调人类历史不存在共同的规律性和统一性，各文化价值之间没有达到共识的可能。

文化相对主义研究范式强调，世界各国教育都是相对的，在进行比较研究的时候，必须从各国的实际出发来研究各国的教育现状和制度，而不应该把一国教育模式作为判别他国教育发展的标准。

文化相对主义研究范式并不注重所使用的研究方法，而特别关心研究目的，认为目的决定方法，因此，它坚持研究事物发展的个性，在比较研究中多采用访问法、民族志的方法、历史法和人类学的方法。埃德蒙·金在其比较教育名著《别国的学校和我们的学校——今日比较教育》中对所选国家教育的分析即是来自于他在那些国家的生活经历，他还认为不存在任何各种教育都具有的共同规律或发展原则，并且对教育进行长远预测是不可能的。

（四）多元文化主义研究范式

进入新世纪，随着社会发展和研究议题的变化、方法论和方法体系的丰富、研究视野的开阔，比较教育研究范式必然会发生相应的转型。新世纪最典型的特征是全球化的加速发展，“全球一体化”引起各种文化之间的直接交流和碰撞，“教育全球化”、“文化多元化”等现象汇入比较教育研究，引起了以跨文化研究为主的比较教育研究范式上的深刻变化。对此，柯温主张我们的研究范式应该是“阅读全球”、尊重他人并在“转变学”的架构下进行探究。[10]世界是一个多元文化的客观存在已成为研究者们的共识，比较教育的多元文化主义研究范式正逐步形成。多元文化主义倡导尊重不同文化价值观，加强国际文化交流与国际理解，其目的是要通过沟通和理解达到人类世界的共同进步和发展。多元文化主义是世界和平发展的内在需求，多元文化主义研究范式将成为比较教育研究范式的主流。

多元文化既可以是一种政治态度、一种意识形态，也可以是一种历史观、一种教育思想，其核心是承认文化的多元性，承认文化之间的平等和相互影响，打破西方文明作为强势文化在思维方式和话语方面的垄断地位。第一，世界各民族文化具有多样性，每一种文化都有其自身特征与独特价值，正是这些不同的文化构成世界文化的多姿多彩；第二，人类社会是由不同民族、不同群体所组成，社会成分的多元化决定了文化的多元性，各种文化都有其生存与发展的权利，彼此间相互平等；第三，不同文化间应相互尊重、交流与理解。文化间的交流和交往是多元文化形成的必要条件和存在的基础。尊重不同文化的差异性，彼此间通过平等交流与对话，增加了解，减少民族偏见；第四，不同文化间应相互宽容，彼此间相互欣赏、借鉴。对于不同特质文化应当保持一种宽容的态度，彼此间应当融会贯通，了解不同文化的价值所在，反思自身文化中的不足之处，吸收他文化中对本民族文化的发展有益的东西。

随着全球化的进一步推进，比较教育研究必然要反映这一时代发展的理论背景，因而促进国际交流和文化的多样性发展，成为比较教育的重要任务。比较教育研究通过其卓越的贡献进一步加强教育理念、教育模式、教育项目以及教育议程的全球化。这不仅需要对全球化这一客观事实的理解与认同，而且还必须为世界文化多样性发展做出贡献。与传统比较教育研究范式不同的是，这一分析范式的意义在于它作为理论方法和基于所设想的全球化发展逻辑的解释模式，既强调全球化所带来的积极意义，又强调因全球化而形成的冲突，既强调全球化的非线性特征，又强调全球化形成过程中由于偏差产生的影响，从而肯定了跨文化传播的意义，那就是根据文化路线进行重新解释，将历史变化的程度转变成结构上的重组，使分析模式能够适应特殊形式的需要，使所接受的文化或者民族有一个特定的重新解释和适应过程。

同时，由于全球化背景下比较教育研究领域的迅速扩展、研究议题的不断深化、研究队伍的不断扩展以及其它学科研究方法在比较教育研究中更加深入的运用，历史主义、实证主义和文化相对主义研究范式也得到不断修正、丰富和发展，新的研究范式也正在形成。可以说，比较教育研究范式伴随比较教育本身的发展而呈现多样化。比较教育研究范式的多样化发展无疑将进一步推动比较教育学科的建设和发展。

参考文献：

[1] KANDEL I. Comparative Education [M]. Santa Barbara: Greenwood Press Publishers，1933：XIX，8.

[2] 钟宜兴. 比较教育的发展与认同 [M]. 台湾：高雄复文图书出版社，2004：185

[3] HANS N. Comparative Education：a Study of Educational Factors and Traditions [M]. 3rd edition. London：Routledge & Kegan Paul，1958：9.

[4] MALLINSON V. An Introduction to Comparative Education [M]. London：Heinemann，1957：26.

[5] 周祝瑛. 他山之石：比较教育专题研究 [M]. 台北：文景书局，2001：Ⅲ.

[6] ANDERSON C A. Methodology of Comparative Education [J]. International Review of Education，1961，7：6.

[7] NOAH H，ECKSTEIN M. Toward a Science of Comparative Education [M]. New York：The Macmillan Company，1969：125.

[8] 中国大百科全书出版社《简明不列颠百科全书》编辑部编译. 简明不列颠百科全书（8）[Z]. 北京：中国大百科全书出版社，1986：260.

[9] 薛理银. 当代比较教育方法论研究——作为国际教育交流论坛的比较教育 [M]. 北京：首都师范大学出版社，1993：86.

[10] 王春光，孙启林. 全球化与本土化视野下的比较教育研究范式的再思考 [J]. 比较教育研究，2005 (3)：38.

(本文发表于《比较教育研究》2006 年第 6 期。作者陈时见、刘揖建，时属单位为西南大学教育学院)

二、论比较教育实证分析研究范式

一门学科存在的依据和价值在于其特定的研究对象和研究方法，任何学科发展的轨迹都是从不同的角度、侧面、层次对同一研究对象进行不断地思考和审视的过程。在这过程中，方法的不断变革和超越是学科理论发展的背景性支撑：一方面，方法的生成、发展将促进新的流派的产生和形成；另一方面，方法的淘汰也可能导致理论的动摇或崩溃。因此，尽管理论的发展有其自身内在的逻辑，但方法的运用最终决定理论的面貌和特征。在比较教育学科发展的过程中，人们对方法问题给予了长期的关注和争论，并提出了比较教育的一些研究范式。其中，实证分析范式对比较教育学科发展产生了重要影响。

（一）实证分析研究范式的理论基石

范式是由概念、假定以及研究人员用以解释资料和获得结论的标准或尺度组成，是研究者所持的哲学观。不同的研究范式都有自己独特的哲学基础支撑，而实证分析范式的哲学基础是科学哲学。

作为实证分析范式理论基石的当代科学哲学，大体经历了实证主义、逻辑实证主义和实在论等几个发展阶段。受牛顿力学体系及机械决定论影响，孔德的实证主义曾把实证分析范式推上霸主地位，使之成为当时包括社会科学在内的各种学科和话语的标准，甚至出现尼采所言的景象，即“在所有对世界的解释中，机械论在今天似乎以胜利者的姿态处于一个显赫的位置。很明显，它自身具有良好的自我感觉，所有的科学都相信，只有在机械论程序的辅助下，它们才能取得进步和成功”。[1]于是，在各种研究领域中，人们以数理逻辑取代形式逻辑，以经验、观察取代理性思维；采用经验的逻辑分析方法，把复杂的分解成简单的，把模糊的分析成清晰的，把抽象的分析成具体的，把一般的分解成个别的；以揭示命题的经验基础，获得真理。

在科学哲学思潮影响下，比较教育研究也曾把实证分析范式当作一种不可或缺的研究范式。倘若我们进一步分析比较教育研究中实证分析范式的实质，我们会发现：就本体论而言，实证分析范式把教育过程归结为自然过程，相信教育现象背后必然存在着因果关系。它认为教育现象是客观存在的，教育的客观性并非由其研究对象的教育性质来决定，而是由其研究方法来保障。因此，各种教育现象作为事实，可做抽离式的研究，属于“原子论”的范畴。

从认识论而言，实证分析范式认为认识就是对客体的直观和机械的反映，表现为机械的客体中心论或机械的反映论。这种研究范式强调，各种复杂的现象可以采用机械分割方法，通过割断事物的联系，把“基元”从整体中孤立出来；然后对这些基元的性质和属性加以研究；最后，通过还原的方法，用失去整体机制的构件来说明系统的性质。为此，实证分析范式强调客观事实独立于主体之外，认为主体可以通过一定的工具操作而获得对客体的认识。

在具体研究策略上，首先，实证分析范式认为教育科学具有与自然科学相同的基本逻辑特征，并且两者最终关注的都是确证而又普遍的规律，因而提出社会科学和自然科学要使用相同的方法，两者具有统一的方法论。其次，实证分析范式的着眼点在于解释、预测、控制和追求效率，也就是从普遍规则演绎出经验性结论，通过实验观察来检验理论。因此，教育研究中的量化过程与自然科学的程序基本一致。即：发现知识依靠归纳法，检验理论则运用“假设—演绎”的模型。此外，实证分析范式依据“实证—还原”的方法论对教育现象进行研究，在方法上注重分析，排斥综合；在观点上是“原子论”的而非“整体论”。它利用分析方法抽取教育现象各种变量中主要的、稳定的、相似的东西，把它们还原成量的、数字的世界，用自然科学的方法来论证、分析教育上各种变量的性质，最后把各个变量的认识加以累加，从而得到对整体的把握。

（二）实证分析研究范式的发展历程

受实证主义哲学思潮的影响，推崇实证分析范式的研究者在比较教育发展过程中不乏其人。从学科先驱朱利安，到后来的安德森、胡森、诺亚和埃克斯坦等著名比较教育学家，都希望通过跨国的比较研究找出教育内部各要素之间的关系以及教育和社会及其它子系统之间的关系。于是，他们主张通过严谨的资料收集、周密的数学分析与严格的科学实验建立一种可反复检验的教育科学理论。他们的理论和实践对比较教育的发展作出了一定贡献。

比较教育创始人朱利安，1794 年在参与和主持法国国民教育执委会工作时，积极倡导国际教育的比较研究。他不仅把研究教育的视野从一个民族、一个国家，扩展到欧美国家；而且试图借用自然科学的一些方法来研究教育问题。受实证主义哲学的影响，朱利安主张以严密、系统的数据分析进行教育研究，希望比较教育成为一种近乎实证的科学。在《关于比较教育的工作纲要和初步意见》的第一部分中，朱利安提出："任何一门科学，任何一门艺术，都是由事实和观察组成的，教育也不例外。所以，也像人们为其他知识分支所做的那样，显然有必要为教育这门科学建立事实和观察的库藏，其中藏品要列出分析表，以便排列分析，从中演绎出一定的原则和明确的规则，使教育成为近乎实证性的科学，避免它被委弃于狭隘而局促的视野，避免它的领导人的任性武断。"[2]为此，朱利安提出调查研究要通过能反映实态的问卷法来进行，并对比较教育研究的目的和方法论作了许多重要的论述，这些都大大推动了比较教育的理论建设。

美国的比较教育学者安德森认为，"教育和社会之间关系的研究与教育内部因素的研究是互补的，不可替代。正如其它社会分析一样，比较教育的最终目的是发现因果关系的知识"。[3]

他相信比较的最重要作用之一是把稳定的与不稳定的关系区别开来，通过比较分析把一个单元中得到的协变关系放到另一些单元中去检验，寻找出现象之间的确定关系或因果关系。由于实证主义注重把概念转换为变量，通过对变量的测量，最后能够找出自变量和因变量之间的协变关系。因此，人们只要通过对经验观察的细致分类，精确计算各描述性变量之间的相关以及系统地检验从经验中得出的假设，实证方法就能够揭示有序的、重复性的教育问题。所以，安德森不仅用定量的方法来计算教育的投入，而且倡导对教育产出进行实证研究。在对影响和决定教育的各种因素进行因素分析时，安德森也建议根据与教育过程联系的紧密“程度”来区分有意的和无意的教育结果，并认为这种“紧密”程度“在获得各种数据之前我们难以超越描述”。[4]

而作为实证主义在比较教育研究中的代表，诺亚和埃克斯坦进一步发展了实证分析范式。在他们的研究中，实证分析的程序问题几乎成为他们两人的注意重心。在 1969 年两人合著的《比较教育科学探索》一书中，他们提出的科学比较教育学的基本研究步骤是：确定问题；建立假说；概念的操作化和指标的确定；选择个案；收集资料；处理数据；检验假说或结果的解释。[5] 由此可见，诺亚和埃克斯坦极力倡导这种从一般社会科学借过来的方法，主张建立一套有条不紊的科学准则作为比较教育研究的依据，重视精确分析教育问题，强调研究过程的可检查性和研究的可重复性，从而在教育技术上以及可作定量分析的问题作出了独特的贡献，推动了比较教育研究发展的科学进程。

20 世纪 70 年代以后，比较教育研究中的实证主义观点受到了挑战。新马克思主义和现象学派的比较教育学者纷纷登场，结束了实证分析范式在比较教育研究中的垄断历史。

(三) 对实证分析研究范式的再思考

不可否认，“价值中立”的实证分析范式，对于解决带有偏见的、具有倾向性的、甚至任性和固执的问题，提供了前后一致的客观方法；它所特有的科学态度和特有的研究策略，也使比较教育研究在很大程度上将事实和价值分离，增强了研究的科学性。但是，比较教育研究并非是严格实证意义上的科学，并且在教育中事实与价值不可能严格分离。所以，我们必须对比较教育实证分析范式的局限性有较为清楚的认识。

首先，从研究对象来看，实证分析范式是以教育中的具体事实为其研究对象。这种教育事实是一种剥离了价值取向的事实，这在现实的研究中是很难保证的，因为整个教育活动是处于各种价值取向相互作用的无形网络之中。教育现象既以实体的“事实”出现又存在于观念的“价值”之中，这两者是同一事物的两种不同的抽象，在真实的教育活动中两者是无法绝然分离的。对于比较教育研究而言，其固有的目的就是为了改进本国教育而借鉴外国有用的教育经验，这就决定了比较教育研究的特殊性：它一方面要坚实地扎根于普通教育学，另一方面要扎根于社会科学更广泛的领域。因此它所研究的对象是一种极其复杂的社会现象，具有模糊性、复杂性、层次性等特征。这些不确定性特征表明，有些因素并不存在必然的因果关系。而实证分析范式把“被研究的对象既独立于研究它的主体又独立于其环境”，而不是把对象看成是“只有联系环境来认识的开放系统，或看到它们和环境的相互作用”，[6]主张采用自然科学的定量研究，用一种能够而且必须超越于人的意志和价值的标准来追求客观、明显、精确的研究结果，这显然与研究对象某些本质特征所对应的方法论的含义有所抵触和矛盾。

其次，从研究主体的角度而言，实证分析范式的研究者，常常只关注容易量化的非本质的指标，而舍弃了相当一些无法用变量之间关系说明的本质因素。有些研究者甚至不考虑研究问题的需要，而机械照搬其它现成的量化指标，造成“千人一面”的指标系统，降低了研究的科学性。另外，还有一些研究者则是根据研究方法来选择问题，陷入以方法决定目的的错误。所以，不论所要研究的问题性质如何，一律采用实证分析范式，其结果常常是使研究停滞于事物的表面而深入不到事物本质。曾经有一段时间，比较教育的许多研究几乎全部集中于教育投入与教育结果的定量分析。这种不顾研究对象的具体条件限制，过多地依靠实证分析范式的研究方式，也给比较教育研究带来了一些不良后果。

再次，从研究对象与研究主体的关系来看，任何一项研究都离不开研究对象和研究主体，而研究对象总是相对于研究主体而言的，我们只有把研究对象和主体放在一起考察才能更深刻地认识研究对象。马克思主义的实践观认为，感性世界并非是独立于人的、与人的活动无关的自在世界，而是以人的感性活动为深刻基础的、属人的现实世界或生活世界。根据此观点，教育研究中的主客体之间存在着不同的关系。在研究中，对于不同的关系应采用不同的研究范式，而不应该将所有的关系都用实证分析范式来研究。例如，当主体以参与的方式进入研究对象的实际发生过程时；当主体在亲身体验和理解某种条件下人们的价值观、人们活动的各种目的和意义时；当对象中的事实与价值在实际过程中是同时展现出来时；倘若再使用实证分析范式进行研究，那只能是徒劳无功而达不到任何效果。这时应采用的是人种志的研究范式，用“现场调查法”、“此时此地”的方法进行研究。只有当研究主体远离对象，对象是被给与的、外在的，像自然科学对象那样，以一种客观存在的姿态出现时，实证分析范式的运用才是恰当的。

“一种理论就像一张地图，它对于特定的目的是有价值的，但决不是完全的和彻底的。”[7]实证分析范式对于比较教育研究的科学化发展功不可没。但它决不是完全的、彻底的，它不能解决教育上的所有问题，其合理性也是相对的。因此，我们有必要对实证分析范式的适用范围进行总体把握，在此基础上，我们还应该进一步研究这一范式的内部结构、体系，以挖掘其功能，使之在比较教育研究中发挥更大的作用。

参考文献：

[1] NITZSCHE F. The Will to Powertrs [M]. New York：Vintage，1968：618.

[2] 朱勃，王孟宪编译. 比较教育——名著与评论 [M]. 长春：吉林教育出版社，1988：45.

[3] [4] ANDERSON C A. Methodology of Comparative Education [J]. International Review of Education. 1961，7：3，10—11.

[5] NOAH H，ECKSTEIN M. Toward a Science of Comparative Education [M]. New York：The Macmillan Company，1969：125.

[6] 莫兰·埃德加. 复杂思想：自觉的科学 [M]. 北京：北京大学出版社，2001：124.

[7] 伊安·G·巴伯. 科学与宗教 [M]. 阮炜，等译. 成都：四川人民出版社，1993：3.

（本文发表于《比较教育研究》2006年第6期。作者梁燕玲，时属单位为西南大学教育学院）

三、论比较教育的相对主义研究范式
——兼谈霍姆斯的比较教育方法论

范式最早由美国科学哲学家、科学史家库恩（T. Kuhn）提出，在他看来，科学发展就是从一种科学研究传统过渡到另一种科学研究传统，科学研究传统中有一个公认的理论作为旗帜，这个理论就是“在一个时期内给科学家共同体提供模范问题与解决的普遍公认的科学成就”，即“范式”。[1]研究范式不同，则对相同事物的解释也不同，其背后体现出来的是研究者的共同语言及所持有的哲学价值观。比较教育的研究范式，就是用来解释比较教育研究中公认的信念、技术、程序、方式、方法以及研究过程中所遵循的必然逻辑等问题的集合体。其中，相对主义研究范式的产生及应用，对丰富比较教育研究方法论和推动比较教育的发展做出了一定的贡献。

（一）相对主义研究范式及其在比较教育中的应用

相对主义（relativism）是作为启蒙时代产生的文化普遍主义的对立面出现的，其基本观点是否定科学中的绝对“客观性”与“理性”，认为客观性与理性都是相对于范式而言的，不同的范式具有相同的权利。[2]最早倡导文化相对主义的人是美国人类学家博厄斯（F. Boas）。他坚决主张研究每一个民族、每一种族文化发展的历史，认为文化没有普遍绝对的衡量标准，一切评价标准都是相对的：文化没有优劣、高低之分，任何一种文化都有其存在的价值，每种文化的独特之处都不会相同：每个民族都有自己的尊严和价值观。他还认为：“一般社会方式的科学研究，依据我们自己文化的调查者，应从一切价值中解放自己才对。……只有在每种文化自身的基础上才能研究每种文化，只有深入研究每个民族的思想，并把在人类各个部分发现的文化价值列入我们总的客观研究的范围，客观的、严格的、科学的研究才有可能。”[3]

相对主义坚持认为，每一种文化都是不可重复的独立自在的体系：每个民族都具有表现于特殊价值体系中的特殊文化传统，与其他民族的文化传统和价值标准无法比较；绝对的价值标准是不存在的，各民族的文化在价值上都是相等的。其理论的逻辑结论是：人类历史不存在共同的规律性和统一性，各文化价值之间没有达到共识的可能。[4]从本体论上来说，相对主义对是否存在一个独立于主体的社会实体并不关心，用胡塞尔的话说就是把它“悬置”起来；在价值论上，相对主义强调不同文化之间的差异性，“内部观点”的独特性，避免把自己的价值观强加于他人；在认识论上，相对主义认为寻求普遍适用的规律是徒劳无功的。如果认为有什么一般规律的话，那也只能是适用于特定时空的。[5]在方法论中，相对主义者大多采用现象学和本土研究方法。可以说，相对主义研究范式超越了文化的等级偏见、蒙昧与文明的界限，在抵制文化独断，尊重各文化的独特价值及文化研究方面做出了巨大的贡献。但它在坚持自己文化标准的同时，拒绝异文化对自身的评价，否认文化有达到共识的可能，从而否认了人类基本道德标准，则易于将世界公约、公法视为与私人性、特殊性无关的单纯外在约定，从而使之流于一纸空文。[6]

比较教育中的相对主义研究范式，指在比较教育研究中主要以异文化的价值观和认知方式为参照系统来认识异文化的教育现象的一种研究方式，认为教育是特定社会、文化的产物，各国的教育都是相对的，世界上不存在永恒的教育价值观，因而不存在适用于不同文化的普遍教育规律，必须重视特定文化背景的不同，不应把一国教育模式作为评判其他国家教育的标准，要以异文化内部价值观和认知方式为参照系统来认识、评价异文化教育问题，避免把自己的价值观强加于人。如要评价异文化教育问题，一种最有效的途径就是研究者作为异文化中的一员长期生活于该文化中，逐渐掌握他们的价值观念、认知方式和生活习惯，从而把异文化参照系统内化于研究者头脑中，以采取适当的方式看待、分析及解决当地的教育问题。因此，相对主义在比较教育研究中多用访问法、民族志、历史法和人类学的方法。

相对主义研究范式对比较教育学的积极意义在于强调教育要注重对异文化的尊重和理解。但同时，相对主义范式本身也有尚不可克服的悖论。因为相对主义的“一切理论都是相对的”这句话本身就是相对的，既然它并非绝对的真，那么就不能说一切理论都是相对的。另一方面，如果“一切理论都是相对的”这句话本身是绝对的真，那么即使所有的理论都是相对的，我们还是不能如此说，因为至少有这样一个关于一切理论都是相对的结论是绝对的，这就是相对主义的悖论。[7]另外，相对主义还否认教育上有达成共识的可能，认为研究者可以对异文化教育的观点感兴趣，但不能对之做出自己的价值评判。但事实上，价值或原则可能冲突这个事实并不使它们归于无效。而且，仅仅将异文化社会作为独特个体来研究，容易忽视人类社会反应的相似性。对文化差异性的过分坚持，则有可能导致为自身文化内部的病疾寻找借口，并否认不同文化间借鉴标准的存在。[8]但就目前我国比较教育研究而言，不同文化间的教育借鉴仍将是这个领域的一个重要目的。同时，相对主义研究范式还存在一个较大的问题就是容易受实际条件的限制，研究者不可能具有那么多时间和精力来进行实地研究，而且这种方法很难得以传递，因此其效度较低。

比较教育文化相对主义者坚持研究事物发展个性，认为任何教育都是特定文化社会背景中的产物，因此比较教育不仅要研究教育本身，更要研究决定教育的各种社会因素和文化因素，尤其是民族性这个决定一国教育制度的因素。在他们看来，世界各国的教育都是相对的，必须从各国的实际出发来分析研究其教育问题，而不应把一国教育模式作为评判他国教育的标准。[9]从上述思想出发，文化相对主义认为，每个研究者都应认识到自身的文化局限性，努力对独特的教育现象进行解释，否认存在可用来解释一切教育现象的普遍规律。

文化相对主义范式为我们提供了一种不可多得的认识参照系统，对于强化国别教育研究，揭示民族文化对教育的作用，避免盲目照搬他国教育模式，创建有本国特色的教育体系等方面，都起了很大作用。它要求比较教育研究应该深入到被研究地区的文化背景中，做移情观察，分析影响教育的因素，因而，相对主义研究范式有助于加深国际间文化教育的理解，有助于丰富研究者对本国人民的教育知识，有助于他们从更多的维度观察本国教育。[10]但该范式也存在着明显的局限性：由于过分强调本国文化特征而忽视了对教育发展一般法则的研究，没有意识到教育的基础价值也反映在世界各国教育发展之中，研究把握这些法则和基本价值有助于加强对一国的分析。相对主义的观点虽然有助于理解特定场合教育的性质和做出教育决策，但它几乎难以在特定的文化背景中把教育相关因素和教育无关因素加以系统地区分。[11]

同时，由于不注重科学方法的使用，导致其研究的效度较低，可重复性差。因此，在比较教育的实际研究中，纯粹持文化相对主义观点的比较教育研究者是很少的，这也从一个侧面反映出相对主义研究范式还处于不断地自我完善过程中。[12]

(二) 霍姆斯比较教育方法论的再思考

布赖恩·霍姆斯（B. Holmes）是当代著名的比较教育学家，他建立了一个颇具特色且较完整的比较教育方法论体系，为比较教育学科的发展作出了重大贡献。关于其方法论的归属，比较教育学界一直有不同的声音：有人认为霍姆斯的方法论是实证主义的研究范式，有人认为是相对主义研究范式，还有人认为是介于实证主义与相对主义之间的。笔者在对霍姆斯的比较教育方法进行认真研读的基础上，较为赞同第三种观点，其比较教育方法论既非实证主义，也非完全的相对主义，而是改良后的相对主义，即“新相对主义”(neo-relativism)。

1. 霍姆斯比较教育方法论的哲学基础

霍姆斯的比较教育方法论可以说是深受卡尔·波普尔（K. Popper）“批判二元论”（criticaldualism）的影响。波普尔认为在任何社会中，人们都可能识别两类独特的规律：一为规范性规律（normative laws)，即由人制定的，也可由人改变的关于一定社会的行为规范和规则；二为社会学规律(sociological laws)，指的是在社会生活中人民无法更改和选择的一些自然规律。一旦掌握了社会学法则，并在此基础上构建社会发展，就会增加人们对社会善恶的控制能力，这就是他的“批判二元论”的核心思想。波普尔提出，一切科学理论都是相对的，它们都是试探性的假说，都是可驳斥、可批判的。霍姆斯的比较教育方法论可以说是深受该理论的影响，从而他接受相对主义强调特殊性、注重分析具体的情境、否认存在普遍法则的观点。他由此还极力反对用普遍、单一的方法去解决教育问题。霍氏认为，在制定任何政策之前，人们需要考虑特定情境和主题、详细调查和彻底分析不同的文化地区和国家、描述和解释不同现象和特定情境。因此，可以说相对主义是霍姆斯比较教育方法论的重要哲学基石。

当然，与纯粹的相对主义不同的是，霍姆斯主张社会生活中有法则，只不过他所提倡的社会学法则是暂时的、是可以驳斥的；这与实证主义者所追求的普遍的、无条件的法则不同。霍氏认为：比较教育研究的精确性无法以科学方式建立，因为这中间夹杂了太多的人为因素及其它变量，人类事件一定要从参与者的独特观点来判断。他后来更提出以解决教育问题为比较研究的中心，因为这较为容易按特定的环境及对特定的主题作出实质性的贡献，而不是抽象地把研究建立在深奥的理论上。他以相对主义的观点来看科学规律，认为对教育发展趋势及成效的预测，不可能是绝对可靠的。由此我们可以看出：在霍姆斯的方法论体系中，他同时考虑了实证主义和相对主义两方面的观点，并将两者较好地整合起来，这种折衷的态度被称之为“新相对主义”。从文化学的视角来分析，这种“新相对主义”在本质上仍是属于文化相对主义范畴的。霍姆斯比较教育方法论的出现也标志着比较教育研究范式的转换，为比较教育的进一步发展提供了另一种理论视角和研究方向，在比较教育发展史上占有重要地位。

2. 霍姆斯关于比较教育的研究方法

霍姆斯在新相对主义的理论基础上，提出了比较教育研究的具体方法——“问题解决法”。霍姆斯的“问题解决法”，其核心内容可用“五步骤”来概括，他认为比较教育研究必须遵循以下五个步骤：

(1) 问题的选择与分析。霍姆斯认为问题的选择在很大程度上取决于调查者，为了工作的目的，他们有理由假定各种问题对于大多数国家来说至少在一般形式上存在着共同之处。同时他认为，由于比较教育的特点，比较教育研究者应将主要兴趣放在“当前的问题”上，主要是选择和分析那些多数国家共同存在而又共同关心的重大问题。

(2) 提出假设或政策办法。霍姆斯认为，解决社会问题的方法多种多样，每一种方法本身就是一种政策或策略的选择。人们对于面临的问题常常会提出一些“普适性”的方法去解决它，但对于同一问题，不同国家或地区所采取的方法也可能会截然不同。因此，比较教育学者在研究中就不要像决定论者那样企图找到能适应任何国家、任何地区、任何时代的万能之策，而是应当根据问题的背景和对问题特定的研究，去分析哪些政策和方法更适合于哪些地区、哪种环境，或者提出对某一国家更为现实有效的办法。

(3) 鉴别及验证相关因素。霍姆斯指出，方法的关键是鉴别同问题相关的所有因素，并用这些因素去验证有待研究的教育问题的基础结构。验证假说时要注意三个方面的问题：详尽地描述、分析教育制度及与其相关的政治、经济、文化和社会等背景；筛选出与具体问题紧密相关的决定性因素；严肃评判这些决定性因素。为了更好地收集资料，霍姆斯根据自己的见解，设计了一个包括四种模式的“理智的框架”：一为规范模式（normative pattern）；二为体制模式（institutional patern）；三为自然模式（physical patern）；四为精神状态模式（pattern of mental states）。霍姆斯认为这四个模式是鉴别和验证相关因素的基本模式。

(4) 逻辑地预测可能出现的结果。在霍姆斯看来，预测就是在明确问题，分析验证的成因和各种可能解决办法之后，提出最佳的问题解决方案。他认为，预测是教育改革的一个重要部分，问题解决法的目的就在于在综合分析各国教育问题的基础上，为一个国家或一个地区解决某一教育问题提出最佳的解决办法，并产生对教育行为的相应预测。

(5) 比较预测结果与观察结果，提出政策建议。霍尔姆斯十分强调对预测结果与实际情况发展的比较研究，他认为通过这样的过程，可以使研究模式更加完善。

综观霍姆斯的“问题解决法”，我们可以发现其思路就是遵循从实际出发，提出假说，并在相关因素的关系中进行逻辑演绎和观察，然后根据演绎、观察出来的事实进行验证的路径。这种方法颇有现象学研究的意味。现象学是西方重要的哲学思想，现象学研究意在探询、描述在生活世界中呈现自身的现象并解释生活体验中隐含的意义，重视主体意义的解释。现象学认为，主客体不是对立的两极；互为主体的人们生活在经验世界中，彼此相互影响和相互作用。从上述来看，霍姆斯的“问题解决法”首先始于问题分析，而研究者对问题的探究必然隐含着自己的价值取向，涉及到研究者的主观性。他认为，比较教育研究涉及诸多人为因素和其他变量，因此一定要从参与者的独特观点来判断、要注重研究对象的主观理解；其精神状态模式更是重视个体之间的相互作用，强调通过研究各种文献资料来建构内部主体构造的社会现实。霍姆斯意识到研究者自身的背景和价值取向对研究的影响，重视主体的内部建构以及个体的互动，这与实证主义者追求的绝对客观和主客二分的观点相背离，体现了现象学的观点。[13]而我们在前边提到过，相对主义研究范式者在具体研究中，大多采用现象学或本土研究方法，因此霍姆斯的比较教育方法论从这一点来说仍是属于相对主义范畴的。

当然，虽然我们说霍姆斯的比较教育方法论仍属于相对主义研究范式，但他并没有完全否认科学实证在研究中的作用。霍氏方法研究的结果带有强烈的预测性，在一定程度上能够指导教育决策及规划，说明他仍保留了科学实证研究的特色。同时，霍氏方法还要求加强对教育现象的研究深度，从而使比较教育学不单在教育理论方面有贡献，而且日益成为应用科学，这种多元化的研究范式也是当今比较教育学发展的一大特点。

目前我国的比较教育研究正处于一个转型时期，关于方法论的探讨十分活跃。相对主义研究范式的出现，反映了人们对社会事物的观点渐趋开放及接受多角度看法的心态，不再绝对地把研究评定为主观或者客观，既意识到研究者自身的观点及背景对研究的影响，又在保留研究者的观点与概念的同时，重视置身其中的参与者的判断，这是研究态度的进展。[14]

相对主义研究范式对比较教育研究范式的转变有着非常重要的影响，它突破了西方中心论的模式，肯定了异质文化的多元存在，有利于比较教育学向比较文化学拓展。但如前所述，相对主义研究范式也易导致文化孤立，这明显是和相对主义研究范式的初衷相违背的。我们探讨相对主义研究范式，并不是要唯此范式，而是以此为契机，进一步充实和完善比较教育学科体系。虽然霍姆斯的方法论倾向相对主义研究范式，但他自己也认为单一的比较教育方法论是不客观的，“仍然需要比较教育学者探求方法论，这就意味着要建立一种包容各种理论的范式”，[15]从而针对某一教育问题进行综合的研究。

参考文献：

[1] [瑞典] 胡森．教育研究范式 [M] //瞿葆奎．教育学文集·教育研究方法．北京：人民教育出版社，1988：179.

[2] 王巍．相对主义：从典范、语言和理性的观点看 [M]．北京：清华大学出版社，2003：作者前言.

[3] [美] 博厄斯．人类学与现代生活 [A] //王铭铭．人类学与文化学说 [J]．国外社会学，1996 (1)：3—8.

[4] [6] [8] 向蓓莉．比较教育学的价值判断与研究范式：普遍主义与相对主义的研究视角 [J]．比较教育研究，2000，(4)：8—9，9，8—9.

[5] [10] 薛理银．当代比较教育方法论 [M]，北京：首都师范大学出版社，1993：86，91.

[7] 黄文杰．论理查德·罗蒂的相对主义 [J]．哲学动态，1997 (8)：35—38.

[9] [12] 冯增俊．比较教育学科理论分析框架评析（下）[J]．教育导刊，1997 (11)：7—8.

[11] EPSTEIN E. Curents Left and Right：Ideology in Comparative Education [M] //ALTBACH P，KELY G (eds.). New Approaches to Comparative Education. Chicago：The University of Chicago Press，1986：254—255.

[13] 钟亚妮．霍姆斯与埃德蒙·金比较教育理伦的哲学基础之比较 [J]．比较教育研究，2004 (12)：11.

[14] 罗婉明．比较教育的两大主流模式 [J]．比较教育研究，1997 (4)：23.

[15] HOLMES B. Paradigm Shifts in Comparative Education [J]. Comparative Education Review，1984，28 (4)：584—604.

（本文发表于《比较教育研究》2006年第6期。作者姚琳，时属单位为西南大学教育学院）

四、试论比较教育研究中的影响研究

厘清学科的研究类型（Research genre）有助于我们明确学科的价值和要求、学术身份、学术形象和研究动向。王承绪和顾明远两位比较教育学者基于比较教育的性质将比较教育的研究分成区域研究和问题研究两种类型，以问题研究为主。他们认为区域研究是问题研究的前提，问题研究是区域研究的深化。[1]如果从研究的视点观察比较教育研究，我们还可以发现另外的分类方法，而再联系不同的比较教育研究总是和不同的研究方法相契合这一事实，笔者尝试了以下的分类。事实上，研究视角或视点和研究方法共同构成了这个研究类型划分边界的基础。

(一) 比较教育研究的另一种分类

结合不同的视角，比较教育大致可以分为以下四种研究类型，鉴于教育研究内容的广延性和研究方法的繁复，这四类研究类型之间不可避免地有相互牵涉和重叠的部分。

第一是平行比较研究，如各国教育制度比较、教育结构比较、教育哲学比较等。根据研究的对象和视点不同，这一类型可以分为许多亚类型。如单从时间上看，可以分为古代各国的教育比较，现代各国教育比较等。根据教育内容，可以分为各国通识教育比较，职业教育比较，基础教育比较等。其他的亚类型还可以根据空间形式、教育结构或属性、教育的主体结构、教育的目的和教育的手段等标准进行分类。在亚类型的层面上，各研究类型的研究内容有交叉或重叠的部分，从而还可以继续分出更加细化的层次，如现代各国通识教育比较，各国远程教育比较等。

第二是文化研究。自萨德勒（Sadler）起比较教育家们就开始意识到了从文化的角度进行教育研究的重要性。以康德尔（Kandel）和汉斯（Hans）为代表的历史主义者更是注重教育制度与文化背景的关系。他们深信，离开各国特有的与政治、社会和历史相关的文化背景就不可能理解一种教育制度和教育实践。我国的学者也很注重比较教育的文化研究。如顾明远教授就说："文化研究是我竭力主张的比较教育研究方法，因为教育是一个十分复杂的社会现象，教育要受到政治、经济、文化等各种因素的影响。"在当今全球化浪潮的影响下，文化既有趋同的一面，同时也凸现其多元化的事实。不同的教育需求和价值取向要求我们既立足自己的文化土壤，拥有自主的话语权，又要进入"他者"的文化视野。单纯的借鉴已经不符合时代的实际需要。我们需要先进的教育理念和方法，但更迫切需要与我国国情、我国本土文化有机融合的有效吸收。毫无疑问，作为跨文化研究的比较教育更需要把本土和异域文化共同纳入自己的学术视野。[2]

第三种类型是跨学科研究。20 世纪 50 年代，由于社会变革的加剧，哲学流派纷纭，冲击着教育界，从而使比较教育的研究方法得到拓宽和发展，它的跨学科特征逐渐显露。[3]在概念和理论方面，实现了与历史学、政治学、哲学、心理学、经济学、社会学等学科的渗透和交融。在研究方法上，也引入其他社会科学和自然科学的研究方法，如霍姆斯的问题法引入了社会学的法则，诺亚和埃克斯坦的科学和量化方法等。人类的各种知识领域共同组成了一个独特的系统。在这个系统中，各种知识类型结构有序而又整体相关，变化不居又动态稳定；且系统本身保持一定的开放性。教育学只是其中的一个构件，它与其他的构件（其他学科）处于相互作用的动态关联。这种人类知识的有机整体性使这一研究类型有着不可置疑的合理性和合法性，由此它目前正焕发出勃勃生机。

第四种类型是影响研究。世界上任何一个教育制度都不是孤立地运行并形成的，任何一种教育思想也决不会是空穴来风式地建立起来的。它们是在广阔的文化传统和历史背景下各个民族教育制度之间和教育思潮相互影响作用的历史选择。而教育规律的普遍共同性和确定性又为这种影响的发生奠定了逻辑基础。

(二) 比较教育研究中影响研究的含义、对象和途径

比较教育研究中的影响研究是把两个有所区别而又可以相互比较的教育现象放到一定的社会文化环境中加以考察。它的对象是存在着事实联系的不同民族、国家或地域的教育思潮、教育制度及与教育相关的各种因素或现象。影响研究主要关注在一定历史中发生影响的教育思想、制度，影响的接受者、影响产生的过程和途径以及所产生的教育效益等。它的目标则是通过考察“影响”得以发生的途径或路线，来寻找两种或多种教育思潮、教育制度及其相关的教育现象间的同源性关系。这种同源性的合理性和基础在于其逻辑上的因果关系和时间上的历时关系。事实上，影响无处不在，无所不及，它不仅体现在自古至今的历史观照中，还体现在共时性的教育研究与教育活动中。其过程则常常表现为启发——加强——认同——消化——变形。而发生影响的路线通常由三个要构成：影响发送者、影响接受者和影响媒介。这三者在教育的影响研究中缺一不可，共同构成影响研究的整体。本文将从这三个构成要素着手探讨比较教育研究中影响研究的领域，其内容的每一个构成因素都是观照比较教育的独特视角。

1. 比较教育研究中的流传学

置身于影响发送者的角度研究某种教育思潮或教育制度在别国或本国教育史中发生的作用和影响，可以称之为流传学（Doxology）的视角。它的研究范畴包括影响与创造、接受与模仿、制度和思想的因袭与借用。它探讨的是与影响相关的问题：如影响的层次和种类、影响的存在和功能、影响的存在和媒介、影响与传统等。如一种教育思想是如何流传，又是如何被认识的？它在哪些国家和地区或哪些人中流传最广？影响是肤浅还是深刻？等等。通过对这些问题的研究，影响研究不但可以增强我们的教育史知识，而且能增进我们对现实教育问题及现象的理解和把握。流传学的研究可以包括个体的教育家或一种教育思潮对另一个教育家或另一种教育思潮的影响；个休的教育家或一种教育思潮对一个国家或地区的影响；一个国家的教育制度对其它国家或地区的影响；一个国家的教育制度或实践对个体的教育家或教育思潮

的影响等等。纵观历史我们不难找到证据来证明这种影响的存在及其重大意义。

2. 比较教育研究中的渊源学

相对于流传学而言，渊源学（Crenology）视角是逆向的，它是从影响终点的接受者出发，去探求处于影响发生的出发点的发送者。每一个存在于当代的教育制度必然浸透着本民族最基本的思维、理想、道德标准以及生活方式，是民族心理、民族性和社会制度的直接反映。在历史发展过程中接受国对来自他国或他民族的教育思想必然要不断地加工、改动，使其在形式或内容上具备适应本国、本地区客观要求和人民的主观需要。只有这样，外来的教育思想或模式才会在传入另一国或地区后依旧存在生命力。从渊源学的视角，影响研究注重的是对影响一个国家的教育理念和思想的渊源研究，对影响一个国家或地区的教育制度或教育形式的研究，对影响个体教育家或教育思潮的渊源研究等等。

3. 比较教育研究中的媒介学

媒介学（Mesology）一词源于希腊文，意为居间者、中介者。从这个视角观照教育，主要是研究不同国家或民族的教育制度或教育思想之间产生影响联系的具体方法和手段及其原因与规律，是对一国教育制度、教育思想和教育实践传播给另一国的中间环节的研究。媒介指的是两国或地区在进行教育交流时，把一国的教育制度或思想传播给另一个国家或地区，使彼此之间发生教育交流及影响的流传方式和途径，比如有关教育的书籍、报刊、广播、电视、网络等。媒介学的研究涉及媒介的主体与客体。具体地说，媒介的主体包括媒介者和媒体；媒介的客体包括对他国或地区和民族发生影响的教育制度、思想和教育实践及媒介的环境。

（三）影响研究的深化

比较教育的影响研究在其发展过程中，通过吸收其它的方法来不断更新自己，从而使这一研究领域的各个方面都得到了极大的拓展和深化。美学上的相互影响被纳入这一领域，导致“比较”之外的各种视角和方法的涌入，从而要求学者必须提高处理各种研究对象的能力，例如对教育通则的认识要求学者提高对不同文化和教育现象的综合把握能力；教育思想和制度的被接受或被拒绝，涉及到民族文化情趣和民族审美心理，从而要求学者将心理学、文化人类学甚至发生学的方法纳入研究视野……研究领域的拓展和深化必然导致“影响”本身涵义的变化和发展。这些变化和发展，具体而言，可以分为三种形态：一是从外部性到内部性，即从原来着重对有关影响与接受、教育制度和教育思想在别国的声誉等可见的外部事实的考察，达到确定不同国家教育之间确实存在相互影响的事实认定，转向注重影响输送和接受的过程及方式的内部因素的探究和考察。二是从机械性到有机性。早期所进行的外部研究注重枯燥的外在事实，而忽视了一些重要的问题：如在影响发生的过程中，哪些东西被保存下来？哪些被去掉？原始的信息为什么以及如何会被吸收和同化？结果是怎样的？单纯的借鉴研究对具体国家的教育之间的关系研究不够深入而忽略了影响本身的意义：比较教育研究中的影响是一种渗透在教育实践中再现出来的东西。有机性应该成为教育借鉴研究的重要特征。三是从单向性到双向性。从前的影响研究是单向线形的，也就是说，影响是往一个方向传递的。所以说，流传学的焦点在接受者，渊源学的焦点在发送者。而现代研究受到接受美学、发生学原理的影响，认为影响是双向的，或者说，发送者与接受者构成双向互动关系。接受者的选择性对“影响”是否会发生以及发生程度如何有着重要的制约作用。特定的影响只会对特定的国家和环境才会发生。在比较教育的研究领域中，影响的接受学研究和发生学研究是目前值得注意的两个方面，下面依次阐述。

1. 影响的接受学研究

影响的接受（Reception）作为整个影响过程的最后一环，最集中地从接受者即接受国的教育制度体现出来，所以，接受研究的核心应该是接受国对他国教育制度和教育思想的态度、反应、选择及审美体现。它强调接受国与外来的教育制度、思想影响的视界交融。这一交融既包括了作为主体的影响发送国的意图通过影响媒介与作为客体的影响接受国意识的相互交融，还包括作为审美主体和作为审美客体的外来教育影响的相互交汇。也就是说，对于不同的接受国，相同性质或形式的外来影响对它们有着不同的涵义。各个国家会自动地根据自身的历史文化传统和现实的情况审视抵达本国的影响，从而阐释出不同的意义和版本。如果我们将外来的教育影响看作一种“文本”，影响的过程和接受看作是一个“阅读过程”和“阅读行为”的话，那每个国家对一个外来的教育影响的理解就形成了一个个不同的“误读”。而这些“误读”都毫无例外地建立在各自以往阅读经验的基础上，即种族经验、文化意识和传统，因而这种“阅读行为”具有选择性的特点。人们总是对符合自己本来阅读习惯和审美情趣的外来影响发生兴趣，继而产生共鸣。作为读者的接受国的接受平台实际上是一种内化的社会心理结构，是纵向的文化传统与横向的社会现实的交织。在比较教育领域进行接受研究，通过把焦点对准具体的教育制度和思想与国家的关系上来把握教育制度和思想、世界及民族等因素所构成的有机整体，达到深化传统研究的目的。比如通过同一教育思想在不同国家和民族的接受情况，可以反观不同文化体系的特点和个性；通过考察一种教育制度在不同时代的变迁，可以反观时代的变化等等。除此之外，关于单个国家或民族对某一外来教育制度和思想的接受学研究可以反射性地扩充和完善原制度和思想。由此可见，影响的发送者和接受者之间存在着相互制约性，即影响本身的双向性。

因此，接受学实际上是一种用来解释教育现象的理论，属于解释学的延伸。它将本体论的质询方式由“是什么”转向“为什么是”和“是怎样”的解释学路线。

2. 影响的发生学研究

发生学（Genetics）作为观念与方法在人文科学领域运用日渐频繁，使用范围日渐广泛。发生学与起源学研究各有侧重，而非同一。发生学强调主观认识，它研究人类知识结构的生成，而起源学研究事件在历史中的出现；发生是逻辑推理概念，而起源是历史时间概念。由于起源研究的是事件在历史中出现的源头，因此，起源研究在方法论上具有实证主义倾向，在认识论上具有经验主义倾向。但是，任何事情的起源从来就没有绝对的开端，以事件的发生作为起源，必然导致起源的绝对化，并且无法解释知识结构的生成机制。而发生学研究观念的发生恰恰能弥补起源学研究事件发生的不足。观念的发生强调知识结构生成的过程，也就是事物从一个阶段过渡到另一个阶段，这一阶段性的过渡不以事件和时间进行实证，而以观念进行推理，从而解释知识结构生成机制。与起源研究的实证主义与经验主义相反，发生学研究通过探究认识的结构生成把握主客体的相互作用及其内在的本质与规律，从而克服了起源研究忽略主体性、只注重事件形式而不注重功能的不足。

发生学总是不可避免地与瑞士教育学家和哲学家皮亚杰（Piaget）联系在一起。以皮亚杰为首的日内瓦学派从上世纪20年代开始提出、后来不断完善的发生心理学理论，即结构主义的发生认识论，认为儿童智力的发展是通过儿童主体的认知结构与从物理环境和社会环境获得的经验之间的同化（Assimilation）和顺应（Accommodation）的相互作用—活动而实现的。他们认为，个体对外界刺激的反应总是以主体已经形成或正在形成的认知结构为转移的，任何一种行为都嫁接在以前的格式之上。主体认知结构与客观外界的刺激通过同化和顺应两种机能实现。通过同化机能过滤或改变输入的刺激，通过顺应机能改变内部格式以适应现实。[4]在比较教育研究的领域里，主体的认知结构包括个人的心理层面和个人外在的时代精神、文化氛围；除此之外，更主要的是指在人类主体认识和成长史中，不断被内化并沉淀在心理深层的结构因素。这些历史的文化积淀能够在不同的时代能动地作用于不同的主体，或在不同的环境中对主体起着不同的作用，从而决定主体对外来教育思想和教育文化所采取的态度和对策。这种文化—心理结构是一个开放的系统，在动态稳定、结构有序、整体相关的基础上，时刻保持与环境的信息和能量交换，吸收和内化新的因素，抛弃陈腐的旧成分。这种结构的更替和变换有时是以同化的方式进行的。这时外来的教育思想和文化总是被割裂成片断、零散的部分而被吸收，成为原有格局的有机成分。结构的更替和变换有时又以顺应的方式进行，此时外来的教育思想和文化以整体的形式侵占主体原有格局的领域，原有格局成为新格局的片断、零散或部分因素而被消化变形。一般来说，强势文化对弱势文化的摄取以及等级文化间的相互交汇采取同化机制来调整文化—心理结构的构成。历史上美国大学吸收德国大学的精粹而取得巨大发展的事实便是很好的例证。但是当弱势文化面对强势文化，情势就完全不一样了，这种例子也俯拾皆是：1840年以后西方文化对中国文化，包括教育的冲击便是一例。西方文化不仅通过零星销蚀的方式对中国文化的某些部分发生影响，而且有时是整块地取代。不管是同化还是顺应，研究它们发生的原因、过程和发生机制及后果是将影响研究及比较教育研究不断推进的有效途径之一。

（四）结语

在教育领域，影响处处可见。只有明晰一种教育思想的来龙去脉及其它与其特定时空、地域以及语境的关系，我们才能对它作出准确的判断，把握它对当前语境中教育体系的价值及缺陷，使之发挥所长，去其不足。影响研究通过多个不同的研究视点和路线，寻求展示真实的历史和社会文化场景，从而深入了解比较教育领域里的事实真相。这种研究不但对于比较教育研究者是必要的，而且对于运用比较教育研究成果的教育政策决策者和执行者，这种研究类型的切适性也使其在现实中的可操作性大大加强。

参考文献：

[1] 王承绪，顾明远．比较教育［M］．北京：人民教育出版社，1999：29—31.

[2] 顾明远．关于比较教育学科建设的几个问题［J］．比较教育研究，2005（3）：1—4.

[3] 陈时见．论比较教育的学科体系及其建设［J］．比较教育研究，2005（3）：33—37.

[4] PIAGET J．发生认识论原理［M］．王宪钿，等译．北京：商务印书馆，1997.

（本文发表于《比较教育研究》2006年第10期。作者周晓琴，时属单位为浙江大学教育学院）

五、比较教育学的范式与学科生长点

比较教育“身份危机”在一定程度上影响着人们对比较教育学科的认识。实际上，危机的意义在于“它可以指示更换工具的时机已经到来”，[1]也就是说，危机意味着发展范式的转换，意味着新范式的诞生，意味着学科的新发展。比较教育学正进入到一个范式转换的时代。

(一) 比较教育学的范式

学科发展与学科范式的转换密切相关。每当学科发展处于转折时期，学科范式的转换便成为学科发展的“领羊犬”。范式（paradigm）一词，最早是由美国科学哲学家托马斯·库恩（T. S. Kuhn）于1962年在《科学革命的结构》一书中提出来的一个核心概念和范畴。按照库恩的观点，范式主要是指某一科学群体在某一专业或学科中所具有的共同信念。这种信念规定了他们共同的基本观点、基本理论和基本方法，为他们提供了共同的理论模型和框架，从而成为该学科的一种共同传统并为该学科的发展规定了方向。[2]今天，范式这一概念被广泛地用来表征或描述一种理论模型，一种框架，一种思维方式，一种理解现实的体系和科学共同体的某种认识。范式也用来表征一种学术传统和学术形象，标示一门学科成为独立学科的“必要条件”或“成熟标志”。就比较教育学的范式而言，它是指在一定时期内多数比较教育研究共同体成员基于比较教育研究传统而恪守共同的学科信仰，遵循类同的思维方式和拥有独特的话语体系。这在本质上为共同体提供了一种把握研究对象的概念框架，一套理论和方法信条，一个可供仿效的解题范例，它规定了一定时期内这门学科的发展方向，同时也决定着共同体的某种信念和价值标准。当旧的范式不能解决学科发展的突出问题时，范式便要发生转换，这要求比较教育学研究者必须具备一些新观念和新思维。一方面要在世界观层面上明确比较教育学方法论的统治地位，明确比较教育学在多元范式的发展中形成范式系统并作为比较教育学者具有的共同信念的重要作用；另一方面要在采用共同的比较教育学概念范畴、工具和方法基础上形成比较教育学者的共同研究群体以及为追求科学、统一的比较教育学理论学派而奋斗的精神。

1. 范式的构件

比较教育学的范式包括较为广泛的内容，从其核心要素而言，我们认为比较教育学的范式至少应包括四个基本构件。

(1) 概念体系。一门学科的建立和发展，首先要明确其学科定义与概念体系，这是学科安家之本，离开了这一前提，所谓的学科只能是“取宠之学”或“理论拼盘”。但比较教育学的学科定义和概念体系不明，对它的发展来说毕竟是有影响的。正如王英杰教授所指出：“当前比较教育学科中的理论与实际问题几乎无不与定义问题有关，搞清定义问题无疑会促进比较教育学的发展。”[3]比较教育作为人类的一种“以跨文化比较研究为支点来审视一切落入人类认识视域的教育现象和教育问题，并且以探讨教育发展规律，推动当前教育改革和发展为最终目的”[4]的活动，在这个活动领域中存在着这一学术领域之共名——比较教育学，它是比较教育研究这一领域中最具包容性的上限概念和学术公器，它为这一学术领域在学术共同体中的合法性提供识别的标尺，“它的根本使命是为比较教育立言，对比较教育实践提供有效的思想、理论和方法论指导”。[5]我国比较教育学学科定义和概念体系表现的不确定性，同样也说明当前比较教育学发展确实存在一些基本理论问题，这些基本理论问题如果不搞清楚势必会阻碍比较教育学学科的发展，这也是比较教育学研究范式尚未形成的主要体现。就此而言，比较教育学在我国还不是一门具有成熟范式的科学。

(2) 理论基础。一门独立学科必须具有共同承认的理论基础。对于比较教育研究者来说，放弃对学科理论问题的探讨，实际上就是放弃对比较教育学的理论发展的追求，以至动摇我们从事比较教育研究事业的理论根基。这里的理论基础并不是罗列一些别的学科名称，而是要从社会实践发展的现实需要出发建构自身的理论基础，而不应该成为别的学科的“材料库”。把“文化”作为比较教育学的理论基础，以促使比较教育学向整体的、系统的方向发展，这是近几年来比较教育学学者的一个努力方向。如“对比较教育学来说，‘文化’意味着我们应当以此为基础来建立一个同一的比较教育学理论基础，并由此而建构成比较教育学的‘学科同一性’”。[6]但由于文化本身涵义的不确定性和文化内涵的丰富性，在把文化作为比较教育的理论基础这一问题上，长期以来在比较教育学界仍存在不同的声音。另外，就学科内部结构而言，比较教育学还必须在自身基础理论之上架构起由基础学科和应用学科两个层次组成的学科大厦的框架。如果仅在理论基础方面形成共识，而在应用学科层次上缺乏共识，那就意味着该学科的研究范式还在形成、孕育之中。

（3）分析框架。比较教育既然要发展成为一门学科，就要有学科的分析框架，就要有比较教育的理论视角、独特的理论框架和悉心研究的理论板块，就要有较高的逻辑起点和对新问题、新情况的学科思考。而语言是思维的物质外壳，思想上的相通与共鸣是建筑在语言相通与共鸣的基础上的。“在实证主义看来，语言被看作是中立的；但在对许多不同社会的教育成就进行客观的测量的时候，语言问题是对翻译者的挑战；另外在特定的历史情境中，传统语言被看作是现代化的障碍。文化派对语言问题赋予了更高的重要性，在字面的意义上，需要学习各种语言进行深度的比较研究，在隐喻的意义上，要对概念的使用保持敏捷性。”[7]因此，比较教育学科范式的形成，必须由在概念的内涵和外延上都得以共识的范畴和基本学术用语来保证，没有共同的概念范畴，没有共同的语言，就没有学科的理论体系和分析框架。没有形成统一、规范的分析框架，当然就无法形成学科的范式。因为一门学科的定位，学科的自我更新、自我超越和自我完善主要体现在学科的分析框架上，假如没有这些，学科则将失去科学的准绳而无所遵循，它不但不能成为一门学科，而且也无法生存，更何谈发展？

（4）方法论。方法论是从整体上对该学科研究方法进行的哲学思考，同学科本身的内在思维逻辑紧密相关，它侧重于理解方法的理论基础、特点、性质、作用及其限度，研究不同方法之间的关系及其所服从的基本逻辑，研究正确运用方法所应遵守的基本原则。[8]比较教育学的学科发展与成熟也应是伴随着其方法论的发展与成熟。“离开了方法论的进步，学科的发展是不可想象的。”[9]在对比较教育学学科理论探讨中，方法论问题仍将是一个核心问题，它仍然是当代比较教育学学科发展所遇到的一个“瓶颈”，“到目前为止，比较教育学似乎还没有一个统一和规范的方法论”。[10]比较教育方法论是关于比较教育研究方法的理论，它对于比较教育学有特殊的意义。这是因为比较教育学学科的建立与比较研究有最直接的关系，而学科的历史又使得比较方法恰恰成为一种理论难点，如果比较教育学仅仅是比较方法的运用，毫无疑问会使比较教育学成为一门只以形式比较为特色的学科，失去了比较教育学学科的本体。比较教育学科方法论的发展在创建和发展的过程中需要接受哲学方法的指导，吸收借鉴一般科学方法和交叉性方法的养料，但必须有本学科独特的研究方法，这种研究方法是一门学科在创建过程中具有方法论高度的创造性尝试，是适用于本学科理论建构的具体的发现方法、检验方法和发展方法，对于本学科的发展具有其他方法所无法取代的新工具意义。[11]

2. 范式的功能

就范式的功能而言，它所体现的共同体的信念是推动科学创造的精神武器，它规定着人们行为或思维时应遵循的一些准则。学科共同体只有拥有了共同的信念和目标，才能在基本观念和原则立场上达成共识，对比较教育研究起到聚焦、筛选、规范与调节等作用，从而促使比较教育一般意义的研究逐步过渡到学科研究。

(1) 聚焦作用。比较教育学一旦有了自己一定历史阶段的研究范式，它就有了自己特定的研究对象和课题，这时，比较教育的研究范式则可以起定向聚焦作用，把科学共同体的注意力、兴趣和力量集中引导到比较教育的特定领域和特定课题，将主要精力投入到更精确、更深奥、难度更大却能推动比较教育研究走向深入的那些问题中去，这样就比较容易取得比较教育科学研究成果，从而促进比较教育学科理论的发展。更进一步讲，随着比较教育研究的深入和发展，比较教育的研究成果迅速增加，当某种为多数人公认的科学成就出现后，一种有效的适应比较教育研究的范式就开始形成，但这一范式一般只限于比较教育研究者内部并着重解决疑难问题。因为只有当比较教育研究者认为自己学科的基础是不成问题的时候，群体的研究才能存在。

（2）筛选作用。事物的有序发展毫无疑问需要通过一定的规范来约束，这种约束并非一味地限定，而是在最高的意义上促进事物健康有序的发展。否则，事物的发展将会变得宽泛无边，最终影响到人们对它的认识和把握。当然，比较教育学研究范式本身的惯性和巨大合力往往排斥其他研究者的新观点、新思想。凡不符合研究范式的新观点、新理论不易被范式拥护者所接受，而不认同范式的人或者突破了研究范式而代表着新范式萌芽的人，则往往会陷于孤立无援的境地，遭到不应有的排斥、冷遇。其中，代表着谬误而与掌握了客观真理的范式进行抗争的人，当然要被淘汰。同时，比较教育学研究范式使比较教育研究者的思维主要局限于对范式已提供的问题和理论进行深入的分析、仔细的探究和更准确的表达，而不去研究那些由范式已指出不值得探究的问题。

（3）规范作用。比较教育学的范式也起着十分重要的规范作用，它维持着比较教育研究共同体成员的稳定，提供一种共同的信念和传统，在实践中给出一些固定的解题模型和范例、标准等，规定着比较教育学学科的边界，使学科的边界成为一个清晰透明的领域，在这个有限的空间内，范式才能发挥出应有的作用。正是这些因素在一定时期内维持着比较教育学科缓慢地、积累式地发展，同时规定着共同体成员的工作方向。就比较教育研究范式作用的方式而言，本质上不是强制性的，而是要通过实践的检验证明其正确并通过各种社会认同渠道而获得多数比较教育研究者的认可，从而调节、影响、规范研究者的思维方向。当然，比较教育研究范式要受上位研究范式的影响和制约，而哲学研究范式和教育学研究范式的影响则更为明显。

（二）比较教育发展的学科生长点

学科发展的生长点问题是学科范式变革和转换中的必然产物。比较教育学所面临的危机和解决办法，必须从学科发展的深层次去作多向度的分析和探讨，而寻找学科发展的“生长点”则是比较教育学科发展的当务之急。学科生长点的发育和成长在很大程度上必须依赖于以新的理论和方法为基础的新视野和新维度。事实上，学科发展史已昭示我们，比较教育学科发展的生长点不是“单数”，而是“复数”，它以范式的基本构件为理论依据，以前瞻的眼光审视学科全貌，推动比较教育学科发展。在新的历史时期，比较教育学科发展的生长点至少包括以下四个方面：

1. 开展比较教育学的元研究

黑格尔曾言，“要获得对象的真实性质，我们必须对它进行反思。惟有通过反思才能达到这种知识”。[12]反思也往往是一门学科获得带有一定突破性进展时必然出现的一种必要的环节和思维方式，反思的目的是构建，构建的前提是反思。而“元”理论恰恰给我们提供了认识这一问题的视角。元研究是以本学科发展的过去作为研究对象，用语言分析的方法对本学科的产生、概念、范畴、理论体系、历史发展过程、研究范式等方面展开研究，为学科的未来发展寻求本体论依据，并将以一种批判的态度来审视原来学科的性质、结构和其他种种的表现。[13]比较教育学元研究可以通过确立比较教育学的认识论特征与规范，使我们能够理智地面对比较教育学的过去与现状，对比较教育学的各种陈述体系进行检验，看清比较教育学的缺陷，促进构建更为合理的比较教育学，其研究的内容至少要涉及到分析比较教育的理论术语、概念、命题的合理性和有效性；寻求比较教育学逻辑起点以及探讨比较教育学的研究对象、功能、目的、性质、理论结构、逻辑范畴、研究方法等；考察比较教育学历史发展过程；探索比较教育学的理论形成过程与不同的研究范式，揭示隐匿于比较教育学的理论内部的深层结构框架；分析在一定文化语境和历史背景中，社会文化条件对比较教育的产生和发展所起的影响；对比较教育学研究共同体进行研究，辨识各种学术团体及相互间的联系对比较教育学的影响；运用基本的元理论范畴去辨识和归纳比较教育学的理论现状，去揭示和探讨一定时期内比较教育学研究中面临的重大问题等。

2. 建构比较教育学的方法论

从范式的基本构件及其在学科发展中的地位而言，任何学科的发展，其方法论的变革与更替具有重要的作用和价值。而有无自己的方法论和理论研究范式，恰恰是区分学科研究和研究领域的重要判断依据和标志。如果某种研究没有建立特殊的方法论体系，它就处于研究领域或潜科学研究的初始阶段；如果根本无法建立特殊的方法论和理论规范，那么它只能是其他学科的研究领域，不可能成为显科学和独立的学科研究。只有随着理论研究的深入发展，逐渐建立起相应的方法论，才能形成学科的范式，才能够确立学科的地位，并不断巩固和壮大研究队伍，顺利进行学术研究和交流，有效地开展学科建设。我们在讨论比较教育学的方法论时，必须把学科研究对象、基本信念、总体目标、理论框架、逻辑体系和研究实践原则等看作一个整体。这就要求我们在探讨比较教育研究范式及其学科发展时，提出或在引进先进科学方法的基础上逐步形成一套独特的方法论体系，从而成为比较教育学作为学科成熟的重要标志。

3. 加强比较教育学的学科意识

学科意识的形成是一个学科发展到一定阶段的标志。作为科学意义上的近代学科，其发展总是与该学科意识的自觉成正比的。这是因为“只有当科学对其自身的发展过程及现状、发展机制及内部结构作了认真的反思，形成明晰而准确的自我意识时，它才能自觉地寻找自己继续发展的方向，增强发展的自控能力，并减少发展过程中的盲目性，少走弯路，使自己进入‘自为’的状态”。[14]比较教育学的学科意识主要是指关于比较教育学的总体意识，它既不是对比较教育学的某些现成部分的看法或意见，也不是关于比较教育学整体的某一个方面的认识，而是对比较教育学的整体认识，至少应包括以下几方面的内容：关于比较教育研究对象总体特征的基本认识；关于比较教育学学科定位的认识；关于比较教育学学科边界的认识；关于比较教育学学科信仰、价值观、基本态度和学术规范等。从某种意义上说，探讨比较教育学的学科意识属于比较教育学的“元理论研究”。我们只有树立了严谨的比较教育学学科意识，只有学会了辨析一般教育学研究中体现的宽泛的比较教育学精神与严格的学科意义上的比较教育研究之间的区别，只有划清了比较教育学专业与非比较教育学专业之间的界限，我们才有可能把比较教育学研究引向深入，我们也才有可能促进比较教育学学科的健康发展。

4. 推动比较教育学的本体论研究

西方传统哲学中的本体论是专指关于世界的本原或是本性的研究。简单地说，本体就是哲学的存在概念。对于一种学科来说，就是这一学科的本质特征，是一门学科存在的形而上学的理由。比较教育的本质特征就在“比较”

二字。但比较教育研究中的比较与其他学科研究中的比较有很大的差异。其他教育学科研究中的比较，主要是作为一种技术性的工具方法，而比较教育研究中的比较主要是作为一种方法论层面的思维方式，是研究主体基于跨文化整体视野考察研究对象所形成比较的广度和深度，是一种比较视野。[15]比较教育的本体不会是普通的物质存在，而应是一种学科内在的思维逻辑——比较视野。[16]比较教育学科本体论的研究不能离开对当前全球经济一体化，多种文化价值取向并存，现象学、解释学、批判理论、建构主义、后现代主义等多种教育流派纷呈，以及发展极不平衡的中国国情这一大的时代背景的把握。一个以多元文化对话、沟通、传播新的人文精神，改善人类文化生态和人文环境为目标的比较教育学科崭新阶段已经到来，“比较教育必须从传统的一元式思维方式转变为多元式思维方式，从绝对论转变为相对论，承认文化的多元性，承认文化间的平等性和相互影响、相互借鉴的价值，进而形成对多元文化背景下各种教育的尊重与理解，形成理解不同教育的多维视角，达成‘视界融合’”。[17]

（三）结语

我们提出的比较教育学的范式只为其认同者和拥戴者指明主攻方向和循此方向的逻辑发展可能遭遇的新问题，它并不为比较教育学研究者及其群体准备一切问题的现成答案，它也不可能是穷尽本学科研究活动的终极真理。在我们看来，“比较教育工作者有许多事情需要做，不必自暴自弃，自我制造身份的危机。其实任何一门学科都可以产生危机：当这门学科的知识不能解决现有的问题时，危机就出现了。我们要努力寻求解决问题的方法，当问题解决了，学科就会得到进一步发展”。[18]我们必须根据新时期的发展需要，积极探寻比较教育学的范式和学科生长点，以前瞻的眼光，审视学科全貌，以推进比较教育的学科建设，促进比较教育学的持续、健康发展。

参考文献：

[1]［美］库恩．科学革命的结构［M］．李宝恒，纪树立，译．上海：上海科技出版社，1980：63．

[2] 夏基松，沈斐凤. 西方科学哲学 [M]. 南京：南京大学出版社，1987：192.

[3] 王英杰. 比较教育学定义问题浅议 [J]. 外国教育研究，1993 (3)：15.

[4] 冯增俊. 比较教育学 [M]. 南京：江苏教育出版社，2001：136—137.

[5] 李现平. 比较教育身份危机之研究 [M]. 北京：教育科学出版社，2005：90.

[6] 项贤明. 比较教育学的文化逻辑 [M]. 哈尔滨：黑龙江教育出版社，2000：30.

[7] [加] 许美德. 比较教育中的语言问题：三个流派 [J]. 李克建，译. 全球教育展望，2006 (8)：6.

[8] 李志才. 方法论全书 [M]. 南京：南京大学出版社，2000：23.

[9] 卢晓中. 比较教育学 [M]. 北京：人民教育出版社，2005：62.

[10] 文雯. 比较教育的研究方法和方法论 [J]. 外国教育研究，2006 (4)：6.

[11] 陈燮君. 学科学导论 [M]. 上海：上海三联书店，1991：337.

[12] 黑格尔. 小逻辑 [M]. 北京：商务印书馆，1980：74.

[13] 唐莹. 元教育学 [M]. 北京：民教育出版社，2002：13—24.

[14] 叶澜. 关于加强教育科学"自我意识"的思考 [J]. 华东师范大学学报（教科版），1987 (3)：12.

[15] [17] 陈时见. 论比较教育的学科体系及其建设 [J]. 比较教育研究，2005 (3)：36，37.

[16] 付轶男，饶从满. 比较教育学科本体论的前提性建构 [J]. 比较教育研究，2005 (10)：3.

[18] 顾明远. 比较教育的身份危机及出路 [J]. 比较教育研究，2003 (7)：2.

（本文发表于《比较教育研究》2007 年第 3 期。作者陈时见、袁利平，时属单位为西南大学教育学院）

六、试论比较教育研究中的新制度主义

20世纪90年代以来，新制度主义（new institutionalism）分析范式已经变成超越单一学科，遍及经济学、政治学、社会学乃至整个社会科学的分析路径。随着比较教育学科的社会科学化，政治学、历史学、经济学、社会学等诸多学科的概念和方法正越来越被运用到比较教育研究中，在比较教育研究领域中引入新制度主义的分析范式或许是一次有益的尝试。

（一）新制度主义的分析范式

新制度主义可以被看作是对古典主义、新古典主义以及奥地利学派中的制度主义的再现和扩展。[1]

美国学者彼特斯（B. Peters）概括了新制度主义分析范式的各种流派：规范制度主义、理性选择制度主义、历史制度主义、经验制度主义、社会学制度主义、利益代表制度主义和国际制度主义。[2]这些不同学科、不同流派的制度研究共同建构了新制度主义的理论体系。其中，影响较大的是社会学制度主义（sociological institutionalism）、理性选择制度主义（rational choice institutionalism）、历时制度主义（historical institutionalism）。

1. 理性选择制度主义

理性选择制度主义主要运用理性选择理论来阐释“制度的影响”、“为什么制度是必需的”、“对特定制度的选择”及“制度的长期持续性和生命力”等命题，也就是拿新古典经济学解释上述制度问题。其代表人物有诺斯（H. North）、奥斯特罗姆（E. Ostrom）、谢普索（K. Shepsle）、麦卡宾斯（M.

McCubinns）、泽比利斯（G. Tsebelis）等。

2. 历史制度主义

历史制度主义强调制度运作和产生过程中权力的非对称性、制度发展过程中的路径依赖和政治结果的多元动因。历史制度主义是“历史的”，历史是克服人类理性局限性的一个主要途径；历史制度主义又是“制度的”，它注重以制度为核心来考察历史，以国家、政治制度为中心来分析历史。代表人物有斯科克波（T. Skocpol）、卡岑斯坦（P. Katzenstein）、霍尔（P. Hall）、瑟伦（K. Thelen）、埃文斯（P. Evans）等。

3. 社会学制度主义

社会学制度主义所界定的制度不仅包括正式规则、程序和规范，还包括为人的行动提供“意义框架”的象征系统、认知模式和道德模块。这种界定打破了制度与文化概念之间的界限，倾向于将文化本身也界定为制度。社会学制度主义解释的重点是组织为何采取某套特定的制度形式、程序或象征符号以及这些特定的制度形式、程序或象征符号如何在组织内传播的。其代表人物如马奇（J. March）和奥尔森（J. Olsen）。

总之，新制度主义要解释的问题是制度的性质以及制度如何影响人的行为。它像关注个体行为一样关注社会活动的制度基础，强调制度因素的解释性。理性选择制度主义关心个体在面临集体行动时如何进行选择；社会学制度主义倾向于论述制度无所不在的特质；历史制度主义则以权力与国家等传统论题作为其重新诠释的基础。尽管上述各流派在制度如何塑造行为、制度如何形成以及制度如何变迁等基本问题上假设各异，但对于运用制度因素分析社会现实问题却有着共同的旨趣。[3]

(二) 比较教育研究中的制度要素

制度思维的一个基本假设在于，像教育这样的制度实践是不确定和有争议的，可以有很多不同种类的实践形态和形式。譬如说，一个学校可以是几个坐在树下听故事的孩子，也可以是一群在体育馆里学习投掷铁饼的儿童，或者是化学实验室中围坐在仪器旁的一群少年。制度分析的目的是要告诉人们为什么在诸多可行的方案中单单挑选了某一种，这种选择最符合“谁”的利益。换句话说，制度分析旨在阐释选择一种制度形式而排斥其他可能的利弊得失。[4]

通过制度分析，人们可以了解到教育是如何与社会其他制度连接的；教育制度是在什么样的限制下运作的；如果我们尝试改变现有的制度秩序，将会有怎样的自由和遇到什么样的限制。正是由于其特殊的研究价值，制度分析在过去一个多世纪里始终在比较教育研究中扮演着重要的角色。曾有学者指出，观念要素、制度要素和实践要素是比较教育的研究对象，而且是一般教育的研究对象。[5]索尔斯主编的《比较教育：当代的问题和趋势》一书，根据全世界各地区的研究报告，指出比较教育学科已分化为比较研究、外国教育、国际教育和发展教育四个部分。[6]其中，外国教育研究本国以外一国或多国的教育制度；而比较研究则系统地研究部分地决定教育制度的性质和部分地被教育制度的性质所决定的历史的、文化的、政治的、宗教的、经济的和哲学的力量。实际上，人们通常认为比较教育要做一些学术性更强的工作，即在跨国、跨文化的基础上分析各种教育制度，解释教育制度的异同点，并在可能的情况下检验关于教育和社会之间关系的各种论述。[7]上述认知被具体反映到比较教育研究的相关成果中。譬如有人对中国比较教育研究最具权威性的学术刊物——《比较教育研究》进行统计分析，发现其在1990年～1999年10年间刊载的论文一直以制度研究为重点。[8]

值得注意的是，传统比较教育研究中的“制度”，与新制度主义的制度内涵有着相当程度的差异。比较教育研究的“制度”特指教育制度。《教育大辞典》将“教育制度”（educational system）定义为“一个国家各种教育机构的体系，包括学校教育制度和管理学校的行政机构体系。有的国家把教育制度看作按国家性质确立的教育目的、方针和设施的总称”。[9]而在新制度主义的理论框架中，对制度的最初理解是将其看作一系列的规则、组织和规范等。如诺斯在1993年发表的《制度变迁的理论》一文中指出，制度经济学所研究的制度（institution）是“人们所发明设计的对人们相互交往的约束，它们由正式的规则、非正式的约束（行为规范、惯例和自我限定的行为准则）和他们的实施机制所构成，或者说制度是管束人们行为的规则，这些规则涉及社会、政治及经济行为”。[10]这种制度定义强调的是一种约束关系，如约束婚姻的规则、政治权力配置规则、资源与收人的分配规则，货币、公司、合作社、遗产法和学校等都是制度。近10年随着社会科学领域各学科相互渗透，制度的内涵逐渐拓展开来。越来越多的人倾向于把制度理解为“规制”，即指覆盖不同领域并具有不同程度效力的协定，是一系列明确或隐含的原则、模式、规则与决策程序。

由于教育领域对“制度”一词的理解尚未挣脱传统话语形态的束缚，新制度主义对其的影响长期滞后于政治学、经济学和其他社会学科。不过近10多年来，在教育领域出现了三个显著的变化，分别是教育服务提供从单一走向多元、教育系统结构从松散变为紧密以及教育制度重要性的增加。这些新变化对旧制度理论的基本命题提出了挑战，要求重新审视一些制度关系，如同形性与多样性、合法性与效率、松散性与紧密性、制度约束与制度创新、政府与市场等。[11]这预示着有必要对教育研究中的制度分析进行重新定义和定位，比较教育研究也不例外。

(三) 比较教育研究的新制度主义视角

新制度主义的复兴标志着四分五裂的社会科学重新统一的趋势，因为它为研究者提供了关于问题描述和研究概念的更为统一的语言。尽管新制度主义各种流派的目标和假设各异，有时甚至存在着互相冲突的情况，该领域的研究者仍然具有很多共同的想法。这些想法把他们和传统的制度研究区别开来，影响着社会科学几乎所有的概念和分析工具。下文从“制度建构”与“制度变迁”两个方面简要论述新制度主义分析范式对比较教育研究的启示。

1. 文化、认知与制度的社会建构

传统的制度分析倾向于将制度看作是不依赖于人类行动而独立存在的具体结构，关注正式的法律结构。新制度主义则将人为的规则和程序作为制度的基本构成单元。制度产生的前提在于社会性地建构，即首先必须存在于那些有利益关系的个体行动者的头脑中。只有被个体的认知行动赋予了意义后，制度才具备作为客观社会结构的威力。新制度主义者强调认知结构或者图式对个体行为的影响，认为个体之所以做某件事情，是因为他们得出结论——“我们都是这样做的”。正如斯科特（W. Scott）所言：“服从在很多情况下是因为没有觉察到还有其他的行为形式；遵从常规做法是因为它们被理所当然地作为‘我做事情的方式’。”[12]例如一个学生想去上课，他总是自然地走向教室而不会走出教室，在这个行为过程中根本没有利益和规范的考虑，一切都是“理所当然”。

区别于认知心理学派，新制度主义在强调认知对行为的影响之外更关注塑造特定认知图式的整个文化意义系统，认为特定认知在本质上是由外部的文化系统所塑造的。具体来说，各方之所以会对行为和符号能有一个大致类似的解释，是因为在特定的场域中，交往各方共享一套特定的意义和符号系统。这套系统会以一种近乎标准化的运作方式对各种现象进行自动“解码”，它是保证社会正常运行的“软件系统”。在新制度主义看来，制度就是这样的“意义符号系统”。因此，一些被认为是“自然”的行为，如果置于另外一套意义系统下，就会变得非常突兀和怪异。前例所述学生一想到上课就会走向教室，这只是由于我们共享一套特定的教育制度。我们知道什么是“教室”、“教师”、“学生”、“上课”等，“去教室上课”才会被认为是理所当然。但如果在一个没有类似教育制度的社会里，这些行为就根本没有意义。由此可见，对于任何人类行为，都不应该把它看作是“自然”的、脱离于社会环境的，而是应该把它放置在特定的制度背景下来理解。如安迪·格林在《教育与国家形成——英、法、美教育体系起源之比较》一书中，即着重探讨了国家教育制度诞生的原因，认为国家需要（包括国家建立政治经济统治制度的需要以及建立意识形态政治地位和霸权地位等方面的需要）是国家教育制度诞生的社会历史原因。[13]可见，对需要在跨国、跨文化基础上进行的比较教育研究而言，借鉴新制度主义的分析范式，更多地思索教育制度建构与外部文化意义系统间的联系，更具特殊的意义。

2. 历史、理性选择与制度变迁

制度变迁是指在某种社会环境中，支配人类行为和相互关系的规则的变化。从制度变迁的目标模式上看，制度变迁是一种社会效益更高的制度对低效制度的替代过程。目前，最普遍使用的制度变迁模型依赖“制度平衡”（institutional equilibrium）这一概念，认为平衡可以被“外来冲击”（exogenous shoek）或者是现存制度逻辑的内部矛盾所打破。新制度主义重点强调制度是由具体的历史行动者构建的。这些行动者既受到自我利益的驱动，也受到价值和文化信念的驱动。

20世纪80年代以来世界各国教育改革此起彼伏。在这场世界性的教育改革浪潮中，比较教育研究者扮演着旗手的重要角色。“制度变迁”

（Institutional Change）、"制度转型"（Institutional Transformation）、"制度重建"（Restructuring Institutions）、"制度创新"（Institutional Innovation）、"制度的重新安排"（Rearranging Institutions）等词汇频繁见诸于比较教育研究的相关文献中。从这些词汇的高频率使用，可以想象比较教育学者们的强烈愿望即希冀通过比较研究打破旧的制度安排，建构更为合理的新制度。这就要求比较研究不能仅仅停留在事实陈述与评价上，必须深入追根究源，将制度作为内生、外生变量分别进行考察。重新思考什么是制度理性，并从客观制度的合理内核中归纳出认知理性。不过新制度主义强调将制度置于具体历史情境中加以考察，绝不等同于教育史的研究。以历史制度主义为例，其主要关注在制度变迁过程中，现有的制度安排是如何把某些行动排除在"可行系列"（feasible set）之外，协助或促生了某些特定的新行动，即重点考察制度安排的路径依赖。[14]因为，比较教育研究在探讨某国教育制度的传统问题时，应当反思性地探索在它的道路依赖现象后面的内在历史理性和制度理性，这样似乎更符合最近的回归本体论趋势。

（四）结语

目前，新制度主义正以其独特的魅力吸引着越来越多的经济学、政治学、社会学等各界学者的视野，但新制度主义同样存在着不可避免的缺陷。从理论本身来看，新制度主义更多地关注制度对政策及其他政治选择的影响，而没有为制度的形成与变化提供充分的解释。其次，新制度主义各分支在方法论方面存在很多问题，如"制度"概念的测量与验证问题。此外，"新制度主义还不同程度地存在'无法证伪'的可能性，即当制度没有被遵循时，新制度主义往往辩解说那是因为制度还没有完全发展，或者说任何制度都允许某种程度的偏离，这使得制度影响个体的行为选择的假设无法证伪"。[15]由于新制度主义在本体论上的缺陷，其方法论对比较研究的意义是相当贫乏的。就比较教育研究而言，新制度主义的分析范式只是提供了一个理论轮廓，尚需更为精确地解释。

参考文献：

［1］［英］卢瑟福．经济学中的制度［M］．陈波，郁仲莉，译．北京：

中国社会科学出版社，1999：2.

[2] PETERS B. Institutional Theory in Political Science [M]. London and New York：Wellington House，1999.

[3] 陈家刚. 全球化时代的新制度主义 [J]. 马克思主义与现实，2003（6）：15—21.

[4] [11] [14] 海因兹—迪特·迈尔，布莱恩·罗万. 教育中的新制度主义 [J]. 北京大学教育评论，2007，5（1）：15—25.

[5] 顾明远，薛理银. 比较教育导论——教育与国家发展 [M]. 北京：人民教育出版社，1998：26.

[6] 王承绪主编. 比较教育学史 [M]. 北京：人民教育出版社，1999：10—11.

[7] 赵中建，顾建民. 比较教育的理论与方法——国外比较教育文选 [M]. 北京：人民教育出版社，1994：24.

[8] 徐小洲. 论当代比较教育研究的对象 [J]. 比较教育研究，2001（9）：21—26.

[9] 顾明远. 教育大辞典 [Z]. 上海：上海教育出版社，1998：798.

[10] 程恩富，胡乐明. 新制度经济学 [M]. 北京：经济日报出版社，2005：8.

[12] SCOTT W. Institutions and Organizations [M]. 2nd Ed. London：Sage Publications，2001：47—70.

[13] 许庆豫. 教育研究中的历史比较方法评介——《教育与国家形成》分析 [J]. 比较教育研究，2000（2）：21—26.

[15] PETERS B G. Institutional Theory in Political Science [M]. London and New York：Wellington House，1999：150—151.

（本文发表于《比较教育研究》2009年第6期。作者周琴时，时属单位为西南大学教育学院国际与比较教育研究所）

七、比较教育研究中的历史主义范式

(一) 历史主义范式的形成

根据当前学界的一般看法，比较教育诞生于19世纪初期，一般以法国朱利安（M. A. Jullien，1775～1848）1817年发表的《比较教育的研究计划和初步意见》作为标志。在确立朱利安"比较教育学之父"历史地位的该著作中，朱利安深受以经验主义为基础的实证思想，尤其是启蒙思想家孔多塞的影响，认为"任何一门科学，任何一种艺术，都是由事实和观察组成的，教育也不例外"。他强调比较教育研究要建立在事实与观察的基础上，倡导将应用于自然科学的观察法、比较法等实证研究方法用于教育研究，从而"使教育成为近乎实证性的科学"。[1]尽管他的思想在当时并没有受到人们的关注，但其倡导的比较教育研究方法体现着实证主义的精神，实为比较教育研究中实证主义范式的发端。

从19世纪末20世纪初开始，由于受到当时西方历史主义学派形成和发展的影响，加之当时民族主义兴起的推动，比较教育研究方法论开始出现人文主义的转向。在兰克（L. Ranke）、特洛奇（E. Troeltsch）、迈纳克（F. Meinecke）等历史主义学派看来，每个国家都有其个性，代表一种个别的精神，而无共同的历史可言；作为历史事物，其具有单一性和相对性，在方法论上他们强调历史是不可重复的，不能像自然科学那样用普遍规律或模式进行推理研究。而19世纪末20世纪初民族主义的发展，使得民族国家成为国际事务中的重要单元，为了实现民族国家的发展与振兴的目标，各国政府纷纷将教育视为强国之本大力推动教育改革。在这种背景下，历史主义研究范式开始在比较教育中兴起，并逐渐在比较教育研究方法论中占据主导地位，比较教育研究开始由初创时期的描述性研究向寻求历史解释的研究取向转变。

1900年，英国比较教育学者萨德勒（M. Sadler，1861～1943）发表了《我们从对别国教育制度研究中究竟能学到什么有实际价值的东西?》的演讲，这标志着比较教育学科体系与历史主义研究范式开始形成。在这篇著名演讲中，萨德勒率先提出比较教育的主要目的是用比较和历史研究中获取的经验来影响本国教育政策的制定，强调比较教育的研究要通过文献分析，以直觉及历史的方式探究教育制度背后的影响因素，强调一个社会中的学校必须在那个社会背景中进行研究。此后，汉斯（N. Hans，1888～1969）、施奈德（F. Schneider，1881～1974）、康德尔（I. Kandel，1881～1965）、乌利希等人遵循这一思路，又进一步加以继承和发展了萨德勒的观点，他们都注重对产生各国或地区教育现象的因素进行纵向分析，特别是对其历史背景进行分析研究。而另一部分学者如马林森等则更强调形成各国或地区教育现象的横向原因，十分重视文化、宗教、政治环境、经济状况，特别是民族历史传统的分析。萨德勒、汉斯、施奈德、康德尔、乌利希等比较教育学家一改朱利安时代比较教育倾向于朴素的、现实主义的客观描述的实证方法，转而通过对历史、文化的考察来挖掘民族国家教育制度的成因，强调对他国教育的借鉴应该是理性的借鉴，[2]比较教育学者应努力挖掘对象国教育制度形成的诸多因素，并对这些因素进行合理的解释。

20世纪60年代以后，随着社会科学的发展和教育改革进入到一个新的发展阶段，比较教育研究的历史主义研究范式开始遭受冲击、诘难而式微，逐渐退出了在比较教育中的主导地位。而与此相反，在前一阶段归于沉寂的实证主义者则开始发出自己的声音，不断走向兴盛并最终取得了被历史主义研究范式长期占据的主导地位。

从当时社会科学发展看，20世纪60年代后实证主义社会学开始成为主流，实证主义社会学强调以自然科学为标准模式建立统一的知识体系，并把自然科学作为社会理论构造的模式，追求自然科学这种因果性、精密性和普遍性。[3]而波普尔（K. R. Popper）则强调指出科学只可能被证伪，不能被证实，主张放弃寻找永恒真理和普遍法则，转而去寻找有限预测作用的规律或法则，这些都对比较教育实证主义方法论的确立和兴盛产生了影响。从当时教育改革的背景来看，随着新科学技术革命的来临，从20世纪50年代后期兴起了一股全球性的教育改革浪潮，预见教育内在规律或教育改革的趋势、为教育改革提供依据成了时代赋予比较教育的新使命。在这种背景下，以贝雷迪（G. Z. F. Bereday）、诺亚（H. N. Noah）和埃克斯坦（M. A. Eckstein）、安德森（A. Anderson）、卡扎米亚斯（A. M. Kazamias）等为代表，深受孔德实证主义哲学影响的一批年轻比较教育研究者发起了对历史主义研究范式的批评，重新倡导朱利安时代的实证精神，主张采用如描述法、统计法等自然科学的研究方法，通过严谨的资料收集、周密的数学分析与严格的科学实验建立一种可反复检验的教育理论，确立了实证主义的研究范式。20世纪70年代以来，由于受到新马克思主义、新自由主义、后现代主义等思潮兴起的影响，比较教育研究逐渐走向了多元化的道路，文化相对主义研究范式、多元文化研究范式先后兴起，对比较教育的发展产生了重要影响。

（二）历史主义范式的基本取向

1. 比较教育的目的论

在比较教育的目的方面，萨德勒认为：比较教育的主要目的在于通过比较和历史研究中获取的经验来影响本国教育政策的制定。他在1903年辞去特别调查报告局局长时曾在政府发表的蓝皮书中写道："教育情报局的主要工作……是收集、总结和出版各种教育经验，目的在于：（1）从各种不同的观点中提取合理和真实的意见；（2）使全国知晓，与别国相比较，（我们的）教育效率如何；（3）尽可能促使人们普遍赞同国民教育发展的最为明智和有效的办法。"[4]在题为《我们从对别国教育制度研究中究竟能学到什么有实际价值的东西?》的演讲中，他更为明确地提出，比较教育就是要"以正确的精神和严谨的治学态度研究国外教育制度的作用"，以便"促使我们更好地研究和理解我们自己的教育制度"。[5]在萨德勒看来，虽然外国的教育制度不一定优于并适用于本国，但对其进行研究可以使自己认识到本国教育中存在的不足与问题，从而明确改进的切入点和方向，能使自己更好地理解本国的教育制度。

总之，比较教育的根本目的在于对照别国，发现本国教育的弱点，为进一步予以改进奠定基础。

康德尔、汉斯同样有着与萨德勒相似的观点。康德尔早在1924年编撰第一卷《教育年鉴》时就指出，比较教育的目的在于“要使学习教育的学生得以获取世界各国的教育理论和实践经验”。[6]在康德尔看来，尽管教育制度不能从一国移植到另一国，但一国的教育思想和实践有可能是他国教育改进的出发点。在1933年出版的经典著作《比较教育》中，康德尔认为，比较教育单纯研究教育机构、学校制度的组织、课程和教学过程显得肤浅，对教育问题“进行比较研究的主要价值就在于分析问题的原因，比较各国制度及其背后原因间的差异，最后研究尝试解决问题的方法”。[7]在1939年编撰的年鉴中，他指出，比较教育的根本目的在于“发现教育问题，探讨问题产生的原因及其在特定背景中的解决方法，以及发展教育的原理或原则”。[8]根据国内比较教育学者祝怀新教授的概括，康德尔的比较教育研究的目的论主要在以下三个方面：(1) 提供事实，发展教育思想；(2) 了解教育问题在特定民族背景下的原因；(3) 借鉴别国的经验，改善本国乃至全世界的教育。[9]汉斯在他的代表作《比较教育：教育的因素和传统研究》中，则从教育是民族性影响的产物出发，推导出比较教育的目的，他指出，“从历史的角度分析研究(形成教育制度的因素)，比较各国解决由这些因素产生的问题的方法，这就是比较教育的目的”。[10]

总体说来：历史主义范式强调比较教育的目的不仅在于借鉴和移植他者的先进经验，而且还要通过调查和研究其他国家的教育状况，从别国的经验中寻求理解和改进本国教育之道。[11]比较教育的目的，就在于通过历史文化的比较，来阐明解释各国教育存在的共同的原则或主导性的因素，希望各国合理借鉴教育制度的设计，来改造发展自己国家的教育。[12]

2. 比较教育的方法论

在比较教育的方法论方面，历史主义研究范式的要点有二：一是强调一个国家或地区的教育发展与教育制度的形成受该国或地区的社会、政治、经济、文化、历史、自然环境和民族传统等各种因素的影响，因而要把它放在一定的背景中加以研究；二是强调教育中历史传统的持续性，强调要从历史的角度看待比较教育。

萨德勒提出，研究外国教育制度必须要深入到学校之外去寻求“维系着实际上的学校制度并对其取得的实际成效予以说明的那种无形的、难以捉摸的精神力量”，[13]因为“学校之外的事情甚至比学校内部的事情更重要”。[14]强调研究外国教育不能离开其扎根的特定社会背景。不仅如此，他还指出，“任何出色的真实有效的教育都是民族生活与特点的写照。它根植于民族的历史中，适合于它的需要”，[15]强调研究他国的教育制度必须关切与之密切联系的社会文化和民族特性。萨德勒的这些主张，为以因素分析为主要特点的历史主义范式确定了方向。正如美国当代比较教育家卡扎米亚斯所说：“萨德勒的这些原理，构成了20世纪比较教育的理论方向的奠基石。”[16]

美国比较教育学家康德尔深受萨德勒的影响，他指出：“比较研究首先要求理解形成教育的无形的、不可捉摸的精神和文化力量，这些校外的力量和因素比校内事务更重要。因此，教育的比较研究必须建立在对学校所反映的社会和政治理想的分析上，因为学校在传递与发展中集中体现了这些理想，为了理解、体会和评价一个国家教育制度的真正意义，有必要了解该国的历史与传统，统治其社会组织的力量和态度，决定其发展的政治与经济条件。”[17]他不仅接受了萨德勒强调学校外部因素的观点，而且提出了根据历史学科研究的中心点来理解比较教育学科领域的新观点，指出“要理解任何一种制度以及两种制度间的差异，不深入到其背后发现影响其形成的因素，那是不可能的”。[18]他强调从历史的角度研究国家的教育制度，认为比较教育是“延续至今的教育史研究”。[19]为了全面清晰展现他对比较教育方法论的见解，他还提出民族主义、民族性和“力量与因素”等概念，用以说明比较教育的方法论。

在《比较教育的历史研究法》中，汉斯也强调了历史主义研究对比较研究的重要性：一是任何比较资料的解释都需要历史背景；二是对于比较资料的解释必须有其他方法作为补充。[20]在汉斯看来，虽然历史研究并不能得出解决所有学校问题的最佳方法，但是“历史的影响常常具有决定性的作用，即使现时代也不例外”；[21]惟有历史研究才能解释种种教育政策的差别”。[22]不仅如此，在1949年出版的《比较教育——教育的因素与传统研究》一书中，汉斯还构造了由自然因素、宗教因素和世俗因素构成的因素分析的框架，倡导通过这些因素的历史形成、发展过程和在教育上的反映等历史事实进行分析比较。除了萨德勒、康德尔、汉斯之外，施奈德在比较教育方法方面也倡导比较法，只不过在使用比较法时他重视哲学辩证法，非常重视民族性和教育的内部发展动力的作用。

概括言之，历史主义研究范式强调比较教育的“历史－功能”目的，在研究方法论方面不满足于对教育现象的描述，非常重视教育的社会背景和文化的分析，强调历史分析的解释作用。通过这种分析解释，历史主义研究范式旨在说明每一种教育制度是如何表现其独特性的，由此来强调教育中适用性的重要作用。[23]

(三) 历史主义范式的意义

首先，在比较教育目的论方面，无论是萨德勒、康德尔还是汉斯都强调比较教育的目的不仅在于借鉴和移植他者的先进经验，而且应当包括从别国的经验中寻求理解和改进本国教育之道。这种比较教育的目的论不仅适应了19世纪末20世纪初民族主义发展的要求，而且在全球化的今天借鉴国外的先进经验，为本国教育改革提供“国际化参照”，仍是比较教育研究的重要目的之一。

19世纪末20世纪初是民族主义兴起、发展的年代。一方面，受益于以电气化为标志的第二次工业革命的推动，这一时期社会生产力得到了显著发展，改革国民教育制度以满足经济发展对劳动者素质提高需要的呼声不断高涨；另一方面，在这一时期（尤其是第一次世界大战结束以后），一些亚非拉殖民地国家纷纷独立，民族振兴与发展成为这些民族国家的首要任务，为了促进民族振兴与发展，几乎所有的民族国家都把教育的改革与发展视为振兴民族发展的强大动力予以极大重视。历史主义者强调比较教育要对决定各国教育制度和教育实际的主要因素进行分析，以探求适合各国实际的教育制度，这种比较教育目的论正满足了当时国民教育制度改革的需求。在历史主义者看来，比较教育绝不是为了“比较”而“比较”，而是借鉴其他国家的先进经验以及从别国的经验中为理解和改进本国教育提供“认识参照”，比较教育的出发点和最终指向是改造本国的教育实践，这与今天我们强调教育改革不能“闭门造车”要重视“国际化的参照”以及对比较教育基本使命的理解无疑是吻合的。

除了这些之外，历史主义者的其他一些倡导也不失积极意义。如康德尔强调教育制度不能简单地从一国移植到另一国；萨德勒也强调一个国家的教育制度未必适合相似的其他国家，他竭力阻止把别国教育制度的因素和细节分离为一个个“元件”并期待运用于本国的做法。在他看来，外国教育制度中的具体方法或要素“常常根植于制度本身的土壤之中并与它们所依赖的条件紧密结合在一起，而这些条件是不可能或不希望被引进到另一国的”。比较教育“最好先从整体上去探究外国教育制度所蕴含的精神，然后再去从别国对待所有熟悉的教育问题的完全不同的解决办法的研讨、思索中获得间接启发，而不是期望从外国教育制度中直接发现有多少可实际模仿的东西”。[24]这些理解在今天仍不失为一种理性的声音。

其次，在比较教育研究的方法论方面，萨德勒、康德尔、汉斯、马林森等强调通过历史、文化的考究来挖掘民族国家教育制度的成因，力求挖掘对象国教育制度形成的诸多因素，并对这些因素进行合理的解释。他们反对在比较教育研究中运用纯粹的统计方法，强调比较教育不能满足于对教育现象的描述，而要重视教育所扎根的社会背景和文化的分析，强调历史分析的解释作用。这种认识和倡导突破了比较教育初创时期只满足于对教育现象的描述与教育制度的简单移植的实地考察、问卷调查等实证主义方法。历史主义者强调比较教育研究要关注民族特性、历史传统以及政治经济对教育的影响，强调不能孤立地“就教育论教育”，要看到教育的历史继承性以及教育所扎根的独特“生境”，这一认识不仅体现了对教育基本特性的理解并对今天的比较教育有所启迪，而且体现了比较教育方法论向人文主义的转向，推动了比较教育的发展，使比较教育进入到黄金时代。伴随这种方法论的转向，比较教育学者对于学科自身的深入反思使比较教育学初步建立起独立的学科体系，比较教育从此走向了学科自觉。[25]

当然，作为在某一特定阶段形成、发展起来的研究方法论，历史主义研究范式也存在自身的不足和问题。在比较教育的目的论方面，历史主义者强调比较教育研究的目的在于借鉴和移植他者的先进经验以及从别国的经验中寻求理解和改进本国教育之道，从而为国家教育决策提供借鉴。在全球化的今天，比较教育研究这一目的无疑显得单一，在当前，促进国际理解、增进世界和平等也应当是比较教育的一个重要目标。除此之外，"历史主义者"多把作为"学术探索领域"的比较教育的使命看成是对国民教育制度的描述与诠释，而不是对教育内在发展规律或教育改革趋势的预见。[26]在比较教育研究方法论方面，与结构功能主义特别强调"教育的结构功能"相比，历史主义者仅仅强调从历史的角度对形成教育结构或制度的各种因素进行分析，却没有对结构（不仅是教育结构，也包括其他社会结构等）所形成的功能进行细致分析。[27]就汉斯的"历史—因素分析法"而论，该法在教育制度与影响因素关系处理方面存在循环决定论、片面强调"校外的事情"而忽视教育自身的逻辑、在具体因素分析过程中在思维逻辑上趋向"求同法"、仅拘泥于对影响教育的因素进行分析和解释而没有探讨是否该借鉴以及如何借鉴等这些问题。[28]正因为如此，历史主义范式在20世纪50年代以后遭致贝雷迪、诺亚、埃克斯坦等为代表的基于结构功能主义的比较教育学者的诘难。在20世纪中期之后，实证主义的比较教育方法论开始再度兴起，并取代了历史主义研究范式的主导地位，而实证主义研究范式则一步步走向式微。20世纪70年代以后，由于实证主义研究范式弊端的不断暴露，历史主义研究范式对文化、历史的关注又重新引起了人们的重视。

参考文献：

［1］［21］赵中建，顾建民．比较教育的理论与方法——国外比较教育文选［M］．北京：人民教育出版社，1994：101，88.

［2］［3］［25］赵明玉，李雅君．徘徊于人文主义与实证主义之间［J］．外国教育研究，2006（9）：22—23.

［4］HIGGINSON H H. Profiles of Educators：Michael Ernest Sadler（1861—1943）［J］. Prospects，1990，XX（4）：558.

［5］［6］［9］［10］［13］［14］［19］［24］王承绪．比较教育学史［M］．

北京：人民教育出版社，1999：62，70，72—74，87，64，66，73，65.

[7] [17] KANDEL I. Comparative Education [M]. Santa Barbara: Greenwood Press Publishers，1933：XVI，XIX.

[8] KANDEL I（eds.）. Educational Yearbook 1939 [M]. New York: International Institute of Teachers College，Columbia University，1939：436.

[11] [23] 陈时见，刘揖建. 比较教育研究范式的发展及其走向 [J]. 比较教育研究，2006（6）：1.

[12] [26] 杨启光. 比较教育中文化历史研究的发展 [J]. 外国教育研究，2008（1）：2.

[15] SADLER M. The Unrest in Secondary Education in Germany and Elsewhere [R] //Board of Education. Special Reports on Educational Subjects（Vol. 9）. London：HMSO，1902：162.

[16] [美] 卡扎米亚斯，马西亚拉斯. 教育的传统与变革 [M]. 北京：文化教育出版社，1981：3.

[18] KANDEL I. The New Era in Education：a Comparative Study [M]. London：Harrap，1955：46.

[20] [22] HANS N，The Historical Approach to Comparative Education [J]. International Review of Education，1959，5（3）：300—301.

[27] 卢晓中. 比较教育学 [M]. 北京：人民教育出版社，2005：79.

[28] 赵明玉. 比较教育中的“历史——因素分析法” [J]. 外国教育研究，2007（8）：15.

（本文发表于《比较教育研究》2010 年第 5 期。作者姚琳、彭泽平，时属单位为西南大学教育学院国际与比较教育研究所）

八、论比较教育学科化与科学化的现象学意蕴

在比较教育的学科发展历程中，我们时常发现自己处于霍尔斯（W. D. Halls）所指出的境地，“我们的比较教育学家很少例外地发觉我们自己被排斥在教育改革过程之外，我们没有在对教育现实的影响中找到自己的位置”，[1]我们的比较教育学科同一性一直面临着诸多挑战。那么比较教育的学科建设能否依靠科学的实证理性来解决学科危机呢？本研究运用现象学的研究视角，试图对此进行分析。

（一）遮蔽与觉醒：比较教育学科化与科学化的现象学呼唤

1. 比较教育研究的异质性要求用现象学的范式构建其学科同一性

爱泼斯坦（E. H. Epstein）指出，一种学科理论的实质，特别是那种致力于人类活动理论的实质不仅在于这种理论明确地言说了什么，而且在于它漏说了什么，或者它的言说中包含的那些它所难以承认的内容。[2]韦尔奇（A. Welch）和伯恩斯（R. Burns）指出：和很多其他学科一样，比较教育是一个异质的领域，对这一领域的歧异性及其在方法论上缺乏一致的认识，或者对这一学科中缺少清晰的定义等问题的批评比比皆是。[3]自20世纪40年代现象学开始应用于教育研究以来，教育学在研究方法框架中将现象学与叙事研究、扎根理论、人种学研究、案例研究等一起作为质的研究设计的五种策略之一。那么现象学的研究范式在比较教育研究中的作用何在？比较教育的异质性要求在学科化过程中讲求其方法的科学性，在科学性的研究中寻求其学科同一性。那么，寻求构建比较教育学科同一性的方法与路径究竟在

何方？

荷兰教育现象学代表人物兰格维尔德（J. M. Langeveld）认为，比较教育学者必须认识到两点：一是认清自己的角色；二是意识到他者教育的价值和形式，最终能够反思、塑造和指导我之教育生活。基于对教育世界“内外”的差别认识，他认为，对他者教育的认识不是从自己的教育思想进行先入为主的体悟，而是需要进行“此时此地”的方式来理解其“特定”意义；美国现象学代表人物阿米德·吉戈吉（A. Giorgio）认为，比较教育学者在观察与考量他者之教育时，需要保持开放的态度，以便把教育隐含的意义揭示出来，其重要的途径在于发现和描述教育生活体验；克拉克·穆斯塔卡斯（Mcustaks）认为，现象学运用在比较教育的目的不是关注他者学习事实本身，而是关注他者学习体验的内在结构。[4]他们都共同认为，比较教育的学科建设正是基于对他者教育内在结构与本质意义的探寻。纵观现象学在教育研究中的应用，我们不难看到，现象学所倡导的“地面的”和“小零钱”式的态度，对以往追求体系化、宏大化和西方化的比较教育研究有着重要的启示与框正作用。我们的比较教育研究应努力回归研究他者的教育世界与教育生活，应力图寻求一种“微言大义”的大问题小视角、小问题大视角、小问题小视角三种研究路径，矫正以往“上下五千年、往来中西间”的大问题大视角的方式和方法。这种研究范式的转换，可以克服比较教育在以前研究中先入为主的研究假设与偏见，克服在研究中忽视关注研究他者教育生活的人本关怀，从而构建一个悬置（epoche）偏见、关注教育生活的学科。这样的一种学科建构，能够使比较教育朝向探求教育本身的原初、直接、丰富和生动的样态，能够真实地透视他者教育本身，并关注我之教育问题，获得教育“比较”本身应有的效果，在异质性的教育比较中实现自身学科化的建设。

2. 比较教育研究的学科化建设呼唤用现象学方法建构其真正的科学性

比较教育学的发展从朱利安时代开始就存在着普世主义的和实证理性的传统，对某种大同世界理想的追求以及实证理性对认识的某种无主观的纯粹客观性的无止境追寻，引导着比较教育学研究不断寻找种种“科学”方法，这些科学方法试图超越一切民族文化和个人主观性可能对研究结果产生的影响，因而是绝对“客观”的研究方法。这样，一种事实上不可能存在的“上帝的视角”在超越主观、超越民族的同时，实际上也超越了教育本身，比较教育学科自我意识的迷失也就在所难免了。[5]科学实证的研究范式对比较教育实证方法的倡导促进了比较教育研究的发展，促进了比较教育“科学化”的进程。但是，科学实证的研究范式在比较教育的研究中存在诸多弊端，例如：它忽视了对“他者”教育实践与教育生活的意义建构、将他者的教育作为概念世界而忽视其生活世界、把他者的教育理解为抽象的存在而非具体的实在。比较教育学绝对客观的“科学化”所遮蔽的不仅仅是比较教育的研究主题，而且更包括在其学科实践底层的话语权力的运作。在很多情况下，对“他者教育”与“我之教育”科学化的比较则放逐了比较教育的根本所在，用已知的“教育意见”遮蔽了比较研究的视野，这种遮蔽试图使量化的指标促使“科学化”的教育比较。我们认为，比较教育本质的“自明性”所引发的“存而不论”或“众所周知”掩盖了比较教育研究科学化论证的虚假性。比较教育的现象学研究范式表现出来的对他者教育世界与教育生活、人的生存之“关怀”才体现了比较教育的根本精神所在。

我们认为，现象学所倡导的在悬置的基础上朝向实事本身的方法论，对比较教育最大的启发在于：通过描述和分析来还原他者教育实事或教育生活的意义。由此构建一套基于案例、扎根理论的研究方式、研究步骤和程序；在解释学和人种学的基础上，获得对他者教育文本的人本解读“新”意义，其基本目标就是在悬置的基础上，研究者通过教育观察或体验、描述以及一系列研究技术，而不仅仅是科学的量化的实证，还原“他者教育现象本身”来看待和研究“他者教育现象的意义”，确立“自下而上”的比较教育理论路径，在反思他者教育实事中朝向教育本身的生活世界，从而把生活世界作为其探寻的起点和基础，发现生活世界中的问题，由此提出比较教育的目的和价值。

（二）“悬置”与客观：比较教育朝向他者教育实事的条件与方法

如果说“回到实事本身”是由胡塞尔创立的现象学的基本原则，那么“悬置”则是回到实事本身的基本措施。胡塞尔说：“我们将该设定的一切存在性方面都置入括号。因此将这整个自然世界置入括号中，藉此，现象学可在自身所与物的例示中加以洞见。"[6]现象学范式之所以对比较教育是适用和可能的，是因为现象学所关注的是生活世界的问题，而比较教育研究的问题正是生活世界的重要组成部分。现象学在比较教育研究中的前提性条件是，在进行比较教育研究之初，把所有的偏见、预设及数据都放在"括号"之中，暂时性或永久性地存放起来。在尽可能括去可括的教育"假设"、教育"偏见"基础上，开展脚踏实地的教育观察、访谈、问卷、调查，通过这些去了解他者教育研究对象真实的"意向性想法"。

比较教育研究为何要进行"悬置"呢？根据现象学的观点，教育现象的本质不在现象之外、之后，而在现象之中，是通过对现象作联想而直观到变中之不变、稳定有序的结构。通过"悬置"而直观现象，这是对真理的毫不动摇的信念，也是寻找真理与本质的基本方法。[7]所以，现象学的"悬置"是为达到对研究对象的科学认识，通过"悬置"呈现出纯粹的不受价值干扰的现象作为研究对象。

如何进行比较教育研究"悬置"及"悬置"什么？我们认为，比较教育研究者应首先深入到他者的教育实际，在他者教育生活中与被研究者进行面对面和心连心式的接触，通过倾听与洞视而获取最原始的数据（实事）反射到自己的意识中来；再依靠研究者的"自由联想"，将原始的数据（实事）进行"境遇化"或"遭遇化"的分析、整理、分类；然后对能够解释的加以解释，对应理解的则用自己的语言朴实地表达出来；最后运用所得到的数据和所进行的诠释同先前放到括号中的预设和理论进行比较，看那些假设和理论是否有可行性和适切性。此时，我们就完成了教育考古学家、教育复古学家和教育批判学家的工作。比较教育的"悬置"应包括两个方面，首先是他者教育历史"悬置"，即历史上遗留下来的教育，不论是科学的、宗教的、或者是日常生活方面的对教育的看法，统统"悬置"起来，存而不论；二是教育判断"悬置"，即放弃一切有关教育外部世界存在的判断，直接面对他者的教育现实。根据现象学理论，只有这样才能直观教育本质，寻求到教育本质。那么在进行比较教育的"悬置"时应该注意哪些方面呢？首先，比较教育研究主体应把各种主观成分以及一切不是发自纯意识的知识全部放入括弧，"悬置"起来，"存而不论"；其次，比较教育的研究客体应毫无阻碍地呈现自己，把自己的本来面目原原本本地呈现出来，客体的自我呈现就是“现象”，客体以外的一切，无论与这个客体有无关联，都必须放入括弧，“悬置”起来；第三，比较教育研究主客体关系都必须处于无偏见、公正的地位。如此才能客观地“回到教育实事本身”，形成科学的、客观的对他者教育的认识。

（三）直观与再现：比较教育对他者教育生活解释的方法论基础

1. 比较教育的形式直观与本质直观

作为质性研究的一种方法，现象学要求研究者进入“他者的世界”，对他者即研究对象的个人经验和生活方式作“解释性理解”或“体验”。从解释学的角度来看，比较教育其实也不过是关于他者教育现象或教育话语的一门解释学。纯粹客观的教育事实是我们无法直接把握或不可言说的，这就要求我们在一系列文本关联中对他者的教育文本作出解释。德国教育学家福利特纳（W. Flitner）强调，在教育研究中要注意教育的文本关联，认为只有在各种与教育有关的文本关联中，教育的本质和意义才有可能清晰地显现出来。因此，他认为，比较教育学的研究对象“就其广泛程度来说，必须囊括所有的人类的生活，凡是与教育现象发生关联的文化和社会事实以及个体的生理事实，都是教育学研究的对象”。[8]范梅南（M. V. Manen）认为，现象学在教育研究中存在以下四个特点：（1）关注普通日常生活经验，而不是沉重的认识论、本体论或形而上学的问题；（2）具有规范性倾向，而不是坚持社会科学的价值中立；（3）着重具体经验的反思，而不是理论的抽象；（4）现象学研究有一种不言自明的共识，即要求兼具写作深刻文本的高超才能和反思性的学识。[9]

比较教育研究是一种跨文化的对话，它所面临的一系列困难，常常使“过度解释”难以避免地发生在比较教育学的话语实践中。[10]胡塞尔认为，现象学所谓的“本质”不是“实在的本质”，而是“非实在的本质”，他说：“一方面，向纯本质的过渡产生了关于实在存在的本质知识；另一方面，对于其余领域来说，也产生关于非实在存在的本质知识。此外，一切先验纯化的‘体验’将显然是非实在存在。现象学研究的正是这些非实在存在，但不是作为单一个体的，而是在‘本质’中的非实在存在。”[11]这种本源性的对他者教育的考察是通过我们在教育生活中直接的感悟或“看”出来的。而根据现象学的解释，他者的教育世界本来是与“我”同一的，正因为“我”对他者教育世界的探究才使我与“他者”分离，那本源的世界因为我主客分离的探究而改变了它本源的样子。对于比较教育研究来说，在对他者教育进行形式直观时，比较教育研究者的现象学视野才开始显现，因为精彩点的发现和“类”的特征的把握都是以某种普遍性为前提的，而比较教育研究者只有具备一种教育学的全局观和比较教育的理论意识才能对这种普遍性有相对准确的把握。显然，这样一种分辨和区分是在对材料的选择及对材料意义的解释中体现出来的，这就是形式直观。下一步解决的是如何感知他者的教育，这样的感知，用胡塞尔的话来说，就是“本质直观”的一部分，是教育本质直观的内在基础。比较教育研究的本质直观并不外在于对他者教育的原初感知（不是对于感知对象加以抽象、概括的结果），而只是通过观察目光的调整而改变感知他者教育材料的方式罢了，也就是从感觉形式直观的方式转变为范畴直观，发现更高层的教育关系结构、更深刻意义的教育意义建构，从而对他者、我之教育世界、教育生活有着更为全面、深刻的解释。

2. 现象学范式下他者教育的“科学”再现与“生活”再现

启蒙运动所带来的理性主义思潮将人类历史看作是一种稳固的科学知识的积累和科学理性的发展。所以，胡塞尔试图以一种“目的论的－历史的”方法来分析和克服科学世界和生活世界的疏离。[12]现象学是应对科学危机、哲学危机和人性危机的产物，胡塞尔认为，实证主义、怀疑论、非理性主义等抛弃了理性的、普遍哲学的理念导致了人性危机。而科学危机的原因“并不是由于理性主义的本质本身，而仅仅在于将它肤浅化，在于它陷入‘自然主义’和‘客体主义’”。[13]

对他者教育的考察，对同一个有关教育的概念、现象，每个人都有不同的理解，就比较教育学者个人的实践来看，在对不同民族国家的教育进行解释的过程中，由于语境的差异和文本关联的纷繁复杂，比较教育学者个人主观的东西必然会渗透于其解释活动之中，并最终投射到解释对象的身上。“文本就不只是一个用以判断诠释合法性的工具，而是诠释在论证自己合法性的过程中逐渐建立起来的一个客体”。[14]这就要求每个比较教育研究者所采取的第一步就是“括”去所有可能知道的“偏见”；第二步就是通过介入观察、访问等获取教育人的“意向性意识”；第三步是依靠比较教育研究者的“自由想象”，编译第二步的内容，并进行恰当的分类；第四步就是对分类结果与我之教育进行比较；第五步是将比较研究所得与原先所“括”的内容对照，发现差异，形成结论。

我们认为，量化与质性研究不过是价值判断的手段与途径，现象学不是根据“量”的实证来规定严格的研究操作程序，而是在研究过程中由于朝向“他者”的教育生活直观而实现研究者与被研究对象的动态交流。比较教育研究是一种价值判断活动，比较教育研究不仅存在于价值关联的体系中，而且比较教育研究的过程从问题的选择、假设的提出、资料的分析与解释，都不可能完全避免“价值关联”，研究者甚至无法从自然存在的主观中把客观区分出来。自然科学的研究范式认为，主客同一的体验是无效的，只有研究者的“中立”态度才能获取所谓真知。但马克斯·范梅南认为，这种自伽利略以来形成的自然科学研究方法并不适用于人文科学视界中的教育学。[15]在胡塞尔看来，客观主义实质上是一种以追求客观世界真理为目的的认识论，它关注的是科学“事实”的发现，以此为自然科学提供知识的基础，客观主义的最大错误在于排除了人的主观性，它没有认识到，客观的真理、世界的存在、生活的意义恰恰是通过这种主观性才能够被获得、才能够被理解的。实证主义的根本错误在于，它只关注“事实”，即只关注物质世界和精神世界“是什么”，而不关心与“人的生存”、“人的本性”有关的价值、理想、规范、理性与非理性等种种问题。这一错误在理论上的主要表现就是放弃了一切对形而上学的追求，其危害无异于“砍去了哲学的头颅”，[16]因为这意味着丧失了对普遍哲学理想的信念，意味着失去了对“人类理性”的信念。[17]如果比较教育仅以绝对客观的、“科学”实证主义来“关注事实”，它只能造就“只关注事实的人”（关注他者教育的数据与事实，引者注）。在此情况下，还有什么人会关心人类的（教育）生存和人类的（教育）理性本质呢?[18]我们认为，教育是生活的一种方式，惟有我们关注他者教育生活的意义而不仅是他者教育的“科学”时，比较教育才成为比较教育。

（四）借鉴与超越：比较教育现象学研究范式的目标与路径

“我研究的是普鲁士，而我思考的始终是法兰西”的库森名言代表了所有比较教育学者真诚的本土情怀。为什么说现象学方法对比较教育是适用和可能的，可以实现比较教育对他者教育生活的批判与借鉴呢？因为比较教育学一个重要的前置性假设就是：通过与别国教育的比较研究，可以诊治本国教育中存在的弊病，或进一步改善本国教育。正如胡塞尔所指出的那样，现象学是对“生活世界”探索的科学，生活世界的本质并不是由所谓的“事实”（fact）所构成，而是由于社会现实中人的意向性意识所决定。现象学要求在进行比较教育研究时应该关注三个方面的研究，即教育的关系、教育的情境和教育的行动，其核心是他者的教育生活。他者教育的日常生活即是“生活世界”的中心，而由教育行动者（包括他们形成的主体间际）及其教育环境所组成的教育生活世界在某种程度上可以称之为一个意义的世界。现象学研究范式下的比较教育正是通过其教育研究设计的开放性、研究过程的动态性、研究姿态的“亲他性”达到研究成果的“朝向实事本身”。从现象学角度来说，比较教育所希望追溯的最原初的体验，追溯他者教育生活本身的过程就是一个解构的过程、批判的过程、超越的过程。因为在这个追溯过程中，我们将预设的教育理论、观点、成见和想当然的思维逐一剖析出来。现象学在比较教育研究中问题的选择与判断、资料的收集与分类、主题的分析与批判中提供了“关照教育生活世界”的视野，在对教育生活的内涵、主题思想、研究步骤、研究意义和评价中实现“比较”的批判与借鉴。

作为比较教育学者，在进行对他者教育的考察和对自身教育的反思时，应该遵循什么样的路径实现比较、借鉴与超越呢？我们认为，一是需要准确选择研究的问题与研究的对象，明确研究的教育主体；二是对他者的教育进行体验和资料收集；三是对他者的教育生活进行文本描述；四是提炼研究的基本要素，进而列出该研究对象的独特要素；五是提炼本次案例研究或行动研究的主题；六是展开联想，将研究的结果与被悬置的假设进行对比；七是找出他者教育与我之教育的文本关联以及意义关联；八是在关照我之教育的基础上，对我之教育提出建设性意见，实现借鉴。在整个研究过程中，比较教育研究应以现象学关注人的“生存与发展”为出发点和归宿，在对他者教育进行反思与借鉴中实现真正的超越。

(五) 结语

比较教育的学科专业化不仅是科学实证理性的研究使命，更是对教育生活根本意义的追求。因为客观性只是（比较）教育学的研究原则，而不是研究目的。[19]作为中国的比较教育学者，我们在面对日益多样与盘根错节的教育体系时，应更加强调高层次“人”的科学化研究，以实现从他者教育的直观性因素分析转向教育的辩证性多元综合分析，从国别教育的解读转向对教育与人的发展规律的把握。因此，中国比较教育应进一步深化学科专业化，突出研究的“科学性”，[20]同时更应该注意比较教育的人本关怀，以真正实现关注人本并“朝向教育实事”的比较教育研究的学科化与科学化。

参考文献：

[1] HALLS W D. Culture and Education：The Culturalist is Approach to Comparative Studies [M] // EDWARDS R，HOLMES B，GRAAFF J V (eds.). Relevant Methods in Comparative Education. Paris：Unesco Institute for Education，1973：119.

[2] [5] EPSTEIN E H. Currents Left and Right：Ideology of Comparative Education [J]. Comparative Education Review，1997：3.

[3] WELCH A，BURNS R. Introduction：Reflections upon the Field [M] // BURNS R，WELCH A (eds.). Contemporary Perspectives in Comparative Education. New York & London：Garland Publishing，1992：XI.

[4] [6] [7] [14] 徐辉富. 教育研究的现象学视角 [D]. 上海：华东师范大学，2006：27，30.

[8] 邹进. 现代德国文化教育学 [M]. 太原：山西教育出版社，1992：124—125.

[9] MANEN M V. Phenomenological Pedagogy and the Question of

Meaning [M] //VANDENBERG D (eds.). Phenomenology and Educational Discourse. Durban: Heinemann Higher and Further Education, 1996: 39—46.

[10] [16] BALL S J. Introducing Monsieur Foucault, Foucault and Education: Disciplines and Knowledge [M]. 1. ed. London &New York: Routledge, 1990: 4.

[11] [13] 胡塞尔. 纯粹现象学通论 [M]. 李幼蒸, 译. 北京: 商务印书馆, 1992: 45, 447.

[12] STROKER E. The Husserlian Foundations of Science [M]. Dordercht/Boston/London: Kluwer Academic Publishers, 1997: 184.

[15] 马克斯·范梅南. 生活体验研究: 人文科学视野中的教育学 [M]. 宋广文, 等译. 北京: 教育科学出版社, 2003: 218.

[16] [17] HUSSERL. The Crisis of Sciences and Transcendental Phenomenology [M]. St. Evanston: Northwestern University Press, 1970: 168—169.

[18] MANEN M V. The Tone of Teaching [M]. London: The Althouse Press, 2002: 27.

[19] 魏宏聚. "悬置"与"离我远去": 教育学质性研究价值中立场分析与批判 [J]. 教育科学, 2009 (2): 30.

[20] 马早明, 冯增俊. 改革开放以来中国比较教育学的发展与转型 [J]. 教育研究, 2009 (6): 7.

(本文发表于《比较教育研究》2010 年第 5 期。作者兰英、金家新, 时属单位为西南大学教育学院国际与比较教育研究所)

九、西方比较教育研究范式述评

方法论的探索与争鸣是我国比较教育学科建设的核心问题之一，也是西方比较教育学科发展史的主旋律。本文以研究范式为主题来考察西方比较教育研究的演变，为我国学者对比较教育研究范式、方法论和方法的理解提供参考。

（一）实证主义研究范式

进入19世纪，自然科学的发展为社会科学领域的研究提供了思维典范。社会学创始人孔德、马克思等人将自然科学的实证精神和因果分析引入社会研究中，迪尔凯姆、韦伯提出了适于社会研究的各种经验研究方法，使得社会科学研究走向科学化的轨道。受其影响，"教育研究最初是以'实验教育学'而展开的，被视为一种以实证主义为基础的学科探索"。[1]

比较教育研究在早期就具有了实证主义的精神。比较教育先驱朱利安（M. Jullien）在1817年出版的《关于比较教育的工作纲要和初步意见》一书中指出，"有必要为教育这门科学建立事实和观察的库藏，要列分析表进行排列分析，从中演绎出一定的原则和明确的规则，使教育成为近乎实证性的科学"。[2]在朱利安看来，通过实证性的比较教育研究能够使教育成为科学。贝雷迪（G. Bereday）的实证主义体现在他所提出的"比较四步法"，他首次将"提出假设一验证假设"用于比较教育研究。诺亚（H. J. Noah）坚持并发展了朱利安的实证主义范式，把探究"一般的类似法则"和"跨制度的陈述"作为比较教育研究的目的。他认为，"比较教育不是要扩大和丰富各个国家名称的内涵，而是尽可能地用概念（变量）名词来代替制度（国家）名称”。[3]诺亚和埃克斯坦（M. Eckstein）还进一步提出了科学的比较教育研究的七步骤。以上学者都强调提出假设和验证假设。与他们所不同的是，在借鉴杜威的反省思维和波普尔的证伪主义的基础上，霍姆斯（B. Holmes）的“问题法”则强调假设的证伪，使比较教育研究带有了后实证主义的色彩，他还坚持“使研究结果具有可重复性，以符合科学研究的基本要求”。[4]贝雷迪、霍姆斯、诺亚和埃克斯坦等人致力于“把比较教育变为更加科学的事业”。[5]也正是在他们的努力下，实证主义范式在20世纪50、60和70年代统领着比较教育研究领域。

尽管在“范式大战”中受到指责，实证主义范式在当今的比较教育研究领域仍然占据重要位置。一些大型的跨国研究就是基于实证主义的，例如，OECD的“国际学生评价项目”（PISA）、“教学与学习的国际调查”（TALIS）等。另外，美国的《比较教育评论》（Comparative Education Review）、英国的《比较教育》（Comparative Education）和《比较》（Compare）等杂志都刊发一定比例的基于实证主义的量化研究文章。

实证主义范式的比较教育研究具有以下特征：从比较教育研究的目的来看，该范式坚持研究的目的是客观地描述和解释教育现象，说明教育“是什么”，并证实某些因果关系。在本体论上，认为主体和客体是可分离的。如朱利安指出的，“任何一门科学都是由事实和观察组成的，教育也不例外”，[6]而朱利安建议设计的分析表就是为了从中发现教育事实的明确的规则，诺亚的没有国家名称的概念或变量更是一个典型的代表。

在认识论问题上，由于承认客观事实独立于认识主体，因此提出教育现象是可以通过客观、系统、精确的科学方法来探索。这也导致在方法论上人们相信，只有科学的方法才能发现和检验真理。量化研究正是符合了这一要求，成为实证主义范式采用的典型方法。由此进一步导致研究者的价值中立，即科学研究超越个人主观价值判断，并且不受政治、文化、民族、宗教等因素的影响。

总之，实证主义范式的比较教育研究其优点在于能够获得一些关于教育现象的普适性的知识，但是它却无法回答不同教育现象背后独特的背景与原因是什么，这也是实证主义范式在后来受攻击的核心问题。

(二) 解释主义研究范式

事实上，在实证主义范式发展的初期，解释主义研究范式在比较教育领域也有显现，萨德勒（M. Sadler）的“社会与教育能动关系”、康德尔（Kandal）的“民族性”、“力量与因素”等便是代表。在萨德勒看来，教育现象不是独立于社会而存在的，“是根植于其制度本身的土壤中并与它们所依赖的条件紧密地联系在一起……因此，他反对比较教育研究中纯粹地运用统计方法，认为要将教育现象放到与它有必然和永久关系的社会文化和其他背景中去研究”。[7]康德尔也持同样的观点，他反思了当时比较教育研究没有进步的原因是因为仅仅对教育现象进行简单的叙述，由此提出了以阐释为目的的比较教育研究方法。汉斯（N. Hans）综合了萨德勒和康德尔的思想，提出了包括自然因素、宗教因素和世俗因素在内的“因素分析法”，即历史法，而这一方法是无法单纯依赖数据统计来进行的。金（E. J. King）提出的比较教育研究必须重视“生态背景”与上述学者的思想一脉相承。20 世纪 50 年代后期，实证主义研究范式尤其是结构功能主义模式开始占据主导地位，萨德勒、汉斯等人的历史研究法被指责为“非科学的”。直到 20 世纪 70 年代，解释主义研究范式才得以继续发展，梅斯曼（V. L. Masemann）、维斯（L. Weis）、海曼（R. Heyman）、普福（R. Pfau）等人的研究证明，“依赖学业结果的数据不能把学校教育的结果与过程联系起来，只有通过质性研究，教育过程的性质及其结果才能为人们所理解”。[8]梅斯曼把上述研究称为“解释论研究”，强调行动者对事件的主观解释。

以社会流动研究为例，长期以来一直由实证主义范式所统领，研究者在结构功能主义的社会分层理论指导下，采用问卷调查、依据量化的数据进行分析。但是这种量化研究忽视了一个问题，即社会流动不仅是个人的事务，也是家庭的行为。[9]近年来，解释主义范式被引入社会流动研究，例如，本内（V. Benei）采用了人种志的探究策略，以“家庭生命史”（family life history）为框架研究社会流动现象。

解释主义范式的比较教育研究具有以下特征：

从比较教育研究的目的来看，解释主义研究范式强调，教育研究不仅仅是回答"是什么"的问题，更重要的是解释"为什么"的问题。在本体论问题上，该范式认为，社会世界不同于自然界，人的行为受到具体的社会制度、文化背景、生活环境和道德观念的制约。也就是说，主体与客体是不可分离的。由此导致该范式在认识论上提出，以理想类型和深描的方法说明具体社会历史现象的各种细节和具有独特性的特征。因而，在方法论上要求深入到实地或现场去解释和理解教育现象，而质性研究方法正是符合了此要求。由于受人类学和社会学的影响，质性研究具有不同的"探究策略"，如民族志、现象学、扎根理论、人物传记法、生命史方法、历史方法、话语分析、案例研究、行动研究、临床方法、[10]常人方法学、符号互动理论等，不同的探究策略需要不同的收集数据的方法。由此，也必然出现了"弱价值介入"，正如韦伯所承认的，在社会研究的选题阶段和总结阶段，价值介入是不可避免的。

(三) 批判理论研究范式

20 世纪中期，以德国"法兰克福学派"为代表的西方马克思主义主张以批判的、辩证的、历史的观点来研究现代社会。受其影响，20 世纪 60 年代开始出现教育依附理论、世界体系论、合法化理论和解放理论等，这些可以视为批判理论研究范式的体现。

比较教育中的依附理论以卡诺依（M. Carnoy）、阿诺夫（R. F. Arnove）和阿特巴赫（P. Albtach）等人为代表。与经济依附理论所不同的是，他们更关注不同国家教育制度的依附性，即社会不平等是怎样在地区和国际水平上产生，以及在一个国家内部教育制度如何以不同的方式服务于不同的社会团体。卡诺依的著作《作为文化帝国主义的教育》是依附理论的一个代表。

比较教育中的冲突论学者不仅揭示出社会不平等产生的根源，还主张社会结构的变革。鲍尔斯（S. Bowles）和金蒂斯（H. Gintis）的"对应理论"提出，生产的社会关系反映在教育的社会关系中，教育上的许多问题，如教育低质量、教育机会不平等和高文盲率等，在很大程度上是阶级国家所固有的。卡诺依认为，要变革以阶级关系再生产为特征的教育制度，必须探讨变革社会的阶级结构和占统治地位的资本主义生产关系的总战略。[11]与上述学者所不同的是，其他冲突论学者肯定了教育的“解放”的力量，如博克（J. C. Bock）所说，教育承担了相互矛盾的角色——教育既是压迫人的，又是解放人的。[12]卡明斯（W. Cummings）通过对日本教育制度的研究反驳了“没有社会结构的变革就不可能有社会的变革的主张”。他的研究发现，学校教育使日本社会体现了更多的平均主义。

如果说早期的批判理论范式“大多依旧停留在宏观的社会系统结构层次上，极少有人关注微观层次上教育自身所具有的独立性，带有批判结构主义的特征”，[13]而当前的批判理论研究更加关注从微观层次来改进教育实践和促进个体自我反省。例如，柴可纳（K. Zeichner）的研究[14]正是致力于如何通过行动研究来促进教师专业发展并且改变教学知识由外部专家控制的局面，从而实现专业赋权，如何通过行动研究来推动社会正义等。

批判理论范式的比较教育研究具有以下特征：从比较教育研究的目的来看，批判的教育研究就是想从教育与社会的关系中了解教育活动背后可能存在的意识形态，然后通过教学活动来启发教育者及学习者的批判意识，进而促进教育实践来改造社会及提升自我。因此，批判理论范式的比较教育研究在本体论上承认主体和客体不可分离，认为研究应该是一个主客体共同演化成长、摆脱虚假意识、达到知识领悟的过程。在认识论问题上，它提出了“否定的辩证法”，以批判的反思来代替生命经验（可能是错误意识形态）的再生产。[15]以瓦瑞斯（F. Vavrus）等人的研究为例，[16]作者从批判理论的角度出发来分析不同利益群体在制定消除贫困政策中的作用，尤其强调谁代表了弱势群体的声音。在方法论上，批判理论研究不排斥任何经验研究方法，以辩证法统合“解释”和“理解”量化研究与质性研究，目前使用较多的是行动研究方式。相应的，批判理论范式强调“强价值介入”，主张通过社会批判，以合理的价值观取代“虚假”的意识形态。

（四）后现代主义研究范式

后现代主义是20世纪后期在文学、艺术、哲学、思想领域出现的社会文化思潮，后来影响到社会人文科学以及教育研究领域。从20世纪80年代开始，后现代主义进入了比较教育的话语领域，[17]其倡导者主要有罗斯特（V. D. Rust）、爱普斯坦（E. H. Epstein）、保尔斯顿（R. G. Paulston）和科温（R. Cowen）等。这些学者主要从后现代主义的立场出发来反思比较教育。罗斯特将法国后现代主义者德里达（J. Derrida）、福柯（M. Foucault）、利奥塔（J. F. Lyotard）的解构主义观点引入比较教育。他认为，从后现代主义的角度来看，比较教育存在的问题之一是“元叙事的集权主义本质”，他借用吉鲁（H. Giroux）的观点提出，研究者应该反问自己，元叙事在多大程度上成为一种“理论恐怖主义”，它否定了不确定性、价值、斗争和人类动因（human agency）。罗斯特还对比较教育研究中的欧洲中心主义、内部帝国主义（innerimperialism）等提出质疑，他极力主张后现代主义应该成为比较教育话语的一个核心概念。[18]之后，英国学者艾舍尔（R. Usher）和爱德华兹（R. Edwards）质疑和解构了解放教育的现代性概念。布兰迪（D. Brandi）批评比较教育领域忽视多元话语，提出要挑战比较教育领域的主流控制层，使比较教育向“他者”开放，倾听反本质主义者的声音，抵制现代主义关于秩序与进步的确定性。[19]这些后现代主义学者认为，比较教育研究存在着依附性、确定性、同一性、泛国际化等问题，需要进行解构。[20]

后现代主义范式的比较教育研究具有以下特征：从比较教育研究的目的来看，后现代主义批判工具理性、科技理性和精英统治，教育研究的任务是解构科学主义、现代主义等意识形态的虚假性和话语霸权，从普通民众和非专家的视角认识和解决社会问题。在本体论问题上，它认为不存在统一的、客观的社会实体，社会是断裂、区隔化的。如保尔斯顿所说，本质主义观现实是固定的，而反本质主义观认为现实的建构拒绝封闭性，是不断论争和斗争的过程，并承认真理的多样化和差异性。保尔斯顿称其为后现代主义本体论的转换。[21]

在认识论上，由于主张解构知识霸权，后现代主义范式认为每个人的生活环境、观察视角和社会认知都是不同的，因此在社会人文领域不存在客观的“真理”，每个人都是以自己的本土社会为中心来认识和解释世界，其中体现出相对主义和本土中心主义。[22]

在方法论上，后现代主义主张采用解构主义、话语分析和叙事的方法，尤其倡导小叙事的研究方法，从元叙事或大叙事走向小叙事，是后现代主义对现代性的一种方法论颠覆。[23]

在研究者的价值判断上，后现代主义的社会批判就是要使人们从各种强权和“强求一致”中解脱出来，使每个人都能发展自己的独立意识和自我认知，因此，后现代主义范式持有多元主义的价值观，认为不同的价值观是平等的、并存的。

(五) 混合研究范式

20世纪70和80年代，以量化研究为主的实证主义范式和以质性研究为主的解释主义范式展开了论争，就研究过程的严谨性和研究结果的效度等问题相互质疑，形成了如盖奇（N. Gage）所说的“范式大战”。在这次范式大战中，学者对范式的纯正性和融合性持有不同的看法。以史密斯（M. L. Smith）为代表的范式纯正主义者认为，量化研究和质性研究是无法相容的，其原因在于他们各自的研究范式不相容，因此一个研究只能用一种方法。[24]以豪威（K. R. Howe）为代表的范式实用主义者提出，量化研究和质性研究是相容的，研究者应该根据研究问题来利用这两种方法的优势。[25]在实践层面，越来越多的学者使用混合方法并努力使其成为一个独立的领域。这场范式大战的结果导致了混合方法的产生，被称为“第三次方法论运动”。

混合方法的范式基础是什么？对此问题学者提出了不同的看法。单一范式论者认为，混合方法只能有一种范式作为其哲学基础，例如实用主义范式或变革－解放范式。多元范式论者提出，由于混合方法具有不同的研究设计，因此单一范式不能成为不同研究设计的哲学基础，需要有不同的范式。例如，后实证主义范式适合作为“顺序性－解释设计”的基础，解释主义范式适合作为“顺序性－探究设计”的基础，“三角互证设计”则依赖于几种范式。[26]辩证范式论者与多元范式论者有类似的观点，认为由于社会问题是复杂而多元的，因此需要采用不同的研究视角，而不是强求惟一的最佳范式。辩证范式的关键在于要辩证地思考问题，尤其从相反的角度去反思，使用多种范式去理解现象。[27]从现实来看，更多的学者认同混合方法的范式基础是实用主义。

通过文献回顾发现，比较教育学者对方法论的探讨没有聚焦于混合方法。罗斯特等学者虽然承认量化研究和质性研究存在着一定的交叉，但是并没有专门针对混合方法进行探讨，还是在量化研究和质性研究这两大分类框架中讨论比较教育的研究策略和方法论。之后，霍金斯（J. N. Hawkins）和罗斯特在分析美国比较教育研究视角变迁中指出，方法论的多元化是比较教育研究变迁的一个重要内容，认为比较教育在方法上存在的问题是缺乏实验研究，[28]但是仍然没有谈到混合方法的运用。马克·布雷（M. Bray）在讨论比较教育的方法论中也没有关注混合方法。尼奈斯（P. Ninnes）在综述20世纪比较教育特征时，专门分析了研究方法，但只是谈到了研究方法的同一性、整体性、多样化、全纳性、异质性、非正统性和多元性等，[29]也没有提到混合方法。克里斯（S. J. Klees）也对比较教育的研究方法进行了反思，除了量化方法之外，克里斯认同质性研究的价值，把它称为“可选择性的方法”，[30]但是也没有谈到混合方法。在之后的文献中也没有发现学者专门针对混合方法在比较教育研究中的运用进行讨论。

尽管学者在讨论比较教育研究方法论时没有关注到混合方法，但是这并没有妨碍学者运用混合方法。从现有文献来看，比较教育学者在20世纪80年代末、90年代初已经使用混合方法进行研究。统计表明，在1985年、1987年、1989年、1991年、1993年、1995年的6年中，美国的《比较教育评论》、英国的《比较教育》、英国的《教育发展国际杂志》分别刊发了20篇（4.7%）、11篇（2.6%）、15篇（3.5%）使用混合方法的文章。[31]当前在比较教育学术期刊中仍然有许多这样的文章。例如，顾青（Q. Gu）等学者运用混合方法研究国际学生的跨文化经历，[32]哈玛（J. H. rm.）运用混合方法探究印度的私立小学教育是否能促进全民教育。[33]这类研究的共同点在于研究设计，作者并不是简单地把量化研究和质性研究并列起来，而是根据研究问题确定量化方法和质性方法的相对地位和实施顺序。

以上分析可以看出，在比较教育的研究实践领域，混合方法的运用已经有一段时间的历史，而比较教育的方法论研究稍有滞后，方法论研究者需要赶上这一步伐。从整个教育研究领域来看，也存在着同样的现象。[34]

(六) 思辨研究范式

在教育领域，有许多研究没有采用上述所说的研究范式和相应的研究方法，而是采用思辨的方式，在比较教育领域也是如此。

心理学家认为，现代的思辨研究是以经验和资料（他人的研究为主）为基础，并运用哲学的逻辑方法搞思辨的研究，这种研究方法包括直观经验、周密的猜测和逻辑推理三个方面。[35]还有学者总结道，思辨研究的重心是概念、概念间关系的理论探讨，不大重视获得支持这些理论探讨的事实证据。[36]

在本体论上，思辨研究持有实证主义的立场，认为存在绝对的真理和客观的现实。因此在研究目的上，思辨研究是为了寻找事物中普遍存在的本质。[37]在认识论上，思辨研究认为可以通过研究者主观的感受来了解事物的本质，因此在方法论上，思辨研究主要是采用思考、推理、归纳和总结的方法。这由此导致思辨研究充满了研究者个人的价值判断和个人观点。

思辨研究范式在比较教育领域也被广泛采纳，例如在英国《比较》杂志2009年第1期中，除去编者按语和书评外，刊发的7篇文章中有6篇是思辨研究，另一篇是量化研究。需要指出的是，比较教育领域的方法论学者并没有专门讨论思辨研究范式，但不可否认的是，它具有自身的意义和作用。从以上历史回顾来看，受社会理论及其研究范式的影响，不同时代西方学者对比较教育研究范式持有不同的倾向，而发展至今，在同一时代，不同倾向的研究范式也能相互理解而共存。

参考文献：

[1] 胡森主编. 国际教育百科全书（第3卷：教育研究的历史）[Z]. 贵阳：贵州教育出版社，1990：323.

[2] [6] [法] 朱利安. 关于比较教育的工作纲要和初步意见 [M] //赵中建，顾建民选编. 比较教育的理论与方法——国外比较教育文选. 北京：人民教育出版社，1994：101.

[3] [英] 诺亚. 比较教育界说：概念 [M] //赵中建，顾建民选编. 比较教育的理论与方法——国外比较教育文选. 北京：人民教育出版社，1994：214.

[4] [11] 顾明远，薛理银. 比较教育导论——教育与国家发展 [M]. 北京：人民教育出版社，1998：100，167.

[5] [17] [31] RUST V D，SOUMARE A，PESCADOR O，SHIBUYA M. Research Strategies in Comparative Education [J]. Comparative Education Review，1999：41，86—109.

[7] 王承绪主编. 比较教育学史 [M]. 北京：人民教育出版社，1998：65—66.

[8] [12] [美] 凯利，阿尔特巴赫. 比较教育：挑战与应战 [M] //赵中建，顾建民选编. 比较教育的理论与方法——国外比较教育文选. 北京：人民教育出版社，1994：338—339，341.

[9] BENEI V. To Fairly Tell：Social Mobility，Life Histories and the Anthropologist [J]. Compare. 2010，40 (2)：199—212.

[10] DENZIN N K，LINCOLN Y S (eds.). Handbook of Qualitative Research (2ed.) [M]. Thousand Oaks：SAGE Publication，1998 (4)：372—377.

[13] 谢安邦，阎光才. 比较教育研究的基本范式述评 [J]. 华东师范大学学报 (教育科学版)，2001 (3)：45—52.

[14] ZEICHNER K M. Teacher Education and the Struggle for Social Justice [M]. New York：Routledge，2009：68—84.

[15] 冯建军. 西方教育研究范式的变革与发展趋向 [J]. 教育研究，1998 (1)：26—33.

[16] VAVRUS F，SEGHERS M. Critical Discourse Analysis in Comparative Education：a Discursive Study of "Partnership" in Tanzania's Poverty Reduction Policies [J]. Comparative Education Review，2010，54 (1)：77—103.

[18] RUST V D. Postmodernism and Its Comparative Education

Implications [J]. Comparative Education Review, 1991, 35 (4): 610—626.

[19] [21] PAULSTON R G. Mapping Comparative Education after Postmodernity [J]. Comparative Education Review, 1999, 43 (4): 438—463.

[20] 于杨，张贵新. 后现代主义与比较教育研究 [J]. 外国教育研究. 2006 (9): 15—20.

[22] 风笑天主编. 社会研究方法 [M]. 北京：高等教育出版社，2006: 40.

[23] 张应强，赵军. 后现代主义与我国的教育研究 [J]. 教育研究，2006 (6): 41—46.

[24] SMITH M L. Qualitative plus/versus Quantitative: the Last Word [M] //REICHARDT C S, RALLIS S F (eds.). The Quantitative-Qualitative Debate: New Perspectives. San Francisco: Jossey— Bass, 1994: 37—44.

[25] HOWE K R. Against the Quantitative—Qualitative Incompatibility Thesis or Dogmas Die Hard [J]. Education Researcher, 1988, 17 (8): 10—16.

[26] CRESWELL J W (et al). Advance Mixed Methods Research Designs [M] //TASHAKKORI A, TEDDLIE C (eds.). Handbook of Mixed Methods in Social & Behavioral Research. Thousand Oaks: SAGE Publications, 2003: 210—240.

[27] GREENE J C, CARACELLI V J. Making Paradigmatic Sense of Mixed Methods Practice [M] //TASHAKKORI A, TEDDLIE C (eds.). Handbook of Mixed Methods in Social & Behavioral Research. Thousand Oaks: SAGE Publications, 2003: 91—108.

[28] HAWKINS J N, RUST V D. Shifting Perspectives on Comparative Research: a View from the USA [J]. Comparative Education, 2001, 37 (4): 501—506.

[29] NINNES P F. Desire in Twentieth Century Comparative Education

[J]. Comparative Education, 2008, 44 (3): 345—358.

[30] KLEES S J. Relections on Theory, Method, and Practice in Comparative and International Education [J]. Comparative Education Review, 2008, 52 (3): 301—328.

[32] GU Q, SCHWEISFURTH M, DAY C. Learning and Growing in a "Foreign" Context: Intercultural Experiences of International Students [J]. Compare, 2010, 40 (1): 7—23.

[33] HÄRMÄ J. Can Choice Promote Education for All? Evidence from Growth in Private Primary Schooling in India [J]. Compare, 2009, 39 (2): 151—165.

[34] JOHNSON R B, ONWUEGBUZIE A J. Mixed Methods Research: a Research Paradigm Whose Time Has Come [J]. Educational Researcher, 2004, 33 (7): 14—26.

[35] 朱智贤，林崇德，董奇等. 发展心理学研究方法 [M]. 北京：北京师范大学出版社，1991：60—61.

[36] 龙立荣，李晔. 论心理学中思辨研究与实证研究的关系 [J]. 华中师范大学学报（人文社会科学版），2000（5）：128—132.

[37] 陈向明. 质的研究方法与社会科学研究 [M]. 北京：教育科学出版社，2000：22—23.

（本文发表于《比较教育研究》2011 年第 2 期。作者周钧，时属单位为教育部人文社会科学重点研究基地北京师范大学教师教育研究中心）

比较教育在新时代的使命、挑战与发展

一、迎接21世纪的比较教育

今天是北京师范大学外国教育研究所成立30周年的诞辰，我谨为致贺。如今21世纪即将来临。在这跨世纪的佳期，我愿略表对于新世纪的比较教育的欢迎之情，还想略谈对于新世纪的比较教育的殷切希望。

首先，新世纪是高科技将使全世界更加腾飞前进的时期，是我国科教兴国的时期，也是世界众多国家科教兴国的时刻。在这峥嵘的岁月，人类的交往将愈加便利，接触沟通的渠道将愈加拓宽，关于教育的互相了解和互助合作同样要愈加频繁和愈加深刻。理由很明显，要科教兴国和科技促进世界发展，一定要为培养健全公民和科技队伍而振兴教育。实际上，不但在振兴世界教育的今朝，各国要彼此理解和互助合作，就在以往的历史发展过程中，文化和教育的交流从来也是不断发展的大事。比较教育之成为学科仅一个世纪，比较教育的实践却是不绝于书。教育史家说，过去任何一种文化都不是绝缘体，当前任何国家的学校都是混血儿。这个论断是符合事实的。我们从世界教育的演变看，亚历山大城很早就曾是东西文化教育汇聚之地，是促使东西文化教育交流融合而繁荣昌盛的大熔炉。再如，基督教曾促成世界文化教育的融汇和成长；实际上，佛教和伊斯兰教同样功绩宏伟，它们都曾推动各国教育的比较和交流。再如，就我国而论，我们既曾是文化教育的输入国，又曾是文化教育的输出国。对东方而言，我国的儒家教育和思想在战国时期已与日本交往，到隋代两国正式通使，到唐代，日本大量向中国派来遣唐使和留学生，孝德天皇为进行汉化开展大化维新运动，其主持人即留唐学生高化元理。朱舜水因明亡赴日乞援，未成，但被奉为国师，输入儒家思想，给明治维新以启发。王阳明的知行合一说更是如此。就对西方而言，德国哲学家莱布尼志曾说：中国古代文化结晶曾有三者为欧洲所汲取，极有助于欧洲文化的发展，一是指南针，二是印刷术，三是科举考试。天主教耶稣会派教徒把科举考试的方式方法传之欧洲，才有欧洲国家严格的考试制度。《中西交通史资料汇编》《大唐西域记评注》前言、《中国哲学对外国的影响》、《中国和拜占庭的关系》等著名研究论著，都列举了颇不为少的史实，论证中外教育的交流和沟通。研究科学不妨大胆假定，我估计在这些沟通和交流之中当然有着相当丰富的教育比较的实践和经验。"前事之不忘，后不之师也"。我相信其经验有不少可为今日借鉴的。不但他们的经验足资今日之参考，他们在数千百年前科学尚处于未发达时代和人们尚处于彼此接触困难时代，竟然结出惊人的丰富硕果，更是能使新世纪的比较教育工作者感受激励和鼓舞的，是更能使人们奋起直追的。我真诚希望新世纪的各国比较教育学者通力合作，整理和撰写一些有关这方面的历史论著。若能建立起一种比较教育史科目和科学，当然更是我所热切期望的。最近已有的青年要求建立比较教育史新学科，是值得认真考虑的。

在这里，我希望在世界比较教育史学科或科学建成以前，现在的比较教育学科和外国教育学科紧密地联系起来。美国有的高等院校把外国教育史、比较教育和教育哲学等三门科目组成一个学域（Area），是不无可取之处的。因为仅就各国现行的教育制度和现行的学校实际进行比较，不从其历史演变和哲学基础进行深入分析论证，就容易只知其现状和外形而不知其底蕴和本质，就容易流为只是教育事实的粗浅描述和介绍而缺乏应有的申论和评价。比较教育学者如能从各国教育如何源起和如何演变而进行比较和钻研，使人深知其产生和发展的社会背景和其所做出的贡献，就容易由现象的罗述而上升到理论的剖析了。杜威说研究自然科学要有实验室；而人类教育事业的成败功过是需要长久时期才能定论的，是只能靠历史来做出判断的，所以，历史不应是人类具有久远性的教育事业的实验室，它能够帮助人们鉴别优劣和认清长短，从而寻觅教育发展的客观规律。比较教育研究以当前的教育发展作为比较的主要阵地，是正确的；但因此而漏掉从数千年长期积累的比较教育资料库中提取宝藏，是不够全面的。20 世纪 30 年代美国比较教育学者康德尔（Kandel）说：“比较教育的研究是继续教育史的研究，就是把教育史延伸到现在”。这就是说古与今不能割裂。现在美国比较教育学者布里克曼（W. Brickman）说，我们一定能够从过去教育的某些富有兴趣的或富有价值的实践和思想中，发现对于现在或将来可能产生富有意义的启发。他说博古有助于通今。因上种种，最近有的比较教育的著作中含有比较教育史的篇幅竟然超过全书的三分之一。这种发展趋势是值得重视的。所以我很希望新世纪的各国比较教育研究者共同携起手来，齐力开辟这块处女地，从这块被长期遗漏的宝贵田园夺取丰收。

其二，总结历史经验并非要走回头路和要倒退，反思和研究历史往事更不意味着思想要陈旧和观念要陈腐。当然陷于历史虚无主义要不得，流为盲目崇古同样要不得。在历史巨变时代，我们极要强调的是突破和创新，以跟上社会的发展和科学的发达。比较教育如果要成为时代的宠儿就必须引导新一代发挥远瞩未来和革故鼎新的力量。建立和发展高水平的比较教育学，一方面要奠立史的基础，另一方面更要抓紧现代和面向未来。现在是高科技迅猛发达时代，是知识爆炸时代，是信息时代，是众多国家都在科教兴国的时代。众多国家的学校迫于客观形势，都在发生重要性变化或根本性变化，教育实践和理论都在日新月异，昔非今比，研究比较教育最好是抓住时机去深入现场，到有关国家去参观、访问、调查、参与。这样从身临其境和目睹其事来猎取印象，比之仅从信息传播和书本翻阅要确切得多。我们相信通过较深和较久地艰苦实践，能使人对问题辨析全面而透彻，必然会由感性认识而提高为理性认识，由平泛的常识臆断而提高为科学论述。联合国教科文组织屡屡邀约各国专家对国际教育进行参观调查，众多国家也经常派出教育考察团，这些都曾获得良好的收获。今后应由更多的教育研究机构和高等院校不断派出比较教育研究者，到实地去观光和到实地去验证。如此较多方面地和较长时期地积累感性知识，再加参酌历史经验，必会产生比较系统的理论和比较高水平的学科质量。有的友人在国外留学时，一方面通过课堂而修习比较教育，同时又通过多种渠道接触所在国学校的全貌，曾取得较为满意的学养，就是例证。长时以来，中外比较教育学者认为，如今比较教育科学质量尚不够高和理论探究尚不够深。我认为只要跳入各国丰富多样的教育改革现场，再兼顾过去历史提供的经验，是能徐徐克服的。总之，比较教育研究逐渐有了扎实而丰富的根底，那就不管在教育领导管理的比较方面，或在各级各类学校的比较方面，或在各科教材和教法的比较方面，或在培养优良品质的道德教育的比较方面，或在教师和教育行政人员的素质养成的比较方面，或在教育经费的开源和分配的比较方面，……就必将有血有肉和有理有据了，就必将根深叶茂和本固枝荣了，就必将大大有力地和有效地促进各国教育的实践和实施了，众多国家的学校必将绘成一幅绚丽惊人的奇景了。

其三，党在当前的“改革开放”，特别是“扩大开放”和“科教兴国”等几大方针，将使比较教育研究进入黄金时代。我们必须积极投入这项宏伟的战斗中。美国以短短三百余年竟然超过数千年历史悠久的文明古国，成为当前教育大国，的确与它在教育事业中热情地进行教育交流和比较，并且竭力批判吸取别国之长，有直接的关系。美国当殖民地时期，英、法、德及荷兰诸国的教育已移植美国；在抗英斗争时期，法国的民主教育曾源源而来；19世纪德国教育发达，美国又大力向德国学习，瑞士及东欧国家的教育也同时为美国吸取；二战之后，苏联卫星上天，美国随而派出教育考察团赴苏考察和取法。可以说美国向外国教育摄取营养是一贯积极不懈的。许多产自别国的先进教育理论，曾在美国首先开花结果，因为美国走在它们的本国之前，反而经由美国推动了它们在本国的前进。以德国赫尔巴特为例，他的统觉心理学和阶段教学法，经留学德国的美国青年返国后广为宣扬，先在密西西比河流域一带的师范学校推行，随后传之全美，并且成立了赫尔巴特俱乐部和赫尔巴特学会，赫尔巴特学会以后更升格为声名赫赫的美国教育科学研究会，由权威学者杜威等任会长。1894年，充任联邦教育局长的哈里斯曾说，崇奉赫尔巴特教育理论的美国人多于崇信赫尔巴特教育理论的德国人，因而美国受益匪浅，真可谓“园内开花园外红”了。再就英国斯宾塞为例。他在《自传》中说，他的教育思想在本国是毁誉参半和敌友并存的，在美国却畅行无阻而深受欢迎。哈佛大学校长艾略特在给斯宾塞所著《教育论》作序时说：就事实而论，斯宾塞的教育理论在美国比之在英国，获得更为深厚的兴趣和更为稳妥的市场，因而美国受益是在英国之前。美国曾因善于比较和吸取别国之长而走在众多国家之前，做到后来居上，如今已被人们称赞为教育史的

奇迹。我们既有五千年的灿烂文化，是文明古国，又有党的英明领导，是迅猛前进的国家，我希望而且相信我们能够参照历史上这类先例，借助比较教育的武器，快快地跑在前边去，成为世界上位居前列的教育先进国家。

（本文发表于《比较教育研究》1996 年第 2 期。作者滕大春，时属单位为河北大学）

二、知识经济时代比较教育的使命

(一)20世纪比较教育研究的回顾

比较教育是工业时代的产物。工业革命是在生产劳动和科学技术结合的形势下发生的。工业革命使人类认识自然和控制自然的能力得到空前的提高，并且在社会的各个领域引起了一系列的变革。它对教育的发展也有着深远的影响。工业大生产一方面要求劳动者必须具备一定的文化知识，以提高劳动生产率；另一方面又把大批儿童抛向街头。为了生计，许多家庭中妻子和丈夫一样外出劳动，而儿童却无人照顾。19世纪初，一些资本主义发展较快的国家，开始为学前儿童设立专门的公共教育机构；一些慈善家也开办一些幼儿学校，招收无人照管的儿童，使他们受到一定的教育。同时大机器生产也要求劳动者有一定文化知识，于是公共教育开始发展起来。教育的发展为比较教育的产生和发展创造了条件。朱利安、库森对比较教育的研究就是在这种背景下展开的。

19世纪，欧洲民族主义高涨，民族国家纷纷独立。为了维护民族意识和增强国力，各国都十分重视教育。国家开始兴办公立学校。欧洲许多国家从普鲁士举办公共教育和学校世俗化方面得到启示，特别是普法战争以后，许多有识之士认为，普鲁士的胜利不是在战场上，而且在课堂上，因此纷纷向普鲁士学习，从教会手中取得教育的领导权，加强国家对教育的控制。比较教育的研究开始兴旺起来。

20世纪是风云变幻的世纪，一方面，科学技术迅猛发展，生产率极大提高，世界经济虽然经过多次危机，但还是得到空前的发展和繁荣；另一方面，世界各国争斗不断，两次世界大战都发生在20世纪前半期。教育成为科学技术发展的基础，提高综合国力的途径。因此，各国对教育的重视也是空前的。以往教育改革只是在教育界内部展开，但20世纪后半叶的教育改革却都是在政府的参与下进行的。特别是在冷战的年代，教育变成冷战的工具。冷战双方都在研究和进行教育改革，以便培养更多更优秀的科学技术人才，夺得科学技术的制高点，以期取得冷战的胜利。于是20世纪也就成为比较教育研究最有生气的年代。比较教育可以从政府或者基金会取得足够的经费，开展对各国教育的研究。正如已故比较教育学家霍尔姆斯所说的："在历史上，我们可以看出有趣的比较教育研究是如何被激起的。当苏联发射了第一颗人造地球卫星之后，美国变得更加关注其工程技术人员的培养。基于当时的美苏关系，这个危机激起了美国学者对比较教育的兴趣。英法殖民地的独立运动激起了对发展中国家教育的兴趣。"[1]

20世纪比较教育研究兴起的另一个原因，就是霍尔姆斯前面所说的，英法殖民地的独立运动激发起了对发展中国家进行教育研究的兴趣。民族民主国家独立以后，急需人才。过去这些国家连教师都是大多来自宗主国，教育制度更是宗主国教育制度的简单移植，并不适合当地的实际。独立以后，为了确立民族意识和发展经济，需要对殖民时期的教育进行改革。于是发展中国家急需借鉴发达国家教育改革的经验；而发达国家的学者也对发展中国家的教育改革感兴趣，并想输出自己的经验。现代化理论和人力资本理论都是在这种背景下产生的。但是，这些理论并未给发展中国家带来他们所预期的结果。

20世纪80年代以后，西方比较教育研究逐步退潮，而发展中国家对比较教育的研究却方兴未艾。有些学者对这种现象不能理解。其实这里面暴露了比较教育本身的缺陷。其一，比较教育从诞生之日起就是西方中心主义的。研究者只研究工业化国家的教育制度，分析这些教育制度产生的种种因素，以作为本国教育改革的借鉴。但是到了80年代，许多发达国家认为自己的教育制度已经完善了，无需向别国学习。正如霍尔姆斯所说的："我认为比较教育将不会像从前曾经有过的那样得到更多的资助。如果将来出现新的世界危机，那么人们也许就会重视比较教育。”[2]其二，现代化理论、人力资本理论也是西方中心主义的理论。他们试图将发达国家发展的模式移植到发展中国家，但是效果不佳，极大地减低了比较教育研究者的兴趣。60年代，一些持激进观点的社会学者受到社会的重视，其中采用马克思主义观点的学者形成了新马克思主义学派。与此同时拉丁美洲的社会学者提出依附理论。这些学派的观点也影响到比较教育。比较教育研究的重心逐渐向发展中国家转移。其三，比较教育研究的理论建设，特别是它的方法论一直困扰着比较教育学者。比较教育是一门学科还是一个研究领域？比较教育有没有自己独特的方法？至今谁也说不清楚。不是否定比较教育将近二百年来发展的成就。我们的前辈为我们做了许多工作，无论是20世纪前半叶的康德尔、施奈德、汉斯，还是后半叶的贝雷迪、金、霍尔姆斯，以及至今还健在的诺亚、埃克斯坦、阿尔特巴赫等都对比较教育研究和理论发展作出了重大贡献。当代比较教育学者如黎南魁、施瑞尔、许美德等等一大批比较教育学者仍在孜孜不倦地开拓比较教育的新天地，为比较教育的学科建设而努力。但比较教育理论的先天不足也是显而易见的。

近20年来发展中国家的比较教育有了很大的发展。但是他们研究的对象也主要是发达国家的教育，作为本国教育改革的借鉴。发展中国家对比较教育研究的热情很高。一方面总是想跟上世界教育发展的潮流，另一方面也是为了改善本国的教育。不像发达国家的学者那样作纯理论的、“价值中立”的研究。发展中国家比较教育研究的困难还在于经费不足，不能作人类学的田野考察。他们的研究资源主要来自文献资料。虽然许多国际组织，如联合国教科文组织、国际教育局、世界银行、经合组织等都收集各国教育信息资料，但是这些资料大多来自各国的官方文件，与实际情况是否有出入，不作实际调查是难以判断的。另外，这些资料即使是可靠的，但是它们产生的背景，光凭资料也是说不清楚的。

中国的比较教育研究也是在这种背景下产生的。改革开放以前，中国主要是学习前苏联的教育经验，还谈不上进行比较教育的研究。改革开放以后前十多年主要研究美国、英国、法国、德国、前苏联、日本的教育，近几年来才开始研究周边发展中国家的教育，并把教育的本土化问题提到议事日程。

而且对比较教育的方法论研究缺乏兴趣，至今缺乏有力的著作问世。也因为经费的缺乏，中国比较教育学者参加国际会议的机会较少，当然还有语言的障碍，国际交往和交流不够，也影响了比较教育研究的发展。我想，随着中国经济的发展，国家的进一步开放，年轻一代比较教育学者的成长，这些困难都会逐渐克服。

(二) 中国比较教育在新世纪的使命

新世纪进入了一个新的时代，即知识经济时代。知识经济时代的特征不仅是知识成为经济发展的主要要素，而且带来了经济的全球化和社会的各种变革。而最大的变革是人们价值观的变化。知识经济使人们看到了人的价值，知识的价值。在工业经济时代，人们看到的是资本的力量、机器的力量。虽然 20 世纪 60 年代提出了人力资本理论，认识到人的受教育程度直接影响到经济的增长，但还只是从提高劳动生产率的角度提出来的，并未认识到人的真正价值。在知识经济时代可不同，人不是简单的创造资本的机器，人是社会的主人，又是自然的一员。在工业经济时代，人一方面创造了供一部分人享受的丰富的物质财富，另一方面破坏了人类赖以生存的环境。今天人们开始认识到可持续发展的道理。知识经济时代还要继续发展经济，但不能以损害人类的长远利益为代价。人的发展、人类的发展是第一位的。人的创造，经济的发展，归根到底是为了人类自身的发展。

对教育也应有进一步的认识。教育的本性是育人，是提高人的素质。但长期以来人们常常把教育视为工具，政治家把教育视为阶级斗争，乃至政治斗争的工具；经济学家，特别是在人力资本理论的影响下，把教育视为实现经济增长的重要手段；广大家长则把教育视作谋取优越职业的敲门砖。这都曲解了教育的本质，不利于人的发展。教育确实离不开政治和经济的发展，离不开整个社会的发展，但是教育不只是依附于政治经济，更重要的是促进社会的进步和发展，而最终的目的，也还是促进人类自身的发展。

知识经济是全球化的经济，它是 20 世纪科学技术迅猛发展所带来的生产社会化和国际化的必然结果。经济全球化必然会加剧国际间的竞争。而总的趋势是有利于发达国家，发展中国家则处于不利地位。为了竞争，就要培养人才，各国总想把教育重点放在培养高级人才上，以求占领高新科技的制高点，从而使教育的资源配置越来越不均衡。同时由于富国和穷国的差距在扩大，发展中国家的人才必然会流向发达国家。这都造成教育的新危机。

21世纪科学技术发展将变得更加迅速。信息化、数字化时代使生产工具从机器生产时代人手的延伸发展到人脑的延伸，整个劳动方式、生产方式、生活方式、思维方式都将产生重大变化。信息网络化又使得各种文化思想的传播十分迅速。这一切必将促进教育的国际化，同时也带来了中西文化的冲突。

总之，21世纪将给我们带来一个崭新的世界。教育将在这新世纪里有重大的发展与变革。只要教育有发展和变革，比较教育就有发展和前途。

中国是一个名符其实的发展中国家，改革开放20多年来有了飞速的发展，在新世纪中叶要达到中等发达国家水平。但发达国家并非停步不前，因此中国还要加倍的努力，才能赶上发达国家。但是中国教育还存在许多困难。最大的困难是教育资源的不足和教育需求之间的矛盾。我们用了15年的时间，花了很大的力气在20世纪末基本上实现了普及九年义务教育，基本上扫除了青壮年文盲。但是发展极不平衡。沿海发达城市的教育基本上已经达到现代化水平，而边远地区、贫困地区的教育尚不够发达；在同一城市、同一地区，优质学校与薄弱学校的差距也很大；高等教育虽然近几年扩大招生规模，但仍然不能满足青年升学的追求。中国教育正在进行着重大的调整和改革，以扩大教育资源，提高办学效率，推进区域的均衡发展。中国比较教育仍然要以研究国际教育发展规律，借鉴外国优秀教育经验，发展本国教育为已任。为此，我们有许多工作要做。

第一，我们需要继续深入研究发达国家优秀的教育经验。所谓继续研究，就是要跟踪研究各国新的教育改革、新的教育理论和新鲜的经验，并通过这些研究预测教育发展的趋势；所谓深入研究，就是要探究各国教育改革的原由，了解各国教育的本质特征。过去20年，我们对几个主要发达国家的教育制度、课程内容、思想流派都进行了比较研究，但是难以说已经很深入。这就是为什么我提倡文化研究的原因。我认为，缺乏对西方文化的认识，很难理解西方的教育，缺乏对一个具体国家文化的了解，就很难理解该国的教育。

因此要真正学到别国教育的优点，必须继续深入研究。

第二，要深入研究别国的教育，就要深入到该国的社会中去。过去由于经费的原因，再加上语言障碍，老一辈的比较教育学者出国的机会极少，出去也是走马观花。现在情况有了极大的改变，年青学者出国机会很多，也没有太大的语言障碍。但有一点我想提醒青年学者注意，出国学习期间不能埋头于课堂上和图书馆中。听教师讲课和收集资料确是重要的，但如果你不深入到社会中去，作田野式的考察，是消化不了老师的讲课和资料的，结果拿回来的仍然是脱离实际的书本知识和理论。我自认为是文化相对主义者，我认为比较教育研究要引入人类学研究方法，以客文化中的一员，深入其境进行较长时期的观察研究，才能获得真实可靠的材料，才能理解客文化，从而理解它的教育的实质。[3]要做到这一点当然不容易，但的确是必要的，是我们努力的方向。

第三，要重视比较教育研究本土化问题。现在世界各国的教育理论五彩纷呈。各种教育理论，除非是绝顶荒谬的，都有它合理的一面，但各种理论也都有各自的哲学基础和文化背景。引入任何一种理论都需要评价和鉴别，吸收其精华，融化到我国的主文化中，使其本土化。在本土化问题上要克服两种片面性：一种是盲目照搬，不加评价和鉴别，甚至有些语言都是外来的，我并不排斥外来语，但不是生造的，而是能够让大家理解的。另一种是认为，由于比较教育的传统是西方中心主义的，因而认定外国的理论都不适合中国国情，中国教育理论只能在本土上生长。比较教育中流传着一种“去殖民化”理论。我理解的“去殖民化”是不要用西方中心主义的思维、他们的价值观来观察事物，判断事物，并不是排斥外国的经验。教育的国际化是必然的趋势。教育的国际化，就表现在教育的国际交流与合作，互相学习，互相融合，取长补短上。在全球化时代，纯粹的本土理论是没有的，本土生产的理论也需要从世界文化中吸收营养。

第四，要把比较教育研究与我国教育发展和改革的研究结合起来。我不大赞成“价值无涉”、“价值中立”的为研究而研究。特别是我们还是一个发展中国家，决策部门、教育实际工作者迫切希望比较教育向他们提供可借鉴的外国经验。这就需要比较教育学者，特别是我们的年青学者和研究人员关心本国教育的现实。其实比较教育本土化问题的关键在于我们对自己的认识。只有对自己的国情和教育有了认识，才能以我为主，吸收一切有益于我们发展的理论，建立本土化的理论。为此，在比较教育研究中要突破“跨国性”的界限。过去我们把比较教育定位在跨国的研究上。其实一个国家内部不同地区教育的发展也不相同，特别是中国，不仅地域广阔，经济发展不均衡，教育发展也不均衡；而且中国是一个多民族国家，各个民族有不同的文化传统，就有不同的教育传统；现在香港、澳门回归以后，一国两制，教育制度完全不同。因此对国内的教育也需要做跨地区、跨文化的比较研究，才能真正了解我们自己的教育，探索教育发展规律，为我国的教育发展服务。

第五，要加强比较教育的理论建设，比较教育的理论建设是我国比较教育研究的薄弱环节，希望在新世纪之初能有所发展。理论建设不是凭空想出来的，一方面需要运用现代科学理论成果来分析研究当代教育问题，另一方面要研究透彻比较教育学者已经提出的理论，结合当代教育发展的实际提出新的理论框架，加以反复验证。在方法论研究上，我个人的观点是要把实证研究和定性研究结合起来。由于长期以来我国教育研究停留在描述性研究和定性研究上，所以强调加强实证研究是必要的。

总之，知识经济时代是一个多元化时代，理论的多元化是必然的。只有在百家争鸣中我们的理论才能发展。但是教育理论界却缺少争鸣。我希望在新世纪中能够有更多的争鸣，以繁荣我国的比较教育学术研究。

第六，要加强和国际比较教育学者的交流与合作。可惜的是近10多年来因为台湾学会在世界比较教育学联合会的名称问题一直没有解决，妨碍了中国大陆的学者参加国际研讨会。我们希望世界比较教育联合会执委会能妥然解决这个问题。否则占世界五分之一人口大国的学者不能参加会议，这个组织也很难称得上包括世界各国在内的国际组织。无论如何，中国比较教育学会一直抱着积极的态度和各国比较教育学者开展着合作和交流，我们邀请了许多著名的学者来华讲学、访问，我们利用我们的条件召开各种国际会议，1998年我们还成功地举办了第二届亚洲比较教育学会年会。今后还要采取各种措施，进一步加强和各国比较教育学者的联系和对话。

我们现在还没有真正和国外的学者对话，因为过去我们只是介绍国外的教育经验，很少把我国的教育经验介绍给外国学者。今后我们也应主动走向世界，在国际著名杂志上发表我们的论文，这样才能与国外学者对话。最近我看到强海燕教授和英国学者合作，完成了“中英 14 所学校管理模式的个案研究与比较”课题，并在 Compare 杂志上发表多篇文章，感到非常高兴，希望今后能有更多这样的合作和研究。[4]

总之，知识经济时代的信息网络化使得各国教育改革的新动向很快传遍全世界，各国学者交流更加便捷。中国比较教育学者在新世纪里任重道远，但也将大有所为。

参考文献：

［1］［2］薛理银．问题法与比较教育——对布莱恩·霍尔姆斯的一次采访［J］．比较教育研究，1992（3）．

［3］薛理银．当代比较教育方法论研究［M］．北京：首都师范大学出版社，1993．

［4］BUSH T．Special Issue on School Management in the People's Republic of China［J］．Compare，1998，28（2）．

（本文发表于《比较教育研究》2002 年“全球化与教育改革”专刊。作者顾明远，时属单位为教育部人文社会科学重点研究基地北京师范大学比较教育研究中心、北京师范大学国际与比较教育研究所）

三、全球化时代的比较教育
——发展、使命和作用

（一）全球化：概念和争论

赫尔德（Held）等人（1999）对全球化的本质和影响进行了最彻底的分析，在他们著作的开头部分就指出：

"全球化的时代已经来临。从20世纪60年代在法国和美国的著作中出现以来，全球化这一概念已经几乎存在于全世界所有主要的语言之中。"

他们也指出对于这一词汇还缺乏确切的定义。对它的使用既非常广泛，又很含糊，对于不同的人来说可能意味着不同的东西。

概括起来，赫尔德（Held）等人（1999）认为，全球化可以被看作是"当代社会生活的方方面面在世界范围内的相互联系的扩展、深化和加速。"全球化的范围可以"从文化到犯罪，从经济到精神"。除此之外，赫尔德（Held）和格雷夫（M. Grew）（2000）还指出：

从不同的方面，人们将全球化视为来自远方的行为（即某个地方的社会行动会对"遥远的其他人"产生重大的影响）；时空压缩（指即时进行的电子交流逐渐改变了距离和时间给社会组织和相互交流带来的限制）；相互间依赖的加强（国家经济和社会之间的相互联系的加强，以至于一个国家发生的事件会直接对其它国家产生影响）；世界的缩小（边境和社会一经济活动的地理屏障的侵蚀）；以及包括其它概念在内的全球融合、地区间权利关系的重新排序、全球环境的意识和地区间相互联系的增强。

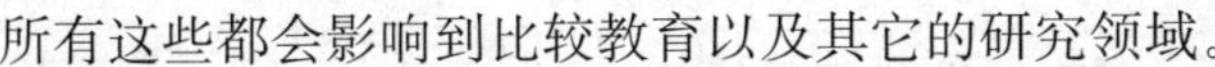

所有这些都会影响到比较教育以及其它的研究领域。

赫尔德（Held）等人（1999）还对三种学派关于全球化的观点进行了辨析：

（1）极端的全球主义者认为，当前的全球化时代是一个新的时代，在这个新的时代里各个民族和各个国家都要服从全球市场的规律。这种观点强调经济的力量，他们认为全球化正在通过建立生产、贸易和金融的跨国网络，带来经济国有化的解体。在这种“无国界”的经济中，各国政府变成了“全球资本的传送带，或者最终成为夹在日益强大的本土、地区和全球管理机制之间的简单的中介机构。”（Held et al，1999）

（2）相反，怀疑论者认为，当前世界各国之间经济的相互依赖并非是史无前例的。20世纪古典“金本位”时代也是一个经济融合的时期。他们认为极端全球主义者的观点从根本上是有缺陷的、天真的，因为它低估了国家政府控制国际经济活动的持久性力量。怀疑论者承认在全球经济中的地区化的经济力量的存在，但是，他们坚持，和帝国时代相比，现在的国际经济在地域范围上来看还远远不够全球化。

（3）和极端全球主义者一样，变迁论者（transformationalists）也认为，全球化是正在改造社会的社会、政治和经济迅速变革背后的主要驱动力。但是，他们对这些趋势的发展方向和未来的世界秩序并不是很确信。对于变迁论者来说，一个单一全球体系的存在并不能作为全球集中化或者“单一的世界社会（a single world society）”到来的标志。而且，他们认为“全球化是和世界分层的新模式相联系的，通过这样的世界分层模式，一些国家、社会和社区正在日益融入全球秩序，而其它的国家、社会和社区则变得日益边缘化。”（Held等，1999）世界分层的新模式要求对南/北、第一世界/第三世界的话语进行重组，要承认新的层级会穿过或者渗透进世界所有的社会和地区。

以上观点表明全球化的概念是很复杂的。即使在特定的学科内，这个词汇的意义也是不同的，跨学科理解之间的差异就更大了。比较教育从本质上讲就是一个跨学科的研究领域。它提供了一个不同学科视角的汇合点，但也许使问题更加复杂难辩。

(二) 比较教育：历史发展和演进

在谈到后来出现的关于当代比较教育学领域的本质的观点之前，最好先回顾一下它的历史和演进过程。通常认为比较教育成为一项清晰界定的学术活动始自19世纪的法国（Epstein，1994；V. Daele，1994）。1817年朱利安（M. A. Jullien）发表了《比较教育的研究计划和初步意见》，他因此被誉为“比较教育之父”。此后，人们通常认为比较教育传播到了欧洲的其它地区和美国，之后又被传往世界各地。还有一种观点则认为比较教育领域有着多重的起源（Halls，1990；Zhang&Wang，1997；Bray&Gui，2001）。但是，不可否认的是在欧洲和美国出现了很多重要的著作。朱利安之后比较重要的“里程碑”包括1899年在美国的哥伦比亚教师学院第一次开设“比较教育”课程（Bereday，1964a），迈克尔·萨德勒爵士著名的1900年演讲（Sadler，1900），比较教育获得了生长的动力，开始广为传播。中岛半次郎（Nakajima，1916）出版了一本日语的著作《德、法、英、美国民教育的比较研究》。此外，早期还包括桑迪福德（Sandiford，1918）和康德尔（Kandel，1935）的著作。

在多大的程度上这些早期的著作能够被认为是全球性的还需要进行考察。朱利安（1817）的著作主要是限于对欧洲国家的研究——尽管这在历史上已经得到了较为广泛的讨论。萨德勒使用了西欧和北美的例子，而中岛半次郎（1916）则主要关注德国、法国、英国和美国。有趣的是，尽管中岛半次郎的著作是用日文写的，但是他并没有将焦点放在日本的教育上，而于（YU，1917）的翻译和改编则加入了一些中国的资料。和中岛半次郎一样，桑迪福德（1918）和康德尔（1935）的研究所关注的也是德国、法国、英国和美国，桑迪福德还研究了加拿大和丹麦，康德尔的研究则包括了意大利和俄罗斯。

在20世纪下半叶，随着很多期刊的出版，比较教育得到了长足的发展：

(1)《比较教育研究》(Comparative Education Review)，即1957年在美国创刊的英文期刊；

(2)《比较教育》(Comparative Education)，1964年在英国创刊的英文期刊；

(3)《外国教育研究》，1965年在北京创刊，最初为内部出版物，1980年正式对外发行，1992年改名为《比较教育研究》；

(4)《比较》(Compare)，英文期刊，1968年在英国创刊，最初为通讯，1977年改为正式发行的期刊；

(5)《加拿大和国际教育》(Canadian and International Education/éducation Canadienne et Internationale)，1973年在加拿大创刊，为英语、法语双语期刊；

(6)《比较教育杂志》，1982年在台湾创刊，最早为通讯形式，1997年发展成为正式期刊；

(7)《比较教育》(Educazione Comparata)，1990年创刊的意大利文杂志。

有很多期刊的标题中使用了“国际”这个词，也刊登了很多比较的文章。《国际教育评论》(Internationale Zeitschrift für Erziehungswissenschaft) 1931年在德国创刊，二战期间曾经停刊，1955年使用三种语言重新发行（名称为：International Review of Education，Internationale Zeitschrift für Erziehungswissenschaft and Revue International de Pédagogie)，刊登英语、德语和法语的文章。1971年，UNESCO在巴黎开始出版《展望：教育研究季刊》，最初是英文和法文两个版本，1973年增加了西班牙版本，1990年增加了阿拉伯语、中文和俄文版本。1995刊物的副标题改为《比较教育研究季刊》。1981年在香港开始发行的英文期刊《国家教育发展杂志》，也被认为是这个领域的一个主要期刊。

除了这些学术期刊之外，还有很多开创性的教科书。截止上个世纪末，已经有了非常多种类的相关教科书，但是在二战后出版的重要的英文书主要有汉斯（Hans）(1948)、金（King）(1958)、贝雷迪（Bereday）(1964）和哈维格斯特（Havighurst）(1968）的著作。汉斯的著作在很大程度上遵循了当时的地理学的传统，四个案例研究的主要是英国、美国、法国和苏联，但也提到了世界其它国家。金的著作也主要是关于这些传统的国家。和40多年前桑迪福德的著作一样，金对德国、法国、英国、美国和丹麦都有专章进行论述，不同之处在于桑迪福德所选择的第六个国家是加拿大，而金的第六个国家是印度。这反映了一些前殖民地主权国家的出现——在20世纪60年代这一趋势加快——也给比较教育领域带来了更宽泛的关注点。贝雷迪（1964）的著作主要关注传统的美国、英国、法国和德国，但是也包括了前苏联、土耳其、波兰、哥伦比亚。哈维格斯特（Havighurst）主要关注法国、前苏联、日本、巴西、中国、加纳、南非、新西兰、苏丹和荷兰，而且尤为特殊的是，还有一些章节是关于美国霍皮印地安人以及英国都铎王朝（15和16世纪）的研究。在随后的三十年中，比较教育研究的地理范围更为广泛，除了工业化国家之外，开始更多地关注不发达国家，这在某种意义上说是开始变得更为全球化了。

（三）WCCES：比较教育研究的全球性机构

"世界比较教育学会理事会"（WCCES）成立于1970年，是从1968年由加拿大大不列颠哥伦比亚大学（University of British Columbia）的约瑟夫·卡茨（J. Katz）召集的"国际比较教育学会理事会"演化而来的（Epstein, 1981），最初共有五个分会，它们是：

（1）"美国比较教育学会（CIES）"，1956年成立；

（2）"欧洲比较教育学会（CESE）"，1961年成立；

（3）"日本比较教育学会"，1964年成立；

（4）"加拿大国际与比较教育学会"，1967年成立；

（5）"韩国比较教育学会（KCES）"，成立于1968年。

在过去的这些年中，WCCES成员机构的数目发生了很大的波动，但截止到2002年，已经拥有了30多个成员机构。其中23个是国家级的或亚国家级的学会（巴西、保加利亚、加拿大、中国、捷克斯洛伐克共和国、古巴、香港、德国、希腊、匈牙利、印度、以色列、意大利、日本、韩国、菲律宾、波兰、俄罗斯、西班牙、台湾、香港、乌克兰和美国），5个是地区级的学会（澳大利亚和新西兰、欧洲、北欧国家、南非和亚洲），还有两个是以语种分的比较教育学会（操法语者比较教育学会和操荷兰语者比较教育学会）。

虽然成员组织的名单非常让人震惊，但是在一些国家和地区，这些组织是很弱小的，主要是依靠一些个人的热情在支撑，以志愿者的方式在运作，资金非常少。将2002年WCCES的成员名单与1993年名单相比较，也能够看出他们的弱小。1993年，WCCES有31个成员组织，但是到了2002年就只有25个保留了下来，有六个组织已经停止活动了。他们是：

(1) 阿根廷比较教育协会（AAEC）；

(2) 哥伦比亚比较教育协会（ACEC）；

(3) 埃及比较教育团（EGCE）；

(4) 伦敦比较教育协会（LACE）；

(5) 尼日利亚比较教育学会（NCES）；

(6) 葡萄牙比较教育学会（PCES）。

但是，又有5个新的学会加入进来了，他们是：

(7) 古巴教育协会——比较教育分会（APC-SEC）；

(8) 亚洲比较教育学会（CESA）；

(9) 香港比较教育学会（CESHK）；

(10) 菲律宾比较教育学会（CESP）；

(11) 乌克兰比较教育委员会（UCCE）。

而且，还有一个新的阿根廷组织成立了，并且表示想要申请加入WCCES。在委内瑞拉也成立了一个类似的组织。法国也成立了一个名为Association pour le Développement des Échanges Internationales et de la Comparaison en Éducation（ADECE）的组织。

WCCES的主要工作是组织周期性的"世界比较教育大会"。"第一次世界比较教育大会"于1970年在加拿大举行，之后分别在瑞士（1974）、英国（1977）、日本（1980）、法国（1984）、巴西（1997），加拿大（1989）、捷克斯洛伐克（1992）、澳大利亚（1996）和南非（1998）举行。最近的一次是2001年在韩国，下一次将于2004年在古巴举行。

WCCES的其他活动包括为比较教育辩护。它是UNESCO的一个附属非政府组织，通过UNESCO正式出席国际活动。WCCES还有一个网站（www. hku. hk/cerc/wcces），里面有各个与比较教育有关的组织和教育机构的链接。读者还可以通过该网站找到120多个国家的教育部的网址。

但是，和其它的全球性机构一样，WCCES的运作也存在着其局限性和困难。金（1997）指出：

在所有的学术圈中都存在第一派系，而且在由来自于那么多传统和背景的成员组成的世界性团体里，经常很难在兴趣和优先领域的差异性之间达成一致。在寻找使世界各地的同行都可以接受的合适的集会地点时，也存在外交上的困难。

在WCCES的条例中并没有规定官方语言，但是大部分的WCCES事务都是使用英语。英语作为一门国际性的语言，已经取得了绝对的优势，但是它并不是全球化的中立的形式。根据惯例，由于WCCES秘书处最初是在渥太华（加拿大），然后又迁到了日内瓦（瑞士），法语也被认可作为WCCES的交流语言。但是在过去的十年中，法语不过仅仅是作为正式商议WCCES事务的象征性的工具。WCCES的官员们非常留心与语言有关的不平衡，并且希望大家能够对如何促进比较教育领域使用多种语言提出有益的建议。

另外一种偏见是由WCCES成员组织的地理分布造成的。尽管WCCES的成员国分布在各大洲，并且轮流在各洲举行代表大会，但是有些地区还没有直接参与到委员会中来。因此，2002年，随着尼日利亚和埃及的比较教育学会的关闭，在非洲只剩下南非比较教育学会。而南美洲则只有巴西有相应的机构，阿拉伯国家的成员组织也非常少。相比之下，欧洲和亚洲的成员组织相对较多。

WCCES当然还是一个全球性机构，而且从很多方面来看，它也在全球化。它使世界各地的学者走到一起，交流思想，促进合作项目。尽管为了推动比较教育在世界不同地区的发展，促进比较教育的全球化，还有非常多的工作要做，但是，WCCES至少为此提供了一个平台。

（四）比较教育的范式、方法和焦点

比较教育领域，至少在世界上的某些地区，已经很强地吸收了社会科学的理论基础。因此，在某种程度上，在社会科学中占优势地位的范式的转换都在比较教育领域的转换中反映出来了。这其中包括20世纪60年代和70年代实证主义的崛起，80年代和90年代后现代主义的流行（Psacharopoulos，1990；Epstein，1994；Crossley，2000；Paulston，2000）。但是，比较教育学者使用的社会科学工具却非常有限。著作和期刊上发表的文章展示了很多基于文献分析的注释，但是很少有基于调研的研究成果，而基于实验方法的研究就几乎没有了。

为了更深入地研究这种现象，罗斯特（Rust）等人（1999）对比较教育领域的三种主要的英文期刊：美国的《比较教育研究》、英国的《比较教育》和香港的《国际教育发展杂志》上的文章进行了分析。他们对20世纪60年代发表的文章进行了考察，发现48.5%的文章主要是基于文献分析，15.2%的文章是历史研究。他们还发现在80年代和90年代发表的文章中，以上两类减少了很多：25.7%主要是基于文献分析，5.0%是历史研究。基于项目的研究、以及参与观察和基于访谈和调查问卷的研究论文数目也增加了。在这方面，比较教育领域已经开始越来越多地使用一些标准的社会科学工具。

罗斯特（Rust）等人还仔细地考察了这些论文对质的研究和量的研究的偏好。他们对1985年、1987年、1989年、1991年、1993年和1995年发表的论文进行了调查，发现71.2%属于质的研究，17.3%是基于量的研究，10.8%的文章是两种研究方法的综合，0.3%是基于其它的研究方法。根据以上研究结果，罗斯特（Rust）等人认为比较教育领域的学者：

倾向于依赖相似的哲学假设。关于事实的本质，比较教育学者倾向于将事实看作是主观的、多样的，而非客观的、单一的。从认识论的角度来讲，比较教育学者倾向于对已经被研究过的东西进行研究，而不是独立的，以与内容相分离的方式工作。从价值论的角度讲，比较教育学者倾向于不把研究看作为是价值中立的、没有偏见的；而且，他们普遍接受这样的观念：他们的研究是负载价值的，里面包括了研究者的偏好。

罗斯特（Rust）等人的研究的第三个方面是关于研究论文的地理关注点（geographic foci）。20世纪60年代，比较教育学的研究对象国主要集中于发达国家（参照联合国发展计划署（UNDP）的分类）。但是，到80、90年代，这种平衡发生了巨大的变化。尽管依旧对这些国家存在偏爱（bias），但是更加关注发展中国家。因此，在60年代，《比较教育研究》和《比较教育》上有73.1%的文章是关于发达国家的，15.0%是关于发展中国家的，到了80/90年代，相应的比例变为43.1%和23.3%。

但是，在历史上，不同国家和地区的研究主题的本质和研究方法是非常不同的。因此，尽管罗斯特（Rust）等人查阅了他们所知道的"比较教育"领域的所有文章，他们的分析还是仅仅集中于英语期刊，而且还仅仅是在美国和英国出版的期刊。科温（Cowen）（2000）曾经强调多样比较教育的共存。他的观察报告一方面适用于在特定国家的运用不同研究方法和关注不同研究领域的不同群体，他们彼此之间可能交流也可能没有交流的，也适用于在不同的国家，使用不同的语言，拥有不同学术传统的学者团体，他们可能有也可能没有与其它国家和语言群体的同行之间进行交流。

考虑到不同国家不同学术背景之间存在的差异，对从20世纪70年代以来的三十年中诺亚（Noah）和埃克斯坦（Eckstein）的著作与顾明远的著作进行比较是非常有益的。香港大学比较教育研究中心已经出版了这些学者的一系列的著作集，所以很容易放到一起进行比较（Noah/Eckstein，1998；Gu，2001）。诺亚（Noah）和埃克斯坦（Eckstein）是美国学者，他们主要是在英语的背景下进行研究，其主要研究领域是在实证主义框架下的方法论问题，是第一世界关注的问题。与他们不同，顾明远主要是在俄语和中文的语言背景下进行研究。他的著作，尤其是其前期的著作是在马克思－列宁主义的框架下进行的研究，他尤其关注的是中国能够从工业化国家借鉴些什么。尤其是70年代和80年代，顾明远所在的比较教育界和诺亚与埃克斯坦所处环境是非常不一样的。

但是到了90年代，这两个世界开始出现了一些融合的迹象。随着中国的开放以及英语得到更为广泛的应用，中国学者们开始对西方国家的著作和方法论给予更多的关注。英文著作被翻译成中文，国家之间进行的互访也推动着两种文化之间的学术交流日益增加。颇有争议的是，开放之后的学术思想的流动是不平衡的：相比之下，中国学者更多地受到西方传统的影响，从中文译为英文的书籍的数量远远少于从英文译为中文的书籍的数量。但是，有些西方的学者的确也对中国的学术传统进行了深入的研究，从中收获颇多。例如许美德（R. Hayhoe 1999，2001）的研究著作。

20世纪90年代和本世纪初的这些年，不同学术团体之间的地域兴趣也进一步拓宽了。在前面所列出的英文学术期刊中，除了关于西欧、北美和澳大利亚的研究论文之外，还是有相当比例的关于亚非拉欠发达国家的研究著作。中国关于欠发达国家教育的学术研究的数量还是比较少的。这在一定程度上反映了一个国家的优先领域。对于决策者来说，他们认为与经济发达国家相比，能从贫穷的国家学到的东西要少很多。它也反映了这样一个事实：尽管在全世界各地都有海外华人的团体，中国和非洲、西亚以及拉丁美洲的政治和文化联系还是比较少的。但是，中国大陆和台湾的中文出版物中也呈现明显的地域研究兴趣的扩展（Yung，1998；Lee，1999）。

尽管有这些融合的迹象，进行比较分析的选题和方法论在世界各地还是有着很大的差异。例如，与亚洲相比，性别问题在西方国家是一个很热的研究领域；关于世界银行和其它国际机构的研究在英文期刊中要比中文、日文和韩文期刊更加普遍。同样，并不是所有的国家都对后殖民主义、多元文化主义和国民冲突给予同等的关注。因此，在越来越多的可能谈到全球比较教育领域的同时，也有必要承认持续存在的差异。

(五) 全球化时代的使命和角色

世纪之交，克罗斯利（Crossley 1999，2000）和沃特森（Watson，2001）等都曾对比较教育领域进行了深入的分析，并且强调需要重新界定概念。他们认为全球化的力量既带来了压力也带来了机遇。压力主要来自于全球化所带来的环境的变化，而机遇则来自于学者们、政策制订者和实践者之间在国际事务上日益增加的兴趣。他们认为在新的环境下，比较教育领域能够重新振兴，获得新的生命力。

还有很多其他学者也都提出了一些比较教育领域在全球化背景下抓住机遇、获得发展的方法。他们中包括桑茨（Sanz 1998），博布斯/托雷斯（Burbules/Torres 2000），提克里（Tickly 2001），韦尔奇（Welch 2001）和卡诺伊/霍滕（Carnoy/Rhoten 2002）。对本文的写作尤其有帮助的是马金森/莫里斯（Marginson/Mollis 2001，p611～614）的研究成果。他们给出了全球化对重建比较教育的五个方面的作用和意义，可以概括为：

1. 分析框架。学者们应该在更宽泛的框架内定位国与国之间的比较。同时，他们应该注意到全球化的影响是竞争性的、不均衡的，在不同的国家、地区和机构有不同的表现。比较学者们已经在这方面做了很多重要的工作，但是还有更多的工作要做。

2. 分析单元。在传统的世界比较中，所有国家在形式上都是相似的，只是根据发展水平这样一个单一的尺度进行分类，这样的分类单元已经很不充分了。它不能够揭示国家之间权利的关系，也隐藏了国家在性质上的差异。全球化需要“一种能够描绘出全球化影响的流程，以及在教育政策和时间中产生的模仿、差异、控制和部署的模式的新地理政治学‘绘图法’。”(Marginson/Mollis，2001)

3. 集中与跨边境的国际教育。国际教育中跨边境的贸易本身已经成为一个重要的研究对象。这样的贸易引发了关于流动的学生的身份以及对教育者、教育机构和教育体系的要求等方面的问题。次一级的研究主题包括教学实践和国家文化之间的矛盾引致的紧张关系，以及网上教育社区的迅速增长。

4. 同一性的形成。全球化带来了形成同一性而非民族认同的新的可能性。以民族国家为中心的传统不重视超国家的文化和宗教认同，并且使教育参与、资源和产出等国家内部的地区变化不明显。

5. 全球化对国家的影响。现代教育体系仍旧是以地方和国家的形式组织的，仍旧服从于国家的规定。马金森/莫里斯（Marginson/Mollis）认为日益增长的流动性和世界大同主义对培养公民的教育政策有着重要的潜在影响。另外还需要对国际机构和其它的机构在多大程度上能够塑造国家教育政策进行研究。

毫无疑问，这个列表还可以进一步的扩展。但它是一个非常有益的起点，告诉我们在全球化时代比较教育能够而且应该扮演怎样的角色。它应该解决新的问题，而且应该得到复兴，成为帮助学术界和实践者理解周围变化的媒介。这并非是说民族国家作为一种分析的单元应该被抛弃，而是应该有一个对单个国家的教育产生影响的更宽泛的问题进行集中研究的议程。

(六) 结论

本文首先指出，与其它的学术研究领域相比，比较教育与全球化的联系更为紧密。一个主要的因素是比较教育很自然地与跨国分析有关，从其本质

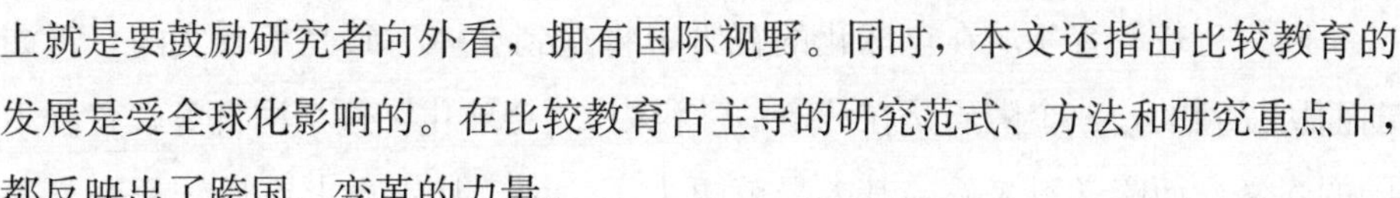

上就是要鼓励研究者向外看，拥有国际视野。同时，本文还指出比较教育的发展是受全球化影响的。在比较教育占主导的研究范式、方法和研究重点中，都反映出了跨国、变革的力量。

本文的第一部分引用了赫尔德（Held）等人（1999）的观点：全球化可以被认为是“当代社会生活的方方面面在世界范围内的相互联系的扩展、深化和加速。”在比较教育领域当然可以看到这种现象。正如韦尔森（Wilson 2003）所指出的，早期的学者不得不依靠已发表的论文和通过邮政系统和其它机制进行缓慢的交流，但是当代的学者们已经可以利用因特网，通过电子邮件保持方便快捷的联络。航空旅行成本的下降也推动了同行和不同文化之间的面对面的交流，这在几十年以前是不可想象的。这种时空上的压缩非常有利于比较教育的发展。

在推动全球化的机构中也包括各种各样的国家、地区和基于语言形成的比较教育学会，以及将大家组织到一起的全球性机构“世界比较教育学会理事会（WCCES）”。这些国家、地区和基于语言形成的学会中大部分都举办年会或者两年一次的全体大会，吸引了来自其它国家、地区和语言群体的与会者。每过几年 WCCES 还要组织“世界比较教育大会”。这些活动增加了相互之间的交流，促进了国际化。但是，在参与机会上依然存在着不平衡。比较教育当然不是（而且可能永远无法成为）一个均衡的领域，使来自所有国家和语言团体的学者都拥有完全平等的参与机会。

在这个领域里，全球化本身就成为一个重要的研究领域，而且影响了研究的本质。对于很多学者来说，民族国家还是一个所偏好的分析单元，但是越来越多的研究开始进行多层次的分析（Bray& Thomas 1995；Alexander 2000；Crossley 2000）。比较教育领域内有一些极端全球主义者，和其它领域的全球主义者一样，他们认为世界应该没有国界，利用上面所引用的赫尔德（Held）等人（1999，p. 3）的话，国家政府应该“转变为全球资本的传送带”。但是，持有这种观点的学者在这个领域里只是少数人。大多数学者承认跨国力量的存在，承认他们在某些方面变得比以前更强大了，但是，他们指出跨国力量长期以来就对教育制度产生着重要的影响，国家政府仍旧在教育方面发挥着最重要的作用。

断言比较教育领域在全球化的视野中将达到全体一致是不现实的。正如前面所提到的，一个障碍是在特定的学科内，“全球化”这个词自身就有着不同的含义，而跨学科来看，其差异就更大了。由于从本质上讲比较教育是一个跨学科的研究领域，能够形成一致概念的可能性就更有限了。

但是，比较教育领域能够在赫尔德（Held）等人（1999，p. 7～8）所确定的一个重要的议程中发挥作用，那就是全球化与新的分层模式有多大程度的联系，在这样的分层模式中，有的国家、社会和社区越来越融合进国际秩序中，而有的却日益边缘化。这个主题又一次强调了多层次分析的意义。多层次分析能够确认跨国家的、国家的以及亚国家的力量对教育体系的影响。这样的框架针对的是阿诺夫/托雷斯（Arnove/Torres 1999）所说的全球和地方的话语。

我们应该向本次“世界比较教育论坛”的组织者表示感谢，感谢他们组织了这次活动，选择了这样的主题。这次活动本身就表明了全球、国家、大量来自中国各地的学者和来自众多国家的学者代表之间的多维度的交流。通过这次论坛，中国学者和国外的学者可以就不同国家和文化背景下比较教育领域正在形成和变化中的特点进行讨论。他们能够注意到全球化所推动的一致的程度，也能够注意到所存在的差异。他们也能够确认全球化时代比较教育领域的新的使命和角色，以及通过哪些方法，不同方面的视角之间能够互相补充，以促进在世界各地影响和塑造教育的不同力量间的全面理解。

（本文发表于《比较教育研究》2002年“全球化与教育改革”专刊。作者贝磊（M. Bray），时属单位为香港大学比较教育研究中心；译者阎保华，时属单位为教育部人文社会科学重点基地北京师范大学比较教育研究中心、北京师范大学国际与比较教育研究所）

四、教育全球化：进程与话语

(一) 背景：全球化交流

从上个世纪末以来，全球化或者国际化已经成为当今世界的显著特征，这些特征不仅体现在经济关系、消费、科学技术、通讯、媒体、旅游业，也同样体现在当今教育体系之中，各项关于教育研究、教育规划、教育政策发展的国际交流和合作都得到加强。首先，制度化过程中的国际交流与合作大大增加，例如各类国际认可的学位授予、学校成就评价、交易额巨大的世界范围的教育市场的形成等等；其次，各类国际组织（如世界银行、UNESCO、IBE、IIEP、OECD、EU 等）都热衷于教育研究、文献出版、交流和各类国际性的教育发展活动；第三，由于受到国际组织和各国政府部门的重视，各项教育指标不断发展，并且在世界范围内得到推广；第四，在所有这些关于教育发展、规划、改革的系列活动中，最重要的角色是若干不同类型的国际学术组织与教育研究管理社团，如世界教育研究协会、欧洲教育研究会、世界比较教育协会等。这些协会的专家当中有世界教育危机的分析家，有世界教育日程的制定者，有全球性教育责任的预言家，有世界教育指标的编辑者，也有世界教育百科全书的编写者。所有这些专家都在对全球化的教育改革话语的形成作出自己的贡献；最后，新近几年内数量呈指数增长的国际科学非政府组织不仅促进了本领域跨洲际研究的条理化和合理化，进而促进了标准化和统一化，还使相应的社会生活领域具有了科学化的特点。

经济、政治、文化领域的国际或全球联系决不是一个新现象。世界性的宗教传播、帝国主义体系的扩张、商务贸易和移民现象可以追溯到前现代时期。如果说有什么可以称得上史无前例的新事物出现，当属这种流动的剧烈程度和速度，及与之相伴的几乎所有活动领域内和几乎遍及全球的社会组织改革了。在国际科学非政府组织的推动下，借助现代信息通讯技术，知识的快速流动显著增强。因而，在国家改革讨论中已经开始的关于国际化的争论——无论是在公共政策、文化创新还是在教育改革领域——都会继续下去，这种争论在很大程度上独立于全球流动和网络或组织与交流的典型模式的跨国联系之外。其时构造的词汇有"世界模式"（如 Chalker&Haynes 1994）、"国际标准"（Hanf 1987）或"全球发展模式"（1978 年罗塞洛将其转化为解释方案），而且这一争论早于真正的国际化或全球化进程。从这个意义上讲，必须将社会历史过程与改革话语区别开来，尽管改革话语不仅是社会历史发展的反映，而且本身就具有生命力，对社会历史发展有重要影响。换句话说，我们应该将社会进化造就的世界社会与对世界社会的语义学解释区别开来。更特别的是，各个领域的比较研究显示，没有一个公共政策领域（包括经济政策、社会环境政策）像教育政策和相关研究那样，在组织结构、政策模式和改革话语方面具有如此高的全球标准化水平（Weiler 1987）。所以可以得出这样的结论，即教育制度、教育研究和教育改革话语与其它社会领域内的交互作用不同，它们不只是更普遍的文化模式国际化和全球化进程中的一个固定组成部分，而且特别容易受到日益加剧的国际化动力学的影响。

（二）全球化与特定文化结构

然而，目前教育和社会科学领域的比较与国际研究状况远远不能支持我刚才所述的观点。正像其他地方详细指出的那样，对各种研究的严厉批评起到的是宣传作用而不是相反。这些研究包括：

——国际化与本土化

——超民族统合和民族内部的多样化

——标准化教育模式的全球传播（不考虑社会环境的差异）和令人吃惊的社会—文化关系网络的多样化（不管普遍主义者大理论的假设）（Schriewer 2000）。

而且，对于高等教育、社会科学发展或国际性的国家一体系这些变化多端的领域的比较研究表明，全球化与特定民族的建构这两种对立现象不会简单地同时各自互不相关地发生，更准确地说，它们是以一种挑战与对话、大规模社会历史进程与这些过程不可预知的结果的形式相互联系着。全球化与本民族的建构是同时发生的，并进一步促进世界的多样化。这一过程强调以宏观的角度看待世界体系模式的历史发展过程，同样，这一观点也打消了我们关于全球化发展和本民族建构的单一直线式简单思维，更不要说用进化论、目标定向理性的观点去解释这一过程。

把全球化看作是一个科技进程也是不对的，认为全球化只是把一些预先设定的历史逻辑加以实践的观点也是站不住脚的。很多的历史事实就明显证明了这一点。由于全球化引起不同社会系统的相互认知与联系，很可能会引起相应的排斥势力，并因此带来一个日益分割的世界（Grew 1992）。

我们应该重视那些跨国界、跨区域的移民和人口流动现象，这种现象曾在欧洲甚为剧烈，后来蔓延到全世界。这种全球化的过程引发了很多矛盾冲突，分析、解释和采取相应的措施解决这些矛盾冲突是有必要的。组织模式、问题解决模式、政策或知识等的跨文化传播的特征是：受者——文化与民族群体会对其进行特定的解释与改造。在一个新的环境下，适应公众兴趣的跨文化模式会被最终接受。这样的模式是一种世界历史发展的逻辑，同这种多元的逻辑相比，它的相对面就是强调单一性，偶然性的全球化进程。法国政治家巴蒂（B. Badie）对于西方民主原则在全世界范围非西方国家的传播这一研究就是我刚才所说的观点的一种佐证。巴蒂自己也说，在这样一个充满选择与偏离和重建文化框架的过程中，一种全新的集体性的经验和广为接受的东西在历史的演进过程中沉淀下来。很多比较教育学界的学者不得不把这一过程纳入自己的考虑之中，中国、印度、日本的国际化就是这样一个覆盖与选择的过程，它们的适宜重新被激活的千年文化传统就是这样形成的。

从跨文化、跨文明的角度来看，跨国界的标准教育模式的建构是不容易实现的，同时，不断变化的社会文化中相互联系的关系网也是让人难以琢磨的。但还是应得出这样的结论：抽象的跨国界传播模式的普遍性原则应该在具体的实施过程中与本国的民族构建有一种互动关系，换句话说，即从全球体系的角度来看，制度化的学校体系应该是社会文化发展的革命性的全球实现。学校最终不会达到全球性的普遍一致，而是在具有国际性的同时仍具有各自的社会文化特点。教育组织与教职员工的聘用、学校的各项表现与事业、学校选择与社会满意程度、学校结构与公共法律、学习进程与社会变化等多元因素结合在一起，相互交织与联系，拥有全球化的一致性特点的同时又透射出各自的社会文化及民族特性。

(三) 不同理论视角的比较

本文在比较教育与全球化的讨论中已经做了很多关于其它领域诸如知识、社会、集体经验文化的比较研究，但是这些东西实际上还是需要不断得到阐明。下文要为一些结论性的观点做一下综述，这些综述实际上是德国洪堡大学比较教育研究中心的分析结果。这里我就这一研究项目的理论基础、结果以及相关社会科学研究作一些介绍。

对这一问题的分析实际上就是检查与分析教育知识的国际化维度。这项研究涉及不同文化背景的国家，包括西班牙、俄罗斯和中国。研究目的有二：一是要从社会科学知识的角度，就西班牙、俄罗斯、中国这三个国家从1920年到1990年发表在相关学报上的有关教育情况介绍来描述各国的教育模式，这些模式是在历史与全球化的过程中通过建构与重建不断修改而来的。然后，通过跨区域跨文化的比较，将研究发现用于重新审查世界体系理论的某些假设，并用于抵制标准的教育和教育发展模式在全球范围内制度化。这也暗示我们的研究是在一个清晰的社会理论背景下的，这些理论分析结果证明我们的研究是富有成果的。我们不仅揭示了世界范围关于政治、社会与教育的现状，而且揭示了教育在这一过程中扮演或将要扮演的角色。

另一方面，这一研究还特别借鉴了迈耶尔（J. W. Meyer）和拉米雷兹（F. O. Ramirez）等人的现象学和文化主义的世界体系理论，即后来的新制度主义理论。他们认为世界体系主要是解释世界政体，以及相应的跨国界文化环境。新制度主义思维为全球教育组织提供了经验性和极富启迪意义的解释。更深入地讲，这些作者认为世界级的文化发展与教育理想是由政客、规划者、管理者、教师等来设定的。所以，制度化的合理化神话包括以下几点：

个体的个性发展、公民身份和参与能力、社会和政治机会平等、经济发展与民族进步、民族国家规定的政治秩序。

德国的社会学家鲁曼（N. Luhman）在其创立的自我参照社会体系理论这一较大的框架中解释现代世界社会的出现。这一理论将一般系统理论与进化理论、联系理论结合起来，使它做到了经久不衰。该理论的主要内容是社会职能区分模式理论。和新制度主义的观点一样，这一理论认为世界社会的出现既是西方现代性的结果，又与其密不可分。更具体地说，在现代社会中运行的每一子系统的内在动力要素是这些子系统想要扩张其各个领域的交流——包括远程贸易、股票市场、学术会议、技术合作、艺术创作或国际法庭的审判与请求——而不管地理空间和政治边界的存在。换句话说，从进化论的观点来看，基于独特的运行方式和世界社会的出现，主要的社会区别之间倾向于互相支持、互相巩固。

这些包括真正的社会学知识视角的概念，事实上都出自鲁曼理论中的一些基本概念，如“自我参照”“反射性”和“反射”——它们将网络、过程和社会文化活动概念化为一种具有意义的、自我评论、自我描述并运用其自我描述进行自我组织的社会现实。因此，教育理论化被广泛地理解（但不排斥其他观点）为教育本身所在的社会特定子系统的自我参照反射。最后一个需要指出的概念是“客观化”。按照 Luhman 和 Schorr 的说法，这一概念可能是“分析教育理论构建的一把钥匙”（Luhmann/Schorr 1979）。这一概念可以使我们以一种较新的方式分析教育文献的两种推理特征，即一方面，通过“世界状况客观化”，分析所谓的“外国教育”“比较教育”“国际（发展）教育”或“教育政策研究”等知识体系；另一方面，可通过“传统客观化”模式分析所谓的“教育史”“教育思想史”等文献。这两种形式是关于国际现象或历史理论传统选择性描述与评价性解释的很好例证。

综上所述，不论是世界体系理论的观点还是新制度主义的观点都是以真正的社会学知识为基础的。它们不单纯对社会化作出自己的解释，而且强调这种解释在社会发展现实中所扮演的角色。从论述的角度来看，世界体系理论把焦点集中在进化的活性，强调世界的联结。而客观化的观点集中在社会逻辑层面，以及这些建构所造成的社会反应。

（四）国际性的多元解释

在各种理论指导下的研究结果是非常不一样的。我们以浓缩的方式记录收集到的信息还是不能够揭示那些在三个不同国家的社会中关于社会、世界以及相应改革的一致性发展过程。但我们的数据对那些历史的国际的教育现象的解释，对社会形式的选择，对评价体系的建立，和对把国际性认识纳入民族国家的产生都是具有积极意义的。

同样，西班牙、俄罗斯和中国把国际性认识纳入到各自国家关于教育和教育改革的民族话语中的程度存在很大的差异。这样一种模式的形成过程是：问题的定位、过滤式的选择与引导、转化为民族理解。即使就我们现在的发现得出一些强有力的结论或许为时过早，更不要说经受驳斥，但是从中可以看出，相对强有力的教育话语国际定位时期和社会中心自我隔离时期，已经发生了更加强劲的变化（在每一个案例国家内都是如此）。而在主要的参照社会或"世界观"（处在这些案例国家之间）中反映出了更大的差异，且与新制度主义模式难以相通。从某种意义上说，我们的发现雄辩地证明，教育知识、改革政策以及发展模式是如何在一个跨国界的层面上通过不同国家的选择来发挥作用的，这是文化传统、集体智慧和政治压力共同作用的结果。

（五）结论

最后我要从三个角度即笔者作为学者、作为教育家和作为社会公民所持的态度来结束本文。

我们的研究或许足以提出一些问题，并引起讨论。我们是在跨文化、跨国界，在不同知识模式和政策转化的背景下小心地开展工作。同时，这种跨文化跨国界的研究是从智力的角度来进行的，而且不是单一地在西方进行。大家很关心教育的明天，但是没人能够轻松说出什么是已经被确定的焦点，可以用来作为建构教育体系的催化剂。或许我们还应该回溯到19世纪国家教育体系建立时期去寻求答案。今日的社会状况很复杂，经济、政治、科技、文化交织在一起，本土的、国际的、地区的各种现象交织在一起，光怪陆离，难以辨清。所以我们需要拥有且发展适宜的面对这些问题的态度。作为社会

公民的层面来看，全球化的发生不可避免，它是一个大规模的、无所不涉及的进程，既是一个冲突与融合的过程，又有助于实现现代化。但实际上在世界的不同角落，多元的现代化方式正在突显，全球化也不会莫名其妙地自己实现。我们需要仔细思考那些形成社会现实的重要国际性话语，国际教育领域的比较教育学者、规划者、管理者应该认识到这些事实：通过制造知识、思想和各类模式，他们才可以在各自的民族国家为形成明天多元多层次的教育空间作出贡献。

（本文发表于《比较教育研究》2002 年“全球化与教育改革”专刊。作者于尔根·施瑞尔（J. Schriewer），时属单位为德国柏林洪堡大学；译者冯巍，时属单位为教育部人文社会科学重点研究基地北京师范大学比较教育研究中心、北京师范大学国际与比较教育研究所）

五、和而不同

——全球化条件下中国比较教育发展的方向（论纲）①

任何社会现象都是镶嵌在一定的社会历史画卷上的。我们今天讲比较教育必须考虑今天所处的历史环境。我们今天所讲的比较教育既处于过去和未来历史的交汇处，又更是当代人类社会教育整体发展的有机的不可分割的一部分和合乎逻辑的不断显现的结果。人类生活的世界正在发生着历史性的变革，全球化与地方化复杂的交互作用促使整个人类社会发生深刻的变迁，在这种变迁中一种文化统治全球的强权政治时代正在被多元文化的对话与交流所代替；新的时代促使人们对以往的思想理论进行再思考，出现了元哲学、元语言学、元文学、元教育学等元研究潮流。比较教育也是如此。知识经济、信息时代的特点，马克思主义新的深刻的发展，现代哲学社会科学的重大变化，我国社会的历史性变迁，这些都要求我们，面对传统与现实对比较教育理论建设做重新的理解。目前，比较教育理论建设历史地被放在一个崭新的起点。这对我们是一个难得的机遇。正如阿诺夫（R. F. Arnove）所说："全球化使经常性的相互学习在今天比以往任何时候都更急迫，更重要。"[1]国际与比较教育正在欣喜地迎接它的复兴。我们当然要做好准备，牢牢地抓住机遇，实现跨越式发展。

在21世纪我国经济与社会的发展中，面对提高中华民族素质的紧迫要求，比较教育在我国实施科教兴国发展战略的宏伟事业中将发挥更大的作用。

① 该文是作者将1995年以来所发表的有关论文做归纳整理而成的。

而这就要求我国比较教育学科有一个更大的发展。为达此目的，我国比较教育学科建设在走向世界，积极地从国外优秀文化中得到必要的借鉴的同时，还必须从中华民族的传统文化的精华中吸收独特的营养，丰富自己。这既是比较教育学科建设深入发展的条件，也是我们同国际比较教育对话的基本立场。

英国历史学家汤因比（A. J. Toynbee）认为，任何文化一历史都是对生存环境的挑战的必要的回应。民族文化在某种意义上可以说是生活在不同自然与社会条件下的各民族，对各自面临的自然界与社会问题所作的不同回答。这种回答凝结着不同民族的独特智慧。西方民族文化的传统是历史所形成的西方人的这种回答。西方学者十分重视它们自己的民族文化传统。不仅如此，至今还有某些西方学者还将自己的传统文化视为强势文化，将西方当作世界文明的中心，要求各民族对之顶礼膜拜。这种文化上的民族沙文主义是我们绝对不能接受的。

在全球化和地方化交互作用的条件下我们应当遵循“和而不同”的方向积极开展不同国家、不同文化、不同语言、不同民族之间的教育对话与交流，积极开展比较教育的理论创新，积极开展比较教育研究，促进我国教育改革的深入和教育科学事业的繁荣。

（一）中国传统哲学之于比较教育意义的发现

孔子“和而不同”的哲学思想的现代转换对于建设能与世界其它文化中诞生的比较教育理论进行对话和交流的、能打破西方中心壁垒的、勇于创新和探索的比较教育学是十分重要的。为了阐述这一问题，必须回答中国传统文化具备不具备现代意义，在现代化迅速发展的条件下，中国传统文化对于比较教育学科建设有没有实际的价值这些尖锐问题，需要认真地思考。以下我们尝试运用跨文化对话的方式来回答这些问题，发现中国传统哲学之于比较教育理论建设和研究实践的意义。

现今西方的比较教育理论都是在各种西方不同民族文化传统和文化母体基础上形成的，深深地打上了各自民族哲学文化特质的印记。比较教育之根在哲学。中国比较教育理论构建必须植根于中国哲学，哲学是人类文化的理论基础，中国哲学是中国文化的理论基础。不仅如此，中国哲学正在为当代世界文化新发展做出深刻的贡献。任何哲学均不可走沙文主义路线。作为现代中国哲学一部分的中国传统哲学文化的民族特质不在于它的僵化，而在于它的开放性，中国传统哲学文化这种开放性与兼容性是其自身变革与创新的内在动力，同时也是能够对整个人类有巨大吸引力的一种理性形态，为人类提供了普遍的启示。孔子“和而不同”的哲学思想正是中国传统哲学的精华。中国的比较教育必须植根于中国民族的文化传统，尤其是中国优秀的哲学传统。只有这样才能建立起中国真正的比较教育学，能对世界比较教育产生影响的中国比较教育学，正如成中英先生所言：利用西方哲学以解析和了解中国哲学，这并不表示用西方哲学取代中国哲学，而是用以达到中国哲学本体、观念、逻辑、知识结构和语言义理的澄清、彰显和创新。[2]

后现代主义从20世纪60～70年代始对西方文化进行了深刻的批判。这场气势磅礴的多角度的批判主要是对“理性”、“现代性”的批判。后现代主义认为，理性主义在当代已远离了启蒙运动所倡导的科学精神与人文精神的统一，科学技术的片面发展已将人们驱逐出精神家园，人文关怀的失却，更使人类在以西方为中心的现代技术统治下深感困惑、迷失和无力。德里达曾指出，白人把他自己的神话，印欧语系的神话，他的罗各斯，他的方言规范，当成了“理性”的普遍形式。德里达对欧洲中心主义做了犀利的讨伐。德里达认为，人类文明依赖于科学知识和传统人文知识的并存和互补。而当代科学以它的“文化帝国主义逻辑”进行扩张。

在西方文化中，科学技术以自身的标准去否定传统知识的标准，造成了两套知识的“范式不可通约”，造成了知识状态的分裂，这正是西方文明危机的一个重要原因。其实，帕森斯的“传统－现代”二元对立的方法论正是这种分裂的知识状态的合乎逻辑的另一种表达罢了。在这个西方现代化理论中的一个基本思想中，传统与现代处于两极。落后的、消极的、负面的、坏的都属于传统一极；发展的、积极的、正面的、好的，则属于现代一极。这种理论与社会实践的直接后果造成了文明的分裂。

后现代主义发起的现代西方文明的批判运动对我们很有启发。我们正是在当代人类思想的深刻运动中做比较教育理论建设的研究。我们尝试科学与人文的沟通，现代与传统的对话，中华文化和包括西方文化在内的外域文化的交流，并在这种沟通、对话与交流中对比较教育的一些基本问题做一初步的探索。正如西方比较教育学需要新的出发点和新的思考，突破其狭隘与局限一样，中国比较教育学也需要从西方哲学文化、从西方比较教育学中吸收营养获得发现，不断实现理论与实践的超越，并在这种超越中从内部无可遏止地生长出来。这是构建中国比较教育学的必由之路。

在人类社会发展的新时期，中国传统的哲学文化的意义正在被重新发现。长期以来，受技术主义思想和思维习惯的影响，人们往往看重现在，而忽视过去，偏爱科技，而漠视哲学文化，特别是诞生在过去的传统哲学思想。作为当代西方文化的哲学解释学思想为我们提供了重新认识中国传统哲学，特别是发现其对比较教育理论建设的实质性意义的崭新视角。

自柏拉图以来的西方传统形而上学都采取单纯地在场是第一性的观点，从而把永恒的现在或常住不变的在场看成是居于至高无上的地位，是一切不在场的东西的基础，所谓本质主义实际把常在或恒在看成是最高的根据。西方传统哲学认为“有优于无”，肯定优于否定的原则皆由此而来。只是到了海德格尔，才看出了这一点，打破了这种认为在场居于至高无上的传统，从而也摧毁了单纯的“现在”优于过去与未来的地位。海德格尔主张过去、现在与未来三者的融和与同时性：过去并非简单地过去了，它仍然是，只不过曾是，它仍然存留着，未来也并非简单地没有到来，它已在现在或当前中达到了，只不过是作为未完成的东西而到达。奥托·帕格勒在解释海德格尔的时间观点时说：“过去，作为曾是，在其存留中离去；未来在其仍未完成中达到，过去与未来都不应该按现在的恒久不变性来解释为尚未出现的东西。”海德格尔的思想给我们很大的启发，离开了过去与未来的孤立的现在是不现实的，也是不存在的，后现代主义者德里达继承并发展了海德格尔的哲学，提出：不在场的东西比在场的东西更为重要，更为本质，这也就是所谓的补充的逻辑。“现在”内涵有过去与未来，它是过去与未来的结晶。人所活动其中的时间性场地就是一个由过去与未来构成的真正现实的现在，一个融过去、现在与未来为一体的一体。德里达的这种思想使我们深刻认识到作为不在场的中国传统哲学对于思考、构建中国比较教育的重要意义。

通常认为，时间间距只会不断疏远和阻隔作者、本文与读者之间的关系，“时间间距”对我们的理解总是有着一种阻碍作用，使人们能把握的“原义”将越来越少，而误解则日益增多。由此，历史的、传统的东西离我们越来越远，越来越陌生，越来越丧失对现实的意义，包括对比较教育理论建设和比较教育研究的现实意义。

当代著名哲学家，哲学解释学的代表人物伽达默尔却赋予“间距”以完全不同的意义。他指出，我们试图理解的历史流传具有“陌生性”和“熟悉性”的两极性。流传物是一对象性的存在，它属于过去，并日渐枯萎失去了生命力，就此而言，它对于我们具有一种“陌生性”；然而另一方面，流传物由于进入了语言而成为这样的对象，它向我们诉说着什么，并以此种方式与理解者的传统相连接，在此意义上，它对我们具有一种“熟悉性”。间距就是指陌生性与熟悉性的两极性之间的中间地带，换言之，就是流传物作为对象性的存在与通过语言进入传统的存在之间的那个领域。间距的作用就在于，它事实上连接着陌生性与熟悉性，成为历史与理解者所生活的时间之中介。这样，我们就会发现，传统哲学与当代比较教育的哲学问题其实是在同一个文化层面上的。但是当今所谈论的传统哲学已不可能仅仅属于古代，而是经过发展演化成为现实的观念存在。因此，从这个角度来看，中国传统哲学是一种现实的传统哲学，将其与西方当代哲学相比较，不能说他们之间没有时代的共通性。任何历史都没有远去，任何历史都是现代史，即使我们对其比较的那种哲学思想在现实哲学的总体中的定位还不明确，但是能够将它们提出作比较本身就足以表明它从这个角度观察中国传统哲学，连同其核心范畴之一“和”是现实的，绝非仅仅属于遥远的过去时代。伽达默尔认为历史的、过去的东西已与当前的东西融合成为一个整体，其间无分明界限。现代哲学解释学将中国传统哲学从遥远的过去召回，使我们看到比较教育与中国传统哲学对话的可能性与必要性。

现代哲学解释学高度评价读者的历史能动作用。姚斯指出：读者本身便是一种历史的能动创造力量，文学作品的历史生命如果没有接受读者的能动的参与介入是不可想象的。因为，只有通过读者的阅读过程，作品才能够进入一种连续性变化的经验视野之中。我们对中国传统哲学的解读、研究与转换，就是要充分发挥研究者历史能动性，使本文从死的语言材料中挣脱出来，而拥有现实的生命，这样我们便可以中国传统哲学为基础建立富有生命力的中国比较教育学。

单纯地以西方比较教育理论、思想、观点作参照系来寻找我国比较教育发展的道路，就离开了我们民族赖以生存、发展和振兴的传统文化，优秀的传统哲学；世界范围内比较教育理论建设就失却了一份独特的充满智慧的思想资源；我们就失去了与国际比较教育界对话的根本立场，也就无法建立中国自己的，具有中国文化精神的比较教育理论世界。

孔子作为具有世界意义的文化巨人，其思想已积淀成中华民族传统文化的核心。其中孔子“和而不同”的哲学思想表现出开阔的胸怀，坚定的信念，充满批判精神和创新意识，闪烁着中华民族对社会求索的智慧，构成了中国哲学的极其可贵的思想。哲学是文化的精华。我们以“和而不同”为方向进行比较教育理论建设，一个重要方面就是研究比较教育与传统哲学思想之间的文化通约性。我国比较教育应当注重这样一个事实，即西方比较教育的发展，是西方学者在特定的历史条件下，从自己民族的文化传统出发，并对其基本精神进行了新的解释，内容有了创新，是西方民族文化辩证发展的产物，并不是为异文化所取代的过程。只有深深的植根于中华民族的文化传统，我们才能得以建立一个能与国际比较教育，特别是西方比较教育进行对话的基本立场，同时，在这一对话中实现各自的超越。

(二)“和而不同”与全球化条件下比较教育的方向

“和”是中国传统哲学的核心思想之一。它是一个内容十分丰富的哲学体系，代表了中国传统哲学的特质，反映了中国传统文化开放的心态和宽阔胸怀。建立具有中国特色的比较教育学当然要很好的学习研究“和”的哲学。

“和”这一哲学范畴最早出现于西周末年。《国语·郑语》载：史伯认为：“以他平他为‘和’”，并提出了“和实生物，同则不继”的观点，其中蕴涵着只有注重不同事物的吸收与统一，才能推动事物产生与发展的深刻哲理。晏婴对此又做了进一步的发挥。他认为，相异之物相成相济谓之和（见《左传·召公二十年》），并指出了和与同之区别。晏子言：“和，如羹焉。火、水、醯、醢、盐、梅以烹鱼肉”，由这些作料的和便产生了一种新滋味，不同于醯（醋），醢（酱）味道的新的滋味。另一方面，同，“以水济水”，“若琴瑟之专一”则产生不了任何新的东西。同与异是不相容的，是排斥的，和则不然，只有若干个异合在一起才会在一定条件下产生和，和是开放的，能产的，富于生命力的系统。《易乾封·彖辞》说：“大哉乾元！……保合太和，乃利贞。”也就是说，和在这里被看成是弥漫整个宇宙的根本法则。

“和而不同”源于《论语·子路》。子曰：“君子和而不同，小人同而不和。”其中“和”是孔子哲学思想的一个十分重要的范畴，它表示不同事物之间的和谐、统一与平衡，充分体现出孔子思想的开放性质。孔子进一步强调了“和”的重要，并提出了“和而不同”的思想。孔子在激烈变革时代继承并发展了“和”的思想，使之成为其哲学思想的一个极其重要的范畴，突出反映了中国哲学的特征。“和而不同”（《论语·子路》）是孔子提出的重要论断。“和”在这里表示不同事物之间的交流、和谐、统一与平衡，反映出孔子思想的开放性质。孔子强调和的重要意义，提出了“和”与“同”的本质区别。在这里孔子还有一个十分重要的思想，这就是“和”是为了造就不同，而不是制造同一的东西，这可以理解为思想的创新，同时又表现出对差异的尊重。差异成为创新的源泉和果实。这在当今时代尤其显出重大的哲学价值。当代全球化与地方化的交互作用决不意味着同一化，决不意味着某一种文化的统治，而是更加凸现各个不同民族文化的不同的独特价值，各种不同文化的对话与交流正是要和而不同地使各自得到充分的发展。这种发展决不是求同，而是学习与创新。

“和而不同”中的“同”是指相同的东西，简单地增加或同一。孔子主张的“和”不是无原则的迁就，无根据的吸收，或不加分析地苟同。孔子提倡一个有道德，追求高尚的人，要善于运用自己的正确思想去吸收与扬弃他人的东西，绝不能追求简单的统一、同一、相加、添加或附和。正是“和而不同”的观点使孔子思想在我国社会大震荡的春秋时代，成为一个坚守自己，包容百家，兼收并蓄的开放的思想系统。“和而不同”具有深刻的哲学内涵、高度的思辨性和鲜明的批判精神。它指示着任何事物发展的基本的内在的法则。当然，它的意义所指对当代比较教育理论建设和当下的比较教育研究的

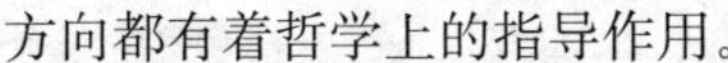

方向都有着哲学上的指导作用。

万物的发展变化是千姿百态的，依“和”而生，依“和”而长，依“和”而繁而荣。中国另一位哲学家老子也十分重视“和”的思想。他认为：“和曰常，知和曰明”（《老子》第五十五章）。他强调“和”是规律，掌握这一规律使人富于智慧。“和”在老子这里是一个具有纲领性的思想。他要求“以今之道，以御今之有”，即用自己坚守的道理去吸收与扬弃所获得的东西，促进事物的发展。

我们从事比较教育理论建设和研究就是要实现并通过跨文化对话，探索不同国家民族文化语言条件下教育发展的特点、趋势、典型经验和杰出思想、理论，研究其背景与条件，促进我国教育的改革与发展，并为世界比较教育理论的新的共同发展作出自己的贡献。孔子提出的“和而不同”的深刻思想启示我们在比较教育理论建设和具体研究过程中，对发达国家东西不能盲目崇拜，不加分析地全面肯定，不能对国外制度、理论、模式生搬硬套，不是简单拿来，更不是要求把国外教育思想不加分析地在我国教育实践中加以运用。在这方面，我们是应该汲取历史上曾经有过的沉重教训。建国以后的一段时间，我们曾经简单地把苏联的经济学、教育学等作为指导我们实践的理论，不加分析地加以运用，走过一段弯路。近些年来，我们十分重视对西方发达国家的教育制度、思想、理论、经验等进行比较教育研究，在比较教育学科建设和比较教育为本国教育改革服务方面都取得了过去根本不能比拟的巨大成就。但同时又不能不看到，在这种研究中还存在某些“同而不和”的现象。这是深入开展比较教育研究应该引起注意的问题。

毫无疑问，比较教育应该是一个开放系统，面向世界，研究国际教育的优秀思想与先进经验，兼收并蓄。这种研究与学习应当是在深刻了解本国经济与社会发展，了解本国教育现状的基础上，有分析、有批判的，也就是有原则的吸收，这就是“和”，不是盲目引进，不是“同”，不是在制造一个美国教育或德国教育，而是促进具有中国特色的教育的形成与发展。改革开放以来，我国教育研究为我国教育改革与发展作出了重要的贡献，这里面也包含着比较教育研究者的辛勤劳动。在21世纪这个全球化影响日益加剧的历史时期，不论是比较教育理论建设还是比较教育研究都需要探索和总结“同而不和”的教训，取“和”而去“同”。

国外比较教育学者也曾提出过不能简单不加分析地介绍国外教育情况。1900年10月，萨德勒在英国吉尔福德做了题为“从外国教育制度的研究中，我们到底能学到多少有实际价值的东西呢?”的讲演。在讲演中他批判了他所处的那一时期比较教育研究中的简单化倾向，认为这就好像“孩子们在庭院里追逐玩耍，在这些草木茂盛的地方摘些花，从那些草木繁茂处采集些叶子一样”。[3]比萨德勒早些，俄国教育家乌申斯基在积极倡导吸取国外教育中的科学知识，研究欧美教育的同时，又坚决反对不顾民族特点，对国外、特别是欧美教育的盲目吸收。乌申斯基坚决否定了把各国教育实践的优秀典型加在一起，就可创建为所有国家和民族适用的教育制度的可能性。而早在二千多年前孔子提出的“和而不同”的思想，经过我们的解读，则在哲学层次上更突出、更集中地反映我国比较教育所应坚持的方向。

孔子和老子在他们的时代不仅提出了“和”的思想，孔子更提出“和而不同”，而且还指出了达到“和而不同”的重要途径。这就是“毋意，毋必，毋固，毋我”（《论语·子罕》）。这句话的意思是不要妄为臆测、不绝对肯定、不拘泥固执、不自以为是。孔子这“四毋”，不是要淹没自我，萎缩自我，这里面蕴含着朴素而深刻的唯物论与辩证法的因素。孔子这里强调实现“和”要有一个实事求是的态度，既虚怀若谷，又冷静灵活。需要补充一点，孔子是十分注重人格修养和理论勇气的。《易·乾》言：“天行健，君子以自强不息。”孔子又言：“朝闻道，夕死可矣!”（《论语·里仁》）他把这些视为探索真知，寻求理解的核心问题，成为“和而不同”的哲学的有机组成部分。

此外，孔子“和而不同”的思想也包含“述而不作”的内容，反映了继承与创新相统一的哲学观点。张岱年先生指出：“述”即有所祖述，亦即前有所承，而非仅一般往昔之旧，无所增益。“作”为开创，既不继承前人而从新开始。由此，“述而不作”实乃推衍或继续发展之义，而不是无端之创造。这可以看成是和而不同的历史观。

孔子这些话对我们的启示是：从事比较教育研究应当有一个严肃的学风和端正的态度，对国外教育现象切不可作主观臆测，或绝对肯定，或绝对否定。当然，这里绝不是降低描述性研究的价值。性质的研究是比较教育研究的一个基础的、重要方面。同时，要使中国的教育建立在世界现代文明的基础之上，而不是无视国际教育提供的经验，另辟蹊径。只要我们对国内教育与对象国教育都有深刻的把握，那么这种以本国教育为潜在比较对象的描述性研究的成果就会具有典型意义，就会对本国的教育发展发挥积极的作用。

“和”的哲学是中国传统哲学的核心之一，和而不同则又是其中的要义。它产生于过去，成为中国传统文化的精华。同时，它又作为不断展开的文本，正被赋予新的生命力，促进包括比较教育学在内的中国人文学科的崛起。与“和”的哲学对话，遵循“和而不同”的方向，是中国比较教育面向世界建设的必由之路。

（三）“和而不同”的哲学与比较教育研究西方中心的终结

近代，主要西方国家首先开始了现代化的历史进程，从古典文明的边缘一跃而成为世界发达国家。由于这种历史的变迁，比较教育研究理论首先产生在西方，并在那里获得了很大的发展。比较教育领域基本上是从西方学术基础里生长出来的。其奠基人绝大多数来自于欧洲和美洲。西方比较教育学理论对中国比较教育研究和学科建设起到了重要的推动作用。我国几代学者为引进与介绍西方比较教育理论做了大量有益的工作，为建设中国自己的比较教育理论创造了良好的条件，贡献卓著。但是，中国教育改革的实践和当代比较教育发展都呼唤着有中国自己特色的比较教育理论，我们应该运用“和而不同”的哲学思想，努力构建植根于中国优秀文化传统之中，又不断与他文化沟通的比较教育理论。

1. 运用“和而不同”的哲学进行比较教育的理论建设要有一个积极开放吸纳的态度

对西方的各种比较教育理论都应该认真学习与研究，但这种学习与研究决不是止于无分析的介绍和简单地拿来，不是用西方的比较教育理论来取代中国比较理论的建设，不是“同”。西方比较教育理论之根本在西方哲学，它具有自己独特的优点，又有各自的局限与不足，如西方比较教育理论的实证精神，这既是一种研究者的思维立场，又是方法论的一个特点。这种实证研究在比较教育了解调查中有着明显的长处，但是这种实证方法是在一种对现行制度、权利结构做最优的假设情况下进行的。所以这种研究很难对教育现象进行深刻的剖析，很难在教育改革与发展中提供有很高价值的成果。在20世纪70～80年代西方比较教育学曾注重以人力资本论为研究框架，人力资本论使人们认识到教育不是消费事业，它对经济发展有巨大的作用。但是我们不加分析地也将人力资本论作为比较教育研究的一般性理论框架，就会产生混乱。

我们积极引进介绍西方比较教育理论是因为比较教育理论首先在西方创立，西方的比较教育理论研究取得了许多重要成果。“和而不同”的哲学思想一方面要求我们不断吸收和学习包括西方在内的比较教育成果，一方面则要求我们以分析的态度和批判精神建设中国自己的比较教育理论，因此，从理论上讲，用马克思主义指导，在比较教育学科建设上运用“和而不同”的哲学思想就意味着西方中心在中国比较教育理论研究中的终结。

清人张之洞在《劝学篇·序言》里写到，旧者不知通，新者不知本。当然，我们不能做民族中心主义、拉历史倒退的国粹主义“旧者”，也不能做丧失民族文化传统的、让西方理论牵着鼻子走的“新者”。不然，我们在比较教育理论建设方面将永远处于世界比较教育学术的边缘，处于依附状态。运用“和而不同”的哲学思想，不是将中国的比较教育学建立成一个封闭的理论体系。正因为它是与中国民族文化的精华“和而不同”的哲学联系在一起的，所以，它应该是一个生机勃勃的具有自己不同特点的开放系统。

2. 中国教育的实践与中国比较教育研究的历程证明了“和而不同”作为比较教育发展方向的重要意义

中国自己比较教育理论的形成过程也就是西方中心的解构过程。中国比较教育研究经过曲折的历程，这一历程在某种意义上可以说是“和”与“同”交错作用的复杂过程。我们在比较教育研究（广义上）“同而不和”带来的教训实在是太深刻了，这是我们应该时时刻刻记取的教训。今天我们要建立具有自己特点的比较教育理论，一方面应走有容乃大的“和”的路径，超越国学情结和经验主义；另一方面则应从中国的实际出发，结合中国传统哲学的启示，实事求是地认真研究包括西方在内的比较教育理论。

改革开放以来，在思想解放过程中，我国的比较教育研究得到了迅速的发展，对国家的教育改革做出了重要贡献。其中一个很重要原因，就是在研究实践中，我国的比较教育学者并不是从西方的比较教育研究理论的本来出发，而是从自己所受的马克思主义教育和自己身上的民族传统文化出发开始研究的。这种民族文化的精髓是传统哲学，其中“和而不同”的哲学又是其中的核心。“和而不同”的哲学已经沉淀在中国优秀学者的心理结构的深处。改革开放以来，我国比较教育工作者以“和而不同”的哲学态度，热情认真地从本国教育改革与实际需要出发，展开了多向的、丰富而生动的比较教育研究，在研究实践中逐步形成一些各有特点的比较教育理论的雏形。这些理论的雏形都是与西方比较教育理论“和而不同”的产物，也标志着在中国比较教育理论研究中西方中心，或西方理论占统治地位的时代正在走向终结。

“和而不同”的哲学思想对比较教育理论建设有着普遍的昭示作用。当前，在深刻变化的物质世界中，蕴含着同样深刻的精神世界的变化。一些发展中国家经历了照搬发达国家理论、经验的失败挫折之后，又开始在吸纳现代文化时，重新评价自己的民族文化。莫兰先生对西方思想传统中的割裂的思维范式进行了批判，莫兰认为传统的西方社会科学，是借用十九世纪物理学的模式，是机械论和决定论的模式，这种模式主张用因果关系去寻找对对象起作用的规律或法则，这样做的结果只会是消除对象的环境，在他看来对任何知识的研究都需要更本原的视角和方法，任何学科知识都不是孤立的，简单的和一元的，莫兰对西方中心逐一进行了冷静和尖锐的批评，“我们是欧洲人，是西方人……不仅是帝国主义和殖民主义中的一员，而且我们还受益于经济上的新帝国主义，受益于一种无可争辩的经济上的不平等地位，因此，我们很难摆脱有可能是我们的思想瘫痪的羞耻感，我觉得我们之所以害怕考虑第三世界的问题就是因为有这种羞耻的综合症，……我们得天独厚，生活在富裕之中，可是街上人口过剩，营养不良的问题却越来越严重；相比之下，我们感到羞耻，但在下意识里，我们还愿意保住我们的舒适，我们无法做出，在心目中有违于此的批评，这就意味着，如果不认真地彻底的分析自己，我们就不能够分析问题，我们甚至可以说，要分析问题，必须先进行自我分析和自我批评”。[4]这位西方学者冷静的反思和深刻的批判，对于那些没有摆脱西方中心主义的学术观点，会是一剂良药。

莫兰先生等一些西方人重新审视他们曾引以自豪的文化之后，经过批判和反思，正在走出西方中心的藩篱，而直面世界各民族的文化，一些卓越的西方思想家对中国传统哲学抱以极大的兴趣和期待。"和而不同"的精神发挥着普遍的昭示作用，文化的多元汇集是时代的选择。正是在上述背景下，从朱利安、库森开始建立的西方比较教育理论所赖以建立的基础——现代主义正在成为过去。欧美比较教育研究的理论，包括以发展西方现代化模式为宗旨的结构功能主义、人力资本说、世界分析等都在经历严峻的挑战。[5]西方比较教育正处在危机之中，或者说是处在新理论的酝酿时期。从一定意义上讲，比较教育理论研究的西方中心的解构是历史的必然。当然，我们应继续注意研究西方比较教育理论发展的动向，与此同时，我们更要认真学习发展中国家比较理论研究的成果，"和而不同"的哲学思想将有利于全球化和地方化交互作用的时代教育的国际理解，有利于世界比较教育理论的平等对话与交流，发展与繁荣。

参考文献：

［1］ARNOVE R F. Dance on the Edge［C］.［S. l.］: CIES Conference, 1998.

［2］李翔海. 知识与价值［M］. 北京：中国广播电视出版社，1996.

［3］赵中建等选编. 比较教育的理论与方法——国外比较教育文选［M］. 北京：人民教育出版社，1994.

［4］［法］艾德加·莫兰. 社会学思考［M］. 阎素伟，译. 上海：上海人民出版社，2001.

［5］RUST V D. Postmodernism and Comparative Education［J］. Comparative Education Review, 1991 (11): 494.

（本文发表于《比较教育研究》2002年"全球化与教育改革"专刊。作者王长纯，时属单位为首都师范大学）

六、全球化、本土化及中国比较教育学的历史使命与课题

(一) 问题的提出与概念的辨析

全球化概念是20世纪六七十年代经济学、政治学、文化学等领域提出的概念，并在20世纪80年代末逐步演化成表征未来世界总体特征的名词。全球化如何"化"，涉及世界上所有国家、民族和人民的利益。因此，必须对全球化概念进行历史事实的分析和价值取向的考察。

1. "全球化"概念的历史演变及价值取向

经济学中的全球化概念是从"一体化"转变而来的。世界经济一体化既是一种进程，又是一种状态，主要表现为经济宏观政策的一体化，生产要素的自由流动和世界各国的自由贸易。权威组织认为，"全球化是指跨国商品与服务交易及国际资本流动规模和形式的增加，以及技术的广泛传播使世界各国经济的相互依赖性增强"。[1]经济学界通过对跨国公司的研究发展了"经济一体化"中的"全球化"含义。到了20世纪80年代末，世界范围内的冷战格局解体，市场的全球化问题成为经济学界的热点问题，"全球市场"成为信息革命的必然产物，"简而言之，划时代的信息技术已'拆散'或'非一体化'了我们的企业，使它们能做全球性活动，而不必达到全球性规模"。[2]

二战后，突出使用的政治学名词是"主权国家"，到20世纪60年代，"相互依存"逐渐取代"主权"，依附理论、世界体系论成为政治学学者解释世界问题的理论框架。一个全球性体系的出现要求人们对国际关系研究采用

“地球中心法”，而不是“民族中心法”。到20世纪90年代，各个民族国家之间有了空前的发展，民族国家与国际组织、跨国公司共同活跃在世界舞台上。在这个意义上“全球化”概念已远远溢出原有的经济学范畴，成为当代社会科学普遍应用的一个专有名词。

毋庸置疑，“全球化”（globalization）首先出现在西方话语中，是在资本主义经济高速发展、高度发达进而向全世界扩展的基础上产生的，但我们不应忽略这样一个基本事实，我们很难解释清楚复杂的“全球化”问题。其实早在150年前，马克思已经天才地预言到了这种世界图景，他认为资产阶级“首次开创了世界历史，因为它使每个文明国家以及这些国家中的每一个人的需求的满足都依赖于整个世界，因为它消灭了以往自然形成的各国的孤立状态”。[3]大体上说，当前主要存在三种具有代表性的“全球化”论者：极端全球主义者（hperglobalizers）、怀疑论者及变革论者（transformationalists）。[4]

对于极端全球主义者来说，全球化标志着人类历史的一个新时代，在这个时代中，传统的民族国家已经成了全球经济中不和谐、甚至不可能继续存在的活动单位。从意识形态上看，这种观点具体表现为美国的普世主义全球意识。这种意识认为，“美国是照亮整个世界，给人类指明进步道路的灯塔”。[5]

怀疑论者认为，全球化在本质意义上是一个神话，掩盖了国际经济不断分裂为三个地区集团、国家政府依然强大的事实。[6]因此，现在的历史事实并没有表明全球化的出现，充其量是表明出现了高水平的国际化，即主要是国民经济之间的互动。[7]

而变革论者认为，全球化的模式是前所未有的，因此全球的国家和社会正在经历着一个深刻的变革过程，他们努力适应着这个相互联系更紧密，但非常不确定的世界。

从以上的观点不难看出，第一种观点更多表达了西方学者的观点，而第二种观点则表达了一部分站在一定的价值立场上的西方学者和部分第三世界学者的观点，第三种观点则较为客观地认识到全球化问题的历史必然性和存在的诸多不确定因素。我们认为，对第三种观点的批判式借鉴应成为我国从事比较教育学研究的基本态度。将全球化视为洪水猛兽是保守主义的思维和心态在作怪，然而将全球化视为“世界大同”的论调也同样危险。

2. 事情的另一面——世界范围内的本土化趋势

从本质上看，全球化是一个内在的充满矛盾的过程，它是一个矛盾的统一体。在世界范围内，以西方为主导的全球化高奏凯歌，跨国公司不断进入第三世界，“麦当劳文化”已经成为各个国家的时尚，然而另一种力量在不断壮大，即本土化的力量。所谓本土化，就是西方文化在非西方世界被吸收、认同进而转化为本土文化组成部分的过程。各个民族的传统文化在自己生活的土壤中产生，并不存在“化”的问题，倒是来源于“他者”的文化存在着如何适应该民族土壤的问题，即如何“化”的问题。本土化问题本然地包含着民族性和民族主义的因素，使得这一概念成为多种复杂因素并存纠缠的矛盾体。有学者认为，本土化实质上是一个自内的文化殖民过程，与其说它是非西方文化的复兴，倒不如说西方文化真正开始了对非西方文化的浸淫。[8]然而这一观点的预设前提是西方文化具有殖民本性，因而接受西方文化就是该民族的自我殖民化。这就从根本上否定了不同文化形态之间的共通性和普遍性，过高地估计了文化的差异性和对抗性。在笔者看来，西方文化的全球传播已不可阻挡，关键是我们拥有何种目光，以何种手段来摄取。如果始终以一种被殖民者的心态来对待西方文化，这恰恰是成了殖民者的“共谋”，而按照鲁迅先生所言的“拿来主义”的方式来对待西方文化，西方文化只能是为我所用，遵循时代的、民族的发展方向，整合和重构符合现代化要求和民族特点的新文化形态。在此意义上，“本土化”和“本土生长”并无本质区别，只不过在历史的具体时期西方文化传播强度不同，而我们自己对本民族传统文化的自信心程度不同，二者共同造成的不同后果而已。其深层次的原因是我们对自己民族文化在价值取向上存在着不信任感，甚至是文化虚无感。

勿庸置疑，西方后殖民主义的当然的逻辑是：西方化——现代化——全球化。这引起了广大第三世界国家的普遍反映，正如马来西亚总统马哈蒂尔所言：“我们需要保持现实和灵活的态度，而不是教条地追求全球化。全球化不是目的，但它是达到目的的方法，既让我们的人民过上幸福的生活并使我们继续享受自由，不受外来控制。”[9]在这一过程中，我们既要强调本民族的文化认同和价值观，同时又要防止本国、本民族的民族主义膨胀，因而需要我们超越本土化和全球化的简单的二元对立思维方式，以一种现实主义的态度来看待世界及中国所面临的严峻问题。

(二) 中国比较教育学的历史使命

笔者认为，在全球化与本土化的二元互动中，发展中国的比较教育研究，理应成为每位学者的历史使命和时代命题。中国比较教育学自身存在的问题，国内学者已有较深刻、较全面的论述。[10]在此，我们并不想回避问题，但全球化为比较教育学科提供了解决自身问题的历史机遇，只有将学科自身的问题与教育现实问题相结合，并在全球化与本土化的互动中批判、反思与重构，才能使问题得到逐步解决。

1. 比较教育研究在指导思想上的现实主义取向

历史毫不留情地把中国强行卷入全球化的浪潮中，我们别无选择，只能在别人指定的游戏规则中与之博弈，并逐步学习和增强自己制定规则的实力，最终与他人在平等的基础上共同修改和重新制定公正、合理的规则。在全球化的背景下，中国比较教育学的发展只能采取现实主义的策略，在学科理论和范式依然由西方话语统治的现实状况下，我们必须积极主动地加入其中才能逐步增强自己的话语力量，进而争取有利于本民族国家的话语权和游戏规则。

在中国的近现代历史上，激进派与保守派之争由来已久，并在中国的政治、经济、文化、教育的舞台上不同程度地发挥过作用。然而，在全球化的背景下，我们只有抛弃所谓门派之争，站在现实主义的立场上，才能认清中国教育的现实问题，进而研究对策和办法，不论中国传统的、西方传统的、西方现代的都是我们解决中国教育现代化问题的“他者”，是能够得以借鉴的个案和参照系。“他者”是“我”需要的对象，“他者”不能无缘无故地进入“我”之中，“他者”是“我”的最佳选择，尽管这是一种别无选择的选择。在这层意义上，“我”是主动者，至少“我”是一个选择者。这就是比较教育研究应采取的现实主义策略。我们必须坦然承认别国教育的现代性与先进性，但问题的关键不在于此，而是在“他者的目光”面前所呈现出来的中国问题。这意味着，中国自身的教育问题虽然一方面依赖于“他者的目光”，但同时也是构成“他者的目光”的现实基础，并决定着这种目光的特征。更进一步说，由于教育问题是中国的，所以“他者的目光”是由中国文化的特性决定的，他镶嵌在中国自身历史发展、文化建构的逻辑和情境之中。也正是在这个意义上，激进的全球化论者、怀疑论者的观点不攻自破，比较教育学者应具有此种文化价值观的自觉意识。

2. 比较教育研究在方法论的探索和方法的选择上应本着务实精神

从本质上看，方法论研究的对象不是纯方法，也不是纯客观对象本身，而是两者的关系，及方法整体与对象特性的适宜性问题。[11] 方法论知识体系可分为四个层次：哲学方法论；系统科学方法论、数学方法论；自然科学方法论、社会科学方法论、科学学方法论；最后是具体科学的方法论。从世界比较教育发展的历程看，二十世纪五六十年代开始的方法论之争一直持续至今。贝雷迪、安德森、霍尔姆斯、金、诺亚和埃克斯坦等人都提出了自己的方法论观点。

其实，这些学者所言的方法论都可归于方法论体系中的第三、第四层次，正是在这个意义上我们说，这些方法论无疑对比较教育的发展做出了巨大的贡献，但不容回避的是这些方法论都难以从哲学方法论的高度来看待问题，因而，在实践中受到责难也就难怪了。中国的比较教育学所倡导的是马克思主义的方法论，正如索科洛娃等学者所言：“只有马克思主义哲学观点才能客观地分析教育现象，马列主义哲学观点是马克思主义比较教育学的方法论基础。”[12] 马克思主义方法论从不排斥具体学科的方法论、自然科学及社会科学方法论。历史上，由于我们教条而僵化地使用马克思主义方法论，造成实践上的重大挫折和人们思想上的混乱，以至于对马克思主义及其方法论产生动摇，但这些失败和挫折绝不能成为否定马克思主义方法论科学性的理由。改革开放以来，有些人文社会科学领域俨然成了西方话语的天下，部分学者有意无意地放弃了马克思主义方法论，不仅在理论中造成了混乱，在实践中也造成了不应有的损失。因此，我们今天重提中国比较教育学的马克思主义方法论具有其特殊的意义和现实的针对性。

从比较教育发展来看，不同的时期比较教育研究都具有占主流的方法，到现在已经形成了方法的多元化局面。因素分析法、历史法、统计法、语义分析法等多种方法不同程度地应用于比较教育研究中。在全球化的今天，学科之间的国际交流须遵守一定的学术规范，否则难以进行国际合作和交流。中国的比较教育学起步很晚，真正的发展是在1978年之后，因此，在实践中追求研究方法和范式的规范性和科学性是中国比较教育学学科自觉的标志之一。这种务实精神不是“主义”，不是“教条”，而是一种精神实践、价值诉求和身体力行。

3. 比较教育研究在问题选择上的前沿性、紧迫性和针对性

WTO对中国的挑战是空前的，诸多问题与困难也摆在我们面前。正如陈至立部长所言“加入WTO我国教育面临的挑战，一方面来自于我国加入WTO对教育服务做出的承诺，另一方面来自于经济结构和产业结构的调整要求”。因而，在诸多教育问题上需要加紧研究对策和防范措施，否则，将会造成不必要的损失，更严重的是将丧失中国发展、壮大的良机。中国的比较教育学理应肩负起历史的使命，在教育问题上为中国的教育决策和实践领域提供科学的、可操作的理论和建议，做好参谋和智囊。因此，中国的比较教育研究在问题的选择上应遵循前沿性、紧迫性和针对性原则。

所谓前沿性，是指目前世界教育研究领域的热点问题。这些问题不仅对西方发达国家而且对广大发展中国家都具有现实意义，全球化的进程已经将前现代国家、现代国家和所谓“后现代国家”共同纳入到同一时空中。在这个意义上，世界的教育问题也是中国的教育问题。例如：环境教育、道德教育、生态教育等诸多教育难题已成为世界公认的全球性问题。对于这些问题，只有积极寻求与国际社会的共同研究与合作才能取得进展。

所谓紧迫性，是指中国的现实教育问题必须分出轻重缓急，对涉及国家主权、民族价值观等重大的教育问题应在第一时间、第一现场、第一位置进行研究解决。这决不是一些学者所批评的狭隘的民族主义，而是基于中国实际的现实主义取向。全球化是必须的，任何国家都不可能超脱日益紧密的相互依赖关系，但是每个民族主权国家也不可放弃自身的本土价值和民族传统，尤其要警惕西方后殖民主义的侵袭。文化教育领域最容易成为这种思想传播、泛滥的领地。

所谓针对性，是指中国比较教育学研究必须确立自己的问题意识。只有

来源于中国教育实践的问题、难题才是比较教育学的真问题。如前所述，这其中必然包含着世界教育的共同性问题，只不过这些问题必须经过中国比较教育学者主动的选择和自我意识的厘定。在当前，全球化从实然指向必然是某些利益集团的产物，正如英国学者阿兰·鲁格曼指出，人们所谓的“全球化”不过是由目前最为强大的“三级集团”——即：美国、欧盟、日本三大经济巨人主导下的超级跨国公司的全球化经营。而且，无论是这些公司的结构性规模及其扩张方式，还是他们的生产管理，抑或贸易经营，都表明他们的全球化运作根本上只是一种资本扩张式的“区域性”经济行为，而非人们所想象的无限制扩展的经济全球化。其必然的结论只能是“思维地域化，行动本地化，忘掉全球化。”[13]这些观点尽管有待商榷，但至少表明世界格局依然是强者的逻辑，而只要世界各国还不能真正平等地交往和对话，主权国家就不得不考虑自己的生存与发展问题。比较教育学，作为一门人文社会科学，固然应坚守人道主义的品格和全人类的价值理念，但其民族性是不容抹煞的，在这个意义上，民族性（nationality）与民族际性（Intenationality）并不必然发生矛盾。

（三）中国比较教育研究的主要课题

目前，比较教育的课题研究已突破原有的单一教育研究格局，与经济、政治、文化等领域发生着日益密切的联系，比较教育学真正成为了跨学科、跨文化、跨国界的合作“研究域”（简单地说，即是多学科、多视角、多研究群体的网状、交叉、立体化、开放式的研究领域）。总之，在当代“教育的发展更多地取决于外部条件而不是教育系统内部因素。”[14]

目前，经济合作与发展组织的最新课题有：WTO与教育服务贸易；信息通讯技术（ICT）；学校的革新和学习质量；国际学生评价；测量学生的知识和技能——衡量学生素质的质量指标；《教育一览：OECD指标》——国际可比的教育指标。[15]同时，中国学者根据我国的实际情况也提出了当前比较教育研究的十个主要课题。[16]这些命题从宏观的视角确定了中国比较教育学的研究方向，结合国际教育机构和国内学者的观点，我们试从微观的角度，特别是在中国加入WTO的背景下，提出如下主要研究课题：

1. 高等教育贸易服务的区域化合作研究

中国加入WTO以后，教育贸易服务将会迅猛发展，而高等教育被认为是最具实力的新的经济增长点。大批国外大学进入中国，寻找自己的发展空间，一部分世界一流大学将与我国的重点大学展开生源大战，因而对这一现实问题应积极研究对策。同时，中国应努力谋求海外发展，并同其它国家，特别是同广大发展中国家建立互惠互利的高等教育区域合作关系。关于这个问题，我国学者已略有论述。[17]

2. 开展以国际互联网为平台的信息技术与远程教育研究

在教育上发达国家的远程教育成为了新的教育消费热点，迄今为止，至少有200万美国人在接受网上课程教育。过去的几年里，美国有70%的大学将至少一门课程搬到了网上，到2005年这一比例将增至90%。在美国最大的远程教育中心马里兰大学，2000年学生选修的科目达4.4万个。这所学校希望在下一个十年间报名者能翻三番。[18]中国政府已于1999年起，设立专项资金，建立远程教育网络，不断满足社会日益增长的终身教育需求。因此，及时而准确反映世界先进信息技术与远程教育的前沿性成果是比较教育学者的必然课题。

3. 中外合作办学机构及外国教师资格认证研究

我国在加入WTO的教育服务承诺中对高等教育、成人教育、高中阶段教育、学前教育和其它教育做出了有限开放市场的承诺。这表明，允许其它成员国来华合作办学，允许国外教师到中国提供教育服务，因而资格认证问题尤为重要。目前，国内的外国教育服务机构庞杂，违规经营、欺诈行为时有发生。因此，有必要按照国际惯例制定有关法律、法规，以规范教育市场。

4. 双语教学及课程、教材研究

人才全球化流动，人才标准国际化要求作为教育改革核心问题的教材改革并行发展。教育的全球化要求全球化的课程理念和更具国际标准的教学模式，特别是中国加入WTO以后，外语（英语）将成一些学科的主导教学语言。这需要做教材的引进、改编、教师培训等多项工作，因而借鉴它国经验实属必要，比较教育学应为此做出贡献。一些国内院校开始实行双语教育，但因经验不足，进展得并不顺利，需要教育研究者利用国外有关经验和成果，实事求是地做出科学的、可操作性的理论论证。

5. 教育主权与民族价值观研究成为教育研究的重大课题

随着经济的全球化发展，文化圈问题成为国际政治、经济、文化等研究领域的热点问题。中西方学者多有论述，其中“文明冲突论”与“文明共存论”是两大对立的理论。在新的形势下，中国比较教育学者也必须加入到这种对话当中。在全球化的文化与教育传播的过程中，发展中国家、经济落后国家确有被文化殖民的危险，这是不以个人意志为转移的事实。世界历史的经验和教训已经证明，没有本民族的价值观念和文化认同，就很难成为平等的世界公民。因此，在中国加入 WTO 以后，教育的主权、民族价值观的塑造成为不容忽视的教育问题、文化问题和政治问题。

6. 国际间学位及学历互相承认问题

随着教育的全球化发展，国际间的学位与学历认证成为现实而紧迫的问题。目前，中国在学历、学位等方面很难得到国际机构的承认，除了我国教育质量的主观因素之外，也存在着诸多客观因素。即使是国内重点大学之间至今也未形成互认学分、学历的机制，与国外大学的学位与学历的相互认证更是远远落后它国。中国的教育，尤其是大学要想跻身于世界一流大学的行列，得到世界各个大学和有关中介机构的认可，这个问题必须解决。

(四) 结语

在市场经济固有逻辑的浮躁气氛中，将“启他人之蒙”置换成“启自我之蒙”是比较教育学者对于本学科的自觉意识。“全球化过程改变了各种思想问题之间原本的学术关系，由于全球化意味着各种文化、民族和国家之间的交融（远不止交流），特别意味着强势文化对弱势文化的霸权，于是每个问题都负担着政治分量。[19]中国比较教育学者应该有清醒的意识和现实主义的价值取向。只有在这对范畴的二元互动中，中国比较教育学才能找到真实的研究语境（中国的、现实的与外国的），才能在世界比较教育研究中凸现出民族的、时代的乃至世界的真问题。

参考文献：

[1] 国际货币基金组织. 世界经济展望 [M]. 北京：吕国金融出版社，1997：45.

[2] 艾沃里特·M·艾尔里奇. 无国界世界的评述 [J]. 商业法，1997 (1)：34.

[3] 马克思恩格斯选集（第 1 卷） [M]. 北京：人民出版社，1995：114.

[4] [英] 戴维·赫尔德等. 全球大变革 [M]. 北京：社会科学文献出版社，2001：3.

[5] SPANIER J. American Foreign Policy Since World War II [M]. NewYork：New York Publishing House，1964：146.

[6] [13] [英] 阿兰·鲁格曼. 全球化的终结 [M]. 北京：生活、读书、新知三联书店，2001：3—7.

[7] [8] 项贤明. 教育：全球化、本土化与本土生长 [J]. 北京师范大学学报（人文社会科学版），2001 (2)：7—38.

[9] 江堤，樊纲. 全球化与中国 [M]. 长沙：湖南大学出版社，2001：178.

[10] 冯增俊. 比较教育学 [M]. 南京：江苏教育出版社，1995：303—304.

[11] 叶澜. 教育研究方法初探 [M]. 上海：上海教育出版社，1999：15.

[12] [苏] 索科洛娃，库兹米娜，罗焦诺夫. 比较教育学 [M]. 北京：文化教育出版社，1981：16.

[14] 拉塞克，维迪努. 从现在到 2000 年教育内容发展的全球展望 [M]. 马胜利，译. 北京：教育科学出版社，1992：8.

[15] 教育部信息中心. 当今世界教育研究的热点问题 [J]. 世界教育信息，2002 (6)：2—6.

[16] 顾明远，薛理银. 比较教育导论——教育与国家发展 [M]. 北京：

人民教育出版社，1999：338—342.

[17] 朱成科，孙启林．全球化背景下中国高等教育的战略抉择［J］．现代教育科学，2002（5）：37.

[18] 雷切尔·哈蒂根，乌尔里克·伯泽尔．没有围墙的学校［J］．胡军军，译．2001（1）：32—33.

[19] 赵汀阳．我们和你们［J］．哲学研究，2000（2）：25.

（本文发表于《比较教育研究》2002年“全球化与教育改革”专刊。作者孙启林，时属单位为东北师范大学国际与比较教育研究所；作者朱成科，时属单位为锦州师范学院）

七、站在十字路口的中国比较教育学

中国的比较教育研究自19世纪末开始①发展至今，已经走过了百余年的历史。在这百年历史中，比较教育学的兴衰与国家、社会的发展，特别是与我们国门的启合紧密关联。比较教育学在中国的第一次兴盛，即它在中国的产生，正值中国人透过被打开的国门来审视外面的世界，反省本民族的历史前途，企望藉新式教育以救中华。比较教育学在中国的第二次兴盛，就是20世纪70年代末，中国人坚定而自主地再次打开国门，走改革开放的道路。纵观历史，比较教育学在中国的发展，与中国教育事业的发展，乃至与整个中国社会的发展，都是休戚相关的。不断地反思我们比较教育学的发展，对更好地发挥比较教育学在教育和国家发展中的作用，无疑具有特别重要的意义。

进入20世纪90年代以来，在我国比较教育学界，有一种现象值得我们深思，那就是随着改革开放的不断深入，为什么越来越多的比较教育学者感觉到我们这个学科正面临危机？一方面是教育领域的改革开放呼唤着比较教育学为其提供真正有力的科学支持，另一方面我们却又看到比较教育学者们在为本学科的出路苦苦求索。

形成这一现象的原因是多方面的、复杂的。比较教育学在西方国家的日渐式微不能不说是其背景因素之一，但主要的起因还是来自我国教育改革和比较教育学自身的发展。概括言之，主要起因于以下几个内外因素：

① 近代国人集中关注国外教育，应自19世纪60年代洋务运动兴西学始。我国严格意义上的比较教育研究的确切起点，尚待考证。

其一，我国教育改革实践对比较教育研究的要求和需要发生了变化，而比较教育学的发展暂时还没有很好地适应这种变化。20 世纪 70 年代末和 80 年代初，我国的教育改革主要集中在两个方面，一是微观层面的课堂教学方法改革；二是宏观层面的教育思想和教育观念的更新。从 80 年代中期开始，中国的教育改革发生了一个大的变化，在国家和地方政府的层次上，教育体制改革的问题被直接提上了改革的议程，国家教育发展的战略问题受到广泛关注；在基层政府和学校，教育改革开始从课堂教学向办学模式等领域扩展，教育改革不再仅仅局限于课堂，而是向综合改革和区域性改革拓展。到 90 年代中后期，我国的教育改革在超越一般课堂教学改革的层次上重新回到学校教学改革，课程、教学、教师培养等具体教育问题与宏观层面上的教育体制、教育立法、教育政策等问题一样为人们所关注。我国教育改革发展所经历的这个“三级跳”，使得包括比较教育学在内的教育科学研究在面对日新月异的教育现实发展时多少有些犯晕。常常是当我们着手进一步深入研究教育改革提出的问题时，教育改革现实本身已经发生了重大变化，新的问题又被提了出来，而有些老问题已经不成问题。于是，就像霍尔斯（W. D. Halls）曾批评的那样，我们的“比较教育学家很少例外地发觉他们自己被排斥于教育改革过程之外”，他们“没有在对教育现实的影响中找到自己的位置”。[1] 在这样的历史背景下，产生某些学科危机感是正常的，这说明我们的比较教育学者始终没有忘记自己肩负的取他山之石以利祖国教育的重任。

其二，我国比较教育学的队伍建设和知识更新未能赶得上教育改革与发展的步伐，这使得学术队伍的危机意识与学科发展的危机意识相互交织并相互强化，逐渐形成了一种总体上的学科危机感。我国比较教育学术队伍从 20 世纪 70 年代末重新恢复到 80 年代中期达到一个兴盛时期。受当时教育改革和教育理论发展大背景的影响，构成我们这支学术队伍的比较教育学者大多以研究不同国家教育思想和教育理论为主要学术兴趣，其所受的学术训练也以此为主。这些学者招收研究生后，为研究生提供的学术训练也主要偏向教育思想和教育理论。当教育改革进一步深入到课程教学、教育政策等领域的具体问题时，主要研究教育思想理论的学术背景使我们难以在具体层面上很好地解释、回答和解决教育改革提出的具体而现实的问题。一方面，教育改革实践需要我们比较教育研究不仅关注教育思想和理论，更期待我们对各国教育政策进行科学细致的分析，期待我们深入课堂进行微观的比较教育研究；另一方面，由于学术兴趣和方法论训练不足的影响，我们多数比较教育学者却只能在思想理论领域发表一些看法。面对这种现实的压力，一部分比较教育学者坚持继续在教育思想和教育理论领域开展比较教育研究；有一部分人则实际上已经改行从事教育领域其他学科的研究；只有很少一部分比较教育学者在进行方法论的学习，以及在中国教育改革实践中运用这些方法进行教育政策和微观比较教育研究的艰苦探索。离开队伍者和探索前行者，内心深处多少都会对比较教育学科发展生出一些困惑，因此，产生某种程度上和某种意义上的比较教育学科危机意识，都是不足为怪的。

其三，在我国比较教育学自身的发展进入了一个理论反思和探索时期，这是一个容易产生危机感的发展阶段。在探究建立有中国特色的比较教育理论过程中，我们面临诸多理论上的和现实中的困惑，需要经过一段时间的深入反思。譬如，当我们努力探寻通过教育实现文化去殖民化的途径时，我们就必须同时防范左倾的文化保守主义与幼稚的全盘西化两方面的思维陷阱，我们必须学会处理好文化去殖民化与教育国际化之间复杂的辩证关系及其矛盾，更为艰难的是，我们还必须探索如何在西方话语体系下更好地运用这种话语体系开展国际学术对话，并逐步建立有我们自己民族特色的比较教育理论和比较教育学方法论体系。这是名副其实的“戴着镣铐跳舞”。我们所面对的还不止这样一些理论上的难题，而且我们还遇到了更多与教育实际紧密联系在一起的比较教育学问题。例如，当我们秉着拿来主义的精神，将学到的西式比较教育研究方法应用于中国教育实际研究时，种种的水土不服不断提醒我们必须探索将这些在西方教育实际研究中产生的研究方法中国化。同时，就我国比较教育学科自身的发展而言，它也正在经历一个从移植到本土生长的转变过程。我国一些比较教育学者近年来对建立中国比较教育学理论和方法论体系问题的关注和孜孜探求，① 从另一角度也表明了比较教育学的这一

① 首都师范大学王长纯教授等近年来都有很多此类成果发表、我个人在这一领域也做了一点初步的探索。

发展变化趋势。在这种艰苦的理论探究中，尤其是在西方话语霸权的背景下作如此求索，比较教育学者们内心产生某种困惑和危机感，也是很容易理解的。

就其成因分析可以看出，这一现象的实质并非是比较教育学科本身存在价值的危机，而是其现实存在方式的危机，是一种潜伏着新生的危机。正是“这一领域的理论潜力与实际成就、期望与现实之间的差距”，[2]在该领域研究者的心中逐渐形成了一种危机感。同时，这种危机感也必将推动比较教育学者在参与教育改革的现实过程中寻求本学科新的发展方向。在某种意义上，我们可以说，中国的比较教育学正站在十字路口。我们内心的目标是明确的，但面前的问题却是复杂而艰难的。我国的比较教育学要在危机中获得新生，在理论上和现实中有一系列的基本问题必须回答。

第一，当我们用中国人的眼光去解读西方的教育现象时，我们的研究成果需要进行怎样的确证？这是一个长期以来一直困扰着我们比较教育学者的问题，实际上不止中国比较教育学者面临这个问题。当初朱利安在创立比较教育学这一学科时特别关注问卷和调查表格的设计，实际上也是期望比较教育学的研究成果能够跨越文化的隔阂而达成对异域教育的真正理解。直到今天，东西方比较教育学者在这一方面都仍然有很多问题需要解决。这可以说是比较教育学前进的跑道上一个个永远需要去不断跨越的横栏。对中国比较教育学者来说，如果说 20 世纪 80 年代及其以前，别国语言文字的识读还是中国比较教育学者须首先完成的一项重要任务的话，那么，普遍而言，如今这一问题已经初步得到解决，我们现在所面临的主要问题已经是更加深刻也更加艰难的文化识读问题。如果我们继续停留在语言的转译水平上，那么外语水平早已普遍提高的教育学术队伍和教育实践工作队伍就不需要我们比较教育学了。只有到达深层次文化识读的水平，在这一层次上开展深入的专门研究并获得确实可靠的成果，我们的比较教育学才能真正表现出其自身不可或缺的价值。要回答好这个问题，我们必须利用日益便利的出国访问和进修，不断锤炼和提高自己国际化的文化素养。

第二，运用西方话语来表述中国教育事实和向中国表述别国教育事实，我们需要进行怎样的转换？在西方话语取得国际学术论坛霸权地位的背景下，如何来表述中国教育事实，这是我国教育科学需要解决的一个普遍问题，而比较教育学在其中承担着尤为突出的重任。作为一个文明古国，我们有自己的教育思想和话语体系，但在现代化过程中，西式学校教育裹挟着西方的教育话语体系传入我国，同时也在我们的文化传承体系中打入了一枚永久的楔子。对此我另有专门探讨，[3]这里不再赘述。在这样的背景下，比较教育如何成功地在这两种话语体系中建立真正的意义联系，从而在深层次上向世界表述中国的教育。这是一个具有挑战性的任务。要准确而地道地描述中国教育事实，同时又能让国际同行理解和接受我们的描述，我们就必须兼具相当程度的东西方文化修养，并锤炼在两种话语体系中成功进行转换的能力。与此相关的另一方面是在西方话语霸权下如何成功地向中国教育界来表述别国教育事实。这是比较教育特别面临的另外一个特别难题。由于在话语转换方面长期存在不足，我们的教育实践部门已经形成了“搞外国教育的人”与我们的教育教学改革实践没有直接关联的刻板印象。这对比较教育学参与中国教育改革无疑是最为不利的。要让我国教育实践工作者真正能理解比较教育学者的研究成果及其应用价值，我们就不能满足于在两种教育话语体系中进行直译，而必须进行深层的转换。要做到这一点，我们还需要更多的学习。

第三，中国比较教育学参与国际学术对话，需要进行怎样的调适？我们有很多人都将中国比较教育学者参与国际学术对话的能力普遍较弱的问题主要归因于语言能力，但事实上除了语言能力需要继续提高以外，我们还面临很多深层次的问题。这里包括前文已经提及的文化理解力的提高，同时，研究方法和范式的国际化也是我们必须努力完成的另一重要任务。我国比较教育学学术队伍本来就有方法论训练不足的缺憾，而比较教育学在方法论方面的发展已今非昔比，特别是近年来在整个社会科学方法论发展的推动下，比较教育学方法论不仅在理论上，而且在具体可操作的研究方法方面也有很多新进展，社会学的、文化学的、公共政策的研究方法，以及数量分析、质性研究等各种各样的研究方法都在比较教育研究中得到应用。我们只有尽快在研究范式上与国际比较教育学术界接轨，才有可能成功地开展国际学术对话。与此同时，随着中国社会的发展和国际地位的提高，中国文化的国际影响力也在不断增强。在这样的历史条件下，在中国哲学基础上来建构有特色的比

较教育学理论和方法论的问题也变得越来越重要。中国比较教育学要对世界比较教育学的发展作出自己的贡献，就必须有自己独特的东西能奉献给世界比较教育学，譬如中国哲学中特有的“和”的理念，在我们建构中国比较教育学方法论过程中就有着特别重要的意义和价值。我们必须体现自身独特的价值，体现出我们能够对世界比较教育学的发展作出我们特有的贡献，我们才能够逐步做到在平等的基础上与国际同行展开学术对话。

第四，怎样处理好扎根本土、服务本土，与保持具备准确理解力的国际视域之间的辩证关系？服务本国教育发展是比较教育学自创立之日起就一直秉持的基本立足点之一，比较教育学的社会价值具体体现在促进本国教育发展的过程中。同时，具备准确理解力的国际视域也是比较教育学实现其价值的基本条件。如何在这两者之间取得最高水平的平衡，是所有比较教育学者都要面临的一个挑战。往往是扎根本土者在跨文化理解和对话方面能力欠缺，而长期置身海外者却在服务本土时又因对本土教育缺乏深入理解而心有余力不足。我们研读别国比较教育学者研究中国教育的论著，常常有隔靴搔痒之感，可以想像我们关于国外教育的著述在准确理解方面有着怎样的缺憾。这一点几乎所有在研究对象国生活了一段时间的比较教育学者都有所体认。另一方面，我们也有不少比较教育学研究成果让本土的教育实际工作者觉得遥不可及，须退避三舍。除了介绍国外一系列理论流派的宏大叙事外，真正成功地深入到本土教育改革具体实践并直接产生影响的比较教育学研究成果可谓凤毛麟角。这样一种两边不沾地的状况如果得不到改善，比较教育学自身的发展必然会面临问题。这是一个长期的需要不断进行努力加以解决的矛盾。可以说，我们在什么样的水平上解决了这个矛盾，我们的比较教育学也就发展到了怎样的水平。

第五，怎样处理好中华民族传统文化与外来文化的辩证关系，既从人类文明中汲取营养，又能维系我们民族的文化个性？教育在民族文化的传承过程中的重要作用已无须赘言。比较教育学作为一门主要开展跨文化研究的教育学科，其在民族文化传承和发展过程中的作用也是重要而特殊的。作为一种“关系性知识”，比较教育学并非只是“同时产生于全然的好奇心（我们想知道其他国家的人民如何教育他们的年轻人）和实践性难题（我们想知道其他国家的人民如何解决那些在我们看来与我们自己遇到的问题相似或相同的问题)”,[4]比较教育学的产生还源于一种文化体系内在的要求，即通过自身与异文化之间的关系来建立和支持自身的自我同一性。它关于国外教育的研究影响本国的教育进而影响本民族文化的传承和发展，也将本国教育介绍给世界从而展示和实现本民族文化存在和发展的独特价值，同时，我们也在这一过程中更加清楚地认识我们自己的教育和文化。面对后殖民的文化状况，我们的文化和教育既要汲取人类文明的滋养，同时更应在此基础上努力促进我们文化和教育的本土生长。这种本土生长是一种在真正消化吸收外来文明基础上的立足本土的内在发展，一种在文化和教育创新过程中对民族文化传统的延续。比较教育学在这里必将有所作为。

第六，怎样处理好比较教育学与其他教育学科的关系，在比较教育学发展过程中保障这种关系是一种真正的交叉而非转行？经过长期专门化的学术探究和专业化的人才规训（discipline），比较教育学已经从教育科学的一个研究领域逐步发展成为一门承担着独特任务的学科。作为一门以跨文化研究为特色的教育学科，比较教育学的研究视域覆盖了从学前教育到高等教育几乎整个教育领域，它与教育科学其他学科之间存在着紧密的联系。因此，比较教育学的学术研究与其他教育学科之间存在着诸多交叉领域。我们如果不能正确认识比较教育学自身的学科特性和独特价值，就很容易模糊比较教育学与其他教育学科之间的界限，进而在不知不觉中造成实际上的转行。就比较教育学发展而言，研究队伍中出现过多的转行现象显然会给本学科发展直接带来消极的影响。另一方面，除了跨文化比较研究的特色外，比较教育学不仅有着与其他教育学科紧密联系在一起的交叉领域，而且还有着如国际教育、国际理解教育和比较教育学史、比较教育学方法论等诸多其他教育学科不涉及的特有的研究领域。同时，在教育学科群体系中，比较教育学承担着很多独特的其他教育学科不承担的功能和任务，这也正是比较教育学产生、存在和发展的基础。比较教育学研究队伍的转行，不仅影响比较教育学本身的发展，而且也影响整个教育科学学科群体的平衡和发展。要避免出现过多的转行现象，我们就必须明确教育改革对比较教育学的直接需求是什么，经常反省作为比较教育学者应当从怎样的角度服务于教育改革和发展。

第七，如何在今后的比较教育学研究中不断进行新领域的开拓？中国比较教育学在今后的发展中要跟上国际同行的步伐，不断进行新的研究领域的开拓是非常必要的。回答好这个问题，不仅关系到我国比较教育学的发展是否能跟上国际步伐，而且直接关系到我们能否在更加深入、具体和可操作的层面上来为我国教育改革和发展服务，关系到我们比较教育学作为一门独立的教育学科的价值能否得以实现。我们不仅要像国际同行那样深入学校课堂开展微观教育领域的比较教育学研究，不仅要学会运用一整套严密科学的方法来进行跨文化的教育政策比较分析，而且我们还应当适应我国教育改革和发展的实际需要，开拓那些带有我国特点的比较教育学研究的新领域，同时也应开拓那些对比较教育学发展来说非常重要而国际同行尚未涉足的新领域。我国比较教育学的未来发展不应当简单地转入课程领域、高等教育领域等教育现实发展需要在其中进行教育科学研究的教育领域，不应像课程专家和高等教育专家等其他教育学科专家一样地为本国教育服务，而是要在不同的教育领域中找到比较教育学的专属领地，开展比较教育学特有的跨文化研究，发现不通过真正深入的跨文化比较就难以发现的问题和规律。很简单，一旦我们完全丧失了自己专门的角色，比较教育学就可能会被学术界和教育界忽视，就有可能被迫退出教育科学的舞台，而这种情况是不符合教育科学发展规律的，也是不符合教育改革和发展的实际需要的。

第八，如何联系我国教育改革和发展的实际，建立一整套适应中国教育实际情况的行之有效的比较教育学研究方法论体系？长期以来，研究方法论的落后一直是我国教育科学领域普遍存在的问题，特别是在实证性研究方面，我们的方法论缺陷尤为明显。为了缩短我们与国际同行在方法论方面的差距，以前我们实际上较多奉行的是拿来主义，直接借用西方教育学者现成的研究方法和相关的方法论。然而，这些在西方学术花园中盛开的鲜花，简单移植到中国的黄土地上以后，往往水土不服，并不能很好地适应中国教育改革和发展的实际情况。尽管将来我们还应坚持继续借鉴世界同行先进的研究方法和方法论，但超越拿来主义，在同时汲取国际和本土滋养的基础上，实现比较教育学自身的本土生长，这应当成为我们努力的方向。为了回答好这个问题，我们需要在实际的研究工作中坚持不懈地注意进行方法论的摸索、概括和验证。当然，在关注方法论探究和发展的过程中，我们也一定要注意防止比较教育学研究的方法论化，记住方法永远是为学科研究服务的，而不是相反。这一点比较教育学界早有认识，爱泼斯坦在上世纪80年代提出“比较教育学中的意识形态”问题并引起争论时，就曾经说过：“关于方法论的自我意识或许是一个学科领域成熟的表征，可要是过度关注方法论问题，那么它就可能对研究行为产生制约性的影响。”[5] 在我们教育学界，方法论迷信和方法万能论影响学术研究真正发展的现象并不少见。

第九，如何逐步实现比较教育学学科队伍的国际化、人才培养的国际化与学术研究的国际化？对几乎所有学科的发展来说，队伍建设都是一项极其重要的工程。就当前我国比较教育学的学科建设而言，如何实现队伍的国际化以及与之相联系的人才培养的国际化，是我们需要特别回答好的一个重要问题。比较教育学自身学科特性要求我们必须有一支国际化的比较教育学队伍，而目前我们这支队伍在国际化方面还存在着诸多欠缺。在未来的若干年内，我们有必要通过从国外引进、对现有队伍的提高，以及国际化的人才培养，来逐步造就一支国际化的比较教育学队伍。应当特别注意的是，队伍的国际化不仅包括语言能力和国际文化素养的提高，而且也包括教育科学训练的国际化，正如加里多（J. L. G. Carrido）所言，“比较教育工作者的培养过程中，如果有意无意地疏忽教育学，即使密切注意教育的不同学科，也将是荒谬的”。[6] 实际上，拥有国际化的教育科学眼光才是比较教育学与其他教育学科专家相比最应引以自豪的。正是这种独具的国际化教育科学素养，赋予了比较教育学家对教育问题的独特洞察力，使他们在众多教育领域中较之其他教育学科的专家更有发言权。也正因为如此，我们才特别强调建设一支国际化的比较教育学队伍。

第十，最为根本的问题是：我们的比较教育学如何在适应社会实际需要中求得生存与发展？尽管如今的教育学界不少人对比较教育学充满着怀疑，很多人不承认比较教育学是一门学科，否定比较教育学作为一个独特研究领域存在的必要性，甚至有人还无知地认为由于“比较”只是一种研究方法，因而有着近200年发展史的比较教育学不过是教育科学的一种方法，根本无独立性可言（按照这种荒谬的逻辑：实验是一种方法，所以凡使用实验方法者皆不可作为一门独立学科而存在)。然而,几乎所有不带偏见的人都可以感觉到,我们社会中确实存在着对比较教育学的需要,甚至可以说存在着对比较教育学在教育改革和发展中发挥更大作用的渴望。回顾改革开放以来我国的教育改革实践,比较教育学在其中发挥的重要作用决不能加以抹杀。如今,在不断深化的教育改革中,仍然有无数的实际教育工作者曾经表达过借助比较教育学者的介绍和分析来了解别国教育改革实际情况及其动向的愿望。在这些事实面前,那些怀疑和否认比较教育学的独立存在及其意义和价值的观点会不攻自破。所有对比较教育学学科同一性的质疑,所有对比较教育学学科价值的否定,包括那些简单地将比较教育学归属于教育科学研究的一种方法从而否定其独立性的错误认识,教育改革和发展对比较教育学的实际需要都已经对其作出了最为有力的回答和批判。比较教育学要证明自己独立存在的意义和价值,最重要的就是要能够适应和满足社会对它的需要,能够真正为教育改革和发展提供有效的服务。

我们的比较教育学正站在十字路口,但是,有一点是肯定的,那就是:我们的教育改革和发展需要比较教育学。

参考文献:

[1] HALLS W D. Culture and Education: The Cultural is Approach to Comparative Studies [M] // EDWARDS R, HOLMES B, GRAAFF J V (eds.). Relevant Methods in Comparative Education. Paris: Unesco Institute for Education, 1973: 119.

[2] OLIVER C E. Comparative Education: What kind of Knowledge? [M] //SCHRIEWER J, HOLMES B (eds.). Theories and Methods in Comparative Education. Frankfurt: Peter Lang, 1990: 197.

[3] 项贤明. 比较教育学的文化逻辑 [M]. 哈尔滨: 黑龙江教育出版社, 2000.

[4] JONES P E. Comparative Education: Purpose and Method [M]. Queensland: University of Queensland Press, 1971 (Reprinted1973): 1.

[5] EPSTEIN E H. Currents Left and Right: Ideology of Comparative Education [J]. Comparative Education Review, 1983, 27 (1): 10.

[6] [西班牙] 何塞·加里多. 比较教育概论 [M]. 万秀兰，译. 北京：人民教育出版社，2001: 214.

（本文发表于《比较教育研究》2002年第3期。作者项贤明，时属单位为教育部人文社会科学重点研究基地北京师范大学比较教育研究中心、北京师范大学国际与比较教育研究所）

八、比较教育研究在全球化时代的意义和作用

比较教育最初作为一门学科，或者说作为比较社会科学的次学科应用领域出现的时候，之所以将国民制度作为其首要概念，是因为人们认为理解当时国民教育制度的现实非常重要。当今世界日渐受到全球化和市场主义的瓦解，继续谈论国民制度是否落后于时代潮流？难道民族国家的示威未使得国民制度过时？我们为何研究教育制度，尤其是国民教育制度？此外，比较教育学者还应研究什么？如何研究？这些问题关乎比较教育的发展前景，当代比较教育学者必须对其做出解答。

（一）全球化如何改变着教育

自 20 世纪 70 年代以来，全球化进程的加速对教育所产生的影响，并未从实质上侵蚀到国家对教育的控制。正如赖克（R. Reich）所言，尽管国家经济的潮汐逐渐减弱，大多数生产要素已经国际化，但人力技能却相对稳定，并且归属于国家。[1]国家政府愈来愈将人力技能视为国家资源，藉此在全球市场上提升本国的竞争优势。国家政府并不准备放弃这一特权，也不会完全无视教育在传递民族文化和促进社会凝聚力方面的最根本功能。

但是，全球化的确改变着国家教育制度的前景。其中最为重要的是，全球化经济竞争引发了人们对技能与学历资格需求的增长。国家在应对这种需求时表现出力不从心，教育私有化却在此形势下“趁虚（需）而入”。迄今，高等教育是教育领域内最为国际化和商业化的部门。由于国际上对高等教育的需求不断增涨，大学的研究与教学成为国际间交易的商品。这些商品潜在

地为那些在全球市场上最具竞争力的高等教育机构带来丰厚的回报。与高等教育相比，中小学教育则既不那么国际化，也尚未直接被全球商业所利用。理由很明显：大多数孩子不会出国读中小学，国际化的虚拟学校并不是其攸关的选择。对家长和国家而言，社会化依旧是中小学教育的首要目的。尽管现在中小学校里的营利机会在增多，其程度迄今尚不足以吸引私营企业对本国学生的学习进行投资。

教育私有化可能导致教育不平等，甚至危及一国的经济竞争力和社会凝聚力。教育的不平等会对一国经济发展产生不利的影响，这是因为前者造成了劳动力市场的两极分化，而这种劳动力市场反过来又导致了双元竞争（即依靠高/低技能）战略。整个经济的总体生产率也会低于许多国际竞争对手。[2]有研究发现，技能分布状况与社会凝聚力之间存在很大相关性。[3]经合组织与世界银行在对各国学生学业成绩进行评估时发现，从国家政策的角度看，改善技能的分布状况与提高教育的均衡水平同样关系重大。[4]

竞争与技术变革使雇主提高了对技能的需求，个人对学历资格的竞争也愈演愈烈。在这种情势下，各国几乎都是通过提倡终身学习，告诉人们学习机会随处存在——家庭、学校、工作场所以及社区，并将学习成本顺势转嫁给雇主、个人及其家庭与社区。[5]这一变化对“教育制度”的概念提出了前所未有的挑战。我们在考虑教育的时候，已经习惯于将它与学校、学院等其他教育机构联系起来。但是，这些传统教育机构不久将不再是进行学习活动的主要场所。到那时，教育制度将会蜕变为一个边缘化的概念，我们将不得不更多地考虑非正规学习、工作场所学习以及社区或家庭学习。[6]

（二）全球化对比较教育有何启示

1. 比较教育的分析单位应该是多层面的

比较教育作为一个研究领域，最初起源于对国家教育问题的考虑，历来都是以国家制度作为其主要的研究对象，国家特性一直都是作为其主要的解释元素。这种仅囿于国家层面的思考的确已经过时，从国家特性和文化的角度来解释教育结构和教育结果总是带有一种本质主义倾向。这样做可能导致的危险是，它易于将某些国家特性简单地具体化为一些不可缩减的、同质的特性。如今，随着不断激增的社会多样化，文化的全球化和跨国文化空间的产生，比较教育研究中的这种传统做法确实已行不通。因此，比较学者不应再仅将国家作为其惟一或主要的比较单位。我们需要更多在国家层面以下进行跨地区、跨社区比较。比如，拉菲（D. Raffe）等人开展的所谓“一国之内的国际研究”，[7]埃文斯（K. Evans）等人在德国和英国分别选出几所对应城市，然后对这些城市中的青年人的学习及其从学校过渡到工作的情况进行多层面的比较。[8]我们应该在“次国家层面”进行更多的比较研究。

另外，我们还可以在跨地区之间做出更多的“超国家层面”的比较研究。比如，艾什顿（D. Ashton）等人对欧洲和东亚的技能形成制度做出的研究，[9]就开创了在跨地区层面利用新近出现的政治经济学研究成果，对技能形成进行分析的可能性。在一些规模更加宏大的研究中，还可以设想将“超国家”地区作为主要的比较单位。毕竟，教育制度以及技能形成制度的确倾向于呈现出地区性特点。[10]倘若情况果真如此，比较学者可以通过研究泛地区性的特点，以及政策传播在这些地区内不同国家之间所产生的净效应在多大程度上的确解释了跨地区之间的制度特征差异，从而对环境如何影响教育变革这一课题得出更多深刻的认识。

简而言之，只要我们拿来比较的这些单位具备“社会层面的”特征（比如一些很有特点的制度结构和规定方面，我们就没有理由将比较仅限于以领土界限来定义的单位。比如，散居于非洲的犹太人群体、分布于不同地区的社团以及一些“虚拟的社团”等，所有这些至少在理论上都应该算作是比较教育研究的范畴。

然而，谈论以上这些在非国家层面上开展的比较研究，并非是认为跨国研究已经过时。与高等教育制度不同，中小学校的教育制度现在仍然是非常“国家性”的制度，中小学教育制度的结构和实践过程主要还是受制于国家法规以及学校制度本身所运作的国家制度和文化环境。要理解这些决定中小学教育制度的开展形式和教育结果的结构（即制度上的、文化上的）因素，我们可能还是经常需要进行跨国比较。倘若一国内部不同地区之间的制度性差异本身就很少，不可能在国家内部做出比较的时候，跨国比较则尤为重要。[11]

当前，在比较社会科学中我们仍有理由将国家作为首选的比较单位。比较研究中很多数据仍然是从国家层面上采集，许多被采用的社会性变量都是被作为国家总体水平来测量，因为代表社会变量的“结构”和“制度”，诸如劳动力市场、产业结构、政治制度、文化特征，这些基本上都仍然是国家性的。所有国家确实在诸多方面依然表现出常规性的、实质性的差异，比如在人口、经济和文化等方面。正如伊格哈特（R. Inglehart）所总结的，“不同社会的人在基本态度、价值观和技能等方面皆表现出持久的差异性特征。换言之，他们皆有其异样的文化”。[12]这些文化既非全然统一，亦非不可变。然而，它们却在特定时空对人们的社会行为和政治行为具有决定性影响，所以我们必须考虑这些因素。

总之，从国家层面进行比较教育研究依然很重要。不过，除此之外，我们还可以从许多其他层面进行有效的比较。比较单位的问题在任何情况下都不能预先决定下来，而是要根据研究的标准而定。

2. 比较分析并未因全球化的出现而失去意义

比较教育学者在方法论上所面临的最大挑战并非在于分析的层面，而在于比较分析本身，以及我们是否真正做到比较。如上所述，全球化迄今并未将差异从这个世界抹去，我们尚不至于不能对事物作出比较和对比。只要依然存在可以对照比较的社会单位，就依然有可能进行比较分析。

若要真正做到社会学意义上的比较，就应该关注于社会或其他总体层面上表现出的特征，侧重于对这些特征之间的关系进行解释。那么，究竟什么才算做比较分析呢？可以说，所有的社会科学在根本上都具有比较的性质。涂尔干曾明言：“比较社会学并不是一个特殊的社会学分支。只要比较社会学不停止于单纯地描述事实，而是力求对这些事实作出解释，那么它本身其实就是社会学。”[13]解释事实对于涂尔干来说意味着理解总体（即社会事实）之间的关系模型，因为这正是社会学区分于其他学科（如心理学）之处。因此，关于个体特征及其行为的研究，无论是采用统计或其他手段，一般来说都不应算作比较研究。正如涂尔干所肯定的，总体或社会由个体及其活动所构成，但前者所涵盖的对象多于后者之总合。总体或社会的特性与行为之间差异的模型，以及在这些特性与行为之间具有决定性意义的关系，不可能仅仅通过将个体特征与行为集合起来的方式得到解释。我们需要对构成这一总体或社会本身不可或缺的结构与特点的效果进行分析，这些效果也只有在该总体或社会层面上才有意义。比如说，我们不可能从个体层面的统计分析中考虑许多社会层面上的特点，要么是因为这些特点仅是作为恒量显现出来，因此不能用以解释变化，要么是因为这些特点在个体层面上没有意义，比如一些分布上的特征，诸如收入或者技能在社会范围内的覆盖拓展情况，在个体层面上就没有意义。[14]因此，比较研究是对社会或集体层面实体的各种特点之间的关系模型进行分析，无论这些实体是处于国家层面或者其他层面。

(三) 如何做到真正意义上的比较

1. 运用逻辑比较分析进行定性研究

我们可以通过许多方式利用比较方法来理解因果关系。穆勒（J. S. Mill）曾对以下三种方法作过杰出的论述：求同法、求异法，以及将两者结合起来的间接法。[15]社会科学中所有比较方法，不论是定性的还是定量的，在一定程度上都是基于这些方法而衍生出的变异体。尽管难以满足穆勒所说的理想条件，即所有起作用的变量都被我们考虑到了。由于我们不可能预知所有起作用的变量，因此，要做到比较就需要对变量做出规定，将某些变量看作是恒定的，这样一来就可以测试其他受试变量对后果所产生的影响。[16]

定量比较是在自变量和因变量之间建立起可能存在的关系，通过统计的方法进行这种测试，其优势在于可以同时测试多个变量之间的相关性。然而，定量分析在跨社会的比较中存在很大局限性。我们所研究的许多社会层面上的案例中，其中有许多案例并不具备足够的数据，因而使得我们样本中所涵盖的案例数目大大减少，以至变量数比案例数还要多。这会导致统计分析结果不可靠。统计学家为了实现足够多的案例取样目标数，可能会将取样范围扩大至涵盖一系列完全相异的国家或者单位。这样做的结果是，我们要对那些除了从毫无意义的抽象层面做比较之外根本就不具备其他可比性的案例进行比较。

若比较分析被界定为对跨社会的实体做比较，拉金（C. G. Ragire）的观点则可能是正确的。他认为，比较教育特有的方法是定性比较法，即“比较的逻辑方法”。[17]这种方法并不依赖于取样或群体数，而是关注于所有与所研究现象有关的案例，或是研究者认为与该现象有关的一组案例。这些案例会限制我们做出普遍性的解释，因此，我们不会尝试对大量相异的个案样本做比较，以免相关变量过于广泛而不利于分析。

这种逻辑方法的优势表现在：首先，当统计分析很难处理多重因果关系时，逻辑比较分析则倾向于考察“由若干条件相互作用而形成的结构复合体”。它要求对我们考虑范围之内的各案例作出解释。我们可以为某种兴趣结果识别出多套有效的先决条件，而统计分析则只倾向于呈现出最具支配力量的条件。[18]其次，统计分析学者仅考察某些具体变量之间的关系，而逻辑比较分析者则将每个案例置于其真实的环境下做完整的考察。因此，定性分析可以更多关注于现实的因果机制，而单纯的统计分析则无法对因果关系的可能力量和方向作进一步判断。当然，我们不可能宣称，由逻辑比较分析所得出的概括性结论适用于其他不属于我们考察范围之内的案例。不过，逻辑比较分析在避免产生统计分析方法中倾向于得出普遍性结果的情况下，倾向于尊重时空的一致性，保持这种时空上的一致性是得出任何可信的历史分析或社会学分析最根本的条件。

2. 适于不同目的的三种比较分析类型

我们可以通过许多不同的途径，根据不同的目的，进行逻辑比较分析。比如，斯考克普（T. Skopol）和索莫尔斯（M. Somers）曾对三种主要的“应用逻辑”（logics-in-use）类型做出精辟的阐释。[19]第一种类型被描述为“理论的平行展示”。比如安德森（P. Anderson）在《专制国家的谱系》[20]中将以往得出的理论应用于不同的历史案例中进行比较，既可以丰富和提炼该理论，还可以展示该理论的解释力。不过，这种比较并不是为了产生或者证实一些假设。第二种类型被称作“对照性比较”。以本迪科斯（R. Bendix）的《国家建设与市民社会》[21]为例，这种分析的最大特点是，它尊重每一个案例的历史完整性。它为了展示各种历史条件的多样性和特异性，因而格外突出了每个独特案例的基本特点。这种比较的目的并不在于对某种理论做出明确的展示或者解释。对于不同案例所做出的解释虽然是基于一个共同的比较参照框架，但解释通常是针对具体案例而言。第三种比较类型被称为“宏

观因果分析”。只有在这种比较中，我们才利用受到系统化控制的比较，对某种因果关系做出假设，并对其进行解释和验证。这是一种最为有力的比较分析方式，通常会涉及大量颇具复杂性和学术影响力的著作，比如摩尔（B. Moore）的权威著作《专制与民主的社会起源》。[22]撰写这类著述的难度在于，分析话语灵活多变，迂回于正反两方面案例之间，同时还要顾及时空方面的细节，以免在分析中迷失历史时代感。

研究因果关系的逻辑比较方法大都是由穆勒所说的“间接方法”变异而来。穆勒认为，这种方法最适于考察包含多种因果关系的现象。[23]当某种特定现象在多个不同案例中出现时，调查者通常注意这些案例所共有的那些条件，然后将这些案例与其他不存在这种特定现象的案例进行对比。如果某些条件在第一组案例中都存在，却缺失于第二组案例，而且若所有这两组案例在某些方面有相似之处，那么就可以推断出，这些条件是促成这种现象产生于第一组案例的原因。这种方法因未能观测到造成该现象的“第三类原因”而易受责难。不过，这种情况在定量分析中也会出现，尽管出现的可能性会小一些。在出现这种情况的定量分析中，某种相关性的确立可能是由于一个变量没有被观测到，而这种变量却同时影响到了发生相互关系的这些变量。

比较教育最理想的研究方式是对因果关系做宏观分析。如施瑞尔（J. Schriewer）所言，“作为一种社会科学方法，比较并不在于涉及可观测到的事实，而是要关注彼此间存在联系的关系甚或关系的模型”。[24]为保证在研究中采用比较的方法，比较教育必须超越仅对案例进行分类，或对案例做平行描述。虽然宏观因果分析中也可能会采用“对照性”或者“平行展示”的方法，但其至少可以将我们提出的理论臆断与实证观察放在一起对照。

3. 恪守方法论标准，重在解释因果关系

当代比较教育研究存在的问题是，许多比较教育研究实际上并未做到真正意义上的比较。大多数成果从总体上看，要么是关于某单个国家非比较的分析，要么是对一组国家的教育实践或者教育政策所做的平行描述。无论这两类研究有何优点，它们都未在必要的情况下使用比较的方法对关于因果关系的假设做出分析和验证，甚至也未将理论与证据放在一起对照着比较以达成韦伯所说的“理解”。任何领域或者学科都需要一些核心的、区别于其他学科的方法论标准。包括比较教育在内的比较研究领域，这些方法论标准必须是，通过比较对因果关系做进一步解释，或对关于因果关系的论断做出验证。由于社会科学中不存在自然科学中的实验，比较法便是除实验之外取得科学“证据”的最佳途径。如果不系统地使用比较方法，比较教育将会在很大程度上缺失其作为一种学术追求的可信度。

迄今，比较分析依然是对教育过程所涉及的各方面社会因素做出因果解释最强有力的工具。尽管全球化开辟了一些既不属于“国家”也不属于“制度”的教育空间，但是它并未降低比较分析的效用，它只是在提醒我们，要拓宽我们所采用的分析单位。当今，比较教育所面临的最大挑战在本质上是双重的。首先，我们要使该领域的研究实现真正意义上的比较。其次，我们要将比较教育从其所处的相对孤立状态重新带回比较社会科学或历史社会学主流当中来，后者才是比较教育的正当归属地。

参考文献：

[1] REICH R. The Work of Nations [M]. New York: Simon and Schuster, 1991.

[2] BROWN P, GREEN A, LAUDER H. High Skills: Globalization, Competitiveness and Skill Formation [M]. Oxford: Oxford University Press, 2001; CROUCH C, FINEGOLD D, SAKO M. Are Skills the Answer? the Political Economy of Skill Creation in Advanced Industrial Countries [M]. Oxford: Oxford University Press, 1999.

[3] [14] GREEN A, PRESTON J, SEBATES R. Education, Equity and Social Cohesion: a Distributional Model [M]. London: Centre for Research on the Wider Benefits of Learning Institute of Education, 2003.

[4] DUTHILLEUL Y, RITZEN J. Unpublished Paper (OECD) [EB/OL]. [2002] http: //www. worldbank. org/wbi/B _ SPAN/seducation _ social. htm.

[5] GREEN A. Lifelong Learning and the Learning Society: Different

European Models of Organization [M] //HODGSON A (eds.). Policies, Politics and the Future of Lifelong Learning. London: Kogan Page, 2000: 35—48.

[6] BROADFOOT P. Comparative Education for the 21st Century: Retrospect and Prospect [J]. Comparative Education, 2000, 36 (3): 357—372.

[7] RAFFE D. Investigating the Education Systems of the United Kingdom [J]. Oxford Studies in Comparative Education, 1999 (2): 9.

[8] EVANS K, HEINZ W. Becoming Adults in England and Germany [M]. London: Anglo—German Foundation, 1994.

[9] ASHTON D, GREEN F. Education, Training and the Global Economy [M]. Cheltenham: Edward Elgar, 1996; ASHTON D, GREEN F, JAMES D, SUNG J. Education and Training for Development in East Asia: the Political Economy of Skill Formation in East Asian Newly Industrialized Economies [M]. London: Routledge, 1999.

[10] GREEN A, WOLF A, LENEY T. Convergence and Divergence in European Education and Training Systems [M]. London: Institute of Education, University of London, 1999.

[11] NOAH H J, ECKSTEIN M. Towards a Science of Comparative Education [M]. London: Macmillan, 1969.

[12] INGLEHART R. Culture Shift in Advanced Industrial Society [M]. Princeton: Princetion University Press, 1990.

[13] [16] SMELSER N. Comparative Methods in the Social Sciences [M]. New Jersey: Prentice Hall, 1976.

[15] [23] MILL J S. Two methods of Comparison [M] //ETZIONI A, BOW F D (eds). Comparative Perspectives: Theories and Methods. Boston: Little Brown, 1970.

[17] [18] RAGIN C C. Comparative Sociology and the Comparative Method [J]. International Journal of Comparative Sociology, 1981, XXII:

1—2，102—117.

［19］SKOCPOL T，SOMERS M. The Use of Comparative History in Macrosocial Inquiry ［J］. Comparative Studies in Sociology and History，1980，22（2）：174—197.

［20］ANDERSON P. Lineages of the Absolutist State ［M］. London：Sage，1974.

［21］BENDIX R. National－Building and Citizenship ［M］. Berkeley CA：University of California Press，1977.

［22］MOORE B. Social Origins of Dictatorship and Democracy：Lord and Peasant in the Making of the Modern World ［M］. Boston MA.：Beacon Press，1966.

［24］SCHRIEWER J，HOLMES B. Theories and Methods in Comparative Education ［M］. Frankfurt am Main：Lang，1988：33—34.

（本文发表于《比较教育研究》2010年第8期。作者安迪·格林（A. Green），时属单位为英国伦敦大学教育学院比较社会科学教授；译者许竞，时属单位为华东师范大学教育科学学院博士后研究人员）

九、我国比较教育研究的成绩、挑战与对策①

今天，我们在这里庆贺我国比较教育学界的老前辈王承绪先生的百年华诞，前年，我们恭祝了中国教育学会比较教育分会的荣誉理事长顾明远先生的80诞辰。王承绪和顾明远先生的学术成绩代表了我国比较教育学科的成绩顶峰，他们的学术之路代表了我国比较教育学者在比较教育学科发展上的不懈追求与探索。去年是中国教育学会比较教育分会成立30周年，前年是我国改革开放30周年。因此，我们有必要总结我们所取得的成绩，直面困难与挑战，争取比较教育学科更大的发展。

（一）成绩

1. 比较教育研究提供了大量的国外教育发展的原始数据与资料。在改革开放之初，比较教育学科处于恢复重建时期，于1978年召开了全国第一次外国教育研讨会，同年成立了全国外国教育研究会。北京师范大学外国问题研究所（北京师范大学国际与比较教育研究院的前身）于1980年率先正式公开发行了《外国教育动态》，随后华东师范大学和东北师范大学等校也先后发行了专门期刊。比较教育学科在这个时期的显著特点是以国别研究为主，为教育领导人的出访和接待、留学生的出国学习以及大量一线教师学习与了解国外新的教育教学方法提供了大量的一手资料。在一定意义上可以说，比较教育发挥了国外教育数据库和咨询中心的作用。在这里，还应该特别提到比较

① 本文为中国教育学会比较教育分会第15届学术年会开幕词。

教育学科的前辈们——王承绪、朱勃和顾明远等先生这时已经开始了比较教育学科实质性的建设，编写了新中国第一本比较教育教材。

2. 比较教育研究引进了先进的教育和教学思想，评析了世界教育思潮。在改革开放之前，国外的教育和教学思想基本上属于禁区，我们知之甚少，以无知批判有知。改革开放之后，比较教育学科率先开始了对国外教育和教学思想的研究，这对于我国教育工作者的思想解放起到了积极的作用。还在国人把道听途说的“终身教育思想”当作资产阶级教育思想予以批判之时，比较教育研究就引入并且积极介绍了这一世界性的思潮，并使“终身教育”和“学习社会”成为我国教育发展的重要指导思想。此外，比较教育研究还对联合国教科文组织所提出的“学会生存”、“教育的四个支柱”——学会认知（learning to know）、学会做事（learning to do）、学会共同生活（learning to live together）和学会生存（learning to be）以及“全民教育”和“全纳教育”等富有前瞻性和普适性的教育思想进行了较为深入的研究，不仅使教育决策者和研究者关注、学习和研究了这些思想，而且使广大教育工作者探索了如何将这些思想融入到自己的教育实践中去。

3. 比较教育研究者参与了国家重大的、基础性的教育政策、制度和法令的制定。比较教育研究者为1985年5月召开的具有历史意义的全国教育工作会议提供了大量的国外有关背景材料，为这次会议的成功召开做出了重要贡献。比较教育研究者还为国家各项重要教育制度的制定提供了重要的咨询报告或意见。例如，比较教育研究为我国现代学位制度的建立提供了有份量的咨询报告；引进了国外的学分制度，澄清了国内在学分制上的混乱认识，促进了教学管理制度的改革；比较教育研究者还深入研究了国外教育督导制度，推动了我国督导制度和机构的建立。比较教育研究者参与了几乎所有重大法令的制定，例如教育法、义务教育法、高等教育法、教师法和学位条例等。

4. 比较教育研究跟踪和评析了国外历次重大教育改革，为我国教育改革的发展方向提出参照。第二次世界大战以后，世界教育进入了改革的时代，改革接连不断，跌宕起伏，比较教育研究始终密切关注和跟踪世界主要国家的教育改革。例如，比较教育研究了美国在20世纪50年代末受到苏联卫星挑战以后所推行的激烈改革；研究了前苏联70年教育发展和改革的历史经验，跟踪研究了苏联解体后俄罗斯的历次教育改革，为我国教育发展和改革提供了振聋发聩的参照与警示。此后，比较教育又研究了新世纪世界教育改革的动向，紧密跟踪研究发生在“昨天”的事情，例如研究了奥巴马的“竞登顶峰”（Ract to up）计划。比较教育研究在总结世界主要国家历次教育改革的基础上，提出了教育改革和发展要体现教育的双重价值诉求：公平与质量。因此，我们可以说，比较教育研究在一定意义上可以引领我国教育改革的发展方向，并且可以通过研究其他国家教育改革发展中的问题为我国教育改革发展提出预警。

5. 比较教育学科搭建了教育国际交流的平台，开始了中外教育研究工作者的平等对话。在改革开放以后，比较教育学科率先开始了教育研究的国际交流，较早地走上了国际比较教育的论坛，介绍我国教育科研和教育改革发展的成绩。顾明远先生最早成为世界性教育组织世界比较教育学会联合会合作主席之一，并且成为新中国第一位被美国哥伦比亚大学师范学院授予名誉教授的教育学者。我国举办的世界比较教育论坛逐渐有了品牌效应，为世界比较教育学界所承认。世界比较教育学会联合会主席以及美国、欧洲和亚洲著名的比较教育学家均曾与会。比较教育研究不仅在自己学科范围内不断促进交流，而且还为教育大学科的交流搭建了平台。我们还多次与联合国儿童基金会或联合国教科文组织合作举办国际会议。比较教育研究还将教育研究的世界性话语带入到我国教育研究中，并且把我国传统文化中的精粹，例如“和而不同”，介绍到国外，从而为中外教育研究工作者的平等对话奠定了基础，为世界教育研究话语添上了浓浓的一笔中国色彩。

比较教育学科在改革开放的30年中走过了从无到有、再到强盛的道路，在高等学校建立了硕士和博士学科点；比较教育研究从只存在于几所师范院校到进入了许多综合大学和教育研究院所；研究队伍从几十人发展到数百人；发行了数份比较教育专刊；出版了一系列重要研究成果，反映了当代世界教育发展的新经验与新趋向，对国外比较教育发展的新理论与方法进行了评析，并结合中国国情，探讨了具有中国特色的比较教育的理论与方法；建立了全国比较教育研究会（后改称“中国教育学会比较教育分会”，一些地区还建立了相应的地区性组织。总之，比较教育已经具备了标志一个学科成熟的全部基础结构。更重要的是，比较教育正在逐步建立起自己的学科意识、学科使命、学科责任、话语体系、研究范式、学科文化和传统。可以说，我国比较教育学科在过去30年的发展使一个传统上西方中心的学科开始本土化，并在我国扎根、发芽和茁壮成长。

(二) 挑战与对策

比较教育学科在改革开放30年中有了巨大发展，但是还要直面一些挑战和问题。笔者17年前曾指出，"由于当前比较教育学界尚未对比较教育的定义取得一致的意见，比较教育学科的发展受到了一定的阻碍，出现了所谓'身份危机'。但是从另一个角度来看，这也是比较教育学生机发展的一个表征，比较教育学发展的历史在一定意义上就是其不断证明自身的过程"。[1]学科危机也是国际比较教育学界热衷的话题，自20世纪70年代以来，对比较教育学科危机的讨论浪潮此起彼伏。著名的比较教育学者菲利普·阿特巴赫和艾尔温·埃普斯坦都曾经指出，比较教育不得不经常面对身份危机，不得不经常从经济学、社会学、人类学和其他主流学科中借用概念、原理和理论。[2]其实，如果我们对这些讨论危机的文章进行研究分析，不难看出比较教育存在的学科危机无非是在以下三个方面：一是比较教育研究的领域过于宽泛，教育方方面面的问题几乎无不在比较教育的视野之下，其边界过于模糊；第二是比较教育缺乏自己特殊的理论、概念和方法，要向其他更成熟的学科借用；第三是教育各分支学科现在都从事比较研究，从而挤压了比较教育生存的空间，甚至产生了对比较教育存在的必要性的质疑。一部分比较教育学者离开了比较教育学科，漂移到了其他教育分支学科。

我国比较教育学科的发展正处在一个关键时期。我们这一代比较教育学者有责任继续前辈的努力，继续推进比较教育学科的发展。我们要应对当前的挑战，处理好学科发展的几个重要关系。

1. 构建学科边界与探索新的研究领域。我们必须研究比较教育学科的知识主体——它的边界、范式和方法。当然，对此，我们也要有现代学科的意识，学科开放的广阔胸怀。换句话说，就是要允许学科边界有一定的模糊度，边界模糊可能是现代学科的一个显著特点，因此学科间人员的流动也是很自然的事情。比较教育学科最初产生的冲动就是对国外教育的好奇，民族国家教育间的比较始终是比较教育研究的重点，从一定意义上说也是比较教育的边界。我们今天的世界处在一个悖论之中，一方面全球化如火如荼，另一方面民族国家不断强化自己利益的诉求；一方面世界情怀和世界意识正在兴起，另一方面“本土化”或“本土生成”日益成为各国应对全球化对本国民族文化传统冲击的基本战略。比较教育学者要有灵敏的嗅觉和学科自觉，发现新的学科生长点。比如说，国际组织正在一个全球化的世界发挥着日益重要的作用，许多新的教育理念产生自国际组织，我国在国际组织中正起着日益重要的作用，我们理应把国际教育组织纳入比较教育研究；在全球化的热潮中，地区国家组织正在成为国际社会的重要力量，我们有理由把它们作为比较教育研究的基本单元；国际理解教育不言而喻也应该成为比较教育研究的重要课题；同时，可持续发展教育和环境教育将影响人类未来的命运，当然应该成为比较教育学科新的增长点。总之，解决学科边界问题既要坚持把民族国家教育的比较研究作为比较教育研究的主体，同时又要不断探索学科的新领域。不坚持学科的内核，学科就会随波逐流失去身份，没有新的增长点，学科就会僵化和停滞。

2. 宏观教育制度和政策研究与微观课程和教学研究。我国比较教育学界长期争论不休的一个问题是——比较教育研究的重点和优势应该在宏观教育制度和政策的研究，还是微观课程与教学的研究？其实，近些年来我国比较教育研究的真实发展情况已经在回答这一问题，答案是显而易见的，就是对二者都要给予重视。回顾在我国教育改革开放的初期，比较教育研究把大量的国外教育成熟的经验和新的教育思想介绍到我国，为我国百废待兴的教育事业注入了活力，为我国新形势下新教育制度的建立提供了可资借鉴的范例，比较教育研究的重要性得到了广泛的认同。但是，随着我国教育改革实践的深入发展，教育理论与实践工作者对国外教育有了更多的了解，他们对比较教育研究有了更高的要求。比较教育研究不能再停留在描述性或宏大叙事性的研究。比较教育研究工作者要有大气魄为我国政治文明建设服务，影响我国教育政策的制定过程，使我国的教育决策更科学。这就要求比较教育研究关注国内外重大的教育改革政策，深入比较不同国家教育政策是如何制定的，如何执行的，如何修订的。同时，比较教育研究还要脚踏实地改革我国的教育实践，关注和引导教室中的变化，把最新的教育思想、理念、课程和教学方法带到教室去。比较教育研究的生命在于改进教育实践。总之，比较教育研究要顶天立地，对上为教育决策服务，对下为教育实践服务，这样才能使比较教育研究焕发生机，服务应该是推动比较教育研究的永恒动力之一。

3. 研究的创新性与基础性。比较教育必须与时共进，不断寻找研究的新领域、新范式和新话语。我们也许可以说，在教育各分支学科中，比较教育在建立教育的新话语和新叙事方式方面是走在前列的，这是比较教育生命力的体现，比较教育的活力所在，比较教育的进一步发展所依。但是，我们不能忘记在比较教育研究中要做最基础性的工作。这里应该包括对基本数据的收集，对基本事实的描述，运用基本理论对基本事实的解释。在这里我想举王承绪、朱勃和顾明远先生主编的《比较教育》为例。该书没有故弄玄虚之处，没有妙笔生花之处，最显著的特征就是基础性。它涵盖了比较教育学科的最基本内容以及当代国外教育的最基本事实，从学科最基本的发展脉络到学制比较、各级各类教育比较和世界教育发展的展望等均在作者的视线之中。该书提出了比较教育研究的最基本范式和最基本的理论基础，成为后来有关比较教育的各种教材和专著的基本出发点。我在这里强调指出该书的基础性，就是有感于当前的一种风气。一些"宏篇巨著"动辄几十万上百万字，在时间隧道中纵横驰骋，在宇宙空间中遨游畅想，但是下笔千言，离题万里，满纸泊来或生造的词句，佶屈聱牙，忘却了在核心问题和基本理论上作深入的研究，忘却了读者对基本事实和基本理论的需要，此种风气实不可长。当今，我们国家正处在激烈变革和迅速发展的时代，学术百花盛开。但是，也有可怕的病菌孳生，这就是浮躁之风兴起，功利主义盛行，在某种程度上已成为时代的特征，它正在侵入圣洁的大学校园，吞噬着学者的心灵。也许这有危言耸听之嫌，但是，君不见抄袭事件逐浪高，一波未平，一波又起；君不见学者为了追求利益，只求论文数量而毫不顾及质量；君不见学术评审已经变了味道。我想，我们应当再读老先生们的《比较教育》，它会像一剂良药摆在我们比较教育研究后来者的面前，会像一股清风抚平我们躁动的心。

各位老师和同学，我最后想简单谈一下比较教育学科的组织机构建设。

我们要全力建好学科的学术共同体，包括比较教育研究的专门机构和学会组织。各个大学的比较教育专门研究院所是比较教育研究者的家，是我们的安身立命之所，承担着学科的使命与责任，我们要保护它们的生存，关心它们的发展。中国教育学会比较教育分会是全国比较教育研究者共同的家，学会组织要发挥作用，凝练学科文化，形成和发展学科传统，建立学科话语，倡导学术诚信，制定学科学术规范，促进学者及研究组织之间的交流，代表学科的共同声音，关注学科发展面对的主要问题和挑战。让我们共同努力，踏着老一辈比较教育学者的足迹，开拓比较教育学科发展的新天地。

最后，我代表中国教育学会比较教育分会第 14 届理事会预祝中国教育学会比较教育分会第 15 届年会圆满成功，祝各位与会代表身体健康，生活愉快。

参考文献：

[1] 王英杰. 比较教育学定义问题浅议 [J]. 外国教育研究，1993 (3).

[2] 李现平. 比较教育身份危机之研究 [M]. 北京：教育科学出版社，2005：12.

（本文发表于《比较教育研究》2011 年第 2 期。作者王英杰，时属单位为教育部人文社会科学重点研究基地北京师范大学比较教育研究中心、北京师范大学国际与比较教育研究院）

十、大变革时代中国比较教育研究的使命与发展道路选择

（一）大变革时代给中国比较教育研究带来的机遇与挑战

当今时代是一个大变革的时代，国际社会和中国社会的大变革正在推动着教育的大变革，从而为比较教育研究提出了新的挑战，带来了新的发展机遇。

1. 国际社会大变革

《国家中长期教育改革与发展规划纲要（2010～2020）》指出："当今世界正处在大发展、大变革、大调整时期。世界多极化、经济全球化深入发展，科技进步日新月异，人才竞争日趋激烈。"国际社会的大变革主要体现在以下四个方面：一是国际竞争的加剧。在冷战结束之后，世界格局发生了重大变化，世界上一些主要国家都在调整国家目标，力图在急剧变化的世界中为自己定位。各国为了实现国家目标，在新世纪的国际竞争中取得战略有利地位，纷纷把教育改革作为国家整体战略的一部分，作为提高民族素质、增强国际竞争力的战略措施。二是知识经济的发展。世界经济的发展经历了农业经济和工业经济之后，正在进入新的知识经济形态。与建立在土地和人口基础上的农业经济、建立在资本和资源基础上的工业经济不同，知识经济是建立在知识和信息的生产、分配和使用基础之上的经济。在知识经济时代，知识、技术和信息成为推动经济发展的最重要的因素。知识、技术和信息发展靠创新、靠人才，归根结底要靠教育。三是全球化进程的深入。在经济全球化的

影响下，世界各国在政治、经济、文化、教育和社会生活等方面的相互联系、相互影响、相互依赖不断增强。在全球化的时代，“所有的机构都需要以全球性的竞争力作为策略上的目标，不论企业、大学、医院，等等。除非它能与同业中世界级的领导者并驾齐驱，否则不会有存活的希望，更不用说成功了”。[1]因此，世界各国都把创建世界一流的教育、提升教育的全球竞争力作为战略目标。四是信息技术的影响。信息技术的发展正在改变我们的生活方式、工作方式、学习方式、思维方式、价值观念及其物质载体，也为教育的改革与发展提供了更为广阔的空间。

2. 中国社会大变革

改革开放以来，中国社会发生了翻天覆地的变化。连续30多年的经济高速增长，使中国从一个经济处于崩溃边缘的穷国变成世界第二大经济体，人民的生活水平大幅度提高，综合国力不断增强。与此同时，中国也从一个传统社会向现代社会转变，在经济、社会、政治方面实现了转型，工业化、城镇化、民主化进程不断加快。经过30多年的改革开放，我国的社会经济发展进入新阶段。我国面临着国际社会大变革和国内各种社会经济问题凸显的双重压力，既处于新的改革发展战略机遇期，也处于改革的攻坚期和深水区。正如《国家中长期教育改革与发展规划纲要（2010～2020）》所总结的，“我国正处在改革发展的关键阶段，经济建设、政治建设、文化建设、社会建设以及生态文明建设全面推进，工业化、信息化、城镇化、市场化、国际化深入发展，人口、资源、环境压力日益加大，经济发展方式加快转变”。党的十八届三中全会要求锐意推进经济体制、政治体制、文化体制、社会体制、生态文明体制和党的建设制度改革，到2020年在重要领域和关键环节改革上取得决定性成果，形成系统完备、科学规范、运行有效的制度体系，使各方面制度更加成熟、更加定型。当我们审视国家中长期发展目标时，几乎所有的战略目标都指向2020年这个被赋予特殊重要意义的年份。到2020年，我国要实现建成创新型国家、人力资源强国、学习型社会、社会主义和谐社会、社会主义文化强国，全面建设小康社会。这一系列战略目标的实现，将意味着中国社会更大的变革，意味着一个真正强国的崛起。

3. 国际与中国教育大变革

国际社会大变革把教育推向社会经济发展舞台的中心，优先发展教育、深化教育改革成为世界性的教育运动，而提高教育质量，促进教育公平则是这场教育改革运动的主旋律。与以前的局部改革不同，这是一场教育的全面改革，涉及到从学前教育到高等教育、从课程教学到管理体制等教育的方方面面。与以前阶段性的教育改革不同，这是一场长时期的教育改革，已经持续 30 年的教育改革仍呈方兴未艾之势。

与国际社会的教育改革大势相一致，中国教育在经过文革后的恢复发展之后，以 1985 年《中共中央关于教育体制改革的决定》为标志开始了前所未有的全面改革。在新的世纪，面对新问题、新矛盾、新挑战，我国在 2010 年颁布了《国家中长期教育改革与发展规划纲要》，对中国教育的发展提出了新的要求，加快从教育大国向教育强国、从人力资源大国向人力资源强国迈进；到 2020 年，基本实现教育现代化，基本形成学习型社会，进入人力资源强国行列，办出具有中国特色、世界水平的现代教育。教育规划纲要的颁布，宣告了我国新一轮教育改革运动的开始，我国教育进入了大改革、大发展、大变化时期。

我国比较教育学科在改革开放后得到了恢复和重建。教育改革与发展的需要为比较教育学科提供了最为直接的发展需求和发展动力，比较教育学科也为我国教育改革与发展提供了强有力的智力支持。当前，国际和国内的社会大变革给教育提出前所未有的挑战，并已引发教育大变革。无论是当前的社会变革还是教育变革，在我国历史上都没有现成的经验可以借鉴，必须在国际社会寻找可资借鉴的经验和发展路径，这就为比较教育研究带来新的发展机遇。同时，社会大变革和教育大变革也赋予比较教育研究更多的使命，给比较教育研究带来新的挑战，要求比较教育研究进一步明确自己的道路选择。

(二) 大变革时代中国比较教育研究的使命

在大变革时代，中国比较教育研究承担着阐释教育规律、总结教育经验、引领教育改革、培养国际化人才、推动国际交流等重大历史使命。

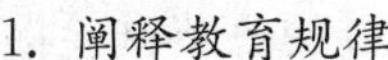

1. 阐释教育规律

教育科学虽然已经有了很长的历史，但是对于教育改革与发展中的许多问题仍然没有一致的认识。因此，当前中国比较教育研究的一个重要使命就是围绕世界和我国教育改革与发展的重大理论、政策和实践前沿问题开展研究，探索教育发展的规律，把握国际教育发展的趋势，为我国教育改革与发展提供理论支撑。而且，探讨教育规律，推进教育科学发展，也是比较教育研究的根本属性和重要职能。王英杰教授在《再谈比较教育学的危机》一文中指出：“比较教育研究是教育科学知识的源泉。”[2]无独有偶，约瑟·法乐尔（J. P. Farrel）也曾经说过：“如果没有教育的比较研究就不可能有普遍的科学教育研究。”[3]教育科学知识源自人们对教育问题的理性思考和对古今中外相关教育经验的总结。无论是理性思考还是经验总结，都离不开比较。“认识就是比较的认识，任何认识离不开比较”。[4]比较教育工作者通过比较研究，研究不同时间和空间维度下教育理论和教育实践活动的异同，从而分析教育内外要素之间的普遍联系，阐释教育的一般规律和特殊规律，从而推进教育科学知识的前沿。

2. 总结教育经验

日前，党的十八届三中全会通过的《中共中央关于全面深化改革若干重大问题的决定》提出要深化教育领域综合改革。在经过30多年的改革开放之后，我国教育改革已经进入“深水区”和攻坚阶段，在我国历史上既没有相应的经验可以借鉴，也不可能完全依靠“摸着石头过河”去探索未知的领域。因此，我们必须把视野扩大到国际社会，研究世界各国教育改革与发展的基本理念、政策措施、得失成败，研究世界教育改革发展的基本脉络和发展趋势，特别是针对我国教育改革发展中的重大问题和紧迫问题，如：如何促进教育公平、推进城乡教育一体化、破解择校难题、减轻学生课业负担、推进考试招生制度改革、构建产学研合作的人才培养模式、推进管办评分离等，在世界范围寻求相应的经验，特别是研究发达国家已经走过的道路和经验教训，并根据我国实际探索适合我国国情的政策措施。比较教育研究必须肩负其时代赋予的历史使命，在学术研究的基础上积极开展教育政策研究与教育实践研究，总结国际教育改革与发展的经验教训，为中央和地方政府的重大教育决策提供智力支撑，为区域教育创新和各级各类学校的改革试验提供咨询服务。

3. 引领教育改革

著名教育家赫钦斯把引领教育发展与提供卓越的教学、推进知识前沿相并列，作为大学的三大职能之一。他指出，大学应发挥其学术社团、思想中心和智力领袖的作用，研究教育问题，了解国家的教育需要，探讨教育发展的趋势，从而领导国家教育的发展，使教育走上理智发展的道路。比较教育作为大学的一个重要学科领域，在我国的教育改革与发展中曾经发挥过重要的智库作用。一方面，比较教育研究通过为教育决策提供咨询建议，引领教育事业的发展。北京师范大学国际与比较教育研究院在我国教育法律法规和《国家中长期教育改革与发展规划纲要》等国家教育改革与发展规划的研究和制定过程中，先后提供了数十篇研究咨询报告和数百万字的调查材料，为政府教育决策提供了高质量的咨询服务。华东师范大学的比较教育研究工作者在新世纪的基础教育课程改革政策、方案的制定和实施方面功不可没，引领了中国基础教育课程改革。上海师范大学在《国家中长期教育改革与发展规划纲要》的国际教育交流与合作的政策调研和制定方面发挥了重要的作用。另一方面，比较教育研究把国外先进的教育理念和模式引入教育教学过程，引领教育实践的改革。几十年来，我国比较教育研究工作者先后把赞可夫、苏霍姆林斯基、巴班斯基、布鲁纳、布鲁姆、根舍因、蒙台梭利、加德纳等世界著名教育家的教育思想和国际上先进的教育理论、教育模式介绍到国内，开展相关的实验研究推广他们的先进教育理念和教育经验，并取得了丰硕的成果，发挥着教育改革的示范效应。例如，北京师范大学的肖甦教授等把苏霍姆林斯基教育思想中国化，开展了相关的实验研究；北京师范大学的姜英敏副教授基于其对国际理解教育的研究为北京市等开发出一系列中小学国际理解教育的教材和教学模式；华东师范大学的黄志成教授长年从事全纳教育研究，指导我国中小学的全纳教育改革实践；华南师范大学的强海燕教授把国外的浸入式教学模式引入我国中小学外语教学，在全国各地开展浸入式外语教学的改革实验；中山大学的冯增俊教授在实验学校积极推进学校现代化实验以及综合英语教学实验；等等。我国比较教育研究应该继续发扬理论与实践相结合的优良传统，做好“顶天、立地”工作，上为政府决策服务，下为教育改革实践服务，做中国教育改革的引领者和实验室。

4. 培养国际化人才

人才培养是高等学校的固有职能，也是最核心的职能。作为高等学校的一个学科，比较教育学的一个重要使命就是为文化教育部门和相关部门培养具有国际视野、通晓国际规则、能够参与国际事务与国际竞争的高层次国际化人才。在我国高等学校中，有10多所高等学校招收比较教育学专业博士研究生、40多所高等学校招收比较教育学专业硕士研究生。近年来，为了提高比较教育学专业人才培养的国际化水平，部分大学开设了全英文授课的研究生课程。2010年，华东师范大学1年制的全英文教学“发展中国家教育硕士项目”正式启动，首期19名学员分别来自8个发展中国家。2011年北京师范大学2年制的学术型全英文教学国际硕士项目开始招生，首届招收硕士研究生16人，分别来自12个国家。同年，浙江大学也启动了学术型全英文教学国际硕士项目。2013年，在成功开办全英文教学国际硕士项目的基础上，北京师范大学全英文教学国际博士项目开始招生，首届招收博士研究生8人。与此同时，北京师范大学与奥地利、德国、芬兰三国的大学共同开发了“高等教育研究与创新”硕士研究生项目并得到欧盟“伊拉斯莫·世界”项目的支持，于2012年成功招收首届硕士研究生18人。这些全英文教学的研究生项目，开启了我国比较教育学专业为世界各国和国际社会培养人才，特别是为发展中国家培养领袖的新时代。这些项目采用新的招生模式、教学模式和管理模式，对于提高比较教育学专业人才培养的国际化水平，推动研究生培养模式的改革，提高研究生教育质量，都发挥了积极的作用，为高层次国际化人才的培养注入了活力。

5. 推动国际教育交流

“比较教育的发展与世界各国、各民族的经济、文化和政治等的发展紧密地联系在一起。广义的比较教育的历史也就是世界各国、各民族教育交流的历史”。[5]早在1992年，北京师范大学薛理银博士就提出比较教育是国际教育交流论坛的观点，认为比较教育是理论建设和理论检验的论坛、教育观念和教育价值交流的论坛、教育决策和教育实践的论坛。2011年，顾明远先生撰文《比较教育与国际教育交流论坛》，重申了国际教育交流论坛这一观点的重要性，认为“随着知识经济的发展以及世界的多极化和经济体的多元化发展，今天世界各国的教育更需要在真诚沟通的前提下，在教育理论、观念、价值、制度、政策和实践领域互相交流，在具有跨文化性、发展性和预测性的国际性课题中相互合作”。[6]在全球化的时代，国际教育交流与合作日益频繁，比较教育学科天然固有的国际性要求我国比较教育学科承担起引领国际教育交流活动的历史使命，积极开展国际文化教育交流与合作，成为中外文化教育交流的桥梁和平台。

（三）大变革时代中国比较教育研究发展道路的选择

为了全面履行比较教育研究的历史使命，中国比较教育工作者必须审时度势，选择正确的发展道路，创建具有中国特色的比较教育学派，提升中国比较教育研究的水平和国际影响力。

1. 拓展研究领域

我国比较教育学科是在改革开放的大背景下不断恢复和发展的，最初具有较强的功利性，即研究和借鉴国外教育改革与发展的先进经验。正是在这样的背景下，改革开放后的第一部比较教育教材把比较教育界定为“用比较分析的方法，研究当代外国教育的理论和实践，找出教育发展的共同规律和发展趋势，以作为改革本国教育的借鉴”。[7]为了达到借鉴的目的，比较教育研究的对象主要是美国、英国、法国、德国、日本、俄罗斯等传统发达国家的教育理论与实践。比较教育学科的一个本质特征就是开放性，它不断根据社会经济发展和教育改革的需要开拓新的研究领域。随着国内外社会经济发展环境的变化和我国国家战略的调整，我国比较教育的发展战略也应该进行适当的调整。在对传统研究对象国进行深入研究的基础上，比较教育学界应该配合国家战略积极开拓对东南亚国家、金砖国家、新兴经济体国家、中亚地区、非洲和拉丁美洲教育的研究。随着国际组织在世界教育发展中的影响和作用不断增强，我国还应该积极开拓对世界银行、联合国教科文组织、OECD、儿童基金会、欧盟等国际组织教育政策的研究。在对外国教育、比较教育、国际教育进行研究的同时，我国还应该加强对发展教育的关注。

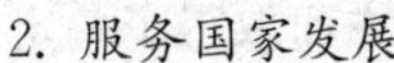

2. 服务国家发展

北京师范大学国际与比较教育研究院的院训是“立足中国，放眼世界”，华东师范大学国际与比较教育研究所的所训是“国际视野，本土行动”。从这些院（所）训可以看出，我国比较教育研究的价值取向，就是以服务国家发展战略，解决中国教育问题为核心开展比较教育研究，通过研究世界各国和国际社会的教育理论与实践，探讨中国教育的发展道路。其实，这种价值取向也反映了比较教育学科的本质属性。借鉴是比较教育产生与发展的最初目的，时至今日也是比较教育研究的最为重要的职能之一。

比较教育研究服务国家发展，体现在以下几个方面：一是服务国家战略目标。我国建设创新型国家、人力资源强国、学习型社会、社会主义和谐社会、社会主义文化强国，全面建设小康社会，实现“中国梦”的战略目标，要求比较教育研究者对这些国家战略特别是其与教育的关系开展比较研究。二是服务国家外交战略。比较教育工作者要配合我国外交重点开展相关国家和地区教育的研究，承担相应的人才培养和培训项目。三是服务国家教育改革。比较教育工作者要围绕中国教育改革与发展的重大理论和实践问题开展比较研究，探讨我国教育改革与发展的价值追求和路径选择。

3. 打造学科特色

从世界范围看，国外比较教育学科发展的黄金时期是在20世纪50年代和60年代，在70年代和80年代后发展势头受阻，进入缓慢发展和调整时期。我国则相反，比较教育学科在20世纪50年代和60年代因为意识形态等方面的原因发展受到很大限制，在改革开放以后进入黄金时代，逐渐成为世界上比较教育研究最为活跃的国家。我国现有比较教育学博士点10多个，硕士点40多个，但真正形成品牌和特色的并不多。近年来，一些比较教育研究机构开始聚焦，并逐步形成研究重点，并得到比较教育学术界的认可。如浙江师范大学的非洲教育研究、上海师范大学的国际组织教育政策研究、华南师范大学和中山大学的东南亚教育研究、东北师范大学的东北亚教育研究、西南大学和河北大学的比较教育学科方法论研究等。北京师范大学国际与比较教育研究院是我国成立最早、规模最大、语种最全的实体性比较教育研究机构，研究对象涵盖世界主要国家和国际组织，研究领域包括各级各类教育，在苏俄教育研究、高等教育研究、教育与文化传统研究方面取得了一定的成绩。对于每一所大学来说，比较教育学科规模无论大小，都不可能研究每一个国家和地区、每一个研究领域，要进一步发展并得到国内外学术界和社会的认可，都存在一个重新定位和明确研究重点、打造研究特色和形成品牌的问题。

4. 创新研究方法

与其他比较学科相类似，比较教育的研究方法也经常受到人们的质疑。长期以来，由于研究条件等方面的限制，文献研究一直是我国比较教育研究的主要研究方法。在当时的条件下，依靠文献分析开展比较教育研究是无可厚非的，正是依靠这种经济、便捷的研究方法，比较教育研究为教育科学的发展和教育改革与发展做出了开拓性的贡献。随着研究条件的不断改善和大数据时代的到来，研究方法的多样化和研究方法的转型与创新不但已经成为客观要求，而且具备了可能性。从历史上来看，比较教育研究者曾经提出过许多研究方法，如因素分析法、比较四步法、科学量化法、问题研究法、教育洞察法等。同时，由于任何方法都是工具，任何有助于教育问题解决的研究方法，比较教育都可以借鉴使用。近年来，一些比较教育研究者不断从其他学科那里借鉴研究方法，开展跨国、跨境实地调查研究、田野研究，充分利用现有的大型数据库进行定量分析和建模，利用留学访学机会开展访谈和行动研究等，在研究方法创新方面进行了有益的尝试。

研究方法创新不仅体现在具体的研究方法上，而且体现在研究范式的转型上。科学研究不仅要求按照一定的研究框架清晰地描述问题，而且要求按照一定的理论深入地分析问题。比较教育研究不仅可以运用教育学的理论，也可以借鉴哲学、社会学、经济学、政治学、组织学、管理学、人类学、文化学、历史学、生态学等学科的理论。如结构功能论、新马克思主义、新制度主义、教育人种志、解释学、批判理论、女性主义、依附理论、后结构主义、后现代主义、后殖民主义、现象地图学、谱系学等。研究范式的转型不能为理论而理论，或者理论与问题相分离，而是理论服务于问题，更深入、科学地阐释问题。

5. 创建中国比较教育学派

学派是由对某一学科的基本问题有共同的学术观点和研究方法的学者构成的共同体。学派的形成，既是一个学科发展成熟的一个标志，也是推动学术创新、促进学术繁荣的重要条件。只有不同学派在学术上展开激烈争论与批评，才能促进学者共同体研究范式的改进和学科的发展，才能通过不同学术观点的阐扬以求得问题的解决。

从庄泽宣在大学讲授比较教育课程到现在，中国比较教育学科的发展已经有了近百年的历史，现在已经成为一个非常活跃的学者群体，但是还不能说形成了自己的比较教育学派。近 20 年来，顾明远先生倡导研究教育与文化传统的关系，在文化研究范式方面开了先河；薛理银和顾明远先生把国际教育交流论坛作为比较教育方法论框架，开拓了比较教育的新天地；王长纯教授从认识与理解全球化与地方化复杂互动的时代特点出发，提出了“和而不同”的比较教育研究范式。这些新的理论、研究范式的提出，使我国的比较教育研究向形成学派迈出了坚实的一步，但还不是成熟的学派。我国比较教育学界应该有意识地发展独立的学派，促进不同的学派之间展开争论和争鸣，并力争在国际学术界产生影响，产生具有中国特色的中国比较教育学派。

6. 加强国际交流与合作

在国际化的时代，我国比较教育研究与世界比较教育研究的发展是紧密联系在一起的，加强中国比较教育学界与世界比较教育学界的交流与合作，是中国比较教育学界不可能回避也不能回避的问题。近年来，随着我国国际地位的提升和我国比较教育研究在国际上的影响不断扩大，特别是 2011 年成功地解决台湾地区比较教育学会在世界比较教育学会联合会的名称问题、中国比较教育学会恢复在世界比较教育学会联合会的活动以后，中国比较教育学者逐渐融入到国际比较教育学者共同体之中。我国比较教育学界应该充分利用中国比较教育学会将在中国举办 2016 年世界比较教育大会、王英杰教授担任世界比较教育学会联合会副会长的历史机遇，加强与 WCCES 等国际比较教育研究组织、比较教育研究机构和学者的交流与合作，站在学术制高点开展国际对话；通过联合建立研究中心、联合举办国际会议、合作研究、合作发表、联合学位项目等，全面开展科学研究和人才培养的国际合作。新时期的国际交流与合作不应该是单向度的，而应该是双向的。我们不但要把国际上先进的教育理念和教育实践经验引介到国内，而且要把我国教育改革与发展的成就和经验、研究成果介绍到国外，扩大中国比较教育学界的国际影响力。

参考文献：

[1] 于风雨. 知识经济时代企业人力资源管理发展趋势研究 [J]. 商业研究，2008 (12)：78.

[2] 王英杰. 再谈比较教育学的危机 [J]. 比较教育研究，2007 (3)：15—16.

[3] FARRELL J P. The Necessity of Comparisons in the Study of Education: The Salience of Science and the Problem of Comparability [J]. Comparative Education Review, 1979, 23 (1): 10.

[4] 朱旭东. 试论"教育的比较研究"和"比较教育研究" [J]. 比较教育研究，2008 (2)：29.

[5] 王英杰. 再谈比较教育学的危机 [J]. 比较教育研究，2007 (3)：15—16.

[6] 顾明远. 比较教育与国际教育交流论坛 [J]. 比较教育研究，2011 (10)：1.

[7] 王承绪，朱勃，顾明远. 比较教育 [M]. 北京：人民教育出版社，1985：17.

（本文发表于《比较教育研究》2014 年第 2 期。作者刘宝存，时属单位为教育部人文社会科学重点研究基地、北京师范大学国际与比较教育研究院）

英文目录

(Contents)

Introducation 1

Historical Development of Comparative Education

1. Development of Comparative Education. 61
2. The Reconstruction and Development of Comparative Education in China since the Reform and Openning-up. 70

Defining the Discipline of Comparative Education

1. The Object and Methodological Foundation of Comparative Education. 81
2. The Discussion of Comparative and International Scholars from UK on Comparative Education. 91
3. The Analysis of Some Elements of Comparative Education. 100
4. Consideration about Some Problems in Comparative Education. 110
5. The Value of Comparative Education and Its Realization. 117
6. Cultural Studies and Comparative Education. 122
7. Some Issues of Comparative Education. 129

8. Scientific Definition of the Subject Image of Comparative Education—Morphology of Education. …… 136
9. Some Issues in Subject Construction in Comparative Education. …… 147
10. Prerequisite Contruction of the Ontology of Comparative Education as a Discipline. …… 154
11. Educational Knowledge of Nation－state and Comparative Education Research. …… 164
12. On the Disciplinary Traits and Disciplinary System of Comparative Education. …… 178
13. An Analysis on the Characteristics and Evolution of Comparative Educational Thoughts. …… 191
14. A Discipline，or a Research Field? Chinese Scholars' Viewpoints on the Identity of Comparative Education. …… 200
15. On the Openness and the Limitation of Comparative Education. …… 212
16. Comparative Education：Connotation Reconstructed. …… 223
17. A Study on Construction and Practical Implication of Comparative Education Concept. …… 237

The Discipline Relationship of Comparative Education.

1. Comparative Education and Pedagogy. …… 257
2. An Analysis of the Relationship between Comparative Education and Sociology. …… 265
3. Comparative Research of Teaching Theory——about the Necessity of Setting up the Discipline of Comparative Teaching Theory. …… 276
4. To Explore a New Research Field——the Significance of Historical Facts Research in Comparative Education. …… 284
5. Chinese Comparative Education Shouldn't Ignore One Area——Research on Education for Ethnic Minorities. …… 289

6. Research Field of Development and Education in Comparative Education. …… 299
7. Area Studies and the New Development of Comparative Education in China. …… 312
8. The Basis Requirements for the Comparative Military Education as a Independent Subdiscipline. …… 323
9. Comparative Analysis in Educational Policy: Theory, Methods and Uses. …… 328
10. Intercultural Education: a New and Important Research Field. …… 337

The Discipline Crisis of Comparative Education

1. My View of the Crisis of Chinese Comparative Education. …… 349
2. Identity Crisis of Comparative Education and Its Overcoming. …… 358
3. Identity Crisis of Comparative Education and Its Solution. …… 371
4. Second Discussion about the Crisis of Comparative Education. …… 377
5. The Discipline Crisis of China's Comparative Education and Its Solutions from a Critical Perspective. …… 382
6. On Four Levels of Comparative Education Research——Discussion on Crisis of Comparative Education. …… 392

Theories in Comparative Education Research

1. Debates and Trends in Comparative Education. …… 407
2. Human Capital Theory from Western Countries. …… 415
3. Application of Modernization Theory in Comparative Education. …… 427
4. Dependency Theory and Comparative Education. …… 437
5. World-System Analysis in the Context of Comparative Education. …… 447

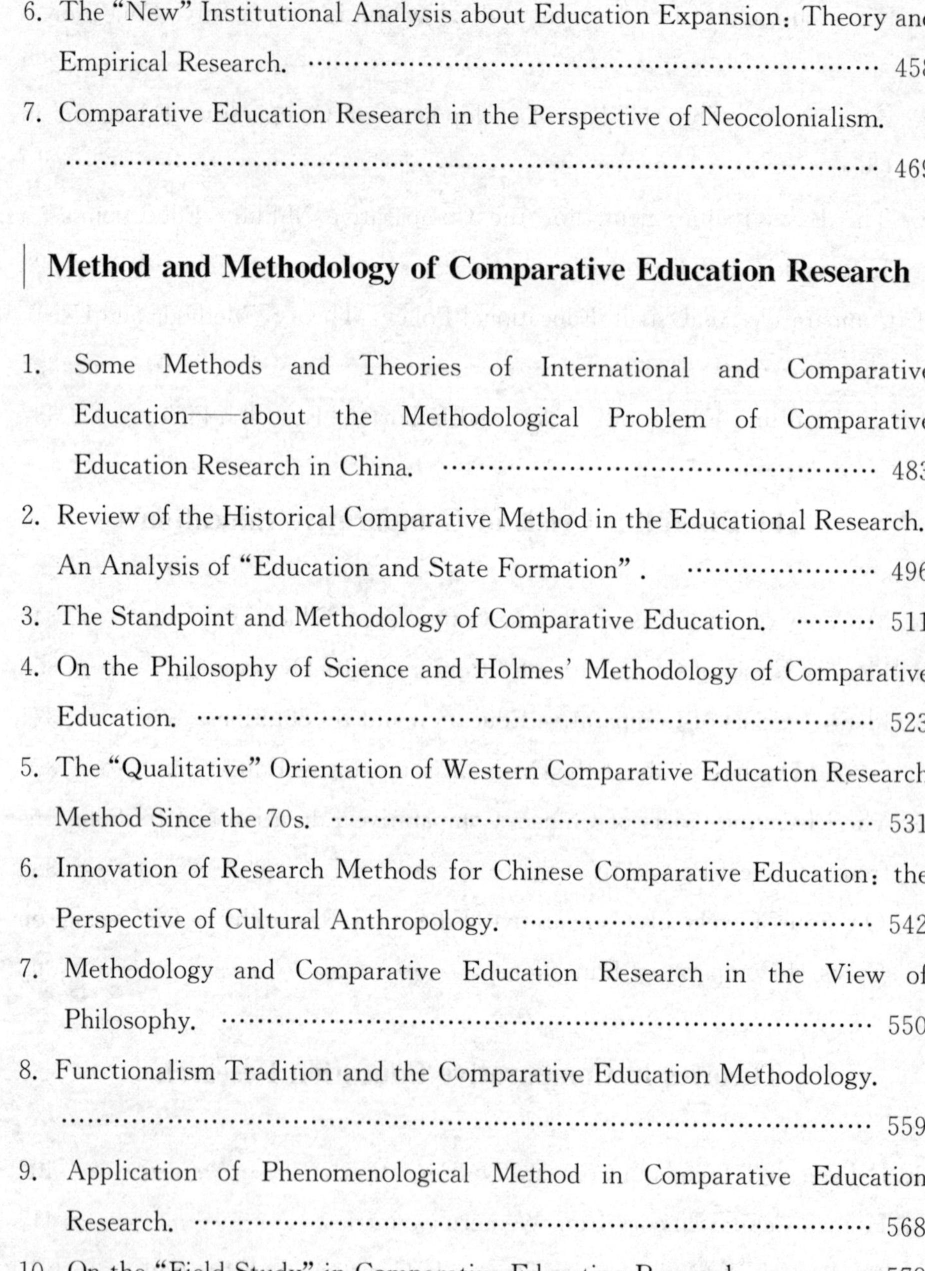

6. The "New" Institutional Analysis about Education Expansion: Theory and Empirical Research. 458
7. Comparative Education Research in the Perspective of Neocolonialism. 469

Method and Methodology of Comparative Education Research

1. Some Methods and Theories of International and Comparative Education——about the Methodological Problem of Comparative Education Research in China. 483
2. Review of the Historical Comparative Method in the Educational Research. An Analysis of "Education and State Formation" 496
3. The Standpoint and Methodology of Comparative Education. 511
4. On the Philosophy of Science and Holmes' Methodology of Comparative Education. 523
5. The "Qualitative" Orientation of Western Comparative Education Research Method Since the 70s. 531
6. Innovation of Research Methods for Chinese Comparative Education: the Perspective of Cultural Anthropology. 542
7. Methodology and Comparative Education Research in the View of Philosophy. 550
8. Functionalism Tradition and the Comparative Education Methodology. 559
9. Application of Phenomenological Method in Comparative Education Research. 568
10. On the "Field Study" in Comparative Education Research. 578

Paradigms of Comparative Education Research

1. On the Conversion of Research Paradigm in Comparative Education. ………… 591
2. Positivism Analysis Paradigm in Research of Comparative Education. ………… 599
3. On Relativism Paradigm of Comparative Education——Concurrently Discuss the Comparative Education Methodology of Holmes. ……… 605
4. On Influence Study in Comparative Education. ……………………… 613
5. Comparative Education Paradigm and Growing Points. ……………… 621
6. The New Institutionalism in Comparative Education Research. …… 630
7. Historicism Paradigm of Comparative Education. …………………… 637
8. Discussion About the Phenomenological Connotation of Comparative Education's Disciplinization and Scientization. ……………………… 646
9. Research Paradigms in Comparative Education in Western Countries. ………… 656

Mission, Challenge and Development of Comarative Education in the New Age.

1. Comparative Education: Marching Toward the 21st Century. ……… 671
2. The Missions of Comparative Education in Knowledge Economy Era. ………… 676
3. Comparative Education in the Era of Globalization: Development, Mission and Role. ………………………………………………………… 684
4. Globalization of Education: Process and Discourse. ………………… 697
5. Harmony without Uniformity: The Developing Direction of Chinese Comparative Education under the Conditions of Globalization (Outlines).

…… 704

6. Globalization, Localization and the Historical Missions and Research Projects of Chinese Comparative Education. …… 717

7. Chinese Comparative Education at the Crossroad. …… 728

8. The Significance and the Role of Comparative Education Research in the Era of Globalization. …… 739

9. The Achievements, Challenges and Countermeasures of Comparative Education in China. …… 749

10. The Missions and Pathways of Comparative Education Research in the Age of Dramatic Changes. …… 756

Postscript …… 773

后记

《比较教育研究》(Comparative Education Review)(原名《外国教育动态》)创刊于 1965 年，是受中央宣传部委托创办的新中国第一本教育学术专业刊物。半个世纪以来，《比较教育研究》虽历经坎坷，但不断成长。1966 年，《外国教育动态》在创刊仅一年之后就被迫停刊。在党和国家领导人的关怀下，1972 年，《外国教育动态》作为内部资料重新得到编辑，1980 年正式复刊，并公开发行。1992 年，《外国教育动态》更名为《比较教育研究》，2001 年由双月刊改为月刊。《比较教育研究》现兼作中国教育学会比较教育分会会刊，多年来一直是 CSSCI 来源期刊、全国中文核心期刊、中国人文社会科学核心期刊、教育类核心期刊。2013 年，《比较教育研究》成为国家社科基金首批资助期刊。

50 年来，《比较教育研究》共发表了近 5 000 篇文章，它“立足中国，放眼世界”，引介国外重要的教育理论与思想，追踪世界各国的教育政策与实践，持续关注我国比较教育学科的发展，促进比较教育学领域学者的成长，助力我国教育改革。2015 年，《比较教育研究》创刊 50 年，我们根据刊物多年关注的重点，以及当前我国教育改革的热点，选编了这套“中国比较教育研究 50 年”丛书。

本套丛书选编历时一年，是教育部人文社会科学重点研究基地北京师范大学国际与比较教育研究院各位同仁集体合作的成果。2014 年 9 月至 12 月，《比较教育研究》编辑部成员对 50 年来所刊文章进行了阅读与分类，提出了丛书选题建议，又经过顾明远教授、王英杰教授、曲恒昌教授等专家反复讨论，并征求出版社意见后，编委会最终确认了现有的12本分册主题。2014年年底，确认各分册主编。2015年年初到6月，各分册主编完成选稿工作。

《比较教育研究》创刊50年，不同时期的稿件编辑规范不同，这给本套丛书的选编带来巨大困难。除参与选编的老师外，北京师范大学国际与比较教育研究院的众多学生也加入到这一工作中，牺牲了宝贵的寒暑假和休息时间，为此付出了艰辛的劳动。在此，特别感谢以下同学（以姓氏笔画为序）：

丁瑞常　卫晋津　马　骜　马　瑶　王玉清　王向旭　王苏雅
王希彤　王　珍　王　贺　王雪双　王琳琳　尤　铮　石　玥
冯　祥　宁海芹　吕培培　刘民建　刘晓璇　刘　琦　刘　楠
孙春梅　苏　洋　李婵娟　吴　冬　位秀娟　张晓露　张爱玲
张梦琦　张　曼　陈　柳　郑灵臆　赵博涵　荆晓丽　徐　娜
曹　蕾　蒋芝兰　韩　丰　程　媛　谢银迪　蔡　娟

在丛书即将出版之际，我们衷心感谢山东教育出版社对本套丛书的出版给予的最热忱的支持。

特别感谢国家社科基金对《比较教育研究》的资助！

本套丛书的选编难免存在一些瑕疵，敬请专家和读者批评指正！

“中国比较教育研究50年”丛书编委会
2015年10月